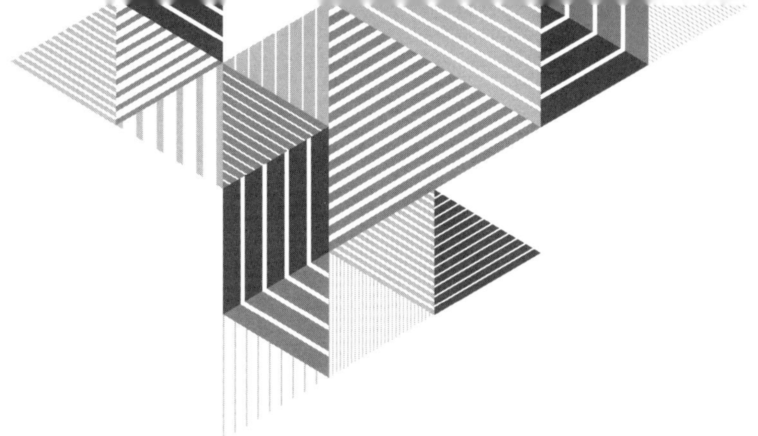

日本語文型辞典

グループ・ジャマシイ［編著］
砂川有里子［代表］
駒田聡／下田美津子／鈴木睦／筒井佐代
蓮沼昭子／ベケシュ・アンドレイ／森本順子

くろしお出版

はじめに

皆さんはどんな時に辞典を使いますか。どんな漢字を書くのか分からないとき、意味が分からない名詞や動詞に出合ったとき、国語辞典は大変役にたちます。「うっかり」と「つい」の違いが知りたいときには、類義語辞典を引けば分かります。しかし、いままでの辞典では引けないこともたくさんあります。たとえば、「せっかく」という語が、「せっかく…からには」「せっかく…けれども」などの形で使われたときには、それぞれどのような意味を表すのか、「…にしてからが」「…にしたところで」などが、どのような発想で用いられるのか、「…ともかぎらない」「…わけではない」「…にちがいない」などの形式が文にどのような意味を添えるのか、といったようなことがらは、これまでの辞典では十分な扱いを受けてきませんでした。

この辞典では、文型を文や節の意味・機能・用法にかかわる形式という広い枠組みで捉え、それらが場面や文脈の中でどのように使われるのか分かるように記述することを試みました。これまでの辞典ではなかなか調べられなかったことばを調べたいときや、これまでの辞典ではなかなか得られなかった情報を得たいときに、この辞典は威力を発揮します。

この辞典には、『中・上級日本語教科書文型索引』(砂川有里子他編)と国際交流基金・日本語国際教育協会による日本語能力試験1・2級レベルの出題基準サンプル「文法的な機能語の類」に収められた文型のすべてに新聞・雑誌・小説・シナリオなどから集めた文型を加えた3000項目の表現が収録されています。中級レベル以上の日本語学習者に問題となる文型をかなり網羅的に集めることができたと言えるでしょう。外国語として日本語を学ぶ人にも分かるように、平明簡潔な表現を心がけたほか、以下のような点に留意しました。

(1) 用例によって使い方が分かるよう、できるだけ多くの作例を用意した。
(2) 常用漢字以外の漢字は使用しないよう努め、用例の漢字にはルビをふった。
(3) 間違いやすい点にも留意してもらうために、必要に応じて解説中に誤用例を提示した。
(4) 文型の構造・文型の使用場面・類義表現との使い分けなど、日本語学習に役立つことがらをできるかぎり取り上げた。
(5)「なんて言ったっけ」の「っけ」や「できっこない」の「っこない」など、

　話しことば特有の表現も積極的に取り上げた。

(6) 調べたい項目を見つけやすくするために、「50音索引」「末尾語逆引き索引」「意味・機能別項目索引」の３種の索引を用意した。

この辞典の構想を立ててから、早くも８年の歳月が過ぎ去りました。気まぐれな編著者たちがこの仕事を成し遂げられたのは、多くの方々の支えと励ましのおかげです。とりわけ、休日返上と残業に明け暮れながらこの仕事に取り組んで下さったくろしお出版の福西敏宏さんがいなければ、この辞典は完成しなかったでしょう。三戸ゆみ子さん、佐藤陽子さんにも大変お世話になりました。阿部二郎さんをはじめとする編集協力者、そして折に触れて相談に乗って下さった友人・同僚たちに心から感謝いたします。

この辞典が、外国語として日本語を学ぶ方々、日本語の教師の皆さん、そして日本語の使い方に興味を持つ方々のお役に立つことを願ってやみません。

1998年２月

編著者一同

編著者：グループ・ジャマシイ

砂川有里子（代表）　駒田聡　下田美津子　鈴木睦　筒井佐代

蓮沼昭子　ベケシュ・アンドレイ　森本順子

編集協力者：

阿部二郎　小野正樹　亀田千里　高木陽子　成瀬真理　守時なぎさ

改訂版　はじめに

『日本語文型辞典 初版』が刊行されてから 25 年の歳月が過ぎ去りました。

刊行当時は日本語学習者が今より遙かに少なく、大半が初級から中級レベルに留まっていました。初版本のタイトルには「教師と学習者のための」と銘打ってあったのですが、実のところ、日本語だけで作られたこの辞典を学習者が使ってくれるとは思っていませんでした。しかし、刊行してみると、教師だけでなく学習者からも予想外の反響があり、驚きと共に大きな喜びを感じたことを懐かしく思い出します。

これだけ時が経つと、さすがに用例の古さが目立ちます。「ワープロ」や「テープレコーダ」もさることながら、私たちを取り巻く社会は大きく変わり、性別や職業に関する人々のものの考え方も大きく変化しました。用例の刷新はもはや避けられないものとなっていました。

また、初版では中級以上の文型を対象としましたが、初級文型の中にも中級レベル以上の用法を持つものがあることから、それらを新たに加える必要を感じました。そこで、改訂版では用例や解説に可能な限り手を加えるとともに、「… に … がある」などの初級文型を加え、接続詞や副詞の類も増やしました。

今回の改訂に当たっては、くろしお出版の荻原典子さんと市川麻里子さん、フリーランス編集者の福西敏宏さんに大変お世話になりました。予定通りに作業が進められたのは、大量のデータを手際よく整理し、迅速かつ的確に編集を進めて下さった彼らのお陰です。編集協力者の大内薫子さん、斎藤里美さん、関裕子さん、三谷絵里さん、アルバイトの栗田優羽さんにも大変お世話になりました。久しぶりにグループ・ジャマシイのメンバーと仕事ができたのも楽しい思い出です。

長い時を経て新たに生まれ変わった『日本語文型辞典』が、みなさまのお役に立つことを心から願っています。

＊＊＊＊

この辞典の改訂作業が終盤にさしかかった頃、グループ・ジャマシイの駒田聡さんが病に倒れ、闘病の甲斐なく亡くなりました。駒田さんは入院直前まで精力的に改訂作業に取り組んでくださいました。駒田さんの功績を称え、万感の思いと共に、『日本語文型辞典改訂版』を駒田さんの御霊前に捧げます。

2023 年 5 月

砂川有里子

凡例

この辞典の構成と使い方

1　見出しは「大見出し」「中見出し」「小見出し」の三つからなっています。下の例に示すように、中見出しには「1, 2, 3」、小見出しには「a, b, c」の記号が付いています。

2　中見出しや小見出しに同形のものがあるときは、＜　＞で区別を示します。例えば、「1　うち＜範囲＞」は「2　うち＜時間＞」と区別するために＜　＞が付されています。

3　文法的な情報は、中見出しと小見出しに記号を用いて示しました。見出しに文法記号を使うと煩雑になりすぎる場合は、[　] 内に示してあります。

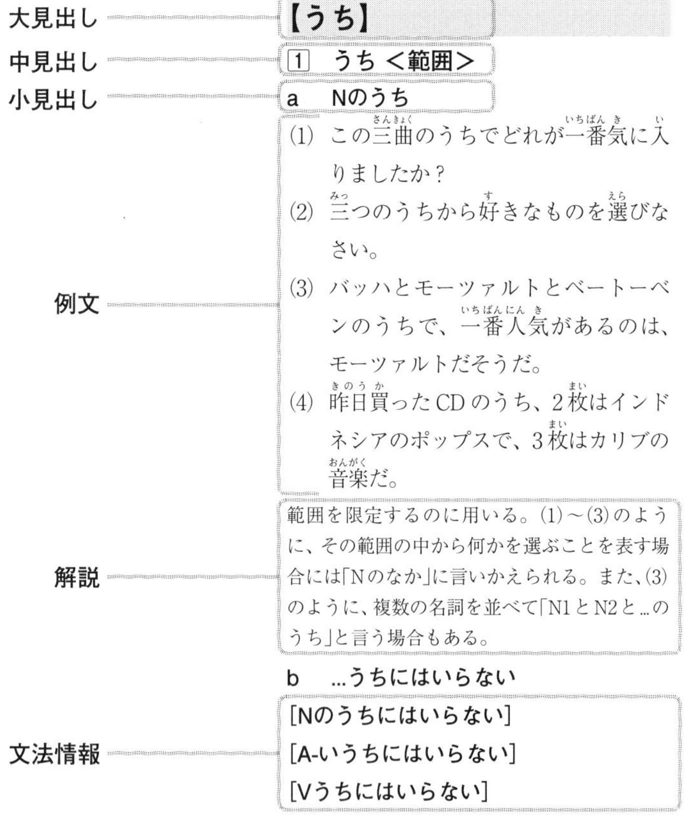

4　大見出しの配列は50音順です。中見出し、小見出しはその限りではありません。

5　「てはいけない」「とする」などの複合化の進んだ形式は、そのままの形で見出しを立てました。国語辞典では「いけない」「する」を引くのが普通ですが、この辞典では「てはいけない」「とする」のもとに記述してあります。「いけない」「する」からもたどれるようになっていますので、とりあえず、思いついた形を引いてみてください。

6　巻末に「50音順索引」と「末尾語逆引き索引」、また付録として「意味・機能別項目索引」が付いています。探したい項目が見つけにくい場合、あるいは、意味や機能を手掛かりにして表現形式を知りたい場合や末尾の形式から検索したい場合にご利用ください。

文法用語一覧

<品詞その他>

名詞……………………例：花、希望
形容詞…………………イ形容詞とナ形容詞
イ形容詞………………例：暑い、おもしろい
ナ形容詞………………例：きれいだ、元気だ
動詞……………………例：書く、話す、寝る
助詞……………………例：が、を、は、も
副詞……………………例：たくさん、のんびり、きっと
数量詞…………………例：ひとつ、一人、100グラム
助数詞…………………例：…人、…冊
数詞……………………例：1　2　3
疑問詞…………………例：なに、どこ、いくつ

イ形容詞の語幹………例：暑、おもしろ
ナ形容詞の語幹………例：きれい、元気

五段動詞………………例：書く、話す、休む
一段動詞………………例：見る、食べる、寝る
自動詞…………………例：走る、生まれる、降る
他動詞…………………例：飲む、使う、見る

可能を表す形…………例：読める、食べられる
受身を表す形…………例：読まれる、食べられる
使役を表す形…………例：読ませる、食べさせる

動作を表す名詞………例：運動、完成、修理

動作主…………………例：「お父さんが叱った／お父さんに叱られた」の「お父さん」

<文体と活用形>

(1)　普通体

	名詞＋だ	ナ形容詞	イ形容詞
辞書形	休みだ	きれいだ	おもしろい
タ形	休みだった	きれいだった	おもしろかった
テ形	休みで	きれいで	おもしろくて
バ形	休みならば	きれいならば	おもしろいならば
否定形	休みじゃない 休みではない	きれいじゃない きれいではない	おもしろくない

	五段動詞	一段動詞	来る	する
辞書形	書く	見る	くる	する
連用形	書き	見	き	し
タ形	書いた	見た	きた	した
テ形	書いて	見て	きて	して
バ形	書けば	見れば	くれば	すれば
否定形	書かない	見ない	こない	しない
命令形	書け	見ろ	こい	しろ
意向形	書こう	見よう	こよう	しよう

(2)　丁寧体

	名詞＋です	ナ形容詞	イ形容詞
デス形	休みです	きれいです	おもしろいです
タ形	休みでした	きれいでした	おもしろかったです
否定形	休みじゃないです 休みじゃありません 休みではないです 休みではありません	きれいじゃないです きれいじゃありません きれいではないです きれいではありません	おもしろくないです おもしろくありません

	五段動詞	一段動詞	来る	する
マス形	書きます	見ます	きます	します
タ形	書きました	見ました	きました	しました
テ形	書きまして	見まして	きまして	しまして
否定形	書きません	見ません	きません	しません
命令形	書きなさい	見なさい	きなさい	しなさい
意向形	書きましょう	見ましょう	きましょう	しましょう

記号一覧

＜文法関連の記号＞

(1)　名詞

N……名詞句……例：花、人、希望、きのう会った人、人に会ったこと

(2)　ナ形容詞

Na……ナ形容詞の語幹……例：きれい、静か、元気

(3)　イ形容詞

A……普通体のイ形容詞……例：暑い、暑くない、暑かった
例えば「Aそうだ」は「暑いそうだ、暑くないそうだ、暑かったそうだ」などを表す。

A-……イ形容詞の語幹……例：暑、おもしろ、楽し
例えば「A-そうだ」は「暑そうだ、おもしろそうだ、楽しそうだ」などを表す。

A-い……イ形容詞の辞書形……例：暑い、おもしろい、楽しい

A-く……イ形容詞の連用形……例：暑く、おもしろく、楽しく

A-くない……イ形容詞の否定形……例：暑くない、おもしろくない、楽しくない

A-くて……イ形容詞のテ形……例：暑くて、おもしろくて、楽しくて

A-かった……イ形容詞のタ形……例：暑かった、おもしろかった、楽しかった

A-かろう……イ形容詞の推量形……例：暑かろう、おもしろかろう、楽しかろう

A-かったろう……イ形容詞の過去推量形……例：暑かったろう、おもしろかったろう、楽しかったろう

A-ければ……イ形容詞のバ形……例：暑ければ、おもしろければ、楽しければ

(4)　動詞

V……普通体の動詞……例：書く、書かない、書いた
例えば「Vそうだ」は「書くそうだ、書かないそうだ、書いたそうだ」などを表す。

V_R-……動詞の連用形（動詞のマス形から「マス」を除いた形）……
例：書き、読み、見、来、し
例えば「V_R-そうだ」は「書きそうだ、来そうだ、しそうだ」などを表す。

V-る……動詞の辞書形……例：書く、読む、見る、来る、する

V-た……動詞のタ形……例：書いた、読んだ、見た、来た、した

V-たろう……動詞の過去推量形……例：書いたろう、読んだろう、見たろう、来たろう、したろう

V-ない……動詞の否定形……例：書かない、読まない、見ない、来ない、しない

V-て……………動詞のテ形……………例：書いて、読んで、見て、来て、して
V-ば……………動詞のバ形……………例：書けば、読めば、見れば、来れば、すれば
V-よう…………動詞の意向形…………例：書こう、読もう、見よう、来よう、しよう
V-ろ……………動詞の命令形…………例：書け、読め、見ろ、来い、しろ
V-れる…………可能を表す形…………例：書ける、読める、見られる、来られる、できる
V-られる………受身を表す形…………例：書かれる、読まれる、見られる、来られる、される
V-させる………使役を表す形…………例：書かせる、読ませる、見させる、来させる、させる

＜その他の記号＞

下付き数字………同形の大見出しが二つ以上ある場合に用いる。
例：【のに$_1$】【のに$_2$】

＜　＞……………同形の中見出しや小見出しを区別するため、文型の意味や機能を示す。
例：…みたいだ＜比況＞、…みたいだ＜推量＞

［　］……………文型の文法情報を示す。
例：［あまり V-ない］

（　）……………「あってもなくてもよい」の意味。
例：「じゃ（あ）」は「じゃ」と「じゃあ」のどちらも可能。「N と（は）ちがって」は「N とちがって」「N とはちがって」のどちらも可能。

／…………………「または」の意味。
例：［N ／ Na　になる］は「［N になる］または［Na になる］」、［V-たあとで／に］は「［V-たあとで］または［V-たあとに］」を示す。

N5……………『日本語能力試験出題基準〔改訂版〕』（2002 年、凡人社発行）の語彙および文型・機能語の級に基づいたレベルを、当時の級表記から現在の N 表記に置き換えて示す。
例：1 級→ N1、2 級→ N2N3、3 級→ N4、4 級→ N5

《　》……………用例が使用される場面や状況を示す。
例：《手紙》まずはご報告まで。

（例）……………解説中の用例を示す。
（誤）……………間違った用例であることを示す。
（正）……………正しい用例であることを示す。
→…………………参照してほしい項目を示す。
？…………………上昇調のイントネーションを表す。
。…………………下降調または平板調のイントネーションを表す。

【あいだ】N4

1 Nのあいだ

a Nのあいだ ＜空間＞

(1) ベッドと本棚の間にテレビを置いた。

(2) 古本を買ったら、ページの間に1万円札がはさまっていた。

(3) 大阪までの間のどこかで駅弁を買って食べよう。

二つの場所・物に挟まれた空間を表す。場所と場所、あるいは物と物に挟まれたものを示す場合は(1)のように「NとNのあいだ」を使う。

b Nのあいだ ＜関係＞

(1) 最近二人の間はうまくいっていないようだ。

(2) そのホテルは安くて清潔なので、旅行者たちの間で人気がある。

(3) 二つの事件の間にはなにか関係があるらしい。

「複数の人やことがらの関係の中で」という意味を表す。そこでの状態や動作、そこで起こる出来事などを述べるのに用いる。

2 あいだ

[Nのあいだ]

[Naなあいだ]

[A-いあいだ]

[V-ている／V-る　あいだ]

a …あいだ

(1) 彼は会議の間ずっといねむりをしていた。

(2) 彼女が戻ってくるまでの間、喫茶店で本を読むことにした。

(3) 子供が小さい間は、いろいろと大変だ。

(4) 一生懸命泳いでいる間はいやなことも忘れてしまう。

(5) 友子は、田舎に住んでいる間は元気だったが、都会に引っ越したとたんに体をこわしてしまった。

(6) 私たちがお茶の用意をする間、彼らは緊張して一言もしゃべらずに座っていた。

(7) 両親は、自分たちが元気な間は故郷の家で暮らしたいと言っています。

ある状態・動作が続いている期間を表す。後にはその期間中継続する状態や並行して起こっている動作を表す文が続く。後の文の述語は、動作を表す動詞の場合は「V-ている・V-つづける」など継続の意味を表す形になる。

(誤)　私が勉強している間、弟は遊んだ。

(正)　私が勉強している間、弟は遊んでいた。

過去のことについて言う場合は「V-ていた／A-かったあいだ」の形も用いられる。

(例)　彼はドイツに留学していた間、スウェーデン人の女の子と一緒に生活していたらしい。

b …あいだに

(1) 留守の間にどろぼうが入った。

(2) 4時から5時までの間に一度電話をください。

(3) 祖母が元気な間にいろいろ話を聞いておこう。

(4) 朝の涼しい間に勉強しておこう。

(5) 家族がまだ寝ている間に出かけた。

(6) カナダの友達が日本にきている間に一緒に旅行したかったのだが、残念ながらできなかった。

(7) 私がてんぷらを揚げている間に、母は他のおかずを全部作ってしまった。

ある状態・動作が続いている期間を表す。後にはその期間内に行われる動作、起こる事態などを表す文が続く。後の文の述語は動詞で、「…する・…しはじめる・…になる」など、継続を表さない形になる。

(誤)　授業の間にずっとおしゃべりをしていた。

(正)　授業の間に3回質問をした。

過去のことを言う場合は「...たあいだに」の形も用いられる。また(7)のように、前と後ろの動作主が異なる場合は、二人が同時に並行して動作を行うという意味になる。

【あいにく】N2N3

1　あいにく

(1) 宅配便が届いたとき、あいにく誰も家にいなかった。

(2) 急いで行こうと車に乗ったが、あいにく渋滞で、2時間もかかってしまった。

(3) 同級生が見舞いにきてくれたが、あいにく、息子は眠っていた。

(4) お客様、あいにく、満席でございまして。

(5) A：3日に飲み会があるんですが、ご都合いかがですか？
　　B：すみません。あいにくですが、その日は用事があるんですよ。

「運悪く」に近い意味で使う。「あいにく」のあとには、もう起こってしまったことや、現在の状態、確実な予定などを述べることが多い。

会話では、(4)(5)のように、謝罪したり、断りを述べるとき、「あいにく(あいにくですが)+理由の説明」という形で用いられることが多く、「期待に応えられなくて残念だ」という気持ちを示す。

「あいにく」は、「運悪く」に似ているが、「運悪く」と違って、深刻な事態の記述に力点があるときには用いにくい。

(正)　旅行中、運悪く交通事故に巻き込まれ、亡くなってしまった。

(誤)　旅行中、あいにく交通事故に巻き込まれ、亡くなってしまった。

上の例で、「亡くなる」という深刻な事態の場合は「あいにく」が不自然だが、「あいにく交通事故にあって、約束の時間に間にあわなかった」のように、軽い出来事として扱い、いいわけにするような場合は自然である。

2　あいにくのN

(1) 本日は、あいにくの雨ではございましたが、皆様のおかげをもちまして、意義深い会とすることができました。

(2) マラソンの当日は、あいにくの天気だったが、ほとんどの選手が、最後まで走り通した。

(3) あいにくの渋滞で、目的地まで5時間もかかってしまった。

(4) 彼女は、エントリーしたものの、あいにくのひざの故障で、競技はあきらめなければならなかった。

「不都合な・ありがたくない」の意。Nには「雨・風」などの悪天候を表す名詞や、「渋滞・事故」など不都合な出来事を表す名詞が用いられる。「あいにくのNで」は「不都合なNのために」、「あいにくのNだが」は「都合の悪いNだったが」という意味で使う。

3　おあいにくさま

(1) A：このつぎの日曜日のバイト、代わってくれない？
　　B：おあいにくさま。その日は先約があるの。

(2) A：仕事が終わったら飲みにいかない？
　　B：おあいにくさま。今晩から出張です。

比較的くだけた会話に用い、相手の期待にそえなくて残念だという気持ちを表す。現在では、誘いを断るときなどに用い、相手をからかったり、皮肉っぽく応じたりする態度が含まれることが多い。

【あいまって】

→【とあいまって】

【あう】

1 V_R-あう ＜意志的な動作・感情＞

(1) 帰国する友人と抱き合って別れを惜しんだ。

(2) みんなでお金を出し合って先輩へのプレゼントを買うことにした。

(3) 困った時には、お互い助け合おうね。

(4) 旅先でおもしろい人と知り合った。

(5) 夏休みの旅行の行き先について、家族で話し合った。

(6) 二人は心から愛し合っている。

(7) 二人は激しく言い合いをしていたが、そのうち殴り合いのけんかになってしまった。

意志的な行為を表す動詞に付いて、複数の人がお互いに同じ動作をしたり同じ感情を抱いたりすることを表す。(5)の「話し合う」は「お互いに話す」ではなく「意見を出し合って相談する」の意味。動詞によっては、(7)のように「V_R-あい」の形で名詞として使われることもある。

2 V_R-あう ＜状態＞

(1) 電車は大勢の観光客で混み合っていた。

(2) この問題は双方の利害が絡み合っていて、簡単には解決できそうにない。

(3) この街は、古い文化と新しい文化が混ざり合って、街の魅力を生み出している。

(4) 小さなミスがいくつも重なり合って、重大な事故につながってしまった。

(5) 二人は出会って一目でひかれ合い、恋に落ちた。

(6) 猛暑のため、電力の需要と供給が釣り合わない事態となっている。

複数の事柄が相互に関係して、ある状態になることを表す。(6)の「釣り合わない」は「バランスが取れていない」という意味。

【あえて】 N1

1 あえて

(1) 私はあえてみなさんに規則の見直しを提案したいと思います。

(2) 誰も助けてくれないかもしれないが、それでもあえてこの計画は実行に移したいと思う。

(3) 恥を忍んであえてお聞きしますが、今のお話のポイントは何だったのでしょうか。

(4) 反感を買うのを承知であえて言いたいのは、彼らにこの仕事を任せるのはリスクが大きいということだ。

(5) これができるのはあなたしかいません。大変なことはわかっているのですが、あえてお願いしたいのです。

「言う・提案する・お願いする」などの発言を表す動詞や「やる・実行する」などの動詞を伴って、「そうすることは他の人の反感を買ったり困難や危険を伴ったりするが、それでも自分はそうしたい／そうするべきだ」という意味を表す。自分の意見を強く述べたり自分の考えを打ち出したりするのに用いられる。

2 あえてV-ば

(1) 反対されるのを承知であえて言えば、こんな計画は百害あって一利なしだ。

(2) 少々言いにくいことなのですが、あえて言わせていただければ、あなたに問題があるのではないかと思うのです。

(3) この映画はあまりストーリー性がないのだが、あえて説明すれば、二組のカップルがあちらこちらを旅して回り、行く先々で事件が起こるというものだ。

(4) まだこのプロジェクトの方針は漠然としているのだが、あえて言うとすれば、環境破壊が進んでいる地域に対して、民間の援助によってそれを食い止めようというものだ。

「言う・お話しする・説明する」など発言を表す動詞を伴って、反論・批判を覚悟の上で発言したいとき、また、的確な表現が見つからない場合、その前置きとして用いる。

3 あえて…ない

(1) そのやり方にあえて反対はしないが、不満は残っている。

(2) 相手が偉い先生だからといって、あえてへりくだる必要もない。

(3) 親に反対されてまで、あえて彼と結婚しようとは思わない。

(4) みんなに嫌がられてまで、あえて自分の方針を押し通すこともないじゃないか。

「する必要もない・することもない・しようとは思わない」などの表現を続けて、「そういうことをすると他の人に反対されたり反感を買ったりするので、わざわざそういう危険なことをしようとは思わない／すべきでない」という意味を表す。

【あがる】

1 VR-あがる ＜上方向＞

(1) 彼は立ち上がってあたりを見回した。

(2) 妹は帰ってくるなり階段を一気にかけ上がって、自分の部屋に飛び込んだ。

(3) 彼女はライバルを押しのけて、スターの座にのし上がった。

(4) 冬休みにみんなで温泉に行こうという計画が持ち上がった。

(5) クラスで旅行を計画したら、予定の倍以上の人数にふくれ上がった。

(6) 彼女はボーイフレンドにプロポーズされてすっかり舞い上がっている。

(7) 自分がリーダーになればみんなついてくるに決まっているだって？ 思い上がるのもいい加減にしろ。

動詞の連用形に付いて、上の方向への動作・移動、上の方向に向いている状態を表す。(5)～(7)は、上の方向への意味での比喩的な表現。

2 VR-あがる ＜極端な程度＞

(1) 長い間雨が降らないので、湖も干上がってしまった。

(2) 店員は男にピストルを突きつけられてふるえ上がった。

(3) ふだんほとんど叱らない先生に、大声でどなりつけられて、生徒たちは縮み上がった。

(4) その俳優は、たいして演技もうまくないのに、自分は誰よりも才能があるんだとのぼせ上がっている。

動詞の連用形に付いて動詞の事態が極端な程度にまで進むことを表す。限られた動詞にしか用いられない。

3 VR-あがる ＜完成＞

(1) パンがおいしそうに焼きあがった。

(2) みんなの意見を取り入れて、とても満足のいく旅行プランができあがった。

(3) スパゲッティがゆであがったら、すばやくソースにからめます。

(4) この洗剤を使ったらとてもきれいに洗いあがりました。

動詞の連用形に付いてその動作が完成されることを表す。「編む・練る・刷る」など、ものが作られることを表す他動詞に付くのが普通。自動詞の「できる」は例外である。

【あくまで】 N2N3

1 あくまで(も) ＜意志＞

(1) 私はあくまでもこの方針を貫くつもりだ。

(2) 国連はあくまでも平和的な解決に向けて話し合いを続ける考えです。

(3) 彼はあくまでも知らぬ存ぜぬで押し通すつもりらしい。

(4) 彼女があくまでいやだと言い張ったので、他の候補を探さなければならなくなった。

意志的な行為を表す動詞が続き、どんなに困難でも、いくら反対されても、思ったことをやろうという強い決意を表す。改まった表現。

2 あくまで(も) ＜主張＞

(1) 私が今申し上げたことは、あくまでも試案ですので、そのおつもりで。

(2) それはあくまでも理想論に過ぎず、実現は不可能なのではないか。

(3) この家はあくまでも仮の住まいで、ここに永住するつもりはない。

(4) 断っておくが、彼とはあくまでも仕事の上の仲間でしかなく、それ以上の個人的なつきあいはいっさいしていないのだ。

あることがらについて、自分の信念を強く断定・主張する気持ちを表す。一般的に予想されること、あるいは聞き手の抱いている判断・信念・期待などを否定・修正するのに用いられることが多い。

3 あくまで(も) ＜強い程度＞

(1) 空はあくまでも青く澄み渡り、砂浜はどこまでも白く続いていた。

(2) どんなに疲れているときでも、彼はあくまでも優しかった。

(3) どんなに困難なときも、彼女はあくまで冷静だった。

徹底的にそういう状態であることを表す。文学的な表現。

【あげく】

1 …あげく N2N3

[Nのあげく]

[V-たあげく]

(1) さんざん悩んだあげく、彼には手紙で謝ることにした。

(2) 考えに考えたあげく、この家を売ることに決めた。

(3) 弟は6年も大学に行って遊びほうけたあげくに、就職したくないと言い出した。

(4) さんざん迷ったあげく、何も買わないで店を出た。

(5) あのカップルはケンカのあげくに別れてしまった。

(6) 仕事を辞めることにしたのは、さんざん悩んだあげくの決断だった。

後ろに何らかの事態を表す表現を伴って、「前で述べた状態が十分長く続いた後にそのような結末／解決／展開になった」という意味を表す。その状態が続くことが精神的にかなりの負担になったり迷惑だったりするような場合が多い。(3)や(5)のように「あげくに」の形も使われる。名詞の前では(6)のように「あげくのN」となる。

2 あげくのはてに(は)

(1) 部長はますます機嫌が悪くなり、あげくの果てには関係ない社員にまでどなり散らすようになった。

(2) 彼女は我慢に我慢を重ねたあげくの果てに、私のところに相談に来た。

長い間ある状態が続き、それが限界に来たときにその結果として起こることを述べるのに用いる。良くない状態の場合が多い。

【あげる$_1$】

1 Nをあげる N4

(1) 結婚祝に友だちにワイングラスをあげます。

(2) 松田さんは竹田さんに時計をあげようとおもっている。

(3) 父と母の金婚式に兄弟みんなでプレゼントをあげることにしました。

(4) 姉は友だちに手編みのセーターをあげた。

話し手や話し手側の人が自分と対等の関係の人にものを与えるときに使う。(2)のように第三者間でものが授与されるときも使う。

2 V-てあげる

→【てあげる】

【あげる$_2$】

1 V_R-あげる <上方向>

(1) 男は大きな岩を軽々と持ち上げた。

(2) 先生に漫画の本を取り上げられた。

(3) 彼女が髪をかき上げる仕草を見ているのが好きだ。

(4) 彼女はあたりかまわず声をはり上げて泣きわめいた。

(5) その土地は自治体が買い上げて大きな遊園地を作ることに決まった。

動詞の連用形に付いて、対象を上の方向へ移動させる動作であることを意味する。(4)(5)のように比喩的にも用いられる。

2 V_R-あげる <完成>

(1) 大事なお客さんが来るので、家中をぴかぴかにみがき上げた。

(2) 彼は原稿用紙500枚の小説を一気に書き上げた。

(3) 母の誕生日までに何とかセーターを編み上げてプレゼントしようと思っている。

(4) あしたまでにこの仕事をしあげなくてはいけない。

(5) みんなで一晩中かかって資料をまとめ上げた。

(6) この織物は草や木の根などを集めてきて染めた糸で丹念に織り上げたものだ。

(7) 何年もかかって築き上げてきた信頼が、たった一度の過ちで崩れてしまった。

動詞の連用形に付いて、その行為を完全に最後まで達成することを表す。「書く・編む」のような作成を表す動詞の場合は完成させる意味になる。努力してやりとげるという意味合いが含まれることが多い。

3 V-てあげる

→【てあげる】

【あたかも】

[あたかもN(であるか)の　ようだ／ごとし]

[あたかもVかの　ようだ／ごとし]

(1) その日はあたかも春のような陽気だった。

(2) 人生はあたかもはかなく消える夢のごときものである。

(3) 彼は、あたかも自分が会の中心人物であるかのように振る舞っていた。

(4) 彼女はいつも、あたかも目の前にその光景が浮かび上がってくるかのような話し方で、人々を魅了する。

(5) その人は、あたかもファッション雑誌からそのまま抜け出してきたかのような最新流行のファッションで全身を飾って、パーティーに現れた。

(6) 大火事がおさまると、街はあたかも空襲で焼き払われたかのごとく、ビルも家も跡形もなく燃え尽きてしまっていた。

ある状態を他の状態に例えて説明するのに用いられ、それが実際には違うがたいへんよく似ている様子であることを表す。くだけた話し言葉ではほとんど使われず、小説や書き言葉で使われる。話し言葉では「まるで」を使う。「ごとし」は古い言葉で、「ごとき・ごとく」のように活用する。

【あっての】 N1

[NあってのN]

(1) 学生あっての大学だ。学生が来なければ、いくらカリキュラムが素晴らしくても意味がない。

(2) 私を見捨てないでください。あなたあっての私なんですから。

(3) お客あっての商売なんだから、まずお客さんの要望に応えなければならないだろう。

「XあってのY」の形で、「XがあるからYも成り立つ」という意味を表す。「XがなければYは成り立たない」という含みをもつ。Xには人を表す名詞が用いられるのが普通。

【あと$_1$】 N5

1 …あと ＜空間＞

[Nのあと]

[V-る／V-た　あと]

(1) みんな私の後についてきてください。

(2) 彼が走っていく後を追いかけた。

(3) 観光客が去ったあとには、お菓子の袋や空きかんが散らばっていた。

(4) チューリップを抜いたあとに見たこともない草が生えてきた。

「空間的に、あるものの後ろ」という意味を表す。(4)は「抜いたその場所」の意味だが、2の＜時間＞の用法と解釈することもできる。次の「…をあとにして」は慣用句で、「…を離れる」の意味。

(例) 彼は、ふるさとの町を後にして、都会へ出ていった。

2 …あと ＜時間＞

a　…あと

[Nのあと]

[V-たあと]

(1) 試験の後はいつも気分が落ち込む。

(2) 今日は夕食の後、友達と映画を見に行くことになっている。

(3) パーティーが終わったあとの部屋はとても散らかっていた。

(4) 彼はアルバイトをやめたあと、特にすることもなくて毎日ぶらぶらしている。

(5) 彼女は新しい上司についてひとしきり文句を言ったあとは、それで気が済んだのか、いつものように働き始めた。

一つのことがらが終わった段階であることを表し、後ろにはそのときの状態やその次に起こることがらが続く。

b　…あと(で／に) N5

[Nのあと　で／に]

[V-たあと　で／に]

(1) 田中さんにはお世話になったから、引っ越しの後で改めてお礼にうかがおう。
(2) 映画を見たあとで食事に行きましょう。
(3) 友達と旅行の約束をしてホテルも予約してしまったあとで、その日が実は出張だったことを思いだした。
(4) 食事を済ませたあと1時間ほど昼寝をした。
(5) みんなが帰ってしまったあとは、いつも寂しい気持ちにおそわれる。
(6) 詳しい釈明を聞いた後にも、やっぱりおかしいという疑念は残っていた。

「そののちに」という意味を表す。時間の流れの中でことがらを順に追いかけて述べるのに用いる。

c　V-たあとから

(1) 募集を締め切ったあとから応募したいと言ってこられても困る。
(2) 新製品の企画を提出したあとから、新しい企画は当分見合わせたいと上司に言われてがっかりした。

「あることがらがすんでしまってから」という意味で、そののちにそれをくつがえすようなことが起こることを述べるのに用いる。

【あと2】

1　あと

(1) 料理はこのくらいあれば十分ですね。あと、飲み物はこれで足りますか？
(2) 以上でだいたい分かったと思いますが、あと、何か質問はありませんか？
(3) A：メンバーはこれだけですね？
B：あ、あと、もしかしたら田中さんも来るかもしれないと言っていました。

文や節の頭に現れ、会話の中で、その状況に必要なことがらを思い出してつけ加えるときに用いる。

2　あと+数量詞

(1) その仕事を片づけるにはあと3日で十分です。
(2) あと二人そろえば野球チームが作れる。
(3) あと10メートルでゴールインというところで、その選手は倒れてしまった。
(4) あと少しで終わりますので、待っていただけますか？

今の状態に一定の数量が加わることを表す。その数量が加われば、あることがらが成立するための条件が整うということを表す場合に用いる。それを逆に考えると、以下のように残りの数量を表すことになる。

(例1) 卒業式まであと1週間だ。←あと1週間で卒業式だ。
(例2) ビールはもうあと2本しかない。←あと2本でビールはなくなる。
(例3) サラダがあと少し残っています。←あと少しでサラダも終わりです。

【あとから】

(1) あとから文句を言われても困るので、

何か言いたいことがある人は今のうちに出してください。
(2) 山下さんがパーティーに来るというので喜んでいたら、あとから出席できなくなったという連絡がきた。
(3) ツアーに参加したいという人があとからあとから出てきて、調整するのに困った。

あることが一段落したり終わったりしたのに、またそれに関わること、それをくつがえすようなことが起こることを言うのに用いる。

【あとで】

(1) あとでまた電話します。
(2) あとで一緒に食事しませんか？
(3) A：おかあさん、お人形の首がとれちゃった。直してよ。
B：はいはい、あとでね。
A：あとじゃなくて今。
B：今忙しいんだから、ちょっと待ちなさい。

発話時より以後の時点を表す。(3)のように、今すぐしたくないことについて、断るのに用いられることもある。

【あとは…だけ】

(1) メンバーはほとんどそろって、あとは田中さんだけなのだが、なぜか予定の時刻を過ぎても現れる気配がない。
(2) 料理は全部できあがったし部屋も片づいたし、あとはみんなが来るのを待つばかりだ。
(3) コンサートのプログラムもとどこおりなく進み、あとは最後の難曲を残すのみとなった。

後ろに「だけ・のみ・ばかり」を伴って、あることがらが成立するための条件を表す。ほとんどの条件はそろっていて、残っている条件はわずかであることを表すのに用いる。

【あまり】N5

話し言葉で強めるときには「あんまり」となる。

1 あまり／あんまり …ない N5

[あまり N／Na ではない]

[あまりA-くない]

[あまりV-ない]

(1) あまり重要でない仕事はあとに回して、急ぎの仕事から始めましょう。
(2) 今はあまりおなかがすいていないので、ケーキはいりません。
(3) 母はあまり体が丈夫な方ではない。
(4) このごろあんまり映画を見ていない。
(5) けさはあまりごはんを食べなかった。
(6) 今日はあんまりお金がないので、CDを買うのは今度にしよう。

後ろに否定の表現を伴って、程度が高くないことを表す。動詞に付く場合は、頻度が高くないことや量が多くないことを表す。

2 あまり／あんまり

a あまりに(も)／あんまり(にも)

(1) あまりにおかしくて涙が出た。
(2) ゆったりしたシャツは好きだが、これはあまりにも大きすぎる。
(3) ここのカレーはあまりにまずくて、とても食べられたものではない。
(4) その人の申し出はあまりにも急な話だったので、すぐにOKするのはためらわれた。
(5) 彼があまりに僕の失敗を笑うから、

だんだん腹が立ってきてなぐってしまった。

形容詞に付くのがふつうだが(5)のように動詞に付くこともある。形容詞や動詞の表す程度が常識から考えて激しすぎることを表す。非難・マイナスの気持ちを表すことが多い。「...すぎる」が続くことも多い。また、後ろに「...て・ので・から」を伴って、程度が高すぎることから必然的に起こることがらや、そこから引き出される判断・結果などを述べることも多い。

b　あまりのN　に／で

(1) あまりの驚きに声も出なかった。

(2) 海水浴に行ったが、あまりの人出でぐったり疲れてしまった。

(3) あまりの問題の複雑さに、解決策を考える気力もわかない。

(4) あまりの忙しさに、とうとう彼は体をこわして入院するはめになってしまった。

「あんまり」は使わない。程度の意味を含む名詞に付いて、「その程度が高すぎるために」という意味を表す。後半にはそれが原因で必然的に起こる結果を述べる表現が続く。

(誤)　あまりの宿題に頭が痛くなった。

(正)　あまりの宿題の多さに頭が痛くなった。

c　あまりに(も)／あんまり(にも)　...と

(1) あまりに安いとかえって心配だ。

(2) 大きいバッグは便利だけど、あまりにも大きいと、重すぎて運びにくい。

(3) あんまりにもボリュームを上げると隣の家に迷惑だ。

程度が高すぎることを述べる。後半にはそこから必然的に起こる結果を述べる表現が続く。

d　...あまり(に) N2N3

[Nのあまり(に)]

[V-るあまり(に)]

(1) 母は悲しみのあまり、病の床に就いてしまった。

(2) 彼は驚きのあまりに、手に持っていたカップを落としてしまった。

(3) 忙しさのあまり、友達に電話をしなければならないのをすっかり忘れていた。

(4) 子供のことを心配するあまり、つい口を出しては嫌がられてしまう。

(5) 何とか試合に勝とうと焦るあまり、かえってミスをしてしまった。

(6) 彼女は彼のことを想うあまりに自分のことを犠牲にしてしまっている。

「あんまり」は使わない。感情や状態を表す名詞や動詞に付いて、その程度が極端であることを表し、後半ではそのために起こってしまった良くない結果を述べる。

3　数量詞+あまり

(1) その会の出席者は100名あまりだった。

(2) ここから駅までは5キロあまりだ。

(3) 事故発生から2カ月あまりが経って、ようやく原因が突き止められた。

その数よりもいくらか多いことを表す。厳密な数には付かない。書き言葉的。

(誤)　ベーコンを235グラムあまり買った。

(正)　ベーコンを200グラムあまり買った。

4　...なんてあんまりだ

(1) 誰も私のことを覚えていてくれなかったなんて、あんまりだ。

(2) A：君は明日から補欠だ。
　　B：ええっ、監督、それはあんまりですよ。もう一度チャンスをいただけませんか？

(3) A：あの人、何をやらせてもミスが多いのよね。この間は大事な書類を電車に置き忘れるし。あの人が辞めてくれれば、もっと何でもスムーズにいくのに。

B：そういう言い方ってあんまりじゃない？　彼女まだ経験も浅いんだし、その割には頑張ってるじゃない。

(4) ある日突然解雇するなんて、あんまりと言えばあんまりだ。

「あまり」は使わない。「なんて」の他に「って・は・とは」などが用いられることがある。前の話を受けて「それはひどい」という強い抗議の気持ちを表す。おもに話し言葉で用いる。(4)は「あんまりといえばあんまりだ」で慣用句。

【あらためる】N2N3

[VR-あらためる]

(1) この文章の内容を子供向けに書き改めてくださいませんか？

(2) 自分のしたことを悔い改めて、人生をやり直すことにした。

動詞の連用形に付くが、付く動詞は限られている。元のものの欠点を直して、一から新しいものに変えることを表す。

【ある】

否定形は「ない」。

1 NにNがある N5

(1) あそこに小学校があります。

(2) 銀行の前に郵便局があります。

(3) その公園には桜の木がたくさんある。

ものの存在を表す。存在の場所は助詞の「に」、存在するものは助詞の「が」を用いて示す。

人や動物など自分の力で動けるものの存在を表すときは「いる」を使い、「ある」は使えない。生きているものでも、木や花のような動かないものの存在を表すときは「いる」が使えず、「ある」を使う。

→【いる】1

2 NはNにある N5

(1) A：郵便局はどこにありますか？

B：郵便局はあそこにあります。

(2) 新聞はソファーの上にありますよ。

(3) 私たちが泊まったホテルは海の見える丘の上にありました。

あるもののありかが問題になるような状況で、それがどこに存在するのかを述べるのに用いる。存在するものは助詞の「は」、存在の場所は助詞の「に」を用いて示す。「は」で示されるものはすでに話題に上ったものであることもあるが、話の状況からそのものが取り上げられる場合もある。例えば旅行の話をしているときであれば、泊まったホテルの所在を問題にするのは自然な流れなので、これまでにホテルが話題に上っていないときでも(3)を言うことができる。

→【ある】1【いる】2

3 N(に)はNがある N5

(1) わたしは、暇はあるが、金がない。

(2) 彼女には特別な才能がある。

(3) A：いま、時間がある？

B：うん、なに？

A：ちょっと、相談したいことがあるんだけど。

ものを所有していることを表す。「時間が／暇が／用事が／約束が／連絡が／夢が／希望が／不安がある」などの表現がある。人に対しても「兄弟が三人ある」などと言える。

4 NはNにNがある

(1) あの工場は安全管理の仕方に問題がある。

(2) 体調が悪かったのは食事に原因があった。

(3) この薬は痛みに効果がある。

「N1はN2に…がある」の形で、N1に関する「問題・原因・効果・特徴」などの抽象的なことがらがN2であるということを示す。

5 NでNがある N5

(1) 明日の1時から文化会館で講演会がある。
(2) 秋は日本中で祭りがある。
(3) 昨日、ホテルで親戚の結婚式があった。
(4) 3丁目の交差点でよく事故がある。
(5) 村で事件があった晩は雨が降っていた。

会議、コンサート、展覧会、パーティー、試合などの行事や、事故、事件などの出来事を表す名詞を「が」で受けて、その出来事が行われることを表す。出来事の場所を示す助詞は「に」ではなく、「で」を用いる。

6 ある

→【てある】

【あるいは】 N2N3

書き言葉的な表現。改まった話し言葉でも使われる。

1 あるいは

a N(か)あるいはN

(1) 黒あるいは青のペンで記入してください。
(2) 欠席する場合には、口頭かあるいは書面で届け出ること。
(3) このクラブの施設は、会員あるいはその家族に限り、使用することができます。
(4) 被害者は、包丁あるいは登山ナイフのようなもので殺害されたらしい。

「X（か）あるいはY」の形で使われて、「XかYのどちらか」という意味を表す。(1)(2)のように、「XでもYでもよいが、どちらか一方を選びなさい」という指示を与える場合によく使われる。また、(3)のように条件を示す場合に使われて、「XかYのどちらかに当てはまればよい」という場合に使う。(4)は、「XY二つの可能性があって、どちらかわからない」というような場合によく使われる。

似た表現に「XかY・XまたはY・XもしくはY」がある。日常の話し言葉では「XかY」が、よく使われる。

b …か、あるいは

(1) 申し込み書類は、郵送するかあるいは事務所まで持参してください。
(2) A：福岡へは、どうやって行ったらいいですかね？
B：そうですね。新幹線で行くか、あるいは飛行機で行くか、でしょうね。
(3) 社会人大学院に入学するためには、定職に就いているか、あるいは25歳以上であることが条件である。
(4) 就職しようか、あるいは進学しようかと迷っている。
(5) A：被害者は、犯人は知らない男だと言っています。
B：本当に知らないか、あるいは知らないふりをしているか、どちらかだな。
(6) 景気は数年で回復するのか、あるいは何十年もかかるのか、まったく予想できない。

「XかあるいはY」の形で使われて、「XかYのどちらか」という意味を表す。(1)(2)は、「XでもYでもよいが、どちらか一方を選ぶ」場合の例。(3)は、「XかYのどちらかの条件に当てはまれば、どちらでもよい」という場合で、XY両方に当てはまっていてもかまわない。(4)〜(6)は、「XY二つの可能性があって、どちらかわからない」場合の例である。

2 あるいは…かもしれない

(1) このぶんでは、明日はあるいは雪かもしれない。

(2) 彼の言うことは、あるいは本当かもしれない。

(3) これで、手術は三度目だが、今回はあるいはだめかもしれない。

(4) もう何年も国には帰っていない。両親でも生きていれば、あるいは帰りたいと思ったかもしれないが、知った人もほとんどいない今は、特になつかしいとも思わない。

「あるいは…かもしれない」の形で使われて、「その可能性は低いがそうしたこともありうる」という話し手の気持ちを表す。似た表現に「ひょっとすると・もしかすると」がある。

「あるいは…のだろう／…と思われる」など、話し手の推量を表す他の表現とともに使われることもある。

3 あるいは…あるいは

(1) 高校を卒業した生徒たちは、あるいは進学し、あるいは就職し、それぞれの進路を歩み始める。

(2) 美しかった街路樹も、あるいは横倒しになり、あるいは途中から二つに折れて、台風の威力のすさまじさを物語っている。

(3) 風の音は、あるいは泣くが如く、あるいは呻くが如く、高く低く、一晩中谷間に響いた。

複数の状況を述べるのに用いる。

(1)(2)のように、「あるいは…し、あるいは…し」の形で使われて、「あるものは…、あるものは…」というように、複数のもののそれぞれの行動や状態を並べて述べる場合に使う。(3)は、「あるときは…、あるときは…」の意味。書き言葉に使われる改まった表現で、日常の話し言葉では使わない。

【あるまじき…だ】

[NにあるまじきNだ]

(1) 業者から金品を受け取るなど公務員にあるまじきことだ。

(2) 酒を飲んで車を運転するなど警察官にあるまじき行為だ。

(3) 「胎児は人間じゃない」などとは、聖職者にあるまじき発言である。

職業や地位を表す名詞を受けて「…にあってはならないものである」という意味を表す。後ろには「こと・行為・発言・態度」などの名詞が用いられて、ある人の言動が「Nに」で表されたその人の資格・地位・立場にふさわしくないことを非難する場合に用いる。書き言葉的なかたい表現。

【あれで】

1 あれで ＜プラス評価＞

(1) あの人はいつもきついことばかり言っていますが、あれでなかなか優しいところもあるんですよ。

(2) 彼女、体は小さいけど、あれでけっこう体力はあるのよね。

(3) あのレストランって、一見汚くてまずそうに見えるけど、あれでなかなかいけるんですよ。

「なかなか・けっこう」などの語と一緒に用いて、見かけと中身が違っていて思ったより評価できるという気持ちを表す。「あれで」の後に評価できることがらを述べる。話題の中に出てきた人やものをほめるときに用いる。

2 あれで ＜驚き＞

(1) あのコート、あれで4万なら安いものだ。

(2) え、彼女あれでスキー初めてなんですか？　すごくうまいじゃないですか。

(3) 今日の食堂の定食、あれでよく改善したって言えるよね。全然おいしくなってないよ。

(4) あの映画、あれでもアカデミー賞受賞してるんですか？　ちょっとひどすぎると思いませんか？

「あの状態で…である／…という価値がある／…ができる」ことに対する軽い驚きを表す。(1)(2)のように肯定的な場合と(3)(4)のように否定的な場合がある。

【あれでも】

(1) あの人、患者の話を聞こうともしないで、あれでも医者なのですか？

(2) あれでも彼は手伝っているつもりらしいが、かえってじゃまだ。

(3) 子供ならあれでも楽しめるのだろうが、大人にはあんなバカげたゲームはとても耐えられない。

(4) 彼女、あれでもスキー初めてなんですよ。それにしてはうまいでしょ。

話し手、聞き手の知っている第三者の言動やものごとである「あれ」について、それが自分の基準からはずれている、普通のものではないという気持ちを表す。そこから非難につながる場合も多い。後ろに疑問や推量の形を伴うことも多い。

【あんまり】

→【あまり】

【いい】 N5

1 いい

a いい ＜賞賛＞

(1) そのセーターいいですね。よく似合ってますよ。

(2) A：彼女、新婚旅行ギリシャだって。
　B：へえ、いいなあ。

ほめたりうらやましがったりするときに用いる。「ね」や「なあ」を伴う。

b いい ＜断り＞

(1) A：もう一杯どうですか？
　B：いえ、もういいです。

(2) A：ケーキがあるんだけど食べない？
　B：いや、今はいい。

何かを差し出されたとき断るのに用いる。「けっこうです」と同じ。

→【けっこう】2c

c いい ＜注意を促す＞

(1) いいね、今言ったことは誰にもしゃべっちゃだめだよ。

(2) いい？　よく見ててね。ここを押すとスイッチが切れるから、それからコンセントを抜いてね。

(3) いいか、よく聞け。これからは俺がこのグループのリーダーだ。

(4) このグラフを見てください。いいですか？　これは2001年までの世界の人口増加を表したものです。

上昇調のイントネーションで発話される。命令や強い依頼をする前に相手の注意を促し、それが受け入れられる状態かどうかを確認するのに用いる。

d いい から／よ

(1) A：私があと3分早く着いていれば乗り遅れることもなかったので

すが …。

B：もうそのことはいいから。それより今からどうしたらいいかを考えましょう。

(2) A：あ、タクシー1台来ました。どうぞ乗ってください。次がいつ来るかもわかりませんし。

B：いや、いいからどうぞ先に乗ってください。そちらの方が遠いんですから。

(3) A：ねえ、そんな道に入って行って大丈夫？　迷ったらどうするのよ。

B：いいからまかせとけって。こっちの方が近道なんだから。

(4) A：あ、数字の入力はそのキーじゃなくてこっちだよ。

B：いいから、黙ってて。

(5) A：私がちゃんと財布を鞄の中にしまっておけば、とられたりはしなかったのよね。クレジットカードだって別のところに入れておくべきだった。ガイドブックにもそうしろって書いてあったし…。私が悪いのよ。

B：もういいよ。後悔したって始まらない。

相手の言ったことについて、「そんなことは言わなくて／考えなくていい」という意味を表す。相手にそれ以上そういうことを言わせない働きを持つ。相手の気持ちを軽くしたり慰めたり心配するなと言う場合(1)(2)(3)、さらに相手の気遣いがうるさいので黙ってほしいという場合(4)、いくらそういうことを言ってもどうしようもないという場合(5)などがある。「いいから」の形をとると、「気にしなくて／心配しなくていいから黙っていろ」という意味になり、相手の発話をやめさせる力がより強くなる。

2 …がいい

(1) 悪いことばかり覚えて、お前なんか、そのうち警察に捕まるがいいよ。

(2) そこまで言うなら好きにするがいい。後でどうなっても私は知らない。

悪いことが起こるのを願う気持ちを表す。非難・悪口や呪いの言葉として用いられる。古めかしい言い方。

3 …からいい

→【からいい】

4 …ていい

→【ていい】

5 …てもいい

→【てもいい】

6 …といい

→【といい】

【いう】

尊敬語は「おっしゃる」、謙譲語は「申す」となる。

1 いう

a …という N4

(1) みんなには行くと言ったが、やはり行きたくない。

(2) 道子さんは「すぐに行きます」と言いました。

(3) 道子さんはすぐに行くと言いました。

人の言ったことを引用して述べるのに用いる。引用の仕方には(2)のように言ったとおりの言葉を直接引用する場合と(1)や(3)のように間接的に引用する場合がある。間接的に引用するときは文体を普通体にする。発言内容を問う質問は「なんといいましたか」または「どういいましたか」となる。依頼や命令の文を間接的に引用する場合は「…ようにいう」となる。

→【いう】1d

b　…といっている

(1) 山下さんはまだ決められないと言っている。

(2) みんな、それはめでたいことだと言っている。

(3) A：この件について、当局はどう言っているのでしょうか。
　　B：原因の分析がすむまで詳しいことは述べられないと言っています。

(4) 私は行きたくないと言っているのに、認めてもらえそうもない。

ある人の発言が現在でも有効であることを表す。三人称の発言を引用する場合が多いが、自分の発言の場合はそれが聞き入れてもらえないという状況があるのが普通である。

c　…といわれている

(1) この泉の水を飲めば若返ると言われている。

(2) この映画は日本映画史上、最高傑作だと言われている。

(3) 現在世界に数千万人の難民がいると言われている。

一般に流布している説や評判について述べるときに用いる。

d　V-る／V-ない　ようにいう **N4**

(1) ここへ来るように言われました。

(2) 木村さんにすぐ本を返すように言って下さい。

(3) もっと静かにするように言いましょう。

依頼や命令の文を間接的に引用する場合に用いる。

e　Nをいう

(1) おじさんにお礼を言いなさい。

(2) 友達にひどいことを言って嫌われてしまった。

(3) 嘘を言うな。

「お礼・ひどいこと・嘘」などを受けて、言葉によって表現することを表す。

f　Nを…という

(1) 彼はその人を妹だと言って紹介した。

(2) 先生は私の意見を面白いと言ってくれた。

(3) あの人は私のことを馬鹿だと言った。

人やものについて、それに対する評価や関係を述べる。他者の発言を引用する場合に用いる。

2　…という <伝聞>

(1) 彼は卒業後郷里へ帰って母校の教師をしているという。

(2) その僧が去った後、その国は千年の間栄えたという。

(3) アイルランドに蛇がいないのはセントパトリックが追い払ったからだという。

(4) この島の人々は黒潮に乗って南方から渡ってきたのだという。

伝聞や言い伝えを表す表現。伝聞の意味になるのは「という」の形だけで、「といった・といわない」などとすると単なる発言の意になってしまう。ひらがなで書くことが多い。

3　…という <名前>

a　N　は／を　Nという

(1) あの人は名前を白山武彦といいます。

(2) あの船の名前は、なんといいますか？

(3) 私は中山一と申します。どうぞよろしく。

(4) A：これは日本語でなんといいますか？
　　B：扇子といいます。

(5) A：すみませんが、お名前はなんとおっしゃいますか？

B：山田和雄といいます。

「XをYという」や「XはYという」の形で、Xの名前や呼び方を表すのに用いる。「なんといいますか」の「なんと」はくだけた話し言葉では「なんて」となることがある。漢字で「言う」と書いてもよい。(3)の「申す」は「いう」の謙譲語。(5)の「おっしゃる」は尊敬語。

b　N(のこと)をNという

(1) A：国連のことを英語ではなんといいますか？

B：United Nations といいます。

(2) 中国語では「さようなら」を「再見」といいます。

ある言葉を他の言葉で言いかえるのに用いる。「…のことを」の他に「…とは」や「…って」が用いられることもある。

(例) 国連って英語ではなんといいますか？

「…って」は話し言葉で用いる。単なる言いかえでなく言葉の意味を説明したり定義を与えたりする場合には使えない。

(誤) 南風とは南から吹く風といいます。

(正) 南風とは南から吹く風のことです。

4　かというと

→【かというと】

5　からいう

→【からいう】

6　…というN

→【という2】

7　…というか

→【というか】

8　…ということ

→【ということ】

9　…というと

→【というと】

10　…というのは

→【というのは】

11　…というものだ

→【というものだ】

12　…というより

→【より】4

13　…といったらありはしない

→【といったら】1【といったら】2

14　…といったらない

→【といったら】3

15　…にいわせれば

→【にいわせれば】

【いうまでもない】

1　…はいうまでもない

[N(であるの)はいうまでもない]

[Na　である／な　のはいうまでもない]

[A／V　のはいうまでもない]

(1) 健康維持のために充分な睡眠が重要なことは言うまでもありません。

(2) 全然学校に来なかった彼が卒業できなかったのは言うまでもない。

(3) 単位が足りなければ卒業できないのは言うまでもないが、足りていても卒業論文を書かなければ卒業できない。

(4) 仕事につけば収入は増えるが自由時間は少なくなるというのは言うまでもないことだ。

(5) 上司にも気に入られ仕事の成績も伸ばしている彼の次期昇進の可能性は言うまでもない。

(6) A：彼女、今度パリに出張だそうですよ。彼女ならフランス語も完ぺきだし交渉もうまいし、適任ですよね。

B：ええ、それはもう言うまでもな

いですよね。

常識から考えて当然のこと、わかりきったこと、誰もが認めていることであると認める気持ちを表す。

2 いうまでもないことだが

(1) 言うまでもないことだが、ツアー旅行で勝手な行動をとって何か問題が起こっても、それはその人自身の責任だ。

(2) 言うまでもないことですが、この計画はみなさんの御協力があって初めて成功するものです。

(3) 言うまでもないことだけど、結婚披露宴に白い服を着て行ってはいけないんだよ。

文頭に使われて、「もう分かっているはずのことなので言う必要はないが」という意味を表す。分かりきったことを確認するときの前置きとして用いられる。

3 いうまでもなく

(1) 言うまでもなく、私たちをとりまく環境はどんどん汚染されてきている。

(2) 私などが言うまでもなく、彼の芸術的な才能はこれまでの画家には不可能だった新しいものを生み出している。

(3) 言うまでもなく戦争は悪である。

文や節の頭に用いて、「もう分かっているはずのことなので言う必要はないが」という意味を表す。分かりきったことを確認するときの前置きとして用いられる。文頭の場合は「言うまでもないことだが」で言いかえられる。

→【いうまでもない】2

【いか】N4

1 数量詞+いか

(1) なるべく4人以下でグループを作ってください。

(2) 500グラム以下のパックは50円引きです。

(3) 3000円以下で何か記念品を買うとしたら、どんなものがあるでしょうか。

その数を含めてそれより下の数を表す。

2 Nいか

(1) 中学生以下は入場無料です。

(2) 中型以下の車ならこの道を通ることができる。

(3) B4サイズ以下のものでないとこの機械ではコピーできない。

順序や程度のある段階に位置するものを表す名詞を受けて、それを含めてそれより下に並ぶものを表す。

3 Nいかだ

(1) ベテランだと自任しているが、腕前は見習い以下だ。

(2) そんなひどい仕打ちをするとは、あいつは人間以下だ。

名詞が表すものよりも劣っているということを表す。非難したりののしったりするときに用いる。

4 Nいか+数量詞

(1) わが社では、社長以下約300人が全員一丸となって働いています。

(2) 山田キャプテン以下38名、全員そろいました。

(3) その企業グループは、A社以下12社で構成されている。

ある団体について説明するときに用いられ、ある代表者の統率のもとに形成されたまとまったグループであるということを表す。Nが人の場合は、ふつう個人名でなく役職名で言うことが多い。書き言葉や改まった話し言葉として用いられる。

5 いか

(1) 以下同文。

(2) 詳細は以下のとおりです。

文章やスピーチなどで、「ここより後の部分」という意味を表す。おもに書き言葉。

【いがい】N4

1 …いがい

[Nいがい]

[V-る／V-た　いがい]

(1) 来週のパーティーには、山田さん以外みんな行くそうです。

(2) これ以外に、もっといい辞書はありませんか？

(3) 温泉に行ってのんびりする以外にも、何かいい案があったら出してください。

(4) 友人からはがきがきた以外は、今日は特に変わったこともなかった。

「…をのぞいて・そのほかに」という意味を表す。

2 …いがいに…ない

[Nいがいに…ない]

[V-る／V-た　いがいに…ない]

(1) 彼女以外にこの仕事を任せられる人はいない。

(2) 単語は、自分で努力して覚える以外に、習得の方法はない。

(3) スーパーの店員に文句を言った以外には今日は誰とも一言も話さなかった。

「XいがいにYない」の形で、「YであるのはXだけだ」という意味を表す。「…のほかに・…しか…ない」とも言う。

3 V-るいがいにない

(1) こんな古い道具は捨てる以外にないね。

(2) この方法でできるかどうか、やってみる以外にない。

(3) 経済的に苦しくなったので進学を諦める以外になかった。

「そうするしか他に方法がない」という意味を表す。

【いかなる】

「いかなる」の後には必ず名詞が来る。改まった書き言葉に用いられる。話し言葉では「どんな」となることが多い。

→【どんな】

1 いかなるN(+助詞)も

(1) 彼はいかなる困難にも負けないほど強い精神力の持ち主だった。

(2) いかなる罰則も暴走族の取り締まりには効を奏しなかった。

(3) この制御システムは、いかなる非常事態にも対応できるよう綿密に作られている。

(4) いかなる賞賛の言葉も彼女のすばらしさには及ばない。

「Nのもっとも極端なもの」の意味。Nを強調して述語のことがらの確かさを強めるのに用いる。

2 いかなるNでも

(1) 絵画というのは、いかなる作品でもそこに作者独自の視点が反映されているものだ。

(2) いかなる状況であれ、自分の職務を離れるのは許されないことだ。

(3) それがいかなる方法であれ、それによって結果的に多くの人が助かるのならやってみるべきではなかろうか。

(4) いかなる意見であっても、出されたものは一応検討してみる必要があるだろう。

「いかなるNでも／Nであれ／Nであっても」の形で「Nであればどんなに極端なもの／普通でないものでも」の意味を表す。後半の文の前置きで、それによって後半の主張を強める。

3 いかなる…とも

[いかなるNであろうとも]

[いかなるN+助詞+V-ようとも]

(1) いかなる状況になろうとも、断固として戦い抜く決意だ。

(2) 彼なら、いかなる環境におかれようとも自らの道を歩んで行くことができるであろう。

(3) いかなることがらが起きようとも、常に冷静に事態を判断する能力を身につけなければならない。

(4) いかなる役割であろうとも、与えられれば誠意を尽くして精いっぱいやるのが私たちの務めだ。

「どんな困難なこと／極端なこと／普通でないことでも」という意味。

【いかに】N1

書き言葉で用いられる。話し言葉では「どんなに」となることが多い。

1 いかに…か

(1) この町がいかに暮らしやすいかは、住んでいる人の表情からもうかがわれる。

(2) この仕事がいかに精神的な苦労が多いかが、手伝ってみて初めて実感できた。

(3) あの人がいかにつきあいにくい人かおわかりいただけるだろうか。

(4) 愛する夫を飛行機事故で失って、彼女がいかにつらい思いをしているか、想像しただけで胸が痛くなる。

「いかに」の後に形容詞や「やすい・にくい」などが続き、「どれほど…であるか」という意味を表す。程度がひじょうにはなはだしいという意味を含むことが多い。

→【にくい】【やすい】

2 いかに…ても

[いかに N／Na でも]

[いかにA-くても]

[いかにV-ても]

(1) いかに工夫をこらしても、家族は私の料理には何の関心も示さない。

(2) いかに精巧なコンピュータでも、しょせん機械はただの機械だ。

(3) いかに歌が上手でも、人をひきつける魅力がなければ歌手にはなれない。

(4) いかに頭がよくても体が弱くてはこの仕事はつとまらない。

「どれほど…でも」という意味を表し、その後の部分を強く主張する。

3 いかに…といっても

(1) いかに彼が有能だと言っても、こんな難題を一人で処理することは不可能だろう。

(2) いかに医療技術が進んだと言っても、治療して必ず快復するとは限らない。

(3) いかに彼女が多忙を極めていると言っても、電話1本をかける時間もないということはないだろう。

「…ということは事実として認めるが、それでも」という意味。後半は前半と矛盾することがらであり、前半を認めた上で後半を主張するのに用いる。

4 いかに…とはいえ

(1) いかに家賃が高いとはいえ、こんなに環境がいいのなら納得できるのではないか。

(2) いかに才能があるとは言え、まだ8才の少年だ。友達と遊びたい盛りだろう。

(3) いかに豊かになったとはいえ、まだまだ問題は多い。

「いかに…といっても」と同じだが、よりかたい書き言葉。

→【いかに】3

5 いかに…ようと(も)

[いかに N/Na であろうと(も)]

[いかにA-かろうと(も)]

[いかにV-ようと(も)]

(1) いかに便利な機械であろうと、それを使うことによって手で作る喜びが失われてしまうのだとしたら、使う意味はない。

(2) いかに困難であろうと、やってみれば何らかの解決策は見えてくるはずだ。

(3) いかにスポーツで体を鍛えようと、栄養のバランスが取れていなければ健康にはなれない。

(4) いかに努力しようとも努力しすぎるということはない。

(5) いかにみんなにほめられようと、しょせん素人の作品じゃないか。それにこんな値段つけるなんて信じられないよ。

(6) いかに仕事が苦しかろうとも決して文句を言わない。

「いかに…ても」と同じだが、よりかたい書き言葉。

→【いかに】2

【いかにも】N1

1 いかにも …らしい/…そうだ

a いかにもNらしい

(1) 今日はいかにも秋らしい天気だ。

(2) 彼女はいつもいかにも教師らしい服装をしている。

(3) その家はいかにも旧家らしく、どっしりとした古めかしい作りだった。

「名詞+らしい」を伴い、「そのものの典型的な特徴/性質がよく現れている、あるいはそのものにふさわしい様子である」という意味を表す。「いかにも」によって「らしい」の意味が強められている。

b いかにも…そうだ

[いかにもNaそうだ]

[いかにもA-そうだ]

(1) そのサンマはとれたてで、いかにもおいしそうだった。

(2) その映画はストーリーを聞くといかにもおもしろそうなのだが、配役が気に入らないので見に行く気が起きない。

(3) 新しい電子レンジはいろいろな機能がついていかにも便利そうだ。

(4) 母はいかにも行きたくなさそうな様子をしていたが、結局サッカーの試合を一番楽しんだのは母だった。

形容詞が「そうだ」を伴い、「見たところ非常に…と思える」の意味を表す。「ない」は「なさそうだ」となる。「いかにも」によって「そうだ」の意味が強められている。

2 いかにも

(1) A:結局、この計画が成功するかしないかは、皆の努力にかかっているわけですね。

B:いかにもその通りです。

(2) A：この指輪は特別に作らせたものでございますか？

B：いかにも。宝石のデザインでは右に出るものはいないという優れた職人に頼んだものだ。

「そうだ・そのとおりだ」の意味。相手に同意するのに用いる。話し言葉だが古めかしい表現。(2)はおもに古めかしい男性的な言い方で、現在女性や若い男性はあまり使わない。

【いかん】

1 Nいかん N1

(1) これが成功するかどうかはみんなの努力いかんだ。

(2) 環境破壊を食い止めることは、私達一人一人の心掛けいかんだ。

(3) 政治改革の実現は、連立政権の結束いかんにかかっている。

「あることがらが実現するかどうかはその内容／状態による」という意味を表す。「…しだいだ」とも言う。

→【しだい】1

2 Nいかん で／によって(は) N1

(1) 会議の結果いかんでは、予算は変更される可能性がある。

(2) 参加するかどうかはその日の体調いかんで決まる。

(3) 客の出足いかんでは1週間で上映を打ち切られる可能性もある。

(4) 今年度の売上いかんによって事業を縮小するかどうかが決まる。

(5) 農業政策のありかたいかんによっては穀物相場に重大な影響が及ぶ。

「その内容／状態によって・それに対応して」という意味を表す。「…しだいで」とも言う。

3 N(の)いかんに よらず／かかわらず N1

(1) 学歴や経験いかんによらず、営業実績で給料を決める。

(2) 彼の行いは、理由のいかんにかかわらず、許すことができない。

(3) 本人の意志いかんにかかわらず、今すぐ入院させなければいけない。

「その内容／状態がどのようなものであっても」という意味を表す。

【いく】

→【ていく】

【いくら】

1 いくら N5

a いくら ＜質問＞ N5

(1) この本はいくらですか？

(2) 東京まで片道いくらですか？

(3) この絵はいくらぐらいかなあ。

値段が不明であることを表し、値段を聞くのに用いる。

b いくら ＜不定＞ N5

(1) いくらならこの仕事をひきうけてもらえますか？

(2) フリーマーケットに出す品物は、それぞれいくらで売るということを決めてこの書類に金額を書き込んでください。

(3) いくら持ってきてくれという形で注文しないと、後でまた頼まなければならなくなったりするから、個数を確認してください。

値段や数量が不定であることを表し、はっきりその数値が言えないときや言う必要のないときに用いる。

2 いくらでも

(1) ビールならまだいくらでもあるから、安心して飲んでください。

(2) これだけ暇ならいくらでも好きなことができる。

(3) この条件なら、やりたい人はいくらでもいるでしょう。

(4) いくらでもいたいだけここにいてくれてかまわないよ。

限りがない様子を表す。「望めば望んだだけ」という意味。

3 いくらも…ない

(1) もうワインはいくらも残っていない。

(2) バスがでるまで時間はもういくらもない。

(3) 駅までは歩いていくらもかからなかった。

(4) 収入はいくらにもならないが、やることに意味がある。

数量がとても少ないという意味を表す。

4 いくら…ても

a いくらNでも N4

(1) いくら子供でもそれぐらいのことは分かるだろう。

(2) いくら規則でも、こんなばかげた規則には従えない。

(3) いくら商売でも、嫌な客の前でいい顔をするのはむずかしい。

「Nではあるが、しかし」の意味。Nであればそうではないのが普通であることを認めながら、「でもしかし」という気持ちを表す。

b いくら Naでも／A-くても N4

(1) いくら正直でも欲のない人間はいない。

(2) いくら無学でもそれくらいのことは知っている。

(3) いくらつらくても一言も文句を言わなかった。

(4) いくら早くても、あと3日はかかる。

(5) いくら高くても構いませんから、買ってきてください。

「非常にNa／Aであるのに、しかし」の意味。また、(4)(5)のように、「どれほど…であったとしても」の意味を表すこともある。

c いくらV-ても N4

(1) いくら練習してもうまくならない。

(2) いくら食べても太らない。

(3) 彼はいくら誘っても一度もパーティーに顔を出してくれない。

(4) 私がいくら「お祝いにはバラの花束をあげよう」と言っても、誰も賛成してくれなかった。

「どんなにたくさん／何度も／一生懸命…しても」の意味。程度を強調するのに用いる。その動作が繰り返し行われた、あるいは極端な程度まで行われたにもかかわらず期待する結果が得られなかったというニュアンスを伴う。

d いくら…といっても
[いくらNaだといっても]
[いくらA-いといっても]

(1) いくら給料がいいと言っても、残業がそんなに多いのではあまりいい条件とは言えない。

(2) いくら甘いものが好きだと言っても、一度にケーキを3つは食べられない。

(3) いくら高いといっても、たかがおもちゃだ。たいしたことはないだろう。

「…であるということは認めるが、それでも」の意味。後の部分を強調して主張する。

e いくら…からといって(も)

(1) いくら淋しいからと言って、夜中の3

時に友達に電話するなんて非常識だ。

(2) いくら体にいいからと言っても、毎日同じものばかり食べていては病気になってしまう。

(3) いくら新しいのを買うからと言っても、何も古いのをすぐに捨ててしまうことはないんじゃないか。

「いくらXからといって(も) Y」で、「XだからYという結論になると思っているのだろうが、それはおかしい」という軽い非難の気持ちを表す。後にYに対する反論を伴う。例えば(1)「X:淋しい」だから「Y:夜中に友達に電話する」のは「非常識だ」。

f　いくら…からといっても

(1) いくら才能がないからと言っても、10年もピアノをやっていれば簡単な伴奏ぐらいはできる。

(2) いくら不器用だからと言っても、それだけきれいにセーターが編めれば上出来だ。

(3) いくら私が料理がうまいからと言っても、プロとは違うんだから難しいものは作れませんよ。

「いくら…からといって(も)」と似ているが、「XだからY」のYの部分が表れない形。「Xでも(Yという結論にはならず) Zだ」という意味で、Yに対する反論を述べる。例えば(1)「X:ピアノの才能がない」でも「Y:ピアノがひけない」ことはなく「Z:簡単な伴奏はできるはずだ」。

→【いくら】4e

g　いくらなんでも

(1) そういう言い方はいくらなんでもひどすぎるよ。

(2) いくらなんでも、その服は派手すぎないか?

(3) この料理はいくらなんでも辛すぎる。

副詞的な慣用句。「…すぎる」と共に用いられることが多い。「いろいろな事情を考慮に入れてみてもやはりおかしい/ふつうではない/常識の範囲を超えている」というような非難の気持ちを表す。

→【すぎる】1

5　いくらV-たところで

(1) いくらがんばってみたところで結果的には同じことだ。

(2) いくら隠してみたところで、もうみんなにはばれているんだから仕方がないよ。

(3) いくらいいドレスを買ったところで、どうせ着ていくところがないんだから無駄になるだけだ。

(4) あの人には自分の意見を変える気はないのだから、いくら話し合ったところでどうにもならない。

後ろに「同じだ・仕方がない・無駄だ」などの語が来て、「どんなに一生懸命…しても、その状態は変わらない・一生懸命そういうことをするのは無駄だ」という意味を表す。「いくらV-ても」と似ているが、こちらはその行為の結果が無意味なのはすでにわかっているというあきらめの気持ちを伴う。「だからやめた方がいい」というアドバイスに用いる。

→【いくら】4c

【いけない】

→【てはいけない1】【てはいけない2】【なくては】2【なければ】2

【いご】N2N3

1　Nいご

(1) あの事件以後、そこを訪れる人はほとんどいなくなった。

(2) 8時以後は外出禁止です。

ある出来事や時間を表す名詞を受けてその時点より後の時間を表す。

2 いご

(1) 以後私達はこの問題に関しては手を引きます。
(2) 以後この話はなかったことにしてください。
(3) 以後よろしく。

「今から後・これから」という意味。

【いささか】

1 いささか

(1) 今回の試験は前回に比べていささか難解すぎたように思う。
(2) みんなが自分勝手なことばかり言うので、いささか頭にきている。
(3) この部屋は事務所にするにはいささか狭すぎるのではないか？

「少し・いくらか」という意味。「かなり・相当」の意味を婉曲にいう場合にも使われる。

2 いささかも…ない

(1) 今回の事件には私はいささかも関係ございません。
(2) 突然の知らせにも彼はいささかも動じなかった。
(3) 彼女は自分に反対する人に対してはいささかも容赦しないので、みんなから恐れられている。

「少しも／まったく…ない」という意味を表す。

【いざしらず】

[Nはいざしらず]

(1) 昔はいざしらず、今は会社を10も持つ大実業家だ。
(2) 他の人はいざしらず、私は彼を許すわけにはいかない。
(3) 幼稚園の子供ならいざしらず、大学生にもなって洗濯もできないとは驚いた。
(4) 暇なときだったらいざしらず、こんなに忙しいときに客に長居されてはたまらない。
(5) 国内旅行ならいざしらず、海外旅行に行くとなると、準備も大変だ。

名詞を「は・なら・だったら」などで取り立てたものを受けて「…についてはどうだかわからないが・…はともかくとして」という意味を表す。前後には「昔－今」「幼稚園の子供－大学生」「暇なとき－忙しいとき」などのように、対比的なことがらが述べられ、後半のことがらが前半のことがらよりも程度や重要性の点で勝っていたり、特別な場合であるということを表すのに用いる。後半には驚きや「大変だ」といった意味の表現が続くことが多い。(1)は、慣用表現で、「昔とはちがって」という意味。

【いじょう】 N4

1 数量詞+いじょう

(1) 男性は45キロ以上なら献血できる。
(2) 65才以上の人は入場料が安くなる。
(3) 夏休みの間に食文化に関する本を3冊以上読んでレポートを書きなさい。

その数を含めてそれより多い数を表す。

2 いじょう　の／に

a …いじょうのN

[NいじょうのN]

[V-る／V-た　いじょうのN]

(1) 自分の能力以上の仕事を与えられるのは悪いことではない。
(2) その薬は期待以上の効果をもたらした。

(3) 彼はみんなが期待している以上の働きをきっとしてくれる人だ。
(4) これ以上のことは今はお話しできません。
(5) 落ち込んでいる友達に対して、私には慰めの言葉をかける以上のことは何もしてあげられない。
(6) 新しく入ったアルバイトの学生は、命令された以上のことをやろうとしないのでほとんど役に立たない。

「名詞や動詞が表すものごとより程度の高いものごと」という意味を表す。そのことが上限であったのがそれ以上になるという場合(1)～(3)や、そのことが上限なのでそれより上には行かないという場合(4)～(6)がある。

b　…いじょうに

[Nいじょうに]

[V-る／V-た　いじょうに]

(1) あの人は噂以上におっちょこちょいだ。
(2) 試験の点は想像以上に悪かった。
(3) 彼女は日本人以上に日本の歴史について詳しい。
(4) そのレストランはみんなが言う以上にサービスも味も申し分なかった。
(5) 彼は思っていた以上に神経が細やかでよく気の付く人だった。
(6) ほかの人以上に練習しているつもりなのに、全然ピアノが上達しない。

名詞や動詞に接続して、「…よりもっと・…もかなりの程度だが、それよりもさらに」という意味を表す。

3　これ／それ／あれ　いじょう

a　これいじょう+修飾句+Nは…ない

(1) これ以上わかりやすい教科書は、今のところない。
(2) あれ以上くだらない映画もめったにない。
(3) あの人以上に賢い人は日本中探してもいないだろう。

おもに「これ・それ・あれ」に付き、それによって指し示されているものが最も程度が高いという意味を表す。

b　これいじょう　…ば／…と／…たら／…なら／…ても

(1) これ以上川の水かさが増すと大変なことになる。
(2) これ以上雨が降らなければ、畑の作物は全滅するだろう。
(3) それ以上努力してもおそらく何の成果もあがらないと思うよ。
(4) 今のような生活をこれ以上続けたら、きっと彼は体をこわしてしまうだろう。

「これいじょう」の他に「それいじょう・あれいじょう」も用いる。「今の状態よりもっと高い程度であったら／であっても」という意味。「今でさえかなり高い程度であるのに」という意味が含まれることが多い。

c　これいじょうV-て

(1) それ以上頑張ってどうなると言うのだ。
(2) 彼女、あんなに細いのに、あれ以上ダイエットしてどうするんだろう。
(3) あなた、これ以上お金をためて、いったい何に使うつもり？

おもに「これ・それ・あれ」に接続し、「今の状態よりもっと…する」という意味を表す。後ろに「どうなるのか・どうするのか・何をするのか・何になるのか」などを伴って、「そんなことをしても無意味だ／しかたがない」という意味を表すことが多い。

d　これいじょう…は+否定的表現

(1) お互いこれ以上争うのはやめましょ

うよ。

(2) もうこれ以上今のような忙しい生活には耐えられない。

(3) さすが田中さんだ。ほかの人にはあれ以上の発明はちょっとできないだろう。

(4) 雪もひどくなってきたし、もうこれ以上先へ進むのは危険だ。ここであきらめて下山しよう。

(5) A：もっと安くなりませんか？
B：もうこれ以上は勘弁してくださいよ。これでももうほとんどもうけがないくらいなんですから。

おもに「これ・それ・あれ」に接続し、後ろに「できない・難しい・耐えられない・やめよう」などの否定的な意味を表す表現を伴って、今の状態が最高の程度で、それより上の程度に進むことはできないという意味を表す。

4 Vいじょう(は)

(1) 絶対にできると言ってしまった以上、どんな失敗も許されない。

(2) 全員一致で選ばれてクラブの部長になる以上、みんなの信頼を裏切るようなことだけはしたくない。

(3) 大学をやめる以上、学歴に頼らないで生きていける力を自分で身につけなければならない。

(4) こういうことになってしまった以上、私が責任を取って辞めるしか解決策はないだろう。

(5) 私に通訳がちゃんとつとまるかどうかわかりませんが、お引き受けした以上は精一杯の努力はするつもりです。

なんらかの責任や覚悟を伴う行為を表す動詞に付いて、「それをする／したという状況では」という意味を表す。後ろにはそれに伴う覚悟をし、責任を持たなければならないという決意・勧告・義務などの表現が続く。「から(に)は」とも言う。

→【から(に)は】

5 いじょう

a いじょう(の)＋ 数量詞／N

(1) 田中、木村、山本、吉田、以上の4人はあとで私のところに来なさい。

(2) 東京、大阪、京都、神戸、福岡、札幌、以上6つの都市が今回の調査対象となります。

(3) 自分の長所、短所、今一番関心のあること、将来の夢、以上4点をはっきりさせて自己紹介文を書いてください。

(4) 植物をむやみに採らないこと、火の後始末に気を付けること、トイレはきれいに使うこと、以上のことを必ず守ってキャンプしてください。

(5) 発音はきれいか、言語表現は適切か、内容は興味を感じさせるか、訴えたいことははっきり伝わってくるか、以上のような点がスピーチの審査の時におもにポイントとなる。

いくつかの項目を並べあげ、それらをまとめる場合に用いる。

b いじょう

(1) 作業が終わり次第、必ず報告に来ること。以上。

(2) 次の品物を記念品として贈呈します。置き時計一つ、木製本棚二つ、百科事典全20巻一式。以上です。

「これで言うべきことはすべてだ／終わり」の意味。事務的な書類や目録などの文書で使われることが多い。

【いずれ1】N2N3

1 いずれ

(1) 進学と就職といずれの道を選ぶのがいいか、自分でも決めかねている。

(2) 「はい」「いいえ」「どちらでもない」のいずれかに○をつけてください。

二つ、またはそれ以上のうちの一つという意味を表す。「どちら・どれ」の書き言葉的な言い方。

2 いずれにしても

(1) 山田は仕事の都合で遅れるとは言っていたが、いずれにしても来ることにはなっている。

(2) 後遺症が出る可能性もあるが、いずれにしても回復に向かっていることだけは確かだ。

(3) 彼が辞めるのがいいのかどうかはわからないが、いずれにしてもこのまま放っておくわけにはいかない。

(4) A：ここでついでにお昼ご飯食べましょうか。

B：そうですね。いずれにしても、どこかで食べておかなきゃならないんだし。

文や節の頭に現れて、「いろいろな可能性はあるが、どれを取ったとしてもとにかく」という意味を表す。「いずれにしても」の後に重点がおかれ、そのことは本当だ、確かだということを言うのに用いる。話し言葉でも書き言葉でも用いられる。改まった言い方では「いずれにしろ・いずれにせよ」となる。「何にしても」に言いかえられる。

→【いずれ1】3 【いずれ1】4

3 いずれにしろ

(1) やりたい仕事はいろいろあるが、いずれにしろこんな不況では希望する職にはつけそうもない。

(2) ちょっと来客があったりするかもしれませんが、いずれにしろこの日なら時間が取れるので大丈夫です。

(3) もっといいパソコンが出るまで待ってもいいけれど、いずれにしろいつかは買わなければならないのなら、この機会に買ってしまったらどう？

「いずれにしても」の改まった言い方。

→【いずれ1】2

4 いずれにせよ

(1) 今日はこの問題にはもう触れませんが、いずれにせよ今後も考えていかなければならないとは思っています。

(2) 今後誰にこの仕事を任せるかは未定だが、いずれにせよ彼にはやめてもらうことに決めた。

「いずれにしても」の改まった言い方。

→【いずれ1】2

5 いずれも

(1) ここにございます宝石類は、いずれも最高級品でございます。

(2) 今日の講演会の話はいずれも大変興味深いものでした。

「どちらも・どれも」の改まった丁寧な言い方。

【いずれ2】N2N3

(1) いずれまた近いうちにおうかがいします。

(2) 今はよくわからなくても、いずれ大人になればわかる時がくるだろう。

(3) その事件については、いずれ警察の方から詳しい説明があることになっています。

(4) いずれこのあたりの山も開発が進んで、住宅地になってしまうだろう。

(5) 円高もいずれ頭打ちになることは目に見えている。

今から先の未来のある時点を表す。それがいつかはわからないが、今の状況から考えると、そのことが起こるときが来るはずだというときに使う。書き言葉的で改まった表現。

【いぜん1】 N1

(1) その問題はいぜん解決されないままになっている。

(2) 裁判ざたになっているにも関わらず、彼は依然自分に責任はないと言い張っている。

(3) ゴルフ場建設の工事は、依然として再開されていない。

あることがらの状態が長い間変わらない様子を表す。「いまだ(に)」とも言う。書き言葉的。「依然として」は慣用句。

→【いまだ】

【いぜん2】 N2N3

1 いぜん

(1) 以前一度このホテルに泊まったことがある。

(2) 彼女は以前の面影はまったくなく、やつれてしまっていた。

(3) 以前から一度あなたとはゆっくりお話ししたいと思っていました。

(4) 先生は以前にも増してお元気そうで、とても70才とは思えないほどだった。

「今よりかなり前」の意味。「前」より改まった表現。

2 Nいぜん <時点>

(1) 彼は入社以前からの友人です。

(2) その地方では先週の大地震以前にも何度も小さな地震が起こっていた。

(3) 彼の40才以前の作品には他の画家の影響が強く見られる。

(4) 犯人は、それ以前にも何回も同じ手口で金を盗んでいたらしい。

名詞が表すときより前の時点を表す。

3 V-るいぜん

(1) 彼は映画監督になる以前は画家だったらしい。

(2) 家具を買う以前に、引っ越し先を決めなければ。

(3) 新しい企画を始める以前に、今までのものをもう一度見直してみる必要もあるのではありませんか?

「ある出来事の前」の意味。ある程度長い期間の中で一定の段階を踏んで連続して起こることがらの時間関係を述べる場合に用いる。

(誤) 私はいつも寝る以前に日記を書く。

4 Nいぜん <段階>

(1) そんなことは常識以前の問題だ。知らない方がおかしいのだ。

(2) 挨拶がきちんとできるかどうかは、能力以前の話だ。いくら仕事ができても礼儀を知らないような人はお断りだ。

(3) 受験者の動機や目的は面接以前の段階での調査項目だ。面接ではもっとほかのことを質問するべきだろう。

名詞を受けてそれが表す段階にまで至っていないことを表す。普通なら当然達しているレベルに達していないという意味が含まれる。非常識なことがらに対する非難に用いられることが多い。

【いただく】

1 Nをいただく N4

(1) 上司から結婚祝いに置時計をいただきました。

(2) 先生にいただいた辞書、今でも大切に使っています。
(3) 上司：これ、お土産。
部下：おっ、地ビールですね。遠慮なくいただきます。

話し手や話し手側の人間が目上の人からものを与えられることを表す。「もらう」の謙譲語。

→【もらう】1

2 V-ていただく

→【ていただく】

【いたって】

→【にいたる】3

【いたっては】

→【にいたる】4

【いたっても】

→【にいたる】5

【いたり】

[Nのいたり]

(1) このたび我が社の長年の社会奉仕活動に対して地域文化賞をいただきましたことは誠に光栄のいたりに存じます。
(2) このような後援会を開いてくださいまして、感激の至りです。
(3) お二人の晴れやかな門出をお祝いできて、ご同慶の至りです。

限られた名詞に付いて、あることのきわみ、最高の状態という意味を表す。改まった挨拶言葉として使われ、「非常に…である」の意味となる。また、次のように、「ものごとの行きつく結果」の意味で用いられることもある。

(例) 彼があなたにずいぶん失礼なことを言ったようですが、若げのいたり(=若さの結果としてのあやまち)と思って、ゆるしてやってください。

【いたる】

→【にいたる】

【いちおう】N2N3

1 いちおうV

(1) お客さんが来る前に、子供部屋も一応かたづけさせた。
(2) 招待状を発送して、記念パーティーの準備は一応全部ととのった。
(3) これは、あくまで一応の処置ということで、本格的な対策はまた後日考えましょう。
(4) 一応見本をお送りしますので、確認の上ご注文ください。
(5) テストの答案は一応ざっと終わりまで見たが、まだ合計点はつけていない。

「ひとまずのところは・さしあたり、今のところは」の意。「この時点で決まったわけではない・最後まで完全にしたわけではない」などの気持ちを含むのが普通である。

(1)、(2)のように「だいたいできた(だいたいこれでいい)」という場合や、(3)～(5)のように本格的な取り組みや最終的な処置はあとに回す(先送りする)という場合があり、文脈によって多少意味が変わる。

改まった書き言葉では「暫定的(ざんていてき)に」がこれに近いが、その場合は一時的な仮の処置であるという意が明確になる。それに対して「いちおう」の方は、心理的、主観的な用法で、必ずしも、仮の処置だとはかぎらないときも使う。また、最近の話し言葉では、「ひとまずのところは」という意味が特にないのに「いちおう」を使うこともある。話し手自身のことに用いて、「完全ではない」と謙遜する気持ちを表すが、ときとして、次のように謙遜する気持ちを表す。

（例） A：ご専門はなんですか？
　　　B：一応物理をやっています。

2 いちおうV-ておく

(1) 会議の前に、書類にいちおう目を通しておいてください。
(2) 一応、今日のところはここまでにしておきましょう。
(3) あの人にも、一応知らせておくべきでしょう。
(4) けがは軽いようですが、念のため一応検査しておきましょう。

「V-ておく」とともに使って、「完全ではないが、一時的な処置として…する」という意味を表す。会話ではいろいろな状況に応じて少しずつ異なる意図で用いられる。また、事態を重くうけとらないようにするという配慮が含まれることも多い。

(1)は、「あまり丁寧にではないが、一通りざっと目を通す」という意味。(2)は、会話で終わりを告げる場合によく使われ、「まだ途中だが終わる(続きがある)」ということを暗示する。(3)は、知らせはするが、その人の反応にはあまり期待していないという気持ちを含んでいる。(4)は、「いちおう」を付けることで、事態が重くないという含みを持たせている。

【いちがいに(は)…ない】

(1) 有機野菜が安全だと一概には言えない。
(2) 私の意見を一概にみんなに押しつけることはできない。
(3) 貿易の自由化がいいとは一概に決められない。
(4) 彼はまちがっていると一概に非難することもできないのではないだろうか。
(5) 彼の案にも利点はあるのだから、そんなことはやっても無駄だと一概に決めつけることはできないだろう。

後ろに「できない・言えない」など可能性を否定する表現を伴って、「単純に／他のことをあまり考慮しないで／自分の都合で…することはできない」の意味を表す。他の条件、状況を考える必要があることを暗示する。

【いちど】 N4

1 いちど　Vと／V-たら

(1) タイ料理は一度食べると忘れられない。
(2) あの森は一度迷い込んだらなかなか外に出られないらしい。
(3) あの作家の小説は一度読み始めるとついつい最後まで一気に読んでしまう。
(4) 一度いいワインの味を知ってしまうと、もう安物は飲めなくなる。

「あることを経験する／ある状態になると、もうその前の状態には戻れない」という意味を表す。

2 いちど　V-ば／V-たら

(1) こんなところは一度来ればたくさんだ。
(2) 一度こういう苦労を経験しておけばもう安心だ。何があっても耐えられる。
(3) 一度やり方がわかれば、後は応用がきく。

「一度あることを経験すれば／あることがわかれば、それで十分だ・似たようなことが起こっても何とかなる」という意味を表す。「二度やる必要はない」という含みがある。(3)のように後に続く状態を述べる場合は「いちどVと／V-たら」で言いかえられる。

→【いちど】1

【いちばん】

→【なか】2

【いつか】

1 いつか

(1) 本を読んでいる間にいつか眠り込んでしまったようだ。

(2) いつか雨はやみ、雲の間から日が射していた。

(3) 動物園はいつか人影もまばらになり、閉園のアナウンスが流れていた。

「気がつかないうちに・知らない間に」の意味。書き言葉で用いられることが多い。話し言葉では「いつのまにか」をよく用いる。文学的な言い方に「いつしか」がある。

→【いつしか】

2 いつかV-た

(1) いつか見た映画の中にもこんな台詞があった。

(2) 彼とはいつかどこかで会ったことがあるような気がする。

(3) この道は前にいつか通ったことがある。

過去の出来事を表す文の中で用いて、はっきりいつとは特定できない過去のある時点を表す。

3 いつか(は)

(1) あいつもいつかはきっと自分の間違いに気づくだろう。

(2) がんばっていれば、いつかはだれかがこの努力を認めてくれるはずだ。

(3) いつか一度でいいから世界中を放浪してみたい。

(4) あの美術館へいつかは行こうと思いながら、全然行く暇がない。

未来の出来事を表す文の中で用いて、はっきりといつとは特定できない未来のある時点を表す。「…する」の他に、「…するはずだ・…するだろう・…したい・…しよう」などの形が文末に来る。また「きっと・かならず」などの副詞を伴うことも多い。

→【かならず】【きっと】

4 いつかのN

(1) いつかのセールスマンがまた来た。

(2) 彼はいつかの交通事故の後遺症がいまだにあって苦しんでいるそうだ。

(3) いつかの件はどうなりましたか？ほら、田村さんに仕事を頼んでみるって言っていたでしょ。

(4) いつかのあの人にもう一度会いたいなあ。

はっきりといつとは特定できない過去のある時点を表す。その時点に何かが起こったことが暗に示されるが、具体的に何が起こったかは文脈によって決まる。例えば(1)の「いつかのセールスマン」は「いつか来た／話をした／電話をかけてくれた」など、様々な可能性がある。

【いっこうに】

[いっこうにV-ない]

(1) 30分待ったが、彼はいっこうに現れない。

(2) 薬を飲んでいるが、熱はいっこうに下がらない。

(3) 毎日練習しているのに、いっこうに上手にならないのはどういうわけだろう。

(4) 何度も手紙を出しているのに、彼女はいっこうに返事をよこさない。

「全然…ない」という意味で、否定の意味を強調する。あることが起こるのを期待してなにかをし続けているにもかかわらず、それが起こりそうにないという状況で用いられ、それに対する苛立ちや不信感などの気持ちが伴う。書き言葉的な表現。

【いっさい】N1

[Nはいっさいない]

[いっさいV-ない]

(1) 計画の変更はいっさいない。

(2) そのような事実はいっさいございません。

(3) なにか問題が起こっても、こちらはいっさい責任を持ちませんので、その点御了承ください。

(4) 詳しいことについての説明はいっさいなされなかった。

(5) 彼は料理にはいっさい手をつけず、お酒ばかり飲んでいた。

「一つも／少しも…ない」という意味で、否定の意味を強調する。「ぜんぜん／まったく…ない」とも言う。書き言葉的。

→【ぜんぜん…ない】【まったく】1

【いつしか】

(1) いつしかあたりは薄暗くなり、人影もまばらになっていた。

(2) 山もいつしか紅葉に染まり、秋が深まっていた。

(3) いつしか雨も止んで、空には虹がかかっていた。

(4) 去年まいた種がいつしか芽を出し、中にはつぼみをつけているものもあった。

「いつか」を強めて言ったもので、「いつのまにか・気がつかないうちに」の意味を表す。書き言葉的で文学作品の中などに用いられる。

→【いつか】1

【いっそ】N1

1 いっそ

(1) A：夏休みの旅行、どこにしようか。
B：いっそ、海外にしない？
A：うん、それもいいね。

(2) 彼に見放されるくらいなら、いっそ死んでしまった方がましだ。

(3) 今の職場はストレスがたまるばかりだし、いっそ思い切って転職してしまおうか。

(4) そんなに住み心地が悪くて困っているのなら、いっそのこと引っ越したらどう？

(5) ステレオは修理に出しても修理代がかさむし、いっそのこと新しいのに買いかえた方がいいかもしれない。

文末に、意志(…よう)、欲求(…たい)、判断(…べきだ)、勧誘(…たらどうか)などの表現を用いて、問題のある状況で、「それを解決するためには思い切って大きく転換をはかることが必要だ」という気持ちを表す。(4)(5)の「いっそのこと」は慣用句。話し言葉的だが、少々古めかしい表現。

2 …よりいっそ(のこと)

[N／V　よりいっそ(のこと)]

(1) 休職よりいっそ転職を考えてみたらどうですか？

(2) 彼に誘われるのを待っているより、いっそのこと自分から誘ってみたらいいんじゃないでしょうか。

(3) このステレオはもう古いし、3万も出して直すよりいっそ買いかえた方がいいかもしれない。

(4) 結果をあれこれ思い悩むより、いっそのこと行動に移してしまった方が気が楽になりますよ。

「XよりいっそY」という形で、ある問題に直面した状況で、「Xはやめて思い切ってYにする」という気持ちを表す。文末には意志(...よう)、欲求(...たい)、判断(...べきだ)、勧誘(...たらどうか)などの表現が用いられる。

【いったい】 N2N3

[いったい+疑問表現]

(1) 山田さんはもう三日も会社を休んでいる。いったい、どうしたのだろう。

(2) こんな遅くに電話してくるなんて、いったい、誰だろう。

(3) いったい全体何が起こったのか、さっぱり見当がつかない。

(4) いったいあいつは今ごろどこで何をしているのだろう。

疑問表現の中で用いられ、わからないという気持ちを強く表す。「いったい全体」はより強い表現。

【いったらありはしない】

→【といったら】1

【いったらない】

→【といったら】3

【いったん ...と/...たら/...ば】

(1) あの人は話好きで、いったん話し出すと止まらない。

(2) いったんテレビゲームを始めると2時間ぐらいはすぐに経ってしまう。

(3) いったんこの段階まで快復すれば、後はもう大丈夫だ。

(4) あの子はいったん言いだすと聞かない。

(5) いったんこんなゆとりのある生活に慣れてしまったら、もう前のような忙しい生活には戻れない。

「ある状態に変化したりあることが始まったりすると、もう前の状態には戻らない」という意味を表す。

【いっぽう】 N2N3

1 いっぽう

a　V-る+いっぽう(で)

(1) 自分の仕事をこなす一方で、部下のめんどうも見なければならない。

(2) 彼は全面的に協力すると言う一方、こちらが何か頼んでも忙しいからと言って断ってくる。

(3) 彼女はお金に困っていると言う一方で、ずいぶん無駄遣いもしているらしい。

「あることを行うのと並行して」という意味で、後ろには、それとは別のことも行っているという表現が続く。

b　いっぽうで(は)...たほうで(は)

(1) この映画は、一方では今年最高との高い評価を受けていながら、他方ではひどい出来だと言われている。

(2) 彼は、一方では女性の社会進出は喜ぶべきことだと言い、他方では女子社員は早く結婚して退職した方がいいと言う。

(3) 彼女は、一方ではボランティア活動は大事だと言っているが、他方では何かと理由をつけて参加するのを避けている。

(4) 急激な経済改革は、一方で都市部の富裕層を、他方で農村部の貧困層を生み出した。

対立する二つのことがらを並べあげて述べるのに用いる。「いっぽうでは…が／のに／ながら／ものの」のような逆接の表現が続くことが多い。

c　いっぽう

(1) 花子は新しい職場で働いていた。一方桃子は新しい環境にまだ馴染めずにいた。

(2) 日本では子供を生まない女性が増えている。一方アメリカでは、結婚しなくても子供はほしいという女性が増えている。

文や節の頭に用いて、前の文で述べられたことがらと対立することがらが次に続くことを表す。「その一方で」となることもある。

(例)　土地の値下がりは現状を見ると絶望的だが、その一方で期待できる点もないわけではない。

2　V-るいっぽうだ

(1) 事態は悪くなる一方だ。

(2) 父の病状は悪化する一方だった。

(3) 仕事は忙しくなる一方で、このままだといつかは倒れてしまいそうだ。

(4) 最近、円は高くなる一方だ。

状況がある一定の方向へとどんどん進んでいって、止まらないことを表す。良くないことが多い。

【いない】 N4

[数量詞+いない]

(1) 10人以内なら乗れます。

(2) おやつは500円以内で買いなさい。

(3) 10分以内に戻ってくるので、待っていてください。

(4) ここから2キロ以内でどこか広くて安いアパートはありませんか？

「その数を含めてその範囲の中・その数が上限でそれを超えない範囲」という意味を表す。

【いまごろ】

1　いまごろになって

(1) 注文していた本が、今ごろになってやっと届いた。

(2) 今ごろになってチケットを予約しようと思ってももう遅いよ。

「今」の意味だが、そのことがらの成立やその行為を行うのが遅すぎるという状況で用いる。

2　いまごろ　V-ても／V-たところで

(1) 今ごろ佐藤さんに電話しても、もううちを出ているのではないだろうか。

(2) 君ねえ、今ごろ来ても遅いよ。もう仕事はすんでしまったよ。

(3) 今ごろがんばってみたところで、もう結果は変わらないだろう。

(4) 今ごろ行ってみたところで、もう食べ物も残っていないだろうし、行くのはよそう。

「いまごろになって」と同じで、「今その行為を行っても遅すぎる／無駄だ」という意味を表す。

→【いまごろ】1

【いまさら】N1

1 いまさら

(1) もうその問題は解決済みなのに、今さらどうしようというのですか。

(2) 今さら何が言いたいのだ。

(3) 今さら謝ってももう遅いよ。

(4) この歳になって何を今さらという感じだが、私は来月から料理学校に通うことにした。

「今になって」の意味。もう終わったり解決したりしてしまっていることについて、終わった話をまた持ち出すときに用いる。相手がそれを問題にしたり蒸し返したりしたときに、非難するのに用いられることも多い。(4)の「何を今さら」は「そのことをする時期はもう終わってしまった」という気持ちを表す慣用句。

2 いまさら V-ても／V-たところで

(1) 今さら文句を言われてもどうしようもない。

(2) 今さら勉強しても、試験にはとうてい間に合わない。

(3) 今さらいやだと言ったところで、しなくてすむわけではない。

(4) これだけ噂が広まっては、今さら隠してみたところで、しかたがない。

「今…してももう遅い」という意味。「今になって」とも言う。否定形と呼応して「いまさら…ても…ない」となることが多い。

3 いまさらながら

(1) 今さらながら彼の賢さには感心する。

(2) 祖父が亡くなって1年たつが、今さらながらもっと長生きしてくれたらよかったのにと残念に思う。

(3) 先生は本当に親身になって心配してくださったんだなあと、今さらながらありがたく思う。

(4) 今度の件では、今さらながら自分の馬鹿さ加減がいやになってしまった。

後ろに「ありがたい・残念だ」など、感情を表す表現を伴って、「以前からある感情を抱いていたが、あることが起こったことで今また改めてその感情を抱いている」という意味を表す。

4 いまさらのように

(1) そういえば昔はここでよく友達と鬼ごっこをしたなあと、今さらのようになつかしく思った。

(2) 昔の写真を見ると、当時の苦労が今さらのように思い出される。

(3) 母はお前も地元で就職すればよかったのにと、今さらのように言う。

後ろに「思う・なつかしむ・言う」などの表現を伴って、「昔のこと／もう終わったこと／忘れてしまったことなどについての感情が今また改めてよみがえる」という意味を表す。「今さらのことのように」とも言う。

【いまだ】N1

1 いまだに

(1) あの人、いまだに病気で寝込んでるんだって。

(2) その喫茶店は客もめっきり減ってしまったが、いまだにがんばって経営を続けている。

(3) 彼はいまだに大学のジャズ研究会に籍をおいて、活動を続けているそうだ。

(4) 祖父が亡くなって7年もたつというのに、いまだに祖父宛の年賀状が何通か届く。

後ろに肯定表現を伴って、ふつうならもうそうではない状態になっているはずなのに、いまでもその状態が続いていることを表す。書き言葉的。「今でも・まだ」とも言う。

→【まだ】2

2 いまだ(に)V-ない

(1) 行方不明の二人の消息は未だにつかめていない。
(2) 申し込んでから1ヶ月以上たつのに、未だに連絡が来ない。
(3) 今回の催しはもう日程まで決まっているのに、内容については未だに何も決まっていない。
(4) 本来ならもうとっくに完成しているはずなのですが、工事は未だに中断されたままで、再開のめども立っていません。

後ろに否定形を伴って、「本当ならあることが起こっているはずなのに、現実にはまだ起こっていない」という意味を表す。期待と現実のずれを表し「まだ」よりも意外な気持ちを強く表す。書き言葉的。

→【まだ】1

【いまでこそ】

[いまでこそ　N／Na　だが]
[いまでこそ　A／V　が]

(1) 今でこそ大都会だが、50年前はのどかな田園地帯だった。
(2) 二人は今でこそ円満に暮らしているが、結婚当初は毎日喧嘩が絶えなかった。
(3) 今でこそ笑って話せるが、当時はたいへんだった。
(4) いまでこそ留学も珍しくないが、お父さんが子供の頃は、留学など夢のまた夢だった。
(5) 今でこそ海外旅行も当たり前になっているが、昔は一生に一度新婚旅行で行くのがやっとという感じだった。

「現在はそのことがらは当然のこととして認められているが」という意味で、「以前はそんなことはまったくなく、正反対の状況だった」ということを表す表現が続く。

【いまに】N2N3

(1) あんなに働いていたら、あいつは今に過労で倒れるだろう。
(2) 田中さんも今にすばらしい小説を書いてくれると信じています。
(3) このまま放っておけば今にこの辺も開発されて自然がなくなってしまいますよ。
(4) いたずらばかりしていると、今にひどい目にあうぞ。
(5) 今に見ていろ。きっと大物になってみせる。

「そのうちに」の意味。近い将来あることが起こるという予想を確信を持って言うときに用いる。相手のことを言う場合は、励ましや忠告、警告になる。(5)の「今に見ていろ」は慣用句で、誰かに対しての挑戦の気持ちを表す。

→【そのうち】

【いまにも】N2N3

[いまにもV_R-そうだ]

(1) 今にも雨が降りそうだ。
(2) 彼女は今にも泣き出しそうな顔をしていた。
(3) 「助けてくれ」と彼は今にも死にそうな声を出した。
(4) 嵐はますます激しくなり、小さな船は今にも沈みそうに波にもまれていた。

あることが今すぐに実現しそうに見える様子を言う。かなり切迫した状況で用いる。

【いまや】

(1) 彼女は今や押しも押されもせぬ花形スターだ。

(2) 今や携帯電話は生活の必需品だ。

(3) 5年前はこのコンピュータも最新機種だったが、今や何の役にも立たない。

(4) 昔は海外旅行と言えばハワイだったが、今や世界中どこにでも行ける。

「今では」の意味。過去と比較して、今はもうそういう古い状態・ことがらは終わってしまい、まったく違う新しい状況になっているのだということを言うのに用いる。

【いよいよ】N2N3

1 いよいよ ＜程度の激化＞

(1) 頂上に近づくにつれ、いよいよ風が冷たくなってきた。

(2) 台風の接近で、雨がいよいよ激しくなってきた。

(3) あの人は、髪型を変えたら、いよいよ美しくなった。

状態の程度がさらに高まる様子を表す。やや書き言葉的で、くだけた会話ではあまり用いない。類義表現に「ますます・いっそう」がある。

2 いよいよ ＜期待の実現＞

(1) いよいよ明日から夏休みです。

(2) いよいよ一等賞の発表です。

(3) 準備期間が長かったが、いよいよ明日から本格的に仕事に取りかかれる。

(4) いよいよという時になって、大きな問題が持ち上がった。

予期していたことや期待していた出来事の実現が近づいた段階にあることを表す。類似の副詞には、「とうとう・やっと・ようやく・ついに」などがある。

この用法の「いよいよ」は、出来事の実現が近い様子を表すため、すでに実現したことを表す文で使うと不自然に感じられる。それに対して「ようやく」はこれから実現することにも、すでに実現したことにも用いることができる。

(誤) いよいよ長い仕事が終わった。

(正) ようやく長い仕事が終わった。

ただし、「待ちに待った休暇がいよいよ始まった」のような文では多少自然に感じられる。これは、3の＜終結段階＞の読みが生じるためであると思われる。

→【いよいよ】3【ついに】1【とうとう】1【やっと】1【ようやく】1

3 いよいよ ＜終結段階＞

(1) 業績悪化で、いよいよあの会社も危なくなってきた。

(2) ずっと返答をあいまいにしていたが、いよいよ決定せざるをえなくなった。

(3) 彼女はプロポーズの返事を引き延ばしていたが、彼の転勤が決まり、いよいよ決断しないわけにはいかなくなった。

(4) いよいよ事態は最終局面を迎えた。

(5) いよいよあしたでお別れですね。

今まで持続していたことがそれ以上維持できずに終結の段階になってきたことを示す。終結を予期していたという意味が含まれる場合が多い。

【いらい】N2N3

1 …いらい

a Nいらい

(1) あれ以来彼女は姿を見せない。

(2) 先週以来ずっと会議続きで、くたくたに疲れきっている。

(3) 母は、去年の入院以来気弱になってしまった。

ある時点や出来事を表す名詞を受けて、「そのときからずっと今に至るまで」という意味を表す。

b　V-ていらい

(1) 夏休みに風邪で寝込んで以来、どうも体の調子が悪い。

(2) 旅行から帰ってきて以来、彼はまるで人が変わったようだ。

(3) スポーツクラブに通うようになって以来、体の調子がいい。

(4) 郊外に引っ越して以来、毎朝の散歩が日課になった。

「過去にある出来事が起こってから、ずっと今に至るまで」という意味を表す。近い過去については用いられない。

（誤）弟は夕方うちに帰ってきて以来、部屋に閉じ籠もったきりだ。

（正）弟は先月イギリス出張から帰ってきて以来、忙しくて毎晩夜中まで帰ってこない。

c　V-ていらいはじめて

(1) 引っ越してきて以来、初めて隣の人と言葉を交わした。

(2) 図書館を利用したのは大学に入って以来初めてのことだ。

(3) この冬になって以来初めての寒波で、死者が6人も出た。

「過去のある時点からずっと時間がたって初めて」という意味を表す。

2　Nは、…いらいだ

[Nは、Nいらいだ]

[Nは、V-ていらいだ]

(1) お会いするのは、去年の9月以来ですね。

(2) 海外に旅行するのは、おととし中国に行って以来だ。

(3) 数学の問題を解いたのは大学入試以来のことだから、もう何年ぶりになるだろうか。

(4) 郷里に帰るのは、7年前に祖父の法事に出た時以来なので、町はかなり様子が変わっていた。

過去の時点や過去の出来事を表す言葉を受けて、そのときからずっと時間がたって久し振りであることを表す。

【いる】

1　NにNがいる N5

(1) あそこに青い鳥がいます。

(2) この大学には留学生が300人ぐらいいます。

(3) 事務所にはだれもいません。

(4) こんな寒い土地にも猿がいるんですね。

(5) むかし大阪に居たことがあります。

(6) ちょっと飲み物を買ってきますからそこに居てください。

人や動物の存在を表す。存在の場所は助詞の「に」、存在する人や動物は助詞の「が」を用いて示す。木や花など動かないものの存在を表すときは「ある」を使い、「いる」は使えない。

→【ある】1

2　NはNにいる N5

(1) A：お姉ちゃんは？
　　B：お姉ちゃんは食堂にいるよ。

(2) A：山田さんいますか？
　　B：山田さんはここじゃなくて、隣の部屋にいます。

ある人や動物のありかが問題になるような状況で、それがどこに存在するのかを述べるのに用いる。存在するものは助詞の「は」、存在の場所は助詞の「に」を用いて示す。すでに話題に上ったものであることもあるが、話の状況からそのものが話題に取り上げられる場合もある。

→【ある】2【いる】1

3 N(に)はNがいる

(1) わたしにはおばさんが5人、おじさんが4人います。
(2) 松本さんは子供が二人いる。
(3) わたしは3人兄弟で、姉と弟がいます。
(4) 恋人はいませんが、いい友達はたくさんいます。
(5) 親がいるあいだに家を建てたいと思っている。

家族や恋人など身近な人との人間関係について述べるのに用いる。

4 いる

→【ている】

【いわば】

[いわばNのような]

[いわばVような]

(1) 私は青春時代を京都で過ごした。私にとって京都はいわば第二の故郷のようなものだ。
(2) 彼ら一族は、みすぼらしい小屋が建ち並ぶ、いわばスラム街のようなところに住んでいる。
(3) そんな商売に手を出すなんて、いわばお金をどぶに捨てるようなものだ。
(4) この小説は、いわば現代の源氏物語とでもいったような作品だ。
(5) コンピュータ・ネットワークは、いわば脳神経のように全地球に張り巡らされている。

「言ってみれば・たとえて言うならば」という意味を表す。あることをわかりやすく説明するために、比喩的に例示するのに用いる。一般的にイメージしやすいよく知られたものやことがらを表す名詞や動詞が用いられる。書き言葉的。

【いわゆる】 N2N3

[いわゆるN]

(1) これがいわゆる日本式経営というものですか。
(2) 私はいわゆる普通の会社員で、役職に就きたいなどとは考えたこともなかった。
(3) 希望した大学に入学して1ヶ月たったが、なぜか楽しくない。これがいわゆる五月病というものなのだろう。
(4) 私はアニメが大好きで、いわゆるオタクだ。

「一般的に...と言われている」という意味を表す。あることをわかりやすく説明するために、一般的に使われている言葉を出すのに用いる。

【うえ】

1 Nのうえで(は) N2N3

(1) 暦の上ではもう春だというのに、まだまだ寒い日が続いている。
(2) データの上では視聴率は急上昇しているが、周りの人に聞いても誰もそんな番組は知らないと言う。
(3) その公園は地図の上では近くてすぐ行けそうに見えるが、実は坂がたくさんあってかなり行きにくい場所なのだ。

(4) 間取りは図面の上でしか確認できなかったが、すぐにそのマンションを借りることに決めた。

データや地図など書き表せるものを表す名詞を受けて、「その情報によると」という意味を表す。

2 V-るうえで N2N3

(1) パソコンを買う上で注意しなければならないことは何ですか?

(2) このプロジェクトを進めていく上で一番重要なのは安全性の確保である。

(3) 大学を選ぶ上で大切なのは名前ではなく内容だ。

(4) 留学生を実際にホームステイさせる上で、おそらく今までに予想もしなかった問題がいろいろ出てくるものと思われますので、そのための相談窓口を設けました。

「何かをする場合/過程の中で」という意味。その場合や過程における問題点・注意点などについて述べるのに用いる。

3 V-たうえで N2N3

(1) では、担当の者と相談した上で、改めてご返事させていただきます。

(2) 一応ご両親にお話しなさった上で、ゆっくり考えていただいてけっこうです。

(3) 金を貸してやると言ったのは、お前がちゃんと職についてまともな生活に戻った上でのことだ。働かないで遊んでばかりいるやつに金を貸すわけにはいかない。

「動詞が表す行動をまず行って」という意味を表し、後ろには「その結果に基づいて次の行動をとる」という意味の表現が続く。

4 V-る/V-た うえは N2N3

(1) やると言ってしまったうえは、何がなんでもやらなければならない。

(2) 留学を決心した上は、少々のことがあっても一人で乗り越えていけるだけの強さを養ってほしい。

(3) みんなに期待されて出馬する上は、どんなことがあっても当選しなければならない。

(4) 選ばれてレギュラーメンバーになった上は、必ず得点してチームに貢献してみせる。

何らかの責任・覚悟を伴う行為を表す言葉を受けて、「その行為を行う/行ったのだから」という意味を表す。後ろには、「それに基づいてそれに適した行動をしなければならない」という意味の表現が続く。「Vからには・Vいじょう(は)」とも言う。改まった表現。

→【いじょう】4【から(に)は】

5 …うえ(に) N2N3

[Nであるうえに]

[Naなうえに]

[A/V うえに]

(1) 今年は冷夏である上に台風の被害も大きくて、野菜は異常な高値を記録している。

(2) このあたりは閑静なうえに、駅にも近く、住環境としては申し分ない。

(3) その壁画は保存状態がいい上に図柄もこれまでにない大胆なものだ。

(4) 彼は博士号を持っている上に教育経験も長い。学生からの信頼も厚く教師としては申し分のない人だ。

(5) その選手は優勝した上に日本記録も更新して、自分でも信じられないという顔をしていた。

(6) 彼は、就職に失敗した上、つきあっていた人とも別れて、とても落ち込んでいた。

ある状態・出来事があり、さらにそれ以上の状態・出来事が重なることを表す。名詞に付く場合は「Nである／だった／であった」の形になる。

【うち】

1 うち ＜範囲＞

a Nのうち

(1) この三曲のうちでどれが一番気に入りましたか？

(2) 三つのうちから好きなものを選びなさい。

(3) バッハとモーツァルトとベートーベンのうちで、一番人気があるのは、モーツァルトだそうだ。

(4) 昨日買ったCDのうち、2枚はインドネシアのポップスで、3枚はカリブの音楽だ。

範囲を限定するのに用いる。(1)〜(3)のように、その範囲の中から何かを選ぶことを表す場合には「Nのなか」に言いかえられる。また、(3)のように、複数の名詞を並べて「N1とN2と…のうち」と言う場合もある。

b …うちにはいらない

[Nのうちにはいらない]

[A-いうちにはいらない]

[Vうちにはいらない]

(1) 通勤の行き帰りに駅まで歩くだけでは、運動するうちに入らない。

(2) 5分やそこら漢字の練習をしたって、それではやったうちに入らない。

(3) ラーメンを作るのが得意だなんて、そんなの料理のうちに入らないよ。

(4) 彼はきびしい教師だと評判だが、特にきびしいうちには入らないと思う。

「その範囲には入らない・そのグループの中に入るとみなすには不十分だ」という意味を表す。

2 うち ＜時間＞

a …うちに N2N3

[Nのうちに]

[Naなうちに]

[A-いうちに]

(1) 朝のうちに宿題をすませよう。

(2) 朝のすずしいうちにジョギングに行った。

(3) ここ数日のうちには何とかします。

(4) 父親が元気なうちに、一度一緒に温泉にでも行こうと思う。

(5) 若いうちに、いろいろな経験をするのはいいことだ。

(6) 電車が出るまでまだ少し時間があるから、今のうちに駅弁を買っておこう。

ある期間続くことを表す表現と共に用いられて、「その状態が続く間に・その時間以内に」という意味を表す。(6)の「今」は瞬間的な時点ではなく、「今の事態に何らかの変化が起こるまでの間」という一定の長さを持った時間を表している。

b V-ている／V-る うちに N2N3

(1) 彼女は話しているうちに顔が真っ赤になった。

(2) 手紙を書いているうちに、ふと彼が今日こっちに来ると言っていたことを思いだした。

(3) 読み進むうちに次第に物語にのめり込んでいった。

「…している間に」という意味を表す。後ろには、出来事の生起や変化を表す表現が続く。「V-ている」の形の方が多く用いられるが、「V-る」が使われることもある。

c　V-ないうちに N2N3

(1) 知らないうちに隣は引っ越していた。

(2) あれから10分もしないうちにまたいたずら電話がかかってきた。

(3) 暗くならないうちに買い物に行ってこよう。

(4) お母さんが帰ってこないうちに急いでプレゼントを隠した。

「…しない状態が続いている間に」という意味を表す。(3)(4)のようにその状態がいずれ変化することがわかっている場合は、「V-るまえに」と言いかえられる。

→【まえ】2

d　V-るかV-ない(かの)うちに N2N3

(1) 夕食に手をつけるかつけないうちに、電話で呼び出された。

(2) 朝まだ目がさめるかさめないうちに、友達が迎えにきた。

(3) その手紙の最初の一行を読むか読まないかのうちに、もう何が書いてあるのかだいたい分かってしまった。

(4) 玄関のベルを押すか押さないかのうちにドアが開き、中から男の人が現れた。

同じ動詞を繰り返し用いて、「なにかをし始めてまだほとんど時間がたっていないときに」という意味を表す。

e　…うちは

[Nのうちは]

[Naなうちは]

[A-いうちは]

[V-る／V-ている／V-ない　うちは]

(1) 明るいうちはこのあたりはにぎやかだが、夜になると人通りもなくなり、一人で歩くのは危ない。

(2) 子供のうちは外で遊ぶことが大切だ。

(3) 若いうちはいろいろな経験をすることが大事だ。

(4) 父は働いているうちは若々しかったが、退職したとたんに老け込んでしまった。

(5) 体が健康なうちは健康のありがたさに気づかないが、病気になってはじめてそれが分かる。

(6) 精密検査の結果を見ないうちは、故障の原因が特定できません。

「ある状態が変わらないでまだ続いている間」という意味を表す。それが終わってからの状態と比較する場合に用いることが多い。

f　…うちが

[Nのうちが]

[Naなうちが]

[A-いうちが]

[V-る／V-ている／V-ていない　うちが]

(1) 野鳥の観察は早朝のうちがいい。

(2) 勉強するなら朝の涼しいうちがいい。

(3) 天体写真は雲が出ていないうちが勝負だ。

(4) 旅行はああだこうだと計画を立てているうちが楽しい。

(5) どんなに苦労が多くつらい毎日でも、生きているうちが幸せなのであって、死んでしまったら元も子もない。

後に「花だ・勝負だ・いい・幸せだ」などの言葉を伴って、「ある状態が続いていて変わらない間がよい／大切だ／大事だ」という意味を表す。

g　そのうち

→【そのうち】

【うっかり】N2N3

(1) うっかり鍵を忘れたためオフィスに入れなかった。

(2) 企業秘密をうっかり漏らしてしまった。

(3) うっかり赤信号を見逃して、危うく事故になるところだった。

不注意が原因で良くないことが起こることを表す。

【うる】N2N3

[VR-うる]

(1) 彼が失敗するなんてありえない。

(2) それは彼女になしえた最大限の努力だったに違いない。

(3) その絵のすばらしさは、とても言葉で表しうるものではない。

(4) 確かに人口が急激に増えれば食料問題も起こり得るだろう。

(5) 彼の自殺は誰もが予期し得なかったことだけに、そのショックは大きかった。

(6) 彼の仕事ぶりには尊敬の念を禁じ得ない。

動詞の連用形に付く。辞書形は「うる・える」どちらの形もあるが、マス形は「えます」、否定形は「えない」、タ形は「えた」のみ。「その行為を行うことができる・そのことがらが成立する可能性がある」という意味を表す。否定形は、「その行為を行うことはできない・そのことがらが成立する可能性はない」の意味。「書ける・読める」などの可能を表す「れる」の場合は意志的な行為を表す動詞しか用いられないが、「うる」の場合は(1)(4)のように、意志のないものも用いられる。可能を表す「れる」とは違って、能力を表す場合には使えない。

(誤) 彼はフランス語が話しうる。

(正) 彼はフランス語が話せる。

一般的には書き言葉だが、「ありえない」は日常会話にも用いられる。

→【れる 1】

【える】

→【うる】

【お…いたす】

[おVR-いたす]

[ごNいたす]

(1) お食事をお持ちいたしましょうか？

(2) お名前をお呼びいたしますので、それまでお待ちください。

(3) のちほどこちらから改めてご連絡いたします。

(4) それでは会場の方へご案内いたします。

(5) 今回の件につきまして、皆様にご説明いたしたいと存じます。

動詞の連用形や行為を表す漢語の名詞を用いる。(3)～(5)のように漢語の名詞とともに使う場合は「ごNいたす」の形が多い。謙譲表現で「自分が相手のためにある行為をする」という意味。「お…する」よりへりくだった丁寧な言い方。おもにマス形で用いられる。

→【お…する】

【お…いただく】N2N3

[おVR-いただく]

[ごNいただく]

(1) 今日はお忙しいところをわざわざお集まりいただきましてありがとうございます。

(2) ここにお名前とご住所をお書きいただいて、あちらの窓口へお出しください。
(3) わざわざご連絡いただき、ありがとうございました。
(4) ≪案内状≫先生にはぜひご出席いただきたく、お知らせ申し上げます。
(5) クレジットカードはご利用いただけません。
(6) 三歳以下のお子様はコンサート会場への入場をご遠慮いただきます。
(7) 修理にすこし時間がかかっています。すみませんが、もう少しお待ちいただけないでしょうか。

動詞の連用形や行為を表す漢語名詞を用いる。「ていただく」と同じ謙譲表現だが、より丁寧で改まった言い方。(3)～(5)の「連絡する・出席する・利用する」のように、行為を表す漢語名詞の場合は、「ごNいただく」の形が多いが、「電話する」については「お電話いただく」を用いる。(5)(6)のような一方的な指示や、可能の形を使った(7)のような依頼にも用いられる。

→【ていただく】

【お…ください】 N4

→【ください】 2

【お…くださる】 N2N3

[おVR-くださる]

[ごNくださる]

(1) 今日お話しくださる先生は、東西大学の山川先生です。
(2) 今日ご講演くださる先生は、東西大学の山川先生です。
(3) お忙しいのにおいでくださって、本当にありがとうございます。
(4) どうぞお召し上がりください。

動詞の連用形や行為を表す漢語名詞を用いる。「てくださる」と同じ尊敬表現だが、より丁寧で改まった言い方。(2)のように行為を表す漢語名詞とともに使う場合は「ごNくださる」の形が多いが、「電話する」の場合は「お電話くださる」を用いる。(4)のように、「おVR-ください」の形で、丁寧に人にものを勧めることができる。

→【ください】 2

【お…する】 N4

[おVR-する]

[ごNする]

(1) 先生、お荷物をお持ちします。
(2) お宅まで車でお送りします。
(3) ご注文の品をお届けしました。
(4) お部屋へご案内しましょう。
(5) あとでこちらからご連絡します。

動詞の連用形や行為を表す漢語名詞を用いる。謙譲表現で「自分が相手のためにある行為をする」という意味。(4)(5)のように漢語名詞とともに使う場合は「ごNする」の形が多いが、「電話する」の場合は「お電話する」を用いる。(1)(2)のように「おVR-します」の形で、自分が相手のために何かすることを申し出ることができる。「お…いたす」はさらに丁寧な言い方。

→【お…いたす】

【お…です】 N2N3

[おVR-だ]

[ごNだ]

(1) 林先生は信州に別荘をお持ちだそうですよ。
(2) 今年の夏休みはどちらでお過ごしですか？
(3) 昨日は大阪にお泊まりでしたか？
(4) ≪ファストフードの店で≫こちらで

お召し上がりですか？

(5) 原田部長は明日からご旅行で２週間いらっしゃらないそうです。

(6) お宅のご主人は本社にご栄転だそうですね。

動詞の連用形や行為を表す漢語名詞を用いる。(5)(6)のように行為を表す漢語名詞とともに使う場合は「ごNだ」の場合が多い。「お…になる」と同じ尊敬表現だが、使える動詞が比較的限られている。

→【お…になる】

【お…なさい】

→【なさい】

【お…なさる】N2N3

[おVR-なさる]

[ごNなさる]

(1) あの先生がお話しなさったことは、多くの人たちにとって生きていく心の支えとなるだろう。

(2) ケニアへはいつご出発なさるんですか？

(3) 今度あなたがその方達とお食事なさるときにでも、一度ご一緒させていただけるとうれしいのですが。

動詞の連用形や行為を表す漢語名詞を用いる。「お…になる」と同じ尊敬表現だが、「お…になる」の形を使うことの方が多い。「お話しなさる・お食べなさる」のように動詞の連用形を用いる場合は、やや古めかしく感じられる。「来る・する」と一段動詞で語幹が1音節の動詞（「いる・見る・着る」など）は、「お…なさる」にならない。(2)のように、行為を表す漢語名詞とともに使う場合は「ごNなさる」の形が多いが、(3)の「お食事なさる」のような例外もある。

→【お…になる】

【お…になる】N4

[おVR-になる]

[ごNになる]

(1) 村田さんはもうお帰りになりました。

(2) このさし絵は山本さんご自身がお描きになったそうです。

(3) 今度大阪においでになる時には、ぜひうちにお泊まりになってください。

(4) どうぞ、おかけになってください。

(5) 野村先生は1972年に東都大学をご卒業になりました。

(6) ご家族の方は半額の会費ですべてのスポーツ施設をご利用になれます。

動詞の連用形や行為を表す漢語名詞を用いる。尊敬表現。(5)(6)のように漢語名詞とともに使う場合は「ごNになる」の形が多いが、語彙は限られている。(4)のように「てください」の形をとると、人にものを丁寧に勧める用法となる。

→【てください】

【お…ねがう】N2N3

[おVR-ねがう]

[ごNねがう]

(1) 明日うかがいたいと、山田さんにお伝え願えますか？

(2) 来月のシンポジウムにご出席願いたいのですが、ご都合はいかがでしょうか。

(3) 何か一言お話し願うことになるかもしれませんので、そのときはよろしくお願いします。

(4) 係員の指示を守っていただけない場合は、ご退場願うこともあります。

(5) ご起立願います。

動詞の連用形や行為を表す漢語名詞を用いる。

「…することをお願いする・…してもらう」の意味で、(1)(2)のように「願えますか・願いたいのですが」など依頼の形で使うことが多い。(2)(4)(5)のように、漢語名詞とともに使う場合は「ごNねがう」の形が多い。改まった表現。

【おいそれと(は)…ない】

[おいそれと(は)V-れない]

(1) 子供を産んだばかりの母ネコにはおいそれとは近づけない。

(2) 君ならできるとおだてられても、あんな大役は責任も重いし、おいそれとは引き受けられない。

(3) 当時は大変な不景気で、大学を出たからといっておいそれと就職できるような時代ではなかった。

(4) お礼にと言ってお金を差し出されたが、何か下心がありそうなので、おいそれと受け取るわけにはいかなかった。

「何かの理由があって簡単にすることはできない」という意味を表す。文末には可能を表す「れる」の否定形など、その動作が不可能であることを意味する表現が用いられる。(3)のように「おいそれと…する」が名詞を修飾することもある。その場合も名詞の後には否定形が続く。(4)は「わけにはいかない」が不可能の意味を表す例。

→【れる$_1$】【わけにはいかない】1

【おいて】

→【をおいて】

【おうじて】

→【におうじて】

【おえる】

[V$_R$-おえる]

(1) この小説は読み終えるまでに11ヶ月もかかってしまった。

(2) グラスに残ったワインを飲み終えて、すぐ眠りについた。

(3) あの作家は長大な小説をわずか3週間で書き終えたそうです。

(4) おばあさんが昔の話を語り終えたとき、私は感動で胸がいっぱいになりました。

(5) 定年間際に住宅ローンをすべて返済し終えてホッとしました。

(6) 医者は患者の訴えを聞き終えると、しばらく考えてから話し始めた。

それまで続いていた動作や出来事を最後まで行って終了することを表す。意志でコントロールできることに限られる。「おわる」に言い換えられる。

→【おわる】

【おおかた】

→【だいたい】【ほとんど】1

【おおよそ】

→【だいたい】【ほとんど】1

【おかげ】

[Nのおかげ]

[Na　な／だった　おかげ]

[Aおかげ]

[V-る／V-た　おかげ]

「ため」に言い換えられる場合が多い。対義語に、望ましくないことが生じた原因・理由を表す「せい」がある。

→【せい】【ため】3

1 …おかげだ N2N3

(1) これもひとえにあなたのおかげです。

(2) 今年の夏はあまりエアコンを使わなくて済んだ。涼しい日が思ったより多かったおかげだね。

(3) また余分な仕事が増えたよ。課長の気分がコロコロ変わるおかげだ、まったく。

(4) 優勝できたのはチームが一丸となって頑張ったおかげだ。

原因・理由を表すが、それがよい結果を導くものである場合に用いる。悪い結果を導く場合には、「せい」となる。また(3)のように皮肉の意味で使うこともある。

→【せい】

2 …おかげで N2N3

(1) あなたのおかげで助かりました。

(2) 祖父は生まれつき体が丈夫なおかげで、年をとっても医者の世話にならずにすんでいる。

(3) あなたが来てくれたおかげで、楽しい会になりました。

(4) A：お子さんのけがはどうですか？
B：おかげさまで、だいぶ良くなりました。

(5) まったく、君に頼んだおかげでかえってややこしいことになってしまったじゃないか。

(6) 今年は夏が涼しかったおかげで冷房はほとんど使わずにすんだ。

原因・理由を表すが、それがよい結果を導くものである場合に用いる。悪い結果を導く場合には、「…せいで」となる。

(例1) あなたのおかげで成功した。

(例2) あなたのせいで失敗した。

相手の動作を表す場合は「V-てくれた／V-てもらったおかげで」の形になることが多い。(4)の「おかげさまで」は感謝の気持ちを表す慣用表現。また(5)のように皮肉の意味で使うこともある。

→【せい】2【ため】3a

3 …おかげか

(1) さっきの夕立のおかげか、風が涼しく感じられる。

(2) ゆうべよく寝たおかげか、今朝はずいぶん気分がいい。

(3) 孫が来たおかげか、おじいちゃんはやけに機嫌がいい。

原因・理由を表す言い方。「それが原因・理由であるかもしれないが」という意味を表す。それがよい結果を導くものである場合に用いる。悪い結果を導く場合には、「…せいか」となる。

→【せい】4【ため】3c

4 …のは…おかげだ

→【のは…だ】4

【おかげだ】

→【のは…だ】4

【おきに】

[数量詞+おきに]

(1) 大学行きのバスは10分おきに出ている。

(2) この薬は2時間おきに飲んでください。

(3) この道路には10メートルおきにポプラが植えられている。

(4) このあたりは高級住宅街で、2軒おきぐらいに外車を持っている家がある。

(5) 電車に乗ると、座席は一つおきにしかあいていなかったので、友達とは離れて座ることになった。

おもに時間や距離を表す言葉について、「それだけの間をおいて」という意味を表す。(4)(5)は距離ではないが、一列に並んだものの場合、それが距離を表すような意味で用いられる。(1)～(3)のように、時間や距離の軸上の点を意味する場合は、「ごとに」と置きかえられる。ただし、1という数の場合は、次の例のように「おきに」を「ごとに」に変えると意味が変わる。

(例1) 1年おきに大会が開かれる。(2年に1回)

(例2) 1年ごとに大会が開かれる。(1年に1回)

→【ごとに】

【おく】

→【ておく】

【おそらく】 N2N3

(1) おそらく彼はそのことを知っているだろう。

(2) 相手チームはおそらくこちらのことを何から何まで詳しく調べていることだろう。

(3) 台風12号は、おそらく明日未明には紀伊半島南部に上陸するものと思われます。

(4) おそらくは首相も今回の事件に関わっているにちがいない。

後ろに「だろう・にちがいない」などの推量を表す表現を伴って、話し手の推量を表す。かなり確実だと思っている場合に使う。(4)のように「おそらくは」とも言う。改まった表現。くだけた話し言葉では「たぶん・きっと」の方が多く用いられる。

→【きっと】【たぶん】【だろう】【にちがいない】

【おそれがある】 N2N3

[Nのおそれがある]

[V-るおそれがある]

(1) 今夜から明日にかけて津波の恐れがあるので、厳重に注意してください。

(2) 再び噴火する恐れがあるため、警戒区域の住民に避難勧告が出された。

(3) 親鳥に気付かれる恐れがあることから、撮影チームはそれ以上巣に近づくことをあきらめた。

(4) ハリケーンの被害が拡大する恐れが出てきたため、大統領は各国に緊急援助を求める予定である。

出来事が起こる可能性があることを表すが、望ましくないことの場合に限られる。同様の表現に「危険がある・不安がある」などがある。書き言葉的。ニュースや解説記事などによく用いられる。

【おなじ】 N5

1 …とおなじ

[Nとおなじ]

[Vのとおなじ]

(1) この車はうちのと同じだ。

(2) この本はあの本と出版社が同じだ。

(3) この点で妥協することはすべてをあきらめるのと同じことだ。

(4) あの人が食べているのと同じものをください。

(5) ヒンディー語は英語と同じインド・ヨーロッパ語族の言語だ。

二つのものやことが等しいことを表す。

2 おなじV-る　なら／のだったら

(1) 同じ買うなら、少々高くても長持ちするものの方がいい。

(2) 久しぶりの旅行なんだから、同じ行くんだったら思い切って遠くに行きたいな。
(3) 同じお金をかけるのなら、食べてなくなるものでなく、いつまでも使えるものの方が意味があると思う。
(4) A：一緒にフランス語か何か習いに行かない？
B：そうねえ、フランス語もいいけど、同じ習うんだったら人のやってないような言語の方がいいと思わない？

「同じ行為をする以上は」という意味を表す。ある行為をするのにもいろいろなやり方や方法があり、そのうちでもっとも望ましいものを述べるのに用いる。「どうせなら・せっかくなら」とも言う。

→【せっかく】4【どうせ】2

【おのずと】

(1) 努力を続けていれば、道はおのずと開けてくる。
(2) 何回か研究会に出ていれば、おのずと発表の仕方も分かってきますよ。
(3) 一緒に暮らしているうちに、相手の考えていることがおのずと分かるようになった。
(4) そこまで聞けば、結末はおのずと見当がつきます。
(5) そんな自暴自棄な生き方をしていては、末路は自ずと明らかだ。

「自然にまかせたままで・ひとりでに」の意。書き言葉的。「分かる・明らかだ」のような認知にかかわる表現とともによく使い、「ある条件のもとでそういう結果が生じることが自然に予測（理解）できる」という意味を表す。(5)の「末路は明らかだ」は、良くない結末を迎えることが明らかだという意味。

類義表現として、「自然に」がある。「おのずと」は人の認識に関わる用法に用いられるのが普通なため、人の行為や作用の様子を表すときは「自然に」を用いる方がいい。

（誤） 子供たちはおのずと仲良くなった。
（正） 子供たちは自然に仲良くなった。
（誤） 気温が高く、乾燥していたせいで、おのずと発火した。
（正） 気温が高く、乾燥していたせいで、自然に発火した。

【おぼえはない】

1 V-られるおぼえはない

(1) きみにそんなひどいことを言われる覚えはない。
(2) おまえになぐられる覚えはない。
(3) あの人に非難される覚えはありません。

受身の「られる」に付く。相手の行為を述べて「あなたにそういう行為をされるようなことをした記憶はない」という意味を表す。相手に対する非難の気持ちが含まれる。

2 V-たおぼえはない

(1) 彼があんなに怒るようなことを言った覚えはないんだけど。
(2) A：ここにあったカギ知らない？
B：カギ？　見たおぼえがないけど。
(3) こちらは山田にいじめられた覚えはないのだが、山田は「いじめて悪かった」と謝ってきた。

「私にはそういう経験をした記憶はない」という意味を表す。

【おまけに】

(1) このアパートは明るくて広い。おまけに家賃も安い。
(2) 彼はパソコンの使い方を教えてくれて、おまけに私の仕事まで手伝ってくれた。
(3) 買い物に行ってお金を払おうと思ったら、財布の中が空っぽだった。おまけにクレジットカードも忘れてきていて、結局何も買えなかった。
(4) 洋子はやさしいし、明るいし、おまけにユーモアもあるから、だれにでも好かれる。

いくつかのことがらに加えて、同じようなことがらがもう一つつけ加わることを表す。「さらに・くわえて・そのうえ」などの話し言葉的な言い方。

→【くわえて】【さらに】【そのうえ】

【おもう】N4

1 …おもう

[Naにおもう]

[A-くおもう]

(1) 先生に指導していただけることになって、本当に幸せに思います。
(2) バスが全然来ないので、不思議に思って聞いてみたら、昨日からダイヤが変わったとのことだった。
(3) この度の突然のご逝去をまことに辛く悲しく思います。
(4) お会いできてうれしく思います。
(5) このような賞をいただくことができ、まことに光栄に存じます。

気持ち・感情を表す形容詞を受けて、話し手が「そのように感じる」という意味を表す。(3)のように「NをA-くおもう」という形が用いられることもある。改まった丁寧な言い方では(5)のように「存じます」となる。相手の感想を尋ねる場合は次のように「どう思う・思いますか」を使う。

(例) あの映画についてどう思いますか？

2 …ようにおもう

[N／Na　であるようにおもう]

[A／V　ようにおもう]

(1) 太田くんは内気なので、セールスの仕事は向いていないように思う。
(2) 久しぶりに会った弟には何か心配事があるように思われた。
(3) 住民の多くが反対していることを考えると、マンションの建築は見合わせた方がいいように思う。
(4) この社員旅行のプランはちょっとゆとりがなさすぎるように思うのですが。こんなに短期間であちこち動き回っても疲れるだけではないでしょうか。
(5) ≪上司に≫パソコンは一人に一台あった方が、仕事の能率も上がるように思うのですが、購入を考えるわけにはいきませんか？
(6) 国民一人一人の幸せを考えることは首相としての当然の義務であるように思われますが、首相はいかがお考えでしょうか。

感覚・印象の内容を述べたり、自分の意見を控えめに主張するのに用いる。相手が自分と異なる意見を持っている可能性がある場合や、相手にとって同意しにくい内容を持ち出す場合などによく使われる表現。さらに婉曲的にしたい場合は(2)(6)のように「ように思われる」を用いる。

→【ようだ$_2$】3

3 N(のこと)をおもう

(1) 親が子供を思う気持ちは何にも代え

られない。

(2) いつもあなたのことを思っている。

(3) 試験のことを思うと心配で眠れない。

(4) 母の優しさを思うと気持ちが安らぐ。

名詞や「名詞＋のこと」を受けて、それについて心を働かせることを表す。前にくる言葉の意味に応じて、「想像・回顧・心配・気兼ね・恋慕」などといった様々な意味を表す。

4 Nを…とおもう

[Nを　N／Na　だとおもう]

[Nを　A／V　とおもう]

(1) 最初は保子さんを男の子だと思った。

(2) 人々は私の考えを奇想天外だと思ったようだ。

(3) みんな、彼の提案を実現不可能だと思って相手にしなかった。

(4) 彼女の横顔を美しいと思った。

(5) みんなが彼のことを死んだと思っていた。

(6) 彼は自分のことを天才だと思っている。

あるものについての感想や印象や判断を述べるのに用いる。「Nを」の代わりに「Nが」を用いることもある。

(例) 人々は私の考えが奇想天外だと思ったようだ。

(1)のようにあるものを別のものと取り違えて理解することを表すのにも用いられる。

【おもえば】

1 おもえば

(1) 思えば学生時代はみんな純粋だった。

(2) 思えば、あのころはよくあなたと徹夜で議論しましたねえ。

(3) A：中島さん、あのころは毎日朝から晩までお酒飲んでましたよね。
B：ええ、思えば、よく病気にならなかったものですね。

(4) 思えば、あのとき彼女に引き止められなければ、私はあの墜落した飛行機に乗って死んでいたのだ。彼女は命の恩人だ。

文頭に付いて、過去のことを回想していて改めて思い出したことを、懐かしさなどの気持ちを込めて述べるのに用いる。

2 いまからおもえば

(1) 母は、私が留学するのに猛反対したが、今から思えばその気持ちもわからなくもない。

(2) あのときは彼の運営方針に反発したが、今から思えば彼があいう方針をとったことも理解できる。

(3) 今から思えば、私の子供の頃はのんびりした時代でしたね。

(4) 今から思えば、あのとき会社をかわってよかったと思う。

過去のことがらについて、「今そのことを考えてみると」という意味を表す。過去の時点と今では自分の知識や考え方などが変化しており、そのことがらに対しても別な見方ができるような場合に用いる。他人の行為について過去には理解できなかったことが今は理解できたり、自分が過去に行ったことについて過去に正しいと思った行為が今となっては間違いだったと思われたり、その逆だったりする。(1)は、「当時は母の反対の理由が理解できなかったが、今は理解できる」、(3)は、「当時は気がつかなかったが現在の子供たちの生活とは違ってのんびりしていたと思う」という意味。過去と現在の違いを対比的に述べることも多い。「今から思うと」とも言える。

【おもわず】

1 おもわずV

(1) テーブルに落ちたたばこの火を、おもわず手でつかんでやけどした。

(2) 暗闇で突然声をかけられて、おもわず大声をあげてしまった。

(3) 嬉しさのあまり、思わずその人に抱きついてしまった。

(4) 手伝ってもらうとかえって迷惑だと言われて、思わず相手の顔を見つめてしまった。

瞬間的に、なにも考えないで感覚的に反応する様子を表す。強い衝撃を受けたことを示す場合が多い。「思わず…V-てしまう」の形でよく使う。「思わず」は「思わないで」に相当する古い表現だが、「思わないで」にはこのような用法がない。

類義表現に「つい・うっかり」がある。これらは、意図していなかった行為を表す点で共通しているが、「つい・うっかり」が「すべきではなかった」とか「不本意である」という気持ちを含むのに対して、「思わず」には特にそのような気持ちが含まれない。そのため、「バッグをひったくられて叫ぶ」という状況で「つい」や「うっかり」を使うのはおかしいが、「(自分の不注意で)名前を聞くのを忘れた」という状況では「思わず」を使った文がおかしく感じられる。

(誤) バッグをひったくられて、つい叫んでしまった。

(誤) バッグをひったくられて、うっかり叫んでしまった。

(正) バッグをひったくられて、思わず叫んでしまった。

(誤) 知らない人だったのに、思わず名前を聞くのをわすれてしまった。

(正) 知らない人だったのに、つい名前を聞くのをわすれてしまった。

(正) 知らない人だったのに、うっかり名前を聞くのをわすれてしまった。

→【うっかり】【つい】

2 おもわずしらず

(1) なぜだかわからないが、その絵を見ていると、思わず知らず涙がとまらなくなる。

(2) 彼らの自由な生き方に、思わず知らず引きつけられていった。

「意志とは関係なくそういうことをしてしまう／そういう状態になってしまう」という意味を表す。書き言葉の表現。

【および】 N1

[NおよびN]

(1) 会議終了後、名札およびアンケート用紙を回収します。

(2) この近辺ではとなりの児童公園および小学校の運動場が、災害が発生した場合の避難場所に指定されている。

(3) お祭りの前日および前前日は準備のため休業させていただきます。

(4) 近隣住民から苦情のあったマンション内の騒音及びペットの問題が、次回の組合総会の議題となった。

(5) 試験の日程及びレポートの提出期限については、追って掲示します。

同じようなことがらを続けて取り上げるのに用いる。「NとN」の書き言葉的表現。

→【と2】

【おり】 N1

1 …おり(に)

[Nのおり(に)]

[V-る／V-た　おり(に)]

(1) 前回の議事録は今度の会議のおりにお渡しします。

(2) また何かのおりにでもお会いしましょう。

(3) 今度お宅におうかがいするおりには、

おいしいワインをお持ちします。

(4) 仕事で札幌に行ったおりに、足をのばして小樽に寄ってみた。

(5) 高校時代の恩師にお会いしたおり、先生のお書きになった本をいただいた。

「とき・機会」という意味を表す。改まったていねいな表現。

2 おりから

a …おりから

[A-いおりから]

[V-るおりから]

(1) 残暑の続くおりから、お体には十分お気をつけください。

(2) 冷え込みの厳しいおりから、お風邪など召されませんように。

「とき・時節」という意味を表す。おもに手紙文に用いる。気候が穏やかでないことを述べ、相手を気遣う言葉をその後に続ける。

b おりからのN

(1) 山は嵐のような天候になり、小さな山小屋は、おりからの風にあおられて簡単に吹き飛んでしまった。

(2) 最近、ホームレスの人が増えているが、おりからの寒波で凍死した人もいるそうだ。

(3) もともと女子学生の就職状況は男子より悪かったが、今年はおりからの不況でますます女性には不利になっている。

(4) 海外旅行ブームがますます盛んになっているところへ、おりからの円高で、連休の海外旅行客は40万人を超えるそうだ。

「ちょうどそのようなときのN」という意味を表す。「雨・風・嵐・寒さ」など悪天候に関わる名詞や「不況・不景気・円高」など社会状況を意味する名詞が主として用いられる。あるときから続いている状況が原因で、あることが起こったという場合に用いる。書き言葉。

【おわる】 N4

[V_R-おわる]

(1) 昼食を食べ終わると、急いで会社に戻り、会議に出席した。

(2) 娘の発表会の衣装がやっと縫い終わった。

(3) 図書館から借りてきた4冊の本をすべて読み終わった。

(4) 相手が話し終わるのを待たないで話し始めてはいけない。

(5) 発車ベルが鳴り終わって電車が走り出した。

それまで続いていた動作や出来事を最後まで行って終了することを表す。基本的に意志でコントロールできることを表すが、(5)のような例外もある。意志でコントロールできることの場合は「おえる」に言い換えられる。

→【おえる】

【か】

1 …か…か N5

[NかN(か)]

[NaかNaか]

[AかAか]

[VかVか]

(1) 電車かバスで行くつもりだ。

(2) 水曜か金曜の夜なら都合がいいのですが。

(3) ネクタイはこれかそれかどっちがいいだろう。

(4) 進学か就職かで悩んでいる。

(5) その映画がおもしろいかおもしろくないかは見てみなければわからない。

(6) 二次会は、カラオケに行くかもう少し飲むか、どっちがいいでしょうか。

(7) 夏休みは、香港か台湾かシンガポールに行きたい。

(8) 体が健康か不健康かは顔色で判断できることもある。

XとYのうちのどちらかひとつであることを表す。形容詞や動詞の場合は(5)や次の例のように否定の形とペアで使うこともできる。

(例) 行くか行かないか決めてください。

また(7)のように二つ以上のものが列挙されることもある。

2 Nか+疑問詞+か

(1) プレゼントはコーヒーカップか何かにしよう。

(2) その仕事は内田さんか誰かに頼むつもりだ。

(3) 夏休みは、北海道かどこか、涼しいところに行きたい。

選択肢の中の主なものとして例をあげるのに用いる。

3 …か…かで

[NかN(か)で]

[NaかNaかで]

[AかAかで]

[VかVかで]

(1) あの人の話は、たいてい自分の自慢話か仕事の愚痴かで、聞いているとうんざりする。

(2) あの人は毎晩飲み屋で飲んでいるかカラオケバーに行っているかで、電話してもほとんどつかまらない。

(3) 最近の学生はアルバイトで忙しいかクラブ活動で疲れているかで、あまり家で勉強していないようだ。

(4) 家賃が安い家は交通が不便か部屋が狭いかで、どこか欠点があるような場合が多い。

マイナスの意味を持つことを二つあげ、そのどちらかの状態であることを表す。後にはそれによって困ったりまずいことが起こったりすることを述べることが多い。次のように「XかYかしていて」となることもある。

(例) 彼はパーティーでもずっと飲むか食べるかしていて、全然他の人としゃべろうとしない。

4 …かどうか N4

[N／Na／A／V かどうか]

(1) あの人が来るかどうか知っていますか？

(2) あの人の話は本当かどうかあやしい。

(3) その映画がおもしろいかどうかは見てみなければ分からない。

(4) このようなアドバイスが適切かどうかわかりませんが、お役に立てれば幸いです。

「Xかどうか」の形で「XかXでないか」という意味を表す。例えば(1)は「あの人が来るか来ないか知っている」、(2)は「本当か本当でないかあやしい」という意味。「…かどうか」の後には「知らない・分からない・あやしい・自信がない・決める」などの語が続く。

5 …か…ないか N2N3

a …か…ない(か)

[V-るかV-ない(か)]

[V-たかV-ない(か)]

(1) 去年彼女に会ったのは、たしかゴールデンウィークに入るか入らないかの頃だったと思います。

(2) ベルが鳴り終わるか終わらないうちに、生徒達は外へ飛び出していった。

(3) 聞こえるか聞こえないかといった程度だが、このCDには雑音が入っている。

(4) この宝石には見えるか見えないかといった程度の傷がある。

(5) 先生が話を終えたか終えないかのうちに、子供たちは外に飛び出していった。

同じ動詞の肯定形と否定形を続け「...する」か「...しない」のどちらであるかよくわからないくらいの不明確で微妙な段階であることを表す。過去のことである場合は、(1)なら「入ったか入らないか」と言うこともできる。

b　...か...ないか

→【か】1

6　疑問詞...か

(1) 彼がいつ亡くなったか知っていますか？

(2) パーティーに誰を招待したか忘れてしまった。

(3) 人生において重要なのは、何をやったかではなく、いかに生きたかということであろう。

(4) 人類の将来は、地球環境をいかに守っていくかにかかっていると言っても過言ではない。

疑問詞を伴う句を文の一部に埋め込むのに用いる。例えば(1)は「彼がいつ亡くなったか」という句を「Xを知っていますか」という文のXの部分に埋め込んだもの。助詞「を」を省略せずに「彼がいつ亡くなったかを知っていますか」ということも可能である。「か」の前は述語の普通体を用いる。

7　疑問詞+か

a　疑問詞+か N5

(1) 彼はどうも何かを隠しているらしい。

(2) 誰かに道を聞こう。

(3) あの人にはいつかどこかで会ったような気がする。

(4) 郊外のどこかに安くて広い土地はないだろうか。

「なに・だれ・どこ・いつ」などの疑問詞に付いて、具体的にはっきりとはわからない、決まっていない、または言う必要のないものを表すのに用いられる。

b　なん+数量詞+か／いくつか

(1) ビールなら冷蔵庫に何本かある。

(2) 鉢植えをいくつか買ってきてベランダに置こう。

(3) 友だちを何人か呼んできて手伝ってもらえば、これくらいの荷物はすぐ運べる。

(4) いつかアフリカに何年か住んでみたい。それが私の夢だ。

「何本・いくつ」などの不定の数量に「か」が付いて、はっきりした数量は言えないがあまり多くはないということを表す。

8　...から／...せい／...の　か

(1) 彼女は自分も留学経験があるからか、留学生の悩みの相談によくのってあげている。

(2) 今日は風があるせいか、日差しが強いわりには涼しく感じられる。

(3) 彼はそれを知っていたのか、私の話を聞いても特に驚いた様子はなかった。

(4) 彼は家が本屋だからか、いろんな分野の本をよく読んでいるし、趣味で小説も書くらしい。

「Xからか、Y」などの形で、Yの理由をXだろうかと推量して述べるのに用いる。Yの方に重点がおかれている。「か」の部分は「からか・せいか・ためか・のか」などの理由を表す形になることが多い。例えば(2)では「今日は涼しく感じられる。おそらく風があるせいだろう」の意味。

9 …ことか

→【ことか】

10 …どころか

→【どころ】

11 …ばかりか

→【ばかりか】

12 …ものか

→【ものか】

【が₁】

1 Nが N5

(1) あの人が山本さんです。

(2) 隣のうちには猫が3匹いる。

(3) あ、財布が落ちている。

名詞に付いて、その名詞が述語の動作や状態の主体であることを表す。「負けるが勝ち」のように、ことわざや慣用句などでは、名詞以外の語に付く場合もある。

2 NはNが N5

(1) 象は鼻が長い。

(2) この本は表紙がきれいですね。

(3) 私はジャズが好きです。

(4) 私は嘘をつく人間が大嫌いだ。

(5) 私の娘は算数が得意だ。

(6) 彼は10ヶ国語ができるらしい。

(7) この子は親友と別れるのが悲しくて、ずっと泣いている。

「N1はN2が」の形で、N1について、N1の一部分の状態(1)(2)、N1の好み(3)(4)、能力(5)(6)、感情(7)などを表す。

3 NがNだから

(1) 社長が社長だから、社員もモラルが低い。

(2) もう時間が時間だし、今から行ってもあのレストランは閉まってるかもしれないよ。

(3) デパートをぶらぶら歩いていて、かわいいネックレスを見つけた。とても気に入ったのだが、なにしろ値段が値段だったので買うのはあきらめた。

(4) A：お母さん、このごろ歩くとひざが痛むんだって？
　　B：うん、もう年が年だからねぇ。

同じ名詞を繰り返し用いて、後には「だから」や「ので・し・だもの・もので」などの理由を表す言葉がくる。多くの場合、名詞の表すものに対するマイナス評価を意味し、そこから当然出てくる結果を述べるのに用いられる。(1)は「社長に問題がある」、(2)は「食事に行くには遅い時間だ」、(3)は「とても買えないような値段だ」、(4)は「高齢である」の意味。

4 NがNだけに

(1) ここの料理は、素材が素材だけに味も格別だ。

(2) この店は味は大したことはないが、場所が場所だけにたいていいつも満員だ。

(3) この店はとても気に入っているのだが、場所が場所だけにそうしょっちゅうは来られないのが残念だ。

(4) その映画は人種差別の問題を扱った優れた作品だが、内容が内容だけに、一般的な娯楽映画と比べると興行成績は悪かった。

(5) A氏については、これまでにもとかくうわさがあったが、今回はことがことだけに逮捕はまぬがれないだろう。

同じ名詞を繰り返し用いて「それが持っている性質から考えると当然」という意味を表す。後ろにはそこから当然のこととして導き出されることがらが述べられる。それがどういう性質を持つかということは、後半部分の記述内容が明らかにならないと分からない。例えば(1)は「味も格別だ」という記述から素材がよいものであることが分かる。しかし、「素材が素材だけに、大した料理はできやしない」となると、素材が悪いということになる。(2)は便利で人が集まりやすい場所、(3)は反対に、不便で来にくい場所という意味になる。(5)の「ことがことだけに」は慣用的に固定化した表現。この例の場合は「重大なことがらなので」という意味を表す。

5 NがNなら…(が)

(1) 時代が時代なら、この本も売れたかもしれないが、人間の生き方を問うような本は今の若い人には読まれないだろう。

(2) 世が世ならあいつも出世できただろうに。

(3) あの会社も時期が時期なら、うまくいったんだろうが、この不景気ではどうしようもない。

同じ名詞を繰り返し用いて、「もしもそれにふさわしい状況であったら」と仮定する気持ちを表す。後ろには「…だろうが・だろうに・かもしれないが」などの表現が続き、そのあとに、実はそうではない現実のありさまが述べられる。(1)は「生き方を真剣に考える人が多くいるような時代なら」、(2)は「あいつを正しく評価してくれるような世なら」、(3)は「もっといい時期なら」というような意味。現実とは異なる状態を仮定して「もしそうならこのような良い結果になるはずだ」ということを述べる。現実にはありえないことなので、願望がかなわない残念な気持ちや悔しさ、あきらめなどの気持ちが含まれる。「NもNだがNもNだ」とも言う。

→【かもしれない】【だろう】5

6 N が/も NならNもNだ

(1) 夫はよく忘れ物をする。今日もサイフを忘れていった。息子も弁当を忘れていった。親が親なら子も子だ。

(2) まったく、おじさんがおじさんなら、おばさんもおばさんだよ。おじさんが頑固なのはわかっているんだから、嘘でも「ごめんなさい」って言えば喧嘩なんかすぐにおさまるのに。

(3) わいろをもらう政治家も政治家なら、それを贈る企業も企業だ。

前後に「親－子」のように対をなす関係の人物や機関・組織を表す名詞が続きその人物や組織のやり方や態度が「どちらも同様にひどい・まったくあきれた連中だ」といったマイナス評価を表す場合に用いる。非常識・怠惰・無遠慮・失礼といった好ましくない性質・態度をもつペアに対して用いる。

7 V-たがさいご

→【がさいご】

8 V-るがはやいか

→【がはやいか】

【が$_2$】

[N/Na だが]

[A/V が]

1 が <逆接> N5

(1) 彼は学生だが、私は社会人だ。

(2) 昨日は暑かったが、今日は急に涼しくなって風邪をひきそうだ。

(3) 今日の試合は、がんばったが負けてしまった。

(4) 種をまいたが、芽が一つも出なかった。

対立的な二つのことがらを結びつけるのに用いる。前半と後半の内容が対立したり、前半のことから予想される結果と反対のことが後半に述べられたりする。

→【だが】

2 が ＜前置き＞

(1) 山田と申しますが、陽子さんいらっしゃいますか？

(2) 今日広田さんに会うんですが、何か伝えておくことはありますか？

(3) 先日お願いいたしました件ですが、引き受けていただくことはできないでしょうか。

(4) 先月パソコンを買ったのですが、使い方がよくわからないので教えてほしいんですが。

質問、依頼、命令など、相手に働きかける行為をする前に、前置きとなることを述べるのに用いる。

3 が ＜言いよどみ＞

(1) ≪コピーしている人に≫あのう、ちょっと1枚だけコピーしたいんですが。

(2) すみませんが、ちょっとお先に失礼させていただきたいんですが。

(3) あのう、実は明日の会議に出られないんですが。

(4) この辞書に書いてあること、間違っていると思うんですが。

言いにくいことや頼みにくいことなどを言う場合、文末に付けて表現を和らげる。

【かい】

1 かいが ある／ない

[Nのかいが ある／ない]

[V-たかいが ある／ない]

(1) 努力したかいがあって、無事合格することができた。

(2) コンクールで優勝できるなんて、一日も休まず練習したかいがあったね。

(3) 警官の懸命の説得のかいもなく、その男性は、屋上から飛び降りてしまったという。

(4) 今になってまったく違う意見を主張されたのでは、せっかく意見を調整したかいがなくなるじゃないか。

動作を表す動詞や行為を表す名詞に付いて、「その行為から期待される効果がある・その行為が報われる」という意味を表す。否定形では「努力が報われない・その効果がない」という意味になる。

2 V_R-がい

(1) やりがいのある仕事を求めて転職する。

(2) 仕事のほかに生きがいを見出せないような人生ではあまりにも寂しいではないか。

(3) もっと働きがいのある職場に移りたいと思うが、この不況では転職もなかなかむずかしそうだ。

(4) こんなに喜んでもらえるのだったら、料理のしがいがある。

(5) 一度失われた森林を元に戻すのは大変なことではあるが、そこに住む人たちの暮らしもかかっているだけに、苦労のしがいもあるというものだ。

動詞の連用形に付いて、その動作に価値がある、効果がある、報われることを表す。付く動詞は限られている。(4)(5)のように動作を達成することがむずかしかったり労力を必要としたりするような場合には、そういう苦労をすることに価値・意味があるという意味になる。

【かえって】N2N3

(1) 親切で言ったつもりなのだが、かえって怒らせてしまったようだ。

(2) 間に合うようにと思ってタクシーに乗ったのに、渋滞のせいでかえって遅くなってしまった。

(3) 昨日買ったカーテンは少し派手すぎたかなと思っていたが、かえって部屋が明るくなってよかった。

(4) A：お見舞いに来てくれたお礼に、川井さんにはお菓子でも持って行こうか。

B：いや、そんなことをしたら、かえって向こうが気を遣うよ。

(5) A：この間はひどいことを言ってしまって、悪かった。

B：いや、かえって良かったよ。あれから君の言葉を思い出してぼくもいろいろ反省したんだ。

ある行為をすれば、当然ある結果が起こると予想される場合に、意図・予想とは逆の結果が生じる場合に使う。(1)は、「相手を気遣って言ったことが、予想とは逆に相手が怒るという結果になった」、(4)は、「お菓子を持っていけば喜ばれるという予想と逆に、相手が気を遣うということになる」、(5)は、「ひどいことを言ったので相手が傷ついたと思ったが、言われたことで逆に反省するいい機会になった」。常識からみて、一般的に予想されることと反対の結果になった場合に用いられる。そのとき限りの予想については使いにくい。

(誤) 今日は雨が降ると思っていたが、かえっていい天気になった。

(正) 今日は雨が降ると思っていたが、いい天気になった。

【かえる】

[V_R-かえる]

(1) 次の文を否定文に書きかえなさい。

(2) 次の駅で急行に乗りかえましょう。

(3) 電球を新しいのと取りかえたら、部屋が見違えるように明るくなった。

(4) 新しく買ってきた花を古い花と入れかえて玄関に飾った。

(5) 家を建てかえたので、ついでに家具も全部買いかえた。

(6) 名札をジャケットからシャツに付けかえた。

(7) 彼はとても器用で、卓球をやっているとき、ラケットを左右に持ちかえながらプレイすることができる。

動詞の連用形に付いて、「変化する・交換する」などの意味を表す。(1)(2)(5)は、Xを別なものYに変えるという意味。(3)(4)は、XとYを交換するという意味。(6)(7)は、Xの位置をYからZに移すという意味。他に「移しかえる・置きかえる・掛けかえる・植えかえる・張りかえる」などがある。

【がかり】

[数量詞+がかり]

(1) グランドピアノを5人がかりでやっと運んだ。

(2) 3日がかりで作り上げた巨大な雪だるまは、翌日のポカポカ陽気ですぐに溶けてしまった。

(3) 5年がかりの調査の結果、その湖の生態系は壊れかかっているということがわかった。

(4) さすが横綱は体が大きくて力も強いので、高校生力士が3人がかりで向かっていってもまるで勝ち目はなかった。

「...人・日・時間」などの語に付いて、ある動作をするのにそれだけ多くの人数や時間がかかるということを表す。困難で労力のいる動作を表す表現が続く。

【がかる】

[NがかったN]

(1) 川井さんは青みがかった紫色のとてもきれいなワンピースを着ていた。

(2) その絵は背景が赤みがかった空色で、まるで夕暮れの空のようだ。

(3) あいつの行動はどこか芝居がかっていて、こっけいだ。

名詞に付いて、「そのものがもつ性質をいくらか持っている」という意味を表す。用いられる名詞の数はごく限られている。(3)のように「Nがかっている」の形で用いられることもある。

【かぎり】

1 かぎり

a かぎりが ある／ない

(1) 資源には限りがある。無駄遣いしてはいけない。

(2) 限りある資源を大切にしよう。

(3) 宇宙の広がりには限りがないように思える。それが魅力だ。

(4) 宇宙には限りない魅力がある。

(5) コンピュータには数限りない機種があるため、どれを選んだらいいのか、選択に困る。

「時間／空間やものごとの程度／数量などの限界や限度がある」という意味を表す。(2)(4)は名詞を修飾するときの形で、慣用句。「限りのある／ない」とも言う。(5)「数限りない」も慣用句で名詞を修飾し、数えられるものの場合に用いて、その数がとても多いことを表す。「数限りなく」の形でも用いられる。

b かぎりなくNにちかい

(1) その着物は限りなく白に近い紫だった。

(2) その真珠のネックレスは限りなく本物に近い偽物で、見ただけでは偽物であることがわからない。

(3) キムさんの日本語の発音は限りなく日本人に近い。

「名詞が表すものと非常に近い／ほとんど同じ」という意味を表す。

2 ...かぎり ＜限度＞

[Nかぎり]

(1) 彼女は今年限りで定年退職することになっている。

(2) その演劇の公演は、今週限りで打ち切られる。

(3) 勝負は1回限りだ。たとえ負けても文句は言うな。

(4) あの人はその場限りの思いつきの意見しか言わない人だ。

(5) 今の話はこの場限りで忘れてください。

時間・回数・空間を表す名詞に付いて、それが限定的だということを表す。(1)は「今年まで」、(4)は「その場だけの」の意味になる。空間の場合は、「この場／その場／あの場＋かぎり」の表現しか用いられない。

3 …かぎり ＜最大限＞

[Nのかぎり]

[V-るかぎり]

(1) 力の限り戦ったのだから負けても悔いはない。

(2) 選手たちは優勝をかけて命の限り戦ったが、惜しくも敗れてしまった。

(3) あの大統領は、権力の絶頂にあった頃ぜいたくの限りを尽くしていたそうだ。

(4) 難民たちは持てる限りの荷物を持って逃げてきた。

(5) できる限りの努力はした。あとは結果を待つだけだ。

(6) そこは見渡す限り、満開の桜だった。

「最高限度・極限まで・すべて」という意味を表す。(1)〜(3)の「力の限り・命の限り・ぜいたくの限り」は慣用句。(6)の「見渡す限り」も「見渡せるすべての範囲」の意味の慣用句。(4)(5)のように動詞の場合は可能を表す「れる」に付くことが多い。

→【れる$_1$】

4 …かぎり ＜範囲＞

a V-る／V-ている／V-た かぎり N2N3

(1) わたしの知る限り、彼は絶対そんなことをするような人ではない。

(2) わたしが聞いている限りでは、全員時間どおりに到着するということだが。

(3) 私の見た限りでは名簿には田中という姓の人が二人いる。

(4) この植物は、私が今まで調べた限りでは、まだ日本では発見されていないようだ。

「見る・聞く・調べる」などの認識を表す動詞に付く。「自分の知識／経験の範囲内で判断すれば」という意味を表す。「かぎりで・かぎりでは」とも言う。

b V-る／V-ている かぎり N2N3

(1) この山小屋にいる限りは安全だろう。

(2) プロである限り、その大会への出場資格はない。

(3) あいつが意地を張っている限りは、絶対にこっちも頭を下げないつもりだ。

(4) A：英会話なんか、ちょっと本気でやりさえすればすぐに上達するさ。

B：おまえ、そんなこと言ってる限り、いつまでたってもうまくならないぞ。

「その状態が続いているあいだは」という意味で、条件の範囲を述べるのに用いる。後ろにはその条件で成り立つ状態を述べる表現が続く。もしその条件が変化したら、そこで成り立つ状態も変化する可能性があるということを含意する。

c V-ないかぎり N2N3

(1) 練習しない限り、上達もありえない。

(2) あいつが謝ってこない限り、こっちも折れるつもりはない。

(3) 絶対にやめようと自分で決心しない限り、いつまでたっても禁煙なんかできないだろう。

(4) 今の法律が変わらない限り、結婚したら夫婦はどちらか一方の姓を名乗らなければならない。

「そのことがらが起こらないあいだは」という意味で、条件の範囲を述べるのに用いる。後ろにはその条件で成り立つ状態を述べる表現が続く。もしその条件が変化したら、そこで成り立つ状態も変化する可能性があるということを含意する。

5 …かぎりだ N1

(1) 久しぶりにみんなに会えて嬉しい限りだ。

(2) あなたはたくさんの友人に囲まれて趣味を楽しんでいらっしゃる。誠に羨ましい限りです。

(3) 外国の知らない街に一人残されてしまい、心細い限りだった。

「強くそのように感じる」という意味を表す。

【かぎりに】

→【をかぎりに】

【かぎる】

1 …にかぎる

[Nにかぎる]

[Naなのにかぎる]

[Aのにかぎる]

[V-るにかぎる]

(1) 和菓子ならこの店にかぎる。

(2) 疲れた時は温泉に行くにかぎるね。

(3) せっかくテレビを買いかえるのなら、画面がきれいなのにかぎる。

(4) ヨーロッパを旅行するなら電車にかぎるよ。安くて快適だしね。

(5) 家族みんなで楽しみたかったら、遊園地に行くに限る。

「…が一番だ」ということを主張するのに使う。「なら・たら」を前に伴うことが多い。

→【たら1】【なら1】

2 Nにかぎり N2N3

(1) インターネットでのご注文に限り料金がお安くなります。

(2) 今日から4日間に限り、父の車を使うことが許されました。

(3) この資格を持った人に限り、海外での訓練に参加できます。

「Nの場合だけ特別に…」という意味を表す。「N以外の場合は…が許されない」という意味を含んでいる。

3 Nにかぎって N2N3

(1) いつもは公園で子供たちが遊んでいるのに、今日に限ってだれもいない。

(2) 忙しい時に限ってだれも手伝ってくれない。

(3) うちの息子に限ってそんな悪いことをするはずがありません。

(4) 日帰り旅行を楽しみにしていたのに、その日に限って大雨が降った。

「Nの場合だけ特別に」という意味を表す。後ろの節は否定的な意味を表すことが多い。

4 Nにかぎらず N2N3

(1) 1つのことに限らず、いろいろなことにチャレンジしてほしい。

(2) チョコレートに限らず、甘いものは虫歯の原因になりますよ。

(3) 医師不足は地方に限らず大きな都市でも深刻な問題です。

「それだけに関することではない」という意味を表す。

5 Nにかぎったことではない

(1) あの人が遅刻するのは今日にかぎったことではない。

(2) レポートのできが悪いのはこの学生にかぎったことではない。

(3) 日本の物価の高さはなにも食料品にかぎったことではない。

(4) エンジンの故障が多いのはこの車種に限ったことではないらしく、同じメーカーの他の車種でも同じようなトラブルが起こっているということだ。

一般的にマイナス評価のことがらについて、「それだけに関する問題ではない・それはこの場合だけではなく他にもよくあることだ」という意味を表す。

6 …とはかぎらない
→【とはかぎらない】

7 …ともかぎらない
→【ともかぎらない】

【かくして】

(1) かくして市民による革命が成し遂げられたのであった。

(2) かくして長かった一党独裁の時代が終わりを告げたのである。

ある程度の長さを持った文章の後で、それまでの結論・結果を述べる文の初めにくる。「このようにして・こうして」という意味を表す。「かくて」とも言う。歴史を説明する文章など、改まった書き言葉に用いる。

【かくて】

→【かくして】

【かけ】 N2N3

[VR-かけ]

(1) やりかけの仕事が残っていたので、会社に戻った。

(2) 彼女の部屋には編みかけのセーターが置いてあった。

(3) その本はまだ読みかけだったが、友達がどうしても貸してほしいと言うので貸したら、そのまま戻ってこなかった。

(4) 私は友達にもらった壊れかけのテレビを、もう5年も使っている。

(5) 食事を作ろうと思ったら、冷蔵庫の中には腐りかけの野菜しかなかった。

動詞の連用形に付いて、ある過程の途中であることを表す。(1)～(3)のように、意志を伴う動作を始めてまだ途中であることを表す場合と、(4)(5)のように、意志のないことがらが起こり始めてまだ途中であることを表す場合がある。

【かけて】

→【にかけて】

【かける】

1 VR-かける ＜働きかけ＞

(1) 電車の中で酔っぱらいに話しかけられるたびに、私は日本語がわからないふりをすることにしている。

(2) みんなに呼びかけて、いらなくなった衣類や食器などを持ってきてもらおう。

(3) その子は、人と目が合うたびにやさしく笑いかけるような、そんな、人を疑うということを知らないような子だったと言う。

(4) リサイクル運動の市民グループを作りたいと思って、周りの友達に相談を持ちかけてみたが、みんな忙しいと言って話に乗ってこなかった。

動詞の連用形に付いて、相手に向かって動作や作用を行って影響を及ぼすことを表す。(4)の「人に相談を持ちかける」は慣用的に固定化した表現。他に「問いかける・語りかける・誘いかける」などがある。

2 VR-かける ＜途中＞ N2N3

(1) 先輩に謝罪のメールを書きかけたが、

やはり電話で謝ることにした。

(2) 「じゃあまた」と言って歩きかけてから、彼に用件を言い忘れていたことに気づいた。

(3) その猫は飢えでほとんど死にかけていたが、世話をしたら奇跡的に命を取り戻した。

(4) 忙しい日々の中で忘れかけていた星空の美しさを、この島は思い出させてくれた。

動詞の連用形に付いて、「途中まで…する」という意味を表す。(1)(2)のように、意志を伴う動作を始めてまだ途中であることを表す場合と、(3)(4)のように、意志を伴わないことがらが起こり始めてまだ途中であることを表す場合がある。

【がさいご】N1

[V-たがさいご]

(1) ここで会ったが最後、謝ってもらうまでは逃がしはしない。

(2) この計画を聞いたが最後、あなたもグループに加わってもらおう。

(3) 学校内でタバコを吸っているのを見つかったが最後、停学は免れないだろう。

(4) その茶碗は、一度手に取ったが最後、どうしても買わずにはいられなくなるほど手触りや重さ、色合いなどが私の好みに合っていた。

「ある出来事が起こったら、必ず」という意味を表し、後ろには話し手の意志や必然的に生じる状況を表す表現が続く。(1)は「せっかくここであなたに会ったのだから、今日こそはどうしても謝ってもらいたい」というおどしの働き、(2)は「あなたはこの計画を聞いたのだから、グループに加わらなければならない」という命令の働きをもつ。(3)(4)のように、一般的なこととして述べるのに使われる場合もある。

【かしら】

(1) こんな言い方でちゃんと伝わるかしら。

(2) あしたもう一度会っていただけるかしら。

確信がない様子を表す。自問自答したり相手に問いかけたりするときに使う。主に女性が使うことが多いが、最近ではあまり使われない。

【がたい】N2N3

[V_R-がたい]

(1) 信じがたいことだが本当なのだ。

(2) あいつの言うことは何の根拠もないし常識はずれで、とうてい理解しがたい。

(3) 日本が戦時中にアジア諸国を占領したことは、動かしがたい事実である。

(4) 彼は部下の女性に対するセクシャル・ハラスメントで告発されたにもかかわらず、まるで反省の色が見えないばかりか、あの女は無能だなどと言いふらしており、まったく許しがたい。

動詞の連用形に付いて、「その行為を行うことがむずかしい／不可能である」という意味を表す。「想像しがたい・認めがたい・(考えを)受け入れがたい・賛成しがたい」など、認識に関わる動詞が使われるほか、「言いがたい・表しがたい」など発言に関わる動詞も使われる。(3)の「動かしがたい事実」は慣用句で、「嘘だとすることのできない、まったくの事実」の意味。書き言葉的。

【かたがた】 N2N3

[Nかたがた]

(1) 友達が風邪をひいたというので、お見舞いかたがた家を訪ねることにした。

(2) この度下記のところに転居いたしました。ご挨拶かたがたお知らせ申し上げます。

(3) 先日のお礼かたがた先生のお宅に伺うことにした。

動作を表す名詞に付いて、「その動作をかねて、そのあとに述べる動作を行う」という意味を表す。「お見舞い・お礼・挨拶・報告」など限られた名詞にしか使えない。

【かたわら】

[Nのかたわら]

[V-るかたわら]

1 …かたわら ＜そば＞ N2N3

(1) 母が編み物をするかたわらで、女の子は折り紙をして遊んでいた。

(2) 楽しそうにおしゃべりしている田中くんのかたわらで、田川さんはしょんぼりうつむいていた。

動作を表す名詞や動詞に付く。「…のそば」の意味で、情景描写に用いることが多い。物語などに用いられる書き言葉的な表現。

2 …かたわら ＜副次的動作＞ N2N3

(1) その教授は、自分の専門の研究をするかたわら、好きな作家の翻訳をすることを趣味としている。

(2) そのロック歌手は、演奏活動のかたわら、中高生向けの小説も書いているそうだ。

(3) その年老いた職人は、本職の家具作りのかたわら、孫のために簡単な木のおもちゃを作ってやるのが楽しみだった。

「主な活動／作業以外の空いた時間に、一方で」という意味を表す。書き言葉的な表現。

【がち】 N2N3

1 Nがち

(1) その作家は、ここ数年病気がちでなかなかまとまった仕事ができないと言っている。

(2) このところ、はっきりしない曇りがちの天気が続いているので、洗濯ものが干せなくて困る。

(3) どうしてあんなことをしたんだと問いつめると、彼女は伏し目がちに、どうしてもお金がほしかったのだと答えた。

(4) 「よかったらうちまで車で送ってもらえないでしょうか」と、彼女は遠慮がちにたずねた。

名詞に付いて、「その名詞が表す状態になりやすい・その性質がかなりある」という意味を表す。その状態がふつうの状態とは異なる場合、マイナス評価を受けるような場合に用い、語彙的には限られている。(3)(4)は慣用句。

2 V_R-がちだ

(1) 寒い季節は家の中にこもりがちだが、たまには外にでて体を動かした方がいい。

(2) 彼女に電話すると、どうしても長話になりがちで、いつも父親に文句を言われる。

(3) 甘いものはついつい食べ過ぎてしまいがちなので、ダイエット中は気をつけましょう。

(4) 惰性で仕事を続けていると、この仕事に飛び込んだ頃の若々しい情熱をつい忘れがちになる。

(5) 「『役不足』とは『その役を務めるには能力が不足している』という意味だ」という解釈は、ありがちな間違いだ。

動詞に付いて、「意図しなくてもついそうしてしまう」という意味を表す。マイナス評価されるような動作について言う。「どうしても・つい・うっかり」などの語や「てしまう」などとともに用いられることが多い。(5)の「ありがちな」は「よくある」の意。

→【うっかり】【つい】【てしまう】②【どうしても】

【かつ】N1

[N(であり)かつN]

[NaかつNa]

[V_RかつV_R]

(1) これで、福祉会館建設に関する議案を提出するのに必要かつ十分な条件が整った。

(2) 今回の大胆かつ巧妙な手口は犯人像を割り出す手がかりになるものと思われる。

(3) その知らせを聞いて一同皆驚きかつ喜び、中には涙を流す者さえいた。

(4) 我々は久しぶりの再会に、陽気に騒ぎかつ大いに飲み、時間のたつのも忘れた。

(5) 彼は私の親友であり、かつライバルでもある。

あることがらについて同時に二つの状態が成り立つときに、それら二つを並べあげるのに用いる。「そして」の意味。書き言葉的。話し言葉では「必要で十分」、「騒いで飲む」など「...て」の形になることが多い。

【かつて】N1

(1) このあたりは、かつては有名な米の産地だった。

(2) 彼女はかつて新聞社の特派員として日本に滞在したことがあるそうだ。

(3) 今度この地方で地震が起こるとすれば、それはかつてないほどの規模のものになる恐れがある。

(4) 久しぶりに会った彼は、ずいぶん太って、かつての精悍なスポーツマンの面影はどこにもなかった。

(5) わが国が主食である米の生産を外国に頼るなどということは、未だかつてなかった。

「以前・昔」の意味を表す。「かって」と言うときもある。書き言葉的。(3)(5)の「かつてない」は「今までに一度もない」という意味。

【がてら】N1

[Nがてら]

[V_R-がてら]

(1) 買い物がてら、その辺をぶらぶらしない？

(2) 散歩がてら、パンを買いに行こう。

(3) 引っ越してきてから2週間ほどの間、私は運動がてら近所の町を歩き回った。

(4) 彼は映画評論家なので、仕事がてらよくアジアの映画を見ることがあるそうだ。

(5) 駅へ娘を迎えに行きがてらパン屋に

寄ってサンドイッチを買ってきた。

(6) 京都においでの節は、お遊びがてらぜひ私どものところへもお立ち寄りください。

動作を表す名詞や動詞の連用形に付く。「Xがてら Y」の形で、「XをかねてYをする」という意味を表す。Yをすることで結果的にXもできることになるという状況で用いられることが多い。「かたがた・…をかねて」とも言う。

→【かたがた】【かねる】

【かというと】

1 …かというと

[N／Na (なの)かというと]

[A／V (の)かというと]

(1) 彼女はその仕事が気に入っているそうだ。しかし自分の時間を犠牲にしてでも打ち込んでいるかというと、そこまではいかないらしい。

(2) 私はこの国に失望させられた。しかし、まったく見捨ててしまったのかというと、そうでもない。

(3) 彼女はケーキ作りがとても上手なのだが、甘いものが好きなのかといえば、そうでもない。

(4) 彼は入社して3ヶ月で会社を辞めてしまった。仕事や給料が不満だったのかというとそういうわけではなくて、もともと大学院に行きたかったので就職する気はなかったのだということだった。

「Xかというとそうではない／そうとは限らない」など、後ろにXを否定する表現を伴って、それ以前の文から当然出てくるはずの結論Xを取り上げて、実はそうではないと否定するのに用いる。例えば(1)では、「彼女はその仕事が気に入っている」から「自分の時間を犠牲にしてでも打ち込む」ことが予想されるが、実際にはそうではないという意味。「かといえば」も使う。

2 疑問詞+かというと

(1) 私は彼がきらいだ。どうしてかというと、いつも人の悪口ばかり言っているからだ。

(2) 私は一度も海外に行ったことがない。どうしてかというと、飛行機に乗るのが恐いからだ。

(3) 祖父がいつごろこの家を建てたかというと、戦争が終わってすぐの頃、食べるものも満足に手に入らないような苦労の時代だ。

(4) 彼は入社して3ヶ月で退職してしまった。やめて何をするかというと、インドへ行って仏教の修行をするらしい。

(5) 機械の苦手な私がどうやってパソコンに慣れたかというと、友達とパソコンでゲームをして遊んでいるうちに、だんだん恐くなくなってきたのだ。

(6) A：なんで引っ越すの？　今のアパート、家賃も安いし広いのに。
B：なんでかっていうとね、大家さんが口うるさくて、友達を呼ぶと文句を言われるし、おまけに壊れたところも直してくれないのよね。

疑問詞を含む疑問文を受けて疑問点を示すのに用いる。後ろにはその答えを述べる表現が続く。(1)のように理由を述べる場合は、後に「からだ・ためだ・のだ」がくることが多い。「どうしてかというと・なぜかというと」は慣用句。何かについて自問自答のような形で説明する場合に用いる。「かといえば」も使う。

→【から$_2$】【ため】【のだ】1

【かといえば】

→【かというと】

【かといって】

1 かといって

(1) 家を建てるなら田舎がいいが、かと言って、不便すぎても困る。

(2) この大学は思ったほど楽しくない。かと言って、今さら他の大学に入り直すわけにもいかないのだが。

(3) 医者からは休養をとれと言われているが、かと言ってこの時期に会社を休むわけにはいかないんだ。

前に述べられたことから当然予想されることがらを示し、それを否定するのに用いる。

予想される内容ほど極端ではないという含みが伴うことが多い。「そうかといって」とも言う。

2 そうかといって

(1) A：家を建てるなら、田舎がいいなあ。

B：うん。やっぱり自然の多いところがいいよ。

A：そうかと言って、あんまり不便な所でも困るけどね。

(2) 休みは多ければ多いほどいいが、そうかと言って、あんまり多すぎても、仕事をする気がなくなってしまいそうだ。

上の「かといって」と同じ。

→【かといって】1

【かとおもう】

1 …かとおもう

[N／Na／A／V　かとおもう]

(1) あたり一面真っ白なので、雪かと思った。

(2) あちらの店の方が少し安いかと思ったが、時間がないので買ってしまった。

(3) 木から落ちるかと思った。

(4) 田村さんも参加を希望するかと思います。

(5) 向かい側にパトカーが止まっていた。また事故が起こったのかと思った。

(6) その会社についてのくわしい話を聞いて、この仕事は断ろうかと思った。

節を受けてそれが話し手の主観的な判断・個人的な意見であることを表す。「かとおもう」は「とおもう」に比べて断定の度合いがやや低く、話し手の軽い疑念、ためらいなどを表す場合や、「そう思ったがそうではなかった」という含みのある場合などがある。

→【とおもう】1

2 …かとおもうほど

(1) 彼は、いつ寝ているのかと思うほど忙しそうだ。

(2) その家は、ほかに金の使い道を思いつかなかったのだろうかと思うほど、金のかかったつくりだった。

(3) その人のあいさつは、永遠に終わらないのではないかと思うほど長いものだった。

(4) 死んでしまうのではないかと思うほどの厳しい修行だった。

「そう思うほどはなはだしい」という意味を表す。「Xかと思うほど(の) Y」という形で、Yの程度が高いことを強調するのに使う。次の例のように「…かと思うほどだ」という形が使われることもある。

(例) 彼は忙しい。いつ寝ているのかと思うほどだ。

3 V-るかと おもえば／おもうと／おもったら

a V-るかと おもえば／おもうと N2N3

(1) 勉強しているかと思えば漫画を読んでいる。
(2) 来るかと思うと欠席だし、休むかと思うと出席している。
(3) 子猫たちは、おとなしく寝ているかと思えば家中を走り回ったりする。

現状が話し手の予想に反していることがらを表す。予想に反することがらが繰り返し生じたり、現状が予想に反しているということを表す表現なので、文末には辞書形をとるのが普通である。「V-るかとおもったら／かとおもいきや」とも言う。

b V-るかと おもえば／おもうと …も N2N3

(1) 葉がぜんぶ落ちた木があるかと思えば、まだたくさん残っている木もあった。
(2) 校庭のあちらではけんかをしている子供たちがいるかと思えば、こちらではじっと池の魚を観察している子もいる。
(3) 熱心に授業に出る学生がいるかと思えば、全然出席せずに試験だけ受けるような学生もいる。
(4) 一日パソコンに向かっていてもまったく書けない日があるかと思うと、一気に数十ページ書ける日もある。

対立・対比的な事態が共存・並立することを表す。「ある・いる」など、存在を表す動詞が繰り返して用いられることが多い。「V-たかとおもうと／おもえば／おもったら」は、予想と現実のくいちがいを表しているが、ここでは、そのような意味は特になく、意味的に性質の異なる事態を並べて述べているに過ぎない。

→【かとおもう】4

4 V-たかと おもうと／おもえば／おもったら N2N3

(1) 急に空が暗くなったかと思うと、はげしい雨がふってきた。
(2) 子供は、さっき泣いていたかと思うと、もう元気よく走り回っている。
(3) その少年は帽子をとったかと思うと、勢いよく川に飛び込んだ。
(4) やっと暖かくなったかと思うと、今朝は突然の春の雪でびっくりした。
(5) ちょっとうとうとしたかと思うと、突然大きな物音がして目が覚めた。
(6) 今までニコニコしていたかと思えば、いきなり泣き出したりして、本当によく気分の変わる人だ。
(7) やっと帰ってきたかと思ったら、また出かけるの？
(8) 山田さんたら、来たと思ったらすぐ帰っちゃった。

二つの対比的なことがらがほとんど同時に続いて起こることを表す。前節は、「話し手(または書き手)が認知してすぐ」ということを示す。後ろには話し手の驚きや意外感を表す表現が続くことが多い。やや書き言葉的表現。「か」のない「V-たとおもうと／おもえば／おもったら」という表現もある。

いずれの表現も話し手自身の行為について述べることはできない。

(誤) わたしは、うちに帰ったと思うとまたでかけた。

(正) わたしは、うちに帰って、またすぐに出かけた。

5 …かとおもうまもなく

→【とおもう】6

6 疑問詞…かとおもったら

→【とおもう】7b

【かとおもうと】

→【かとおもう】3

【かとおもうほど】

→【かとおもう】2

【かとおもうまもなく】

→【とおもう】6

【かとおもえば】

→【かとおもう】3【かとおもう】4

【かとおもったら】

→【かとおもう】3【かとおもう】4

【かな】

(1) 山田さんは今日来るかな。

(2) これ、おいしいのかな。

(3) これ、もらって帰ってもいいのかな。

(4) ちょっと手伝ってくれないかな。

(5) 今度の旅行はどこへ行こうかな。

(6) 最近なんでこんなに疲れやすいのかなあ。

疑問を表す「か」に「な」が付いたもので、文末に用い、自分自身に問いかける気持ちを表す。ひとりごとで不思議に思う気持ちや疑問の気持ちを表すが、聞き手に向けられたときは疑問の表明で、そこから遠回しに許可を求めたり依頼したりする気持ちを表すこともある。丁寧体には付かない。くだけた話し言葉。「…かなあ」とのばして発音することもある。

【がな】

(1) 山田さんはまだ来ないの？ 遅れずに来るように言っておいたんだがな。

(2) 今度の試験も駄目だった。一生懸命勉強したつもりなんだがなあ。

(3) あした運動会だろう？ 雨が降らないといいがなあ。

(4) 彼らももう少し本気で仕事に取り組んでくれるようになるといいんだがなあ。

(5) 田口君、今、暇？ ちょっと手伝ってくれるとありがたいんだがな。

逆接を表す「が」に「な」が付いたもので、文末に用い、自分のしたことと実際に起こったことが食い違って不思議に思う気持ちや、実際にはまだ起こっていないことを実現させたいと願う気持ちを表す。(5)のように依頼するのに用いることもある。丁寧体には付かない。ひとりごとや親しい相手に向けて用いる男言葉で、話し言葉。「…がなあ」とのばして発音することもある。「…けどな」と同じで、主に女性はこの方を用いる。

【かなにか】

→【なにか】3

【かならず】 N4

(1) 宿題はかならずしなければならない。

(2) これからは、かならず朝ごはんを食べるつもりだ。

(3) ご招待ありがとうございます。かならずうかがいます。

(4) そうですか。かならず来てくださいよ。お待ちしていますから。

(5) 山本さんは、雨の日はかならず遅刻する。

(6) わたしはそのころ週に一回はかならずジムに通っていた。

「例外なく・ぜったいに」の意味を表す。義務(1)、意志(2)(3)、要望(4)などの表現に用いる。否定的な意味を表す表現には使えない。

(誤) かならず行きません。

(正) ぜったい行きません。

また、(5)(6)のように、現在、過去の習慣的行動についても使う。

【かならずしも…ない】

(1) 金持ちがかならずしもしあわせだとは限らない。

(2) 語学が得意だからといって、かならずしも就職に有利だというわけではない。

(3) 日本人は礼儀正しい人々だと言う人もいるようだが、実態は必ずしもそうではないとわたしは思っている。

(4) 政治家たちは国連は重要だと言う。しかし、必ずしも、常に尊重しなければならぬものだと思っているわけではない。

「「Xなら、かならずYだ」という論理がいつもあてはまるわけではなく、そうではない場合もある」という意味を表す。例えば(2)は「語学が得意なら就職に有利だ」ということがつねにあてはまるわけではないといっている。「わけではない・とはかぎらない」などとともに使うことが多い。書き言葉的。

→【とはかぎらない】【わけではない】1

【かなり】 N2N3

(1) この地域の人口減少はかなり深刻だ。

(2) かなり周到に準備をしたので、きっと成功すると思う。

(3) この設備の修復にはかなりの費用と時間を要する。

「程度が予想よりも多い」という意味を表す。名詞を修飾するときは「かなりのN」という形になる。

【かにみえる】

→【みえる】2f

【かねて(から)】 N1

(1) かねてお話ししておりましたように、退職後は故郷に戻って静かに暮らしたいと思っております。

(2) ≪手紙≫かねてからお願いしておりましたように、次回の講演会の司会をぜひお願いしたく存じます。

「以前から」の意味だが、「考えていた・話していた」など、思考や言語行為とともに用いるのが普通である。改まった場面で用い、くだけた会話では用いない。そのため次のような会話は不自然に感じられる。

A：退職したら、どうするの？

B：(誤) かねて(から)言ってたように、故郷に帰るつもりなんだ。

(正) 以前から言ってたように、故郷に帰るつもりなんだ。

【かねない】 N2N3

[VR-かねない]

(1) 風邪だからといってほうっておくと、大きい病気になりかねない。

(2) 君は、彼がそんなことをするはずがないと言っているそうだが、ぼくはあいつならやりかねないと思うけどね。

(3) 政府の今回の決定はいくつかの問題点をはらんでおり、近隣諸国の反発をまねきかねない。

(4) 今回の土砂崩れは二次災害を引き起こしかねないものであり、対策を急がねばならない。

「その可能性／危険性がある」という意味を表す。「かもしれない・ないとは言えない」などと近いが、この「かねない」は、話し手がマイナスの評価をあたえるものにしか使えない。

(誤) 私のこどものこの病気はなおりかねない。

(正) 私のこどものこの病気はなおるかもしれない。

書き言葉的。

→【かもしれない】1

【かねる】N2N3

[V$_R$-かねる]

(1) そのご意見には賛成しかねます。

(2) 残念ながら、そのご提案はお受けいたしかねます。

(3) その中学生の死は、同級生のいじめにたえかねての自殺と見られている。

(4) その人が、あまりにもこどもの心理を理解していないようなしかり方をするものだから、見かねて、つい口を出してしまったんだ。

動詞の連用形に付いて、「そうすることが困難／不可能だ」という意味を表す。「やろうとしても／努力しても、不可能だ」という意味あいがある。慣用的に固定化した表現に「決めるに決めかねる・見るに見かねて」などがある。改まった書き言葉的表現。

【かのごとき】

→【ごとし】

【かのよう】

→【ようだ$_1$】1b

【がはやいか】

[V-るがはやいか]

(1) そのことばを聞くがはやいか、彼はその男になぐりかかった。

(2) その男はジョッキをつかむがはやいか一気に飲みほした。

(3) こどもは、学校から帰って来ると、玄関にカバンをおくが早いか、また飛び出していった。

(4) その鳥は、ウサギをするどいツメでとらえるが早いか、あっと言う間に空にまい上がった。

「XがはやいかY」の形で「Xが起こるのとほとんど同時にYが起こる」という意味を表す。「…するのとほとんど同時に・…するとすぐ」の意。「…やいなや・…とたんに」とも言う。書き言葉。

→【とたん】1【や$_2$】2

【かまわない】

→【てもかまわない】

【かもしれない】

[N／Na／A／V　かもしれない]

話し言葉では、「かもわからない」の形で使われることもある。また、くだけた会話では「かもね・かもよ」などの形でも使われる。改まった書き言葉では「かもしれぬ・かもしれず」も使う。

→【かもわからない】①

① …かもしれない N4

(1) A：あの偉そうにしている人、ひょっとしてここの社長かもしれないね。

B：そうかもね。

(2) ここよりもあっちの方が静かかもしれない。行ってみようか。

(3) 雨が降るかもしれないから、かさを持っていったほうがいいよ。

(4) A：来週のパーティー、行くの？

B：まだ決めてないんだ。行くかもしれないし、行かないかもしれない。

(5) ノックをしても返事がない。彼はもう寝てしまったのかもしれない。

(6) 交渉相手が依然として強気の姿勢をくずさないということは、もしかすると何か強力な材料をもっているのかもしれない。

(7) 見合い話が壊れて、さぞがっかりしているだろうと心配していたが、それほど気にしている様子もない。当の本人は案外平気なのかもしれない。

(8) ちょっと待って。今山田君が言ったそのアイデア、ちょっとおもしろいかもしれないよ？

話し手の発話時における推量を表す。「その可能性がある」という意味を表す。「にちがいない」や「だろう」に比べて、「かもしれない」の表す可能性の度合いは低く、そうではない可能性もあるという気持ちを表す。「のかもしれない」は、「のだ」に「かもしれない」が付いたもの。

(8)のように、話し手が断定を避けて、表現をやわらげるために使われたり、「御存知かもしれませんが・私が間違っているかもしれませんが」などのように、話し手の主張を述べる前に前置きとして使われることもある。

話し言葉では、「かもしれない」の形で使われるが、視点を自由に移動できる小説の地の文などでは、次のように「かもしれなかった」の形が使われることがある。

(例) このままでは、達彦自身の会社も危なくなるかもしれなかった。

→【だろう】①【にちがいない】

② たしかに／なるほど …かもしれない

(1) A：この計画は危険すぎますよ。

B：確かに、危険かもしれない。しかし、やってみるだけの価値はあると思う。

(2) A：今の時代、小さいころから受験勉強を始めなければ、いい大学には入れないんですよ。

B：なるほど君の言うとおりかもしれない。でも、いい大学に入れなくったって、いいじゃないか。

(3) 女性は強くなったといわれている。確かに、昔に比べれば女性も自由になったかもしれない。しかし、就職ひとつを例にとっても、真の男女平等と言うにはほど遠いのが日本の現状だ。

相手の言った内容や一般的な見解を、正しい可能性があると一応は認めた上で、それとは異なる意見を述べる場合に使う。

③ …ば／…たら …かもしれない

a …ば／…たら V-るかもしれない

(1) ここで代打がホームランでも打てば、形勢は逆転するかもしれない。

(2) もう少しがんばれば、志望校に合格できるかもしれない。

ある条件が成立することを想定して、そのときに起こる可能性についての話し手の推量を表す。

b　…ば／…たら　V-たかもしれない

(1) あの時彼女を引き留めていたら、僕たちは別れずに済んだかもしれない。

(2) もう少し早く手術をしていれば、あるいは助かったかもしれない。

(3) もし、あの時、救急車の到着があと5分遅かったら、私は今こうして生きていなかったかもしれない。

すでに起きてしまったことがらについて、「条件が違えば、違う結果になった可能性がある」という意味を表す。話し手の後悔や、悪い結果をまぬがれたことに安堵する気持ちを表すような場合に使われる。

【かもわからない】

1　…かもわからない

[N／Na／A／V　かもわからない]

(1) 今日は日曜だからお店は休みかもわからないよ。

(2) 私は明日来られないかもわからない。

(3) きょうは山田さんも来るかもわからないから、日本酒も用意しておこう。

「かもしれない」とおなじ意味だが、それほど使われない。

→【かもしれない】1

2　…か(も)わからない

[N／Na／A／V　か(も)わからない]

(1) 道に迷ってしまった。ホテルがどの方角かも分からない。

(2) 先生の言っていることがわかりません。何について話しているかもわかりません。

(3) 社長が今どこにいるのかもわからなくて、秘書がつとまると思っているのか。

(4) はたしてその計画をスタートさせることができるかどうかも分からないのに、成功した後のことをあれこれ言うのは早すぎる。

疑問表現を受け、他のことだけでなく「…か」ということも分からないという意味を表す。多くは普通なら当然分かっているはずのことさえ分からないという状況で用いられる。

【がゆえ】

→【ゆえ】3

【がよかろう】

→【よかろう】

【から1】

1　Nから

a　NからV ＜起点の場所・経路＞ N5

(1) 海外から訪れる観光客は年々増えている。

(2) この町には、国じゅうからたくさんの人があつまってくる。

(3) 窓からひざしがさしこんでいて、その部屋はとてもあたたかかった。

場所を表す名詞に付いて、動作や出来事の起点となる場所や、動作や出来事の経路を表す。

b　NからV ＜起点の時間＞ N5

(1) 会議は午後3時から始まります。

(2) 今日は朝から体が重い。きのう働きすぎたようだ。

(3) 午前中は休みたいので、練習は午後からにしてください。

時間を表す名詞に付いて、動作や出来事の始まる時間を表す。

c　NからV ＜行為の主体＞ N4

(1) この話は私から先生にお伝えしましょう。

(2) 父の日に息子からプレゼントをもらって嬉しかった。

(3) 父からはこっぴどくしかられるし、母からはいやみを言われるし、さんざんな失敗だった。

人を表す名詞に付いて、行為を行う主体を表す。やりもらいの文や受身文に用いられることが多い。

d　NからV ＜原因・理由・根拠＞ N5

(1) 私の不注意からみなさんにご迷惑をおかけして申し訳ありませんでした。

(2) 成績不振から解雇されたそのチームの監督はいまテレビの解説者をしている。

(3) あのクラスでは、試験の成績と出席率から成績が決められるそうだよ。

いろいろな名詞について、出来事の原因・理由・根拠を表す。

e　NからV ＜材料・構成物＞

(1) 日本酒は米から作られています。

(2) この委員会は5人のメンバーからなっています。

(3) 日本は衆議院・参議院からなる二院制を取っている。

素材・材料・メンバーなど、ものの構成物を表す。

f　NからNにいたるまで

(1) あの会社はヒラ社員から社長にいたるまで全員が制服を着ている。

(2) この番組は、北海道から九州、沖縄に至るまで、全国ネットでお送りしています。

(3) 当社は、設計・施工からアフターサービスに至るまで、みなさまの大切な住宅をお世話させていただきます。

(4) 一日の過ごし方から政治思想に至るまで、私があの思想家の影響を受けなかったものはない。

起点と終点を示し、その範囲が大きい様子を表す。書き言葉的。

g　NからNまで

→【まで】3

2　…こと／…ところ　から

[N／Na　である　こと／ところ　から]

[Naな　こと／ところ　から]

[A／V　こと／ところ　から]

(1) この魚は、ヘビそっくりなところから、ウミヘビという名前をもつ。

(2) カボチャは、カンボジアからやってきたと言われているところからその名がついたそうだ。

(3) 車のバンパーから被害者の衣服の繊維が検出されたことから、その車の所有者にひき逃げの容疑がかかっている。

(4) その人物が殺害されたことを記録した文書が全く存在しないところから、実はその人物は生き延びて大陸に渡ったのだという伝説が生まれたらしい。

(5) 彼女は父親が中国人であるところから、中国人の知り合いも多い。

根拠や由来を表す。(1)(2)のように名前の由来を述べるときは「ところ」の方が比較的よく使われる。書き言葉的なかたい表現。

3 数量詞+から

a 数量詞+からのN

(1) その説明会には1000人からの人々がつめかけたと言う。

(2) あの人は3000万からの借金をかかえているそうだ。

「ある数量より以上」という意味で、数量が多いという含みがある。やや改まった表現。

b 数量詞+から ある／する

(1) その遺跡からは、20キロからある金塊が出土した。

(2) 自動車産業は好調で300万からする車が飛ぶように売れている。

(3) その種の陶器は今では貴重で、小皿1枚が10万からするらしい。

「だいたいそれくらいか、それ以上」という意味を表す。話し手が数量が多いと思っている場合に使う。重さ、長さ、大きさには「からある」、値段には「からする」が用いられるのが普通。

4 Nからいうと

→【からいう】1

5 Nからが

→【にしてからが】

6 Nからして

→【からして】

7 Nからすると

→【からする】

8 Nからみると

→【からみる】

9 V-てから

→【てから】

10 Nにしてからが

→【にしてからが】

【から₂】

[N／Na だから]

[A／V から]

1 …から ＜理由＞ N5

(1) 今日は土曜日だから、銀行は休みですよ。

(2) それは私が持ちますから、あれを持って行っていただけますか？

(3) 星が出ているから、あしたもきっといい天気だろう。

(4) この辞書じゃよくわからないから先生に聞こう。

普通体にも丁寧体にも付く。話し手が主体的な立場でおこなう依頼・命令・推量・意志・主張などの理由を述べるときに使う。そのため「ので」と比べて主観性が強い。

→【ので】

2 …から ＜文末用法＞

(1) いつか、しかえししてやるからな。

(2) おとなしく待ってろよ。おみやげ買ってきてやるからな。

(3) A：あ、たまご、買って来るの忘れちゃった。

B：いいから、いいから。それより、はやく晩ごはんにしましょう。

文末に用いて、警告や慰めなどの気持ちを表す。相手に対する様々な働きかけを、言葉で表さないで含みとして表す用法。「いつかしかえししてやるから、覚えてろ」などの後半が省略されたり倒置されたりしたもの。話し言葉で用いられる。

3 …からだ

a …からだ N5

(1) 試験に落ちたんだってね。勉強しなかったからだよ。

(2) A：今日は二日酔いだ。

B：きのうあんなに飲んだからだよ。

「YのはXからだ」の「Yのは」の部分が文脈であきらかなため省略された場合の言い方。

b　…のは…からだ

→【のは…だ】2

4　…からいい

→【からいい】

5　…からこそ

→【からこそ】

6　…からって

→【からって】

7　…からといって

→【からといって】

8　…からには

→【から(に)は】

【からある】

→【から₁】3b

【からいい】

[N／Na　だからいい]

[A／V　からいい]

1　…からいいが

(1) まだ時間はあるからいいが、今度からはもうちょっと早く来るようにしなさい。

(2) ネギ、買ってくるの忘れたの？　まあ、少し残っているからいいけど。

(3) え？　今日も休むの？　まあ、あまり忙しくない時期だからいいけど。

「…からいいが／けど」などの形で、「…からそれほど問題にはならないが」という意味を表す。話し言葉的。

2　…からいいようなものの

(1) 大きな事故にならなかったからいいようなものの、これからはもっと慎重に運転しなさい。

(2) だれも文句を言ってこないからいいようなものの、一つ間違えば大事故になっていたところだ。

(3) 保険をかけてあるからいいようなものの、そうでなければ大変なことになっていたよ。

(4) ちょうどタクシーが通りかかったからいいようなものの、あやうく遅刻するところだった。

(5) 大事に至らなかったからいいようなものの、今回の事故によって、政府の原子力政策は見直しをせまられそうだ。

「…からそれほど大きな問題にならなくてすんだが」という意味を表す。結果として最悪の事態は避けられたがいずれにせよあまり好ましいことではないという気持ちが含まれる。「からいいが／けど」と似た意味を表すが、それよりも非難や叱責の気持ちが強い。

【からいう】

1　Nから　いうと／いえば／いったら　N2N3

(1) 私の立場から言うと、それはこまります。

(2) 先生の見方から言うと、私のやりかたはまちがっているのかもしれませんが、私はこれがいいんです。

(3) あなたの考え方から言うと、私の主張していることなんかは急進的すぎるということになるんでしょうね。

(4) 民主主義の原則から言えば、あのやり方は手続きの点で問題がある。

「ある立場に立って判断すると」という意味を表す。「からみると」と同様の意味を表すが、「からみると」とは違って、人を表す名詞に直接付けることはできない。

(誤) 彼から言うと、それはまちがっているそうだ。

(正) 彼の考え方から言うと、それはまちがっているそうだ。

(正) 彼から見ると、それはまちがっているそうだ。

→【からみる】1

2 Nからいって N2N3

(1) さっきの返事のしかたから言って、私はあの人にきらわれているようだ。

(2) あの態度から言って、彼女は引き下がる気はまったくないようだ。

(3) あの口ぶりから言って、彼はもうその話を知っているようだな。

(4) あの人の性格から言って、そんなことで納得するはずがないよ。

判断の手がかりを表す。「からして・からみて」などとも言う。

→【からして】2【からみる】2

【からくも】

(1) 最新医療のおかげでからくも命を取り留めることができた。

(2) 戦乱の世の中でからくも生き延びている。

「やっとのことで／ようやく...する」という意味を表す。ぎりぎりでよい結果を得ることや最悪の状態が避けられるという意味を表す。「かろうじて」とも言う。

→【かろうじて】

【からこそ】

[N／Na　だからこそ]

[A／V　からこそ]

(1) 平凡な日常生活の中からこそ、おもしろい小説の題材が見つかるのです。

(2) これは運じゃない。努力したからこそ成功したんだ。

(3) A：君はぼくを正当に評価していない。

B：評価しているからこそ、もっとまじめにやれと言っているんだ。

(4) 愛が終わったから別れるのではなく、愛するからこそ別れるという場合もあるのだ。

(5) 忙しくて自分の時間がないという人がいるが、私は忙しいからこそ時間を有効に使って自分のための時間を作っているのだ。

理由や原因を取り立てて特に強調する言い方。「のだ」と共に使うことが多い。理由に「こそ」が付くのは「ほかでもないそのことが」という特に強い気持ちがあるときで、因果関係を客観的に示す場合などには使えない。文末が「のだ」で結ばれることが多い。

(誤) 今、東京は朝の9時だからこそ、ロンドンは夜中の12時だ。

(正) 今、東京は朝の9時だから、ロンドンは夜中の12時だ。

→【のだ】1

【からしたら】

→【からする】1

【からして】

1 Nからして <例示> N2N3

(1) リーダーからしてやる気がないのだから、ほかの人たちがやるはずがない。

(2) 課長からして事態を把握していないのだからヒラの社員によくわからないのも無理はない。

(3) ほら、その君の言い方からして、外国人に対する偏見が感じられるよ。

(4) 君はいろいろ言うが、まずこの問題には自分はまったく責任がないと信じ込んでいることからして私には理解しかねる。

極端な例や典型的な例を示して、「それでさえそうなのだから、まして他のものは言うまでもない」という気持ちを表すのに用いる。マイナス評価が多い。「にしてからが」とも言う。

→【にしてからが】

2 Nからして ＜根拠＞ N2N3

(1) あの言い方からして、私はあの人にきらわれているようだ。

(2) あの態度からして、彼女は引き下がる気はまったくないようだ。

(3) あの口ぶりからして、彼はもうその話を知っているようだな。

(4) あの人の性格からして、そんなことで納得するはずがないよ。

判断の手がかりを表す。「からすると・からみて・からいって」などとも言う。

→【からいう】2【からする】【からみる】

【からする】

1 Nから すると／すれば／したら N2N3

(1) あの言い方からすると、私はあの人にきらわれているようだ。

(2) あの態度からすると、彼女は引き下がる気はまったくないようだ。

(3) あの口ぶりからすると、彼はもうその話を知っているようだな。

(4) あの人の性格からすると、そんなことで納得するはずがないよ。

判断の手がかりを表す。「からして・からみて・からいって」などとも言う。

→【からいう】2【からして】【からみる】

2 数量詞+からする

→【から$_1$】3b

【からって】

(1) 頭が痛いからって先に帰っちゃった。

(2) 金持ちだからって何でも自由にできるというわけではない。

「からといって」のくだけた言い方。

→【からといって】

【からでないと】

→【てから】2

【からでなければ】

→【てから】2

【からといって】

[A／V からといって]

1 …からといって

(1) 用事があるからと言って、彼女は途中で帰った。

(2) 電車の中でおなかがすくといけないからと言って、見送りに来た母は売店であれこれ買っている。

他の人が述べた理由を引用するのに用いる。

2 …からといって+否定的表現 N2N3

(1) 手紙がしばらく来ないからといって、病気だとはかぎらないよ。

(2) いくらおふくろだからといって、ぼくの日記を読むなんてゆるせない。

「ただそれだけの理由で」という意味を表す。後ろには否定的な意味を表す表現を伴って「XだからY」ということは必ずしも成立しない、という意味となる。

【から(に)は】 N2N3

[Vから(に)は]

(1) 約束したからにはまもるべきだ。
(2) 戦うからには、ぜったい勝つぞ。
(3) この人を信じようと一度決めたからには、もう迷わないで最後まで味方になろう。
(4) こうなったからは、覚悟を決めて腰をすえて取り組むしかないだろう。

ある状態を示し、その状態である場合に当然望まれることやそうすべきことを表す。後ろには強い意志を表す表現が続き、依頼・命令・意志・当為などを表す。「Vいじょう(は)」とも言う。

→【いじょう】4

【からみたら】

→【からみる】1

【からみる】

1 Nから みると/みれば/みたら N2N3

(1) イスラム教から見ると、それはおかしな考え方だ。
(2) 先生から見ると、私のやりかたはまちがっているのかもしれませんが、私はこれがいいんです。
(3) あなたのような人から見れば、私の主張していることなんかは急進的すぎるということになるんでしょうね。
(4) 私の立場からみたら、その見とおしは楽観的すぎると言わざるをえません。
(5) 子供たちから見ると、おとなはいったい何をやっているんだ、ということになるんだろうね。

「ある立場に立って判断すると」という意味を表す。「からいうと」と同様の意味を表すが、「からいうと」とは違って、人を表す名詞に直接付くことができる。

→【からいう】1

2 Nからみて N2N3

(1) あの言い方からみて、私はあの人にきらわれているようだ。
(2) あの態度から見て、彼女は引き下がる気はまったくないようだ。
(3) あの口ぶりから見て、彼はもうその話を知っているようだな。
(4) あの人の性格から見て、そんなことで納得するはずがない。

判断の手がかりを表す。

→【からいう】2

【がり】

→【がる】

【かりそめにも】

(1) かりそめにもそのような恐ろしいことを口にしてはならない。
(2) かりそめにも一城の主たる方が、こんなところにお泊まりになるはずがない。

「かりにも」の古めかしい言い方。

→【かりにも】

【かりに】 N1

1 かりに…たら

(1) かりに3億円の宝くじに当たったら、何をしますか？

(2) 仮に関東大震災と同程度の地震が今の東京に起こったら、東京はどうなってしまうだろうか。

(3) 仮に予定の時間までに私がもどってこない場合は、先に出発してください。

「たら」や「場合は」のような、条件や状況を表す節を伴い、「そのようなことが起こったと仮定して、そのときは」という意味を表す。「もし(も)」と似ているが、現実がどうであるかはさておき、かりに設定するという意識は「かりに」の方が強い。「かりに」と「もし」の相違についての詳しい説明は、【もし】1を参照。

→【たら$_1$】1【ば】3【ばあい】【もし】1

2 かりに …とすれば／…としたら

(1) かりに100人来るとしたら、この部屋には入りきらない。

(2) 仮にあなたの話が本当だとすれば、彼は嘘をついていることになる。

(3) 仮に私の推測が正しいとすれば、あの二人はもうすぐ婚約するはずだ。

(4) 仮に毎月1万円ずつ貯金するとすると、10年で120万円貯まる計算になる。

「とすれば・としたら・とすると」などを伴い、「…を…であると仮定して、そのときは・仮定の上で…と考えれば」という意味を表す。あくまでも仮定の上でことがらや状況を設定し、その場合に成立することがらを述べる場合に用いる。

次のように、「ば・たら」を用いない言い方もある。

(例1) いまかりにXの値を100としよう。

(例2) かりにこの人をA子さんと呼んでおく。

(例1)は数学でよく用いる。

→【としたら】1【とすると】1【とすれば$_2$】1

3 かりに …ても／…としても

(1) かりに参加希望者が定員に満たないような場合でも旅行は決行します。

(2) かりに予定の日までに私が帰って来ないようなことがあっても、心配しないで待っていてくれ。

(3) 仮にその話がうそだとしても、おもしろいじゃないか。

(4) 仮に手術で命が助かったとしても、かなりの障害が残るだろう。

「ても・としても」のような逆接的な条件節を伴い、「もしそのようなことが起こっても・それが事実だとしても」という意味を表す。

【かりにも】

「たとえ仮であるにせよ」という意味の副詞。やや改まった書き言葉的な表現。「かりそめにも・かりにもせよ」とも言う。

→【かりそめにも】

1 かりにも+ 禁止／否定の表現

(1) かりにもこのことは人に言うな。

(2) かりにも人のものを盗んだりしてはいけない。

(3) 仮にもそのようなことは口にすべきではない。

(4) 仮にも死ぬなんてことは考えないでほしい。

(5) 仮にもあんな男と結婚したいとは思わない。

禁止や否定的な意味を表す表現を伴い、「仮定のうえの行為だとしても、そのようなことはするな／すべきではない／してはいけない／しない」という意味を表す。

2　かりにも　…なら／…いじょうは

(1) かりにも大学生なら、このくらいの漢字は読めるだろう。

(2) かりにもチャンピオンである以上は、この試合で負けるわけにはいかない。

(3) 仮にも教師であるからには生徒に尊敬される人間でありたい。

(4) 仮にも学長という立場にある以上は、大学の経営についても関心を払うべきだ。

(5) 仮にも医者ともあろうものが患者を犠牲にして金もうけを行うとは信じがたいことだ。

職業や社会的な地位・立場を表す名詞や節を受けて、「そのような立場にあるものなら・そのような地位を名乗るものなら」という意味を表す。「Xなら／いじょうは／からには／ともあろうものがY」のような文型で用いられ、Yは、Xが成り立つ状況で当然成り立つ判断や、その立場の人間が行うべきことがらを表す。(5)の「Xともあろうものが」は、「Xが行うべきでない行為を行っている」ことを含意し、「それを行うべきでない」ということを言う場合の表現。

→【いじょう】【から(に)は】

【がる】 N4

[Naがる]

[A-がる]

[V_R-たがる]

(1) 注射をいやがる子供は多い。

(2) 私のつまらない話をおもしろがって聞いてくれた。

(3) こわがらなくてもいいのよ。この人はおかあさんのともだちなの。

(4) そのラーメン屋は朝8時から夜の2時までやっているうえに安くてうまいので、近所の学生たちに重宝がられていた。

(5) 子供がおもちゃをほしがって地べたにすわりこんで泣いていた。

(6) 人の話を最後まで聞かずに口をはさみたがる人がときどきいる。

(7) 妻の死をいつまでも悲しがってばかりはいられない。わたしには残された子供たちをそだてていく義務がある。

形容詞の語幹や欲求を表す「V_R-たい」の語幹「V_Rた-」に付いて、「そのように思う／感じる／ふるまう」などの意味を表す。目的語は(5)～(7)のように「…を…がる」とする。第三者のようすを客観的に述べる動詞で、一人称は使わないのが普通である。ただし、小説の地の文や(7)のように、自分のことを客観視して表現する場合には一人称でも自然に使われる。よく使われる表現に「はずかしがる・さびしがる・なつかしがる・つよがる・いたがる・とくいがる」などがある。

「言いたがり・あつがり・さむがり・さびしがり・はずかしがり・こわがり」など「…がり」の形は、「そのように思う／感じる／ふるまう人、あるいはそのような性質」という意味の名詞になる。

(例) 息子は暑がりで、真冬でもコートを着ようとしない。

【かれ】

[A-かれA-かれ]

(1) 遅かれ早かれ、山田さんも来るでしょう。

(2) 人は多かれ少なかれ、悩みをもっているものだ。

「どちらの場合であっても」という意味を表す。対立的意味のイ形容詞が用いられる。(1)は「時間の早い遅いはあっても、いずれ」、(2)は「量

・程度の多い少ないはあっても、いずれにしても」という意味。慣用的に固定化した表現で、他には「よかれあしかれ」がある。

【かろう】

[N／Na　ではなかろう]

[A-かろう]

[A-く(は)なかろう]

(1) その話は真実ではなかろう。
(2) 親をなくしてはさぞや辛かろう。
(3) 少しは苦しむのもよかろう。
(4) 手術はさほどむずかしくはなかろうと存じます。

イ形容詞や「だ」の否定形の「ではない」の語尾の「い」が落ちたものに続き、「だろう」とほぼ同義の推量の意味を表す。「V-よう」の推量用法はこれに対応する動詞の形。古めかしい言い方で、書き言葉や改まった話し言葉で使われる。普通の話し言葉では「だろう」を使う。

→【だろう】①

【かろうじて】N1

書き言葉的な改まった表現。日常の話し言葉では「どうにか・なんとか」がよく使われる。他に似た表現として「ようやく・からくも・やっと」などがある。

→【からくも】【どうにか】【なんとか】【やっと】②

① かろうじてV-た

(1) 試験の開始時間に、かろうじて間に合った。
(2) 試験のできは良くなかったが、かろうじて合格できた。
(3) 雨でタイヤがスリップした。危ないところだったが、かろうじて事故はまぬがれた。
(4) 国連の介入で、かろうじて武力衝突は避けられた。
(5) ひどい怪我だったが、かろうじて死なずにすんだ。

「やっとのことで／ようやく…した」という意味を表す。ぎりぎりでよい結果を得た場合や、最悪の状態を避けることができた場合に使う。「かろうじて…をまぬがれた／…せずにすんだ／…は避けられた」などの形でよく使われる。

「やっと」には、結果にいたるまでに「長い時間がかかって・たいへんな苦労をして」という含みがあるが、「かろうじて」には、途中の経過はかならずしも必要ではなく、結果に重点をおいた表現である。「やっと」よりも改まった書き言葉的な言い方。さらに改まった言い方に「からくも」がある。

→【やっと】②

② かろうじてV-ている

(1) 毎日の生活は苦しいが、かろうじて借金はせずに済んでいる。
(2) 病人は機械の力を借りて、かろうじて生きている。
(3) 現代人は、毎日のストレスに耐えて、かろうじてバランスを保っているに過ぎない。
(4) 彼女も、かろうじて涙をこらえているようだった。

「やっとのことで…している・ようやく…している」という意味を表す。(1)～(3)のように、「状態は良くないが、最悪の状態にはならずに、ぎりぎりで現在の状態を保っている」という場合や、(4)のように、たいへんな努力や苦労をして、現在の状態を保っている場合に使う。(4)は、「今にも泣きだしてしまいそうだが、努力して我慢している」という意味。

③ かろうじてV-るN

(1) この道は、車二台がかろうじてすれ違える広さしかない。

(2) 列車の寝台というのは、人ひとりが、かろうじて横になれる大きさだ。
(3) その家は、僕にもかろうじて買えそうな値段だ。
(4) 私の英語は、かろうじて日常会話ができる程度だ。

(1)～(4)のように、可能を表す表現とともに使われて、「やっと／なんとか／どうにか…できる程度のN」という意味を表す。「難しいけれども、ぎりぎりなんとかできる。しかし、それ以上の余裕はない」という場合に使う。

【かわきりに】

→【をかわきりに】

【かわりに】 N2N3

[Nのかわりに]

[Vかわりに]

(1) わたしのかわりに山田さんが会議にでる予定です。
(2) ママは熱があるので、きょうはパパがかわりにむかえに行ってあげる。
(3) じゃあ、きょうはぼくが作るかわりに、あしたかぜがなおってたらきみが料理するんだぞ。
(4) 今度転勤して来たこのまちはしずかでおちついているかわりに交通の便がややわるい。
(5) 彼女のような生き方をしていたんでは、大きな失敗もしない代わりに、胸おどるような経験もないだろうね。

(1)～(3)のように、他のものや人の代理として、という意味の場合と、(4)(5)のように、あることについて、好ましいことの反面そうでないこともある、あるいはその反対に、好ましくないこともある反面好ましいこともある、という意味の場合とがある。

【きく】

→【ときく】

【きこえる】

→【れる$_2$】

【きっかけ】 N2N3

[Nをきっかけに(して)]

(1) 彼女は卒業をきっかけに髪をきった。
(2) 彼は、就職をきっかけにして、生活をかえた。
(3) 日本は朝鮮戦争をきっかけにして高度成長の時代にはいったと言われる。
(4) こんなところで同じ高校の出身の方と出会うとは思いませんでした。これをきっかけに今後ともよろしくお願いいたします。

「あるものごとを機会／手がかり／契機として」という意味を表す。

【きっと】 N4

(1) 鈴木さんもきっと来るでしょう。
(2) 雲が出てきた。今夜はきっと雨だろう。
(3) 彼女はきっとあのことを知っているにちがいない。
(4) あの女性はきっと私の兄と結婚する。

話し手の推測を表す。推測の度合いは、「たぶん」より強く、「たしかに・かならず・おそらく」などに近いが、入れ替えができるとは限らない。話し手の意志を強める用法(「(わたしは)きっと行きます」)や、相手に対する強い要望を示す用法(「きっと来てください」)もあるが、日常会話では現在ほとんど用いられない。

→【おそらく】【かならず】【たぶん】

【ぎみ】 N2N3

[Nぎみ]

[VR-ぎみ]

(1) ちょっとかぜぎみで、せきが出る。

(2) 彼女はすこし緊張ぎみだった。

(3) ここのところ、すこしつかれぎみで、仕事がはかどらない。

(4) 現在の内閣の支持率は発足時よりやや下がり気味である。

「そういう様子である・そういう傾向にある」という意味を表す。よくないことがらの場合が多い。

【きらいがある】 N1

[Nのきらいがある]

[V-るきらいがある]

(1) 彼はいい男だが、なんでもおおげさに言うきらいがある。

(2) 最近の学生は自分で調べず、すぐ教師に頼るきらいがある。

(3) あの先生の講義はおもしろいのだが、いつの間にか自慢話に変わってしまうきらいがある。

(4) あの政治家は有能だが、やや独断専行のきらいがある。

「そういう傾向を持つ・そうなりやすい」という意味を表す。よくないことがらの場合に用いる。書き言葉的。

【きり】

話し言葉では「っきり」となることが多い。

1 Nきり

(1) ふたりきりで話しあった。

(2) のこったのは私ひとりきりだった。

(3) 見て。残ったお金はこれっきりよ。

名詞に付いて、「それだけ」と範囲を限定するのに用いる。「これ・それ・あれ」に付くときは「これっきり・それっきり・あれっきり」となることが多い。

2 VR-きり

(1) 彼女は3人の子供の世話にかかりきりで、自分の時間もろくにない。

(2) 熱を出した子供をつきっきりで看病した。

動詞の連用形に付いて、「他のことをしないでずっとそれだけをする」という意味を表す。

3 V-たきり…ない N2N3

(1) 彼は卒業して日本を出ていったきり、もう5年も帰ってこない。

(2) あの方とは一度お会いしたきり、その後、会っていません。

多く「たきり、…ない」の形で使われる。「それを最後として、次に予想される事態が起こらない」という意味を表す。「これっきり・それっきり・あれっきり」ということもある。

(例) あの方とは一度お会いしましたが、それっきり会っていません。

【きる】

1 VR-きる ＜完全に…する＞ N2N3

(1) 無駄遣いをしてお小遣いを全部使い切ってしまった。

(2) 背後からイノシシに追いかけられたが、夢中で走って逃げ切った。

(3) 長い坂道を上り切ると、遙か遠くに富士山が見えた。

(4) こんなにたくさんの料理、私1人じや食べきれない。

(5) 広場には数え切れないほど多くの人々が集まっていた。

(6) それはいくら悔やんでも悔やみきれないことだった。

意志でコントロールできる動作や出来事を最後まで完全に行うことを表す。(4)～(6)のように可能の否定形が使われると、「完全には／十分には行えない」ことを表す。

2 V_R-きる ＜完全に…なる＞ N2N3

(1) 怪我が治りきるまでスポーツをしてはいけません。

(2) 口の中が乾ききってうまくしゃべれない。

(3) 一日中働いて、家に帰ったときはすっかり疲れ切っていた。

(4) 温かいスープを飲んで、冷え切っていた体が暖まった。

意志でコントロールすることのできない出来事が最後の段階にまで達し、完全にそうなるということを表す。

3 V_R-きる ＜徹底的に…する＞ N2N3

(1) 弟は大学を卒業しても親に頼り切って、仕事を探そうともしない。

(2) 赤ちゃんは安心しきった表情で、スヤスヤと気持ちよさそうに眠っている。

(3) 信頼しきっていた部下に裏切られ、ひどく傷ついた。

(4) 一人前の食事だけでは満足しきれず、さらに大盛りラーメンを一杯追加した。

「頼る・安心する」など気持ちを表す動詞に続き、徹底的にそのような気持ちになることを表す。

4 V_R-きる ＜切断＞

(1) 大きな布を二つに断ち切った。

(2) 別れてからも彼女のことを思い切ることができない。

(3) 故郷にとどまりたいという思いを断ち切って出発した。

「切断する」という意味を表す。そこから、「捨てる・あきらめる」という意味にもなる。

【きわまりない】 N1

[Na(なこと)きわまりない]

[A-いことききわまりない]

(1) その探検旅行は危険きわまりないものと言えた。

(2) その相手の電話の切り方は不愉快きわまりないものだった。

(3) そのような行動は、この社会では無作法なこときわまりないものとされている。

(4) 丁重きわまりないごあいさつをいただき、まことに恐縮です。

(5) そのけしきは美しいこときわまりないものだった。

「それ以上はないようなところまで達している」という意味を表す。また「無作法／丁重／不愉快きわまる」という形もあり、おなじ意味だが、ナ形容詞の語幹にしか付かない。改まった、書き言葉的表現。「ことこのうえない」とも言う。

→【ことこのうえない】

【きわまる】

→【きわまりない】

【きわみ】

[Nのきわみ]

(1) このような盛大なる激励会を開いて

いただき、感激のきわみです。

(2) 彼が自殺してちょうど一か月たつ。あの日何か話をしたそうな様子だったのに忙しくてそのままにしてしまった。いま思うと痛恨の極みだ。

(3) 不慮の事故でわが子を失った母親は悲嘆の極みにあった。

(4) 資産家の一人息子として、贅沢の極みを尽くしていた。

「感激・痛恨」など限られた名詞に付いて、これ以上ないほどの極限的な状態であることを表す。

【きわめて】N1

(1) 病状は、きわめて危険な状態です。

(2) この切手は、きわめて珍しいものです。

(3) 鑑定の結果、その茶碗はきわめて古いものだと判明した。

(4) 彼の態度は、上司に対してきわめて失礼なものだった。

(5) 店の資金繰りが行き詰まる可能性はきわめて高い。

(6) この店の経営状態は極めて安定している。

(7) そのニュースは、極めて衝撃的だった。

「危険だ・珍しい・安定している」など状態を表す表現を伴って、その程度の大きいことを示す。「とても・大変・非常に」に近いが、それらが話し言葉にも書き言葉にも用いられるのに対して、「きわめて」は書き言葉的な表現である。動作を表す表現に直接付けることができないので、その場合には程度を表す表現とともに用いる。

(誤) 子供たちはきわめて動き回った。

(正) 子供たちはきわめて活発に動き回った。

【きんじえない】

→【をきんじえない】

【くさい】N2N3

1 Nくさい ＜臭い＞

(1) あれ？　ガスくさいよ！

(2) この部屋はなんだかカビくさい。

(3) この部屋タバコ臭い。だれかタバコ吸ったでしょ。

「そのような臭いがする」という意味を表す。よくない臭いの場合に用いる。

2 Nくさい ＜様子＞

(1) インチキくさい商品だなあ。

(2) 子供たちに信頼される教師になりたいのなら、そのインテリくさいしゃべり方を止めろ。

(3) 彼は楽してお金を稼げると言っていたが、うそくさい話だ。

「いかにもそのような様子である」という意味を表す。あまりよいと思われていないものに使われることが多い。

3 …くさい

[Naくさい]

[A-くさい]

(1) あんた、いつまでそんな古くさいこと言っているつもり？

(2) そんな面倒くさいことは、だれか別の人に頼んでくれ。

(3) 彼はけちくさいことばかり言うので、嫌われている。

よくない意味を表す形容詞に付いて、その意味を強めるのに用いる。

【くせ】

[Nのくせに]

[Naなくせに]

[A／V　くせに]

1　…くせに N2N3

(1) 彼は、自分ではできないくせに、いつも人のやり方にもんくを言う。

(2) もんく言うんじゃないの。自分はできないくせに。

(3) あの選手は、体が大きいくせに、まったく力がない。

(4) こどものくせにおとなびたものの言い方をする子だな。

(5) 好きなくせに、嫌いだと言いはっている。

「XくせにY」の形で、Xの内容から当然予想されることとはちがうYという事態が続くことを表す場合に使われる。Yにはマイナス評価の表現が来ることが多い。(2)のように「Y。Xくせに」の形もある。主語の異なる次のような文では「くせに」は使えない。

(誤) 犬は散歩に行きたがっているくせに、彼はつれて行ってやらなかった。

(正) 犬は散歩に行きたがっているのに、彼はつれて行ってやらなかった。

2　…くせして

(1) 彼は、自分ではできないくせして、いつも人のやり方についてああだこうだと言う。

(2) 人のやり方にけちつけるんじゃないの。自分ではできないくせして。

(3) この人、大きなからだのくせして、ほんとに力がないんだから。

(4) こどものくせしておとなびたものの言い方をする子だな。

(5) 好きなくせして、嫌いだと言いはっている。

「くせに」とおなじ意味だが、それよりはうちとけた感じをあたえる場合が多い。

→【くせ】1

3　そのくせ

(1) 彼女はもんくばかり言う。そのくせ自分ではなにもしない。

(2) 彼女は自分ではなにもしない。そのくせ、もんくだけは言う。

(3) うちの子はいつもご飯を食べきれずに残す。そのくせお菓子ならいくらでも食べる。

(4) あの教師は生徒達に非常に厳しいことを言う。そのくせ自分の子供は甘やかしている。

前に述べたことを受けて、そこから当然予想されることとは違うことを表す場合に使われる。「それなのに」に言い換えられる。後にはマイナス評価の表現が来ることが多い。また、次のように、禁止や命令の表現は続けることができない。

(誤) 君はいつも見てるだけじゃないか。そのくせ文句言うなよ。

→【それなのに】

【ください】

1　Nをください N5

(1) ≪郵便局で≫はがきを10枚ください。

(2) ≪肉屋で≫そのロースハム100グラムください。

(3) ≪レストランで≫すみませんが、薬を飲むので水ください。

(4) 部長、少し考える時間を下さい。妻と相談しますので。

相手に何かをくれるように依頼したり、要求したりする意味を表す。レストランなどで注文するときは「メニュー／コーヒーお願いします」などのように「お願いします」を使うことの方が多い。

2 おVR-ください／ごNください N4

(1) ≪レストランで≫ただいま満席ですので、少々お待ちください。

(2) ≪切符売り場で≫順番にお並びください。

(3) ≪区役所で≫税金の申告は窓口でご相談ください。

(4) ≪恐怖映画上映中の映画館の案内≫心臓の悪い方はご遠慮ください。

動詞の連用形や行為を表す漢語名詞を用いて、丁寧に指示したり依頼したりする場合に使われる。公共の場で使われることが多い。

3 V-てください

→【てください】

【くださる】

1 Nをくださる N4

(1) 先生は毎年わたしたち教え子にはがきをくださる。

(2) 小学校時代の恩師の先生が娘に入学祝いをくださった。

(3) 皆さんが下さった温かい励ましのお言葉は生涯忘れません。

目上の人間が話し手や話し手側の人間へものを与えることを表す。「くれる」の尊敬語。

→【くれる】1

2 V-てくださる

→【てくださる】

【くらい】

「ぐらい」と言うことも多い。よく似た表現に「ほど」があるが、「くらい」の方が話し言葉的である。

→【ほど】

1 数量詞+くらい N5

(1) この道を5分くらい行くと、大きな川があります。

(2) 修理には一週間ぐらいかかります。

(3) これ、いくらだろう。3000円ぐらいかな。

(4) その島はこの国の3倍くらいの面積がある。

(5) ≪店内アナウンス≫店内のお客さまに、まいごのお子さまのご案内を申し上げます。青いシャツと黄色のズボンの、2才ぐらいのお子さまがまいごになっていらっしゃいます。

数量を表す表現に付いて、だいたいその程度であること（概数）を示す。時刻や日付を表すときには「…くらいに」を使う。

（正） 3時ぐらいに来てください。

（誤） 3時ぐらい来てください。

また、次のように疑問詞「どれ・どの・いくら」や「何メートル／キログラム／時間」などに付いて、だいたいの程度を尋ねたり、「これ・それ・あれ」に付いて、具体的な大きさなどを示したりする場合にも使われる。

（例） A：テープを切ってくれない？
　　　B：どれくらい？
　　　A：≪指を広げて大きさを示しながら≫これくらい。

2 Nくらい

a N(とおなじ)くらい

(1) A：物価は日本と比べてどうですか？
　　B：あまり変わりませんよ。日本と同じくらいです。

(2) A：田中君って、いくつぐらいだろう。

B：そうだね。うちの息子ぐらいじゃないかな。

(3) こんどのアパートは前のと同じぐらい広くて、しかも日当たりがいい。

「XはY（とおなじ）くらい…だ」の形で使われて、XとYが同じ程度であることを表す。「ほど」には、この使い方はない。

→【ほど】

b　N(とおなじ)くらいのN

(1) このボールは、ちょうどリンゴくらいの大きさだ。

(2) ジルさんは、トムさんと同じぐらいの成績だ。

(3) これと同じぐらいの値段でもっといいのがありますよ。

「XはYくらいのNだ」の形で使われて、XとYが同じ程度であることを表す。

Nには、「大きさ・重さ・高さ・温度・量」など量や程度を表す名詞が使われる。

c　…くらいNはない

(1) タバコぐらいからだにわるいものはない。

(2) 山田さんくらい自分でこつこつと勉強する学生は少ない。

(3) この車くらい若者から年輩の人にまで人気のある車は他にない。

(4) 国民に見はなされた政治家ぐらいみじめなものはない。

(5) いまの私にとって、まずしくて書物が自由に買えないことぐらいつらいことはない。

「…くらい」で示されたものの程度が一番高いことを表す。「それが最も…だ」という意味。「ない」のかわりに(2)のように「すくない・めずらしい」のような表現を使うこともある。「…ほどNはない」に言いかえることができる。

→【ほど】2

d　V-るくらいなら

(1) あいつに助けてもらうくらいなら、死んだほうがましだ。

(2) あんな大学に行くくらいなら、就職するほうがよほどいい。

(3) 上から紙を貼って訂正するくらいなら、もう一度はじめから書き直したほうがいいと思うよ。

(4) 銀行で借りるくらいなら、私が貸してあげるのに。

(5) 君に迷惑をかけるくらいなら、僕が自分で行くよ。

「XくらいならYのほうがましだ／ほうがいい／…する」などの形で使われて、「XよりYがよい」ことを表す。Yに極端な例が挙げられて、「…くらい」で表されたことがらに対して、話し手が非常に嫌っている気持ちを表したり、話し手が「Xは望ましくないのでYの方がよい」と考えている場合に使う。

3　…くらい ＜程度＞

a　…くらい N2N3

(1) その話を聞いて、息が止まりそうになるぐらい驚いた。

(2) 顔も見たくないくらい嫌いだ。

(3) 佐藤さんぐらい英語ができるといいのにな。

(4) 一歩も歩けないくらい疲れていた。

(5) コートがほしいと思うくらいさむい日だった。

(6) A：ずいぶん大きな声で怒っていたね。

B：うん、あいつにはあれぐらい言ってやらないとわからないんだ。

動作や状態の程度がどれくらいかを、比喩や具体的な例を使って表す表現。「ほど」と同じように使えるが、程度がはなはだしい場合には「くらい」は使えない。

（正） 死ぬほど疲れた。

（誤） 死ぬぐらい疲れた。

→【ほど】

b …くらいだ N2N3

(1) 君が困ることはないだろう。困るのは僕のほうだ。もう、泣きたいぐらいだよ。

(2) 疲れて一歩も歩けないくらいだった。

(3) 寒い日で、コートがほしいくらいだった。

(4) 今のぼくのうれしさがわかるかい？ そこらへんの人をみんなだきしめたいくらいだよ。

(5) おぼえてる？ あの寒い夜ふたりでわけあって食べたラーメン。おいしくて、あたたかくて、世の中にこんなごちそうはないと思うくらいだったね。

先に述べられたことがらについて、具体的に例を挙げて、どの程度かを説明するのに使う。

c …くらいだから N2N3

(1) あの人は、会社をみっつも持ってるぐらいだから、金持ちなんだろう。

(2) 彼はいつも本さえあればほかにはなにもいらないと言っているぐらいだから、きっと家の中は本だらけなんだろう。

(3) あの温厚な山田さんが怒ったくらいだから、よほどのことだったのでしょう。

(4) 素人の作品でも、こんなにおもしろいくらいだから、プロが作ればもっとおもしろいものができるだろう。

動作・状態の度合いを示して、話し手の判断や推量の根拠を述べるときに使う。後ろには「のだろう・にちがいない・はずだ」などの話し手の推量を表す表現が来ることが多い。

d …くらい(の)…しか…ない

(1) 燃料が少なくなっているので、あと10キロくらいの距離しか走れない。

(2) 10年間も英語を習っているのに、挨拶くらいの会話しかできない。

(3) 体が丈夫で、風邪で数日寝込んだことくらいしかない。

(4) 今忙しいので、ちょっとお茶を飲むくらいの時間しかありませんが、いいですか？

(5) 学費を払うために無理をしている息子をなんとか助けてやりたいのだが、失業中の私たちには、励ましの言葉をかけてやるくらいのことしかできない。

「XくらいのYしか…ない」という形で、程度の少ないXを挙げて、Yがそれ以上のものではないことを表す。後ろには不可能を表す表現が続くことが多く、その場合は「X以上のYは…できない」という意味になる。

4 …くらい <軽視>

(1) そんなことくらい子供でもわかる。

(2) ちょっと足がだるいぐらい、ふろにはいればすぐになおるよ。

(3) すこし歩いたぐらいで疲れた疲れたって言うなよ。

(4) あいさつくらいの簡単な日本語なら話せる。

(5) 指定された曜日にゴミを出さない人がいる。自分一人ぐらいかまわないだろうと軽く考えているのだろう。

ものごとを「重要ではない・たいしたことはな

い」ととらえる気持ちを表し、「そんな簡単なこと・つまらないこと」という意味を表す。後ろには、「大したことではない・容易である・問題はない」といった内容が続くことが多い。

5 …くらい <限定>

a Nくらい

(1) 子供じゃないんだから、自分のことぐらい自分で決めなさい。

(2) A：もう、11時ですよ？
B：いいじゃないか。日曜日ぐらい、ゆっくり寝かせてくれよ。

(3) 帰りがおそくなるのなら、電話の一本ぐらいかけてくれてもいいじゃないか。

(4) あいさつぐらいしたらどうだ。

「…くらい」の形で、極端な例を挙げて、「最低限のこととして…は」という意味を表すのに用いる。

b …のは…くらいのものだ

(1) 息子が電話をよこすのは、金に困った時ぐらいのものだ。

(2) 仕事が忙しくて、ゆっくりできるのは週末ぐらいのものだ。

(3) そんな高価な宝石が買えるのは、ごく一部の金持ちくらいのものだ。

(4) 社長に、あんなにずけずけものを言うのは君くらいのもんだよ。

「XのはYくらいのものだ」の形で、「Xが成立するのはYの場合だけだ」という意味を表す。

【くらべる】

→【にくらべて】

【くる】

→【てくる】

【くれ】

→【てくれ】

【くれぐれも】N2N3

(1) ≪手紙≫お体にはくれぐれもお気をつけ下さい。

(2) ≪部下が上司に≫奥様にくれぐれもよろしくお伝え下さい。

(3) 事故にはくれぐれも注意しなさい。

(4) では、くれぐれもよろしくお願いいたします。

「よろしくお伝え下さい・気をつけて下さい」など、相手に依頼したり希望したりする表現とともに用いて、念を入れて強く依頼したり願ったりする気持ちを表す。手紙や会話の終わりの方で使うことが多い。

【くれる】

1 Nをくれる N4

(1) 姉はわたしに辞書をくれました。

(2) おばさんがコンサートの切符を2枚くれた。

(3) 先輩がくれた教科書を使って勉強している。

(4) 隣のおじいさんはうちの小学生の弟によくお菓子をくれる。

目下や対等の関係にある人が、話し手や話し手側の人にものを与えるときに使う。

2 V-てくれる

→【てくれる】

【くわえて】

1 くわえて

(1) 最大の問題は山肌に土がないことだった。くわえて、地表も安定せず、木を植えることができなかった。

(2) 運営をつづけるには、人手が足りなかった。くわえて、資金が思うように集まらなかった。

(3) 彼の容態は快方にむかった。くわえて、就職の見込みがあるという知らせも届いた。

前の文のできごとに、できごとを追加して述べる表現。「そのうえ・それに」に近い意味を表す。やや書き言葉的。

→【そのうえ】【それに】2

2 Nに くわえ／くわえて N2N3

(1) 激しい風に加えて、雨もひどくなってきた。

(2) 学生たちは毎日の宿題にくわえて毎週レポートを出さなければならなかった。

(3) 商品開発には利便性に加えてファッション性を考えることも重要だ。

(4) その地場産業は、国内需要の低迷に加えて安価な外国製品の流入に押されて、苦しい状態が続いている。

「あることがらがそれだけで終わらず、さらに別のものごとが付け加わる」という意味を表す。「Nにくわえて」はやや書き言葉的。「Nにくわえ」は書き言葉で使う。

3 N、くわえてN

(1) 規則正しい食事、適度な運動、くわえて近所の人達との日常的なつきあい、そういったものがこの村のお年寄りの長生きの秘訣と考えられる。

(2) 慢性的な不作、加えて百年に一度という大災害で食糧不足はいっそう深刻になっている。

(3) 地場産業の衰退、加えて児童の減少による小学校の廃校が、この地域の人口流出に拍車をかけているようだ。

ことがらを追加するときに使う。会議などの改まった話し言葉、または書き言葉で使われ、「X、加えてY」の形で用いる。X、Yは修飾語の付いた、できごとを表す名詞を使うことが多い。

【げ】 N2N3

[Naげ]

[A-げ]

[V_R-げ]

(1) その人は退屈げに雑誌のページをめくっていた。

(2) 「そうですか」というその声には悲しげな響きがあった。

(3) 彼女の笑顔にはどこか寂しげなところがあった。

(4) 彼のそのいわくありげな様子が私には気になった。

形容詞の語幹や動詞の連用形に付いて、「そのような様子／ありさまである」という意味のナ形容詞を作る。例文は「退屈そう・悲しそう」など「…そう」に言いかえられるが、「…げ」の方が書き言葉的。(4)の「いわくありげ」は、隠れた事情がありそうな様子を表す慣用表現。

→【そうだ$_2$】1a

【けっか】 N2N3

[Nのけっか]

[V-たけっか]

(1) 投票の結果、議長には山田さんが選出された。

(2) 調べた結果、私がまちがっていることがわかりました。

(3) 3人でよく話し合った結果、その問題についてはもうすこし様子を見ようということになった。

(4) 国会審議の空転の結果、この法案がこの会期中に採決される見通しはなくなった。

「調べた結果を教えてください」のように本来「結果」は名詞だが、原因と結果をつなぐ表現として用例のように使われることがある。原因を表す表現に付いて、「それを原因として·それによって」という意味を表す。後ろには結果としてもたらされることがらが表される。書き言葉的。

【けっきょく】N2N3

(1) バーゲンセールに行ったが、結局何も買わないで帰ってきた。

(2) 結局、世の中は万事金で決まるということだよ。

(3) 挑戦者も善戦したが、結局は判定でチャンピオンが勝利をおさめた。

(4) 結局のところ、あなたは何が言いたいのですか。

文頭や文中に用いられ、最終的な結論·結果を述べる場合に用いる。(3)(4)のように「結局は·結局のところ」の形で用いられることもある。努力や期待にもかかわらず、人の意志の力の及ばないところで成立する結論や結果を述べる場合が多く、「ものごとはなるようにしかならない(なかった)」という、やや否定的なニュアンスを伴う。したがって、望ましい結果を述べる場合は、不自然で使用しにくい。

(誤) 猛勉強を続け、結局、彼は一流大学に合格した。

(正) 猛勉強を続けたが、結局、彼は希望した大学に合格できなかった。

(4)は疑問文が続く場合で、聞き手に結論を下すよう促す表現。

【けっこう】N5

1 けっこう

a けっこう <程度>

(1) 着物を着るにはいろいろな小物を揃えなければならないから、けっこう大変だ。

(2) これははじめて作った作品だが、自分ではけっこう気に入っている。

(3) あのレストラン、小さいけど、けっこう品数も多くて、おいしいんだ。

(4) 海岸へ出てみると、風がけっこう激しかったので、船を出すのはあきらめた。

(5) かれは、短歌を作らせても結構じょうずだ。

(6) あの人、ふだんはあまり勉強しないのに、今回の試験では結構がんばったね。

程度が高いことを表す。「かなり」に近い。「非常に」よりは低い程度を表す。「けっこう」はどちらかというといい意味で使う傾向がある。そのため「今度の試験の成績はけっこう悪かった」のような言い方よりは「今度の試験の成績はあまりよくなかった」という方が望ましい。

→【かなり】

b けっこう <量>

(1) 彼は、おなかの調子が悪いといっていたのに、けっこう食べた。

(2) 若い頃は、フランス文学をけっこう読んだものだ。

(3) 朝早いのに、人がけっこう来ていますね。

数量を問題にできる「食べる·読む」などの動詞に直接付けて、数量の多いことを表す。

2 けっこうだ

a けっこうなN

(1) これはけっこうなお品でございますね。

(2) 本日は結構なお席にお招きいただきましてありがとうございます。

(3) ≪茶会の席で≫結構なお点前でございます。

(4) 三食昼寝付きとは結構なご身分ですね。

よいこと、申し分のないことの意を表す。(1)(2)のように改まった言い方で用いることが多い。(3)は茶の湯で主人方の作法をほめる慣用表現。(4)は怠けている人に対する皮肉の表現。

b　けっこうです＜承諾＞

(1) A：今日が土曜日なので、お届けは月曜になりますが。
　　B：それで、けっこうです。

(2) A：修理代は、二万五千円になりますが、よろしいでしょうか。
　　B：けっこうです。

改まった会話で用い、同意や承諾を表す。くだけた場面では「いいよ」や「いいです」が用いられる。「けっこうだ」は使えない。

c　けっこうです＜断り＞

(1) A：家まで車で送りますよ。
　　B：≪嫌な相手に≫けっこうです。

(2) A：お酒、もう一杯いかがですか？
　　B：いや、もうけっこうです。

断りの表現。会話で用い、はっきり強く断るときに用いる。(1)のように「けっこうです」だけだとかなり強い断りとなる。くだけた会話では「いいよ」や「いいです」が用いられる。「けっこうだ」は使わない。誘いかけを断る場合、直接的な断りの表現を用いずに、次のB3のように間接的に断ることも少なくない。

(例)　A：ご飯もう一杯いかがですか？
　　B1：いや、もうけっこうです。
　　B2：いや、もういいです。
　　B3：いや、もうおなかがいっぱいです。

【けっして…ない】

(1) あなたのことはけっしてわすれません。

(2) いいかい。知らない人においでとさそわれても、けっしてついて行ってはいけないよ。

(3) きみのために忠告しておく。人前でそんなばかなことは決して言うな。

(4) 気をわるくされたのならあやまります。失礼なことを言うつもりは決してなかったのです。

否定形や禁止の表現とともに使うことが多く、それらの意味を強めたり、強い意志･決意を表したりする。

【けど】

1　けど

(1) A：この本は、恵子にやるつもりだ。
　　B：けど、それじゃ、良子がかわいそうだよ。

(2) このカメラ、貸してもいいよ。けど、ちゃんと扱ってくれよ。

「けれど」のくだけた言い方で、普通は、丁寧体の会話では使わない。

→【けれど】

2　…けど

(1) みんながあの映画はいいと言うけど、わたしにはちっともおもしろいと思えない。

(2) これは給料はよくないけど、やりがいのある仕事だ。

(3) A：これから、出かけるんだけど、一緒に行かない？
　　B：うん、行く。

(4) 何もありませんけど、どうぞめしあがってください。

(5) すみません、電話が故障しているらしいんですけど。

「けれど」のくだけた言い方。

→【けれど】

【けども】

→【けれど】

【けれど】 N4

「けれども」とも言う。くだけた言い方に「けども」がある。

→【けども】【けれども】

1 けれど

(1) 2時間待った。けれど、彼は姿を現さなかった。

(2) パーティーではだれも知っている人がいなかった。けれど、みんな親切でとても楽しかった。

(3) 彼の歌はうまくない。けれど味がある。

文頭に用いて、その前に述べられたことから予想されるのとは異なった展開で次に続くことを表す。「しかし」にくらべて、やや話し言葉的。ただし、くだけた文章でも使う。

2 …けれど ＜予想外＞

(1) 2時間待ったけれど、彼は姿を現さなかった。

(2) このレストランは味はいいけれど値段が高い。

(3) 下手だけれど、ピアノを弾くのは楽しい。

(4) 野球もおもしろいけれどサッカーはもっとおもしろいと思う若い人が増えている。

(5) 係長はもうすぐ帰ると思いますけれど、ここでお待ちになりますか？

節に付いて、そこで述べられたことから予想されるのとは異なった展開で次に続くことを表す。逆接表現だが、かならずしも逆接とは限らず、(5)のように前置きのようにも使う。やや話し言葉的だが、くだけた文章でも使う。

3 …けれど ＜やわらげ＞

(1) いま母は留守なんですけれど。

(2) 来週は出張で、いないんですけれど。

(3) すみません、紅茶は切らしてるんです。コーヒーならありますけれど。

(4) ちょっとコピー機が動かないんですけれど。

(5) 書類が一枚足りないんですけれど。

(6) かあさん、友達が夏休みにうちへ泊まりに来たいって言ってるんだけれど。

文を途中で省略した形で、いいわけ、事情の説明などを柔らかい調子で述べるのに用いる。(4)～(6)のようにして、間接的に依頼をするのにも使う。丁寧体、普通体どちらの文にも付く。話し言葉。

【けれども】 N4

1 けれども

(1) 2時間待った。けれども、一郎は姿を現さなかった。

(2) 彼は口数が多い方ではない。けれども、彼の言うことはいつでも説得力がある。

「けれど」と同じ。

→【けれど】1

2 …けれども

(1) 結婚式の日取りはまだ決まっていないんですけれども、たぶん夏ごろになると思います。

(2) あの人とは仲良く仕事をしたいと思っているんですけれども、なかなかうまく行きません。

(3) このままずっとここにいたいけれども、いつか国へ帰らなければならない。

(4) このことはまだ正式には発表されておりませんけれども、近いうちに大きな関心を呼ぶことになると思います。

「…けれど」と同じ。丁寧体の表現に続けると、会議などの公式の場でも用いられる。

→【けれど】2

【げんざい】N2N3

(1) コンピュータネットワークが発達した現在、世界中どこに住んでいても日本についての情報が得られる。

(2) 失敗の原因が明らかになった現在、われわれは何をすべきか。

(3) あの改革案がいまだに大方の賛同を得られていない現在、新たな方策を考えておくことも重要なことではないか。

(4) 地球環境の保護が叫ばれている現在、クリーンエネルギーの夢を広げるその計画への期待は大きい。

「過去と現在・現在の気温は29度だ」というように本来は名詞である。節に付くと、今の状況を提示した上で、話し手の主張を述べる表現となる。改まった、書き言葉的表現。

【こうして】N2N3

(1) 友人たちが手を尽くして仕事探しに協力してくれた。こうして、彼は何とか職を得ることができたのだった。

(2) 最終日には5万人もの人々が沿道を埋め、大会の参加者たちを見送った。こうして、10日間にわたる大会も無事閉幕した。

さまざまなできごとの経過や成り行きを述べた後に、その結末を述べるのに用いる。最終的な解決や結論にたどり着いたという文脈で用いられることが多い。書き言葉的。

【ここで】

(1) ここで、テレビをご覧のみなさまにお知らせがあります。

(2) ここで、来賓の方々をご紹介いたします。

(3) ここで、これまでの研究の流れについて、簡単に述べておきたい。

テレビ番組や、会議、論文など、決まった一連の出来事や話題の流れの中で、本筋と違った派生的なことがらに移る場合に用いる。「ここで」の後ろには、今からしようとしていることが述べられる。

【ごし】

1 Nごし <空間>

(1) となりの人と塀ごしにあいさつした。

(2) そのふるい映画には恋人どうしがガラスごしにキスをするシーンがあった。

(3) 窓越しに見える無数の星を見るのが好きだ。

「ある物をへだてて」という意味を表す。

2 Nごし <時間>

(1) 3年ごしの話し合いで、やっと問題が解決した。

(2) 私にとっては10年ごしの問題にやっとくぎりがつき、まとめたのが、この作品です。

(3) 7年ごしの交渉がようやく実を結び、両国の間に平和条約が結ばれた。

多くは「…年ごしのN」の形で、その期間ずっと続いた行為・状態を表す。

【こしたことはない】

→【にこしたことはない】

【こそ】

1 Nこそ N2N3

(1) A：よろしくお願いします。
B：こちらこそよろしく。

(2) ことしこそ『源氏物語』を終わりまで読むぞ。

(3) A：やはり私は文学部に進みたいと思います。
B：そうか。それこそ、亡くなったきみのお父さんものぞんでいたことだ。

あるものごとを強調して、「他でもなくこれなのだ」という意味を持たせる。

2 …こそ　あれ／すれ

[Nこそすれ]

[Naでこそあれ]

[VR-こそすれ]

(1) あなたのその言い方は、皮肉でこそあれ、けっしてユーモアとは言えない。

(2) あなたをうらんでいるですって？感謝こそすれ、私があなたをうらむ理由があるわけがないでしょう。

(3) 政府のその決定は、両国間の新たな緊張の火種になりこそすれ、およそ賢明な選択とは言いがたいものである。

「Xこそあれ／すれ、Yではない」の形で事実はXであって、決してYではないと強く主張するのに用いる。Yでないという主張を強くきわだたせるために、それとは対照的なXであることに触れる用法。書き言葉的表現。(3)は「火種にこそなれ」と言うこともできる。

3 …こそ…が

[Nこそ…が]

[N／Naでこそあるが]

[VR-こそするが]

(1) この靴は、デザインこそ古いが、とても歩きやすい。

(2) 書きこそしたが、彼のレポートはひどいものだった。

(3) 彼はいちおう会長でこそあるが、実権はまったくない。

(4) あの学生は宿題こそいつもきちんと提出するけれども、試験をしてみると何もわかっていないことがわかる。

(5) その作家は、ベストセラーこそないけれども、読者の支持を得て、一作一作着実に書いてきた。

「XはYこそ…」と述べることによって、Xについて「Y…」であることは一応認めた上で、さらにそれとは対立する事態があることを述べるのに用いられる。「…が・…けれども」などの逆接の接続表現が使用される。書き言葉的表現。

4 いまでこそ

→【いまでこそ】

5 …からこそ

→【からこそ】

6 それこそ

→【それこそ】

[7] それでこそ

→【それでこそ】

[8] だからこそ

→【だからこそ】

[9] …てこそ

→【てこそ】

[10] …ばこそ

→【ばこそ】

【こと】N4

[1] …こと ＜ことがら＞

[Nのこと]

[Naなこと]

[A／V　こと]

(1) なにかおもしろいことないかなあ。

(2) 卒業したらやりたいと思っていることはありますか？

(3) 私がきのう言ったこと、おぼえてる？

(4) 世の中には君の知らないことがまだまだたくさんあるんだよ。

(5) 本を読んで思ったこと、感じたことなどは、書名・著者名などといっしょにカードに書いておくとよい。

(6) なんでも好きなことをやってよい。

節に付いて、思考・発言・知識などのことがらをその内容に具体的に触れずに表すのに使う。「もの」との違いについては【もの】[1]を参照。

→【もの】[1]

[2] …(という)こと

(1) 山田さんが魚がきらいなことを知っていますか？

(2) 午後から会議だということをすっかりわすれていた。

(3) きみが将来アフリカに行きたいと思っていることは、もう彼女に話したのか？

(4) 彼は死んでもうこの世にいないということが、まだわたしには信じられない気がする。

節に付いて、そこで述べられたことがらを事実としてさししめすのに使う。ナ形容詞は(1)のように「魚がきらいなこと」、または「魚がきらいだということ」となる。

[3] V-る／V-ない　こと

(1) 休むときは、かならず学校に連絡すること。

(2) 期末レポートは、かならず縦書き400字づめ原稿用紙を使用することとする。

(3) 体育館には土足ではいらないこと。

(4) 教室を授業以外の目的で使用するときは、前もって申請をすること。

文末で用いて、命令やそうすべきだという話し手の気持ちを表す。規則や守るべき指示をつたえる表現。文章に書かれることが多い。(2)のように「こととする」で終わる場合もある。

[4] …こと ＜感嘆＞

[Nだこと]

[Na　だ／な　こと]

[A-いこと]

[V-ていること]

(1) まあ、かわいいあかちゃんだこと。

(2) あら、すてきなお洋服だこと。おかあさんに買ってもらったの？

(3) あらあら、元気だこと。でも電車の中でさわいではいけませんよ。

(4) え？　この子まだ2才なの？　まあ、大きいこと。

(5) このネコ、見てよ。よくふとっていること。病気かしら。

人や物の状態や性質を表す表現に付いて、おどろきや感動などの感嘆の気持ちを表す。(3)のようなナ形容詞の場合「元気なこと」のように「な」でもよい。話し言葉。主に女性的表現。若い世代は男女ともに使わない。

5 NことN

(1) 小泉八雲ことラフカディオ・ハーンはギリシャ生まれのイギリス人だ。

(2) これが、あの太陽王ことフランスのルイ14世が毎日使っていたワイングラスです。

(3) 漱石こと夏目金之助は1867年、東京に生まれた。

「XことY」の形でXに通称・ペンネーム・ニックネーム、Yに本名やより公的な名前を入れて使う。「XすなわちY」の意味で、XとYが同一人物であることを表す。書き言葉的。

6 Nのこと

(1) 私のこと、すき？

(2) あなたのことは一生わすれない。

(3) 彼女のことはもうあきらめなさい。

(4) パーティーのこと、もう山田さんに言った？

(5) 最近私は、どういうわけか、ふとしたひょうしに、ずいぶん前に死んだ祖母のことを考えていることが多い。

あるものを一つの個体としてではなく、それをとりまく事情・思い出・声や、ときにはにおいのようなものにいたるまで、すべてをつつみこんだものとして表す。知覚・思考・感情・言語活動などの動詞の対象を表すときによく使われる。

【ことうけあいだ】

(1) こんどあの人のところに行くときは花を持って行くといい。よろこんでもらえること請け合いだよ。

(2) あんなやり方をしていたのでは、失敗することはうけあいだ。

(3) この計画に彼を参加させるには、成功したら手にはいるばく大な金のことを話せばいい。乗ってくることうけあいだ。

節に付いて、未来のできごとを確信をもって予想したり保証したりするのに用いる。(2)のように「は」がはいることもある。やや古めかしい表現。

【ことか】 N2N3

[疑問詞+Naなことか]

[疑問詞+　A／V　ことか]

(1) つまらない話を3時間も聞かされる身にもなってください。どれほど退屈なことか。

(2) 続けて二人も子供に死なれるなんて。どんなにつらいことか。

(3) とうとう成功した。この日を何年待っていたことか。

(4) それを直接本人に伝えてやってください。どんなに喜ぶことか。

「それがどの程度／どれほどの量であるかが特定できないぐらい、はなはだしい」という意味を感慨の気持ちをこめて表す。

【ことがある】

1 V-たことが　ある／ない N4

(1) A：京都へ行ったことがありますか？

B：いいえ、まだないんです。

(2) ああ、その本なら子供の頃読んだことがあります。

(3) そんな話は聞いたこともないよ。

(4) 高橋さんにはこれまでに２度お会いしたことがあります。
(5) 高橋さんにはまだお会いしたことがありませんが、お噂はよく聞いています。
(6) このあたりは過去に何回か洪水に見舞われたことがある。

ある出来事を経験したかしないかを述べるのに用いる。主として動詞が用いられるが、次のように「名詞＋だった」という形が用いられることもある。

(例) あのホテルはできるだけ早く予約した方がいいよ？ ３ヶ月前に電話したのに満員だったことがあるんだ。

また、「V-なかったことがある」という形で、「...しなかった」という経験を述べる場合もある。

(例) 財布を拾ったのに警察に届けなかったことがある。

2 V-る／V-ない ことがある N4

(1) 子供たちは仲がいいのですが、たまに喧嘩をすることがあります。
(2) これだけ練習していても、時として失敗することがある。
(3) 天気のいい日に子供と散歩することがあるぐらいで、ふだんはあまり運動しません。
(4) A：最近、外で食事することはありますか？
B：最近はあまりないですねえ。
(5) 長雨が続くと、害虫の被害を受けることがある。
(6) 彼は仕事が忙しくて、食事の時間をとれないこともあるそうだ。
(7) この国では、乾期にはいると２ヶ月以上も雨が降らないことがある。

ときどき、あるいはたまに何かの出来事が生じることを表す。頻度の多い出来事の場合は使えない。

(誤) このあたりはよく事故が起こることがある。
(正) このあたりはよく事故が起こる。

【ことができる】 N4

[V-ることができる]

(1) アラビア語を話すことができますか？
(2) あの人は、ゆっくりなら20キロでも30キロでも泳ぐことができるそうだよ。
(3) 残念ですが、ご要望におこたえすることはできません。
(4) あの公園では、釣りをしたりキャンプをしたりすることができるそうですよ。

「能力」(1)(2)や「可能性」(3)(4)の有無を表す。「話せる・泳げる」のように可能を表す「れる」で言いかえることもできるが、改まった場面や改まった文章では、(特に可能性を表す場合は)やや「ことができる」の方が好まれる傾向がある。

→【れる 1】

【ことこのうえない】

[Naなことこのうえない]

[A-いことこのうえない]

(1) 丁重なことこの上ないごあいさつをいただき、恐縮しております。
(2) その風景は、さびしいことこのうえないものであった。
(3) 有権者の存在を無視したような、その政治家たちの舞台裏での争いは、見ぐるしいことこの上ないものであった。

「それ以上のものはない」という意味を表す。改まった、書き言葉的表現で、上の例はそれぞれ「このうえなく丁重なあいさつ・このうえなくさびしい・このうえなく見ぐるしいもの」と言いかえることができる。

【ごとし】

古い助動詞で現在では書き言葉にしか用いない。「ごとし」は文末に用いられる形で、「ごときN」、「ごとくV」のように活用する。

1 ごとし

[N　の／であるが　ごとし]

(1) 光陰矢のごとし。

(2) 時間というものは、矢のごとくはやくすぎさっていくものだ。

(3) 山田ごときに負けるものか。

「…のようだ」となにかにたとえるときに使う。「Nごとき」の形は名詞に続く形で、「NごときN」となるのが普通だが、(3)のように「Nごとき」だけで、名詞として使われることもある。このような使い方はマイナス評価を帯びた意味を表す場合に限られる。ことわざや慣用句をのぞけば、現在では「ようだ」の方をよく使う。

→【ようだ₁】1a

2 …かのごとし

(1) 彼女はそのことを知っているはずなのに、まったく聞いたことがないかのごとき態度だった。

(2) そのふたりはまずしかったが、世界中が自分たちのものであるかのごとくしあわせであった。

(3) 「盗作する」とは、他人の作品を自分の作品であるかのごとく発表することである。

(4) あの政治家は、いつも優柔不断であるかのごとくふるまってはいるが、実はそう簡単には真意を見せない。

文に続くが、名詞・ナ形容詞の場合は(3)(4)のように「だ」でなく「である」に続く。「事実はそうではないがまるでそうであるかのようだ」という意味を表す。現在では「かのようだ」の方をよく使う。特に辞書形の「かのごとし」は今ではほとんど使わない。

→【ようだ₁】1b

【ことだ】

1 V-る／V-ない　ことだ N2N3

(1) 日本語がうまくなりたければもっと勉強することです。それいがいに方法はありません。

(2) かぜをはやくなおしたいんだったら、あたたかくしてゆっくり寝ることだ。

(3) この件については、これ以上深く関わらないことだ。さもないと、大変なことになりかねないぞ。

(4) こどもにさわらせたくないというのなら、最初から手のとどく所におかないことだ。

その状況でもっとものぞましいこと、もっともよいことを述べて、間接的に忠告や命令の機能をはたすのに用いられる。話し言葉。

2 …ことだ

[Naなことだ]

[A-いことだ]

(1) 家族みんな健康で、けっこうなことだ。

(2) いつまでもお元気そうで、うらやましいことです。

(3) 夜はあぶないからって、あのおかあさん、こどもを塾までおくりむかえしてるんだって。ごくろうなことだね。

(4) 道路に飛び出した弟を止めようと追いかけていって車にはねられるなんて…。いたましいことだ。

話し手のおどろき・感動・皮肉・感慨などを表す。用いられる形容詞はかぎられている。

3 …ということ

→【ということ】

4 …とは…のことだ

→【とは】1

【ことだから】N2N3

[Nのことだから]

(1) 彼のことだからどうせ時間どおりにはこないだろう。

(2) あの人のことだから、わすれずに持ってきてくれると思うけどな。

(3) 慎重な山田さんのことだから、そのへんのところはちゃんと考えてあると思うけどね。

(4) あの人のことだから、この計画が失敗しても自分だけは責任をのがれられるような手はうってあるんだろう。

主として人を表す名詞に付く。話し手も聞き手もよく知っている人物について、その人の性格・行動パターンにもとづいてなんらかの判断をくだすときに使う。(3)の「慎重な」のように、判断の根拠にするその人物の性格や特徴を明示する場合もある。

【ことだし】

[N／Na であることだし]

[Naなことだし]

[A／V ことだし]

(1) 雨がふってきそうだから、きょうは散歩はやめておこうか。こどもたちもかぜをひいていることだし。

(2) おいしそうな料理もでてきたことですし、私のへたなごあいさつはこのへんで終わりにしたいと存じます。

(3) 委員も大体そろったことだし、予定時間も過ぎているので、そろそろ委員会を始めてはいかがですか？

(4) この議題はとても重要なことだし、緊急を要することだから、時間がかかってもしっかり議論しましょう。

節に付く。「ことだ＋し」という構造で、なんらかの判断・決定・希望の理由・根拠となる事情・状況を述べるときに使う。(2)のような「ことですし」はより丁寧な形。(3)や(4)のように理由をふたつ述べる場合や(2)のようにひとつだけの場合、また(1)のように最後につけたしのように言う場合などがある。話し言葉だが、「し」だけよりも改まった表現。

【ことだろう】

[N／Na な／である ことだろう]

[A／V ことだろう]

(1) 片道2時間もかけて学校に通うなんて、なんて大変なことでしょう。

(2) 会っていないが、山田さんのこどもさんもさぞおおきくなったことだろう。

(3) 市内でこんなにふっているのだから、山のほうではきっとひどい雪になっていることだろう。

(4) ≪手紙≫息子さん、大学合格とのこと。さぞかしお喜びのことでございましょう。

(5) この誘拐事件は人質の安全を考慮して今はふせられているが、公表されれば、まちがいなく社会に大きな衝撃をあたえることだろう。

節に付いて、推測を表す。「だろう」だけでも言えるが、「ことだろう」は、より改まった、書き言葉的な表現であり、「いま・ここ」ではわからないことについて、感情移入しながら推測するときに使う。(2)のように副詞の「さぞ(かし)」とともに使うとさらに強い感情移入となる。

【ことで】

[Nのことで]

(1) さっきのお話のことで質問があるんですが。

(2) 先生、レポートのことで、ご相談したいことがあるんですが。

(3) 君がきのう出した企画書のことで、課長が話があるそうだよ。

「質問する・相談する・話す」などの「話す」動作を表す動詞を伴い「…について」という意味を表す。理由・事情をしめして話を切りだすときに使う。

【こととおもう】

[Nのこととおもう]

[Naなこととおもう]

[A／V　こととおもう]

(1) ≪手紙≫ごぶさたいたしておりますが、お元気でおすごしのことと思います。

(2) ≪手紙≫このたびのおかあさまのご不幸、さぞお力落としのことと存じます。

(3) みなさんもずいぶん楽しみになさっていたことと思いますが、旅行の中止は私もたいへん残念です。

節に付いて、聞き手の状況を同情やいたわりの気持ちをこめて推測する気持ちを表す。「さぞ・さぞかし・ずいぶん」などの副詞とともに使われることも多い。「…とおもう」よりも改まった書き言葉的な感じを与える表現で、手紙文に多く用いられる。(2)の「…ことと存じます」はさらに改まった丁寧な言い方。

【こととて】N1

[Nのこととて]

[Vこととて]

(1) 子供のやったこととて、大目に見てはいただけませんか。

(2) なにぶんにも世間知らずの若い者のこととて、そそうがあったらお許しください。

(3) 慣れぬこととて、失礼をいたしました。

(4) 知らぬこととて、ご迷惑をおかけして申しわけございません。

後半に謝罪や許しを求める言葉を伴って、その謝罪の理由を述べるのに用いる。少し古めかしい表現。(3)(4)の「V-ぬ」は「V-ない」に相当する古い表現。

【ことなく】N2N3

[V-ることなく]

(1) ひどい雪だったが、列車はおくれることなく京都についた。

(2) われわれは、いつまでも変わることなく友達だ。

(3) その子は、もうこちらをふりかえることもなく、両手を振り、胸を張って、峠の向こうに消えて行った。

(3)のように「…こともなく」の形もある。「…ないで」や「…ず(に)」にちかいが、「…ことなく」は書き言葉で、また意味的には、例で言えばそれぞれ「おくれる・かわる・ふりかえる」可能性もあるのに、そういうこともなく、というような意味あいで使われる。

【ことなしに】N1

[V-ることなしに]

(1) 努力することなしに成功はありえない。

(2) 誰しも他人を傷つけることなしには生きていけない。

(3) リスクを負うことなしに新しい道を切り開くことはできないだろう。

「Xすることなしに Yできない」のように後ろに可能性を否定する表現を伴って、「Xをしなければ Yができない」、つまり「Yをしようと思ったら、Xをすることは避けられない」という意味を表す。書き言葉的なかたい表現。

【ことに$_1$】N2N3

[Naなことに]

[A-いことに]

[V-たことに]

(1) 残念なことに、私がたずねたときには、その人はもう引っ越したあとだった。

(2) おもしろいことに、私がいま教えている学生は、私がむかしお世話になった先生のこどもさんだ。

(3) おどろいたことに、彼女はもうその話を知っていた。

(4) あきれたことに、その役所は知事の選挙資金のために裏金をプールしていた。

感情を表す形容詞や動詞に付いて、これから述べようとしていることがらに対する話し手の気持ちを前もって表すのに用いる。書き言葉的表現。

【ことに$_2$】

(1) その人は、多くの美男美女の中でことに美しかった。

(2) ことに重要なのは、相手の気持ちを理解しようとすることです。

(3) 久しぶりに年老いた父に会ったが、ことに変わったこともない様子で安心した。

他のものと比べて特別に際立っているものを取り立てて言う場合に用いる。「とりわけ・とくに・ことのほか」などと言い換えられる。

→【とりわけ】

【ごとに】

[Nごとに]

[V-るごとに]

(1) このめざまし時計は5分ごとに鳴る。

(2) こどもというものは、見るごとに大きくなっていくものだなあ。

(3) この季節は、よくひと雨ごとにあたたかくなるという。

(4) 彼は、会う人ごとに、こんど建てた家のことを自慢している。

(1)～(3)のように、「そのたびに・そのつど」という意味を表す場合と、(4)のように、「それぞれに・おのおのに」というような意味を表す場合とがある。(2)のように動詞に付く場合は「見るたびに」のように「たびに」を使うことの方が多い。また(4)は「人に会うたびに」や「会う人会う人に」と言いかえることもできる。

→【たびに】

【ことにしている】

[Vことにしている]

(1) 私は毎日かならず日記をつけることにしている。

(2) 夜はコーヒーを飲まないことにしているんです。

(3) 彼の家族は、家事はすべて分担してやることにしているそうだ。

(4) 運動不足解消のため、私はこどもと公園に行くとかならず鉄棒をやることにしている。

(5) ずいぶん前から、不正をおこなった場合は失格ということにしています。

「なんらかの決定にもとづいて習慣やとりきめになっている」という意味を表す。「ことにする」の決定・決意の結果が習慣になったものと考えてよい。したがって一般的な習慣・儀礼などを表す場合には使わない。

(誤) 日本人は、はしを使ってご飯を食べることにしています。

(正) 日本人は、はしを使ってご飯を食べます。

【ことにする】

1 Vことにする N4

(1) あしたからジョギングすることにしよう。

(2) これからはあまりあまい物は食べないことにしよう。

(3) きょうはどこへも行かないで勉強することにしたよ。

将来の行為についての決定・決意などを表す。(3)のように「ことにした」の形になると、「その決定・決意はすでに成立している」という意味あいをつたえる。同じ意味の「こととする」は、より改まった書き言葉的表現。「ことになる」との比較は【ことになる】1を参照。

→【ことになる】1

2 …ことにする

[N(だ)ということにする]

[Naだということにする]

[V-た(という)ことにする]

(1) その話は聞かなかったということにしましょう。

(2) その件は検討中ということにして、すこしなりゆきを見まもろう。

(3) 先生は私を助手だということにして調査旅行につれていってくださいました。

(4) 敵の攻撃に対する防御の時間をかせぐために、大統領はすこぶる健康だということにしておくべきだ。

(5) 出張に行ったことにして出張費を着服したり不正流用することを、俗に「カラ出張」と言う。

節に付いて、「事実とは反対のこととしてふるまったり、そのように事態を扱ったりする」という意味を表す。名詞の場合は(2)のように「N(だ)ということにする」の形にする。動詞の場合は(1)(5)のようにタ形に付く。この場合は「という」があってもなくてもよい。同じ意味の「こととする」は、より改まった書き言葉的表現。

【ことになっている】 N2N3

[Nということになっている]

[V-る／V-ない (という)ことになっている]

(1) やすむときは学校に連絡しなければならないことになっています。

(2) 乗車券をなくした場合は最長区間の料金をいただくことになっているんですが。

(3) 規則では、不正をおこなった場合は失格ということになっている。

(4) 駐車場内での盗難や事故については、駐車場側は関知しないことになっております。

(5) パーティーに参加する人は、6時に駅で待ち合わせることになっている。

(6) 夏休みのあいだ、庭の水やりは子供たちがすることになっている。

予定、日常生活でのとりきめ、法律や規則、慣例のようなものにいたるまで、人を拘束するさまざまなとりきめを表す。「...ことになる」の結論・結果が続いている状態と考えてよい。

【ことになる】

[Nということになる]

[A-い／A-くない　(という)ことになる]

[V-る／V-ない　(という)ことになる]

1 ...ことになる ＜決定＞ N4

(1) こんど大阪支社に行くことになりました。

(2) ふたりでよく話し合った結果、やはり計画は延期するのが一番いいということになりました。

(3) よく話し合った結果、やはり計画は延期ということになりました。

(4) 亡くなった山田さんは形式ばったことがきらいな人だったから、葬式などはしないことになりそうだな。

(5) この問題は、細部については両政府の次官級協議にゆだねられることになった。

将来の行為について、なんらかの決定や合意がなされたり、ある結果になることを表す。「ことにする」が、だれが決定・決意したのかがはっきりしているのに比べ、この「ことになる」はそれが明瞭ではなく、「自然に／なんとなく／ひとりでに、そういう結論・結果になる」というような意味あいをつたえる。「ことになった」という夕形で使うことが多い。同じ意味の「こととなる」は、より改まった、書き言葉的表現。

→【ことにする】1

2 ...ことになる ＜言いかえ＞

(1) 4年も留学するの？　じゃあ、あの会社には就職しないことになるの？

(2) りえさんはわたしの母の妹のこどもだから、わたしとりえさんはいとこどうしということになる。

(3) これまで10年前と4年前に開いているので、これで日本での開催は3回目ということになる。

(4) 来年度の予算が大幅に増額された。しばらくは経費節減に悩まされなくてもいいことになる。

言いかえたり、他の視点から見たり、本質を指摘したりするときに使う。

【ことには】

1 V-ることには N2N3

(1) その子供たちの言うことには、彼らの両親はもう二日も帰ってきていないらしい。

(2) 学生たちの言うことには、ことしは就職が予想以上にきびしいらしい。

(3) 先生のおっしゃることには、最近の学生は言われたことしかしないそうだ。

(4) ≪昔話の読み聞かせ≫たぬきさんの言うことにゃ、きつねさんがかぜをひいたそうじゃ。

「言う」やそれに類する動詞の辞書形に付くことが多い。引用する発言の発言者をしめす。(1)なら「その子供たちが、両親がもう二日も帰ってきていないと言っている」という意味。やや古めかしい書き言葉的表現で、特に(4)のような「ことにゃ」の形は昔話などでよく使われる。

2 V-ないことには N2N3

(1) 先生が来ないことにはクラスははじまらない。

(2) いい辞書を手にいれないことには外国語の勉強はうまくいかない。

(3) あなたがこころよく見おくってくれないことには、私としても気持ちよく出発できないよ。

(4) とにかくこの予算案が国会で承認されないことには、景気回復のための次のてだてを講ずることは不可能だ。

「Xないことには Yない」の形で「Xが実現しないとYが実現しない」という意味を表す。XはYの成立のための必要条件を表す。「なければ・なくては」と言いかえられる。

→【なくては】1 【なければ】1

【ことのほか】

→【とりわけ】

【ことは…が】

[NaなことはNaだが]

[AことはAが]

[VことはVが]

(1) 読んだことは読んだが、ぜんぜん分からなかった。

(2) あの映画、おもしろいことはおもしろいけど、もう一度金をはらって見たいとは思わないね。

(3) おいしかったことはおいしかったけどね、でも高すぎるよ。

(4) どうしてもやれと言うなら、いちおうやってみることはやってみるけど、うまく行かないと思うよ。

(5) A：ひさしぶり。元気だった？

B：元気なことは元気なんだけどねえ。なにかもうひとつ満たされない気分なんだなあ。

同じ語を繰り返して使う。譲歩の気持ちを表し、あることをいちおう認めるが、それほど積極的な意味を持たせたくないときに使う。

(1)(4)のように動詞が使われた場合は、「その行為をいちおうはおこなう(おこなった)が、結果は思わしくないだろう(なかった)」という意味を表す。「てみる」とともに使うことも多い。(2)(3)(5)のように名詞や形容詞が使われる場合は、「それを否定するわけではないが」という意味になる。例えば(2)なら「おもしろくない(という)わけではないが」と言いかえることができる。

過去のことについて言う場合は、(1)のように2語ともタ形にすることもあるし、次のように2番目の語だけをタ形にする場合もある。

(例) 読むことは読んだが、ぜんぜん分からなかった。

また(2)のように動詞以外の場合には、2語ともタ形を使わないこともある。

→【てみる】1

【ことはない】 N2N3

[V-ることはない]

(1) 心配することはないよ。ぼくもてつだうからがんばろう。

(2) こまったことがあったらいつでも私に言ってね。ひとりでなやむことはないのよ。

(3) そのことでは彼にも責任があるんだから、君だけが責任をとることはないよ。

ある行為について、「その必要がない、しなくてもよい」という意味を表す。人をはげましたり忠告するときによく使う。

【ことはならない】

[Vことはならない]

(1) 昔は女性がこの祭りに参加することはならないとされていた。

(2) ≪厳しい父親が娘に≫だめだ。あんな男と結婚することはならん。おまえはだまされているんだ。おとうさんはぜったいにゆるさない。

(3) こどものころ、本や新聞をまたぐことはならぬとよくおじいさんにしかられたものだ。

「してはならない」という禁止の意味を持つ。「ならん・ならぬ」の形もある。古めかしい言い方。

【このたび】

(1) この度はご結婚おめでとうございます。

(2) ≪あいさつ≫この度、転勤することになりました。

(3) この度、会長に選ばれました佐々木でございます。どうぞよろしくお願いいたします。

「今回は」の意で、改まった挨拶などで使われる。

【このぶんでは】

→【ぶん】3

【このように】

(1) このように、日本人の食生活は、時代とともに変化してきている。

(2) このように、携帯電話は、もはや必需品となっているのです。

前に述べたことを指して、そこからのまとめを述べるときに用いる。書き言葉的。話し言葉では講演、ニュースなど、改まったスタイルで用いられる。

【こむ】

[V_R-こむ]

(1) ここに名前を書きこんでください。

(2) かばんに本をつめこんで旅にでかけた。

(3) トラックに荷物を積みこむのを手伝った。

(4) その客は家にあがりこんで、もう5時間も帰らない。

(5) 日本の社会に溶け込むことと自分の文化を見うしなわないこととは両立するのだろうか。

(6) 人の部屋に勝手に入り込まないでくれ。

(7) 友達と話し込んでいたらいつのまにか朝になっていた。

(8) サルに芸を教え込むことと子供を教育することとの違いが分かっていない教師がいる。

(9) 部屋の片隅に座り込んで、じっと考え事をしている。

(1)～(3)のように「なにかの中にいれる」という意味の他動詞を作ったり、(4)～(6)のように「なにかの中にはいる」という意味の自動詞を作ったりする。また、(7)～(9)のように「徹底的に／じゅうぶんに…する」という意味の動詞を作るのに用いる。

【ごらん】N4

(1) どうぞ、ご自由にごらんください。

(2) ごらん、つばめがやってきた。

(3) ≪親が子供に≫ひとりでやってごらん？　ここで見ててあげるから。

(4) ≪親が子供に≫こどもはいくらかな？　駅員さんに聞いてきてごらん？

「見る」の尊敬語。(1)のように「ごらんください」の形で、「見てください」の尊敬表現として使う場合や、(2)のように「見なさい」の上品な言い方（「ごらん」は「ごらんなさい」をみじかくしたもの）として使う場合や、(3)(4)のように「てごらん」の形で、子供などに対して主に使う場合がある。「見る」の尊敬語ではあるが、「…しなさい」と命令する表現なので、目上に対しては使わない。

【これだから…のだ】

(1) え、仕事を始めて１週間で辞めた？　これだから、最近の若い者は困るんだよ。

(2) このピザもパスタもお手製ですか？　これだから、田中さんのパーティーは楽しみなんだよね。

前に述べたことを受けて、そのことがらを根拠として評価的なことを述べるのに用いる。自分の持っている評価について、それを改めて正当化する働きがある。話し言葉的。

【これだと】

(1) これだと、ちょっと困るんですけど。

(2) これだと、まだ解決には遠いようですね。

(3) これだと、人には薦められません。

(4) これだと、目的地に到着するまでまだ２～３時間かかりそうだ。

「これでは」と同じ。

→【これでは】

【これでは】

(1) これでは、生活していけません。

(2) これでは、問題の解決になっていない。

(3) 君の作文は誤字が多すぎる。これでは、試験にパスしないだろう。

(4) ≪高速道路の渋滞を見て≫これでは目的地に到着するまで、２～３時間はかかりそうだ。

「この状況では・この条件では」の意味で、あとにあまりよくないという判断や予測を述べることが多い。

【これといって】

→【といって】3

【さあ】N5

1　さあ ＜うながし＞

(1) さあ、いこう。

(2) さあ、いそいで、いそいで。

(3) さあ、がんばるぞ。

(4) さあ、春だ。

(5) さあ、ごはんができたぞ。

聞き手をうながしたりさそったりするときに使う。(3)のような場合は自分自身をはげましている。(4)(5)のような場合には(1)～(3)のようなうながし・さそい・はげましなどの機能がかくされており、「さあ、春だ。がんばるぞ」「さあ、ごはんができたぞ。食べよう／食べなさい」のように言うこともできる。(3)の用法以外で、状況だけで意味がつうじる場合は「さあ」だけでもよい。

2　さあ ＜考慮中＞

(1) A：あの人、だれ？
　B：さあ（、知りません）。

(2) A：これから、どうする？
　B：さあ、どうしようかな。

質問や状況を受けて、(1)のように答えがわからない場合や(2)のように判断にこまったときに使う。特に(1)の意味のとき「さあ」とだけしか言わないのは、親しい相手の場合だけにゆるされる。

【さい】N2N3

[Nのさい(に)]

[Vさい(に)]

(1) お降りのさいは、お忘れ物のないよう、お気をつけください。

(2) 先日京都へ行った際、小学校のときの同級生をたずねた。

(3) このさい、おもいきって家族みんなでスペインにひっこさない？

(4) 国際会議を本県で開催される際には、次回はぜひとも我が市の施設をお使いくださるよう、市長としてお願い申し上げます。

「とき」と言いかえられることが多いが、「とき」とことなる点は、(a)「とき」より改まった言い方である(b)機会・チャンス・きっかけなどの意味がくわわる(c)否定形に付くことがすくない、などである。また(3)の「このさい」という表現は、なにかをきっかけとしておもいきって決断するときに使う表現で、「とき」と言いかえることができない。

→【とき】

【さいご】

→【がさいご】

【さいちゅう】N2N3

[Nのさいちゅう]

[V-ているさいちゅう]

(1) 大事な電話の最中に、急におなかが痛くなってきた。

(2) きのうの断水のとき私はちょうどシャワーの最中でした。

(3) 授業をしている最中に非常ベルが鳴りだした。

(4) その件は私たちの方で今話し合っている最中だから、最終結論を出すのはもうちょっと待ってくれないか。

「ちょうどその行為／現象が進行しているところ」という意味を表す。(1)～(3)のように、進行中に突然何かが起こるという場合に使うことが多い。

【さえ】

1 さえ N2N3

a N(+助詞)さえ(も)

(1) 失業して、今は家賃さえ払えない。

(2) そんなことは小学生でさえ知ってる。

(3) 本人にさえわからないものを、どうしてあなたが知っているというのですか。

(4) 早く研究を完成しなければならない。今は食事の時間さえもったいないとおもう。

(5) 人生には親にさえ話せないことが多々あります。

(6) わたしの郷里は、徒歩でさえ二時間ぐらいで回れる小さな島です。

「XさえY」の形で、普通Yだとは考えられない極端な例Xをあげて、それがYなのだから、他のことはなおさらYだということを表す。「…も」で言いかえられる。主格の場合は「でさえ」になることも多い。

→【さえ】2

b V_R-さえ　する／しない

(1) その夫婦は、病気の娘の看病のために仕事をやめさえした。

(2) 貧しさから逃れようと彼は何でもした。人を殺しさえした。

(3) そのテキストは、先輩が貸してくれたが、川田さんは開きさえしなかった。

「VR-さえする」の形で「普通ならしないような極端なことをする」という意味、「VR-さえしない」の形で「普通なら当然することをしない」という意味を表す。

c　V-てさえ…ない

(1) 彼女は一度けんかしてから、わたしに声をかけてさえくれなくなった。

(2) 夫は一度スポーツ観戦を始めると夢中になって、妻の私の方は見てさえくれません。

(3) 危険が身近にせまっているのに、彼らはそのことに気付いてさえいない。

「普通なら当然することをしない・普通なら当然起こることが起こらない」という意味を表す。

d　…かさえ

(1) この抽象画は、何について描いてあるのかさえわからない。

(2) まだ旅行はどうなるかわからない。行くかどうかさえ決めていない。

(3) 彼女は超能力がある。その人の居所がわかるだけでなく、いつその人が死ぬかさえわかってしまう。

疑問を表す節に「さえ」を付けて、「普通ならするはず／起こるはずのことが生じない・普通ならしないはず／起こらないはずのことが生じる」という意味を表す。

2　Nでさえ N2N3

(1) 村には橋がかけられ、高齢者でさえ楽に町にいけるようになった。

(2) これは、熱心なサポーターでさえ予想しなかった優勝だそうだ。

(3) その注射は、大人でさえ泣くほど痛いらしい。

1aの「N(+助詞)さえ(も)」と同じ意味を表す。主格に付くときに「でさえ」になることが多い。「さえ」と言い換えられる。また、「Nでも」に言い換えることができる。

→【さえ】1a【でも$_2$】1

3　…さえ　…たら／…ば N2N3

[Nさえ　…たら／…ば]

[VR-さえ　したら／すれば]

[V-てさえ　…たら／…ば]

[…かさえ　…たら／…ば]

(1) あなたさえそばにいてくだされば、ほかにはなにもいりません。

(2) あなたがそばにいてさえくだされば、ほかにはなにもいりません。

(3) あなたがそばにいてくださりさえすれば、ほかにはなにもいりません。

(4) 今度の試験で何が出るのかさえわかったらなあ。

(5) あの人が来るかどうかさえわかったらなあ。

あるものごとが実現すればそれで十分で、他はちいさなことだ、必要ではない、問題ではない、という気持ちを表す。

4　ただでさえ

→【ただでさえ】

【さしあげる】

1　Nをさしあげる N4

(1) ≪広告≫ご希望の方にパンフレットをさしあげます。

(2) お客様にお茶をさしあげてください。

(3) たくさんありますから、ひとつ差し上げます。

話し手や話し手側の人間が目上の人へものを与えることを表す。「あげる」の謙譲語。

→【あげる$_1$】1

2 V-てさしあげる

→【てさしあげる】

【さしつかえない】

1 さしつかえない

(1) さしつかえなければ、今夜ご自宅にお電話しますが…。

(2) これ、来週までお借りしてほんとうにさしつかえありませんか?

(3) わたしがおおくりしてもさしつかえないのなら、山田先生はわたしの車でおつれしますが。

「支障がない・かまわない」という意味を表す。(2)(3)のように「て(も)さしつかえない」の形で使われることもある。「さしつかえがない」のように助詞「が」を入れることもある。

2 …てもさしつかえない

→【てもさしつかえない】

【さすが】N2N3

1 さすが

(1) これ、山田さんがつくったの? うまいねえ。さすがはプロだねえ。

(2) さすがは山田さんだねえ。うまいねえ。

(3) これ山田さんがつくったの? さすがだねえ。

(4) さすが世界チャンピオン、その新人の対戦相手を問題にせずしりぞけた。

文頭にくることが多い。(1)(2)(4)のような「さすが(は)Nだ」の形と(3)のような「さすがだ」の形とがある。話し手が持つ知識や社会通念どおりの結果になったときに使う。「やはり」と近いが、「さすが」はプラス評価のみに使う。

→【やはり】1

2 さすがに

(1) 沖縄でもさすがに冬の夜はさむいね。

(2) いつもはおちついている山田さんだが、はじめてテレビに出たときはさすがに緊張したそうだ。

(3) 世界チャンピオンもさすがにかぜには勝てず、いいところなくやぶれた。

(4) 最近調子を落としている山田選手だが、このレベルの相手だとさすがにあぶなげなく勝った。

(5) ふだんは騒々しい子供たちも今夜ばかりはさすがにお通夜のふんいきにのまれているようだ。

ある評価をあたえられているものが、ある特定の状況におかれることによって、その評価とはことなった結果を見せたときに使う。(1)で言えば、「日本の中ではあたたかいと評価されている沖縄でも冬の夜という状況ではそうではない」という意味。プラス評価・マイナス評価いずれにも使う。

3 さすが(に)…だけあって

[Nだけあって]

[Naなだけあって]

[A-いだけあって]

[Vだけあって]

(1) さすがプロだけあって、アマチュア選手を問題にせず勝った。

(2) さすがに熱心なだけあって、山田さんのテニスはたいしたもんだ。

(3) さすがからだが大きいだけあって、山田さんは力があるねえ。

(4) 山田さんは、さすがによく勉強しているだけあって、この前のテストでもいい成績だった。

(5) 彼女は、さすがに10年も市民のために活動をしているだけあって、なにごとも民主的に考えることのできる人だ。

そのものやことについての話し手の知識や社会通念から予想されるとおりの結果になったときに使う。「やはり」と近いが、この「さすが(に) …だけあって」はプラス評価のみに使う。

→【やはり】1

4 さすがに…だけのことはある

[Nだけのことはある]

[Naなだけのことはある]

[A-いだけのことはある]

[Vだけのことはある]

(1) アマチュア選手が相手なら問題にしないね。さすがにプロだけのことはあるよ。

(2) 山田さんのテニスはたいしたもんだ。さすがに熱心なだけのことはあるよ。

(3) 山田さんは力があるねえ。さすがにからだが大きいだけのことはある。

(4) 山田さんはこの前のテストでもいい成績だった。さすがによく勉強しているだけのことはあるね。

(5) 彼女はなにごとも民主的に考えることのできる人だ。さすがに20年も組合のリーダーをやっているだけのことはある。

ある結果や状態を見て、そのものやことについての話し手の知識や社会通念を使って、その原因や理由を見つけるときに使う。「やはり」と近いが、この「さすがに…だけのことはある」はプラス評価のみに使う。3の「さすが(に) …だけあって」と組み合わせて「さすがに…だけのことはあって」と言うこともできる。

→【さすが】3【やはり】1

5 さすがのNも

(1) さすがの世界チャンピオンもケガには勝てなかった。

(2) さすがの山田さんも、はじめてテレビに出たときは緊張したそうだ。

(3) 忙しい日が続いて、さすがの私も疲れた。

(4) 私は小さいころよくいじめられる子供だった。しかし、さすがの弱虫も弟や妹がいじめられているときだけは相手にとびかかっていったそうだ。

ある評価をあたえられているものが、ある特定の状況におかれることによって、その評価とはことなった結果を見せたときに使う。副詞的に使う「さすがに」と基本的におなじ機能。

→【さすが】2

【させる】

使役を表す。「V-させる」のVが五段活用の動詞の場合は、「行く→行かせる」「飲む→飲ませる」のように、辞書形の末尾をア段に変えて「せる」を付ける。一段活用の場合は、「食べる→食べさせる」のように、語幹「食べ」に「させる」を付ける。「する」は「させる」、「来る」は「こさせる」になる。話し言葉では「行かす・飲ます・食べさす」などの形が使われることもある。

使役文の基本的な意味は、ある人の命令や指示に従って他の人間がある行動をすることであるが、実際に使用される場合には、「強制・指示・放任・許可」など一般に使役と考えられているよりも幅広い意味を表す。

(例1) <強制>犯人は銀行員に現金を用意させた。

(例2) <指示>先生は生徒に問題を解かせた。

(例3) ＜放任＞疲れているようだったので、そのまま眠らせておいた。

(例4) ＜許可＞社長は給料を前借りさせてくれた。

(例5) ＜放置＞風呂の水をあふれさせるな。

(例6) ＜介護＞子供にミルクを飲ませる時間です。

(例7) ＜自責＞子どもを事故で死なせてしまった。

(例8) ＜原因＞フロンガスが地球を温暖化させている。

1 V-させる N4

a NがNにNをV-させる

(1) 教師が学生に本を読ませた。

(2) 犯人は銀行員に現金を用意させた。

(3) A：機械がまた故障なんですが…。
B：申し訳ありません。すぐに係の者を伺わせます。

(4) 山田はひどい奴だ。旅行中ずっと僕に運転させて、自分は寝てるんだよ。

強制・指示・放任など、さまざまな意味を表す。他動詞を使った文「NがNをV(他動詞)」を使役の文「NがNにNをV-させる」に変えたもの。他動詞文の主語「Nが」は「Nに」となる。

b NがN を／に V-させる

(1) 子どもを買い物に行かせた。

(2) 社長は、まず山田をソファーにかけさせて、しばらく世間話をしてから退職の話を切りだした。

(3) 最近は子供を塾に通わせる親が多い。

(4) 大きな契約だから、新入社員に行かせることはできない。

強制・指示・放任など、さまざまな意味を表す。自動詞を使った文「NがV(自動詞)」を使役の文「NがNを／にV-させる」に変えたもの。自動詞文の主語「Nが」は「Nを」になることが多いが、「Nに」となることもある。

c NがNをV-させる ＜人＞

(1) 彼は、いつも冗談を言ってみんなを笑わせる。

(2) 就職試験を受けなかったために、父をすっかり怒らせてしまった。

(3) 私は子どもの頃は乱暴で、近所の子をよく泣かせていた。

(4) 二年も続けて落第して母をがっかりさせた。

(5) 厳しくしつけすぎて、息子をすっかりいじけさせてしまった。

(6) 子供を交通事故で死なせてからというもの、毎日が失意のどん底であった。

「人が…するように仕向ける・人が…する原因となる」という意味を表す。「泣く・笑う・怒る」など自分で行動を制御できない自動詞を用いた使役文。「NがV（自動詞）」の主語「Nが」は、使役文では「Nを」となる。(5)は意図的に仕向けたり、その原因となったりしたわけではないが、保護する立場なのに引き起こしてしまった事態として自分を責める気持ちが表されている。

d NがNをV-させる ＜物＞

(1) シャーベットは、果汁を凍らせて作ります。

(2) 打撲の痛みには、タオルを水で湿らせて冷やすとよい。

(3) 貿易の不均衡が日米関係を硬化させている。

(4) 金融不安が、日本の経済状態を悪化させる原因となっている。

(5) 子供達は目を輝かせて話に聞き入っている。

(6) 猫は目を光らせて暗闇に潜んでいる。

「物が…するように仕向ける／する原因となる」

という意味を表す。「凍る・湿る」のように対応する他動詞がない自動詞を、他動詞と同じように使う用法。(5)の「目を輝かせる」は喜びや希望に溢れている様子、(6)の「目を光らせる」は厳しく監視したり警戒したりすることを表す慣用句。

2 V-させてあげる

(1) そんなにこの仕事がやりたいのなら、やらせてあげましょう。

(2) 従業員たちもずいぶんよく働いてくれた。2、3日休みをとらせてやってはどうだろう。

(3) きのうの晩、ずいぶん遅くまで勉強をしていたようだから、もう少し休ませてあげましょう。

使役の表現と「あげる・やる」などを組み合わせて、許可や放任を表す。

3 V-させておく

(1) 甘えて泣いているだけだから、そのまま泣かせておきなさい。

(2) 注意したってどうせ人の言うことなんか聞こうとしないんだ。勝手に好きなことをさせておけばいいさ。

(3) 夕方になると急に冷え込みますから、あんまり遅くまで遊ばせておいてはいけませんよ。

使役の表現と「おく」を組み合わせて、放任を表す。

4 V-させてください

(1) 申し訳ありませんが、今日は少し早く帰らせてください。

(2) A：だれか、この仕事を引き受けてくれませんか？
B：ぜひ、私にやらせてください。

(3) A：私が御馳走しますよ。
B：いや、いつも御馳走になってばかりですので、ここは、私に払わせてください。

(4) 少し考えさせていただけますか。

(5) 期日については、こちらで決めさせていただけるとありがたいのですが…。

使役の表現と「ください・いただけますか」などの依頼の表現を組み合わせて、許可を求める意味を表す。(3)のように丁寧な申し出としても使われる。

5 V-させて　もらう／くれる

(1) 両親が早く亡くなったので、姉が働いて私を大学に行かせてくれた。

(2) 金婚式のお祝いに、子ども達にハワイに行かせてもらった。

(3) ≪結婚式のスピーチ≫新婦の友人を代表して、一言ご挨拶させていただきます。

(4) ≪パーティーで≫では、僭越ではございますが、乾杯の音頭をとらせていただきます。

使役の表現と「もらう・くれる」などを組み合わせて、「許可／放任などを恩恵として受けとめている」という意味を表す。(3)(4)は、あいさつなどの前置きに使われる慣用表現で、「その行為をすることを光栄に思っている」という意味が含まれる謙譲表現。

6 V-させられる

[NがNにV-させられる]

(1) きのうは、お母さんに3時間も勉強させられた。

(2) あしたから休暇を取るつもりだったのに、仕事の都合でむりやり予定を変えさせられた。

(3) この歳になって、海外に転勤させられるとは思ってもみなかった。

(4) 山下さんは、毎日遅くまで残業させられているらしい。

(5) きのうのサッカーの試合は、逆転につぐ逆転で最後までハラハラさせられた。

「XがYにV-させる」という使役文をYの視点から言い換えた受身文で、「YがXにV-させられる」となったもの。「Xに強制されて行動する」という意味で、Yが「迷惑だ・いやだ」と思っている場合に使う。「行く・読む」など五段活用の動詞の場合は、「行かせられる・読ませられる」の代わりに「行かされる・読まされる」となることが多い。

7 NをしてVさせる

(1) あのわからず屋の親をして「うん」と言わせるには、ちょっとやそっとの作戦ではむりだよ。

(2) 彼が誠意をもって説得し続けたからこそ、あのがんこ者をしてその気にさせたのだ。

(3) 紛争の当事者をして停戦に合意させることに成功した。

Nにはほとんどの場合ひとを表す名詞が来る。「…に／…を…させる」とおなじ意味だが、「をして」を使うと、「それをさせることがむずかしい相手にそれをさせる」という意味のときが多い。古めかしくかたい、書き言葉的な表現。

【さぞ…ことだろう】

→【ことだろう】

【さっぱり】N2N3

1 さっぱり…ない

(1) あの人の話はいつもむずかしいことばがたくさんでてきてさっぱりわからない。

(2) 最近山田さんからさっぱり連絡がないね。

(3) 辞書をいくら使ってもこの本はさっぱり理解できない。

(4) これだけ努力しているのにさっぱり上達しないのは、これは私のせいではなく、日本語そのもののせいなのではないだろうか。

否定表現(動詞が多い)を強めるのに用いられる。「期待どおりにならない」という意味あいを含むときが多い。

2 さっぱりだ

(1) A：どう？　調子は。

B：だめ。さっぱりだよ。

(2) このごろ数学の成績がさっぱりだ。

(3) 暖冬の影響で冬物衣料の売れ行きがさっぱりだという。

「よくない・うまくいかない」という意味を表す。

【さて】N2N3

1 さて

(1) さて、そろそろいこうか。

(2) さて、つぎはどこへいこうかな。

(3) A：あの人、だれ？

B：さて、だれだろう。

(4) さて、話はかわりますが…。

次の話題に移ろうとしたり次の行動をしようとしたりするときに発する言葉。(1)のようにさそったり(2)(3)のように考えているということを聞き手に知らせたり(4)のように話題をかえるようなときに使う。やや改まった表現。

2 さてV-てみると

(1) 漢字がおもしろそうだったので日本語を勉強することにしたのだが、さてはじめてみると、これがけっこうむずかしい。

(2) 頂上までいけば水ぐらいあるだろうと、むりをしてのぼっていった。ところが、さてついてみると何もないのである。

(3) 頂上までいけば水ぐらいあるだろうと、むりをしてのぼっていった。さてついてみると、あった、あった、そこには神社もあり水もあった。

後ろに結果を表す表現を伴って、「なにか予想をしたうえで行為をおこなってみるとある結果になった」という意味を表す。どちらかというと、(3)のように予想どおりの結果になったという場合よりは、(1)(2)のように予想とはちがう結果になった、という場合に使う方が多い。やや改まった表現。

【さておき】

→【はさておき】

【さほど】 N1

[さほどNaではない]

[さほどA-くない]

[さほどV-ない]

(1) きょうはさほどさむくない。

(2) きのうはさほど風がなかったので、公園でバドミントンができた。

(3) さほど行かないうちにバス停が見えてきた。

(4) その子は、熱もさほど高いわけではなかったので、朝まで待って、それから医者につれていくことにした。

否定の表現とともに使い、「程度がはなはだしくない」という意味を表す。「それほど」の改まった言い方。

→【それほど】

【さも】 N1

(1) かれはさもおいしそうにビールを飲みほした。

(2) 子供はさもねむそうな様子で、大きなあくびをした。

(3) その人は、さもがっかりした様子で立ち去った。

(4) その子はさもうらやましそうな声で「いいなあ」と言った。

(5) その植木はさも本物らしく作ってあるが、よく見るとにせ物だということがわかる。

様子や様態を強調する言い方。「本当に／大変に…らしい」という意味を表す。「そうだ・らしい・ようすだ」などと共に使われる。

→【そうだ$_2$】1【らしい$_2$】

【さもないと】

(1) 遊んでばかりいないで、勉強しなさい。さもないと受験に失敗しますよ。

(2) めんどうでも、今のうちにこのデータを整理しておいた方がいい。さもないと、後でもっと大量の仕事が来て、泣くことになるだろう。

(3) すぐに取引先の会社に謝罪に行った方がいい。さもないと、これからは取引に応じてもらえなくなるぞ。

「前に述べられている通りにしないと」という意味を表す。後ろには否定的な意味を表す表現が続く。「そうでないと」の書き言葉的な言い方。

【さらに】 N2N3

(1) 一日一回では効かないので、さらに薬の量を増やした。

(2) このままでも十分おいしいのだが、クリームを入れるとさらにおいしくなる。
(3) さらに多くの方に利用していただけますように今月は入会金を半額にいたしております。またご家族でご入会いただきますと、さらにお得なファミリー割引がございます。
(4) 途中の小屋まで5時間、それから頂上まではさらに2時間かかった。
(5) さらに2人のメンバーが入って、団員は全部で18人になった。
(6) 被害の詳細が明らかになるにしたがって、さらに犠牲者が増えた。

程度が今より進むことを表す言い方。書き言葉的表現。丁寧な話し言葉でも使う。数量とともに使うときは「その上に」という意味になる。「もっと」で言いかえられるが「もっと」の方が話し言葉的。数量とともに使う(4)(5)は「もっと」には言いかえられない。

→【もっと】

【さることながら】

→【もさることながら】

【ざるをえない】N2N3

[V-ざるをえない]

「V-ない」の「ない」を「ざる」に変えて作る。ただし、「する」は「せざるをえない」となる。

(1) 先生に言われたことだからやらざるをえない。
(2) 先生に言われたことだからせざるをえない。
(3) あんな話を信じてしまうとは、我ながらうかつだったと言わざるを得ない。
(4) これだけ国際的な非難を浴びれば、政府も計画を白紙に戻さざるを得ないのではないか。

「そうするより他に選択肢がない」という意味を表す。「V-するほかない」に言いかえられる。(1)(2)(4)のように圧力や状況の切迫のために、意に反してその行為を行うことを表す場合が多い。書き言葉的。

【されている】

→【とされている】

【し】

1 し <並列>

a …し N4

(1) あの店は安いし、うまい。
(2) このアパートは静かだし、日当たりもいい。
(3) 部屋にはかぎがかかっていなかったし、窓もあいていた。
(4) 昨日は食欲もなかったし、少し寒気がしたのではやく寝た。

節と節を「そして」の意味でつなぐ表現。同時的なことがらや、話し手の意識の中で互いに関連しているようなことを並べるときに使う。ことがらを時間的な順序で並べあげていくときには使えない。

(誤) 先週大阪へ行ったし、友だちに会った。
(正) 先週大阪へ行った。そして友だちに会った。

b …し、それに

(1) 今日は雨だし、それに風もつよい。
(2) この会社は給料もやすいし、それに休みも少ない。
(3) 家の修理にはお金がかかるし、それに時間もない。だから当分このままで住むつもりだ。

「さらに・そのうえ」と、つけくわえていく言い方。

→【さらに】【そのうえ】

c　Nも…し、Nも

(1) あの子は頭もいいし性格もいい。

(2) 新年会には山田も来たし、松本も来た。

(3) かれはタバコも吸うし、酒も飲む。

(4) 小さな庭ですが、春になると花も咲きますし鳥も来ます。

(5) A：すきやきの材料は全部買った？
B：ええ、ねぎも買ったし、肉も買ったし…。

同じようなものを提示して、並べ立てて言うのに用いる。

2 し＜理由＞

a　…し

(1) もう遅いしこれで失礼します。

(2) 暗くなってきたし、そろそろ帰りましょうか。

(3) 今日はボーナスも出たし、久しぶりに外に食べに行こうか。

(4) そこは電気もないし、ひどく不便なところだった。

(5) まだ若いんだし、あきらめずにもう一度挑戦してみてください。

理由を表す。「ので」や「から」よりもゆるやかな因果関係で、他にも理由があるという含みがある。

→【から₂】1【ので】

b　…し、…から

(1) この子はまだ中学生だし、体が弱いから留学は無理だ。

(2) 昨日は祝日だったし、天気がよかったから、がらくた市は大勢の人でにぎわった。

(3) その道は夜は暗いし危ないから一人で歩かないようにしてください。

(4) 風邪気味だし、それに着て行く服もないからパーティーには行かない。

理由をふたつ以上あげるときの表現。

c　Nは…し、Nは…しで

(1) 子供は生まれるし、金はないしで大変だ。

(2) 雨は降るし、駅は遠いしで本当につかれました。

(3) 遊園地では待ち時間は長いし、子供は寝てしまうしで散々でした。

それぞれの原因を「は」で対比的に表し、強調する言い方。そのために大変だ、疲れたなどの表現が続く。

d　Nじゃあるまいし

(1) 子供じゃあるまいしそんなこと一人でやりなさい。

(2) 学生じゃあるまいし取引先にちゃんと挨拶ぐらいできなくては困る。

(3) 泥棒じゃあるまいし、裏口からこっそり入って来ないでよ。

「…じゃないのだから」の意味で、「しなさい・しては困る」などの軽く非難したり、たしなめたりする表現が続く。例えば(1)は「子供なら仕方がないが、そうじゃないのだから」の意味。

→【まい】3b

【しいしい】

(1) 女は遠慮しいしい部屋の片隅に座った。

(2) 男は大きなハンカチで汗をふきふき坂を上ってきた。

(3) 子供たちはもらったばかりのあめをなめなめ、話を聞いている。

「食べ食べ・飲み飲み」のように動詞の連用形を繰り返して、繰り返し動作を行う様子を表す。「ながら」に言い換えられる。2音節の繰り返しに限られるため、「する・みる」など、連用形が「し・み」のように1音節になる場合には、「い」を付けて「しいしい・みいみい」の形にする。小説やブログの書き言葉に用いられる。

→【ながら】1

【しか】

1 しか…ない

a N(+助詞)しか…ない N4

(1) 朝はコーヒーしか飲まない。
(2) 1時間しか待てません。
(3) 月曜しか空いている日はないので、打ち合わせはその日にしてもらえませんか。
(4) こんなことは友だちにしか話せません。
(5) この映画は18歳からしか見ることはできない。
(6) あそこの店は6時までしかやっていない。
(7) かれは無農薬の野菜しか食べない。
(8) 今月の予算はこれだけしかない。

否定形と共に使い、ひとつの事だけを取りあげて、他を排除するのに用いる。

(8)のように「だけ」と共に使い、意味をいっそう強調することもある。

b Nでしかない N2N3

(1) どんなに社会的な地位のある人でも死ぬときはひとりの人間でしかない。
(2) かれは学長にまでなったが、親の目から見るといつまでも子どもでしかないようだ。
(3) 会社でいばってはいるが、家では子どもに相手にされないさびしい父親でしかない。
(4) 時間がなくて出来ないと言っているが、そんなのは口実でしかない。ほんとうはやりたくないのだろう。

「Nだ」ということを強調する言い方だが、「Nにくるものをあまり評価しない・価値がそれだけに限られる」という意味で使うことが多い。「にすぎない」に言いかえられる。

→【にすぎない】

c V-るしかない N2N3

(1) 高すぎて買えないから、借りるしかないでしょう。
(2) そんなに学校がいやならやめるしかない。
(3) 燃料がなくなったら、飛行機は落ちるしかない。
(4) ここまで来ればもう頑張ってやるしかほかに方法はありませんね。

「そうするだけだ」という意味で、他に方法がない、他の可能性がないから仕方がないという文脈で使われることが多い。

2 …としか…ない

(1) 今はただ悪かったとしか言えない。
(2) 今の時点ではわからないとしか申し上げようがありません。
(3) 彼の立場なら知っているはずだ。隠しているとしか思えない。
(4) 風邪で行けないというのは口実としか思えない。
(5) この時刻になっても連絡がないのはおかしい。どこかで事故にあったとしか考えられない。

他の可能性を否定して、それだけだと強く主張するのに用いる。「言えない・思えない」などの可能性を表す「V-れる」の否定形と共に使う。また(2)の「申し上げようがない」のように「V-ようがない」という形も使われる。

→【れる₁】1 【よう₁】1

【しかし】N5

(1) 手紙を出した。しかし返事は来なかった。

(2) そのニュースを聞いて皆泣いた。しかし私は涙が出なかった。

(3) われわれ医師団は患者の命を救うために最大限の努力をいたしました。が、しかしどうしても助けることができませんでした。

(4) A：先ほどのご意見ですが、計画が現実とかなりずれているんじゃないでしょうか。
　B：しかしですね、部分にばかりとらわれていると、全体が見えなくなってくるということもありますし。

(5) A：社長、先方は今月末までに送金してくれと言ってますが…。
　B：しかしだね、君、そう急に言われても困るんだよ。

(6) A：ずいぶん、ひどい雨ね。
　B：しかしそれにしても佐藤さん、遅いね。

前半の文で予想されることと反対のことが後半に続くことを表す。書き言葉的な表現。話し言葉では討論会、講演などの改まった場面で使われる。会話では相手の意見に反論するときの前置きとして、また(6)のように話題の転換にも使われる。

【しかしながら】N1

(1) 彼の計画は思いつきとしてはすばらしいと思います。しかしながら、実現は不可能です。

(2) 彼女のしたことは法律の上では決して許されない。しかしながら、同情すべき点は多い。

「しかし」と同義だが、より書き言葉的で、改まった会話や、文章で用いる。論理的に筋道を展開する文によく用いられる。

→【しかし】

【しかたがない】N2N3

1 しかたがない

(1) 電話の通じない所で、しかたがないから電報を打った。

(2) こんなことができないなんて、しかたがない人ね。

(3) 行きたくないけど行くしか仕方がない。

(4) 会えないなら引き返すよりしかたがない。

「他に方法がない」という意味を表す。(3)(4)のように「V-るしか／V-るよりしかたがない」の形で使うこともある。(2)はどうしようもない人、困った人という意味。話し言葉では「しょうがない」とも言う。

→【しょうがない】1

2 …てしかたがない

→【てしかたがない】

3 …てもしかたがない ＜どうしようもない状態＞

→【てしかたがない】

4 …てもしかたがない ＜残念な気持ち＞

→【てもしかたがない】

【しかも】 N2N3

[N／Na　でしかも]

[A-くてしかも]

(1) いいアパートを見つけた。部屋が広くて、新しくてしかも駅から歩いて5分だ。

(2) 通訳の採用枠二名に対し百人近い応募があったが、その九割が女性で、しかも半数以上は留学経験者だった。

(3) 彼女は仕事が速くて、しかも間違いが少ないので上司の信頼が厚い。

(4) A：会社の近くで安くておいしい店、知ってるんだって？

B：うん、しかもすいてるんだよ。

(5) この不況で会社は昇給なし、しかもボーナスは例年の半分になった。

ひとつの事について同じ傾向の条件をつけ加えていく表現。「そのうえ」の意味を表す。

【しかるに】

(1) この戦いはだれもが勝つと信じていた。しかるに、完璧と思われていた作戦も、決して完璧ではなかったのである。

(2) 君のお母さんは必死で君を育て上げた。しかるに、君はその恩を忘れてお母さんを悲しませたのだ。

(3) その人々はただ死を待つほかない身の上であった。然るに、奇跡のごとく、事態は好転したのである。

「それなのに」という意味を表す。書き言葉的なかたい表現。話し言葉ではほとんど使われない。

【しだい】 N2N3

1　Nしだいだ

(1) するかしないかは、あなたしだいだ。

(2) 世の中は金しだいでどうにでもなると思っている人もいる。

(3) 作物の出来具合いはこの夏の天気次第です。

(4) 条件次第ではその仕事をひき受けてもいい。

「Nによっていろいろに変わる／左右される」という意味を表す。(1)は「あなたが決めることだ」の意味。

2　V_R-しだい

(1) 落し物が見つかりしだい、お知らせします。

(2) 事件のくわしい経過がわかりしだい、番組のなかでお伝えします。

(3) 資料が手に入り次第、すぐに公表するつもりだ。

(4) 天候が回復し次第、出航します。

「…したらすぐに」の意味で、あることがらが実現したらすぐに、次の行為をすることを表す。前半の文は自然の経過で起こることを表す場合が多いが、後半の文は自然の経過で起こることには使えず、話し手の意志的な行為を表す文が続く。

(誤)　そのニュースが伝わり次第、暴動が起こるだろう。

また、過去のことには使えない。

(誤)　休みになりしだい、旅行に行った。

(2)のようにテレビのニュースなどでよく使われる。

3　V-る／V-た　しだいだ

(1) とりあえずお知らせした次第です。

(2) ≪挨拶状≫今後ともよろしくご指導くださいますようお願い申し上げる

次第でございます。

成り行きからここに至った事情、わけなどを述べるのに使う。書き言葉的。例外的に形容詞を使ったものに「お恥ずかしい次第だ」がある。

(例) こんなことになってしまい、まったくお恥ずかしい次第です。

4 こととしだいによって

(1) ことと次第によって、計画を大幅に変更しなければならなくなるかもしれない。

(2) ことと次第によっては、事件の当事者だけでなく監督者も罰せられることになる。

成り行きでどうなるかわからないとき、なにか重大なことを決める際の前置きとして使う。慣用表現。

【したがって】N2N3

(1) このあたりは非常に交通の便がよい。したがって地価が高い。

(2) その地方は道路があまり整備されていない。したがって初心者のドライバーは避けたほうがよい。

(3) ロケットの燃料タンクに重大な欠陥が見つかった。したがって打ち上げ計画は当分の間、延期せざるをえない。

(4) 台風の接近にともなって、沖縄地方は午後から暴風域にはいる。したがって本日は休校とする。

前の文が理由となって導き出されることがらを論理的に後ろの文につなぐ表現。「それだから」の意味を表す。書き言葉的な改まった表現。

【じつは】N2N3

1 じつは

(1) 今まで黙っていたけれど、実は先月、会社を首になったんだ。

(2) A：実は、ちょっとご相談したいことがあるんですが。

B：どうしたんですか？

A：母のぐあいが悪いので、1週間ほどお休みをいただくことはできないでしょうか。

(3) 今まで知らなかったのだが、それをやったのは実は彼女だった。

(4) その実験の成功は、実は大きな問題をはらんでいた。

(5) A：井田さん、急にやせたね。どこか悪いところでもあるのかな。

B：実は私も前からそう思っていたのよ。

「本当は」の意味を表す。真相・真実を明らかにするときに用いる。(1)は聞き手にとって意外なことを切り出すときの言い方。(2)のように依頼や質問などの前置きに使う。(3)は話し手自身が、知らされた事実におどろいて言う言い方。(4)は表面ではわからないが、本当のところはという意味で使われる。(5)は相手の言葉を受けて真相を打ち明ける言い方。

2 じつをいうと

(1) A：なんだか、元気がないな。

B：うん、実を言うと金がないんだ。もう少ししたら入るはずなんだけど。

(2) A：さっきの人、知っている人だったの？

B：実を言うと別れた妻なんだ。こんなところで会うとは思わなかったよ。

(3) A：このごろ、お子さんの成績がひどく落ちているんですが、お母さんに、なにか心あたりはありませんか？

B：先生、実を言いますと、この頃ほとんど家にいないんです。家に帰って来るのも何時なのか親もよく知らないような始末でして。

「打ち明けて言うと」の意味を表す。「じつは」とほぼ同じように使えるが、依頼の前置きにはあまり使わず、わけを聞かれて(3)のように真相をながながと打ち明けるようなときに使うことが多い。

→【じつは】1

3 じつのところ

(1) A：山口さん、また仕事中に寝てましたよ？

B：実のところ、僕も彼には困っているんだ、無断欠勤も多いし。

(2) A：石田選手、よくがんばりましたね。

B：実のところかれの活躍には本当におどろいているんだ。あまり期待していなかったから、よけいそう思うのかもしれないけどね。

(3) A：刑事さん、犯人は正子でしょうね。

B：いや、実のところわからないことが多すぎるんだ。

相手の話を受けて打ち明けるときに用いる。聞いたことに対する話し手の態度、状況説明などが続くことが多い。たんなる事実を打ち明けるときや、依頼の前置きには使わない。

(誤) 実のところ結婚することになりました。

(正) 実は結婚することになりました。

【して】

→【て】

【しないで】

→【ないで】

【しなくて】

→【なくて】

【しはする】

[V_R-はする]

(1) 坂田さんはたまに時間に遅れはするが、仕事はぜったいに休まない。

(2) 最近すこし疲れているのかもしれない。いつものように本を開きはするのだが、なんだか読む気になれない。

(3) 酔ってその男をなぐりはしたが、殺してはいない。

(4) だれも君を責めはしない。避けられない事故だったのだから。

(5) そんなことをしてもだれも喜びはしない。かえって迷惑に思うだけだ。

動詞の連用形に付いて、その部分を取り立てるのに用いる。「Xしはするが、Y」のようにXの行為を強調しておいて、Yで違う側面を提示したり、(3)のように「は」で2つの行為を対比させて使うことが多い。かたい言い方。

【しまう】

→【てしまう】

【しまつだ】N1

[V-るしまつだ]

(1) 彼女は夫の欠点を延々と並べ上げ、あげくの果てには離婚すると言って泣き出す始末だった。

(2) 息子は大学の勉強は何の役にも立たないと言ってアルバイトに精を出し、

この頃は中退して働きたいなどと言い出す始末だ。

(3) 一度相談にのってあげただけなのに、彼はあなただけが頼りだと言って、真夜中にでも電話をかけてくる始末だった。

動詞の辞書形に付いて、誰かの行為による困った状況や迷惑な状況が生じることを表す。前半でその状況に至るまでにどんなことがあったかを述べ、その結果としてその状況が起こったということを言うのに用いる。

次の「この始末だ」は、何か問題が起こったときに非難の気持ちを込めてそれを指し示すのに用いる慣用表現。

(例) 山田君は飲みすぎて体をこわしたらしい。どうもこの頃会社に来ないと思っていたら、この始末だ。

【じゃ（あ）】

→【では$_2$】

【じゃいけない】

→【ちゃいけない$_1$】【ちゃいけない$_2$】

【じゃない】

[N／Na　じゃない]

(1) A：雨？
B：いや、雨じゃない。

(2) A：雨じゃない？
B：ええ、雨よ。

(3) あら、雨じゃない。洗濯物いれなくちゃ。

「ではない」のくだけた言い方。(1)は否定文で、「な」の部分が高く発音される。(2)は否定疑問文で上がりイントネーションになる。(3)は否定ではなく断定で、「じゃない」全体が下がりイントネーションになる。話し言葉。男性も女性も使う。

→【ではない】

【じゃないか$_1$】

[N／Na／A／V　じゃないか]

「ではないか」のくだけた形で、話し言葉の文末で主として男性が使う。女性は主に「じゃないの・じゃない」の形を使うことが多い。「じゃん」はさらにくだけた言い方で、男女共に使う。丁寧形は「じゃないですか・じゃありませんか」。

→【ではないか$_1$】

1　…じゃないか ＜驚き・発見＞

(1) すごいじゃないか。大発見だね。

(2) なんだ、山田君じゃないか。どうしたんだ？　こんな所で。

予想していなかったことを発見した場合の驚きの気持ちを表す。

→【ではないか$_1$】1

2　…じゃないか ＜非難＞

(1) どうしたんだ。遅かったじゃないか。

(2) 約束は守ってくれなきゃ困るじゃないか。

目下か同等の相手を叱ったり、非難したりするのに使う。

→【ではないか$_1$】2

3　…じゃないか ＜確認＞

(1) ほら、覚えていないかな。同じクラスに加藤って子がいたじゃないか。

(2) A：郵便局どこ？
B：あそこに映画館があるじゃないか。あのとなりだよ。

聞き手も知っているはずの人やものごとについて、思い出させたり、現場で見聞きできるものに気づかせようとするような場合に用いる。

→【ではないか$_1$】3

[4] V-ようじゃないか

→【ではないか$_1$】[4]

【じゃないか$_2$】

[N／Na (なん)じゃないか]

[A／V んじゃないか]

(1) 隣、ひょっとして留守じゃないか？

(2) A：隣の家の様子、ちょっと変じゃない？

B：そうだね。ちょっと見て来る。

(3) A：この部屋、少しさむいんじゃない？

B：そうだね。暖房をいれよう。

(4) ひょっとして、昼からは雨になるんじゃないか？

「ではないか」のくだけた形。「じゃないか」は男性的な言い方で、女性は主に「じゃないの・じゃない」を使う。

会話で上昇調で発音された場合は「あなたもそう思いませんか」と聞き手に自分の推測を確認する用法となる。独り言的な用法では、話し手の不確かな推測を表す。この場合は「(ん)じゃないかな／かしら」とも言いかえが可能。

→【かしら】【かな】【ではないか$_2$】【んじゃない】[1]

【じゃないが】

[Nじゃないが]

(1) 非難するわけじゃないけど、どうしてあなたの部屋はこんなに散らかっているの。

(2) 悪口を言いたいわけじゃないけど、あの人、このごろ付き合いがわるいんだよ。

(3) 疑うわけじゃありませんが、きのう1日どこにいたのか話してください。

(4) A：課長の字、ほんとにおきれいですね。

B：そう？ 自慢じゃないが、子供の頃から書道を習っていてね。

「...のつもりではないのだが」という意味で、次に来る表現をやわらげるための前置きとして用いる。(4)は慣用的に固定化した表現。

【じゃないだろうか】

[N／Na (なん)じゃないだろうか]

[A／V んじゃないだろうか]

(1) あそこにいるのは山田君じゃないだろうか。

(2) もう帰ってしまったんじゃないだろうか。

(3) あいつはやる気がないんじゃないだろうか。

「ではないだろうか」のくだけた形。丁寧体は「(ん)じゃないでしょうか」。独り言的に言う場合は、話し手の推測を表すが、会話では、それを聞き手に確認する意味になることが多い。

→【ではないだろうか】

【じゅう】

[1] Nじゅう <空間>

(1) 学校中にうわさが広まった。

(2) 国中の人がそのニュースを知っている。

(3) 家中、大掃除をした。

(4) ふたごの転校生が教室に入ってくると、クラス中、大騒ぎになった。

(5) サイレンの音でアパート中の住人が外にとびだした。

(6) そこら中で風邪がはやっている。

場所、範囲を表す言葉と共に使い、「その範囲すべて」の意味を表す。(6)は「あちこち・いたるところで」の意味。

2 Nじゅう ＜時間＞ N5

(1) 一晩中起きている。
(2) 一日中仕事をする。
(3) 家の前は年中、道路工事をしている。
(4) 事件があったようで、午後中ずっとサイレンの音でうるさかった。

「時間・期間」を表す言葉と共に使い、「その期間の間ずっと」の意味を表す。ただし「午前中」の場合は「ごぜんちゅう」と言う。

【しゅんかん】 N2N3

[Nのしゅんかん]

[V-たしゅんかん]

(1) 立ち上がった瞬間に、家がぐらっと大きく揺れた。
(2) 王子様が、眠っているお姫様にキスしたその瞬間、魔法がとけた。
(3) 試験に落ちたことがわかった瞬間、目の前が真っ暗になって血の気が引いていくのが自分でもわかった。

「ちょうどそのとき」の意味を表す。名詞に付くことはまれ。話し言葉では「V-たとたん」が用いられる。

→【とたん】1

【じょう】 N2N3

[Nじょう]

(1) 子供に必要以上にお金を与えるのは教育上よくない。
(2) サービス業という仕事上、人が休みの時は休むわけにはいかない。
(3) 安全上、作業中はヘルメットを必ずかぶること。
(4) 経験上、練習を三日休むと体がついていかなくなる。
(5) 立場上、その質問にはお答えできません。
(6) ≪図書館のお知らせ≫図書整理の都合上、3日間閉館します。

「その見地からいうと・その点で」という意味を表す。(6)は「都合により」とも言える。改まった言い方。

【しょうがない】 N2N3

1 しょうがない

(1) 誰もやらないならしょうがない、私一人でもやる。
(2) 散歩の途中で雨が降ってきた。しょうがないから、スーパーに入って雨の止むのを待った。
(3) ワインがない時はしょうがないからビールにします。
(4) A：もらったお菓子をおいておいたら、かびがはえちゃった。
B：しょうがないな、もったいないけど捨てるしかないね。
(5) ≪母親が息子に≫しょうがない子ね、また学校に遅刻したの。

「しかたがない・他に方法がない」という意味を表す。(4)(5)のように困惑していることを表す言い方にもなる。「しようがない」の縮約語。くだけた話し言葉。

2 …てしょうがない

→【てしょうがない】

【ず】

古い助動詞で否定の意味を表す。書き言葉や慣用的に固定化した表現でしか用いない。話し言葉では「なくて・ないで」が使われる。「V-ない」の「ない」を「ず」に変えて作る。「する」は「せず」となる。

1 V-ず N4

(1) 途中であきらめず、最後までがんばってください。
(2) 1時間待っても雨は止まず、ぬれて帰った。
(3) 出発前日まで予約が取れず、心配させられた。
(4) だれにきいても住所がわからず、困った。

「V-ないで・V-なくて」という意味を表す。(1)は単に文を並べて、「あきらめないで」という意味。(3)(4)のように、前の文と後ろの文の因果関係がはっきりしていて、理由を表す表現になることが多い。話し言葉でも使うが、多少改まった、書き言葉的表現。

2 …ず、…ず

[A-からず、A-からず]

[V-ず、V-ず]

(1) 飲まず食わずで三日間も山中を歩きつづけた。
(2) その時、彼はあわてず騒がず一言「失礼しました」と言って部屋を出ていった。
(3) 展覧会に出品されている作品はいずれも負けず劣らずすばらしい。
(4) 日本の5月は暑からず、寒からずちょうどいい気候です。
(5) 客は多からず、少なからずほどほどだ。

「XでもないしYでもなくて」という意味を表す。(1)～(3)のように同じような意味の言葉を並べる場合と、(4)(5)のように対照的な言葉を並べる場合とがある。(3)はいくつかを比べて「そのいずれもが同じようにすばらしい」、(4)は「暑くなく、寒くなく」の意味。慣用句に、「見ず知らず(=全く知らない)」や「鳴かず飛ばず(=長い間活躍できていない)」がある。

【すえに】 N2N3

[Nのすえに]

[V-たすえに]

(1) 今月のすえに、首相が訪中する。
(2) 長期間の協議のすえに、やっと結論が出た。
(3) かれは三年の闘病生活の末に亡くなった。
(4) よく考えた末に決めたことです。
(5) 大型トラックは1キロ暴走した末に、ようやく止まった。

「ある期間の終わりに」という意味を表す。(1)の場合は単に期間の終わりを指すが、(2)以下のように「ある経過をたどったあとで最後に」の意味で使われることが多い。書き言葉的。

【すぎない】

→【にすぎない】

【すぎる】

[N／Na すぎる]

[A-すぎる]

[V_R-すぎる]

1 …すぎる N4

(1) この役は思春期の役だから10歳では子供すぎて話にならない。
(2) 下宿のおばさんは親切すぎてときどき迷惑なこともあります。
(3) 彼はまじめすぎて、面白味に欠ける。
(4) このあたりの家は高すぎて、とても買えません。
(5) 子供の目が悪くなったのはテレビを見すぎたせいだと思います。
(6) ゆうべ飲み過ぎて頭が痛い。

過度の状態を表す。

2 すぎ

(1) この仕事は、私には簡単すぎて物足りなく感じます。
(2) 太郎、遊びすぎですよ。もうちょっと勉強しなさい。
(3) 働きすぎの父の健康が心配だ。
(4) 食べ過ぎにはこの薬がいいそうだ。
(5) テレビの見すぎで成績が下がってしまった。
(6) 肥料は適度に与えてください。やりすぎはかえってよくありません。
(7) おばあちゃんが編んでくれたセーター、私には大きすぎだから、お姉ちゃんにあげるね。

過度の状態を表す。「…すぎだ・…すぎのN」などの形で名詞として用いられる。

3 …ても…すぎることはない

(1) 冬山登山はいくら注意しても、し過ぎることはない。
(2) 手紙の返事はどんなに早くても、早すぎることはない。
(3) 親にはどんなに感謝してもしすぎることはないと思っています。

「何かをしても、それで充分だとはいえない」という意味を表す。(1)は「注意すればするほどいい」、(2)は「早いほどいい」の意味。

【すぐ】 N5

(1) すぐ来てください。
(2) 会ってすぐに結婚を申し込んだ。
(3) 空港に着いてすぐホテルに電話した。
(4) 郵便局はすぐそこです。
(5) すぐ近くまで来ている。

時間、距離がとても短い様子を表す。時間の場合は「に」が付くこともある。

【すくなくとも】

(1) そこはちょっと遠いですよ。歩けば、すくなくとも20分はかかります。
(2) この町で部屋を借りれば、すくなくとも5万円はかかるでしょう。
(3) すごい人出だった。少なくとも三千人はいただろう。
(4) せっかく海外に行くのだから、少なくとも、一週間ぐらいは旅行したい。

「量や程度が最低限でもこれぐらいだ」という意味を表す。「かなり多い」という意味が含まれる。(1)〜(3)のように「すくなくとも…は」や、(4)のように「すくなくとも…ぐらい(は)」の形が多い。また、(4)のように意志・願望の表現と共に使う場合は「せめて」と言いかえられる。話し言葉で「すくなくても」と言う場合もある。

【すぐにでも】

(1) お急ぎならすぐにでもお届けいたします。
(2) いい計画ですね。予算があれば、今すぐにでも始めたいところです。
(3) そんなにやめたいなら、今すぐにでもやめてもらって結構です。
(4) 私がてんぷらのおいしい店をみつけたと言うと、かれはすぐにでも食べに行きたそうな感じだった。

「ただちに・たちどころに」という意味を表す。「帰りたい」のような欲求の表現などと共に使う。(4)のように「すぐに…しそうだ」の形でも使われる。

→【そうだ$_2$】1

【ずくめ】N1

[Nずくめ]

(1) 彼女はいつも黒ずくめのかっこうをしている。
(2) この頃なぜかいいことずくめだ。
(3) 今日の夕食は、新鮮なお刺身やいただきもののロブスターなど、ごちそうずくめだった。
(4) 毎日毎日残業ずくめで、このままだと自分がすり減っていきそうだ。

名詞に付いて、身の回りにあるのがそればかりであることを表す。「黒ずくめ・いいことずくめ・ごちそうずくめ」など、定型化した言い方で使うことが多く、「赤ずくめ・本ずくめ」などは使えない。

【すこしも…ない】

(1) 汚れを落とそうと強くこすっているのに、すこしもきれいにならない。
(2) 貯金がすこしもふえない。

否定の意味を強めるときに使う。

【ずして】

[V-ずして]

(1) 悪天候の中を飛行機が無事着陸すると、乗客の中から期せずして拍手がわき起こった。
(2) 相手のチームが不参加だったので、戦わずして勝つこととなった。
(3) 労せずして手に入れる。

「…しないで」の意味を表す。(1)は「予期しなかったが」、(2)は「戦わないで」、(3)は「苦労しないで」の意。古い言い方が残った慣用表現。

【ずじまいだ】

[V-ずじまいだ]

(1) 出張で香港へ行ったが、いそがしくて友だちには会わずじまいだった。
(2) せっかく買ったブーツも今年の冬は暖かくて使わずじまいだった。
(3) 夏休みのまえに先生からたくさん本を借りたが、結局読まずじまいだ。
(4) 旅行でお世話になった人たちに、お礼の手紙を出さずじまいではずかしい。

「ある行為をしないで終わってしまう」という意味を表す。残念な気持ちを表すことが多い。

【ずつ】N5

[数量詞+ずつ]

(1) 一人に3つずつキャンディーをあげましょう。
(2) 5人ずつでグループを作った。
(3) 雪が溶けて、少しずつ春が近づいてくる。
(4) いくらかずつでもお金を出し合って、焼けた寺の再建に協力しよう。
(5) 病人はわずかずつだが食べられるようになってきた。

「同じ量をそれぞれに・だいたい同じ量をくりかえして」という意味を表す。(1)は「それぞれに3個」、(2)は「5人が1組で」、(5)は「毎回すこしだけ」の意味。

【すっかり】N4

[すっかりV-た]

(1) 学生のころ、フランス語を勉強したが、もうすっかり忘れてしまった。

(2) 後かたづけはもうすっかり終わりました。
(3) 3人で、庭の草をすっかり刈り取った。
(4) 引っ越したアパートは、広くて静かで、すっかり気に入ってしまった。
(5) 毎日毎日暑い日が続いて、すっかり疲れてしまった。
(6) 浴室は時間をかけて掃除したので、もうすっかり清潔になった。
(7) 母親が来てくれて、孫はすっかり安心したようだ。

動詞を修飾して「完全に、すべて…する／なる」の意を表す。(1)～(3)は「全部・完全に」の意味で、(4)～(7)は「本当に・完全に」の意味。「すっかり」は、形容詞や名詞など状態を表す表現の修飾には用いられない。

(誤) この部屋はすっかりきれいだ。
(正) この部屋はすっかりきれいになった。
(正) この部屋は完璧にきれいだ。

【ずっと】N4

1 ずっと

(1) この新製品は、これまでの製品にくらべてずっと安い。
(2) この花は庭で見てもきれいだが、山で見る方がずっときれいだ。
(3) わたしよりあの人の方がずっと努力をしてきている。

比較を表す表現とともに使い、形容詞などに付けて、異なりの程度が大きいことを示す。

2 ずっとV

(1) 8月に入って、ずっと暑い日がつづいている。
(2) 今日は、朝からずっと仕事をしている。
(3) あなたが帰るまで、いつまでもずっと待っています。
(4) テレビがずっとついたままになっていた。
(5) ずっとここにいてください。

継続を表す動詞とともに使い、事態が長いあいだ続いている様子を表す。

3 ずっとN ＜時間＞

(1) ずっと前に出した手紙の返事がやっときた。
(2) ここは、ずっと昔は何もない野原だったが、今は高層ビルが立ち並んでいる。
(3) 彼が死んだずっとのちになって、その作品を評価する人々が現れた。
(4) 講演が始まるよりずっと早くから来て、待っていたんです。

「前・後・昔」など時間を表す名詞を伴って、過去の時間からの隔たりの長さを強調する。(3)(4)のように、「V-たのち・V-るよりはやくから」の間に入れることもできる。

4 ずっとN ＜距離＞

(1) A：あの人、どこにいるの？
　B：ほら、客席のずっと前の席。
(2) A：陽子さんは、あなたと同級生ですか？
　B：いいえ、あの人は、ずっと下の学年です。

「前・後ろ・上・下」など位置関係を表す名詞を伴って、二つの位置の隔たりが大きいことを表す。

【ずとも】

[V-ずとも]

(1) そんな簡単なことぐらい聞かずともわかる。
(2) ≪昔話≫これこれそこの娘。泣かずともよい。わけを話してみなさい。

(3) あの方は体にさわらずとも病気がわかる名医だ。

「…しなくても」の意味を表す。あとに「わかる・いい」などの表現が続く。古い言い方が残った慣用表現。

【すなわち】N2N3

(1) 彼は、1945年、すなわち、第二次世界大戦の終わった年に生まれた。

(2) この絵は、父の母親の父、すなわち私の曾祖父が描いたものである。

(3) 生まれによる差別、すなわち、だれの子供であるかということによる社会的差別は、最もよく見られる差別のひとつである。

(4) 敬語とは人間と人間の関係で使い分けることばである。すなわち、話し手と聞き手、および第三者との相互関係によっていろいろに言い分ける、その言葉の使い分けである。

語句や文を受けて、それと同じ意味内容をもつ別の語句や表現で言いかえるような場合に用いる。前の語句や表現を端的に表す語や、具体例や補足的な説明を与える表現が後に続く。学術論文や講義・講演など、改まった書き言葉的な表現で用いられ、話し言葉では「つまり」の方がよく用いられる。

→【つまり】1

【ずに】

[V-ずに]

(1) よくかまずに食べると胃を悪くしますよ。

(2) 切手を貼らずに手紙を出してしまった。

(3) きのうはさいふを持たずに家を出て、昼ご飯も食べられなかった。

(4) パソコンの説明をよく読まずに使っている人は多いようだ。

(5) あきらめずに最後までがんばってください。

(6) 両親を事故で亡くしたあと、彼はだれの援助も受けずに大学を出た。

後ろに動詞の文を伴って、「…しない状態で…する」という意味を表す。書き言葉。話し言葉では「ないで」となる。

→【ないで】1

【ずにいる】

[V-ずにいる]

(1) 禁煙を始めたが、吸わずにいるとだんだんイライラしてくる。

(2) これでもう1ヶ月酒を飲まずにいることになる。

(3) 三日ニュースを見ずにいると世の中のことがわからなくなる。

(4) わがままな彼が、なぜあんなひどい会社をやめずにいるのか不思議だ。

ある行為をしない状態でいることを表す。

【ずにおく】

[V-ずにおく]

(1) 父に電話がかかってきたが、疲れてよく寝ているようだったので起こさずにおいた。

(2) 彼女がショックを受けるとかわいそうだから、このことは当分言わずにおきましょう。

(3) あとでいるかもしれないと思って、もらったお金は使わずにおいた。

(4) あした病院で検査を受けるなら、夕飯は食べずにおいたほうがいいんじゃないですか？

何かのために、ある行為をしないでおくことを表す。

【ずにすむ】

→【すむ】3

【ずにはいられない】N2N3

[V-ずにはいられない]

(1) この本を読むと、誰でも感動せずにはいられないだろう。

(2) 彼女の気持ちを思うと、自分のしたことを悔やまずにはいられない。

(3) 彼女の美しさには誰でも魅了されずにはいられなかった。

(4) 会社でのストレスを解消するために酒を飲まずにはいられない。

(5) その冗談にはどんなまじめな人も笑わずにはいられないだろう。

動詞の否定形に続いて、「意志の力では抑えられずに自然にそうしてしまう」という意味を表す。「泣く・思う・感動する」など、人間の行為や思考・感情の動きを表す動詞が用いられる。書き言葉的。話し言葉では「ないではいられない」となる。

→【ないではいられない】

【ずにはおかない】N1

[V-ずにはおかない]

(1) この本は読む人を感動させずにはおかない。

(2) 彼の言動は皆を怒らせずにはおかない。

(3) 今のような政治情勢では国民に不信感を与えずにはおかないだろう。

(4) 両大国の争いは世界中を巻き込まずにはおかない。

「本人の意志にはかかわらず、そのような状態や行動が引き起こされる」という意味を表す。感情の変化や争いごとの発生などの自発的作用について言うことが多い。

【ずにはすまない】N1

[V-ずにはすまない]

(1) あいつはこの頃怠けてばかりだ。一言言わずにはすまない。

(2) 親せきみんなが出席するのなら、うちも行かずにはすまないだろう。

(3) 意図したわけではなかったとは言え、それだけ彼女を傷つけてしまったのなら、謝らずにはすまないのではないか。

「しないわけにはいかない・しないではすまされない」という意味を表す。かたい言い方。

【すまない】

→【ずにはすまない】

【すむ】N4

1 …で／…て　すむ

[Nですむ]

[V-てすむ]

(1) もっと費用がかかると思ったが2万円ですんだ。

(2) 用事は電話ですんだ。

(3) 金ですむなら、いくらでも出します。

(4) ガラスを割ってしまったが、あやまっただけですんだ。

(5) あやまってすむこととすまないことがある。

(6) 今年の夏は涼しかったのでエアコンなしですんだ。

本来は「終わる」の意味だが、「それで充分だ・それ以上の面倒なことをしなくてよかった」という意味を表す。(6)の「エアコンなしですんだ」は下の2の(3)「エアコンを使わなくてすんだ」に言い換えられる。

→【すむ】2

2 V-ないで／V-なくて　すむ

(1) バスがすぐに来たので待たないですんだ。

(2) 中古の自転車をもらったので、買わないですんだ。

(3) 今年の夏は涼しかったのでエアコンを使わなくてすんだ。

(4) この電車は直通なので乗り換えしないですみますよ。

(5) うちの学校は制服なので、毎日の服で悩まなくてすむからいい。

(6) 遅刻したが先生も遅れて来たので叱られないですんだ。

「予定していたことをしなくてもよくなる・予測されることが避けられる」という意味。好ましくない事態が避けられることを表す。話し言葉的。「…ないですむ」より「…なくてすむ」の方がややくだけているが実質的な違いはほとんどない。書き言葉では「V-ずにすむ」となる。(3)の「エアコンを使わなくてすんだ」は1の(6)「エアコンなしですんだ」に言い換えられる。

→【すむ】1【すむ】3

3 V-ずにすむ

(1) バスがすぐに来たので待たずにすんだ。

(2) 電話で話がついたので行かずにすんだ。

(3) 漢和辞典を買おうと思っていたら、友だちが古いのをくれたので買わずにすんだ。

(4) いい薬ができたので手術せずにすんだ。

(5) 一生働かずにすんだらいいんだけれど、そういうわけにはいかない。

(6) いまちゃんとやっておけば、あとで後悔せずにすみますよ。

(7) 安全装置が作動したので大事故にならずにすんだ。

「予定していたことをしなくてもよくなる・予測されることが避けられる」という意味。好ましくない事態が避けられることを表す。書き言葉的。話し言葉では「V-ないで／V-なくてすむ」となる。

→【すむ】2

4 …すむことではない

[Nですむことではない]

[V-てすむことではない]

(1) 大事な書類をなくしてしまうなんて、謝ってすむことではない。

(2) 少数意見だと片付けてすむことではない。

(3) この問題は補償金で済むことではない。心からの謝罪が必要だ。

「なにかをすることで問題を終わらせることはできない・それをするだけでは充分ではない」という意味を表す。(1)は「謝ってもつぐなえない／取り返しがつかない」、(2)は「少数意見だといって無視することはできない」の意味。

【すら】

名詞や「名詞＋助詞」に付く。主格に付くときは、「ですら」になることが多い。改まった書き言葉的な表現。

1 N(+助詞)すら N1

(1) そんなことは子供(こども)ですら知(し)っている。
(2) むかし世話(せわ)になった人(ひと)の名前(なまえ)すら忘(わす)れてしまった。
(3) この寒(さむ)さで、あの元気(げんき)な加藤(かとう)さんですら風邪(かぜ)を引(ひ)いている。
(4) 大企業(だいきぎょう)はもちろんのこと、この辺(へん)の町工場(まちこうば)ですら週休(しゅうきゅう)2日(ふつか)だという。
(5) こういった確執(かくしつ)はどんなにうまくいっている親子(おやこ)の間(あいだ)にすら存在(そんざい)する。

「さえ」の意味。一つの例をとりあげて、それでさえこうだということを述べ、その他はもちろんのことだという含みを持たせる。(1)は「ふつうのひとはもちろんのこと、子供でも知っている」の意味。

2 N(+助詞)すら…ない

(1) あまりに重(おも)すぎて、持(も)ち上(あ)げることすらできない。
(2) そのことは親(おや)にすら言(い)っていない。
(3) 仕事(しごと)が忙(いそが)しくて日曜日(にちようび)すら休(やす)めない。
(4) 40度(ど)の熱(ねつ)が出(で)ている時(とき)ですら病院(びょういん)に行(い)かなかった。
(5) 入社(にゅうしゃ)してもう20年近(ねんちか)くたったが、まだ課長(かちょう)ですらない。

「さえ…ない」の意味。極端な例を出し、それができないことを強調する言い方。(3)は「他の曜日はもちろん休めないし、皆が休む日曜日も休めない」の意味。

【する】

1 数量詞+する

(1) バンコクまで往復(おうふく)でいくらぐらいしますか?
(2) その旅館(りょかん)は一泊(いっぱく)5万円(まんえん)もする。
(3) 30分(ぷん)ほどして戻(もど)りますのでお待(ま)ちください。
(4) この球根(きゅうこん)は植(う)えて数ヶ月(すうかげつ)したら芽(め)がでます。
(5) 少(すこ)ししてから出(で)かけましょう。
(6) こんな建(た)て方(かた)では10年(ねん)しないうちに壊(こわ)れる。

時間の経過、かかる費用を表す。時間の場合は「たつ」、費用の場合は「かかる」と言いかえられる。

2 副詞+する

(1) 赤(あか)ちゃんの肌(はだ)はすべすべしている。
(2) ほこりで机(つくえ)の上(うえ)がざらざらしている。
(3) この料理(りょうり)は味(あじ)がさっぱりしている。
(4) 息子(むすこ)は体(からだ)つきががっしりしている。
(5) 休日(きゅうじつ)はみんなのんびりとしている。
(6) なかなかしっかりしたよい青年(せいねん)だ。

「…している」や「…したN」の形で用いて、ある性質をもつことやある様子を示すことを表す。

3 …する N5

[N/Na にする]

[A-くする]

[V-る/V-ない ようにする]

(1) 子供(こども)を医者(いしゃ)にしたがる親(おや)が多(おお)い。
(2) 部屋(へや)をきれいにしなさい。
(3) 冷(つめ)たくするともっとおいしいですよ。
(4) この食品(しょくひん)はいそがしい人(ひと)のためにすぐに食(た)べられるようにしてあります。

対象に働きかけて変化させることを表す。「なる」がそのもの自体の自然な変化を表すのに対し、「する」は働きかける人が存在する意図的な変化を表す。

→【ように】5

4 Nがする N4

(1) 台所(だいどころ)からいいにおいがしてきた。
(2) このサラダは変(へん)な味(あじ)がする。

(3) 古いピアノはひどい音がして、使い物にならない。
(4) 外に出ると冷たい風が吹いていて、寒気がした。
(5) その動物は小さくて柔らかく、まるでぬいぐるみのような感じがした。
(6) あの人とはうまくやっていけないような気がする。
(7) 今朝から吐き気がして何も食べられない。
(8) この肉料理にはふしぎな香りがするスパイスが使ってある。

におい、かおり、味、音、感じ、気、寒気、吐き気などの名詞に付いて、その感覚、知覚を表す。

5 …にする N4

[Nにする]

[Vことにする]

(1) A：何になさいますか？
　B：コーヒーにします。
(2) 今度のキャプテンは西田さんにしよう。
(3) かぜがよくならないので旅行は止めることにします。
(4) 事故がこわいので飛行機には乗らないことにしています。

「決める」という意味。次のように「N＋助詞」が使われることもある。

(例) 会議は5時からにします。

6 Nをする

a N(を)する

(1) 午後は買い物をするつもりだ。
(2) 日曜日には妻と散歩をしたりテニスをしたりする。
(3) 昔はよくダンスをしたものだ。
(4) いたずらをすると叱られるよ？
(5) ころんで足にけがをした。
(6) せきをしているので風邪をひいたのでしょう。

動作や作用を表す名詞に付いて動詞を作るのに使う。和語に付く例も少なくないが、漢語や外来語の名詞に付いて動詞を作る場合が多い。

b Nをする ＜外見＞

(1) きれいな色をしたネクタイをもらった。
(2) その建物は三角形のおもしろい形をしている。
(3) 見舞いに行ったら、かれはとても苦しそうな様子をしていたのでつらかった。
(4) それは人間の姿をした神々の物語だ。
(5) みすぼらしい格好をした男が訪ねてきた。
(6) この仏像はとてもやさしそうな顔をしている。

「Nをしている・NをしたN」のように使う。色、形、様子、姿、かっこう、顔など視覚的にとらえられるものを表す言い方。

c Nをする ＜職業＞

(1) 彼は教師をしている。
(2) ベビーシッターをしてくれる人を探しています。
(3) 社長をしているおじの紹介で就職した。
(4) 母は前は主婦だったが今は薬剤師をしている。

「職業名＋をしている」の形で用いて、「その仕事についている」という意味を表す。

d Nをする ＜装身＞

(1) あの赤いネクタイをした人が森さんです。

(2) あの人はいつもイヤリングをしている。
(3) 手袋をしたままで失礼します。
(4) あっ、今日は時計をしてくるのを忘れた。
(5) このごろ風邪をひいてもマスクをする人はいませんね。

ネクタイ、時計、指輪などに付けて、それを身に付けていることを表す。状態を言うときは(2)のように「している」の形で使う。

7 NをNにする

(1) 本をまくらにして昼寝した。
(2) スカーフをテーブルクロスにして使っています。
(3) 客間を子どもの勉強部屋にした。

あるものを別の用途で使うという意味。

8 おV$_R$-する

→【お…する】

9 …とする

→【とする$_1$】【とする$_2$】

10 …ものとする

→【とする$_2$】 2c

11 V-ようにする

→【ように】 5

【すると】 N4

1 すると ＜推論の帰結＞

(1) A：山本さんは来られないそうです。
　B：すると、全部で６人になるわけですね。
(2) A：この仕事を始めて、10年になります。
　B：すると、けっこうベテランなんですね。

相手が述べたことがらから、当然引き出される結果を述べるのに用いる。「そうすると・それなら・ということは」とも言う。

→【そうすると】【それなら】【ということ】 5

2 すると ＜出来事の発生＞

(1) 私は気持ち良く昼寝をしていた。すると突然、ドアをドンドンとたたく音がした。
(2) 田中さんが教室に入ってきた。すると、みんな急に話をやめて黙り込んでしまった。

前に述べられた状況から、予期しないことがらが起こったことを表すのに用いる。書き言葉的。

【せい】

[Nのせい]

[Naなせい]

[A／V　せい]

「ため」に言い換えられる場合が多い。対義語に、望ましいことが生じた原因・理由を表す「おかげ」がある。

→【おかげ】【ため】 3

1 …せいだ N2N3

(1) みんな私のせいだ。申し訳ない。
(2) この秋の不作は夏に雨が少なかったせいです。
(3) 彼女が怒って帰ってしまったのは君があんなことを言ったせいだよ。

理由や原因を表す表現。特に望ましくないことの生じた理由・原因や責任の所在を表すのに用いる。

→【おかげ】 1

2 …せいで N2N3

(1) 私のせいで皆さんにご迷惑をかけてしまって本当にすみません。

(2) 遅刻した３人を待っていたせいで、みんな新幹線に乗れなかった。

(3) とうとう事業に失敗した。しかし誰のせいでもない、責任はこの私にある。

(4) 熱帯夜が続いているせいで、電気の消費量は激増しているという。

「ので」や「...ために」と同様、理由や原因を表す表現だが、特に望ましくないことの生じた理由・原因や責任の所在を表すのに用いる。後半には、その原因から生じた望ましくない事態を表す表現が続く。

→【おかげ】2【ため】3【ので】

3 ...せいにする

(1) A：あっ、雨。君が今日は降らないっていうから、かさ持ってこなかったのに。

B：わたしのせいにしないでよ。

(2) 学校は責任をとりたくないので、その事故は生徒のせいにして公表しようとしない。

(3) 彼は仕事がうまくいった時は自分一人でしたように言い、うまくいかなかったら人のせいにするというような男だ。

(4) 彼女は協調性がないのを一人っ子で育ったせいにして、自分の非を認めようとしない。

望ましくないことがらが起こったことに関してあるものに責任を負わせるという意味。実際にはそれ以外のものに責任があるという意を含むことが多い。

4 ...せいか N2N3

(1) 歳のせいか、この頃疲れやすい。

(2) 家族が見舞いに来たせいか、おじいさんは食欲がでてきた。

(3) 春になったせいでしょうか、いくら寝ても眠くてたまりません。

(4) 背がのびたせいか、その子は前よりもほっそりとしてみえた。

(5) 彼は童顔のせいか、もう 30 近いのに高校生のように見える。

(6) 気のせいか、このごろ少し新聞の字が読みにくくなったようだ。

原因・理由を表す言い方。「それが原因・理由であるかもしれないが」という意味。(1)は「歳を取ったためか」の意。その結果がよい場合にも悪い場合にもどちらにも使う。

→【おかげ】3【ため】3c

5 ...のは...せいだ

→【のは...だ】5

【せいぜい】N2N3

(1) 誕生日といっても、せいぜい夕食を外に食べに行くくらいで、たいしたことはしません。

(2) 忙しい会社で、年末でもせいぜい三日くらいしか休めません。

(3) 景気が今どうなのか知りません。私にわかることといえばせいぜい貯金の利息ぐらいです。

(4) ふるさとと言われて思い出すことといえばせいぜい秋祭りくらいですね。

(5) 給料が安くて、一人で暮らすのがせいぜいだ。

「限度はあるが、できる範囲で」という意味。「せいぜい...くらい」の形でよく使う。(5)のように「...が、せいぜいだ」の形もある。

【せずに】

→【ずに】

【せっかく】N2N3

1 せっかく…からには

(1) せっかく留学するからには、できる限り多くの知識を身につけて帰りたい。

(2) せっかく代表として選ばれたからには、全力を尽くさなければならない。

(3) せっかく休暇をとるからには、2日や3日でなく、10日ぐらいは休みたい。

「せっかくXからにはY」の形で、Xにはまれな機会や努力、骨折りを伴ってなされた行為などが示され、Yではそれを有効に利用するように話し手が望む気持ちが示される。Yの部分には意志、希望、助言などを表す表現が用いられる。

2 せっかく…けれども

(1) せっかくここまできたけれども、雨がひどくなってきたから引き返そう。

(2) せっかく皆さんに骨折っていただきましたが、実はこの計画は取りやめになりました。

(3) せっかく作ったのですが、喜んではもらえなかったようです。

「せっかくXけれどもY・せっかくXがY」などの形で、Xにはまれな機会や努力、骨折りを伴ってなされた行為などが示され、Yではそれが無駄になることが示され、無駄になって残念だ、申し訳ないなどの話し手の気持ちが表される。

3 せっかく…のだから

(1) せっかく来たのだから夕飯を食べていきなさい。

(2) せっかくここまで努力したのだから、最後までやり通しましょう。

(3) せっかくおしゃれをしたのだから、どこかいいレストランへ行きましょうよ。

「せっかくX（の）だからY」の形で、Xにはまれな機会や努力、骨折りを伴ってなされた行為などが示され、Yではそれを有効に利用するように話し手が望む気持ちが示される。Yの部分には意志、希望、依頼、勧誘、助言などを表す表現が用いられる。

4 せっかく…のだったら

(1) せっかくピアノを習うのだったら、少しくらい高くてもいい先生についた方がいい。

(2) せっかく京都まで行くのなら、奈良にも行ってみたらどうですか？

(3) せっかく音楽を楽しむのだったら、もうすこし音のいいステレオを買いたい。

「せっかくXのだったらY・せっかくX（の）ならY」の形で、まれな機会にめぐまれたり努力して何かをする場合にはそれを有効に利用した方がよいと望む気持ちが示される。Yの部分には意志、希望、助言などを表す表現が用いられる。

5 せっかく …のに／…ても

(1) せっかく招待していただいたのに、伺えなくてすみません。

(2) せっかくいい天気なのに、かぜをひいてどこにも行けない。

(3) せっかくセーターを編んであげたのに、どうも気にいらないようだ。

(4) せっかく来たのにもう帰るの？　もう少しゆっくりしていってよ。

(5) 今回のクイズには多数のご応募をお寄せいただきました。ただせっかくお送りいただきましても、締切日をすぎておりますものは抽選できませんのでご了承ください。

(6) 行く前に電話で確かめた方がいい。せっかく行っても留守ではしかたがない。

「せっかくXのにY・せっかくXてもY」の形で、「せっかく…けれども」と同じ意味を表す。「…のに」は確定したことがら、「…ても」は仮定的なことがらとしてXを示している。

→【せっかく】2

6 せっかくのN

(1) せっかくの日曜日なのに、一日中、雨が降っている。

(2) せっかくのチャンスを逃してしまった。

(3) せっかくの努力が水の泡になってしまった。

(4) せっかくのごちそうなのだから、残さないで全部食べましょう。

恵まれた機会や努力を伴ってなされる行為などを表す名詞を用いて、それが有効に利用できないで残念だと悔やむ気持ちや、利用した方がよいと望む気持ちが表される。

7 せっかく+連体修飾句+N

(1) せっかく書いた原稿をなくしてしまった。

(2) せっかく覚えた英語も今は使う機会がない。

(3) せっかくきれいに咲いた花をだれかが取っていった。

(4) せっかく作った料理を誰も食べてくれない。

恵まれた機会や努力を伴ってなされる行為などを表し、それが有効に利用できないで残念だと悔やむ気持ちや、利用した方がよいと望む気持ちが表される。

8 せっかくですが

(1) A：もう遅いですから、泊まっていらしたらいかがですか？
　B：せっかくですが、あしたは朝から用事がありますので。

(2) A：今晩一緒に食事しない？
　B：せっかくだけど、今晩はちょっと都合が悪いんだ。

「せっかくですが・せっかくだけど」などの形で、相手の申し出を断るときの前置きとして使う。

9 せっかくですから

(1) A：食事の準備がしてありますので、うちで召し上がってくださいよ。
　B：せっかくですから、お言葉に甘えて、そうさせていただきます。

(2) せっかくだから、あなたの作ったケーキご馳走になっていくわ。

相手からの申し出を受けるときの前置きとして使う。

【せつな】

[V-たせつな]

(1) 立ち上がろうとしたせつな、腰に鋭い痛みが走った。

(2) あたり一面火の海だった。逃げてきた道をふりかえったそのせつな、建物が轟音をたてくずれおちた。

「短い間・瞬間」の意味。「瞬間」より使用範囲がせまく、文学的な意味あいが強い言い方。書き言葉的。

【ぜひ】N4

1 ぜひ

(1) ぜひ一度遊びにきてください。

(2) ≪引越しのあいさつ状≫お近くにおいでの節は是非ともお立ち寄りください。

(3) この大学を卒業する皆さんは、ぜひ世の中の役に立つような人間になってもらいたいものだと思います。

(4) 友人から、引っ越したからぜひ遊びに来るようにという電話がかかってきた。

「どうしても・かならず」という意味。依頼の表現「てください」、希望の表現「てほしい」などと共に使い、強い願望を表す。ふつう否定の依頼表現と共には使わない。

(誤) ぜひ話さないでください。

(正) ぜったいに話さないでください。

また人間のかかわることにしか使えない。

(誤) あしたはぜひ晴れてほしい。

(正) あしたは何としても晴れてほしい。

単に意志の表現を強めるためには「かならず」などを使う。

(誤) ぜひそこに参ります。

(正) かならずそこに参ります。

しかし、依頼の返答としては「ぜひ行かせていただきます」のように使える。改まった言い方。

2 ぜひとも

(1) ぜひとも私たちの願いを叶えてくださいますようお願いいたします。

(2) この企画はみんなで力を合わせて是非とも実現させましょう。

「ぜひ」を強めて言うときに使う。

→【ぜひ】1

【せめて】N2N3

1 せめて

(1) 夏はせめて一週間ぐらい休みがほしい。

(2) 大学に入ったのだから、せめて教員免許ぐらい取っておこうと思う。

(3) 小さくてもいい。せめて庭のある家に住みたい。

(4) 出発まで、せめてあと三日あれば、熱も下がるんだけど。

(5) 今週が無理なら、せめて来週中には完成させたい。

「不十分だが少なくともそれぐらいは」の意味。意志、願望の表現が続く。「せめて…ぐらいは」の形で使うことが多い。(1)は「長い休みは無理だけど、一週間ぐらいはほしい」の意味。

2 せめて…だけでも

(1) 朝食をとる時間がないなら、せめて牛乳だけでも飲むようにした方がいい。

(2) 忙しいのはわかっているけど、せめて日曜日だけでも子供と遊んでやってよ。

(3) うちは子供に継がせるような財産はなにもないので、せめて教育だけは受けさせたいと思っています。

(4) 両親を早くなくして、苦労しました。せめてどちらか片方でも生きていてくれたらと思います。

「不十分だが少なくともそれぐらいは」の意味。(1)は「牛乳だけでもかまわないから」の意。

3 せめて…なりとも

(1) 母の息があるうちにせめて一目なりとも会いたい。

(2) ≪昔話で≫貧しい家ですが、せめて一夜の宿なりとも提供いたしましょう。

意味的には「せめて…だけでも」と大体同じだが、古い表現で文学作品などに使われる。「一目・一夜」など、少ないことを表す語とともに用いる。

4 せめてものN

(1) ひどい事故だったが、死者が出なかったのがせめてもの救いだ。

(2) パスポートをとられなかったのが、せめてものなぐさめだ。
(3) せめてものお礼のしるしにこれを受け取ってください。

よりひどいことに比べれば、この程度でよかったという意味。Nに来るものは「救い・なぐさめ」など限られている。(3)は「十分とは言えないがお礼として」という意味。

【せよ】

→【にせよ】

【せられたい】

[Nせられたい]

[V-られたい]

(1) 上記三名の者はただちに出頭せられたい（＝出頭されたい）。
(2) 何等かの変更がある場合は、すぐに届出られたい。
(3) 心当たりの方は係まで申し出られたい。
(4) この問題については本書の第9章を参照されたい。

「せられたい」は古い言い方。現在では「されたい」となる。尊敬を表す「V-られる」に希望を表す「V_R-たい」が付いた形。役所などの行政的な文書や学術論文などで、「しなさい」という命令や「してください」という指示を表すのに使われる。

【せる】

→【させる】

【ぜんぜん…ない】

(1) テレビ、消そう。ぜんぜんおもしろくない。
(2) なんだ、これ。ぜんぜんおいしくないぞ？　塩が足りなかったかな。
(3) あの人、きょうはどうしたんだろう。全然しゃべらないね。
(4) A：どう、勉強進んでる？
　B：だめ、だめ、全然だめ。

否定的な意味を表す表現を伴って否定の意を強めるときに使う。話し言葉。最近はくだけた言い方で、否定的な意味を伴わない「ぜんぜんいい」のような言い方をすることもある。

【そう…ない】

(1) 夕食はそうおいしくなかったが全部食べた。
(2) 日本語はそうむずかしくないと思う。
(3) 高校時代の鈴木さんは明るい感じの子でしたが、クラスではそう目立たない生徒でした。
(4) このあたりでは雪で学校が休みになるのはそうめずらしいことではない。

「それほど・そんなに…ない」という意味。

【そういえば】 N2N3

(1) A：なんだか今夜はしずかね。
　B：そういえばいつものカラオケがきこえないね。
(2) A：おなかがすいてない？
　B：そういえば朝から何もたべてないね。
(3) A：山田、今日のゼミ休んでたけど風邪かな。
　B：そういえば先週から見かけないな。
(4) きょうは4月1日か。そういえば去年のいまごろはイギリスだったなあ。

(5) もうじき春休みか。そういえばいとこが遊びに来るって言ってたなあ。

それまでの話の内容に関連する何かを思い出したり、気がついたりしたことを表すときに使う。相手の話を受けて使うことが多いが、(4)(5)のように自分の発言を受けて使うときもある。話し言葉。

【そうしたら】

前の文と後の文を時間的な順序でつなぐ用法。さらにくだけた言い方に「そしたら」がある。

→【そしたら】

1 そうしたら ＜未来＞

(1) 娘は大学に入ったら一人暮らしをすると言っている。そうしたらこの家も静かになるなあ。

(2) ここには木を植えて、ベンチを置こう。そうしたら、いい憩いの場所になるだろう。

(3) 彼の店はもうすぐ開店するらしい。そうしたら、わたしも行ってみよう。

(4) 毎日30分だけ練習しなさい。そうしたら見違えるほど上達するでしょう。

計画などを述べた文の後に続け、それによって将来起こる結果について述べるのに用いる。

2 そうしたら ＜過去＞

(1) 暑いので窓を開けた。そうしたら大きな虫が飛び込んで来た。

(2) 忘れ物をとりに夕方学校へ行った。そうしたらもう正門が閉まっていた。

(3) ふらっとデパートに入ってみた。そうしたらちょうどバーゲンセールをしていた。

(4) 前にはだぶだぶだったズボンをはいてみた。そうしたらちょうどいい大きさになっていた。

(5) 試験のあと、参考書を開いてみた。そうしたら、全く同じ問題がのっていた。

ある出来事、行為をきっかけに起こった過去の出来事を述べるのに用いる。新しい発見などを述べることが多い。「そして」と違い、前の文で起こったことを受けて、自分の行為、意志とは無関係なこと、新しく起こったこと、事実の発見などが続く。自分の意志でおこなう行為が続くときは使えない。くだけた話し言葉。

(誤) デパートへ行った。そうしたら買物をした。

(正) デパートへ行った。そして買物をした。

→【そして】2 【たら$_1$】2

【そうして】N2N3

(1) 旅行にもって行く物を全部再点検した。そうして、やっと安心した。

(2) 状況を説明する言葉をじっくり考えた。そうして、彼に電話した。

(3) 次に会う時間と場所、連絡の方法などを決めた。そうして、散会した。

前に述べたことがらを受けて、次に何かが起こるということを表す。ひと続きの出来事を述べる中で、最終的に到達したことを示すという用い方が多い。「そして」でだいたい言いかえられる。

→【そして】2

【そうすると】

1 そうすると ＜きっかけ＞

(1) ビルのまわりを回ってみた。そうすると、ひとつだけ電気のついている窓があった。

(2) 切符はまとめて20人分予約すること

にした。そうすると、少し割り引きがあって助かるのだ。

(3) テニスの練習は土曜日の朝することにしよう。そうすると、土曜日の午後は、時間ができる。

前の出来事をきっかけとして、後の出来事が生じる、または、後の出来事に気付くことを表す。「そうすると」の後では、話し手の意志で行う行為を表すことはできない。

(誤) 20人以上予約して下さい。そうすると割引きしましょう。

また、後続の文が前の出来事についての解釈を表すことも多い。

2 そうすると ＜帰結＞

(1) A：ホテルを出るのが5時で、新幹線に乗るのが6時です。

B：そうすると、買い物の時間がなくなりますよ。

(2) A：お客の数が百から二百に増えそうなんですが。

B：そうすると、この会場では無理ですね。

(3) A：パスポートはおととし取りました。

B：そうすると、来年はまだ大丈夫ですね。

前の話し手が述べたことを受けて、発言するときに使う。「そうすると」の後に、相手の言ったことについての解釈、論理的な帰結などを述べる。「すると」とだいたい同じ。話し言葉。

→【すると】

【そうすれば】

(1) 引っ越したらどうですか？　そうすれば、気分も変わって元気が出るかもしれませんよ。

(2) 一緒に勉強しようよ。そうすれば、お互いもっと頑張れると思うんだけどな。

(3) 社長に直接説明させていただけないでしょうか。そうすれば、こちらの言っていることも理解していただけるはずです。

(4) A：なんか疲れたし、今日は早く寝ようかな？

B：そうすれば？

勧誘、提案、依頼などの発話に続いて、それを相手が受け入れればどうなるかを述べるのに用いる。受け入れればより良い結果が得られるという主張をするのに用いることが多い。(4)のように相手の行為を促すのにも用いられる。話し言葉的。

【そうだ$_1$】 N4

[N／Na　だそうだ]

[A／V　そうだ]

(1) あの人は留学生ではなくて技術研修生だそうだ。

(2) 今年の冬は暖かいそうだ。

(3) 昔はこのあたりは海だったそうだ。

(4) そのコンサートには1万人の若者がつめかけたそうだ。

(5) 米が値上がりしているそうだ。

(6) 新聞によると今年は交通事故の死者が激増しているそうだ。

(7) 担当者の話によると新製品の開発に成功したそうだ。

(8) 報道ではこの道はもう通行可能だそうだ。

(9) 予報では台風は今夜半に紀伊半島に上陸するそうだ。

(10) パンフレットによるとこの寺は千二百年前に建てられたのだそうだ。

普通体の節に続いて、自分が直接得たことではなくどこかから入った伝聞情報だということを表す。否定や過去の形にはならない。

(誤)　今年の冬は寒いそうではない。

(正)　今年の冬は寒くないそうだ。

(誤)　去年の冬は寒いそうだった。

(正)　去年の冬は寒かったそうだ。

新聞やうわさなど、情報源を表すときは、(6)～(10)のように「...では・...によると」などの表現を伴う。「みたいだ・らしい」との違いについては【みたいだ】2を参照。

→【によると】1【みたいだ】2【らしい$_2$】

【そうだ$_2$】

ナ形容詞と同じ活用で、「そうにV・そうなN」と活用する。否定形の場合、「Naそうではない・A-そうではない」と言うことはできるが、「V$_R$-そうではない」という形はほとんど用いられない。代わりに「V$_R$-そうもない／そうにない／そうにもない」を用いる。

1　...そうだ

[Naそうだ]

[A-そうだ]

[V$_R$-そうだ]

a　...そうだ N4

(1) その映画はおもしろそうだ。

(2) 彼女はいつもさびしそうだ。

(3) おいしそうなケーキが並んでいる。

(4) 今日は傘を持って行った方がよさそうだ。

(5) あの人はお金がなさそうだ。

(6) 久しぶりに彼に会ったが、あまり元気そうではなかった。

(7) 子供は人形をさも大事そうに箱の中にしまった。

(8) いかにも重そうな荷物を持っている。

(9) 彼は一見まじめそうだが実は相当な遊び人だ。

(10) このおもちゃはちょっと見たところ丈夫そうだが、使うとすぐに壊れてしまう。

話し手が見たり聞いたりしたりしたことから判断した様態を表す。(4)の「いい」は「よさそう」、(5)の「ない」は「なさそう」となる。(7)(8)のように「さも・いかにも」などの副詞を伴って強調することがある。「きれいだ・赤い」など、見ただけですぐに分かるものには使わないのが普通。

(誤)　彼女はきれいそうだ。

(正)　彼女はきれいに見える。

また、(9)(10)のように「一見・ちょっと見たところ」などを伴ったときは、実際にはそうではないという文が続くことが多い。

「みたいだ」との違いについては【みたいだ】2を参照。

→【みたいだ】2

b　...そうにしている

(1) 彼女はいつもはずかしそうにしている。

(2) 先生はお元気そうにしておられたので、安心しました。

(3) その人はコートも着ずに寒そうにしていた。

(4) その子はいっしょに遊びたそうにしていたが皆の輪に加わろうとはしなかった。

感情や感覚を表す形容詞に付いて、そのような様子で動作をしているという意味を表す。「...そうだ」と言いかえられるが、何らかの動作をしているという意味は失われる。

c　…そうにみえる

→【みえる】2c

2　V_R-そうだ

a　V_R-そうだ

(1) 星が出ているから明日は天気になりそうだ。
(2) 服のボタンがとれそうだ。
(3) 今夜は涼しいからぐっすり眠れそうだ。
(4) 反対運動は全国に広がりそうな気配だ。
(5) あの様子では二人はもうじき結婚しそうだ。
(6) 彼はもう10日も無断で休んでいる。どうも会社を辞めそうだ。
(7) 彼女は熱心にパンフレットを見ていたから、誘ったら会員になりそうだ。
(8) あんなに叱ったら、あの子は家出しそうな気がします。

動詞の連用形に付いて、そのような出来事が起こる可能性が大きいという判断を表す。また、次のように「もうちょっとで・今にも」などを伴って事態が切迫している感じを表すことがある。

(例1) あの古い家はもうちょっとで倒れそうだ。
(例2) その子は今にも泣き出しそうな顔をしていた。

意志的な動詞が用いられる場合は、話し手自身のことについては使わないのが普通。

(誤) 私は会社をやめそうだ。
(正) 私は気が違ってしまいそうだ。

「暑くて死にそうだ」など、程度がひどいことを比喩的に表す言い方もある。

b　V_R-そうになる

(1) 道が凍っていて、何度もころびそうになった。
(2) 車にぶつかりそうになって、あわてて道の端にとびのいた。
(3) びっくりして持っていたグラスを落としそうになった。
(4) 私には子供のころ犬にかまれそうになった記憶がある。
(5) 私には、くじけそうになるといつもはげましてくれる友がいる。

話し手のコントロールが及ばない現象が起こる直前の状況になる、という意味を表す。(1)～(4)のように過去のことがらについて述べることが多い。また、「あやうく・あわや」などを伴って事態が切迫している感じを表すことがある。

(例) 山で遭難して、あやうく命を失いそうになった。

(1)(3)は「V-るところだ」に言いかえられる。

→【ところだ】1

c　V_R-そう　も／に　ない

(1) この本は売れそうもない。
(2) 仕事は明日までには終わりそうもない。
(3) 雨は夜に入っても止みそうになかった。
(4) 一人の力ではとうてい出来そうにもない。
(5) その小屋はちょっとやそっとでは壊れそうもないほど頑丈な造りだった。
(6) 社長はもう80歳だが、ピンピンしていてなかなか辞めそうにもない。

「V_R-そうも／に／にもない」の形で、そのような出来事が起こる可能性が少ないという意味を表す。

d　V-てしまいそうだ

(1) おいしいから全部食べてしまいそう

だ。

(2) 一度やめていたタバコをまた吸ってしまいそうだ。

(3) お腹がいっぱいでこのまま眠ってしまいそうだ。

意志的な行為を表す動詞に付いて、意志に反してそうなるのではないかと恐れる気持ちを表す。自分自身の行為について述べることが多い。

【そうです】

(1) A：ビデオのリモコンはこれですか？

　B：はい、そうです。

(2) A：あのう、失礼ですが久保田さんですか？

　B：ええ、そうですが。

(3) A：これ、佐藤さんが書いたんですか？

　B：はい、そうです。

(4) A：これ、あなたの傘ですか？

　B：いいえ、そうじゃありません。私のはこちらです。

肯定の意を表す。「これですか・久保田さんですか」のように名詞で終わる疑問文や「んですか」で終わる疑問文に対して答えるときに用いる。否定形は「そうではありません・そうじゃありません」となる。形容詞、動詞で終わる疑問文に対して答えるときは「そうです」が使えない。

(誤) A：森さんに会いましたか？

　B：はい、そうです。

(正) A：森さんに会いましたか？

　B：はい、会いました。

(誤) A：物価は低いですか？

　B：いいえ、そうじゃありません。

(正) A：物価は低いですか？

　B：いいえ、低くないです。

→【のです】2

【そこで】 N2N3

1 そこで ＜理由＞

(1) 今度の事件ではかなりの被害が出ています。そこで、ひとつ皆さんにご相談があるのですが。

(2) 皆さんはこの問題にはおおいに関心をお持ちのことと思います。そこで専門のお立場からご意見をお聞かせいただければと思うのですが、いかがでしょうか。

(3) 村ではだれ一人、荒れ地の開墾に賛成の者はいなかった。そこで役人はまずひとりの若者を選んでこの困難な事業に当たらせることにした。

(4) A：このあたりは開発が遅れてるな。

　B：そこで、相談なんだが少し金を融資してもらえないかな。

理由を表す。ある事情を前提に、改まって次に何かを提案するときなどに使う。改まった言い方。

2 そこで ＜時点＞

(1) A：だんだんむずかしくなってきたし、タイ語の勉強やめようかな。

　B：そこでやめちゃダメだよ。せっかく今までがんばってきたんだから。

(2) 最後の花火が上がり、そこで祭りは終わりを告げた。

「その時点で」という意味。場所ではなくある状況のもとでの判断を述べるときに使われる。

【そこへ】

(1) 友人のうわさ話をしていたら、そこへ当の本人が来てしまった。

(2) 酔っぱらい客がけんかを始めた。そこへバーテンダーが止めに入ったが、かえって騒ぎが大きくなってしまった。

(3) 集会は整然と行われていた。ところがそこへ反対派が乱入し、場内は騒然となった。

「問題となっている場面へ」の意味。後には「来る・入る」などの移動の動詞が来ることが多い。

【そこへいくと】

(1) A：うちの会社、残業が多くてね。先週はほとんど家で晩ご飯食べていないんだ。

B：そりゃ、大変だな。そこへいくと僕のとこなんか楽なほうだ。

(2) 彼女の家は親が厳しいらしいが、そこへいくとうちはのんきなものだ。

「それとくらべると」の意。比較の表現が続くことが多い。話し言葉。

【そこを】

(1) 誰でも勉強や仕事でうまくいかない時がある。そこをどう乗り越えるかで、その後の人生が変わってくる。

(2) 彼はダンサーとしては体が小さい。しかし、そこを優れた表現力で補うことで、むしろ体の小ささを魅力的に見せている。

(3) A：こんな無名の作家の小説を、うちの雑誌に載せるわけにはいきませんよ。

B：いや、そこをなんとか、編集長のお力で載せていただくわけには…。

前に述べられた問題点や欠点を指し、何らかの努力によってそれをいい方向へ持っていくということを後に述べるときに用いる。(3)のように無理な依頼をする場合にも用いられる。

【そしたら】

(1) きのう映画を見に行ったのよ。そしたらばったり高田さんに会っちゃって。

(2) 一日に30分だけ練習しなさい。そしたら、上手になりますよ。

「そうしたら」をより話し言葉的にした表現。文章では普通用いない。

→【そうしたら】

【そして】N5

1 そして ＜並立＞

(1) 今回の旅行では秋田・青森そして北海道と、おもに北日本を中心に回った。

(2) リーダーには指導力、判断力そして決断力が欠かせない。

(3) おみやげは小さくて、そして軽いものがいい。

(4) この病気には、甘いもの、あぶらっこいもの、そしてアルコールがよくない。

ものごとを並べ上げ、つけ加えるのに使う。「それに」とだいたい同じだが、「そして」の方が書き言葉的。

→【それに】1

2 そして ＜継起＞

(1) 観客は一人帰り、二人帰り、そして最後にはだれもいなくなってしまった。

(2) 山間部のこの地方では、刈り入れが終わると短い秋が去り、そして厳しい冬がやってくるのだ。

(3) 彼はその日、部下にすべてを打ち明けた。そして今後の対策を夜遅くまで話し合った。

出来事の時間的順序を表すのに使う。ひと続きの出来事を述べる中で、最後の出来事を示すときに使われることが多い。やや書き言葉的。

【その…その】

[そのNそのN]

(1) その日その日を充実して過ごせれば出世なんかしなくてもいいんです。

(2) その人その人で考え方がちがうのは当然だ。

(3) 人生の大事なその時その時を写真におさめてある。

Nには同じ名詞を用いて「それぞれの」という意味を表す。

【そのうえ】 N2N3

(1) あそこのレストランは高くて、そのうえまずい。

(2) 新しく発売された自動車は、空気を汚さず、静かで、その上値段も安い。

(3) 睡眠不足で、そのうえ不規則な食生活をしていたのでは、体を壊して当然です。

(4) きのうは先生の家でごちそうになった。帰りにはおみやげまでもらい、そのうえ車で駅まで送っていただいた。

同じようなことを付け足していく表現。状況をさらにつけ加えてくわしく言うときの言い方。「それに」に言いかえることができる。

→【それに】②

【そのうち】 N2N3

(1) 木村さんはそのうち来ると思います。

(2) そのうち雨もやむだろうから、そうしたら出かけよう。

(3) あんなに毎日遅くまで仕事していたら、そのうち過労で倒れるんじゃないだろうか。

(4) A：また一緒に食事に行こうよ。

B：ええ、そのうちにね。

「今からあまり時間がたたないうちに」という意味を表す。話し言葉的。書き言葉的な表現に「いずれ」がある。「そのうちに」とも言う。

→【いずれ$_2$】

【そのかわり】

(1) A：今日、ちょっと仕事早めに抜けてもいいかな？

B：いいけど、そのかわり、明日の掃除当番、頼んでもいい？

(2) A：課長、今回の企画は、私に任せていただけませんか？

B：いいでしょう。そのかわり、もし何か問題があったら全て責任をとってもらいますよ。

(3) このプランなら時間は短縮できる。その代わり、事故の危険性は増すことになる。

「前に述べられたことと引き換えにして」という意味を表す。相手の要求に応じることと引き換えに、相手に別な負担や責任を負わせるときに用いることが多い。

→【かわりに】

【そのくせ】

→【くせ】3

【そのため】N2N3

(1) 台風が日本に接近しています。そのため、午後から西日本で風雨が強まる見込みです。

(2) 青木さんは、来年から留学することがきまった。仕事をやめるのはそのためだ。

前に述べたことが原因・理由であることを表す。「それが原因で･それが原因だ」という意味。

【そのもの】

1 Nそのもの

(1) 機械そのものには問題はないが、ソフトに問題があるようだ。

(2) この本がつまらないんじゃない。読書そのものが好きになれないんだ。

「それ自体」という意味を表す。

2 Nそのものだ

(1) その合唱団は天使の歌声そのものだ。

(2) 人生は旅そのものだ。

何かに例えて、その通りだということを強調するのに使う。

【そばから】N1

[V-る／V-た　そばから]

(1) 子供達は作るそばから食べてしまうので、作っても作ってもおいつかない。

(2) 聞いたそばから忘れてしまう。

(3) 読んだそばから抜けていって何もおぼえていない。

「…するとすぐに」の意味。少し古めかしい言い方。

【そもそも】

1 そもそものN

(1) 父が株に手を出したことが、わが家の苦労のそもそもの始まりだった。

(2) 経験の浅い人間に仕事を任せたのがそもそもの間違いだったんだ。

(3) そもそものことの起こりは、弟がうちを出て一人暮らしをすると言い出したことだった。

「始まり・起こり」など開始を表す名詞を伴って、「あることがらの一番始め」という意味を表す。(3)の「ことの起こり」とは問題のある状況という意味で、「そもそも」を付けることでその状況の生じるきっかけを表している。

2 そもそも…というのは

(1) そもそも人の気持ちというのは他人にコントロールできるものではないのだから、人を思い通りにしようとしても無駄だ。

(2) そもそも子供というものは型にはまらない生き方を好むものだ。規則ずくめの学校を息苦しく感じるのは当然だ。

あるものの本質や基本的な性質を述べるのに使う。そのような本質を考慮していない行動や意見に対して反論する場合に多く使われる。

3 そもそも

(1) そもそもおまえが悪いんだよ。友達に自分の仕事をおしつけるなんて。

(2) そもそもあんたがこっちの道を行こうって言い出したのよ。文句言わないで、さっさと歩いてよ。

問題のある状況で、そのきっかけを作ったのはおまえだと非難する気持ちを表す。

【それが】

(1) 10時に会う約束だった。それが1時になっても現れないんだ。

(2) 10時に着くはずだった。それが道に迷ってひどく遅れてしまった。

(3) A：お父さんはお元気でしょうね？
B：それが、このごろどうも調子がよくないんですよ。

(4) A：息子さん変わらず遅いの？
B：それが変なのよ、このごろ。夕食前にうちに帰ってくるの。

「ところが・それなのに」の意味。(3)(4)は相手の予期していないようなことを述べるときの前置き。

【それから】N5

1 それから

(1) まず玉子の黄身だけよくかき混ぜて下さい。それからサラダ油と用意しておいた調味料を加え、混ぜ合わせます。

(2) となりの奥さんにはおとといスーパーで会いました。それから一度も見かけていません。

(3) 彼は高校時代にある事件のためひどく傷ついた。そしてそれから人を信じられなくなってしまったようだ。

(4) きのうは夕方一度家に帰って、それから家族で食事に出かけました。

(5) あの日のことはよく覚えています。改札口を出て、それから駅前の喫茶店に入ろうとしたときに男の人がぶつかってきたんです。

出来事が時間の順序を追って起こることを表す。「そのあと」という意味。話し言葉的。(4)(5)のように動詞のテ形に続いて「V-て、それから」の形になることも多い。理由を示すときは「それで・それだから」などを使う。

(誤) 昨日は風邪をひいていました。それから学校を休みました。

(正) 昨日は風邪をひいていました。それで学校を休みました。

→【それで】

2 NそれからN

(1) 夏休みにタイ、マレーシアそれからインドネシアの3カ国を回ってきた。

(2) カレーとミニサラダ、あっそれからコーヒーもお願いします。

(3) 初級のクラスは月曜日と水曜日、それから土曜日にやっています。

(4) 担当は山田さん、それから松本さん、この二人です。

(5) この時期の海外旅行としましては、香港それから台湾といったところが人気がありますね。

同じようなことがらを次々に数え上げていくときに使い、「そして」という意味を表す。名詞を挙げていくときは同時的で時間的順序はない。話し言葉的。

【それこそ】

(1) あそこの野球部は練習がきびしいから、君ではそれこそ三日ともたないよ。

(2) 育ち盛りの子供がたくさんいるので、毎日それこそ山のようにご飯を炊く。

あるたとえをあげて、程度がすごいことを強調する言い方。(1)は「三日以上は続かないくらい練習がきびしい」、(2)は「大量のご飯がいるくらい、みなよく食べる」の意味。話し言葉的。

【それだけ】

(1) 早く医者に行けば、それだけ早く治るよ。

(2) A：最近息子は親と遊びたがらなくなってきました。

B：それだけ大人になったってことだよ。

「その程度に応じて」という意味を表す。

【それだけに】

(1) 今シーズンの阪神タイガースは好調だ。それだけに、ファンの優勝への期待も大きい。

(2) 彼はオリンピックを目指して一生懸命練習を積み重ねてきた。それだけに、今回選考で落ちたことは残念でならない。

(3) 同窓会で久しぶりに元気な彼女に会えるのを楽しみにしていた。それだけに、彼女がガンで入院しているとわかったときのショックも大きかった。

「前の文で述べられていることから予想される期待を受けて、それに相応してなおさら」という意味を表す。

【それで】N4

(1) きのうの晩熱が出て、それで今日は学校を休んだ。

(2) 小さい時に海でこわい思いをした。それで海が好きになれない。

(3) A：親が病気で入院しまして、それで今日の残業は ...。

B：かまわないよ、はやく帰りなさい。

(4) A：来週から試験だ。

B：それで？

A：しばらく遊べない。

理由を表す言い方。(4)のBのように相手の話を促すときにも使う。話し言葉。さらにくだけた言い方に「で」がある。

→【で₁】

【それでいて】

(1) 彼は謙虚で、それでいてよく気がつく人だ。

(2) 父は他人には厳しい。それでいて、自分には甘い。

(3) この店はサービスはいいし、それでいて費用も良心的だ。

前に述べたことと相反する関係にあることを表す。「それなのに・そのくせ」とほぼ同じ意味を表すが、これらが否定的な意味を表すことが多いのに対して、「それでいて」は肯定的な内容を表すことが多い。前の文と後ろの文の主語は同じでなければならない。

（誤） この店はサービスがいい。それでいて客が入らない。

（正） この店はサービスがいい。それなのに客が入らない。

→【そのくせ】【それなのに】

【それでこそ】

(1) 彼は全ての責任をとって、社長の座を降りた。それでこそ真のリーダーと言える。

(2) A：あの大学、勉強が大変そうだよ？

B：それでこそ本当の大学だね。

(3) A：今日の食事は僕がおごるから、

みんな好きなものを注文していいよ。

B：ありがたい。それでこそ先輩だ。

文頭に用いて、「そういう理由だから」という意味を表す。あることがらや人物の資質を取り立てて、そういった理由でそのことがら(人物)を高く評価する場合に用いる。プラスの評価の場合にしか使わない。古めかしい言い方。会話では「それでこそ本当のNだ」のように決まり文句的に使われることが多い。

【それでは】 N5

「では」の前に指示語の「それ」が付いたもの。ほとんどの場合「では」で言いかえられるが、4の＜否定的結果＞の用法だけは異なり、必ず「それでは」の形で用いられる。やや改まった言い方で、くだけた話し言葉では「それじゃ(あ)・じゃ(あ)」が用いられる。

1 それでは ＜推論＞

(1) A：私は1974年の卒業です。
　B：それでは、私は2年後輩になります。

(2) A：ようやく就職が内定しました。
　B：それでは、ご両親もさぞお喜びのことでしょう。

(3) A：また台風が発生したそうです。
　B：それじゃあ、週末の野外コンサートはできないかもしれないね。

文頭に付いて、新たに知った事実や、自分の記憶などに基づいて話し手が推論し、結論を導き出すきっかけを表すのに使う。

→【では$_2$】1

2 それでは ＜態度表明＞

(1) A：その人にはお会いした事がないんです。
　B：それでは御紹介しましょう。

(2) A：準備できました。
　B：それでは始めましょう。

(3) 運搬業者：トラックの準備が整いました。
　客：それじゃあ、ここにある荷物を積み込んでください。

文頭に付いて、新たな情報を受けて話し手が態度表明を行うきっかけを表すのに用いる。命令、依頼、意志、許可などの表現が続く。

→【では$_2$】2

3 それでは ＜転換＞

(1) ≪テレビ番組で≫それでは、次は天気予報です。

(2) ≪授業で≫それでは、教科書の53ページを開いてください。

(3) じゃ、今日の仕事はこれで終わりだ。早く帰ろう。

文頭に付いて、話題や場面を新たなものに転換するきっかけに用いる。後には、話題転換や開始・終了を宣言する表現が続く。

→【では$_2$】3

4 それでは ＜否定的結果＞

(1) A：入学試験、多分60パーセントもとれなかったと思います。
　B：それでは合格は無理だろう。

(2) A：明日までには何とか出来上がると思いますが。
　B：それでは、間に合わないんですよ。

(3) こんなに大変な仕事を彼女ひとりに任せているそうだが、それでは彼女があまりにも気の毒だ。

文や節を受けて、そのような場合には望ましくない結果となるといった意味を表す。後には「だめだ・無理だ・不可能だ」など、否定的な意味の表現が続く。

【それでも】

(1) いろいろ説明してもらったが、それでもまだ納得できない。
(2) 試合は9時におわったが、それでもなお残ってさわいでいるファンがいた。
(3) 葬式もすんだし、遺品の整理もついた。しかしそれでもまだ彼の死が信じられない。
(4) 去年の冬に山で大けがをした。しかしそれでもまた山に登りたい。

「前に述べたことがあっても、しかし」という意味を表す。「まだ・なお」と共に使うことが多い。

【それと】 N2N3

(1) スポーツは、テニスとジョギング、それと水泳も時々します。
(2) ≪肉屋で≫ベーコンを200グラムください。それと、鶏のもも肉を2枚。
(3) このゴミ、ゴミ置き場に持っていってくれる？　あ、それと、このハガキも出してきてほしいんだけど。

前に述べたことに、さらに同じタイプのことがらをつけ加えるのに用いる。話し言葉的。

【それどころか】

(1) A：山の家はすずしくていいでしょうね。
B：それどころか、寒くてすっかりかぜをひいてしまいました。
(2) A：彼、最近結婚したらしいね。
B：それどころか、もう赤ちゃんが生まれたそうだよ。

相手が予想していることよりはるかに程度がはなはだしいことを述べるときに用いる。

【それとも】 N2N3

1 NそれともN

(1) A：コーヒー？　それとも紅茶？
B：どちらでもけっこうです。
(2) A：あしたのパーティーには、何を着て行くつもり？　着物、それともドレス？
B：まだ、決めてないのよ。
(3) 進学か、それとも就職かとずいぶん悩んだ。

「XそれともY・XかそれともYか」の形で、XとYのどちらかという意味を表す。(1)のように、二つの可能性を示して、聞き手にどちらがよいか尋ねたり、(2)のように、聞き手の意向を尋ねたりするときに使う。次の例のように、相手に指示を与える場合には使えない。

(誤) 黒それとも青のインクで書いてください。

(正) 黒か青のインクで書いてください。

また、(3)のように、二つの可能性があって、どちらか迷っていたり、分からない場合に使う。この場合には、「あるいは」と言いかえることができる。

→【あるいは】1

2 …それとも

(1) 雨が降ってきましたが、どうしますか？　行きますか？　それとも延期しますか？
(2) 洋室がよろしいですか、それとも和室の方がよろしいですか？
(3) A：散歩にでも行く？　それとも、映画でも見ようか。
B：そうね、久しぶりに映画もいいな。
(4) 就職しようか、それとも進学しようかと迷っている。

(5) 彼は、初めから来るつもりがなかったのか、それとも、急に気が変わったのか、約束の時間が過ぎても現れなかった。

(6) この手紙を読んで、彼女は喜んでくれるだろうか。それとも、軽蔑するだろうか。

「XそれともY・XかそれともYか」の形で、XとYのどちらかという意味を表す。(1)～(3)は、二つの可能性を示して、聞き手にどちらがよいか尋ねる場合の例。(4)～(6)は、二つの可能性があって、どちらか迷っていたり、分からない場合の例。この場合には、「あるいは」と言いかえることができる。

→【あるいは】1

【それなのに】N2N3

(1) 試験ではいい点が取れた。それなのに、成績が悪いのは納得がいかない。

(2) 彼女は、落ち着いたら連絡すると言って留学した。それなのに、半年たっても連絡は来ない。

(3) 彼はいくつかのピアノコンクールでも優勝し、将来を期待されたピアニストだった。それなのに、ある時突然ピアノを弾くことを一切やめてしまった。

(4) この場所はだれも知らないはずだ。それなのに、なぜ彼らは私たちがここにいることを知っていたのだろうか。

(5) 不景気で会社をくびになった。それなのに、家にはまったく貯金がない。

前に述べたことと相反する関係にあることを示す。(2)～(4)のように、予想外のことが起こったことを表すことが多い。「そのくせ・それでいて」も類似の意味を表すが、これらは前文と後文の主語が同じであるのが普通である。それに対して、「それなのに」は(4)や(5)のように異なる主語の文同士を結びつけることができる。後ろの文は否定的な内容となることが多い。

→【それでいて】

【それなら】N2N3

(1) A：どこか山に行きたいんだけど。
B：それなら、日本アルプスがいいよ。

(2) A：パーティーにはリーさんの奥さんも来るそうだ。
B：それなら私も行きたいわ。

(3) これ以上の協力はできないといっているが、それならこちらにも考えがある。

相手の言ったことを受けて、そうだったら、その場合はという意味を表す。

→【なら 1】

【それに】N4

1 …それにN

(1) 部屋にはさいふとかぎ、それに手帳が残されていた。

(2) 用意するものは紙、はさみ、色えんぴつ、それに輪ゴムです。

(3) 牛乳とそれにたまごも買ってきてね。

(4) A：いつがご都合がよろしいでしょうか。
B：そうですね、火曜と木曜、それに金曜の午後もあいています。

(5) カレーにハンバーグ、それにライスもお願いします。

同じようなものを次々に付け加えるのに用いる。同じく付け加える言い方だが、「そのうえ・しかも」には言いかえられない。

2 …それに

(1) このごろよく眠れない。それに時々めまいもする。

(2) そのアルバイトは楽だし、それに時給もいい。

(3) 高速バスは速いし、それになんといっても安い。

(4) 去年の夏は雨が多かった。それに気温も低くて米も不作だった。

同じようなものを次々に付け加えるのに用いる。「そのうえ・しかも」で言いかえられる。「そのうえ・しかも」よりくだけた話し言葉。

→【しかも】【そのうえ】

【それにしては】

(1) A：きのうほとんど寝てないんです。
　B：それにしては元気がいいね。

(2) A：これは最高級の輸入品だよ。
　B：それにしては安いのね。

(3) かれは一流の大学をでているそうだが、それにしては仕事ができない。

(4) アメリカに3年いたそうだが、それにしては英語がもうひとつだね。

「前に述べたことから予想されることと比べて、それとは反対に」という意味。

【それにしても】

(1) A：予選ではあんなに強かったのにどうして決勝で負けたんでしょうね。
　B：プレッシャーでしょう。
　A：それにしてもひどい負け方ですね。

(2) A：坂本さん、あの高校に受かったんだってね。
　B：必死で勉強してたらしいよ。
　A：それにしてもすごいね。

(3) A：太郎、また背がのびたようよ。
　B：それにしても、あいつはよく寝るなあ。

(4) A：またガソリン代、値上がりしたよ。
　B：それにしても政治家はなにをしてるんだろう。われわれがこんなに苦しんでいるのに。

(5) ≪A、Bが竹下を待っている≫
　A：よく降りますね。
　B：ええ、それにしても竹下さん遅いですね。

「そのことを考慮に入れても」という意味を表す。前に述べたことを一応認めながらも、それとは別のことがらを述べるのに使う。

【それにつけても】

(1) A：またバスが乗っ取られましたよ。
　B：それにつけても、最近は凶悪な事件が多いですね。

(2) A：若い頃はよく一緒にいたずらをしたね。
　B：それにつけても、あのころはのどかでよかったね。

前に述べられたことと関連することがらについて、感慨や評価の気持ちを込めて述べるのに用いる。「それにしても」という意味の少し古めかしい言い方。

→【それにしても】

【それにもかかわらず】

(1) 多くの市民たちが現知事の再選を望んでいた。それにもかかわらず、彼は落選してしまった。

(2) 急に気温が下がり、天候が悪化した。それにもかかわらず、彼は単独で山に登り始めた。

前に述べたことを受けて、それとは相容れないことがらが成立することを表す。「そのような事態であるのに」という意味。

【それは】

[1] それは <感嘆>

(1) A：就職先決まりました。
　　B：それはよかったですね。

(2) A：来月結婚するんです。
　　B：それはそれは。おめでとうございます。

(3) A：上司と喧嘩して会社辞めました。
　　B：それはそれは。ずいぶん思い切ったことをやりましたね。

意外なことに驚いたり、感動したりする気持ちを表す。

[2] それは <原因･理由>

(1) 彼は一流企業に就職したが、3カ月で辞めてしまった。それは、留学への夢が捨てきれなかったからだ。

(2) 今年は桃の値段がいつもより高い。それは、梅雨に雨が少なくて、桃の出来が良くなかったためらしい。

前に述べたことを受けて、その原因・理由を後に述べるのに用いる。後の文の文末は「からだ・ためだ・ということが原因だ・という理由による」など、理由を述べる表現が用いられる。

→【から$_2$】[3]【ため】[2]

【それはそうと】

(1) A：先生、レポートのしめきりはいつですか？
　　B：七月末だよ。それはそうと明日の演習の発表はだれだったかな？

(2) A：パン、買ってきたよ。
　　B：ありがとう。それはそうと安田さんに電話してくれた？

(3) それはそうとして、最近、お体の調子はいかがですか？

今の話題を一旦打ち切り、話題を変えるとき、前置きのように用いる。思い出したことなどを付け加えるのに使うことが多い。(3)のように「それはそうとして」と言うこともある。

【それはそれでいい】

(1) 事故の責任は取ったというなら、それはそれでいい。しかし今後の補償をちゃんとしてくれなくては困る。

(2) A：部長､会議の資料そろいました。
　　B：それはそれでいいけど、事前の打ち合わせのほうはどうなってるのかね。

そのことは了承するが、という前提で別のことを持ち出すときの前置きに使う。

【それはそれとして】

(1) 万引が問題なのはわかります。しかしそれはそれとして、もう少し広く青少年をとりまく社会環境について話し合いたいと思います。

(2) A：今年度かなりの赤字になっているのは人件費がかかりすぎているからじゃないか？

B：まあそうだけど、それはそれとして、円高のことも考えないといけないんじゃないかな。

ことがらを一応了承して、すこし角度を変えて別のことがらを次に述べるのに用いる。

【それほど】N4

(1) それほど好きならあきらめずにやりなさい。

(2) A：Cさんが嫌いなの？

B：いや、それほど嫌いなわけじゃないけど、あまり会いたくないんだ。

(3) A：テニス、ほんとにお上手ですね。

B：いや、それほどでもありませんよ。

「そんなに」の意味。(2)(3)のように否定的な意味を表す表現を伴って「あまり…ない」の意味を表すことが多い。

→【あまり】1

【それまでだ】N1

(1) 人間、死んでしまえばそれまでだ。生きているうちにやりたいことをやろう。

(2) A：お土産、チョコレートにしましょうか。

B：チョコレートなんか食べてしまえばそれまでだ。なにか記念に残るものがいいよ。

(3) 一度赤ん坊が目を覚ましたらもうそれまでだ。自分のことはなにもできない。

「それで終わりだ・もうそれ以上はない」の意味。「…すれば・…したら」と共に用い、(1)(2)のように「あとには何も残らないから、今なにかしておく方がいい」という表現が続くことが多い。

→【たら$_1$】【ば】1

【それも】

(1) 彼は車を3台、それも外車ばかり持っている。

(2) 彼女はお兄さんが5人もいる。それも、みんないい大学を卒業して一流企業に勤めているらしい。

(3) 彼女は約束の時間に1時間も遅れてきた。それも、化粧をするのに時間がかかったという理由でだ。

前に述べたことがらについて、その特徴や状況が普通では考えられない極端なものであることを述べるのに用いる。

【それゆえ】N1

(1) 彼は自分の能力を過信していた。それゆえに人の忠告を聞かず失敗した。

(2) 最近、腸チフスに感染して帰国する旅行者が増加している。それゆえ飲み水には十分注意されたい。

(3) 我思う。ゆえに我あり。（デカルト）

(4) 二つの辺が等しい。ゆえに、三角形ABCは二等辺三角形である。

文と文をつなぎ、原因と結果の関係を表す。かたい書き言葉で、数学や哲学などの論文で用いられることが多い。「それゆえに・ゆえに」とも言う。

【それを】

(1) あれほど考え直すように言ったのに君は会社をやめた。それを今になってもう一度雇ってくれだなんて、いったい何を考えてるんだ。

(2) A：もう一度やり直そうよ。
B：別れようって言ったのはあなたよ。それを今さらなによ。

(3) 大変な苦労をして契約にこぎつけたのに、それを今になって白紙にもどしたいとはどういうことだ。

「それなのに・それにもかかわらず」の意味。多くの場合、以前とは異なった今の状態について相手を非難する気持ちを表す。「今になって・いまさら」などと共に使うことが多い。

→【いまさら】1

【そろそろ】N4

1 そろそろ

(1) 8月も後半になって、そろそろ秋の気配が感じられる。

(2) 今までのんびりしていたが、そろそろ本気で試験の勉強をしたほうがよさそうだ。

(3) そろそろお開きの時間になりました。

(4) A：では、わたしはこの辺でそろそろ失礼します。
B：もうお帰りですか？

ゆっくり始める（始まる）様子。または、始まる方向へ向かいつつある様子を表す。(1)は「秋」がかすかに感じられるようになってきたという意味。(2)は、始める方向へ向かっているが、まだ始めていない状態を示している。(3)はパーティーなどで司会者が終わりを告げる挨拶に用いる。(4)のように、丁寧ないとまごいの挨拶にも用いられる。

2 そろそろV-よう

(1) そろそろでかけましょう。

(2) そろそろ始めましょう。

(3) この辺で、そろそろ昼御飯にしようよ。

「まもなく」の意。会話で、新たになにかを始めたり、相手に誘いかけたりするときに用いる。「そろそろV-ませんか」の形も用いられる。

3 そろそろ(と)

(1) 慎重に足場を固めながらそろそろ進んだ。

(2) 杖に頼りながらそろそろと歩く。

(3) ふとんからそろそろ身を起こした。

ゆっくり進んだり動いたりする様子を表す。

【たい】

1 V_R-たい N5

(1) ああ、暑い。なにか冷たいものが飲みたい。

(2) A：子供はこんな時間まで起きていてはいけませんよ。
B：ぼく、はやく大人になりたいなあ。

(3) 老後は暖かい所でのんびり暮らしたい。

(4) その町には若い頃の苦い思い出があって、二度と行きたくない。

(5) 大学をやめたくはなかったのだが、どうしても学費が続かなかった。

(6) 今は単身赴任だが、来年3月までになんとか家族そろって住むところを見つけたい。

(7) 妹：お兄ちゃんは将来何になりたいの？
兄：宇宙飛行士になって月に行って

みたいな。

(8) A：将来はどうなさるんですか？
B：インテリアデザインの会社で働きたいと思っていますが、まだわかりません。

話し手(疑問文のときは聞き手)の行為の実現に対する欲求、強い願望を表す。イ形容詞と同じ活用。(1)のように対象を強調するときは、助詞「を」を「が」に変え、「…がVR-たい」を使う。(7)(8)のように「…たいんです／と思っています」を用いて直接的な言い方をやわらげることも多い。また、丁寧さが必要とされる場面では「なにか飲みたいですか」のような直接的な欲求表現を避けて、「なにか飲みますか・飲み物はいかがですか」などの言い方をするのが普通。

第三者の欲求を述べるのに「…たい(です)」を使うことはできない。そのときは「VR-たがる」を使ったり「らしい・ようだ」などの推量表現を使う。また、「…と言っています」などの引用の形で報告する。

(誤) 森田さんは古い車を売りたいです。

(正) 森田さんは古い車を売りたいらしい。

(例1) 息子は学校に行きたくないと言っています。

ただし、文を言い切る場合でなければ、使える場合もある。

(例2) 和夫はバイクを買いたくて、夏休みはずっとガソリンスタンドで働いていた。

(例3) ツアーに参加したい人は15日までに申し込んで下さい。

→【たい】③【ようだ2】【らしい2】

② VR-たいんですが

(1) A：住民登録について聞きたいんですが、何番の窓口でしょうか。
B：3番へどうぞ。

(2) A：フェスティバルの日程が知りたいんですが。
B：そこにパンフレットがありますから、お持ち下さい。

(3) A：すみません、ちょっとお聞きしたいんですが。
B：はい、なんでしょう。

丁寧な依頼の前置きとして使う。

③ VR-たがる N4

(1) 自信がない人ほどいばりたがるものだ。

(2) 入社後一年はやめたがる人が多いが、それを過ぎるとたいていはながく勤めるようだ。

(3) 子供は歯医者にいきたがらない。

(4) 父は海外旅行に行きたがっているが、母は行きたくないようだ。

(5) 夏になると、みんな冷たくてさっぱりしたものを食べたがるが、それでは夏バテしてしまう。

(6) 避難している住民は一刻も早く家に帰りたがっている。

(7) 教授はこの実験を大学院の学生にさせたがっているが、今のような研究体制では無理なのではないだろうか。

(8) 彼は僕が社長になりたがっていると思っているらしいが、僕はそんなつもりはまったくない。

第三者の欲求や希望を表す場合に用いる。そうしたいという気持ちが態度にあらわれている意を表す。現在の状態を表すときには「VR-たがっている」となる。また、「本が読みたい」に対して、「本を読みたがる」のように「を」を用いる。

(8)のように話し手が自分のことを客観視している場合は、一人称でも「たがる」が使われる。

また、第三者の欲求を述べるのに「たい」を使うこともある。次の会話は、話し手が第三者(＝

山本さん)の気持ちになってものを言っている例である。

(例) A：山本さん、どうしてパーティーにこなかったんでしょう。

B：佐野に会いたくなかったからだよ。

【だい】

くだけた会話で、主に男性が使う。

1 疑問表現+だい N4

(1) いま何時だい？
(2) いつだい？ 花子の入学式は。
(3) その手紙だれからだい？
(4) どうだい。元気かい。
(5) そんなことだれから聞いたんだい？
(6) 何時にどこに集まればいいんだい？
(7) どうだい、すごいだろう。
(8) 何だい、今頃やってきて。もう準備はぜんぶ終わったよ。

疑問詞や疑問詞を含む節などの疑問を表す表現に付いて、聞き手に対する問いかけの気持ちを表す。(7)や(8)のように問いかけや非難の気持ちをこめて感動詞的に使うこともある。話し言葉で、少し古めかしい言い方。主に大人の男性が用いる。

2 …だい

[N／Na だい]

(1) そんなことうそだい。
(2) いやだい。絶対教えてあげないよ。
(3) ぼくのはこれじゃないよ。それがぼくのだい。

主に男の子が強い断定の気持ちを表すのに用いる。古めかしい言い方で最近はあまり使われない。

【たいがい】 N1

(1) あの人は、たいがい9時ごろ来ます。8時ごろの時もありますが。
(2) 私は、朝食は、たいがいパンですね。
(3) そんなに遠くない所なら、たいがいは自転車を使うことにしています。
(4) 試験の成績が悪かった人は、たいがいの場合、追試を受けることになっています。

習慣的なことに付いて、頻度・確率が高いことを表す。「たいがいは・たいがいの場合(は)」などというときもある。将来についての推測には使えない。

(誤) 今晩はたいがい7時には帰るでしょう。

(正) 今晩はおそらく7時には帰るでしょう。

また、「たいがいの人／町」のように「たいがいのN」の形で使う場合は、割合が高いことを表し、「大部分のN」で言いかえられる。「たいてい」とも言う。

→【たいてい】

【たいした】 N2N3

1 たいしたNだ

(1) たいした人物だ。たった一人で今の事業をおこしたのだから。
(2) 中国語を1年習っただけであれだけ話せるんだから、たいしたものだ。
(3) あんなに大勢のお客さんに一人でフルコースの料理を作るなんて、たいした腕前だ。
(4) A：あの人、紹介状も持たずに社長に会いに行ったそうよ。

B：たいした度胸ね。

「人の活躍ぶりなどがすばらしい」という意味を表す。Nには「もの・人・人物・腕前・度胸・力量」などが来る。(4)は皮肉にもなりうる。

2 たいしたNではない

(1) たいしたものではありませんが、おみやげにと思って買ってきました。

(2) 私にとってボーナスが多いか少ないかはたいした問題ではない。休みが取れるかどうかが問題だ。

(3) 急ぎの仕事を引き受けたが、大した量ではないのであしたまでには終わるだろう。

「それほど重大なことではない」という意味を表す。

3 たいしたことはない

(1) A：Bさん、料理がお上手だそうですね。
B：いや、たいしたことはありませんよ。

(2) A：日本語、うまいですね。
B：いや、たいしたことはありません。敬語の使い方なんか、まだまだです。

(3) A：かぜの具合はいかがですか？
B：おかげさまで、たいしたことはありません。

(4) A：朝から病院って、なにか大変なことがあったんですか？
B：いや、たいしたことではありません。家のねこがちょっとけがをしただけです。

「それほど…ではない」と程度を否定するのに用いる。(1)(2)はほめられたときの応答で、謙遜する気持ちを表す。

【たいして…ない】

(1) きょうはたいして寒くないね。散歩にでも行こうか。

(2) あのすし屋は高すぎる。たいしてうまくもないのに。

(3) あの人、うまいねえ。大して練習しているわけでもないのに。

(4) 大して有能でもないのに、あの議員は勤続25年だそうだ。一体どんな人が投票しているんだろう。

後ろに否定的な意味を表す表現を伴って、程度が高くないことを表す。(2)～(4)のように、「のに」と共に用いて、マイナスの評価を表すことが多い。また、例えば「大した能力でもないのに・能力は大したことがないのに」のように「たいした」の形に言いかえることができる。

→【たいした】2【たいした】3

【だいたい】 N4

1 だいたい ＜概略＞

(1) 大体のことは伝えておきます。

(2) だいたいわかりました。

(3) 駅までだいたい7分くらいかかります。

(4) 5時以降はだいたい家にいます。

「ほとんど・おおよそ・おおかた」と同様に、「全てとは言えないが、全てに近い」という意味を表す。

→【ほとんど】1

2 だいたい ＜批判＞

(1) この本をひとりで日本語に翻訳するのはだいたい無理な話だ。

(2) こんな時間に電話するなんてだいたい非常識な人だ。

(3) A：あの子、いつも忘れものをするらしいの。
B：だいたいね、注意してやらない君が悪いんだよ。

(4) だいたいぼくよりあいつの方が給料がいいなんて変だよ。

(5) A：すみません、遅れまして。

B：だいたいだね、君は今まで時間通りに来たことがない。

「そもそも」という意味を表す。(1)(2)のように「無理」なこと、「非常識」なことなどについての話し手の判断を述べるときに批判や非難の気持ちをこめて使われる。また、(3)～(5)のように相手に文句や苦情をいったり、非難したりするときの前置きとしても使う。

【たいてい】N4

1 たいてい

(1) 天気のいい日曜日は、たいてい釣りにいきます。

(2) この辺では、郵便は、たいてい朝10時ごろ配達される。

(3) 彼女は、土曜日の夜、電話しても、たいてい留守だ。

(4) そんなに遠くない所なら、たいていは自転車を使うことにしています。

(5) あの人の書く小説は、たいてい退屈だ。

「おおよそ・だいたいは」の意を表す。話し言葉的。これまでに起こっている習慣的な行為やできごとについて述べるときに用い、頻繁に繰り返される様子を表すが、その頻度は「いつも」ほど高くない。次のように特定の1回限りのできごとについて述べるのには使えない。

(誤) 今晩はたいてい7時には帰るでしょう。

(正) 今晩はおそらく7時には帰るでしょう。

状態を表す文に用いた場合は、(5)のように、複数の事態が含意されることになり、「どの場合もほとんど」という意味になる。

類義表現に「ふつう」がある。「たいてい」や「ふつう」など習慣的な頻度の高さを表す表現は、命令や依頼などの表現とともには使えない。

(誤) たいてい遅刻するな。

(誤) たいてい電話してください。

2 たいていのN

(1) これだけしつこく質問すれば、たいていの人は怒り出すのに、彼はあくまで穏やかだった。

(2) 試験の成績が悪かった人は、たいていの場合、追試を受けることになっています。

(3) たいていのことには驚かないが、今度の事件は信じられない。

「ほとんどの・世間一般の大部分の」という意味を表す。(3)の「たいていのことには驚かない」は慣用表現。

【たいへん】

1 たいへん Na／A／V N5

(1) 美術館の中は大変静かだった。

(2) 図書館で借りた本はたいへんおもしろかった。

(3) 母は、孫の誕生を大変喜んだ。

(4) その返事を聞いて、みんな大変感激したそうだ。

(5) 年度末は窓口が大変混雑します。

(6) 英語の学習は大変役に立ちます。

形容詞や動詞とともに使って、程度の高いことを示す。やや改まった表現。話し言葉では「とても・すごく」の方がよく使われる。また、否定文では使わず、「あまり…ない」にするのが自然である。

(誤) たいへん静かではありませんでした。

(正) あまり静かではありませんでした。

「たいへん」はそれだけでは、量の多さや頻度の高さなどを表せないので、動詞とともに使う場合は、「たいへんよく働く・たいへん大きく聞こえる」のように、他の表現を伴って使う。

(誤) 彼はたいへん働く。

(正)　彼はたいへんよく働く。

(誤)　毎日たいへん稼ぐ。

(正)　毎日たくさん稼ぐ。

(誤)　車の音がたいへん聞こえる。

(正)　車の音がたいへん大きく聞こえる。

また、形容詞などでも、程度の意味を含まないものとは一緒に使わない。

(誤)　たいへん真っ暗だった。

(正)　たいへん暗かった。

(誤)　彼が嘘をついているのはたいへん明らかだ。

(正)　彼が嘘をついているのは明らかだ。

2　たいへんだ N5

(1)　たいへんだ。さいふがない。

(2)　日曜日も仕事ですか。大変ですねえ。

(3)　え？　あそこのうち、子供が3人とも大学に行ってるの？　学費が高いから親は大変だね。

(4)　就職が難しくて大変なんです。

(5)　働くってそれだけ大変なんだよね。

(6)　親父とおふくろが大変なんです。

「驚くべき出来事だ・一大事だ」という意味を表す。普通ではないこと、意外なことに対して、驚き・同情・感慨などを表すのに用いる。「苦労が多い・難しい状況だ」など否定的な意味で使われることが多い。

3　たいへんなN N5

(1)　きのうはたいへんな雨でしたね。

(2)　あのピアニストの才能は大変なものだ。

(3)　母は大変な苦労をして一人で3人の子供を育てました。

(4)　この生徒は大変な努力家なので、成績がどんどん伸びている。

「程度が普通でない」という意味を表す。普通でない、意外なものごとについて述べるのに使う。プラス評価にもマイナス評価にも使える。

4　たいへんなこと

(1)　家族のうち二人とも入院だ。大変なことになってしまった。

(2)　私の不注意のせいで大変なことになってしまった。

(3)　この仕事をしていて大変なことは何ですか？

(4)　これから地球は大変なことになる。

「程度が普通でない状況だ」という意味を表す。「厳しく難しい状況だ」のような否定的な意味で用いられることが多い。

【だが】 N2N3

(1)　その映画は、前評判がかなり高かった。だが、実際は全然おもしろくなかった。

(2)　彼は昨日までに書類を届けると言っていた。だが、今日になってもまだ届いていない。

前のことがらを受けて、それに反することがらを後に述べるのに用いる。書き言葉的。「しかし・けれども」とも言う。

→【けれども】1【しかし】

【たかが】

1　たかがN

(1)　かしこいと言ってもたかが子どもだ。言うことに、いちいち腹を立ててはいけないよ。

(2)　たかが皿1枚に10万円も払うのはばかげている。

(3)　たかが証明書一枚のために朝から二時間も待たされるなんて、ひどく能率の悪い役所だ。

(4) たかが1泊の旅行のためにどうしてそんな大きなカバンがいるのよ。

(5) A：ぼく、この服いやだ。
B：たかが服のことでなんだ。気に入らないなら家にいなさい。

「たかが」の付く名詞に対して、たいしたことではないと低く評価する気持ちを表す。「ばからしい・気にするな」などの価値判断の表現が続く。「たかがNのために・たかがNのことで」という形で使われることが多い。

2 たかが…ぐらいで

[たかが N／A／V ぐらいで]

(1) たかが寝不足ぐらいで学校を休まなくてもよい。

(2) たかが試験に失敗したぐらいでくよくよすることはない。

(3) たかが絵画展に入選したぐらいでこんなに祝っていただくのはなんだか恥ずかしいです。

(4) たかが旅行の安いおみやげぐらいで、そんなにお礼をいっていただくと困ります。

(5) 仕事を選ばず昼夜働いても、利益はたかが知れている。

「こんなに小さいことのために」という意味を表す。「そのことのために…する必要はない／気にしないでよい」と言うときに使う。(5)の「たかが知れている」は「たいしたことはない」という意味の慣用句。

【たかだか】

(1) あれはそんなに高くないと思うよ。たかだか3000円ぐらいのもんだろう。

(2) 今度の出張はそんなに長くならないでしょう。のびたとしても、たかだか2・3日程度のものだと思います。

(3) ちょっとぐらい遅刻してもしかられないよ。あの先生なら、たかだか「これから気をつけてください」と言う程度だと思うよ。

(4) 長生きしたとしてもたかだか90年の人生だ。私は、一瞬一瞬が生の充実感で満たされているような、そんな人生を送りたいと思っている。

数量・程度などを、余裕を見て大きめに見積もっても、そんなに大したものにはならないだろう、というような推測をおこなうときに使う。「ぐらい・程度」などとともに使うことが多い。「せいぜい」とも言う。推測でなく、話し手がそのことを事実として扱う場合は使えない。

(誤) これは安かったですよ。たかだか2000円でした。

(正) たった2000円でした。

→【せいぜい】

【だから】

丁寧な形に「ですから」がある。

→【ですから】

1 だから <帰結>

(1) 踏切で事故があった。だから、学校に遅刻してしまった。

(2) 部屋の電気がついている。だから、もう帰って来ているはずだ。

(3) 時間がありません。だから、急いでください。

(4) A：今夜は雨になるそうですね。
B：だから、私、傘をもって来ました。

前の文を原因・理由・根拠として、そこから結果として導き出される帰結を述べる場合に用いる。後の文には事実を述べる文ばかりでなく、推量・依頼・勧誘などさまざまなタイプの文が続く。(4)は会話の場合で、理由と帰結を二人が分担して述べるような用法。

2 だから …のだ／…わけだ

(1) A：ジャクソンさんは、小学生の時からもう10年も日本語を習っているそうです。
B：だから、あんなに日本語が上手なんですね。

(2) A：今日は吉田先生、休講だそうだよ。
B：ああ、そう。だからいくら待ってもだれも来ないわけか。

(3) やっぱり、不合格だったか。だから、もっと簡単な大学を受けろと言ったのだ。

ある事実が分かったときに、そこから導き出された当然の結果だと納得する気持ちを伴って現状を表すのに使う。会話の場合は、相手の発言で、原因・理由が明らかになったような場合に用いられ、文末には確認の「ね」や納得を表す「か」を伴う。「だから」の最初の音に強勢がおかれ強くやや長く発音される。

3 だから ＜質問＞

(1) A：みんなお前のためにこんなに遅くまで働いているんだ。
B：だから、どうだって言うの？

(2) A：できることは全部やったつもりです。
B：だから、何なんですか？

(3) A：たった一度会っただけだよ。
B：だから？

会話の用法で、「だから」の後に、質問が続く。因果関係を表すのではなく、聞き手の発言を受けた際に「だからあなたは何が言いたいのか」と、その発言意図をはっきりさせようと要求する用法。「それで・で」に置きかえられる。(3)のように、上昇調で発音され、後半が省略されることもある。失礼なニュアンスがあるため、この用法では、文末が丁寧体であっても「ですから」は使用しにくい。

→【それで】【で1】

4 だから ＜主張＞

(1) A：ちょっと、どういうことですか？
B：別に特別のことはないよ。
A：だから、どういうことって聞いているんだよ。

(2) A：何で、電話してくれなかったの？
B：だから、時間がなかったんだ。

会話の用法。因果関係を表すのではなく、聞き手と意見の食い違いなどがある場合に、「私が言いたいのはこういうことなのだ」と、話し手の発言意図を聞き手に理解させようとするときに用いる。(2)は言い訳をする場合の用法。自分の主張を強く表現するため、押し付けがましく、失礼なニュアンスを伴うことが多い。

【だからこそ】

(1) A：どうして彼女はその不審な電話のことを社長に話さなかったんでしょうか。
B：彼女は社長に信頼されていたんです。だからこそまず自分で調べようとしたんだと思います。

(2) 私ほど彼女の幸せを願っているものはいない。だからこそ、あの時あえて身を引いたのだ。

(3) これは緊急を要する問題だ。だからこそ慎重に考えなくてはならない。

(4) A：一個人では会社のような組織と戦うことはむずかしいですよね。

B：だからこそ、皆で団結しなくてはいけないと思うんです。

(5) A：それはなかなかむずかしい問題ですね。

B：そうなんです。だからこそ、あなたにお願いしているんです。

(6) A：高齢化社会が急速に進んでるね。

B：だからこそ、今すぐ高齢者医療の見直しをやらなければならないんだよ。

理由を表す節に取り立ての「こそ」が付いたもの。文頭に用い、前の文の内容を受けて、「そういう理由で」と、理由を強調するのに使う。普通の理由は「だから」で十分だが、特に強く理由の正当性を主張するときに使う。また議論で相手の発言をそのまま理由として取り上げ、自分の言いたいことを主張するときにもよく使われる。文末に「のだ」を伴うことが多い。

【だからといって】

(1) 毎日忙しい。しかし、だからといって、好きな陶芸をやめるつもりはない。

(2) わたしは彼が好きだ。しかし、だからといって、彼のすることは何でもいいと思っているわけではない。

(3) 今この店で買うと50パーセント引きだそうだ。しかし、だからといって、いらないものを買う必要はない。

(4) 確かに、あの会社は待遇がいい。しかし、だからといって今の仕事をやめるのには反対だ。

前のことがらを一応認めるが、そういう理由があっても、後のことがらを受け入れはしないと述べるのに用いる。後ろに否定的な意味を表す表現を伴うことが多い。

【たがる】

→【たい】3

【たくさん】N5

1 たくさん

(1) たくさん食べてください。

(2) おすしはたくさん作ったから、何人来ても平気です。

(3) たくさんご意見をいただいてありがとうございました。

(4) こんなにたくさん本があっても、肝心なことはどこにも見つからない。

(5) 今年は大きな事件がたくさんあった。

(6) たくさんの人が支援してくれた。

数量の多いことを示す。改まった文章では使わない。「たくさんのN」という使いかたもする。

(例) たくさんの子供を抱えて毎日の生活に追われている。

2 (もう)たくさんだ

(1) こんな仕事は、もうたくさんです。

(2) 文句ばかり言われるのはもうたくさんだ。

(3) 貧乏暮らしはもうたくさんだ。

「もう十分でこれ以上はいらない／嫌だ」という意味を表す。これ以上たえられないという気持ちが含まれる。

【だけ$_1$】

[N(+助詞)だけ]

[Naなだけ]

[A／V　だけ]

限定を表す。

1 …だけだ

a …だけ N5

(1) 今度の事件に関係がないのは彼だけ

だ。

(2) 品物なんかいりません。お気持ちだけいただきます。

(3) データを打ち込むだけの簡単な仕事です。

(4) ちょっとだけお借りします。

(5) あの人だけが私を理解してくれる。

(6) ここは便利なだけで環境はあまりよくない。

(7) たいした怪我ではありません。ちょっと指を切っただけです。

(8) その話を聞いて泣いたのはわたしだけではない。

(9) あなただけにお知らせします。

(10) あの人にだけは負けたくない。

(11) このスープ、辛いだけでちっともおいしくない。

それ以外のものはないという限定を表す。節に付く場合は普通体に続く。「が・を」には「Nだけが／を」のように接続する。(2)のように「が・を」を省略することもある。「に・から」などは「Nだけに・Nにだけ」のように2通りの接続のしかたがある。ただし、次のような使い分けがある場合もある。

(例1) 身分は保険証でだけ証明できる。(他の手段ではできない)

(例2) 身分は保険証だけで証明できる。(保険証以外のものは要らない)

b …といってもせいぜい…だけだ

(1) ボーナスといってもせいぜい一ヶ月分出るだけだ。

(2) 夏祭りといってもせいぜい屋台が三、四軒出るだけです。

(3) 旅行といってもせいぜい2泊するだけです。

(4) はやっているといってもせいぜい週末に混むだけだ。

少ないことを強調するのに用いる。

c …たところで…だけだ

(1) 急いで計算したところで間違いが多くなるだけだ。

(2) 親に話したところで誤解されるだけだ。

(3) 早く帰ったところでねこが待っているだけだ。

「なにかをしてもあまり良くない結末にしかならない」という意味を表す。

d (ただ)…だけでは

(1) スポーツはただ見るだけでは面白くない。

(2) 外国へ行ってただ景色を見るだけではつまらない。そこの土地の人たちとちょっとでも触れ合う旅にしたい。

(3) ただ話しただけではあの人の本当のよさはわからない。

(4) 外から見ただけでは何が入っているか分からない。

「それをするだけでは」という意味を表す。後ろにはマイナス評価の表現が続く。

e …だけで

(1) 明日からまた仕事だと思うと、考えるだけでいやになる。

(2) 原子力発電所の事故は想像するだけで恐ろしい。

(3) 洋上のパーティーなんて考えただけで楽しくなる。

「考える・聞く・思う・想像する」などの動詞に続けて使い、「実際には体験しなくても感じられる」という意味を表すのに使う。

2 …だけしか…ない

(1) 今月、残ったお金はこれだけしかありません。

(2) 頼りになるのはもうあなただけしかいない。

(3) こんなことは、あなたにだけしか頼めません。

(4) いまのところひとりだけしかレポートを出していない。

「…だけだ」を強調して言う表現。少ないことを強調するときは「だけある」ではなく「だけだ・(だけ)しかない」の表現を使う。

(例1) A：お金はいくらありますか？

B：(誤)千円だけあります。

B：(正)千円だけです／千円しかありません。

次のような場合「だけ」は使えない。

(例2) A：この花いくらでしたか？

B：(誤)二百円だけです。

B：(正)二百円しかしませんでした／たったの二百円でした。

(例3) A：いま何時ですか？

B：(誤) 1時だけです。

B：(正)まだ1時です。

3 …だけでなく…も

(1) 肉だけでなく、野菜も食べなければいけない。

(2) 彼女は英語だけでなくて、アラビア語もうまい。

(3) 彼は歌が上手なだけでなく自分で曲も作る。

(4) 今度の台風で、村は田畑だけでなく家屋も大きな被害を受けた。

(5) 授賞式に彼は招待を受けただけではなく、スピーチも頼まれた。

「両方とも・どちらも」という意味を表す。話し言葉では「…だけじゃなく…も」とも言う。

4 …だけのことだ

(1) だれも行かないのなら私が行くだけのことだ。

(2) 入園テストといっても何もむずかしいことはないんです。先生に名前を呼ばれたら「はい」と返事をするだけのことです。

(3) いやなら無理をすることはない。断るだけのことだ。

「それ以外に方法はない・それはたいしたことはない」という意味を表す。

5 …というだけ(の理由)で

(1) その野菜はめずらしいというだけでよく売れている。

(2) 若いというだけで皆にもてはやされる。

(3) その晩に現場近くにいたというだけで彼は疑われた。

(4) 子どもが多いというだけの理由でアパートの入居を断られた。

(5) 名前の書いてない自転車に乗っているというだけの理由で警官に職務質問を受けた。

「ただひとつの理由で」という意味を表す。たいした理由でもないのにという気持ちが含まれる。

6 V-るだけV-て

(1) 彼女は文句を言うだけ言ってなにも手伝ってくれない。

(2) 彼は飲むだけ飲んで会費を払わずに帰ってしまった。

(3) 言いたいことだけ言ってさっさと出ていった。

(4) いまどうしているか様子がわからないから、手紙を出すだけ出して返事を待とう。

同じ動詞を繰り返して使う。(3)の「言いたいこと」のように繰り返す動詞を含んだ名詞になることもある。「そのこと以外の、他のするべきことをしない」という意味を表す。

【だけ₂】

程度を表す。

1 V-れるだけV N2N3

(1) がんばれるだけがんばってみます。

(2) そこのリンゴ、持てるだけ持って行っていいよ。

(3) 彼は銀行から金を借りられるだけ借りて家を買った。

(4) 待てるだけ待ったが彼は、待ち合わせの場所に現れなかった。

「頑張る・持つ」などの動詞を繰り返して、「できる限りする」という意味を表す。

2 V-たいだけV

(1) ここが気に入ったのなら、いたいだけいていいですよ。

(2) 遠慮しないで食べたいだけ食べなさい。

(3) 遊びたいだけ遊んで納得した。あすからいっしょうけんめい勉強しよう。

(4) その子は泣きたいだけ泣いて気が済んだのかおだやかな寝息をたて始めた。

同じ動詞を繰り返して、「欲求が満たされる程度まで」という意味を表す。

3 V-るだけはV

(1) やるだけはやったのだから、静かに結果を待とう。

(2) 息子の言い分を聞くだけは聞いてやってくれませんか？

(3) このことは両親にも話すだけは話しておいた方がいい。

同じ動詞を繰り返して、「この程度のことまではする」という意味を表す。それ以上のことは期待しない、要求しないという表現が続くことが多い。

4 V-る／V-た　だけのことはする

(1) お金をいただいただけのことはしますが、それ以上のことはいたしかねます。

(2) 調査期間はわずか1カ月でしたが、やれるだけのことはやったつもりです。

(3) 出来るだけのことはしますが、今月中に仕上げるのはむずかしいと思います。

「それに見合う程度にする」という意味を表す。

5 V-るだけのN

(1) どんなところでも生きていけるだけの生活力が彼にはある。

(2) その日彼の財布にはコーヒーを一杯飲むだけの金もなかった。

(3) 妻に本当のことを打ち明けるだけの勇気もなかった。

(4) その学生には異国で暮らすだけの語学力が不足している。

「…するのに充分な」という意味を表す。「生活力・金・勇気・語学力・根性・やさしさ」などの名詞に付いて程度を表す。

6 V-ば　V-る／V-た　だけ

(1) 交渉は時間をかければかけるだけ余計にもつれていった。

(2) 動物は世話をすればするだけなついてきます。

(3) ピアノは練習すればしただけよく指が動くようになる。

「あることをすればその程度にあわせて次のこ

とが進む」という意味を表す。「V-ばV-るほど」と言いかえることができる。「V-ばV-るほど」の方が広く用いられる。また、次のように「…ばそれだけ」の形もある。

（例） 練習すればそれだけ上達が早くなる。

→【それだけ】【ほど】4b

7 これだけ…のだから

(1) これだけ努力したんだからいつかは報われるだろう。

(2) よくがんばったね。それだけがんばれば誰にも文句は言われないよ。

(3) あれだけ頼んでおいたのに彼はやってくれなかった。

(4) あれだけ練習してもうまくならないのは、彼に才能がないのだろう。

(5) どれだけ言えば、あの人にわかってもらえるのだろうか。

「これ・それ・あれ・どれ」が用いられる。後ろには「…のだから・…ば・…のに・…ても」などを伴って、「こんなにたくさん・この程度まで」の意味を表す。

8 …だけましだ

[Naなだけましだ]

[A／V だけましだ]

(1) 風邪でのどが痛いが、熱が出ないだけましだ。

(2) さいふをとられたが、パスポートが無事だっただけまだましだ。

(3) 前に住んでいたところは駅からも遠いし工場があってうるさかった。ここも不便だが、静かなだけましだ。

「あまりよくない状況だが、もっとひどいことにならなくて／この程度でよかった」という意味を表す。

9 さすが(に)…だけあって

→【さすが】3

10 さすがに…だけのことはある

→【さすが】4

【だけ₃】

[N／A／V だけに]

[Naなだけに]

あることがらの一般的な性質を示し、そこから当然推測できることを述べる。

1 …だけに N2N3

a …だけに

(1) お茶の先生だけに言葉遣いが上品だ。

(2) 彼は現職の教師だけに受験についてはくわしい。

(3) かれらは若いだけに徹夜をしても平気なようだ。

(4) 今回の事故は一歩まちがえば大惨事になりかねないものだっただけに、原因の究明が急がれる。

(5) デザインが豊富なだけに、どれを選んでいいのか迷ってしまう。

前のことがらの当然の成り行きとして後の状況が出て来るということを表す表現。

b …だけになおさら

(1) 前回一位の意地があるだけになおさら新人には負けられないでしょう。

(2) 彼女は若かっただけになおのことその早すぎた死が惜しまれる。

(3) 苦労しただけに、なおさら今回の優勝はうれしいでしょうね。

(4) 現地は暑さに加えて、飲み水も不足しているだけに、なおさら救援が待たれる。

「…なので当然ではあるが、よりいっそう」という意味を表す。(2)の「なおのこと」も同じように使う。

c　…だけにかえって

(1) 若くて体力があるだけに、かえって無理をして体をこわしてしまった。

(2) 今まで順調だっただけに、かえって今度の事業の失敗は彼に致命的な打撃となった。

「ふつうは良い結果が得られるはずなのにそれとは反対に」という意味を表す。期待されるのとは反対の悪い結果をもたらした場合に使う。

d　NがNだけに

→【が₁】4

e　それだけに

→【それだけに】

2　…だけのことはある N2N3

(1) うまい魚だ。とれたてを送ってもらっただけのことはある。

(2) A：この包丁、いつまでもよく切れるね。
B：買った時は高いと思ったけど、それだけのことはあるね。

(3) A：杉島さんの英語の発音、とってもきれいね。
B：そうね、さすがにイギリスに留学していただけのことはあるわね。

(4) 彼女は学校の先生をしていただけのことはあって、今も人前で話すのがうまい。

「努力や地位や経験に値する」という意味を表す。それに見合う結果、能力、特長などがあることを評価して表す。

【だけど】

(1) 2時間待った。だけど、彼は現れなかった。

(2) 朝から頭が痛かった。だけど、彼女との約束を破るのはいやだった。

(3) みきさんの言いたいことはわかる。だけど、決まったことは変えられない。

(4) 仕事が山ほどたまっている。だけど、なかなか手をつける気になれない。

前に述べたことから予想されることとは反対のことがらが続くことを表す。改まった文章などでは普通用いない。また、文中では使わない。

(誤) 2時間待っただけど、彼は現れなかった。

「だけれど・だけれども」のくだけた言い方。丁寧体で「ですけど・ですけれども」という言い方もある。

【だけに】

→【だけ₃】1

【たげる】

[V-たげる]

(1) A：ケーキ焼いてるの？
B：うん。焼き上がったら食べさせたげるね。

(2) A：こんな大きな荷物、1人じゃ運べないよ。
B：大丈夫。私が手伝ったげるから。

(3) あしたは安子ちゃんの誕生日だね。みんなでお祝いしたげようか。

「てあげる」のくだけた言い方。他の人のために、話し手(または話し手側の人)が何かの行為をすることを表す。

→【てあげる】1

【だけれど】

→【だけど】

【だけれども】

→【だけど】

【だす】N4

[V_R-だす]

(1) 赤ちゃんが急に泣きだした。

(2) 「解散！」と言うと、子供たちはいっせいにかけだした。

(3) 長年計画していたプロジェクトがやっと動き出した。

(4) 空が暗くなったと思ったら、雨がザーッと降り出した。

(5) 今まで全然売れなかった商品が、最近急に売れ出して驚いています。

(6) 公園の桜が咲きだしたね。

出来事や動作の開始を表す。特に、人間の生理現象など無意志的な動作や、主語が無生物の場合に用いられることが多い。「突然の開始」という意味合いが表せる。

【ただ】N2N3

1 ただ ＜限定＞

(1) その絵はただ古いだけであまり値打ちがない。

(2) 悪いのはこちらの方だから、ただひたすら謝るほかはない。

(3) ただご無事をお祈りするばかりでございます。

(4) ただ一度会っただけなのにあの人が忘れられない。

(5) これまで学校をただの1日も休んだことはない。

(6) 外はただ一面の雪であった。

それ以外はないという限定を表す。「だけ・ばかり・のみ」などとともに使うことが多い。「それだけ」の意味を表す。(2)は「謝るだけだ」という意味。(4)(5)のように数量の少なさを表すときは「たった」で言いかえられる。

→【のみ】4

2 ただ ＜補足＞

(1) おもしろい計画だね。ただ金がかかりそうだ。

(2) A：このイスはずいぶんしっかりした作りですね。
B：ええ、ただ少し重いので動かしにくいかもしれません。

(3) あいつは悪いやつだ。ただ家族にはやさしいようだが。

(4) A：お母さん、アメリカに留学する話。賛成してくれるでしょ？
B：私はいいんだけど、ただね、お父さんがどういうかと思って…。

前に述べたことを補ったり、その他の条件、例外などを述べるときに使う。話し言葉。書き言葉では「ただし」を用いる。

3 ただ…だけでは

→【だけ$_1$】1d

4 ただ…のみだ

→【のみ】4

【ただし】N2N3

(1) テニスコートの使用料は1時間千円。ただし、午前中は半額となります。

(2) ハイキングの参加費はバス代を含めて一人2千円です。ただし、昼食は各自でご用意ください。

(3) 病人は少し落ち着いてきましたから面会はかまいません。ただし、興奮するといけませんから、あまり長く話さないようにしてください。

(4) 日曜日は休業します。ただし、祭日が日曜日と重なる場合は営業します。

(5) 診察時間は夜7時まで。ただし、急患はこの限りではない。

前で述べたことについて、それに関する細かい注意事項や例外を示すときに使う。

【ただちに】N2N3

(1) 準備ができ次第、ただちに出発します。

(2) その報告を受けて、ただちに救援隊が送られた。

(3) 何か問題が生じたら、直ちに連絡してください。

(4) 故障の原因は直ちにつきとめられた。

「遅れを取らずに・すぐに」という意味を表す。意志的な行為を表す表現とともに使うのが普通。書き言葉的。

【ただでさえ】

(1) お父さんはただでさえうるさいのだから、病気にでもなったらああしろ、こうしろと大変だろうね。

(2) ただでさえ人手がたりなくて困っているのに、こんな小さな会社で一度に三人もやめられたらどうしようもない。

「普段の場合でも」という意味で、普段でもそうなのに、普通でない状態のときはもっとそうだということを否定的に述べるのに使う。

【たちまち】N2N3

(1) 風が強かったので、火はたちまち燃え広がった。

(2) そのニュースはたちまち町中の話題になった。

(3) 彼は、デビューするや、たちまち人気者になった。

できごとが、すばやく進展する様子を表す。書き言葉的。類義表現に「あっというまに・すぐに」がある。「たちまち」を「すぐに」に言い換えられる場合は多いが、逆はそうではない。「たちまち」は人の行為には使いにくい。

(誤) 彼はたちまち帰ってきた。

(正) 彼はすぐ帰ってきた。

特に、命令・依頼・誘いかけなど意志を表す文には用いられない。

(誤) たちまち戻ってこい。

(正) すぐ戻ってこい。

(誤) たちまち帰ろう。

(正) すぐ帰ろう。

(誤) たちまち着替えてみせます。

(正) あっという間に着替えてみせます。

(正) すぐに着替えてみせます。

【たっけ】

→【っけ】

【たった】

→【わずか】2

【だったら】

(1) A：この仕事、私一人じゃとても無理だと思います。
　B：だったら私が手伝いますよ。

(2) A：どうしても彼には言えないよ。
　B：だったら私が言います。

(3) A：先生、来週出張なさるらしいよ。
　B：だったら、来週は授業はないね。

「そうだったら」という意味で、相手の言葉や新しい情報を受けて、話し手が態度表明をしたり推論を述べるような場合に使う。話し言葉。「それなら・それでは」とも言う。

→【それでは】【それなら】

【たって】

1 …たって

(1) いくら好きだって、それは食べ過ぎだよ。
(2) 遅くなったって、必ず行きますよ。
(3) あの人はいくら食べたって太らないんだそうだ。
(4) いまごろ来たって遅い。食べ物は何も残っていないよ。
(5) あの人はどんなにつらくたって、決して顔に出さない人です。
(6) いくら高くたって買うつもりです。めったに手に入るものではありませんから。
(7) こんな古い車は、10万円だって高いと思う。

「ても」のくだけた話し言葉。

→【ても】1

2 …ったって

「っ」を付けない「たって」の形もあるが、やや古めかしい。

a …ったって

(1) 高いったって一万円も出せば買える。
(2) A：日曜日なんだから、どっか出かけましょうよ。
　B：出かけるったって、どこも人でいっぱいだよ。
(3) ストレス解消には、なんてったってスポーツが一番ですよ。

「といっても」のくだけた言い方。(3)の「なんてったって」には「なんたって」という言い方もある。

→【といっても】2

b V-ようったって

(1) 帰ろうったって、こんな時間じゃもう電車もバスもない。
(2) こんなに塀が高くては、逃げようったって逃げられない。
(3) 連絡しようったって、どこにいるかさえわからないのに無理だ。
(4) A：ちょっと休もうよ。
　B：休もうったってベンチもなにもないよ。

「なにかをしようと思っても」という意味を表す。あとに「そんなことはむずかしい／無理だ」という否定的な意味を表す表現が続き、自分の思い通りにならないことを表す。

【だって1】 N2N3

1 …だって

(1) A：あっ、地震だ。
　B：地震だって？　ちがうよ。ダンプカーが通っただけだよ。
(2) A：あの人、田中さんに似てるね。
　B：田中だって？　全然似てないよ。
(3) A：太郎、テストどうだった？
　B：おもしろかったよ。
　A：おもしろかっただって？　むずかしかったとか、やさしかったけど問題が多かったとかほかに答えようがあるだろう。
(4) A：福田さん、美人コンテストに出るらしいよ。
　B：美人コンテストですって？　今

ごろそんな時代遅れのコンテストなんかどこでやってるのよ。

(5) A：ヘリコプターがまだ到着しないんですが。

B：なんだって？　そりゃ大変だ。

相手の言ったことをそのまま繰り返して驚いたり、あきれたりする気持ちを表す。不快の感情を表現することもある。上がり調子のイントネーションになる。

くだけた話し言葉で、丁寧な形の「…ですって」もあるが、目下や親しい人に対してしか使えない。強い驚きを表すのには(5)の「なんだって」の他に「なんですって・なんだと」などの表現がある。

2　…なんだって

→【って】5

【だって$_{2}$】 N2N3

1　Nだって

(1) それぐらいのことは子供だって知っている。

(2) 先生だって間違うことはある。

(3) 医者だって風邪ぐらいひくよ。

(4) つらいのはあなただけじゃない。浅田さんだって、坂田さんだってみんながまんしてるんです。

(5) 好き嫌いはありません。魚だって肉だってなんだって大丈夫です。

「でも」のくだけた話し言葉。(1)～(3)は「でさえ」に言い換えられる。(4)と(5)は「Aだけではなく、BもCも」と同じ程度のものを例に出す言い方。

→【さえ】2【でも$_{2}$】1

2　疑問詞(+助詞)+だって

(1) スポーツなら何だってできる。

(2) あなたと一緒なら、どこへだって行きます。

(3) 目標達成のためならどんなことだって我慢できる。

(4) だれにだって一つや二つは秘密がある。

「疑問詞(+助詞)＋でも」のくだけた話し言葉。疑問詞に「だって」が付いて、全てを肯定する意味を表す。(3)のように疑問詞の後に名詞が来ることもある。

→【でも$_{2}$】4

【だって$_{3}$】 N2N3

(1) A：どうして外で遊ばないの？

B：だって寒いんだもん。

(2) A：にんじん、残さずにちゃんと食べなさい。

B：だってきらいなんだもん。

(3) A：夕刊まだかな。

B：だって、今日は日曜日でしょ、来ないわよ。

(4) A：きのうはどうして待ってくれなかったの？

B：だってあそこの喫茶店、人が多くて居づらかったんだよ。

理由を聞かれたときの答えとして「どうしてかというと」という意味を表す。(2)(3)のように理由がはっきり問われなくても使える。特に子供が口答えするときに「だって…もの／もん」という言い方で使う。大人も使うことがある。くだけた話し言葉。

【たて】

[V_R-たてのN]

[V_R-たてだ]

(1) 覚えたての外国語で話してみる。

(2) ここのパンは焼きたてで、おいしい。

(3) 彼女は先生になりたてだ。

(4) 畑でとれたてのトマトをかじった。

(5) しぼりたてのオレンジジュースはいかがですか？

(6) ≪貼紙≫ペンキぬりたて。さわるな。

動詞の連用形を受けて「…したばかり」の意味を表す。使える動詞は限られている。

（誤）読みたての本。

（正）読んだばかりの本。

【だと】

(1) A：今日は学校に行きたくないな。
　　B：なに？　行きたくないだと？　そんなことは言わせないぞ。

(2) 子：お父さんが悪いんだ。
　　父：何だと？　もう一度言ってみろ。

(3) 大雪警報が出てるから旅行は取りやめだとさ。

「だって」のよりぞんざいな言い方。主として男性が用いる。

→【だって₁】①

【だといい】

(1) A：みんな今頃安全な場所に避難していますよ。
　　B：だといいが。心配だ。

(2) A：彼は慎重だから、危ない運転はしませんよ。
　　B：だといいけど。本当に大丈夫かしら。

(3) A：子供達もきっとこのプレゼントに大喜びしますよ。
　　B：だといいね。

会話の中で、文頭に用いる。「そうだといい」と同じ。後ろに「が・けれど・けど」などを伴って、「そういう状況であってほしい」という意味で使う。「それだといいが・そうだといいけど」などとも言う。

【だといって】

(1) A：これは全面的にあいつが悪い。
　　B：だといって、困っているのを見捨てるわけにもいかないだろう。

(2) A：こちらも人が足りないんですよ。
　　B：だといって、放っておけないでしょう。

「そうだといって・だからといって」と同じ。

→【だからといって】

【たとえ】

① たとえ

(1) たとえその事実を知っていたところで、私の気持ちは変わらなかっただろう。

(2) たとえ子どもでもやったことの責任はとらなくてはいけない。

(3) たとえ何があっても私はあなたに付いていきます。

(4) たとえ大金をつまれたとしてもそんな仕事はやりたくない。

「仮に／もし…としても」という意味を表す。「たとえ」のあとに「ても・とも・としても・V-たところで」などの譲歩の表現が続く。

→【ても】①【ところで】③【としても】①【とも】①

2　たとえ…と(も) **N2N3**

［たとえ　N／Na　であろうとも］

［たとえA-かろうとも］

［たとえV-ようとも］

(1) たとえ首相であろうともこの事態は予測できなかった。

(2) たとえどんなに苦しかろうと決して諦めなかった。

(3) たとえ大雨が降ろうとも予定通りに出発する。

古めかしい言い方で、「仮にそうであっても」という意味を表す。

【たとえば】 N4

(1) 飲み物でしたら、たとえばコーヒー、紅茶、ジュースなどを用意してあります。

(2) 日本語の中には、たとえばパン、ドア、ラジオなどたくさんの外来語が入っている。

(3) ゆっくり過ごすとしたら、たとえば温泉なんかどうですか？

(4) A：このごろ運動不足なんだ。だけどスポーツするひまもないし金もないし。

B：わざわざ出かけなくても、たとえばバスをやめて、駅まで歩くとかいろいろあるでしょ？

(5) たとえばこの方程式のXを2とすると、Yは5になる。

(6) たとえば今ここに1億円あるとしたら、何に使いたい？

(7) たとえば地球上に飲み水がだんだんなくなっていくとしますね。そういう場合どうするか。海水の淡水化ということが当然考えられるでしょう。

前に述べたことを具体的に例をあげて示すときに用いる。(5)(6)のように仮想のことを例としてあげるときは「とすると・としたら」などが続く。

→【とすると】1【としたら】1

【だとすると】

→【とすると】3

【だとすれば】

(1) A：大きな工場ができそうですよ。

B：だとすれば、この町の雇用率が上がるかもしれませんね。

(2) A：この写真は、夏に京都でとったものです。

B：だとすれば、彼は去年の夏に日本にいたことになりますね。

文頭に用いて、相手が述べたことがらを根拠として、話し手の推量や判断を述べる場合に使う。「だ」は省略できる。「そのような事実／現状から考えると」という意味を表す。「それなら」に近いが、「だとすれば」の方がややかたく、書き言葉でも使う。「そうだとすれば・だとすると・そうだとすると」とも言う。

→【それなら】【とすると】3【とすれば$_2$】3

【だなんて】

(1) 今頃になって気が変わっただなんてよく言えますね。

(2) 約束したのに、できなかっただなんて、ひどい。

(3) 予約できるかもしれない、だなんて、無責任な言い方ですね。

(4) 事故で死んでしまうだなんて、あんまりだ。

相手の言ったことを繰り返して、非難したり、批判したりするのに用いる。(4)のように自分に責任のない事態に対する非難や悲嘆の気持ちを表す場合もある。「なんて」だけでも使う。

→【なんて$_2$】3

【だに】

1 Nだにしない N2N3

(1) このような事故が起きるとは想像だにしなかった。

(2) 衛兵は直立不動のまま、微動だにしない。

(3) 一顧だにしない。

(4) 一瞥だにしない。

古い表現で、「…さえしない・まったく…しない」という意味を表す。

(3)(4)は慣用的に固定化した表現。(3)は「まったくかえりみない」、(4)は「まったく見もしない」という意味。

2 V-るだに N2N3

(1) そんな危険を冒すなんて考えるだに恐ろしい。

(2) そんなことは想像するだにおぞましい。

(3) そんな細かい作業を長時間続けるなんて、思うだに気が遠くなりそうになる。

「考える・想像する」などの思考を表す動詞に付いて、後には「おそろしい・ぞっとする」など恐怖や不快感を表す表現を伴い、「…だけでも…」という意味を表す。

【だの】

[NだのNだの]

[NaだのNaだの]

[AだのAだの]

[VだのVだの]

(1) 彼女は市場に出かけると、肉だの野菜だの持ちきれないほど買ってきた。

(2) 同窓会には中村だの池田だの20年ぶりのなつかしい顔がそろった。

(3) チャリティーバザーには有名人の服だのサイン入りの本だのいろいろなものが集まった。

(4) 彼は、やれ給料が安いだの休みが少ないだのと文句が多い。

(5) 彼はいつ会っても会社をやめて留学するだのなんだのと実現不可能なことばかり言っている。

「やら・とか」のようにいくつかのものをあげる言い方だが、(4)(5)のように発言の内容を「いろいろ言ってうるさい」と否定的にとらえて使うことも多い。また(5)のように「…だのなんだの」という慣用的に固定化した表現もある。

【たび】

→【このたび】

【たびに】 N2N3

[Nのたびに]

[V-るたびに]

(1) 健康診断のたびに、太りすぎだと言われる。

(2) 山に行くたびに雨に降られる。

(3) 父は出張のたびにかならずその土地の土産を買ってくる。

(4) ふるさとは帰るたびに変わっていって、昔ののどかな風景がだんだんなくなっていく。

(5) 彼女は会うたびにちがうメガネをか

けている。

(6) この写真を見るたびにむかしを思い出す。

「そのときごとに・...するといつもそのときには」という意味を表す。「V-るたび」で使われることもある。

(例) 鏡を見るたび、ため息が出た。

【たぶん】N5

(1) たぶん田中さんも来るでしょう。

(2) あしたはたぶん雨だから、今日のうちに洗濯しておこう。

(3) しばらくお会いしていません。たぶん旅行にでも行っているのでしょう。

(4) これでたぶん足りると思うけど、念のために、もう少し持っていこう。

話し手の推量を表す。「きっと」より弱いが、可能性がかなり高いことを表す。「おそらく」よりもくだけた話し言葉的表現。

【たまらない】

1 たまらない

(1) A：毎日、車の音がうるさくて眠れないんです。

B：それはたまりませんね。

(2) A：あの湖ではおもしろいほど魚がつれるんだよ。

B：つり好きにはたまらないね。

(3) A：戦争で家も家族も全部なくしたんだそうだ。

B：たまらない話ね。

本来「我慢できない」の意味で、(1)は「我慢できないぐらいいやだ」、(2)は「どうにもならないくらいいい」、(3)は「聞くのがつらい」という意味。

2 ...てたまらない

→【てたまらない】

【ため】

1 Nのため

(1) こんなにきついことをいうのも君のためだ。

(2) みんなのためを思ってやったことだ。

(3) 家族のために働いている。

(4) 子供たちのためには自然のある田舎で暮らすほうがいい。

(5) 過労死という言葉がありますが、会社のために死ぬなんて馬鹿げていると思います。

(6) これは君のためのパーティーなんだ。途中で帰るなんて言い出すなよ。

人やものを表す名詞を受けて、それにとっての利益を表す。古い言い方で「Nがため」という表現もある。

2 ...ため ＜目的＞

a ...ため N4

[Nのため]

[V-るため]

(1) 温暖化対策のための国際会議が開かれる。

(2) 核兵器廃絶のために国際会議が開かれる。

(3) ここの小学校では異文化理解のために留学生をクラスに招待している。

(4) 外国語を習うためにこれまでずいぶん時間とお金を使った。

(5) 入場券を手に入れるために朝早くから並んだ。

(6) 家を買うために朝から晩まで働く。

(7) 疲れをいやすためにサウナへ行った。

目的を表す。(2)～(7)で「ために」の「に」を取って「ため」とするとやや改まった言い方になる。また、「...ため」が目的を表すには、前後の節の主語が同じでなければならない。したがって次の(例1)は目的の解釈がなりたつが、(例2)は原因の解釈しかなりたたない。

(例1) 子供を留学させるため、親は借金をした。

(例2) 子供が反抗するため、親は苦労している。

また、「ために」の前には自分の意志で実現できることがらを表す節が来る。ある状態になることを目指すときは「ために」ではなく「ように」を使う。

(誤) 聞こえるために大きい声で話した。

(正) 聞こえるように大きい声で話した。

(誤) よく冷えるために冷蔵庫に入れておいた。

(正) よく冷えるように冷蔵庫に入れておいた。

b　V-んがため N1

(1) 生きんがための仕事。

(2) 子供を救わんがため命を落とした。

形は「V-ない」の「ない」を「ん」に入れかえて作る。「する」は「せんがため」となる。「...を目的として」という意味を表す古い表現。慣用的に固定化した表現で使われる。(1)は「生きるための」、(2)は「救うために」の意味。他に「V_R-たいがため」という言い方もある。

3　...ため <原因>

a　...ため N4

[Nのため]

[Naなため]

[A／V　ため]

(1) 過労のため3日間の休養が必要だ。

(2) 暑さのために家畜が死んだ。

(3) 事故のために現在5キロの渋滞です。

(4) この車種はデザインが斬新なため、若者に人気がある。

(5) 台風が近づいているために波が高くなっている。

(6) 去年の夏は気温が低かったために、この地方では米は不作だった。

(7) 株価が急落したために市場が混乱している。

(8) この辺は、5年後のオリンピックの競技会場となることが予定されているために、次々と体育施設が建設されている。

「...が原因で」という意味を表す。似た表現に、「...せいで・...おかげで」がある。

→【おかげ】2【せい】2

b　ひとつには...ためである

(1) 彼が無口なのは、ひとつにはさびしい少年時代を送ったためである。

(2) 市民ホールが建たなかったのはひとつには予算不足のためである。

原因のひとつを取りあげて述べるのに用いる。書き言葉的。

c　...ためか

(1) 熱のためか、顔が紅潮している。

(2) ゆうべよく寝たためか、今朝はずいぶん気分がいい。

(3) 春になったためでしょうか、いくら寝ても眠くてたまりません。

(4) 背がのびたためか、その子は前よりもほっそりとしてみえた。

原因・理由を表す言い方。「それが原因・理由であるかもしれないが」という意味を表す。(1)は「熱があるためか」の意。その結果がよい場合にも悪い場合にもどちらにも使う。

→【おかげ】3【せい】4

d　そのため

→【そのため】

e　…のは…ためだ

→【のは…だ】3

【ためし】N2N3

1　ためしに…てみる

(1) 先月できたレストランはおいしいという評判だ。ためしに一度行ってみよう。

(2) テレビで宣伝していたシャンプー、ためしに買ってみましょう。

(3) 新発売のインスタントラーメンをためしに買ってみたがおいしくなかった。

「よいか悪いかを判断するためにやってみる」という意味を表す。

2　V-たためしがない

(1) 彼女は約束の時間を守ったためしがない。

(2) 彼は競馬が好きだが、彼の予想は一度も当たったためしがない。

(3) 彼とはよく食事をするが、おごってくれたためしがない。

(4) 息子はあきっぽくて、何をやっても三日と続いたためしがない。

「いままで一度もそんなことはなかった」という意味を表す。非難の気持ちを伴うことが多い。

【だめだ】

→【てはだめだ$_1$】【てはだめだ$_2$】

【たら$_1$】

[N／Na　だったら]

[A-かったら]

[V-たら]

述語の活用形のひとつ(タラ形)で、条件や契機を表す。「と・ば・なら」と重なる用法をもつ。他の三つに比べると、文末表現の制約が少なく、話し言葉でよく使われる。丁寧体は「N／Naでしたら・V-ましたら」となるが、イ形容詞は丁寧体にならない。やや古めかしい言い方では「ば」を伴って「たらば」となることもある。

→【と$_1$】【ば】【なら$_2$】【なら$_3$】

1　…たら＜仮定条件＞

a　…たら+未実現のことがら N4

(1) 雨だったら道が混雑するだろう。

(2) もしも、あまり高かったら誰も買わないでしょう。

(3) 万一雨が降ったら試合は中止です。

(4) この薬を飲んだらすぐにせきはとまりますが、3時間たったら効き目がなくなります。

(5) あんなにすごい選手だったら、スカウトがほうっておかないだろう。

(6) ここまで来たら、一人でも帰れます。

(7) そんなにたくさん食べたらおなかをこわしますよ。

「XたらY」は、「Xが成立した状況でYが成立する」という意味を表す。文末には述語の辞書形・マス形、またはそれに推量の「だろう」などが付いた形が用いられる。

(1)～(4)は、XもYも未実現のことがらを表し、Xが実現した場合にYが実現するということを述べる表現。まだ起こっていない不確実なことがらや実現しそうもないことがらを仮定するような場合には「もし・万一」などが使われることがある。(4)は「Xの後にYが生じる」ことをそのまま述べるような用法で、仮定的な意味は薄い。

(5)～(7)は、Xがすでに実現しており、そうした現状に基づいてYを予測的に述べる表現。Xには現状を示す「こ／そ／あ」の付く語を伴うことが多い。(1)～(7)は「ば」に言い換えることができる。

「たら」は、個別的なことがらに使われる傾向が強く、恒常的な真理や法則には用いられにくい。ただし、話し言葉では、次のように、個人の習慣や、特定の事物の反復動作を表す場合に使われることもある。

(8) いつも、5時になったらすぐ仕事をやめて、テニスをします。

(9) ここは冬になったら雪が1メートルぐらい積もる。

(10) ふだんは昼ご飯を食べたら昼寝をしますが、今日は買物に行かなければなりません。

(11) 飽きたらすぐに新しいのに買いかえるというような生活では、お金は貯まらない。

(8)～(11)は、「Xが成立した後に、Yが成立する」という意味を表す。XはYの成立する時間的状況を表し、そうした時間的条件のもとで繰り返される動作を表す。この場合は「と」を使うこともできる。

→【だろう】【と$_1$】2a【ば】3a

b　...たら＋　意志・希望／働きかけ N4

(1) この仕事が完成したら、長い休みをとるつもりだ。

(2) もしも1千万円の宝くじに当たったら、何でも買ってあげますよ。

(3) 教師になったら子どもたちにものをつくる楽しさを教えたい。

(4) お酒を飲んだら絶対に運転はするな。

(5) A：あちらで野田さんに会われますか？

B：ええ、その予定ですが。

A：じゃ、お会いになったらよろしくお伝えください。

(6) 会議が終わったら食事をしに行きましょう。

(7) 疲れたら休んでもいいよ。

(8) 暑かったら、窓を開けてください。

(9) 約束を守らなかったら許さないぞ。

(10) そんなに勉強が嫌だったら大学なんかやめてしまえ。

「Xが実現した場合にYをしよう・Xが実現した場合にYをしなさい」などの意味を表す。Yには、話し手の意志・希望を表す表現や、命令・禁止・許可・依頼・勧誘などの、聞き手に対する働きかけの表現が用いられる。

「たら」は「こういうことが起こった場合には・...したときに・このあとで」のような言葉で言いかえられる。(8)～(10)のように「たら」の前が、形容詞や否定形の動詞など、状態性の述語の場合は、「そのような状況であれば」という意味を表す。

「たら」と比べた場合、「と・ば」はYで使用できる表現に制約がある。「と」はYに「意志・希望」や「働きかけ」の表現が使えない。「ば」はXに動作・変化を表す動詞が使われた場合、Yに「意志・希望」や「働きかけ」の表現が使えなくなる。

(誤) 高校を{卒業すると／卒業すれば}就職したい。

(正) 高校を卒業したら就職したい。

(誤) お風呂に{入ると／入れば}すぐ寝なさい。

(正) お風呂に入ったらすぐ寝なさい。

→【と$_1$】3a【ば】3b【ば】3c

c　...たら＋問いかけ

(1) 雨だったら試合は中止になりますか？

(2) A：卒業したら国に帰るんですか？

B：いいえ、日本で就職するつもりです。

(3) 万一雨が降ったらどうしましょうか。

(4) A：もし宝くじに当たったら、何に使いますか？

B：すぐに使わないで貯金しておき

ます。

(5) A：大学を卒業したらどうするつもりですか？

B：オーストラリアに留学したいと思っています。

(6) A：社長はただ今出かけておりますが。

B：何時ごろでしたらお帰りでしょうか。

(7) どのぐらい勉強したら日本語の新聞が読めるようになりますか？

「XたらYか」の形で、聞き手に答えを要求するのに用いる。

(6)(7)のように、よい結果を得るための条件／手段Xを問う疑問文では、「たら」から「ば」への言いかえが可能だが、(2)～(5)のように、Xが成立した場合にYでどのような行動をとるかを問う疑問文では、普通「たら」が使われ、「ば」の使用は不自然である。

(誤) 就職すれば一人暮らしをするつもりですか？

(正) 就職したら一人暮らしをするつもりですか？

(誤) 大学を卒業すればどうしますか？

(正) 大学を卒業したらどうしますか？

→【ば】3d

d　疑問詞+V-たら…のか

(1) 何度言ったら分かるんだ。

(2) 人間は戦争という愚行を何度繰り返したら気がすむのであろうか。

(3) 何年たったら一人前になれるのだろうか。

(4) 何回繰り返したら覚えられるのか。

(5) どれだけ待ったら平和な世界になるのだろうか。

(6) 一体どうしたら今の思いを伝えることができるのか。

「何・どれだけ・どんなに」などの疑問詞に動詞のタラ形が続く反語的表現。「いくら…してもなかなか思い通りにならない」という意味で、状況に対するいらだちや絶望的な気持ちを表す。文末には「のか」や「のだ・のだろう(か)」などが用いられる。「V-たら」は「V-ば」に言いかえ可能。

→【ば】3e

e　…たらどんなに…か

(1) 子供たちがもどってきたらどんなににぎやかになることか。

(2) 合格したら両親はどんなに喜んでくれるだろうか。

(3) あなたが帰国してしまったら、おばあちゃん、どんなに寂しがるか。

(4) 宝くじに当たったらどんなにうれしいだろう。

「もしXが実現したらどんなにいいかわからない／どんなにさびしいかわからない」というような意味で、Xの実現に対して、強い気持ちをもつことを表す。よいことの場合もよくないことの場合もある。文末には「だろう(か)・ことか」などが使われる。文脈によってはXの実現がかなわないという「たら」と同じ意味を表すことがある。

(例) ≪子供たちが戻ってこないことが明らかな状況で≫子供たちが戻ってきたらどんなに嬉しいことか。

→【ことか】【たら$_1$】3b【だろう】3

2　…たら…た

(1) 空港に着いたら友達が迎えに来ていた。

(2) トンネルを出たら一面の銀世界だった。

(3) 変な音がするので隣の部屋に行ってみたらねずみがいた。

(4) 山田さんは無口でおとなしい人だと

思っていたが、ゆっくり話をしたらとても面白い人だということが分かった。

(5) お風呂に入っていたら、電話がかかってきた。

(6) デパートで買い物していたら、隣の奥さんにばったり会った。

(7) 5月に入ったら急に暑くなった。

(8) 薬を飲んだら熱が下がった。

(9) 会社をやめたらストレスがなくなって元気になった。

(10) 落ちてもともとと思って試験を受けたら、思いがけず合格した。

(11) 部屋の様子が変だと思ったら、案の定、空き巣に入られていた。

「XたらYた」という形でXが成立した場面でYを話し手が新たに認識したり、それをきっかけに新しいことがらが起こったりすることを述べる。X・Yともにすでに実現していることがらである。

(1)～(4)は、Xが行われた場面で、Yという状況を話し手が発見するといった用法だが、Yの部分を発見者の私の行為として表現すると不自然に感じられる。自然な文にするには、「いた・あった」など状況を描写する表現を用いる必要がある。

(誤) 隣の部屋に行ったら、私はねずみを見た。

(正) 隣の部屋に行ったら、ねずみがいた。

また、新たに分かったこと、発見したことがらを表すYには、(1)(2)のように「V-ていた·Nだった」などの状態性の表現が用いられる。

この文型では、「V-ていた」と「V-た」の使用によって意味が変わることがあるので注意が必要である。

(例1) 空港に着いたら友達が迎えにきていた。

(例2) 空港に着いたら友達が迎えにきた。

(例1)は、空港に着いたらすでに友達がいるという状況、(例2)は、話し手が空港に着いたあとで友達が迎えに来たという状況が表される。

この用法の「たら」は「と」で言いかえられることが多い。ただし、XとYの主語が同じで、その人の意志でコントロールできる動作を表す場合、「たら」は使えず、「と」を用いる。

(誤) 男は部屋に入ったら友達に電話した。

(正) 男は部屋に入ると友達に電話した。

また、「と」が小説や物語などで使われるのに対し、「たら」は、話し手が直接経験したことがらを述べるような場合に用いられる。

→【と$_1$】4

3 …たら <反事実>

a …たら …だろう／…はずだ／…のに

(1) 若い頃、ちゃんと勉強していたらこんな苦労はしなかっただろう。

(2) 隕石が地球に衝突していなかったら恐竜は絶滅していなかったかもしれないという説がある。

(3) ひどい話を聞かなかったら、こんなに酔うまで飲んだりしなかったにちがいない。

(4) 10分早く家を出ていたら遅刻しなかったはずなのに。

(5) あの当時この『薬の害』という本を読んでいたら今ごろ苦しまなくてもよかったのに残念だ。

(6) あと500円あったら買えるのに。

(7) もう少し数学の成績がよかったら希望の大学に合格できるんだけど。

実際に起こったことと違うこと、あるいは反対のことを仮定して、その場合はこうなっただろうという言い方。動詞は「V-ていたら」とすることが多い。

過去の事実に反することを仮定する場合は、(1)～(5)のように、文末には「…ただろう／はずだ／のに」などタ形の述語が用いられる。これに対し、現状と異なることを仮定する場合は、(6)(7)のように「...するのに／のだが」のような辞書形が用いられる。

この用法の「たら」は「ば」で言いかえが可能だが、「たら」の方が話し言葉的。ただし、文末がタ形で終わる文では、「ば」と「たら」では意味が異なる場合がある。<反事実>を表す条件文のとる文型についての詳しい説明は【ば】5、【なら$_2$】2を参照。

→【なら$_2$】2【ば】5a【ば】5b

b　...たらどんなに...か

(1) 今すぐあなたに会えたらどんなにうれしいだろうか。

(2) 祖母が生きていたら、どんなに喜んだことか。

(3) 背があと10センチ高かったらどんなによかっただろうか。

(4) 10年前に彼女に会っていたらどんなによかっただろう。

Xが実現不可能なことがらや、現実と反対のことがらの場合の言い方で、「もしXが実現したら(していたら)どんなにいい(よかった)か分からない」という意味の表現。Xの実現を強く望むが、実際にはそれが不可能なことをとても残念に思う気持ちを表す。

まだ実現していないがそれが不可能な場合は、(1)のように「現在形+だろうか」を使う。すでに実現していることがらと異なることがらを仮定する場合は(2)～(4)のように「過去形+ことか」や「過去形+ことだろうか」を使う。この用法は「ば・なら」で言いかえられる。

→【なら$_3$】4【ば】5

4　...たらさいご

(1) 彼は寝たら最後、まわりでどんなに騒いでも絶対に目をさまさない。

(2) 賭事は一度手を出したら最後ずるずると抜けられなくなる人が多い。

(3) すっぽんは一度かみついたら最後、どんなことがあっても離れない。

「一度あることが起こると、そのものの性質や固い決意などで、以後その状態を変えない」という意味を表す。「一度...たらさいご絶対に...」の形でよく使われる。

5　...たら...で

[A-かったらA-いで]

[A-かったらA-かったで]

[V-たらV-たで]

(1) 金というのはあったらあったで使うし、なかったらないで何とかなるものだ。

(2) 自動車はあれば便利だが、なかったらなかったで何とかなるものだ。

(3) 母は寒がりで冬が苦手だが、それでは夏が好きかというとそうではない。暑かったら暑かったで文句を言っている。

(4) 息子には大学に受かってほしいが、受かったら受かったでお金が要って大変だ。

(5) 平社員のときは給料が少なくて困ったけれど、昇進したらしたで残業代がでなくなって、やっぱり金はたまらない。

前後に同じイ形容詞や動詞を2度繰り返して使う。対照的なことがらを取り上げて、「どちらにしても同じだ」という意味を表す。

(1)(2)のように「問題はあるにしてもさほど困らない／何とかなる」といった意味を表す場合と、(3)～(5)のように、状況をあまり好ましいととらえないで、「どちらにしても大変だ／問題だ」という意味を表す場合がある。

イ形容詞は、たいてい「A-かったらA-かったで」の形で使われるが、(1)のように「なかったらないで」の形が使われることもある。

「…ば…で」とも言う。

→【ば】6

6 …たら <前置き>

a …たら+依頼・勧め

(1) もし差し支えなかったら事情を聞かせてください。

(2) よろしかったら、もう一度お電話くださいませんか？

(3) よかったら、週末、うちにいらっしゃいませんか？

依頼や勧めをするときに相手の都合を丁寧にたずねる慣用表現。「ば」で言いかえが可能。

→【ば】7a

b …たら

(1) 私から見たら、こんなことはたいした問題ではない。

(2) 私に言わせたら、責任はあなたの方にあるんじゃないかと思う。

(3) 一時代前と比べたら、家事は格段に楽になったと言える。

(4) 今から考えたらバカバカしいことなのですが、子供のころはお化けがいると本当に信じていました。

「見る・考える・比べる」など、発言や思考、比較などを表す動詞を受けて、後に続く発言・判断がどのような立場・観点から行われているかを前もって予告する言い方。「からしたら・からすると・からいったら・からいうと」なども類義的な表現。「ば」や「と」で言いかえが可能。

→【からいう】1【からする】1【と$_1$】6【ば】7b

7 V-たら

(1) 立って見てないで、ちょっと手伝ってあげたら？

(2) 危ないからやめといたら？

(3) そんなに疲れているなら、すこし休んだら？

「V-たらどうか」の後半が省略されたもので、聞き手にその動作を行うように勧める表現。上昇調で発音される。普通親しい間柄の相手に使う。丁寧に話す必要がある場合には、後半を省略しないで「たらどうですか／いかがですか」などを使う。

「V-ば」での言いかえが可能だが、「たら」には、相手に本気で勧めているというニュアンスがあるのに対し、「ば」を使うと話し手にとってはどうでもいいことだという投げやりなニュアンスが伴うことがある。

→【ば】8

8 …からいったら

→【からいう】1

9 …からしたら

→【からする】1

10 …からみたら

→【からみる】1

11 だったら

→【だったら】

12 …てみたら

→【てみる】4

13 …といったら

→【といったら】1【といったら】2【といったら】3

14 …ときたら

→【ときたら】

15 …としたら

→【としたら】

16 …となったら

→【となったら】

17 …にかかったら

→【にかかっては】

18 …にかけたら

→【にかけて】2

19　...にしたら

→【にしたら】

20　...にしてみたら

→【にしてみれば】

21　...に／ことに　よったら

→【によると】1b

22　...のだったら

→【のだったら】

【たら₂】

→【ったら】1

【たらいい】

[N／Na　だったらいい]

[A-かったらいい]

[V-たらいい]

1　V-たらいい ＜勧め＞

(1)　A：レポートのしめきり間に合いそうもないんだ。どうしたらいいかなあ。

　　B：先生に聞いてみたらどう？

(2)　A：この急ぎの仕事だれにやってもらおうか。

　　B：山田君に頼んだらいいよ。どんな仕事でもいやな顔しないよ。

(3)　A：もう一杯おかわりしようかな、それともやめとこうかな。

　　B：食べたいだけ食べたらいいじゃないか。

(4)　ゆっくり休んだらいい。後のことは任せなさい。

(5)　もう遅いから残りの仕事はあしたにしたらいい。

(6)　若いうちにいろいろ苦労したらいいと思う。あとできっと役に立つはずだ。

相手に何かを勧めたり、提案したりする表現。特定のよい結果を得るためにどのような手段や方法をとるのがいいか助言を求めたり、助言を与えたりする場合に用いる。たずねる場合は「どうしたらいいか」のような形で疑問詞とともに使う。しないように勧める場合、「しなかったらいい」はやや不自然だが、「しなければいい」は使用可能である。

(誤)　酔っぱらいたくなければ飲まなかったらいい。

(正)　酔っぱらいたくなければ飲まなければいい。

「たらいい」は「ばいい」と類義的で相互に置きかえ可能だが、「たらいい」の方が、ややくだけた話し言葉的な言い方である。どうしたらいいかが問題になっている場合は「どうしたら／すればいいか」は使えるが、「どうするといい」は使えない。だが、その答えとしては「たらいい・ばいい・といい」のいずれも使える。

(誤)　A：電車の中にかばんを忘れてしまったのですが、どうするといいですか？

(正)　A：電車の中にかばんを忘れてしまったのですが、どう{したら／すれば}いいですか？

　　B：遺失物係で聞いて{みたら／みれば／みると}いいでしょう。

→【といい】1【ばいい】1

2　...たらいい ＜願望＞

(1)　夏休みがもっと長かったらいいのに。

(2)　体がもっと丈夫だったらいいのに。

(3)　もう少し給料がよかったらいいのだが。

(4)　もっと家が広かったらいいのになあ。

(5)　明日、晴れたらいいなあ。

(6)　もう少しひまだったらなあ。

そうなってほしいという話し手の願望を表す。文末は「のに・なあ・のだが」などを伴うことが多い。現状が希望する状態と異なったり、実現できないような場合には「そうでなくて残念だ」という気持ちを表す。(6)のように、「いい」が省略され「たらなあ」の形もよく用いられる。

→【のに1】2

3 …たらよかった

(1) A：このあいだのパーティーおもしろかったわよ。
B：僕も行ったらよかった。
A：そうよ。来たらよかったのに。どうして来なかったの？
B：アルバイトがあったんだよ。でもあの日はバイト、ひまでね。休んでもよかったんだ。

(2) きのう会社の上司とはじめて飲みに行った。彼がもうちょっと話好きだったらよかったのだが、会話が続かなくて困った。

実際には起こらなかったこと、現実にはそうでなかったことを残念に思う表現。文末は「のに・(のに)なあ・のだが」などを伴うことが多い。「のに」は普通自分のことには使わない。

(誤) 僕も行ったらよかったのに。
(正) 僕も行ったら{よかったんだけど／よかったんだが}。

→【のに1】2

【だらけ】N2N3

[Nだらけだ]

(1) 彼から誤字だらけのメールが来た。
(2) 子供は泥だらけの足で部屋に上がってきた。
(3) この本は間違いだらけだ。
(4) 厳しい練習で彼女の手足は傷だらけになった。
(5) 彼女の部屋はすき間だらけで寒い。

それでいっぱいで、そればかりがたくさんある様子。「…でいっぱい」と違い、話し手のマイナスの評価を表すことが多い。

【たらどうか】

[V-たらどうか]

(1) 別の方法で実験してみたらどうでしょうか。
(2) 少しお酒でも飲んでみたらいかがですか？ 気分がよくなりますよ。
(3) 遊んでばかりいないで、たまには勉強したらどう？
(4) さっさと白状したらどうなんだ。
(5) アメリカに留学してみたらどうかと先生に勧められた。
(6) A：吉田君、パーティーには出席しないって。
B：もう一度誘ってみたら？

提案や勧めを表す慣用表現。「V-てみたらどうか」の形で使われることが多い。「てはどうか」とほぼ同義だが、「たらどうか」の方が話し言葉的。くだけた話し言葉では「たらどうなの／どうかしら(女性)・たらどうなんだ(男性)・たらどう(男女)」、丁寧な言い方では「たらいかがですか／いかがでしょうか」などが用いられる。

(3)(4)は、話し手の忠告や勧めに聞き手がなかなか従わないような状況で使われたもので、話し手の苛立ちの気持ちを伴う。(6)は後半部分が省略されたもので、上昇調で発音される。

→【てはどうか】

【たり】

[N／Na だったり]
[A-かったり]
[V-たり]

1 …たり…たりする N5

(1) 休みの日には、ビデオを見たり音楽を聞いたりしてのんびり過ごすのが好きです。

(2) 資料を作ったりプレゼンテーションの準備をしたり、今日は一日中いそがしかった。

(3) 子供が大きくなって家族がそろうことはめったにないのですが、年に数回はいっしょに食事したりします。

(4) 給料日前には昼食を抜いたりすることもある。

(5) アルバイトで来ている学生は曜日によって男子学生だったり女子学生だったりしますが、みなよく働いてくれます。

(6) 彼女の絵のモチーフは鳥だったり人だったりするが一貫して現代人の不安が描かれている。

いくつかのことがら、行為のうちの代表的なものを二、三あげる表現。(3)(4)のようにひとつだけ例をあげて、他にもあることを暗示する場合もある。「...たり...たりします／しました」のように、この文型だけで言い切りで終わるときは、最後に来る動詞には必ず「たりする」が付く。

(誤) きのうの休みにはビデオを見たり、散歩をしたり、手紙を書きました。

(正) きのうの休みにはビデオを見たり、散歩をしたり、手紙を書いたりしました。

2 ...たり...たり N5

(1) 何か心配なことでもあるのか彼は腕組をして廊下を行ったり来たりしている。

(2) 去年の秋は暑かったり寒かったりして秋らしい日は少なかった。

(3) 父は近頃あまり具合がよくなくて、寝たり起きたりだ。

(4) 薬はきちんと飲まなければいけない。飲んだり飲まなかったりでは効果がない。

(5) くつを買おうと思うが、いいと思うと高すぎたり、サイズがあわなかったりで、なかなか気に入ったのが見つからない。

(6) あすは山間部は晴れたり曇ったりの天気でしょう。

ある状態、行為を交互に繰り返すときの様子、あるいはふたつの対照的な状態を表す。よく使われる対照的な状態には例の他に、「あったりなかったり・上がったり下がったり・泣いたり笑ったり・乗ったり降りたり・出たり入ったり」などがある。

3 ...たり　したら／しては

(1) 日本語の生活にもずいぶん慣れたが、早口で話しかけられたりしたらわからなくて困ることも多い。

(2) 本人のいないところで悪口を言ったりしてはいけない。

他にもあるという含みで例をあげる言い方。(2)は「悪口を言ったらいけない」と意味はほとんど同じだが、はっきり言わないことで表現がやわらかくなる。

4 ...たりして

(1) A：変だね、まだだれも来てないよ。
B：約束、あしただったりして。

(2) A：佐野さん、遅いわね。
B：ひとりだけ先に行ってたりして。

例を一つあげる言い方。他にも可能性があるという含みで、直接はっきり言うことを避けるときなどに使われる。距離を置いた揶揄的な表現。若い人のくだけた話し言葉に使われることが多い。

【たりとも】N1

[数量詞+たりとも…ない]

(1) 試験まであと一カ月しかない。一日たりとも無駄にはできない。

(2) 水がどんどんなくなっていく。これ以上は一滴たりとも無駄にはできない。

(3) 密林の中では、一瞬たりとも油断してはいけない。

(4) この綱領について変更は一字たりとも許されない。

(5) だれもが敵は一人たりとも逃がさないと決意していた。

「最少の人数／量も許容しない」という意味で、「一人／一滴／一日たりとも…ない」などの形で使う。数量表現は「一」が普通である。ややくだけたときは「ひとりも・一滴も」などとなる。古い表現で、改まった書き言葉や、フォーマルな話し言葉(会議、演説など)に用いる。

【たる】

古い表現の「てあり」からきている。どの表現も荘重な印象をあたえる。誇張された調子があり、改まった書き言葉や、演説など、フォーマルな話し言葉で用いる。

1 NたるN N1

(1) 国家の指導者たる者は緊急の際にすばやい判断ができなければならない。

(2) 国会議員たる者は清廉潔白でなければならないはずである。

(3) 教師たる者は、すべてにおいて生徒の模範とならねばならないとここに書いてある。

(4) 百獣の王たるライオンの雄は、実際にはあまり狩りをしないらしい。

「…という(すぐれた)資格のあるもの」という意味を表す。

2 NたるとNたるとをとわず

(1) 救出にあたっては軍人たると民間人たるとを問わず、総力を結集せよ。

(2) 医療活動は民間人たると、政府関係者たるとを問わず、全員を平等に扱う。

(3) この法律は自国民たると外国人たるとを問わず等しく適用される。

「Xであっても、Yであっても関係なくどちらも」という意味を表す。古めかしくかたい書き言葉。「であれ・であろうと」とも言う。

→【であれ】【であろうと】2

3 Nたるべきもの

(1) それは、指導者たるべき者のとる行動ではない。

(2) 後継者たるべき者は以下の資格を備えていなければならない。

(3) 王たるべき者はそのようなことを恐れてはならない。

「…という資格をもつべき人・…という地位につくはずの人」という意味を表す。後半には「当然…なければならない」などの文がきて、前半の資格・地位をもつ者のあるべき姿を述べるのが普通である。

4 Nたるや

(1) その映画の意外性たるや、多くの人の注目を集めるに十分であった。

(2) その姿たるや、さながら鬼のようであった。

(3) その歌声たるや、聴衆のすべてを感動させるすばらしいものであった。

(4) 救出に際しての彼らの勇気たるや、長く記憶にとどめるに十分値するものであった。

ある特性を有する名詞を用いて、それが表すものを強調してとりあげ、どのような性質をもつか、どのような状態かを述べるのに用いる。ただし、人名などは用いられない。

(誤) 山田先生たるや、すべての人を感動させた。

(正) 山田先生の話し振りたるや、すべての人を感動させた。

文の主題を強調して提示する表現のひとつ。例えば、(1)では「その意外性は…」という表現に比べて、誇張した言い方になる。

【たろう】

[N／Na　だったろう]

[A-かったろう]

[V-たろう]

(1) あの人は若いころはさぞかしすごい選手だったろう。

(2) 試験で大変だったろう。

(3) さぞや苦しかったろう。

(4) A：おなかがすいたろう？
B：うん、ちょっとね。

(5) あの子はあんなに熱があるのに学校に出かけたが、今日一日だいじょうぶだったろうか。

(6) あわてて出かけて行ったが、無事間に合ったろうか。

述語のタ形に「だろう」が付いた「ただろう」の「だ」が落ちた形。意味・用法は「ただろう」と同じで、すでに成立していることについての推量を表す。書き言葉でも話し言葉でも使われる。(4)は話し言葉の用法で、話し手の推量を聞き手に確認するもの。この場合はたいてい上昇調で発音される。(5)(6)の「たろうか」は話し手の疑念や心配の気持ちを表す。丁寧体は「たでしょう」。

→【だろう】1

【だろう】

[N／Na／A／V　だろう]

丁寧な形は「でしょう」となる。

1 …だろう ＜推量＞ N4

(1) あしたもきっといい天気だろう。

(2) この辺は木も多いし、たぶん昼間も静かだろう。

(3) 北海道では、今頃はもう、雪がつもっているだろう。

(4) この程度のことなら、ぼくにでもできるだろう。

(5) これだけ長い手紙を書けば、両親も満足するだろう。

(6) 彼がその試験問題を見せてくれた。ひどくむずかしい。私だったら、全然できなかっただろう。

(7) A：朝はずっと雪の中で鳥の観察をしていたんです。
B：それは、寒かっただろうね。

(8) A：お母さんたちは今頃どこにいるかしら。
B：もうホテルに着いているだろうよ。

(9) A：これでよろしいですか？
B：ああ、いいだろう。

(10) A：どれにしましょうか。
B：これがいいだろう。

下降調のイントネーションを伴って、話し手の推量を表す。「かもしれない」に比べて、話し手がそのことを真実だと考えている度合いが高く、「たぶん・きっと」などと共に使うことも多い。また、文脈によっては、推量ではなく、話し手の判断をややぼかして表すこともある。書き言葉では、男女の別なく用いるが、話し言葉では主に男性が用いることが多い。女性では主に、ひとりごとで「なんだろう・どうだろう」のように用いる傾向がある。

→【かもしれない】1【きっと】【たぶん】

2 …だろう ＜確認＞

(1) A：君も行くだろう？
B：はい、もちろん。

(2) A：美術館はバスをおりてすぐみつかりました。
B：行くの、簡単だっただろう？

(3) やっぱり、納得できなくてもう一度自分で交渉に行ったんだ。わかるだろう、ぼくの気持ち。

(4) A：そろそろ会議が始まる時間だろう？
B：あ、もうこんな時間か。会議室に行かなくちゃ。

上昇調のイントネーションを伴って、確認を表す。聞き手が同意してくれることを期待しているという含みがある。短い形で「だろ」とも言う。主に男性が使う。女性の言葉としては主に、「でしょう・でしょ」となる。話し言葉。

→【でしょう】

3 …だろうか

(1) この計画に、母は賛成してくれるだろうか。

(2) 今回の試合のためにはあまり練習できなかった。いい成績があげられるだろうか。

(3) こんな不思議な話、だれが信じるだろうか。

(4) 彼はこつこつと作品を作り続けているが、いつかその価値を認める人が出てくるだろうか。

(5) A：佐々木さん、こんな仕事を引き受けてくれるだろうか。
B：だいじょうぶだよ。喜んで引き受けてくれるよ。

(6) このコンテスト、はたしてだれが優勝するだろうか。

(7) A：山下さん、欠席ですね。
B：うん。病気だろうか。

(8) この選挙は、雨が降ったからだろうか、投票率が非常に低かった。

下降調のイントネーションを伴って、話し手がそのことが起こる可能性について疑念を抱いたり、心配したりする気持ちを表す。

(3)は反語の表現で「だれが信じるだろうか、だれも信じないだろう」という意味。また、(5)のように、自分の疑念を投げ出すようにして、間接的に、聞き手に問いかけることもできる。(8)のように、挿入句的に用いて話し手の疑念を表すこともある。

4 Nだろうが、Nだろうが

(1) 相手が重役だろうが、社長だろうが、彼は遠慮せずに言いたいことを言う。

(2) 子供だろうが、大人だろうが、法を守らなければならないのは同じだ。

(3) 彼は、山田さんだろうが、加藤さんだろうが、反対する者は容赦しないと言っている。

(4) もし鉄道が使えなければ、ボートだろうが、ヘリコプターだろうが、とにかく使える方法でできるだけ早くそこに到着しなければならない。

「Xでも、Yでも関係なく、だれでも／何でも」という意味を表す。形容詞や動詞が用いられるときは、「暑かろうが・寒かろうが・生きようが死のうが・雨が降ろうが降るまいが」のように「A-かろうが・V-ようが」の形が使われる。

5 …だろうに

過去形に「だろうに」が付いて「ただろうに」となる場合は、「厳しかったろうに・あったろうに」のように「だ」が落ちて「たろうに」となることがある。

a　…だろうに ＜推測＞

(1) その山道は、子供には厳しかっただろうに、よく歩き通した。

(2) 忙しくて大変だっただろうに、よく期日までに仕上げたものだ。

(3) 共同経営者を失ったのは痛手だっただろうに、彼は一人で会社を立て直してしまった。

(4) 冬の水は冷たくてつらいだろうに、彼らは黙々と作業を続けていく。

(5) きちんと読めばわかっただろうに、あわてたばかりに誤解してしまった。

「…と思われるのに」という意味を表す。話し手の同情、批判などがこめられることが多い。

b　…だろうに ＜反実仮想＞

(1) あなたの言い方がきついから、彼女はとうとう泣き出してしまった。もっとやさしい言い方もあっただろうに。

(2) うちでグズグズしていなかったら、今頃は旅館に到着しておいしい晩ご飯を食べていただろうに。

(3) もしあの大金をこの会社に投資していたら、大儲けできただろうに。

(4) 地図と磁石をもって行けば、迷ってもそんなにあわてることはなかっただろうに。

実際には起こらなかったことを残念に思う気持ちを表す。

6　…ではないだろうか

→【ではないだろうか】

7　…のだろう

→【のだろう】

【ちがいない】

→【にちがいない】

【ちっとも…ない】 N4

(1) この前の旅行はちっとも楽しくなかった。

(2) 日本語がちっとも上達しない。

(3) A：ごめんね。
B：いや、いや。ちっともかまわないよ。

(4) 妻が髪形を変えたのに、夫はちっとも気がつかなかった。

(5) 久しぶりに帰国した友達のためにたくさんごちそうを作ったのに、疲れていると言ってちっとも食べてくれなかった。

(6) スキューバダイビングはこわいものと思っていたが、やってみたら、ちっともこわくなかった。

「すこしも／ぜんぜん…ない」の意味で否定の意味を強めるときに使う。「すこしも」よりもくだけた話し言葉。「ぜんぜん」とはちがい、頻度を表す用法はない。

(誤)　ちっとも行ったことがない。

(正)　ぜんぜん行ったことがない。

【ちなみに】

(1) この遊園地を訪れた人は、今年五十万人に上りました。これは去年の三十万人を大きく上回っています。ちなみに迷子の数も千人と去年の倍近くありました。

(2) この人形はフランスで三百年前に作られたもので、同種のものは世界に五体しかないといいます。ちなみにお値段は一体五百万円。

(3) 山田議員の発言は政局に大きな混乱をもたらした。ちなみに山田議員は一昨年も議会で爆弾発言をしている。

主要なことを述べたあとで、それに関連のあることを付け加えるのに使う。「参考までに述べると…」という意味を表す。書き言葉、あるいは改まった話し言葉（ニュース、会議など）で用いる。この表現は、付加的な動作を表すには使えない。

（誤） 買い物に出かけた。ちなみに、友達のところに寄った。

（正） 買い物に出かけた。ついでに、友達のところに寄った。

【ちゃいけない$_1$】

[V-ちゃ　いけない／だめだ]

(1) 失敗しても諦めちゃいけない。
(2) この部屋には入っちゃいけない。
(3) この川で泳いじゃいけない。
(4) ここでは静かにしていなくちゃいけないよ。
(5) 犬にそんなものを食べさせちゃだめだ。
(6) 廊下を走っちゃだめだよ。

「遊んで・読んで」のようにテ形が「で」となるものは「遊んじゃ・読んじゃ」となる。禁止を表す。教師、親、管理人など、監督的立場にある人が監督される立場の人に対して用いることが多い。「てはいけない」のくだけた言い方。

会話で使われることが多い。「てはだめだ」とも言う。

→【てはいけない$_1$】1 【てはだめだ$_1$】

【ちゃいけない$_2$】

[N／Na　じゃ　いけない／だめだ]
[A-くちゃ　いけない／だめだ]
[V-ていちゃ　いけない／だめだ]

(1) チームのリーダーがこんな弱気じゃいけないよ。もっと自信をもちなさい。
(2) この厳しい世の中を生き抜くには弱くちゃいけない。もっと強くならなくちゃ。
(3) 休み中だからといって遊んでばかりいちゃいけないよ。
(4) こんな雑な書き方じゃだめだ。もう一度書き直してこい。
(5) 何でこのアイデアじゃだめなんですか？　理由を説明してください。
(6) 大人しくしてなくちゃだめだぞ。

「遊んで・読んで」のようにテ形が「で」となるものは「遊んじゃ・読んじゃ」となる。「そのようなことが好ましくない／よくない」という意味を表す。現在の状況が適切でないことを述べて、批判したり叱責したりするのに使う。「てはいけない」のくだけた言い方。「てはだめだ」とも言う。

→【てはいけない$_2$】【てはだめだ$_2$】

【ちゃう】

「てしまう」のくだけた言い方。

→【てしまう】

1　V-ちゃう <完了>

(1) 電車が遅れて、会議に遅刻しちゃいました。
(2) あなたが来るのが遅いから、みんな帰っちゃいましたよ。

動作や作用が完了することを表す。

→【てしまう】1

2　V-ちゃう <残念>

(1) こんなところで寝ていたら風邪をひいちゃうよ。

(2) 電車の中にカバンを忘れてきちゃいました。

(3) 宿題を忘れて先生に叱られちゃった。

「てしまう」のくだけた言い方。動作や作用が完了してもとに戻らないことを表す。「とりかえしがつかないことが起こる」というニュアンスが加わり、残念、困ったなどの気持ちが表される。

→【てしまう】2

3 V-ちゃう ＜思いがけず＞

(1) 海外旅行に行けるって考えただけで、ワクワクしちゃいます。

(2) リョウちゃん、えらいねぇ。まだ4歳なのにこんなに難しい字が書けちゃうんだね。

(3) この靴とバッグ、素敵でしょ？ 就職祝いに買ってもらっちゃった。

(4) 前から欲しいと思っていたテーブル、ついに買っちゃいました。

(5) 言いにくいことだけれど、この際、はっきり言っちゃいます。

「てしまう」のくだけた言い方。その人の意志と関わりなく、思いがけずに何かが起こることや、心理的な抵抗に逆らって何かをすることを表す。

→【てしまう】3

4 V-ちゃって(い)た

(1) ソファーに座って本を読んでいたんだけど、気がついたら寝ちゃってた。

(2) 間違えて友達のカバンを持って帰っちゃってた。

(3) 遠くまで買いに行ったのに、私の好きなケーキは売り切れちゃってた。

「てしまう」のくだけた言い方。過去の時点で完了していることを表す。「...て(い)た」を用いることもできるが、「...ちゃって(い)た」を使うと、「すっかり完了していた」と完了の意を強めたり、「とりかえしのつかないことが起こった」というニュアンスが加わったりする。

→【てしまう】4

【ちゃんと】N2N3

1 ちゃんと

(1) めがねを新しいのに替えたら、ちゃんと見えるようになった。

(2) おじいさんは耳が遠いと言っているが本当は何でもちゃんと聞こえている。

(3) そのとき言われたことは今でもちゃんと覚えている。

(4) 親戚の人に会ったらちゃんと挨拶するように母に言われた。

(5) あの先生はみんながちゃんと席につくまで話を始めない。

(6) 今朝は7時にちゃんと起きたが、雨でジョギングに行けなかった。

(7) この問題にちゃんと答えられた人は少ない。

(8) わたしは朝どんなに忙しくても朝食はちゃんと食べることにしている。

「そうあるべきやり方で」という意味を表す。いろいろな状況で使う。文脈によって具体的な意味はさまざまで、例えば、(4)では社会習慣の上では適切に、非難をあびないようにふるまうこと、(6)では予定したことから逸脱しないで行うこと、など、正しいとか適切とみなされるありかた、やりかたに沿っているという意味で使われている。

2 ちゃんとする

(1) おばあさんはきびしい人だから、おばあさんの前ではちゃんとしなさい。

(2) 昨日来たときは仕事場がひどくちらかっていたけれど、だれかが片付けてちゃんとしておいてくれたらしい。

(3) 客に会う前にちゃんとした服に着替えた。

(4) ちゃんとした書類がないと、許可証はもらえない。

(5) A：これ、変な名前だね。
B：ええ、でもちゃんとしたレストランですよ。

その状況に合った適切なふるまいかたをしたり、適切な状態にすること。名詞の前では「ちゃんとした」を用い、「適切で、正しいものとして社会に受け入れられる」の意味になる。

【ちゅう】

1 Nちゅう ＜継続＞

(1) 会議中だから、入ってはいけない。

(2) 「営業中」の札がかかっている。

(3) その件はただいま検討中です。

(4) 課長の休暇中に一大事が起こった。

(5) 工事中の道路が多くて、ここまで来るのに随分時間がかかった。

(6) 勤務中は個人的な電話をかけてはいけないことになっている。

(7) 私はダイエット中なので、甘いものは食べないことにしています。

「何かをしているところだ・ある状態が続いているところだ」という意味を表す。一緒に使う名詞は、一般に活動にかかわるもの。

(例) 電話中・交渉中・婚約中・執筆中・旅行中・仕事中など。

「(名詞)中」を「じゅう」と読むこともあるが、この場合は、「一日中・一年中」のように、「ある期間ずっと」の意味になる。

→【じゅう】

2 Nちゅう ＜期間＞ N5

(1) 午前中は、図書館にいて、午後は実験室にいる予定だ。

(2) 戦時中、一家はばらばらになっていた。

(3) 夏休み中に水泳の練習をするつもりだ。

(4) 彼は試験期間中に病気になって気の毒だった。

(5) この製品は、試用期間中に故障したら、ただで修理してもらえる。

時間を表す名詞とともに用いて、「ある期間」の意味を表す。ただし、「ごぜんちゅう」はあるが、「ごごちゅう」はない。

【ちょうだい】

→【てちょうだい】

【ちょっと】 N5

1 ちょっと ＜程度＞

(1) ちょっと食べてみた。

(2) 借りた本はまだちょっとだけしか読んでいない。

(3) 目標額の10万円にはちょっと足りない。

(4) 手紙をちょっと書き直した。

(5) 韓国語は、ちょっとだけ話せる。

(6) ちょっと左へ寄ってください。

(7) 今日はちょっと寒い。

(8) 試験の問題はいつもよりちょっとむずかしかったが、なんとか解けた。

量の少なさ、程度の低さを表す。話し言葉で使うのが普通。

2 ちょっと ＜やわらげ＞

a ちょっと ＜程度のやわらげ＞

(1) ちょっと電話してきます。

(2) ちょっと用がありますので、これで失礼します。

(3) ちょっとおたずねしますが、この辺に有田さんというお宅はありませんか？

(4) すみません、ちょっと手伝ってください。

(5) A：ちょっとこの辺でお茶でも飲みませんか？

B：ええ、そうですね。

(6) A：これで決まりですね。

B：ちょっと待ってください。わたしはまだいいとは言っていません。

(7) A：おでかけですか？

B：ええ、ちょっとそこまで。

会話で用いる婉曲表現。量の少なさという意味は強くなく、程度が軽いことを匂わせる。話し手が自分の行為について述べる場合や、相手に頼んだりする場合などに使う。依頼などでは、「ちょっと」を付ける方がやわらかく響く。(7)は、人に会ったときのあいさつの定型表現。

b　ちょっと ＜語調のやわらげ＞

(1) A：この手紙の文章は、ちょっとかたすぎませんか？

B：そうですか。じゃ、もう一度書き直してみます。

(2) A：山田さんが急病で、当分会社に出てこられないそうです。

B：そうか、それはちょっと大変だな。

(3) この問題は君にはちょっと難しすぎるんじゃないかな。

(4) 一日で仕上げるのはちょっと無理だ。

(5) A：十時ではいかがでしょうか。

B：十時はちょっと都合が悪いんですけど。

「大変・無理・むずかしい」のような否定的な意味を表す表現に付けて、語調をやわらげるのに使う。

c　ちょっと ＜言いさし＞

(1) A：この写真ここに飾ったらどう？

B：そこはちょっとね…。

(2) A：ご都合が悪いんですか？

B：ええ、ちょっと月曜日は…。

(3) A：このコピー機空いていますか？

B：あ、すみません。まだ、ちょっと…。

会話で使う。「ちょっと」だけ述べて、後の文は省略した形で、否定的な内容を暗示するのに使う。言いにくいことを回避する表現。例えば、(1)では、話し手は、その場所があまり気にいらないという気持ちを示している。また、断りの表現などに付いて調子をやわらげる。(2)(3)のように、後の文を省略すると、断りの表現などの代わりに用いられ、それだけで、相手に理解される。受諾など肯定的な意味を表す文の場合は省略しないのが普通。

3　ちょっと ＜プラス評価＞

(1) この本、ちょっとおもしろいよ。

(2) この先にちょっといいレストランをみつけた。

(3) A：彼がどんな小説を書くか、ちょっと楽しみです。

B：そうですね。

(4) A：あ、バッグ買ったの？

B：うん、ちょっといいでしょ。

「ちょっと」を、いい意味をもつ評価や属性を表す表現に付けると、程度の低さより、話し手が普通以上によいと判断していることを示す。婉曲的な表現になる。「かなり」に近い。「すこし」にはこの用法はない。

→【かなり】

4　ちょっと…ない

a　ちょっと…ない ＜プラス評価＞

(1) こんなにおもしろい映画は最近ちょ

っとない。

(2) この本は読み出したらちょっとやめられませんよ。

(3) こんなおいしいもの、ちょっとほかでは食べられない。

(4) あの人のあんな演説は、ちょっとほかの人にはまねができないだろう。

否定的な意味を表す表現とともに使って、否定を強調するが、普通以上によいとプラスの評価をする場合に使うことが多い。例えば(1)はおもしろい映画に対するほめ言葉。

b　ちょっと…ない ＜語調のやわらげ＞

(1) A：田中先生の研究室はどちらですか？
　B：すみません。ちょっとわかりません。

(2) A：あしたまでに全部現像してもらえますか？
　B：それは、ちょっとお約束できないんですけど。

(3) A：今、ちょっと手が離せないので、あとでこちらからお電話します。
　B：そうですか。じゃあ、あとでよろしく。

否定的な意味を表す表現とともに使う。「すこし」という意味ではなく、否定の言い方をやわらげるのに使う。例えば、(1)のBの言葉は、実際には「全然わからない」ということを婉曲に言っており、「すこしわからない部分がある」という意味ではない。

5　ちょっと ＜呼びかけ＞

(1) ちょっと、そこの方、財布落としましたよ。

(2) ちょっと、これは何ですか。スープの中にハエが入ってるじゃないの。

(3) ちょっと、だれか来て手伝って。

(4) ちょっと、お願いだからもう少し静かにしてて。

人の注意を引き付けるのに使う。単に、呼びかけるだけでなく、イントネーションによって、非難、威嚇、哀願などの気持ちを表す。

6　ちょっとしたN

a　ちょっとしたN ＜程度のやわらげ＞

(1) ちょっとしたアイデアだったが、大金になった。

(2) ちょっとした病気がもとで亡くなった。

(3) 酒のつまみには、何かちょっとしたものがあればそれでいい。

「軽い・あまりたいしたものではない・ささいな」という意味。

b　ちょっとしたN ＜プラス評価＞

(1) 彼は、両親の死後、ちょっとした財産を受け継いだので、生活には困らない。

(2) パーティーでは奥さんの手料理が出た。素人の料理とはいえ、ちょっとしたものだった。

(3) 彼の帰国は、まわりの人にとって、ちょっとした驚きだった。

普通以上によいということをややぼかして控えめに述べるのに用いる。「かなりのN」でいいかえられることが多い。

→【かなり】

【つ…つ】 N1

[VR-つVR-つ]

(1) 彼に会おうか会うまいかと悩んで、家の前を行きつ戻りつしていた。

(2) お互い持ちつ持たれつで、助け合いましょう。

(3) 初詣の神社はものすごい人出で、押しつ押されつ、やっとのことで境内までたどり着いた。

(4) 久しぶりに友人とさしつさされつ酒を飲んで何時間もしゃべった。

「行く－戻る」のような反対の意味を持つ動詞や「押す－押される」のように能動と受動の形を並べて、両方の動作が交互に行われることを表す。「行きつ戻りつ・持ちつ持たれつ」などのように定型化した言い方で使う。

【つい】

(1) 太るとわかっていながら、あまりにおいしそうなケーキだったので、つい食べてしまった。

(2) お酒はやめたはずだが、目の前にあると、つい手が出る。

(3) そのことは口止めされていたのに、つい口をすべらせてしまった。

(4) おしゃべりが楽しくてつい遅くなってしまった。

(5) よく周りから声が大きいと苦情がでるので気をつけてはいるのだが、興奮するとつい声が大きくなる。

してはいけないと思っていることや、自分でしないようにしていることを抑制がきかずにしてしまうという意味を表す。「てしまう」と一緒に使うことが多い。

→【てしまう】3

【ついて】

→【について】

【ついでに】 N2N3

1 ついでに

(1) 図書館へ本を借りにいった。ついでに、近くに住んでいる友達のところへ行ってみた。

(2) でかけるのなら、ついでに、この手紙を出してきてくれませんか？

「その機会を利用して」という意味を表す。本来の目的を果たすときに、追加の形で何か他のこともするということを表すのに用いる。

2 …ついで(に)

[Nのついで(に)]

[Vついで(に)]

(1) 京都へ行くついでに、奈良を回ってみたい。

(2) 洗濯機を直すついでに、ドアの取っ手も直してもらった。

(3) 姉は実家に遊びに来たついでに、冷蔵庫の中のものをみんな持って帰った。

(4) 買い物のついでに、図書館へ行って本を借りて来た。

(5) 兄は出張のついでだといって、わたしの仕事場へ会いに来た。

「本来の目的を果たすNやVの表す行為に加えて」という意味を表す。追加の形で他のこともするということを表すのに用いる。名詞は、活動を表すものを用いる。次のように「Nついで(に)」となることもある。

(例) 買い物ついでに、図書館へ行って本を借りて来た。

【ついては】

(1) ≪手紙≫今年も町内大運動会を開催することになりました。ついては皆様奮ってご参加下さいますようお願いいたします。

(2) 家族３人で１泊２日の伊豆旅行を計画しています。ついては、手頃な旅館を教えて下さい。

「そういう理由で」という意味を表す。書き言葉的で、婉曲な言い方。聞き手(読み手)にフォーマルな形で何かを報告したり、頼んだりするような場合に使われることが多い。丁寧な形は「つきましては」となる。

→【つきましては】

【ついに】N2N3

1 ついにV-た

(1) 1995年、トンネルはついに完成した。
(2) 登山隊は、ついに頂上を征服した。
(3) 待ちに待ったオリンピックがついに始まった。
(4) 留学生の数は年々増え続け、ついに10万人を超えた。
(5) 客は、一人去り二人去りして、ついに誰もいなくなった。
(6) 遭難して五日目、食糧も水もついに底をついた。

さまざまな経過を経てとうとう実現する様子を表す。(1)(2)のように、長い時間がかかって、あるいは、たいへんな苦労をして、何かが完成したり成功したような場合や、(3)のように何か大きなできごとが始まったり終わったりする場合によく使われる。また、(4)のように、区切りや目標となるような大きな数値に達した場合や、(5)(6)のように、状態がしだいに変化していって、話し手が予想していた最終的な段階に至った場合に使う。

「ついに」は、途中の経過よりも起こったできごとの方に重点をおいた表現で、次の(例1)は、「完成した」という結果に重点がおかれている。(例2)の「やっと」は、「たいへんな工事で時間がかかった」という途中の経過の方に重点をおいた表現である。

(例1) 1995年、トンネルはついに完成した。
(例2) 1995年、トンネルはやっと完成した。

似た表現に「やっと・とうとう」がある。詳しくは【やっと】1を参照。

→【とうとう】1【やっと】1

2 ついにV-なかった

(1) 閉店時間まで待ったが、彼はついに姿を現さなかった。
(2) 彼の願いはついに実現しなかった。
(3) 彼はついに最後まで謝らなかった。
(4) メガネをなくして家中探したが、ついに見つからなかった。

話し手の期待や予想が、最後まで実現しなかった場合に使う。(1)～(4)の例に「とうとう」を使うことはできるが、「やっと」は使えない。

→【とうとう】2

3 ついには

(1) この病気は、次第に体が衰弱し、ついには死亡するという恐ろしい病気だ。
(2) 血のにじむような練習に明け暮れて、ついには念願の優勝を勝ち取った。

さまざまな経過を経て、最終的にある結末に至る様子を表す。書き言葉的表現。

【つきましては】

(1) ≪招待状≫この度、新学生会館が完成いたしました。つきましては、次の通り落成式を挙行いたしますので、ご案内申し上げます。
(2) 先月の台風で当地は大きな被害を受けました。つきましては皆様にご支援いただきたくお願い致します。

「ついては」の丁寧な表現。公式の手紙などでよく使われる。

→【ついては】

【っきり】

[Nっきり]

[VR-っきり]

[V-たっきり]

(1) ふたりっきりで話しあった。
(2) 一晩中つきっきりで看病した。
(3) 家を飛び出して行ったっきり戻って来ない。

「きり」の話し言葉での言い方。

→【きり】

【っけ】 N2N3

[N／Na　だ(った)っけ]

[A-かったっけ]

[V-たっけ]

(1) あの人、鈴木さんだっけ？
(2) 君、これ嫌いだったっけ？
(3) この前の日曜日、寒かったっけ？
(4) もう手紙出したっけ？
(5) しまった！　今日は宿題を提出する日じゃなかったっけ。

はっきり記憶していないことを確認するのに使う。(5)のように自分に確認するような気分で独り言を言うときにも使う。「んだ」のあとに付いて次のように言うこともある。

(例)　明日田中さんも来るんだっけ。

丁寧体は「N／Naでしたっけ・V-ましたっけ・…んでしたっけ」となるが、「A-かったですっけ」という形はない。くだけた話し言葉。

【っこない】 N2N3

[VR-っこない]

(1) A：毎日5時間は勉強しなさい。
　　B：そんなこと、できっこないよ。
(2) いくら彼に聞いても、本当のことなんか言いっこないよ。
(3) 俳優になんかなれっこないと親にも言われたけれど、夢は捨てられなかった。
(4) こんなひどい雨では頂上まで登れっこないから、きょうは出かけるのはやめよう。
(5) 山口さんなんか、頼んだってやってくれっこないよ。

動詞の連用形と共に用いて、ある事の起こる可能性を断定的に強く否定する。「絶対…しない・…するはずがない・…するわけがない」などに近いくだけた話し言葉。親しい間柄の会話などで使う。

【ったら】

1 Nったら

(1) A：松井さん昔はほんとうに小さくてかわいかったけど、今はすっかりいいお母さんだね。
　　B：まあ先生ったら。小学校を卒業してからもう20年ですよ。
(2) A：このカレンダーの赤丸なんだったかな。
　　B：もうあなたったら忘れたの？私たちの結婚記念日じゃありませんか。
(3) 多恵子ったら、どうしたのかしら。いくら呼んでも返事がないけど。
(4) お母さんったら。ちゃんと話を聞いてよ。
(5) 太郎ったら、今日も遅刻して先生に怒られてたよ。

Nを話題に取り上げて述べるのに用いる。親しみ、からかい、たしなめ、非難、心配などの気持ちを込めて使われることが多い。くだけた話し言葉。

2 Vったら

(1) こっちへ来いったら。

(2) やめろったらやめろよ。

(3) やめてったらやめてよ。

命令形や、テ形に付いて、「こう言っているのにどうしてそうしないのだ」という気持ちで相手に強く言うのに用いる。同じ動詞を繰り返して使うことが多い。命令形は主に男性が使う。くだけた話し言葉。

3 …ったら

(1) A：ひとりで出来るの？
　B：出来るったら。

(2) A：飲んだらコップちゃんと洗ってよ。
　B：うん、わかった。
　A：ほんとにわかってるの？　コップは？
　B：わかったったら。同じこと何度も言うなよ。

相手の言葉を受けて、相手の自分に対する疑いなどをはねつける気持ちを表す。くだけた話し言葉。

4 …ったらない

(1) うちのおやじ、うるさいったらない。

(2) あの時のあいつのあわてかたったらなかったよ。

程度が激しいことを表す。くだけた話し言葉。

【つつ】

動詞の連用形に付く。書き言葉や改まった会話で用いるのが普通。

1 V_R-つつ ＜同時＞ N2N3

(1) 彼は、「春ももう終わりですね」と言いつつ、庭へ目をやった。

(2) 静かな青い海を眺めつつ、良子は物思いにふけっていた。

(3) この会議では、個々の問題点を検討しつつ、今後の発展の方向を探っていきたいと思います。

(4) その選手はけがした足をかばいつつ、最後まで完走した。

同一の主体がひとつの行為を行いながら、同時にもうひとつの行為をすることを表す。「ながら」とだいたい同義だが、「…つつ」の方は、書き言葉として用いる傾向が強い。

→【ながら】1

2 V_R-つつ ＜逆接＞

a V_R-つつ N2N3

(1) 夏休みの間、勉強しなければいけないと思いつつ、毎日遊んで過ごしてしまった。

(2) 早くたばこをやめなければいけないと思いつつ、いまだに禁煙に成功していない。

(3) 彼の言い訳がうそだと知りつつ、わたしはお金を貸した。

(4) 心の内ではバカバカしい仕事だと思いつつ、にこやかな顔で客に応対している。

相反するふたつのことがらを結びつけるのに用いる。例えば、(1)は、「思っていたけれど」の意味。「のに」や「ながら」の逆接的用法に近い。

→【ながら】3【のに1】1

b V_R-つつも N2N3

(1) 彼は、腹痛に悩まされつつも、走り続けた。

(2) 「健康のために働き過ぎはよくないのよ」と言いつつも、彼女は決して休暇をとらないのだ。

(3) 医者に行かなければと思いつつも、忙しさに紛れて忘れてしまった。

(4) 設備の再調査が必要だと知りつつも無視したことが、今回の大事故につながったと思われる。

上の「V_R-つつ」と同じ。

→【つつ】2a

3 V_R-つつある N2N3

(1) 地球は急速に温暖化が進みつつある。

(2) この会社は現在成長しつつある。

(3) この海底では長大なトンネルを掘りつつあります。

(4) 手術以来、彼の体は順調に回復しつつあるようです。

(5) 若い人が都会へ出て行くため、五百年の伝統のある祭りの火がいまや消えつつある。

(6) その時代は静かに終わりつつあった。

動作や作用がある方向へ向かって続いている状態を表す。(1)～(4)は「ている」と置きかえて同様の意味を表すことができる。(5)(6)のように、「ている」に変えると結果の状態の意味になるものは「ている」と置きかえられない。

→【ている】1

【つづける】N4

[V_R-つづける]

(1) ここ数年、円安の影響で外国人観光客が増え続けている。

(2) 一時間以上歩き続けているのに、まだ目的地に到着しない。

(3) 私は今日まで40年間、一日も休まず働き続けて来ました。

(4) 子供の頃からアイドルになりたいという夢を持ち続けて歌や踊りを習っている。

(5) 彼はずっとプロ試験に落ち続けているが、まだプロになることを諦めていない。

動作や出来事が継続したり状態が維持されたりすることを表す。(5)の「落ちる」のように瞬間的な動きを表す動詞が用いられたときは、動作や出来事が繰り返し生起することを表す。

【って】

1 NってN

(1) これ、キアリーって作家の書いた本です。

(2) A：留守の間に人が来ましたよ。
B：なんて人？

(3) 佐川さんって人に会いました。友達だそうですね。

(4) 駅前のベルって喫茶店、入ったことある？

くだけた会話で使う表現。「NというN」の縮まった形。「キアリーっていう作家／なんていう人」のように「NっていうN」の形でも使う。話し手が知らない、あるいは聞き手が知らないだろうと考えられるものごとについて述べるときに使う。疑問詞「何」のあとでは「って」ではなく、「なんて」になる。

(誤) なんって人。

(正) なんて人。

→【という$_2$】1

2 …って <主題>

[N／A って]

[V(の)って]

(1) WHOって、何のことですか？

(2) ヒアリングって、何のことですか？

(3) ゲートボールって、どんなスポーツですか？

(4) 赤井さんって、商社に勤めているんですよ。

(5) 山田課長って、ほんとうにやさしい人ですね。

(6) うわさって、こわいものです。

(7) 生きてるって、すばらしい。

(8) 若いって、すばらしい。

(9) 反対するって、勇気のいることです。

(10) 都会でひとりで暮らすのって、大変です。

(11) どちらかひとつに決めるのって、むずかしい。

そのことを話題として取り上げて、定義や意味について述べたり、評価を与えたりするのに使う。くだけた会話の表現。改まった書き言葉では、「とは」となる。

→【とは】1

3 …って <引用>

(1) 彼はすぐ来るっていってますよ。

(2) それで、もうすこし待ってくれっていったんです。

(3) A：お母さん、きょうは、だめだって。
　B：じゃあ、いつならいいんだろう。

(4) A：電話して聞いてみたけど、予約しなくちゃいけないって。
　B：ああ、そう。

文を引用する「と」に対応するくだけた会話の表現。改まった会話以外では、広く用いられ、男性、女性の別なく使う。(1)は「彼はすぐ来るといっていますよ」の意味。(3)(4)のように、あとの部分を省略して、聞いたことなどを伝える表現としても使う。

→【と$_3$】4

4 …って <繰り返し>

(1) A：これ、どこで買ったの？
　B：どこって、デパートだよ。

(2) A：もうこの辺でこの件は終わりにしてほしいんだが。
　B：終わりにするって、一体どういうことですか。

相手の言ったことをくりかえして、詰問に対して応酬したり、反問したりするのに用いる。くだけた会話の表現。「とは」に言い換えられることが多い。

→【とは】2

5 …んだって

[N／Na　なんだって]

[A／V　んだって]

(1) あの人、先生なんだって。

(2) 山田さん、お酒、きらいなんだって。

(3) あの店のケーキ、おいしいんだって。

(4) 鈴木さんがあす田中さんに会うんだって。

(5) A：あの人、先生なんだって？
　B：うん、英語の先生だよ。

(6) A：山田さん、お酒、きらいなんだって？
　B：ああ、そう言ってたよ。

(7) A：あの店のケーキ、おいしいんだって？
　B：いや、それほどでもないよ。

(8) A：鈴木さんがあす田中さんに会うんだって？
　B：うん、約束してるんだって。

「のだ／んだ」と、＜引用＞の「って」が結び付いた形。人から聞いて得た情報であること（伝聞）を表す。(5)〜(8)は上昇調で、聞いたことを持ち出して聞き手に確認の問いかけをする表現。男女の別なく、くだけた会話で使う。「(な)のだって」はほとんど使わず「んだって・んですって」になることが多い。

「んですって」は主に女性が使うが、「です」が入っていても目上に対しては使えず、「あの人は先生なんだそうです」のように言う。

→【って】3

6　…たって

→【たって】

【っていうか】

「というか」のくだけた言い方。

→【というか】

1　…っていうか

(1) レストランっていうか食堂っていう感じの店だったよ。

(2) 質問っていうか尋問みたいな聞き方だった。

(3) あの人はなんかこう、品性がないっていうか…。

「AというかB」の形で、「Aと言うよりBと言う方が適切だ」という意味を表す。(3)のように、「A」だけで言いさして断定を避けるのに使われることがある。

2　…っていうか…っていうか

(1) 女神っていうか魔女っていうか、とにかく変な格好してた。

(2) あの人は思慮深いっていうか、慎重だっていうか、要するに優柔不断っていうことじゃない？

「AっていうかBっていうか」の形で、AとBのどちらがよい言い方か考えている様子を表す。

3　っていうか

(1) A：山田さん、来ないって言ってるけど、遠慮してるのかなあ。
　　B：っていうか、来たくないんじゃない？

(2) A：まずは書類の整理から始めよう。
　　B：っていうか、この部屋暑すぎない？

(1)のように、直前に言われた言葉を修正するのに用いる。最近では(2)のように相手の言っていることと違う話に転換するのに用いることがある。

【ってば】

(1) A：この字、間違ってるんじゃないか？
　　B：合ってるよ。
　　A：いや、絶対、間違ってるってば。

(2) A：宿題やったの？
　　B：うん。
　　A：もう９時よ。
　　B：やったってば。

(3) A：お母さん。
　　B：…
　　A：お母さんってば。聞いてるの？

親しい間柄同士のくだけた会話で、話し手の主張を強調するのに使う。自分の主張が通じなくて話し手が少しいらだっているような場合に使われる。また(3)のように相手の注意を引くときに用いることもある。

【っぽい】 N2N3

[Nっぽい]

[VR-っぽい]

(1) 男は白っぽい服を着ていた。

(2) あの人は忘れっぽくて困る。

(3) 30にもなって、そんなことで怒るなんて子供っぽいね。

(4) この牛乳、水っぽくてまずいよ。

(5) 死ぬだとか葬式だとか、湿っぽい話はもうやめよう。

名詞や動詞の連用形に付いて、「その感じがする／傾向がある」などの意味を表すイ形容詞を作る。

(1)のように「赤・白・黒・黄色・茶色」など色を表す名詞と共に用いられて、「その色をおびている・その色に近い」という意味を表す。(2)のように「怒る・ひがむ・ぐちる・忘れる」などの動詞の連用形に付いて、「すぐに／よく…する」という人の性質を表す。また、(3)のように人を表す名詞について、「子供／やくざのようだ・いかにも女／男という感じがする」という意味を表す。

その他「水っぽい(水の量が多くて薄い)・湿っぽい(湿っている感じがする、陰気な)・熱っぽい(熱がある感じがする)」などがある。「子供っぽい・水っぽい」は話し手のマイナス評価を含む。プラス評価を表すときには「子供らしい・みずみずしい」が用いられる。

【つまり】N2N3

1 つまり

(1) 彼は、母の弟、つまり私の叔父である。

(2) 両親は、終戦の翌年、つまり1946年に結婚した。

(3) 相思相愛の仲とは、つまりお互いのことを心底愛し合っている関係のことである。

(4) A：これは、ちょっとむずかしいなあ。

B：つまり「引き受けていただけない」ということですね。

語句や文を受けて、それを同じ意味内容をもつ別の語句や表現で言いかえる用法。例えば(4)は相手の発言を受けて、それを話し手が自分の言葉で言いかえている。「すなわち」に近いが、「つまり」の方が話し言葉的である。したがって、(4)のような会話では「すなわち」での言いかえは不自然である。

→【すなわち】

2 つまり(は)

(1) つまり、責任は自分にはないとおっしゃりたいのですね。

(2) A：まあ、それほど忙しいというわけでもないんですけど…。

B：つまり、君は何が言いたいんだ。

(3) 私の言いたいことは、つまり、この問題の責任は経営者側にあって…。そのつまり、社員はその犠牲者だということです。

(4) 子供の教育は、つまりは、家庭でのしつけの問題だ。

途中の経過はいちいち説明しないで、最終的な結論を述べる場合に用いる。(1)(2)は、聞き手の結論を確認したり促す用法。(3)は、話し言葉で間つなぎ的に使われる用法。(4)のように「つまりは」の形で使われることもある。「結局・要するに」で言いかえられることが多い。

【つもり】

1 V-るつもり

a V-る／V-ない　つもりだ N4

(1) 来年はどこか外国に旅行するつもりだ。

(2) 友達が来たら、東京を案内するつもりだ。

(3) たばこは、もう決してすわないつもりだ。

(4) 山本さんも参加するつもりだったようですが、都合で来られなくなってしまいました。

(5) A：これから、美術館へもいらっしゃいますか？

B：ええ、そのつもりです。

意志、意図を表す。話し手の意志でも、第三者の意志でもかまわない。「V-ないつもりだ」は、ある行為を行わないという意志を示す。また、動詞部分を省略する場合は、(5)のように「その」を付ける。「はい、つもりです」というのは間違い。

b　V-るつもりはない

(1) この授業を聴講してみたい。単位をとるつもりはないけれど。

(2) 絵は趣味で描いているだけで、プロになるつもりはない。

(3) 今すぐ行くつもりはないが、将来留学したいと思っている。

(4) この失敗であきらめるつもりはないけれど、やはりひどくショックなのには変わりがない。

(5) このけんかはあの人達が始めたことで、わたしにはそんなことをするつもりは全くなかったんです。

(6) A：この条件で何とか売っていただけないでしょうか。
B：いくらお金をもらっても、この土地を売るつもりはない。帰ってください。

話し手の「...しよう」という意志の存在を否定するのに用いる。この表現を用いる場合、話し手は、その状況で聞き手が予想あるいは期待しそうな行為を想定した上で、そのようなことをする意志はないと否定する。(3)(4)のように、聞き手の予測しそうな内容について述べて、前置きとする場合もある。

c　V-るつもりではない

(1) すみません、あなたの邪魔をするつもりではなかったんです。

(2) A：彼はあなたが批判したといって気にしていましたよ。
B：あの、そんなつもりではなかったんです。

話し手の「...しよう」という意志の存在を否定するのに用いる。自分のとった行為や態度についてて誤解を招きそうな場合に、「本当はそんな意図はない／なかった」と弁解したり、自己弁護したりするために用いることが多い。「V-るつもりはない」に言いかえられる。

→【つもり】1b

d　V-るつもりで

(1) 今日限りでやめるつもりで、上司に話しに行った。

(2) いっしょに食べるつもりでお菓子を買って行ったが友達は留守だった。

(3) 今回の試合には絶対負けないつもりで練習に励んできた。

「そういう意志をもって」という意味を表す。

2　...つもりだ

[Nのつもりだ]
[Naなつもりだ]
[Aつもりだ]
[V-た／V-ている　つもりだ]

a　...つもりだ ＜信念＞

(1) ミスが多かったが、今日の試合は練習のつもりだったからそれほど気にしていない。

(2) まだまだ元気なつもりだったけど、あの程度のハイキングでこんなに疲れてしまうとはねえ。もう年かなあ。

(3) まだまだ気は若いつもりだよ。

(4) よく調べて書いたつもりですが、まだ間違いがあるかもしれません。

(5) A：君の仕事ぶり、評判いいよ。
B：そうですか。ありがとうございます。お客様にご満足いただけるよう、毎日ベストをつくしているつもりです。

主語が一人称の場合、「話し手がそう思っている／そう信じている」という意味を表し、それが他の人が事実だと考えることとくいちがっているかどうかは関係がない。

b　…つもりだ ＜反事実＞

(1) なによ、あの人、女王のつもりかしら。

(2) あの人は自分では有能なつもりだが、その仕事ぶりに対する周囲の評価は低い。

(3) 彼女のあの人を小ばかにしたような態度は好きじゃないな。自分ではよほど賢いつもりなんだろうけどね。

(4) 君はちゃんと説明したつもりかもしれないが、先方は聞いてないといっているよ。

(5) 彼女はすべてを知っているつもりだが、本当は何も知らない。

主語が二人称や三人称の場合、「その人が信じていることが(話し手や他の人の考える)事実とくいちがっている」という意味を表す。

c　V-たつもりはない

(1) 私はそんなことを言ったつもりはない。

(2) あの人、怒ってるの？　からかったつもりはないんだけどねえ。

(3) A：彼、あなたに服をほめられたって喜んでたわよ。

B：こまったな。ほめたつもりはないんだけどな。

自分の行為に対する相手の解釈・判断を否定する場合に使う。(3)は「そんなつもりはないんだけどな」とも言える。

3　V-たつもりで

(1) 旅行したつもりで、お金は貯金することにした。

(2) 学生たちはプロのモデルになったつもりで、いろいろなポーズをとった。

(3) 昔にもどったつもりで、もう一度一からやり直してみます。

(4) 完成までまだ一週間かかるのに、もう終わったつもりで、飲みに行った。

(5) 死んだつもりで頑張ればできないことはない。

「ある行為をする前提として／仮に想定して」という意味を表す。「したと見なして／考えて／仮定して」などに言いかえられる。(5)の「死んだつもりで」は強い決心で何かをする様子を表す慣用表現。

【づらい】

→【にくい】

【つれて】

→【につれて】

【て】

[N／Na　で]

[A-くて]

[V-て]

名詞とナ形容詞には「で」が付く。イ形容詞では「くて」。動詞の場合、辞書形がグ・ヌ・ブ・ムで終わるものは「で」、それ以外は「て」となる。前の節と後ろの節をゆるやかに結びつける働きを持ち、文脈に応じてさまざまな意味を表す。「ない」には「ないで」と「なくて」の2つの形がある。

→【ないで】【なくて】

1　…て ＜継起＞ N5

(1) 朝ご飯を作って、子供を起こした。

(2) しっかり安全を点検して、それからかぎをかけた。

(3) まず、買い物をして、それから、映画を見て、帰って来た。

(4) 電話で面会の約束をとりつけて、会いに行った。

行為を表す節をつなぎ、それらが連続して起こることを表す。いくつかの行為や状態が交代して起こる場合、また時間の順とかかわりなく述べる場合は、「て」ではなく、「たり」を用いる。

(例1) 男の人が家の前を行ったり来たりしている。

(例2) きのうは友達と一緒に映画を見たり食事をしたりしました。

→【たり】1

2 …て ＜原因・理由＞ N5

(1) びっくりして、口もきけなかった。

(2) 外が真っ暗でこわかった。

(3) めずらしい人から手紙をもらってうれしかった。

(4) 近くの川が氾濫して、この町の半分近くの家が浸水した。

(5) A：家の中がやけに暑いね。
B：うん。今、停電していてクーラーが使えないんだよ。

後ろの節で述べられた事柄が生じた原因や理由を表す。

3 …て ＜並立＞

(1) 地下鉄は速くて安全だ。

(2) その町では、親切で思いやりのある人たちに助けられた。

(3) おじいさんは髪の毛が真っ白で腰が少し曲がっている。

形容詞などを用いた属性や状態を表す複数の節をつなぎ、複数の属性を並べて述べるのに使う。

4 …て ＜対比＞

(1) 弟は韓国に留学していて、姉は台湾で働いている。

(2) 社長は会議に出席中で、部長は外出中です。

(3) 東京では大雨が降っていて、風もかなり強くなっています。

動作や作用を表す複数の節をつなぎ、それらの事柄を対比的に示すのに使う。

5 …て ＜付帯状況＞

(1) 姉は着物を着てお茶会に出掛けた。

(2) 公園には犬を連れて散歩している人が多い。

(3) そんな大きな荷物を持って階段を下りたら危ないよ。

(4) 随分頑張って勉強しているね。

後ろに動詞の節を伴って、「…の状態で…する」という意味を表す。

6 …て ＜手段＞ N5

(1) 新幹線に乗って大阪に行った。

(2) 留学するためにアルバイトをしてお金を貯めています。

(3) このドアは押しても開きません。横に引いて開けてください。

後ろに動詞の節を伴って、その行為を行うための手段や方法を表す。

【て…て】

[NaでNaで]

[A-くてA-くて]

[V-てV-て]

(1) 連絡がいつまで待っても来ないので、不安で不安で仕方がなかった。

(2) お土産を買い過ぎたので、トランクが重くて重くて腕がしびれそうだった。

(3) はじめて着物を着たら、帯がきつくてきつくて何も食べられなかった。

(4) 走って走ってやっと間に合った。

(5) 一晩中飲んで飲んで飲みまくった。

同一の動詞や形容詞をくりかえすことによって、程度を強調する。会話で用いるのが普通。

【で₁】

(1) ≪写真を見せながら≫これが田中先生の奥さん。で、こっちが息子さんの孝君。

(2) あしたから試験なんだ。で、この2、3日はほとんど寝てないんだ。

(3) A：私には、ちょっと無理じゃないかと思うんですが。
B：で？　どうだと言うの？

(4) A：今の仕事やめようと思っているんです。
B：ああ、そう。で、やめた後、どうするつもりなんだ。

(5) ようやく結婚式の日取りも決まりました。で、実は先生にお願いがあるのですが。

話し手、あるいは聞き手の前の発言を受けて、そこから話を続けたり、相手に情報提供を求めたりする場合に用いる。「それで」が短くつまったもので、普通、話し言葉で用いられる。たいていの場合、「それで」で言いかえができるが、(5)のように、依頼を切り出すような場合は、「そこで」との置きかえも可能。

→【それで】【そこで】1

【で₂】

1 NでV ＜手段＞ N5

(1) 駅までバスで行った。

(2) 万年筆かボールペンで記入してください。

(3) この料理はオーブンで20分焼いてください。

(4) 会議は英語でおこなわれた。

(5) この電気スタンドは竹で作ってあります。

さまざまな動詞とともに用いて、名詞が示すものがその動作を行う手段、方法、材料、原料であることを表す。

2 NでV ＜動作の場所＞ N5

(1) 子供たちは外で遊んでいます。

(2) 夜はイタリア料理店でアルバイトをしている。

(3) 畳の部屋で寝るのははじめてですか？

(4) 2時から会議室で打ち合わせがあります。

(5) 研修センターで送別会があった。

(6) 家の前でバイクの事故があった。

動作を表す動詞とともに用いて、名詞が示すものが動作や出来事や行事が行われる場所であることを表す。存在場所を表す「に」は使えない。

(誤) 図書館に勉強します。

(正) 図書館で勉強します。

3 NでV ＜原因・理由＞ N5

(1) 台風で屋根が飛ばされた。

(2) 子供は病気で寝ています。

(3) 踏切の事故で電車が遅れています。

(4) 今年は猛暑で作物が大きな被害を受けた。

(5) お花見で上野公園に行った。

(6) 試験勉強で毎晩遅くまで勉強している。

出来事を表す動詞とともに用いて、名詞の表すものが出来事の原因や理由であることを表す。(5)や(6)は理由とも目的とも解釈できる。

4 NでV ＜材料・構成物＞ N5

(1) 石とレンガで家を作った。

(2) 駅前広場は観光客でいっぱいだった。

(3) 友達と5人で俳句の同好会を作った。
(4) この地区は7つの集落で構成されている。

動作や出来事を表す動詞とともに用いて、名詞の表すものが動作や出来事の材料や構成物であることを表す。

5 Nで

(1) 富士山は日本で一番高い山です。
(2) 1週間で報告書を仕上げなければならない。
(3) スポーツではテニスが得意です。
(4) 季節の中では秋が好きです。
(5) 仕事は5時で終わりですがボランティア活動をしているので、うちに帰るのは9時過ぎです。
(6) 若者のあいだで人気がある作家を教えてください。
(7) A：これで終わりですか？
B：ええ、これで全部です。

動詞や形容詞などとともに用いて、その出来事や状態が関係する範囲、限度、限界を示すのに用いる。例えば(1)は「一番高い山」を問題にする場所の範囲を「日本」と限定し、(2)は「報告書を仕上げなければならない」時間の範囲を「1週間」と限定している。(5)の場合は「仕事が終わる」期限を5時と限っている。

存在場所を表す「に」は使えない。

(誤) 世界にもっとも住みやすい都市
(正) 世界でもっとも住みやすい都市

【てあげる】

ぞんざいな言い方に「てやる」、丁寧な言い方に「てさしあげる」がある。

→【てさしあげる】【てやる】

1 V-てあげる N4

(1) おばあさんが横断歩道で困っていたので、手を引いてあげた。
(2) 妹は母の誕生日に家中の掃除をしてケーキを焼いてあげたらしい。
(3) この温かいひざかけ、お母さんに一枚買ってあげたら喜ばれますよ。
(4) 家族連れの観光客に頼まれて集合写真を撮ってあげたら、とても喜ばれました。
(5) A：何を書いているの？
B：できたら、読ませてあげる。
(6) A：ごはん、もうできた？
B：まだ。できたら呼んであげるから、もう少し待ってて。

他の人のために、話し手(または話し手側の人)が何かの行為をすることを表す。行為を受ける人が聞き手であるときは、(5)(6)のように対等の関係で、なおかつ親しい人でないとおしつけがましく聞こえ、失礼になる。話し言葉では「話してあげる→話したげる」「読んであげる→読んだげる」のように「たげる」の形になることも多い。

なお、他の人の体の一部や持ち物に対して行為をする場合や他の人に直接働き掛ける場合は「…にV-てあげる」とは言えない。

(誤) おばあさんに手を引いてあげた。
(正) おばあさんの手を引いてあげた。
(誤) 友達に荷物を持ってあげた。
(正) 友達の荷物を持ってあげた。
(誤) キムさんに手伝ってあげた。
(正) キムさんを手伝ってあげた。

→【たげる】

2 V-てあげて　くれ(ないか)／ください

(1) ケーキを作ったので、おばあさんに持っていってあげて下さい。
(2) 太郎くん、今度の日曜日、暇だったら花子さんの引っ越しを手伝ってあげてくれない？　私、用事があってどうしても行けないのよ。

第三者の利益になる行為をしてほしいと依頼するときに用いる。その第三者が話し手側の人間である場合には「...てやってくれ／くれないか／ください」を使う方が普通。

→【てくれる】3

【てある】N5

[V-てある]

(1) テーブルの上には花が飾ってある。

(2) A：辞書どこ？
B：辞書なら机の上においてあるだろ。

(3) 黒板に英語で Goodbye! と書いてあった。

(4) 窓が開けてあるのは空気を入れかえるためだ。

(5) あしたの授業の予習はしてあるが、持っていくものはまだ確かめていない。

(6) 起きてみると、もう朝食が作ってあった。

(7) 推薦状は準備してあるから、いつでも好きなときにとりにきてください。

(8) 電車の中に忘れたかさは、事務所に届けてあった。

(9) ホテルの手配は、もうしてあるので心配ありません。

(10) パスポートはとってあったので、安心していたら、ビザも必要だということが分かった。

(11) その手紙は、カウンターにおかれてあった。

他動詞を用いて、だれかがした行為の結果として残っている状態を表す。文脈によっては「将来に備えて何かを行う」という意味が感じられる場合がある。

動詞の意味上の目的語が主語になり、動作主は言葉に表されないことが多いが動作主の存在は含意されている。「窓があけてある」と似た表現に「窓があいている」があるが、こちらは、動作主の存在を含意しない。「あけてある」の方は言葉で表現しなくても動作主の存在が感じられるが、「あいている」の方にはそれが感じられない。また(11)のように受身が用いられると、動作主の存在がより強く感じられるようになる。「ておく」との違いについては【ておく】を参照。

→【ておく】

【であれ】N1

[NであれNであれ]

[NaであれNaであれ]

(1) 晴天であれ、雨天であれ、予定は変更しない。

(2) 貧乏であれ、金持ちであれ、彼にたいする気持ちは変わらない。

(3) 試験の時期が春であれ秋であれ、準備の大変さは同じだ。

(4) アジアであれ、ヨーロッパであれ、戦争を憎む気持ちは同じはずだ。

(5) それが有名であれ無名であれ、作品はそれ自体の価値で評価されなければならない。

(6) 田中であれ、佐藤であれ、山田であれ、友人ならわかってくれるはずだ。

二つまたはそれ以上の条件を並べ上げ、「どちらの(どの)場合でも同様の結果になる」という意味を表す。「...であろうと...であろうと」「...であっても...であっても」に言いかえられる。イ形容詞の場合は、「あつかれ、さむかれ」「よかれ、あしかれ」のように「...かれ...かれ」の形になる。

かたい話し言葉や、改まった書き言葉で使う。

→【かれ】【であろうと】2

【であろうと】

1 N／Na であろうと(も)

(1) どんな天気であろうと、明日は出発する。

(2) ベテランであろうと、初心者と同じ量の練習をした。

(3) どんなに過酷な状況であろうとも、私たちはこの仕事を必ずやり遂げます。

(4) どれほど好きであろうと、食べすぎは体によくない。

「であっても」のやや古めかしい言い方。

→【ても】1

2 N／Na であろうと N／Na であろうと

(1) 雨であろうと、雪であろうと、当日は予定通り行う。

(2) トラックであろうと、軽自動車であろうと、ここを通る車はすべてチェックするようにという指令が出ている。

(3) 猫であろうと、虎であろうと、動物の子供がかわいいのは同じだ。

(4) それが有名であろうと無名であろうと、作品はそれ自体の価値で評価されるべきだ。

「…であれ…であれ」と同じ。

→【であれ】

3 N／Na であろうとなかろうと

(1) 休日であろうとなかろうと、わたしの仕事には何も関係ない。

(2) 観光地であろうとなかろうと、休暇が楽しく過ごせればどこでもいい。

(3) 仕事であろうとなかろうと、彼は何ごとにも全力をつくさないと気がすまない。

(4) 彼が有名であろうとなかろうと、つり仲間としてはほかの人と同じだ。

「そうでもそうでなくても・どちらの場合でも同様の結果になる」という意味を表す。

【ていい】

(1) この部屋にあるものは自由に使っていい。

(2) ちょっとこの辞書借りていいかしら。

(3) 3000円でいいから、貸してくれないか？

(4) 集合時間、こんなに朝早くていいかな。

(5) 母は、将来は、わたしの好きなようにしていいと言った。

許可や譲歩を表す「てもいい」と同じだが、「ていい」はもっぱら話し言葉で使う。

→【てもいい】1【てもいい】4【てもかまわない】1【てもよろしい】1a

【ていく】

1 V-ていく <移動時の様態>

(1) 学校まで走っていこう。

(2) 重いタイヤを転がしていった。

(3) 時間がないからタクシーに乗って行きましょう。

(4) トラックは急な坂道をゆっくり登って行った。

どんな動作をしながら行くのか、またはどんな手段で行くのかを表す。

→【てくる】1

2 V-ていく ＜遠ざかる移動＞

(1) あの子は、友達とけんかして、泣きながら帰っていった。
(2) ブーメランは大きな弧を描いて彼のもとに戻って行きました。
(3) 船はどんどん遠くに離れて行く。

話し手から遠ざかることを表す。

→【てくる】2

3 V-ていく ＜継起＞

(1) あと少しだからこの仕事をすませていきます。
(2) A：じゃ、失礼します。
B：そんなこと言わないで、ぜひうちでご飯を食べていって下さいよ。
(3) 疲れたからここで休んでいくことにしましょう。
(4) 叔母の誕生日だから、途中でプレゼントに花を買って行きました。

ある行為をしてから行くことを表す。どこかに行くことを前提としてある行為をすることを表すのであって、行くこと自体よりも行く前の行為の方に重点がある。

→【てくる】3

4 V-ていく ＜継続＞ N4

(1) 縮小してもこの工場は続けていくつもりです。
(2) 今後もわが社の発展のために努力していくつもりだ。
(3) 日本ではさらに子供の数が減少していくことが予想される。
(4) 見ている間にもどんどん雪がつもっていく。
(5) その映画で評判になって以来、その俳優の人気は日増しに高まっていった。
(6) 当分この土地で生活していこうと思っている。

ある時点を基準にして、それより先に向かって変化が進展し続けたり行為を続けたりすることを表す。

→【てくる】4

5 V-ていく ＜消滅＞

(1) この学校では、毎年五百名の学生が卒業していく。
(2) 見てごらん、虹がどんどん消えていくよ。
(3) その船はついに海中に沈んでいった。
(4) 毎日交通事故で多くの人が死んでいく。
(5) 仕事についても3ヶ月ぐらいで辞めていく人が多いので困っている。
(6) 英語の単語を覚えようとしているが、覚えたはしから忘れていく。

存在していたものがなくなったり、話し手の視界から遠ざかったりすることを表す。反対に、現れることを表すときは「てくる」を使う。

→【てくる】5

【ていけない】

[V-ていけない]

(1) この音楽を聞くたびに、別れた恋人のことが思い出されていけない。
(2) こんな光景を見ると涙がでていけない。
(3) 最近若い人の言葉遣いが気になっていけない。

「ある感情が自然に(繰り返し)起きてくるが、どうしようもできない」という意味を表す。やや古風な表現。「てしかたがない」とほぼ同じ意味。

→【てしかたがない】

【ていただく】

「てもらう」の丁寧な言い方。さらに丁寧な言い方に、「お…いただく」がある。

→【てもらう】【お…いただく】

1 V-ていただく <受益> N4

(1) 友達のお父さんに、駅まで車で送っていただきました。

(2) 高野さんに教えていただいたんですが、この近くにいいマッサージ師がいるそうですね。

(3) 会議の日程は、もう、山下さんから教えていただきました。

(4) ≪手紙≫珍しいものをたくさん送っていただき本当にありがとうございました。

「てもらう」の謙譲表現。「だれかが話し手、あるいは話し手側の人のためにある行為をする」という意味を表す。普通、恩恵を受けたという気持ちが含まれる。行為をする人は、「に」で示すのが普通だが、情報の伝達やものの受け渡しなどの場合は「から」を用いることもある。

2 V-ていただく <指示>

(1) まず、1階で受け付けをすませていただきます。それから3階の方にいらして下さい。

(2) この書類に名前を書いていただきます。そして、ここに印鑑を押していただきます。

丁寧に指示を与えるのに使われる。一方的に指示できる立場の人しか使えない。

3 V-ていただきたい

(1) A：この次からは、間違えないでいただきたいですね。
B：はい、申し訳ございませんでした。

(2) この忙しいときにすみません、あした休ませていただきたいんですが…。

(3) すみません、もう少し席をつめていただきたいんですが。

「てもらいたい」に対応する謙譲表現。相手に何かしてほしいという希望を述べるのに使う。「ていただきたい」とそのままで使うと、形は丁寧だが、強い要求を表すことが多い。「ていただきたいのですが」という文末を言い切らない形は、遠慮がちに依頼するときに用いる。

4 V-ていただける

(1) A：ご注文のお品ですが、取り寄せますので、3日ほど待っていただけますか？
B：ええ、かまいません。

(2) これ、贈り物にしたいんですが、包んでいただけますか？

(3) A：わたしも手伝いに来ますよ。
B：そうですか。じゃあ、日曜日のお昼頃来ていただけますか？

(4) タクシーがまだ来ませんので、あと5分ぐらい待っていただけませんか？

(5) 先生、論文ができたんですが、ちょっと見ていただけませんか？

(6) そのことはぜひ知りたいんです。もし何か詳しいことがわかったら、連絡していただけませんか？

(7) 5分ほど待っていただける？

(8) こちらにいらしていただけない？

「いただく」の可能形「いただける」を用いて、丁寧な依頼を表す。「いただけますか」よりも「いただけませんか」の方が遠慮がちな表現で、相手が必ずしも依頼に応じてくれるとは限らない場合などによく使われる。(7)(8)は同等か目下の人に対して、主に女性が親しみを込めて上品に依頼する場合に使う。

5 V-ていただけると　ありがたい／うれしい

(1) A：私がやりましょう。
　B：そうですか。そうしていただけるとありがたいです。
(2) 一人では心細いんで、いっしょに行っていただけるとうれしいんですけれど。
(3) ≪手紙≫ご多用中恐縮ですが、添付した資料を確認していただければ幸いです。

「たら・と・ば」など仮定の表現とともに使われて、相手がその行為をすると「ありがたい・うれしい・助かる」など、話し手にとって好ましい状態になることを表す。丁寧な依頼を表すことが多い。

→【たら$_1$】【と$_1$】【ば】

【ていはしまいか】

[V-ていはしまいか]

(1) この問題については賛成派も反対派も、本質的な問題を忘れていはしまいか。
(2) 娘はひとりで旅行にでかけたが、今頃言葉のわからない外国で苦労していはしまいかと気になる。
(3) 幼い子供は両親の家に預けてきたが、寂しくなって泣いていはしまいかと心配だ。
(4) はじめてレポートを書いたときは思わぬ間違いをしていはしまいかと、何度も見直したものである。
(5) 彼は、自分の書いた批評が彼女をおこらせていはしまいかと、おそるおそる挨拶した。

「まい」は否定的な推量を表す古い助動詞で、「しまい」は「しないだろう」に相当する。文型全体は「ていないだろうか」とだいたい同じ意味。例えば、(2)では、話し手は娘がたぶん外国で苦労しているだろうと思っていることを表している。

→【だろう】3【まい】2

【ている】

話し言葉では、「V-てる」になることが多い。

1 V-ている <継続> N5

(1) 雨がざあざあ降っている。
(2) わたしは手紙の来るのを待っている。
(3) 子供たちが走っている。
(4) A：今、何してるの？
　B：お茶飲んでるところ。
(5) 五年前から、日本語を勉強している。
(6) このテーマはもう三年も研究しているのに、まだ結果が出ない。

動作や作用を表す動詞を用いて、その動作・作用が継続中であることを表す。(5)(6)は動作が過去のある時点から現在まで続いていることを表している。動詞によっては、この意味を表さないものがあるので注意する必要がある。例えば、「行く」を用いた「彼は今アメリカに行っている」は、アメリカへ行く途中なのではなく、今アメリカにいるという意味になる。【ている】2を参照のこと。

→【ている】2

2 V-ている <結果> N5

(1) 授業はもう始まっている。
(2) 洗濯物はもう乾いている。
(3) 彼女が着ている着物は高価なものだった。
(4) その集まりには彼も来ていたそうだ。
(5) A：お母さんはいらっしゃいます

　　か？

　B：母はまだ帰っていません。

(6) 今5時だから、銀行は、もうしまっている。

(7) 電灯のまわりで、たくさん虫が死んでいた。

(8) A：あそこにいる人の名前を知っていますか？

　B：さあ、知りません。

(9) 疲れていたので、そこで会った人のことはよく覚えていません。

(10) わたしが新聞を読むのはたいてい電車に乗っているときだ。

(11) 今はアパートに住んでいるが、いずれは一戸建に住みたいと思っている。

(12) このプリントを持っていない人は手を挙げてください。

(13) この猫は今はあんなにふとっているが、子猫のころは、やせていたのだ。

(14) その家の有り様はひどいものだった。ドアは壊れているし、ガラスは全部割れているし、ゆかはあちこち穴があいていた。

ある動作・作用の結果としての状態を表す。この意味で使われる動詞は、「始まる・乾く・あく・閉まる」など状態の変化を表す動詞や、「行く・来る・帰る」など。また、「知る・持つ・住む」なども「…ている」の形で状態を表す。これらは、普通、動作の継続進行の意味は表さない。ただし、繰り返し起こることを表す3の用法の場合は使われる。また、「着る」のように、文脈によって、動作の継続と結果としての状態のどちらの用法も可能なものもある。

3 V-ている＜繰り返し＞

a V-ている

(1) 毎年、交通事故で多くの人が死んでいる。

(2) いま週に一回、エアロビクスのクラスに通っている。

(3) この病院では毎日のように赤ちゃんが生まれている。

(4) いつもここで本を注文している。

(5) 戸田さんはデパートで働きながら、大学の夜間部へ行っているそうだ。

動作・作用が繰り返し起こることを表す。一組の人などが何回も行為を行う場合と、多くの人が次々に同じことを繰り返す場合の両方がある。

b Nをしている

(1) 彼はトラックの運転手をしている。

(2) わたしの父は本屋をしている。

(3) 彼女は、以前新聞記者をしていたが、今は出版社に勤めている。

(4) A：お仕事はなにをしていらっしゃいますか？

　B：コンピュータ関係の会社に勤めています。

職業を表す名詞に付いて、現在の職業を表す表現。「Nをしていた」は過去のある時期の仕事を表す。

4 V-ている＜経験＞

(1) 調べてみると、彼はその会社を三か月前にやめていることがわかった。

(2) わたしは、十年前に一度ブラジルのこの町を訪れている。だから、この町を知らないわけではない。

(3) 記録をみると、彼は過去の大会で優勝している。

(4) 北海道にはもう3度行っている。

過去に起こったことを回想的に表す。それが何らかの意味で現在にかかわりがあると思われる場合に用いる。

5 V-ている <完了>

a V-ている

(1) 子供が大学に入るころには、父親はもう定年退職しているだろう。
(2) 高田が会場に着いたときにはもう披露宴が始まっていた。
(3) 彼らが山小屋に着いたときは、すっかり日が暮れていた。

「ている」の形で、未来のある時点において完了している事態を表す。また、「ていた」の形で過去においてすでに完了している事態を表す。

b V-ていない

(1) A:もう終わりましたか?
B:いいえ、まだ終わっていません。
(2) A:試験の結果を聞きましたか?
B:いや、まだ聞いていません。
C:わたしは、もう聞きました。
(3) 卒業後の進路についてはまだはっきりとは決めていない。

動作や作用の実現がまだであることを表す。「まだ来ません」のように、「まだV-ない」の形に言いかえられる場合もあるが、それができる動詞は限られている。普通は、「まだV-ていない」を用いる方が自然である。

→【まだ】1

6 V-ている <状態>

(1) ここから道はくねくね曲がっている。
(2) 北のほうに高い山がそびえている。
(3) 日本と大陸はかつてつながっていた。
(4) 先がとがっているので、気をつけて。
(5) 娘は母親とよく似ている。

恒常的な状態を表す。「そびえる・似る」などの動詞は、普通「ている・ていた」でしか使わない。また、このような動詞は、名詞の前では、「曲がっている道」より「曲がった道」の形の方が自然なことが多い。

【ておく】 N4

[V-ておく]

(1) このワインは冷たい方がいいから、飲むときまで冷蔵庫に入れておこう。
(2) 帰るとき窓は開けておいてください。
(3) その書類はあとで見ますから、そこに置いておいて下さい。
(4) A:岡田教授にお目にかかりたいんですが。
B:じゃあ、電話しておくよ。向こうの都合がつけば、来週にでも会えると思うよ。
(5) インドネシアへ行く前にインドネシア語を習っておくつもりだ。

「ある行為を行い、その結果の状態を持続させる」という意味を表す。文脈によって、一時的な処置を表したり、将来に備えての準備を表したりする。「てある」も将来に備えての準備を表すが、「ておく」の場合は、準備として何らかの行為をすることを示し、「てある」はその準備ができている状態を示すという違いがある。「ておく」は話し言葉では、「とく」となる。

(例1) お母さんに話しとくね。

(例2) ビール冷やしといてね。

→【てある】

【てから】

1 V-てから N5

(1) 先に風呂に入ってから食事にしよう。
(2) 遊びに行くのは仕事が終わってからだ。
(3) 日本に来てから経済の勉強を始めた。
(4) 夏休みになってから一度も学校に行っていない。
(5) 今は昼休みですので、1時になってから来て下さい。

「XてからY」の形で、Xの方がYよりも先に行われることを表す。例えば(1)は「風呂に入る」のが先で「食事をする」のが後という時間の前後関係を表している。

2 V-てからでないと N2N3

a V-てからでないとV-ない

(1) A：いっしょに帰ろうよ。
B：この仕事が終わってからでないと帰れないんだ。

(2) わが社では、社長の許可をもらってからでなければ何もできない。

(3) まずボタンを押して、次にレバーを引いて下さい。ボタンを押してからでなければ、レバーは動きません。

「Xてからでないと／なければ／なかったらY」の形で、何かを実現するのに必ず満たさなければならない条件を表す。「Xをした後でないとYをすることができない」という意味を表す。次のように時間を表す表現が直接付く場合もある。

(例1) 3日からでないとその仕事にはかかれない。

(例2) 1時からでなければ会議に出席できない。

b V-てからでないとV-る

(1) A：あした、うちへ泊まりにおいでよ。
B：後で返事するよ。お母さんに聞いてからでないと叱られるから。

(2) きちんと確かめてからでないと失敗するよ。

「Xてからでないと／なければ／なかったらY」の形で、「Xをしない場合はYという事態になる」という意味を表す。Yの事態はあまり好ましくないことであるのが普通。

3 V-てからというもの(は) N1

(1) 彼女は、学生時代には、なんとなくたよりない感じだったが、就職してからというもの見違えるようにしっかりした女性になった。

(2) 彼は、その人に出会ってからというもの、人が変わったようにまじめになった。

(3) 70才を過ぎても元気だったのに、去年つれあいをなくしてからというものは、別人のようになってしまった。

「そのできごとをきっかけとして」という意味を表す。それ以前と以後とで大きな変化が起こるということを述べるときに使う。書き言葉的。

【てください】 N5

[V-てください]

(1) 今週中に履歴書を出してください。

(2) 来週までにこの本を読んでおいてくださいね。

(3) この薬は1日3回、毎食後に飲んでください。

(4) 授業はできるだけ遅刻しないでください。

(5) 頼むから、邪魔しないでくださいよ。

話し手(または話し手側の人)のために誰かが何かの行為をするよう依頼したり、指示したり、命令したりする表現。

「てくれ」よりは丁寧だが、相手がそうするのが当然であるような状況でしか使われない。目下や同等の人に対して使う。

→【てくれ】

【てくださる】

「てくれる」の丁寧な言い方。さらに丁寧な言い方に、「お…くださる」がある。

→【お…くださる】【てくれる】

1 V-てくださる ＜受益＞ N4

(1) 先生が論文をコピーしてくださった。

(2) 明日山田さんがわざわざうちまで来てくださることになった。

(3) 丁寧に説明して下さってありがとうございました。

(4) せっかくいろいろ計画して下さったのに、だめになってしまって申し訳ありません。

行為する人を主語として、話し手、あるいは話し手側の人のために何かの行為をするということを述べる表現。行為をする人が話し手より目上またはあまり親しくない関係のときに使う。

2 V-てくださる ＜依頼＞

(1) ちょっとここで待っていてくださる？

(2) いっしょに行ってくださらない？

(3) ついでにこの手紙も出しておいて下さいますか？

(4) ちょっとこの書類、ミスがないかどうかチェックして下さいませんか？

話し手、あるいは話し手側の人のために何かすることを依頼する表現。「てくださいますか／ませんか」は「てください」よりも丁寧に依頼するのに用いる。また、(1)(2)の「てくださる／くださらない」は、主に女性が親しみを持って、目下や同等の人に上品に依頼するときに使う。

【てくる】

1 V-てくる ＜移動時の様態＞

(1) ここまで走ってきた。

(2) 歩いて来たので汗をかいた。

(3) バスは時間がかかるから、タクシーに乗って来て下さい。

どんな動作をしながら来るのか、またはどんな手段で来るのかを表す。

→【ていく】1

2 V-てくる ＜近づく移動＞

(1) 先月日本に帰ってきました。

(2) 頂上から戻ってくるのに1時間かかった。

(3) 船はゆっくりとこちらに向かって来ます。

(4) その物体はどんどん近づいて来た。

離れたところの人やものが、話し手の領域に近づくことを表す。

→【ていく】2

3 V-てくる ＜継起＞

(1) ちょっと切符を買ってきます。ここで待っていて下さい。

(2) A：小川さんいらっしゃいますか？
　　B：隣の部屋です。すぐ呼んできますから、中に入ってお待ち下さい。

(3) A：どこに行くの？
　　B：ちょっと友達のうちに遊びに行ってくる。

(4) おそくなってごめんなさい。途中で本屋に寄ってきたものだから。

(5) A：かさはどうしたの？
　　B：あ、電車の中に忘れて来ちゃった。

ある行為を行ってから来ることを表す。(1)～(3)は、「今いる場所から離れて、ある行為をして、また今の場所へもどる」ことを表す。(4)(5)は「他の場所であることを行って今の場所に来ている」ことを表す。どちらも「てくる」を使わないで言うことも可能だが、「てくる」を使うことの方が多い。他のところで起こったことを、話している場に関係づける表現である。

→【ていく】3

4 V-てくる ＜継続＞

(1) この伝統は五百年も続いてきたのだ。

(2) 17歳のときからずっとこの店で働いてきました。

(3) 今まで一生懸命頑張ってきたんだから、絶対に大丈夫だ。

(4) これまで先祖伝来の土地を守り続けてきたが、事業に失敗して手放さなければならなくなった。

変化や動作が過去から続いて今にいたることを表す。

→【ていく】4

5 V-てくる ＜出現＞

(1) 少しずつ霧が晴れて、山が見えてきた。

(2) 雲の間から月が出てきた。

(3) 赤ちゃんの歯が生えてきた。

(4) 春になって木々が芽吹いてきた。

今まで存在しなかったり見えなかったりしたものが、現れることを表す。

→【ていく】5

6 V-てくる ＜開始＞ N4

(1) 雨が降ってきた。

(2) 最近少し太ってきた。

(3) ずいぶん寒くなってきましたね。

(4) このあいだ買ってあげたばかりの靴が、もうきつくなってきた。

(5) 問題がむずかしくて、頭が混乱してきた。

変化が生じることを表す。

7 V-てくる ＜こちらに向かう動作＞

(1) 友達が同窓会の日取りを知らせてきた。

(2) 化粧品を買った客が苦情を言ってきた。

(3) 急に犬がとびかかってきた。

(4) 歩いていたら、知らない人が話しかけてきました。

(5) 息子は勝手にスーツを買って、請求書を送りつけてきた。

話し手や話し手が視点をおいている人に向かってある動作が行われることを表す。動作をする人は「が」、動作が向けられる人は「に」を伴って表される。

(例1) 山田さんが父に電話をかけてきた。

動作をするのが「会社」など場所を表す名詞である場合は「から」で表されることもある。

(例2) 会社から調査を依頼してきた。

これらの表現は次のように受身的な出来事として言いかえられる場合がある。

(例3) 山田さんから父に電話がかかってきた。

(例4) 国の家族から衣類や食料が送られてきた。

その場合、動作をする人は「から」、動作を受ける人は「に」を伴う。

→【から 1】

【てくれ】

1 V-てくれ

(1) もう帰ってくれ。

(2) いいかげんにしてくれ。

(3) 人前でそんなこと言うのはやめてくれよ。

(4) こんなものは、どこかに捨ててきてくれ。

話し手、あるいは話し手側の人のために誰かが何かの行為をするよう強く命令する表現。目下や同等の人に対して使う。主に女性はあまり使わない。

2 V-ないでくれ

(1) 冗談は言わないでくれよ。

(2) ここではたばこを吸わないでください。

(3) 見ないで！

(4) このことは絶対に外にはもらさないでいただけませんか。

「V-ないでくれ／もらえないか／ください」などの形で行為を実行しないように依頼するのに用いる。「V-てくれ」などの「V-て」が否定形になったもの。

くだけた話し言葉では、(3)のように、後半部分が省略されることもある。丁寧な形としては「V-ないでください(ませんか)／いただけませんか／いただけないでしょうか」などがある。「V-ないでほしい」のような言い方をすることもある。

→【ないでください】

【てくれる】

丁寧な言い方に「てくださる」がある。

→【てくださる】

1 V-てくれる N4

(1) 鈴木さんが自転車を修理してくれた。

(2) 誰もわたしにそのことを教えてくれなかった。

(3) 母がイタリアを旅行したとき案内してくれたガイドさんは、日本語がとても上手だったらしい。

(4) 自転車がパンクして困っていたら、知らない人が手伝ってくれて、本当に助かった。

(5) せっかく迎えに来てくれたのに、すれ違いになってしまってごめんなさい。

話し手(または話し手側の人)のために誰かが何かの行為をするということを述べる表現。この動詞では、行為者を主語とする。その人が自分から進んで行為をしたときに使う。話し手に頼まれて行為をした場合は、「てもらう」を使うことが多い。

「てくれる」を使わないと、「話し手のためにした行為」という意味が含まれず、次のように不自然な文になる。

(誤) 誰もわたしにそのことを教えなかった。

(誤) おいしいりんごを送って、ありがとう。

また、「てくれる」を使わないで「鈴木さんが自転車を修理した」と言うと、話し手のためではない(＝他の人の自転車を修理した)という意味になるので注意が必要である。

次のように誰かの行為が話し手から見て迷惑であったり問題を引き起こすようなことであったりする場合に皮肉として使われることもある。

(例) 大事な書類をどこかに置き忘れるなんて、まったく困ったことをしてくれたな。

→【てもらう】1

2 V-て くれるか／くれないか

(1) この本、そこの棚に入れてくれる？

(2) ちょっとこの荷物運んでくれないか？

(3) すみませんけど、ちょっと静かにしてくれませんか？ 今大事な用事で電話してるんです。

(4) もしよかったら、うちの子に英語を教えてくれないか？

話し手(または話し手側の人)のために何かするように依頼する表現。普通体は目下や同等の親しい相手に使う。「てくれないか」は引用句で使われることが多い。

(例) ちょっと手伝ってくれないかと頼まれた。

「てくれますか」より「てくれませんか」の方が丁寧に感じられる。「てもらえるか／もらえないか」とも言う。

→【てもらう】2

3 V-てやって　くれ／くれないか

(1) 息子にもう少し勉強するように言ってやってくれ。

(2) 山田君に何か食べるものを作ってやってくれないか。

話し手、聞き手以外の第三者に対してある行為をするように、聞き手に依頼するときに使う。話し手、聞き手、第三者の三人とも話し手側に属する親しい間柄である場合に用いる。第三者が話し手側の人間でないときには「V-てあげてくれ(ないか) ／ください」を用いる。

→【てあげる】2

【てこそ】

[V-てこそ]

(1) 一人でやってこそ身につくのだから、むずかしくてもがんばってやりなさい。

(2) この木は雨の少ない地方に植えてこそ価値がある。

(3) 互いに助け合ってこそ本当の友だちといえるのではないだろうか。

(4) この問題は皆で話し合ってこそ意味がある。規則だけ急いで決めてしまうというやり方には反対だ。

(5) 今あなたがこうして暮らせるのは、あの時のご両親の援助があってこそですよ。

動詞のテ形に強調の「こそ」が付いたもの。「V-てこそ」のあとにプラス評価の表現が続いて、「なにかをすることによって、それで初めて意味が生まれ、よい結果が生じる」という意味を表す。(5)のようによい結果を招いた理由ともとれる場合は「ばこそ・からこそ」で言いかえることができる。

(例1) 今あなたがこうして暮らせるのは、あの時のご両親の援助があればこそですよ。

(例2) 今あなたがこうして暮らせるのは、あの時のご両親の援助があるからこそですよ。

→【からこそ】【ばこそ】

【てさしあげる】N4

[V-てさしあげる]

(1) 昨日は社長を車で家まで送ってさしあげた。

(2) 妻：あなた、お客様を駅までお見送りしてさしあげたら？
夫：うん、そうだな。

(3) 田中さんをご存じないのなら、私の方から連絡してさしあげましょうか。

「てあげる」の丁寧な言い方。他の人のために話し手(または話し手側の人)が何かの行為をすることを表す。行為を受けるのは、目上か対等の親しくない人の場合が多い。自分を低めて言う言い方であるが、押しつけがましい印象を与えやすい。使うときも、(3)のように相手の意向を尋ねる形にしてやわらげないと、失礼になることもある。

丁寧に言う場合は、(1)は「お送りした」、(3)では「ご連絡しましょうか」など謙譲語を使う方が普通。

→【てあげる】

【てしかたがない】N2N3

[Naでしかたがない]

[A-くてしかたがない]

[V-てしかたがない]

(1) 公園で出会って以来、彼女のことが気になってしかたがない。

(2) この映画はみるたびに、涙が出てしかたがない。

(3) 何とか仕事に集中しようとしている

のだが、気が散ってしかたがない。

(4) 毎日ひまでしかたがない。

(5) 試験に合格したので、うれしくてしかたがない。

(6) 台風のせいで、あの山に登れなかったのが、今でも残念でしかたがない。

(7) わたしが転職したのは、その会社で働くのがいやでしかたがなかったからだ。

(8) 田中さんは孫が可愛くて仕方がないらしい。

自然に何らかの感情や感覚が起こってきて自分ではコントロールできない状態を表す。ものの属性や評価についての言葉を用いると、不自然な文になる。

(誤) 歌が下手で仕方がない。

(正) 歌がとても下手だ。

感情や感覚を表す言葉を伴わない場合でも、事態がコントロールできずに困惑したりいらだったりする状態を表すことがある。

(例1) 最近うちの息子は口答えをしてしかたがないんです。

(例2) 年のせいか物忘れをしてしかたがない。

「が」を省略して「てしかたない」となることもある。また、くだけた話し言葉では「てしょうがない・てたまらない」とも言う。(8)のように第三者の様子を表すときは「ようだ・そうだ・らしい・様子」などを伴う。「てならない」との違いについては【てならない】を参照。

→【そうだ$_2$】【てしょうがない】【てたまらない】【てならない】【ようだ$_2$】【らしい$_2$】

【でしかない】

→【しか】1b

【てしまう】

くだけた話し言葉では、「言っちゃう・来ちゃう」のように「ちゃう」の形になることが多い。

→【ちゃう】

1 V-てしまう ＜完了＞

(1) この本はもう読んでしまったから、あげます。

(2) A：でかけますよ。
B：ちょっと、この手紙を書いてしまうから、待ってください。

(3) この宿題をしてしまったら、遊びにいける。

(4) 仕事は、もう全部完成してしまった。

(5) あの車は売ってしまったので、もうここにはない。

(6) 雨の中を歩いて、かぜをひいてしまった。

(7) 朝早くから働いていたので、もうすっかり疲れてしまって、動けない。

動作や作用が完了することを表す。(1)～(3)のように、継続する動作を表す動詞の場合は、「おわる」に近い意味になる。また、(6)(7)のように、動詞の意味によっては、「ある状態になった」という意味を表す。

→【おわる】【ちゃう】1

2 V-てしまう ＜残念＞ N4

(1) 酔っ払って、ばかな事を言ってしまったと後悔している。

(2) 新しいカメラをうっかり水の中に落としてしまった。

(3) 電車の中にかさを忘れて来てしまった。

(4) 知ってはいけないことを知ってしまった。

(5) 彼は友達に嫌われてしまったと言う。

(6) アルバイトの学生にやめられてしまって、困っている。

動作や作用が完了してもとに戻らないことを表す。「とりかえしがつかないことが起こる」というニュアンスが加わり、残念、困ったなどの気持ちが表される。(5)(6)のように、受身の表現もある。

→【ちゃう】2

3 V-てしまう ＜思いがけず＞

(1) 友達と初めて海外に行って、その楽しさに目覚めてしまい、それからは毎年海外旅行に出掛けています。

(2) こんな素敵な部屋に格安で泊まれてしまうなんて、本当に嬉しいです。

(3) あの人はエースなので、どんな難しい技でもできてしまうんです。

(4) 太ると分かっていながら、あまりにおいしそうなケーキなので、つい食べてしまった。

(5) 給料が安くて人使いの荒い仕事、すっかり嫌になった。いっそのこと辞めてしまおうかな。

その人の意志とは関わりなく思いがけずに何かが起こることや、心理的な抵抗に逆らって何かをすることを表す。

→【ちゃう】3

4 V-てしまっていた

(1) わたしが電話したときには、彼女はもう家を出てしまっていた。

(2) 友達が手伝いに来たときには、ほとんどの荷造りは終わってしまっていた。

(3) 警察がかけつけたときには、犯人の乗った飛行機は離陸してしまっていた。

過去の時点で完了していることを表す。「...ていた」を用いることもできるが、「...てしまっていた」を使うと、「すっかり完了していた」と完了の意を強めたり、「とりかえしのつかないことが起こった」というニュアンスが加わったりする。

→【ちゃう】4

【でしょう】N5

[N／Na／A／V　でしょう]

(1) あしたは曇りのち雨でしょう。

(2) こんな暗い道を一人で怖かったでしょうね。

(3) A：わかったでしょう？
　　B：はい、よくわかりました。

(4) この辺は店も多いし暮らすには便利でしょう。

(5) 学生：あのう、先生。
　　教師：はい、なんでしょう。

推量や確認を表す。「だろう」の丁寧形。(5)は「なんですか」をやわらかく表現した言い方。

→【だろう】

【てしょうがない】N2N3

[A-くてしょうがない]

[V-てしょうがない]

(1) 赤ちゃんが朝から泣いてしょうがない。

(2) このところ、疲れがたまっているのか、眠くてしょうがない。

(3) バレーボールを始めたら、毎日おなかがすいてしょうがない。

(4) かわいがっていた猫が死んで、悲しくてしょうがない。

(5) 二度も、自転車を盗まれた。腹がたってしょうがない。

(6) うちの子は先生にほめられたのがうれしくてしょうがない様子だ。

「…てしようがない」のつづまった形で「…てしかたがない」のややくだけた言い方。自然に何らかの感情や感覚が起こってきて自分ではコントロールできない状態を表す。ものの属性(例：大きい)や評価(例：下手だ)を表す言葉を用いると、不自然な文になる。

(誤) 歌が下手でしょうがない。

(正) 歌がとても下手だ。

感情や感覚を表す言葉を伴わない場合でも、事態がコントロールできずに困惑したりいらだったりする状態を表すことがある。

(例1) 最近うちの息子は口答えをしてしょうがないんです。

(例2) 年のせいか物忘れをしてしょうがない。

→【てしかたがない】【てたまらない】【てならない】

【ですが】

(1) 確かに、車があれば生活は大変便利です。ですが、どうしても体を動かさなくなってしまいます。

(2) A：古くなったパソコンは処分してしまいましょう。

B：ですが、簡単な作業をする分には、まだ十分使えますよ。

「だが」の丁寧な言い方。前に述べたことがらに反することがらを述べるのに用いる。

→【だが】

【ですから】

(1) 努力しなければ、外国語は身につきません。ですから、みなさんには毎週、新しい単語を100個覚えてもらいます。

(2) A：お宅の娘さん、留学なさるそうですね。

B：ええ。ですから、最近はその準備で慌ただしくて、気分が落ち着かないんです。

(3) A：この薬を飲んでも、あまりよくならないんですけど。

B：ですから、そういう場合はすぐに連絡してくださったら、別な薬をお出ししますので。

「だから」の丁寧な言い方。前に述べたことを根拠にして、そこからの帰結や主張などを述べるのに用いる。

→【だから】

【ですけど】

(1) 私は今のテレビを買い替えなくてもいいと思うんですよ。ですけど、夫が「テレビは大きい方がいい」って、うるさくて。

(2) A：もう少しゆっくりしていったらどうですか？

B：ええ、ですけど、明日の朝も早いことですし、今日はこれで失礼します。

「だけど」の丁寧な言い方。前に述べたことと対立することがらを述べるのに用いる。「ですけれども・ですけれど」とも言う。話し言葉的。

→【だけど】

【ですけれど】

→【ですけど】

【ですけれども】

→【ですけど】

【てたまらない】 N2N3

[Naでたまらない]

[A-くてたまらない]

(1) 今日は暑くてたまらない。

(2) この仕事はやめたくてたまらないが、事情があってやめられないのだ。

(3) 彼女に会いたくてたまらない。

(4) ショーウィンドーに飾ってあった帽子がほしくてたまらなかったから、もう一度その店に行ったんです。

(5) はじめての海外旅行が中止になってしまった。残念でたまらない。

(6) うちの子供は試合に負けたのがくやしくてたまらないようです。

話し手の感情・感覚・欲求の程度が激しいことを表す。例えば、(1)は「とても暑い」に近い。第三者の様子を表すときは(6)のように「ようだ・そうだ・らしい・様子」などを伴う。古めかしい言い方に「...てたまらぬ」がある。

→【そうだ$_2$】【てしかたがない】【てしょうがない】【てならない】【ようだ$_2$】【らしい$_2$】

【てちょうだい】

[V-てちょうだい]

(1) 伸子さん、ちょっとここへ来てちょうだい。

(2) 彼女は「和雄さん、ちょっと見てちょうだい」と言って、わたしを窓のところへ連れて行った。

(3) 「お願いだから、オートバイを乗り回すのはやめてちょうだい」と母に言われた。

相手に何かするように依頼するのに用いる。主に女性、子供が身近な、親しい相手に言う。ぞんざいな表現ではないが、フォーマルな場面では使わない。

【てっきり...とおもう】

(1) 彼女がいろいろな旅行のパンフレットを持っているので、これはてっきり旅行するんだと思ってしまったんです。

(2) 人が倒れていたので、てっきり事故だと思って救急車を呼んだんです。

(3) 窓ガラスが割れていたので、これはてっきり泥棒だと思ったんです。

(4) てっきり叱られるものと思っていたが、反対にほめられたので、驚いた。

推量したことが間違っていたのに、本当のことだと思ってしまったことを表す。思い込みの深さを強調するのに用いる。文末では「思った・思っていた」など過去形を使う。

(誤) てっきり帰ったと思っています。

(正) てっきり帰ったと思いました。

【てでも】

→【でも$_2$】 2

【でなくてなんだろう】 N1

[Nでなくてなんだろう]

(1) 彼女のためなら死んでもいいとまで思う。これが愛でなくて何だろう。

(2) 出会ったときから二人の人生は破滅へ向かって進んでいった。これが宿命でなくて何だろうか。

「愛・宿命・運命・真実」などの名詞に付いて、「...である」ということを強調するのに用いる。小説や随筆などの中で用いられることが多い。

【でなくては】

→【なくては】

【てならない】 N2N3

[Naでならない]

[A-くてならない]

[V-てならない]

(1) 卒業できるかどうか、心配でならない。

(2) 将来がどうなるか、不安でならない。

(3) 子供のころニンジンを食べるのがいやでならなかった。

(4) あのコンサートに行き損ねたのが今でも残念でならない。

(5) 住み慣れたこの土地を離れるのがつらくてならない。

(6) だまされてお金をとられたのがくやしくてならない。

(7) 青春時代を過ごした北海道の山々が思い出されてならない。

(8) 田中君はきのうの英語の試験の結果が気になってならない様子だ。

(9) 大切な試験に失敗してしまった。なぜもっと早くから勉強しておかなかったのかと悔やまれてならない。

自然に何らかの感情や感覚が起こってきて自分ではコントロールできない状態を表す。書き言葉に多く用いられる。古めかしい言い方に「…てならぬ」がある。「…てならない」の前には感情(例：悲しい)や感覚(例：暑い)や欲求(例：会いたい)を表す言葉が用いられる。それに対してものの属性(例：値段が高い)や評価(例：つまらない)を表す言葉を用いると、不自然な文になる。

(誤) この本はつまらなくてならない。

(正) この本はすごくつまらない。

第三者の様子を表すときは、(8)のように「ようだ・そうだ・らしい・様子だ」などを伴う。「てしかたがない」とほぼ同義だが、「てしかたがない」とは違って、感情・感覚・欲求以外の言葉を用いるのは難しい。

(誤) 赤ちゃんが朝から泣いてならない。

(正) 赤ちゃんが朝から泣いてしかたがない。

→【そうだ$_2$】【てしかたがない】【てしょうがない】【てたまらない】【ようだ$_2$】【らしい$_2$】

【てのこと】

[V-てのこと]

(1) 彼が6年も留学できたのは、親の援助があってのことだ。

(2) 彼は来年から喫茶店を経営するつもりだ。しかし、それも資金調達がうまく行ってのことだ。

(3) 今回の人事異動は君の将来を考えてのことだ。不満もあるだろうが辛抱してくれたまえ。

「XはYてのことだ」などの形で、「Xが可能になる／可能になったのは、Yという条件があるからだ」という意味を表す。必要な条件を強調する表現。会話で使うことが多いが、それほどくだけた表現ではない。

【ては】

[N／Na　では]

[A-くては]

[V-ては]

述語のテ形と「は」の組み合わさったもの。名詞、ナ形容詞の場合は「だ」のテ形を受けて「では」となるが、書き言葉では「であっては」が使われることもある。話し言葉では「ちゃ・じゃ」となることが多い。

1 …ては

文末にマイナス評価の内容を表す表現を伴って、「「…ては」で示された条件のもとでは望ましくない結果となる」という意味を表す。その事態を避けるべきだということが言いたい場合に使うことが多い。

a …ては

(1) こんな高値ではだれも買いません。
(2) 先方の態度がそんなにあやふやでは将来が心配だ。
(3) コーチがそんなにきびしくては、だれもついてきませんよ。
(4) そんなに大きな声を出しては鳥が逃げてしまう。
(5) そのことを彼女に言ってはかわいそうだ。

普通、否定的な意味を表す表現が続き、「この条件では困る・このようなことをしてはいけない」という意味を表す。話し言葉では「ちゃ・じゃ」となることが多い。

(例1) こんな高値じゃだれも買いません。
(例2) コーチがそんなにきびしくちゃ、だれもついてきませんよ。

b V-ていては

(1) そんなにテレビばかり見ていては目が悪くなってしまうよ。
(2) そんなにたばこばかり吸っていては、体に障りますよ。
(3) そんなに先生に頼っていては、進歩しませんよ。

忠告によく使われる表現。相手の悪い点を取り上げて、態度をあらためるように言うときに使う。

c V-る／V-ない　ようでは

(1) 最初の日から仕事に遅刻するようでは困る。
(2) この程度の練習に参るようでは、もうやめたほうがいい。
(3) こんな簡単な文書も書けないようでは、店長の仕事はつとまらない。
(4) こんな短い距離も歩けないようでは、夏の登山はとても無理だ。

「困る・いけない・無理だ」のような否定的な意味の表現とともに使って、「こんな様子では困る」という意味を表す。人を批判したり非難したりする場合に用いることが多い。文脈によっては、相手を直接叱責するのにも使う。話し言葉では「V-る／V-ないようじゃ」となることが多い。

(例) 最初の日から仕事に遅刻するようじゃ困る。

→【ようだ$_2$】4

d …のでは

→【のでは】

2 V-ては

動詞を受けて、動作、現象が繰り返し起こることを表す。

a V-てはV

(1) 家計が苦しいので、母はお金の計算をしてはため息をついている。
(2) 子供は二、三歩歩いては立ち止まって、母親の来るのを待っている。
(3) その女性は誰かを待っているらしく、1ページ読んでは顔をあげて窓の外を見ている。
(4) 一行書いては考え込むので、執筆はなかなかはかどらない。
(5) 学生の頃は、小説を読んではよく仲間と議論したものだ。

一定の時間をおいて繰り返される動作を表す。(5)は「たものだ」を伴い、過去に反復された行為についての回想を表す。

b V-てはV、V-てはV

(1) 書いては消し、書いては消しして、やっと手紙を書き上げた。

(2) 作ってはこわし、作ってはこわし、を何度も繰り返して、ようやく満足できるつぼができあがった。

(3) 降ってはやみ、降ってはやみの天気が続いている。

(4) 食べては寝、寝ては食べるという生活をしている。

二つの動詞が同じ順序で2回繰り返されて使われ、動作や現象が反復して起こること表す。(4)のように、前後が入れ替わり「V1てはV2、V2てはV1」の形が使われることもある。くだけた話し言葉では「V-ちゃV、V-ちゃV」となる。

(例) 書いちゃ消し、書いちゃ消しして、やっと手紙を書き上げた。

【では$_1$】

1 Nでは

(1) 人は外見では判断できない。

(2) これくらいの病気ではへこたれない。

(3) この仕事は1時間では終わらない。

(4) 日本ではタクシーに乗っても、チップを渡す必要はありません。

(5) 私の時計では今12時5分です。

(6) この地方では旧暦で正月を祝います。

名詞に助詞の「で」が付いたものに「は」が続いたもの。「だ」のテ形に「は」が付いたものと異なり、「であっては」との言いかえができない。

(誤) これくらいの病気であってはへこたれない。

(正) 重い病気であっては、欠席もやむをえない。

手段、基準、時間、場所などを表す名詞に続き、「そのような手段／基準／時間／場所では」という意味を表す。話し言葉では「じゃ」となることが多い。

(例) 人は外見じゃ判断できない。

→【で$_2$】

2 N／Na　では

→【ては】1a

【では$_2$】

書き言葉的でやや改まった場面で使われる。くだけた話し言葉では「じゃ(あ)」が用いられる。

1 では＜推論＞

(1) A：この1週間毎晩帰宅は12時過ぎだよ。
B：では、睡眠不足でしょう。

(2) A：彼、日本語を10年も習っているんですよ。
B：では、日常の会話に困ることはないですね。

(3) A：緊急の会議が入ってしまいまして…。
B：では、今日のパーティーにはおいでになれませんね。

(4) 家を出たときには、あの袋はたしかに手にもっていた。では、途中のバスの中に忘れたということかな。

(5) A：風邪をひいて熱があるんですよ。
B：じゃあ、試合に出るのは無理ですね。

(6) A：急な用事が入っちゃって。
B：じゃあ、パーティーに来られないの？

文頭に付いて、新たに知った事実や、自分の記憶などに基づいて話し手が推論し、結論を導き出すきっかけを表すのに用いる。ほとんどの場合「それでは・それなら・そうしたら・それだったら・(そう)すると」などで言いかえられる。

→【すると】1【そうしたら】1【それでは】1【それなら】【だったら】

2　では ＜態度表明＞

(1) A：すみません。教科書を忘れてしまいました。
　B：では、となりの人に見せてもらいなさい。
(2) A：用紙の記入、終わりましたが。
　B：じゃ、3番の窓口に出してください。
(3) A：全員集合しました。
　B：では、そろそろ出発しましょう。
(4) A：実は子供が病気なんです。
　B：では、今日は帰ってもいいです。
(5) A：先生、終わりました。
　B：じゃあ、帰ってもいい。
(6) A：気分が悪いんです。
　B：じゃあ、休みなさい。

文頭に付いて、新たな情報を受けて話し手が態度表明を行うきっかけを表すのに用いる。命令・依頼・意志・許可などの表現が続く。「それでは・それなら・そうしたら・そうだったら」などとの言いかえができるが、「(そう)すると」との言いかえはできない。

→【そうしたら】1【それでは】2【それなら】【だったら】

3　では ＜転換＞

(1) では、次の議題に入りましょう。
(2) では、始めましょう。
(3) では、今日の授業はこれで終わりにします。
(4) では、また明日。さようなら。
(5) じゃ、次の議題に移りましょう。
(6) じゃ、始めましょう。
(7) じゃ、今日の授業はこれで終わりにします。
(8) じゃあ、またね。

文頭に付いて、話題や場面を新たなものに転換するきっかけに用いる。後ろには、話題転換や開始・終了を宣言する表現が続く。(4)は、別れの定型的な表現。「それでは」とも言う。

→【それでは】3

【ではあるが】

[N／Na　ではあるが]

(1) この絵はきれいではあるが、感動させるものがない。
(2) 彼は才能の豊かな人間ではあるが、努力が足りない。
(3) これはお金をかけた建築ではあるが、芸術性は全くない。
(4) まだ10歳の子供ではあるが、大人びた面も持っている。
(5) 彼は犯罪者ではあるが、文学的な才能に恵まれていた。

評価を対比的に述べるのに用いる。「が」の前で、部分的な価値を認めたり、否定的な見解を述べ、その後にそれに対立する評価を述べる。後続の評価に重点がある。書き言葉で使うことが多い。イ形容詞を用いる場合は、「A-くはあるが」となる。

【ではあるまいか】

→【ではないだろうか】【まい】4a

【てはいけない1】

1　V-てはいけない N4

(1) 遊んでいたらおじいさんがきて、「芝生に入ってはいけないよ」と言った。
(2) この薬は、一日に三錠以上飲んではいけないそうだ。
(3) この場所に駐車してはいけないらし

い。

(4) きみ、はじめて会った人にそんな失礼なことを言っちゃいけないよ。

(5) A：おかあさん、公園へ行っていい？

B：宿題をすまさないうちは、遊びに行ってはいけませんよ。

禁止を表す。対応する丁寧体の表現である「いけません」は、親や教師、職場の上司など監督的立場にある人が監督される立場にある人に対して使うのが普通。くだけた言い方に「ちゃいけない・てはだめだ」がある。

→【ちゃいけない$_1$】【てはだめだ$_1$】

2 V-なくてはいけない

→【なくては】2

【てはいけない$_2$】

[N／Na　ではいけない]

[A-くてはいけない]

[V-ていてはいけない]

(1) 人に会うのにそんなだらしない格好ではいけない。

(2) 接客業をするなら無愛想ではいけない。もっと愛想良くしなさい。

(3) 受験前なのだから、遊んでいてはいけない。

「そのようなことが好ましくない／よくない」という意味を表す。現在の状況が適切でないことを述べて、批判したり叱責したりするのに使う。くだけた言い方に「ちゃいけない・てはだめだ」がある。

→【ちゃいけない$_2$】【てはだめだ$_2$】

【ではいけない】

→【てはいけない$_1$】1【てはいけない$_2$】

【てはいられない】

1 Nではいられない

(1) きみは大人になりたくないと言うが、人はいつまでも子供ではいられない。

(2) ずっと大学にいたいが、いつまでも学生のままではいられない。

(3) わたしは同級生の彼と友達でいたいのに、彼はこのままではいられないと言う。

(4) ずっとお世話になりっぱなしではいられないし、仕事を探すつもりです。

「Nでいる」は、「Nという状態にとどまる」という意味で、「いられない」で、「ずっと同じ状態を続けることはできない」という意味を表す。

2 V-てはいられない

(1) 時間がないから、遅れて来る人を待ってはいられない。すぐ始めよう。

(2) A：すっかりよくなるまで寝ていないと。

B：こんなに忙しいときに寝てはいられないよ。

(3) あしたは試験だから、こんなところでのんびり遊んではいられない。

(4) 今晩はお客が何人か来るし、テニスなんかしてはいられない。早く買い物に行かなければならない。

(5) 今うちの商品はよく売れているが、うかうかしてはいられない。他社の新製品がどんどん出てくるからだ。

(6) この事態を傍観してはいられない。

(7) スキーのシーズンが始まると、わたしはじっとしてはいられない。

(8) こうしてはいられない。早く知らせなくちゃ。

「切迫した状況なので、そのようなことを続けるのはいけない・急いで行動に移りたい」という意味を表す。「のんびり・うかうか・じっと」などの副詞を伴うことが多い。

【てはだめだ$_1$】

[V-てはだめだ]

(1) 駐車場で遊んではだめだ。出て行きなさい。

(2) 「その花をとってはだめよ」と姉が弟に言った。

(3) 文句ばかり言っていてはだめだ。自分でなんとかしろ。

(4) こんなところでへばってはだめだ。あと1キロだ。しっかりしろ。

(5) 「今、あの人を叱ってはだめです。もうすこし様子を見ましょう」と彼女は部下をかばった。

(6) そんな浅いところから、飛び込んではだめだ。

禁止を表す。教師、親、管理人など、監督的立場にある人が監督される立場の人に対して用いることが多い。会話で使われることが多い。「てはいけない」のくだけた言い方。さらにくだけた言い方に「ちゃいけない」がある。

→【てはいけない$_1$】1【ちゃいけない$_1$】

【てはだめだ$_2$】

[N／Na　ではだめだ]

[A-くてはだめだ]

[V-ていてはだめだ]

(1) 写真をとるのに、こんなに暗くてはだめだ。

(2) 秘書になりたいそうだが、言葉がそんなにぞんざいではだめだ。

(3) 富士山へ登りたいのなら、そんな靴ではだめです。登山靴をはきなさい。

(4) 今でもお母さんに洗濯してもらっているんですか。それではだめです。自立したかったら、自分でやりなさい。

(5) 君のように遊んでばかりいてはだめだ。学生なんだからもっと勉強しろ。

「そのような状態では良くない」という意味を表す。現在の状況が適切でないことを述べて、批判したり叱責したりするのに使う。「てはいけない」のくだけた言い方。さらにくだけた言い方に「ちゃいけない」がある。

→【てはいけない$_2$】【ちゃいけない$_2$】

【てはどうか】

[V-てはどうか]

(1) A：この辺でちょっと休憩してはどうですか？

　　B：そうですね。

(2) 作戦を変えてみてはどうですか？

(3) この問題については、議長に一任してはどうだろうか。

(4) A：家の譲渡のことで家族の間でもめているんです。

　　B：弁護士に相談してみてはどうですか？

(5) A：この壁はちょっと暗いですね。壁紙を取りかえてみてはどうでしょうか。

　　B：そうですね。

(6) しばらく何も言わないでそっとしておいてみては？

提案や勧めを表す慣用表現。「V-てみたらどう／みてはどう」の形で使われることが多い。「V-たらどうか」とほぼ同義だが、「V-てはどうか」の方が書き言葉的で、改まった場面での話し言葉や、手紙文などでよく使われる。普通の会話では「V-たらどうか」の方をよく使う。「V-ちゃどうか」はくだけた話し言葉で用いられる形。丁寧な言い方では「V-てはいかがですか／いかがでしょうか」などが用いられる。(6)は後半部分が省略されたもの。

→【たらどうか】【てみる】4b

【ではない】

1 …ではない N5

[N／Na　ではない]

(1) これは、新しい考えではない。
(2) わたしの生まれた所は札幌だが、育ったのは札幌ではない。
(3) この表現はけっして失礼ではない。
(4) 昨日行ったレストランはあまりきれいではなかった。

「XはYだ」を否定するのに用いる。くだけた言い方では「じゃない」となる。

2 …ではない　よ／わ

(1) A：すみません、日程の変更をご連絡するのを忘れていました。
B：忘れていましたではないよ。おかげで、予定が一日狂ってしまったんだよ。
(2) A：あ。そのこと、言い忘れてた。
B：言い忘れてたじゃないわ。おかげで大変な目にあったのよ。
(3) A：ごめん、録音失敗しちゃった。
B：失敗しちゃったじゃないよ。どうしてくれるんだ。
(4) A：あの、お借りしたビデオカメラ、こわれちゃったんです。
B：こわれちゃった、じゃないよ。大事なもの、君だから貸したのに。

相手の言葉を繰り返すことにより、非難を表す。「よ・わ」などの終助詞とともに用いられる。目下の相手やかなり親しい相手にしか用いられない話し言葉の表現のため、(2)～(4)のように「じゃない」が使われることの方が多い。

3 …ではなくて

→【ではなくて】

【ではないか1】

[N／Na／A／V　ではないか]

普通体の表現に付いて、話し手の驚きの気持ちを表したり、あることを聞き手に分からせようとする態度を表す。名詞とナ形容詞の場合は「だ」を介さずに直接付くが、「だった／ではない／ではなかった」を介して接続することもある。

「だ」の否定疑問形が固定化した表現で、書き言葉的でやや改まった言い方。普通、下降調のイントネーションを伴う。主に男性が用いることが多く、くだけた話し言葉では「じゃないか」となるが、「じゃない・じゃないの」などの形は男女ともに使う。「じゃん」は、さらにくだけた関東方言で男女ともに用いる。丁寧体は「ではないですか／ありませんか」となる。

→【じゃない】【じゃないか1】

1 …ではないか <驚き・発見>

(1) やあ、大野君ではないか。
(2) これはすごい、純金ではないか。
(3) なんだ、中身、空っぽではないか。
(4) この店の料理、結構おいしいではありませんか。
(5) このレポートなかなかよくできているではありませんか。

予想していなかったことを発見した場合の驚きの気持ちを表す。それが望ましいことならば(4)(5)のように「感心した」という意味になるが、期待に反していることならば、(3)のように落胆や期待はずれの意味になる。

2 …ではないか ＜非難＞

(1) A：悪いのは君のほうではないか。
　　B：僕はそうは思いませんが。

(2) A：病人を連れ出したりしたら、だめじゃないか。
　　B：はい、これから気をつけます。

(3) A：おそかったじゃないか。
　　B：あの、道が混んでいたんです。

(4) A：まずいじゃありませんか、そんな発言をしては。
　　B：そうですか？

(5) A：はじめにそう言ってくれなくては困るではないか。
　　B：すみません、気がつかなくて。

目下か同等の相手を叱ったり、非難したりするのに使う。相手のせいで望ましくないことが起きていることをしっかり分からせようとする表現。下降調のイントネーションを伴う。

3 …ではないか ＜確認＞

(1) A：同級生に田中さんという女の子がいたじゃないか。
　　B：ああ、髪が長くてやせた子ね。

(2) A：あそこに、郵便局が見えるじゃないですか。
　　B：ええ。
　　A：あの手前の角を右に曲がってください。

(3) 失敗したことが成功につながるってこと、よくあるじゃありませんか。

聞き手も知っているはずの人やものごとについて、思い出させたり、現場で見聞きできるものに気づかせようとするような場合に用いる。下降調のイントネーションを伴うことが多い。確認を表す「だろう・でしょう」で置きかえられるが、その場合は上昇調になる。

この用法は、会話特有の用法のため、「ではないか」の形ではあまり用いられず、たいてい「じゃないか・じゃありませんか・じゃないですか・じゃない・じゃないの」などの形で用いられる。

→【だろう】2【でしょう】

4 V-ようではないか N2N3

(1) このクラスみんなでディベート大会に申し込もうではないか。

(2) とにかく、最後まで頑張ってみようではないか。

(3) 遠くからはるばる来たのだから、お金の心配などしないで十分楽しもうではないか。

(4) 売られた喧嘩だ。受けて立とうじゃないか。

動詞の意向形に付き、下降調のイントネーションを伴って、いっしょに何かをしようと提案したり、自分の意志を強く表明したりするのに用いる。やや形式張った言い方で、主に、男性が使う。丁寧な形は「V-ようではありませんか／ないですか」となる。

【ではないか$_2$】

[N／Na　(なの)ではないか]

[A／V　のではないか]

名詞とナ形容詞には「なの」を介さずに直接付くことができるが、イ形容詞と動詞には「の」が必ず必要で「のではないか」の形で用いられる。この点で、「ではないか」と異なる。普通、下降調のイントネーションを伴う。主に男性が用いることが多く、くだけた話し言葉では「んじゃないか」となるが、「んじゃない・んじゃないの」(この二つの場合は上昇調のイントネーション)などの形は男女ともに使う。「じゃん」は、さらにくだけた関東方言で男女ともに用いる。丁寧形は「(の)ではないですか／(の)ではありませんか」となる。

→【ではないか$_1$】【ではないだろうか】

【ではなかろうか】【まい】4a【んじゃない】1【んじゃないか】

1 …(の)ではないか

(1) あそこを歩いているのは、もしかして山下さんではないか。

(2) こんな大きなアパートは一人暮らしにはちょっとぜいたくではないか。

(3) もしかしたら、和子は本当は良雄が好きなのではないか。

(4) この話は結局ハッピーエンドになるのではないか。

(5) ファストフード産業が伸びれば伸びるほどごみも増えるのではないか。

(6) この品質でこの値段は、ちょっと高いのではないか。

(7) これからますます環境問題は重要になるのではないか。

普通体の表現に付いて、「はっきりそうだと断定はできないが、おそらく…ではないだろうか」といった話し手の推測的な判断を表す。話し手の確信の度合いは「だろう」よりも低い。

→【だろう】1

2 …(の)ではないかとおもう

(1) こんなうまい話は、うそではないかと思う。

(2) どちらかというと妹さんの方が背が高いのではないかと思う。

(3) 話がうますぎるので、山田さんは、これは詐欺ではないかと思ったんだそうです。

(4) もしかすると、彼女はこの秘密を知っているのではないかと思う。

(5) この条件はわれわれにとって不利ではないかと思われる。

「(の)ではないか」に「思う」が付いたもの。「思う」が辞書形の場合は、常に話し手の判断を表すが、(3)のように、「思った」と言うと、三人称主語の判断を表すこともできる。(5)の「思われる」は書き言葉的な言い方で、話し手は必ずしも疑いの気持ちをもっているわけではなく、断定的な言い方を和らげる目的で使用されることが多い。

【ではないだろうか】

[N／Na　(なの)ではないだろうか]

[A／V　のではないだろうか]

(1) ひょっとして、これは悪い病気ではないだろうか。

(2) もしかしたら、和子は本当は良雄が好きなのではないだろうか。

(3) A：この本、子供にはまだ難しいのではないでしょうか。
B：そうでもないですよ。

(4) 不況は長引くのではないだろうか。

(5) 彼らはもう出発してしまったのではないだろうか。

(6) もしかして、私はだまされているのではないだろうか。

「ではないか」と類義の表現で、話し手の推測的判断を表すが、話し手の確信度は、こちらの方がさらに低く、婉曲的な言い方。丁寧体は「ではないでしょうか」。(3)のような会話では自分の推測について聞き手に確認する意味を持つことが多い。くだけた話し言葉では「んじゃないだろうか」、かたい書き言葉では「ではなかろうか・ではあるまいか」となる。

→【ではなかろうか】【ではないか$_2$】【まい】4a【んじゃないだろうか】

【ではなかったか】

[N／Na　(なの)ではなかったか]

[A／V　のではなかったか]

過去の状況について推測したり、現状が過去と異なることに対する不満を表す書き言葉的表現。普通、下降調のイントネーションを伴う。くだけた話し言葉では、上昇調のイントネーションを伴う「(ん)じゃなかった・(ん)じゃなかったの」などが使われる。

1 …(の)ではなかったか <推測>

(1) 古代人にとってはこれも貴重な食物ではなかったか。

(2) 昔はここもずいぶん閑静だったのではなかったか。

(3) 当時のわが家の暮らしは、かなり苦しかったのではなかったか。

(4) 当時の人々は人間が空を飛ぶなどということは考えもしなかったのではなかったか。

過去のことがらについて推測する言い方。述語のタ形に「だろう」が付いた「ただろう」や「たろう」と似ているが、「ではなかったか」の方が話し手の確信度は低い。(1)のような名詞の場合を除いて、普通、述語のタ形を受けて「…たのではなかったか」の形で用いられる。「ではなかっただろうか・ではなかったろうか」もほぼ同義の言い方だが、「ではなかったか」よりさらに話し手の確信度は低い。

→【たろう】【だろう】1

2 …(の)ではなかったか <非難>

(1) あなたたちは規律を守ると誓ったのではなかったか。

(2) 昔は隣近所の人々は互いにもっと協力的ではなかったか。

(3) 我々はこれまでは平和に共存してきたのではなかったのか。

(4) あなた方はもう揉め事はおこさないと約束したのではなかったのか。

現状が期待とは異なり、望ましくないものになっていることに対して、聞き手への非難や、不満や残念な気持ちを表す。書き言葉。(3)(4)のように「ではなかったのか」の形をとることもある。

【ではなかろうか】

(1) 彼の成績では、この大学は無理ではなかろうか。

(2) 低温続きで、今年の桜はちょっと遅いのではなかろうか。

(3) 不況は長引くのではなかろうか。

「ではないだろうか」のやや古めかしい言い方で、論説調の書き言葉で使われる。「ではあるまいか」とほぼ同義。

→【ではないだろうか】【まい】4a

【ではなくて】

[N／Na　(なの)ではなくて]

[A／V　のではなくて]

(1) 彼がこの前一緒に歩いていた女性は、恋人ではなくて、妹なのだそうだ。

(2) わたしが買ったのは、和英辞典ではなくて、英和辞典です。

(3) A：つまり、報酬が少なすぎるとおっしゃるんですね？
B：いや、そうではなくて、仕事の量が問題なんです。

(4) A：じゃあ、彼は会ってくれるんですね？　いつ行けばいいんですか？
B：いや、わたしたちが彼のところへ行くのではなくて、向こうから来るというんです。

「Xではなくて」でXを否定し、あとに正しいものをつけ加えるのに用いる。訂正の表現。話し言葉では「…じゃなくて」になる。

【てはならない】

[V-てはならない]

(1) 一度や二度の失敗であきらめてはならない。

(2) 警察が来るまで、だれもここに入ってはならないそうだ。

(3) ここで見たり聞いたりしたことは決して話してはならないと言われた。

(4) ここで遊んではならない、という看板が立っている。

禁止を表す。一般的な注意、訓戒を述べるときに用いることが多く、特定のことがらを禁止するために相手に向かって直接使うのは、かなり特殊な状況に限られている。書き言葉で使われることが多い。「V-てはならない」および、丁寧体の「V-てはなりません」のどちらも、直接相手に対して使うのはかなり特殊な状況に限られており、話し言葉では、「V-ちゃだめだ／ちゃいけない／てはだめだ」などがよく使われる。

→【ちゃいけない$_1$】【てはだめだ$_1$】

【ではならない】

→【てはならない】

【てほしい】

→【ほしい】2

【てまもなく】

→【まもなく】2

【てみせる】

[V-てみせる]

(1) かれは柔道の型を教えるためにまずやってみせた。

(2) 歌がおじょうずだそうですね。一度歌ってみせてください。

(3) 新しいパソコンの使い方がまだわからないので、一度やって見せてくれませんか？

(4) トラクターぐらいなら、一度やってみせてもらったら、後は一人で扱えると思います。

紹介をしたり、理解をうながしたりするのに、実際の動作で示すことを表す。

【てみる】

1 V-てみる N4

(1) 一度そのめずらしい料理が食べてみたい。

(2) 先日最近話題になっている店へ行ってみました。

(3) ズボンのすそを直したので、ちょっとはいてみてください。

(4) 電話番号を調べてみたのですが、わかりませんでした。

(5) パンダはまだ見たことがない。一度見てみたいと思っている。

(6) 電車をやめて、自転車通勤をしてみることにした。

(7) どの車を買うか決める前に、車に詳しい人の意見を聞いてみようと思っています。

どんなものか、どんな所かといったことを知るために、実際に行為をすることを示す。試みる意志があっても実際に行為をしていない場合は、使わない。

(誤) 会ってみたが会えなかった。

(正) 会おうとしたが会えなかった。

2 V-てみてはじめて

(1) 病気になってみてはじめて健康の大

切さが身にしみた。

(2) 親に死なれてみてはじめてありがたさがわかった。

(3) 彼がやめてみてはじめて、この会社にとって重要な人物だったということがわかった。

上の「V-てみる」は自分の意志的な行為を表すが、「V-てみてはじめて」の「V-てみる」は自分の意志に関わりなくある状態が生じるという意味を表す。

→【ためし】1

3 V-てみると

(1) 表にして比べてみると、両者は実際にはあまり違いがないということがわかる。

(2) そのルポルタージュをよく読んでみると、作者はその場所へは実際に行ったことがないとわかった。

(3) 今振り返ってみると、5年前の会社設立当時が自分の人生の中で最も大変だったと思う。

(4) もう一度考えてみると、この批評はある程度当たっていないこともない。

(5) 仕事をやめてみると、急に生活の空間が広がったような気がした。

(6) 生のイカなんて、みかけは気持ちが悪かったが、食べてみると、意外においしかった。

(7) A：意地悪に見えるけど、彼は本当は好意でそう言ったんじゃないんですか？

B：そう言われてみると、そんな気もします。

(8) 一夜明けてみると、公園の大木がなぎ倒されていた。

発見のきっかけを表す。きっかけには意志的なものとそうでないものがある。意志のある場合は、「試行して、その結果、こういうことがわかる」という意味を表す。また、(7)(8)のように、意志がない場合は、「そのような状況になって、発見した」という意味を表す。「みる」を付けなくても、だいたい同じ意味になる。

4 V-てみたら

a V-てみたら

(1) 電話でたずねてみたら、もう切符は売り切れたと言われた。

(2) その料理は見た目は良くなかったが、思い切って食べてみたらおいしいのに驚いた。

(3) 新聞に広告を出してみたら、予想以上の反響があった。

発見のきっかけを表す。

b V-てみたらどう

(1) A：山下さんは全然わかってくれません。

B：もう一度会って話してみたらどうですか？

(2) 結果をまとめる前にもうすこしデータを増やしてみたらどうですか？

(3) ひとりで考えていないで、専門家に相談してみたらどうですか？

ためしにするように勧めることを表す。

5 V-てもみない

(1) この作品がコンクールに入選するなんて考えてもみなかった。

(2) できないと思い込んでいたので、試してもみなかった。

(3) はじめから断られると思っていたので、言ってもみなかった。

(4) 始める前は、こんなに大変な仕事だとは思ってもみなかった。

多くは、「てもみなかった」の形で、そうしなかったということを強めるのに用いる。使う動詞は限られている。「思ってもみなかった」は慣用表現で、実際にある状態になってから、「全く予想しなかった」という意味で用いる。

6 V-てもみないで

(1) 本を読んでもみないで、何が書いてあったかどうしてわかるだろう。

(2) 食べてもみないで、文句を言うのはやめてください。

「V-ないで」のやや強調した表現。「...しない状態で」という意味を表す。非難の表現に使うことが多い。

→【ないで】1

7 Nにしてみれば

→【にしてみれば】

【ても】

[N／Na でも]

[A-くても]

[V-ても]

述語のテ形と「も」の組み合わさったもの。名詞、ナ形容詞の場合は「でも」となる。くだけた話し言葉では「たって・だって」の形も使われる。

→【たって】1【だって$_2$】

1 ...ても ＜逆条件＞ N4

(1) この仕事は、病気でも休めない。

(2) その車がたとえ10万円でも、今の私には買えない。

(3) 不便でも、慣れた機械の方が使いやすい。

(4) 風が冷たくても平気だ。

(5) ほしくなくても、食べなければいけない。

(6) 国へ帰っても、ここの人々の親切は忘れないだろう。

(7) 今すぐできなくても、がっかりする必要はない。

(8) わたしは、まだ勉強不足だから、今試験を受けても受からないだろう。

(9) たとえ両親に反対されても留学することはあきらめない。

(10) この病気は、家族であっても面会が禁止されている。

Xが成り立てばYが成り立つという「XならばY」の順接的な条件関係を否定する逆接条件を表す。(1)(6)の例で言えば「病気なら休める・国へ帰ったらここの人々の親切を忘れる」という関係を否定し、Xという条件が成り立ってもYが成り立たないことを表す。(9)のように「たとえ」と共に用いることもある。

→【たとえ】2

2 ...ても ＜並列条件＞

二つまたはそれ以上の条件を並べ上げ、「どちらの(どの)場合でも同様の結果になる」という意味を表す。

a ...ても

(1) 2を二乗すると4になりますが、-2を二乗しても4になります。

(2) 飛行機で行くと料金は片道2万円ぐらいですが、新幹線で行っても費用はだいたい同じです。

(3) A：演奏会、あと20分で始まるんですが、タクシーで行けば間に合うでしょうか。
B：会場は駅の近くですから、歩いて行っても間に合うと思いますよ。

(4) 分からなくても大丈夫です。あとで教えますから心配しないでください。

「Xという条件のもとである結果が成立すると

き、Yという異なる条件のもとでも同様の結果になる」という意味を表す。「どちらでも同じ結果になる」という意味で、「XてもYてもZ」という形に言い換えることができる。

（例） 2を二乗しても、-2を二乗しても4になります。

b　…ても…ても

(1) うちの子供はニンジンでもピーマンでも好き嫌いを言わないで食べます。

(2) 天気がよくても悪くても、雨が降っても風がふいても、新聞配達の仕事は休めない。

(3) 道を歩いてもデパートへ入っても人でいっぱいだ。

(4) 辞書で調べても先生に聞いても、まだこの文の意味が理解できない。

(5) スポーツをしても映画を見ても気が晴れない。

(6) 2を二乗しても、-2を二乗しても4になります。

「XてもYても(…ても) Z」の形で二つ(以上)の条件を並べ上げて、「どちらの(どの)場合でも同様の結果になる」という意味を表す。

c　…ても…なくても

(1) 今回のレポートは出しても出さなくても、成績には全く影響ありません。

(2) 全員が参加してもしなくても、一応人数分の席を確保しておきます。

(3) 1日ぐらいなら食べても食べなくても体重はたいして変化しない。

(4) やりたくてもやりたくなくても、どっちにしてもこれはやらなきゃならないんだ。

(5) 技術的にうまくてもうまくなくても、好きでやっているのなら他人がとやかく言う筋合いはない。

(6) このイベントは会員でも会員でなくても自由に参加できます。

「…ても…なくても」のような形で、「どちらの場合でも同様の結果になる」という意味を表す。

d　V-てもV-ても

(1) 洗っても洗ってもズボンの汚れが落ちない。

(2) 宿題が多すぎて、やってもやっても終わらない。

(3) 働いても働いても、暮らしは全然楽にならない。

同じ動詞を繰り返して用い、いくら努力しても望む結果が得られないことを強調する場合に用いる。後ろにはたいてい否定形が続くが、次のように肯定表現が続くこともある。その場合も、その結果が望ましくないという否定的な意味が含まれる。

（例1） 追い払っても追い払ってもついてくる。

（例2） 雑草は取っても取ってもすぐ生えてくる。

3　疑問詞…ても

「何・どこ・だれ・どれ・いつ・どう」などの疑問詞が「ても」の条件に用いられる場合で、どのような条件であっても、必ず帰結の事態が成立する(否定形ではそれが成立しない)ことを表す。

a　いくら…ても

(1) いくら華やかな職業でも、つらいことはたくさんある。

(2) いくら安価でも、質が悪ければ売れないだろう。

(3) いくら高い車でも、使わなかったら宝のもちぐされだ。

(4) 給料がいくらよくても、休日のない職場には行きたくない。

(5) いくら騒いでも、ここは森の中の一軒家だから大丈夫だ。

(6) いくらお金を貰っても、この絵は絶対手放せない。

(7) この動画の会話は、いくら聞いてもよく分からない。

「いくらXても」で動作や状態の頻度や程度が大きい様子を表し、そのような強力な条件であっても、それに影響されずに結果の事態が成立するような場合に用いられる。

結果は予想・期待に反したものである場合が多い。例えば(1)は、「華やかな職業だったら楽しいことばかりだろう」という予想に反して、「つらいことはたくさんある」ということを、(7)は、「この動画の会話をたくさん聞けば分かるようになるだろう」という予想に反して「分かるようにならない」という結果が述べられている。

→【いくら】4

b　どんなに...ても

(1) 彼はどんなに複雑な問題でも解いてしまう。

(2) どんなにつらくても頑張ろう。

(3) どんなに熱心に誘われても、彼女はプロの歌手にはなりたくなかった。

(4) どんなに大きい地震がきても、この建物なら大丈夫だ。

(5) 妻はわたしがどんなに怒っても平気である。

上のaと同様の用法。「どんなに」は「いくら」で言いかえが可能だが、「いくら」の方が話し言葉的。

→【いくら】4

c　疑問詞...ても

(1) だれが電話して来ても、取りつがないでください。

(2) どんな仕事でも、彼は快く引き受けてくれる。

(3) 本は、どこで買っても同じ値段だ。

(4) あの山はいつ見ても美しい。

(5) 何をしても、気が晴れない。

「どのような場合でもY」という意味で、疑問詞の部分にどんな要素を当てはめても必ず帰結の事態Yが成立する(否定形ではそれが成立しない)ことを表す。

d　どうV-ても

(1) どう説得しても、彼の決心を変えさせることはできなかった。

(2) どう計算してみても、そこへ着くまで10時間はかかる。

(3) どうがんばっても、前を走っている三人を追い抜くのは無理だと思った。

意志的な行為を表す動詞を用いて、「あれこれやってみても期待通りにならない」という意味を表す。

e　なん+助数詞+V-ても

(1) 何回聞いても名前が覚えられない。

(2) この論文は何度読み返しても理解できない。

(3) 何回話し合っても、この問題は簡単には解決できないだろう。

(4) あの店の料理は何度食べてもあきない。

(5) あの映画は何回見ても面白い。

動作を表す動詞が用いられ、何度繰り返しても同じ結果になることを表す。(1)～(3)のように、期待に反した結果が続くことが多いが、(4)(5)のように望ましい事態が続く場合もある。

4　...ても...ただろう

(1) たとえ努力しても合格できなかっただろう。

(2) 彼は頭がいいので、努力しなくても合格できただろう。

(3) 学校の成績が優秀でもあの大学には合格できなかっただろう。

(4) 人をだまして金儲けをするような商売では、たとえ成功しても両親は喜んでくれなかっただろう。

「XしていたらYしていただろう」という関係を否定する、反事実条件文。「XしてもYしなかっただろう」という形で、事実に反するXが成立していてもYの不成立という事実には影響を与えなかっただろうと仮想的に述べるのに使う。

例えば(1)は、順接の反事実条件「努力していれば合格できただろう」(実際は努力しなかったので合格できなかった)の条件関係を否定するもので、「実際は努力しなかったが、仮に努力しても合格できなかったという事実は変わらなかっただろう」という意味を表す。(2)は、順接の反事実条件「努力しなければ合格できなかっただろう」(実際は努力したので合格できた)を否定するもので、「実際には努力したが、仮に努力しなくても合格できたという事実は変わらなかっただろう」という意味を表す。

5 …ても…た

(1) 雨でも運動会は行われた。
(2) 頭が痛くても学校を休まなかった。
(3) ドアは強く押しても開かなかった。
(4) いくら待っても彼女は現れなかった。
(5) この本は難しすぎて、辞書を引いて読んでもほとんど理解できなかった。

「XてもYた」の形で、文末にタ形が用いられ、XもYも実際に起こった出来事を表す。例えば(1)は「雨が降ったけれども運動会は行われた」という意味。この場合「ても」は「が・けれども」や「のに」などと似た意味を表すが、「ても」が動作を表す動詞に続く場合は、その動作が繰り返し行われた、あるいは極端な程度まで行われたにもかかわらず期待する結果が得られなかったというニュアンスがある。したがって、(4)のように「いくら」を伴う文の場合、「ても」を「が・けれども」や「のに」で言いかえることはできない。

(誤) いくら待った{が/けれど/のに}彼女は現れなかった。

→【いくら】4c【けれども】【のに1】

6 V-てもV_R-きれない

(1) 彼の親切に対しては、いくら感謝してもしきれない。
(2) 学生時代になぜもっと勉強しておかなかったのかと、悔やんでも悔やみきれない。
(3) ここで負けたら、死んでも死にきれない。

同一の動詞を使って、その意味を強める。例えば(1)は深く感謝していることを、(2)は強く後悔していることを強調する。やや慣用的に固定化した表現で、使える動詞は限定されている。(3)の「死んでも死にきれない」は「あきらめられない」とか「後悔する」の強調表現として使う。

7 V-てもどうなるものでもない

(1) いまから抗議してもどうなるものでもない。
(2) もう一度彼に会ってもどうなるものでもないと彼女は思った。
(3) 性格は直らないのだから、あの人に説教してもどうなるものでもない。

「あることをしても解決には至らない」という意味を表す。あきらめの気持ちを含む表現。

8 V-たくてもV-れない

(1) 急に仕事が入って、飲みに行きたくても行けないのだ。
(2) きらいな先生の前では、泣きたくても泣けない。
(3) 医者に止められているので、甘いものは食べたくても食べられない。

希望を表す「たい」に「ても」を付けた「たくても」に可能を表す「れる」の否定形を組み合わせて使う慣用的に固定化した表現で、「そうしたいのだができない」という意味を表す。事情が許さないのでできないということを強調したり、言い訳をするような場合に用いられる。

→【たい】1【れる1】

9 …てもいい

→【てもいい】

10 …てもかまわない

→【てもかまわない】

11 …てもさしつかえない

→【てもさしつかえない】

12 …てもしかたがない

→【てもしかたがない】

13 …てもみない

→【てみる】5【てみる】6

14 …てもよろしい

→【てもよろしい】

【でも1】N5

(1) 友達はプールへ泳ぎに行った。でも、わたしはアルバイトで行けなかった。

(2) 彼は新しい、いい車をもっている。でもめったに乗らない。

(3) 青木さんは、自分勝手な人だと言われている。でも、わたしはそうは思わない。

(4) わたしの姉は貧乏な画家と結婚した。でも、とても幸せそうだ。

文頭に用いて、それより前に述べられたことと相反することが続くことを表す。「しかし」より、くだけた表現で、やや会話的。文中では使わない。

(誤) 友達はアルバイトをやめたでも、わたしはやめられなかった。

(正) 友達はアルバイトをやめたが、わたしはやめられなかった。

→【しかし】

【でも2】

1 Nでも N4

(1) この機械は操作が簡単で、子供でも使えます。

(2) この算数の問題は大人でもむずかしい。

(3) この森は、夏でも涼しい。

ある物事、特に極端な例を挙げて、「他の場合はまして言うまでもない／なおさらそうだ」という意味を表す。「でさえ」よりややくだけた言い方。

→【さえ】2

2 V-てでも

(1) どうしても留学したい。家を売ってでも行きたいと思った。

(2) 彼女がもしいやだと言えば、引きずってでも病院へ連れて行くつもりだ。

(3) いざとなれば、会社をやめてでも、裁判で争うつもりだ。

(4) 由起子はまだ熱が下がらないが、この試合だけは、這ってでも出たいと言っている。

強硬な手段を示す。後ろに強い意志や希望を表す表現を伴って、実現のためには、そのような極端な手段を用いるのもためらわないという強い決意を表す。

3 N(+助詞)でも N4

(1) コーヒーでも飲みませんか？

(2) 待っている間、この雑誌でも見ていてください。

(3) A：佐々木さん、いませんね。
B：ああ、昼食にでもでかけたんでしょう。

(4) A：先生のお宅へ行くとき、何か持って行きましょうか？
B：そうですね。ワインでも買って

行きましょう。
(5) 病気にでもなったら困るから、日ごろから運動するようにしている。
(6) それなら、図書館ででも調べられるかもしれない。
(7) 寒いからなべものでもしたらどうでしょうか。

一例を挙げて、「他にも選択肢がある」という意味を表す。婉曲的に言うときに使うことができる。例えば、(1)では、「コーヒー」だけでなく他の飲み物もあること、(2)では、「この雑誌を見る」だけでなく「他のこともできる」という意味が込められている。

4 疑問詞(+助詞)+でも N4

(1) コンピュータのことなら何でもご相談下さい。
(2) あしたの午後でしたらいつでも構いません。
(3) 日本全国どこへでもお届けします。
(4) この染料はどんな素材にでも使えます。

疑問詞に「でも」が付いて、全てを肯定する意味を表す。(4)のように疑問詞の後に名詞が来ることもある。

5 VR-でもしたら

(1) 放っておいて、病気が悪くなりでもしたら、どうするんですか？
(2) そんな大金、なくしでもしたら大変だから、銀行に入れた方がいいですよ。
(3) そんなに言うならこのカメラ、貸してあげるけど、気をつけてよ、こわしでもしたら承知しないから。
(4) こどものころ、妹を泣かしでもしたら、いつも一番上の兄に怒られた。

動詞の連用形に付いて、「万一そうなったら」という意味を表し、その結果、よくないことが起こることを含意する。注意を促すような場合に使われることが多い。

【でもあり、でもある】

[NでもありNでもある]
[NaでもありNaでもある]
[A-くもありA-くもある]

(1) 彼はこの会社の創業者でもあり、今の社長でもある。
(2) 子供の結婚はうれしくもあり、さみしくもある。
(3) この会社の従業員は優秀でもあり勤勉でもある。

XであることとYであることが同時に成り立つことを表す。

【でもあるまいし】

→【まい】3b

【てもいい】

「てもかまわない」とも言う。かしこまった言い方に「てもよい・てもよろしい」がある。

→【てもかまわない】【てもよい】【てもよろしい】

1 V-てもいい <許可> N4

(1) A：入ってもいいですか？
　　B：どうぞ。
(2) A：すみません、ここに座ってもいいですか？
　　B：あの、連れがいるんですけど…。
(3) A：この服、ちょっと着てみてもいいですか？
　　B：はい、どうぞ。

(4) あそこは、夕方八時から朝六時までは駐車してもいいらしい。

(5) A：あしたは何時に来ればいいでしょうか。
B：10時ぐらいに来てくれますか？
A：あの、ちょっと遅れてもいいですか。

(6) A：すみませんが、ここで写真をとってもいいですか？
B：申し訳ありませんが、ここは撮影禁止になっております。

許可や許容を表す。会話では、相手に許可を与える場合や相手に許可を求める場合に使う。約束の時間を決めるような場合に、「何時に来てもいいですか」のように言うのは誤用で、「何時に来たら／来ればいいですか」のように言う。くだけた言い方に「ていい」がある。

→【ていい】【てもかまわない】1【てもよい】【てもよろしい】1a

2 V-てもいい <可能性>

(1) ナンプラーのかわりに、しょうゆで味をつけてもいい。

(2) そのときすぐ断ってもよかったのだが、失礼だと思ったので、そうしなかったのだ。

(3) 滞在をもう少し延ばしてもよかったのだが、切符がとれたので、予定通り帰って来た。

(4) 就職の時、東京の会社を選んでもよかったのだが、最終的には、郷里に帰る方をとったのだ。

(5) タクシーで行ってもよかったのだが、車で送ってくれるというので、乗せてもらった。

他の選択の余地・可能性があることを示す。この意味では、「V-ていい」という表現はあまり使わない。(2)～(5)のように過去の場合は、「その可能性もあったが、そうはしなかった」という意味を表す。

→【てもかまわない】2【てもよい】【てもよろしい】2

3 V-てもいい <申し出>

(1) A：わたしは、月曜日はちょっと家を出られないんですが。
B：じゃあ、わたしがお宅へ伺ってもいいですよ。
A：それじゃ、そうしてください。

(2) A：彼がいないので、この仕事が進まないんだ。
B：ぼくが引き受けてもいいよ。

話し手が、自発的にある行為をすると申し出るのに使う。相手の利益になる申し出に使うのが普通。

4 …てもいい

[N／Na　でもいい]

[A-くてもいい]

(1) 夏休みの宿題に本を読みましょう。小説が難しかったら漫画でもいいです。

(2) 給料がよければ、すこしぐらい危険な仕事でもいい。

(3) 試合をするのに人数が足りないので、初心者でもいいですから、誰か参加者を探してください。

(4) 多少不便でもいいから、自然環境のいいところに住みたいと思う。

(5) わたしでもよければ、手伝います。

(6) この部署には若くてもいいから、しっかりした人を入れたい。

(7) 手紙でも、電話でもいいから、連絡してみてください。

譲歩を表す表現で、「最上とはいえないが、妥協して、これでよいとする」という意味を表す。また、(7)のように、いくつか選択肢を示す場合は、可能とする範囲を示す。くだけた言い方に「ていい」がある。

→【ていい】【てもかまわない】3【てもよい】【てもよろしい】3

5　疑問詞+てもいい

(1) どんなに遅くなってもいいから、電話してください。

(2) 返事はいつでもいいです。

(3) だれでもいいから手伝ってください。

(4) 研修中の休日はどこに行ってもいいそうです。

(5) 何を食べてもいいけど、お腹だけはこわさないでね。

どんな場合も許容するという無条件の譲歩を表す言い方。

6　…なくてもいい

→【なくてもいい】

7　…なくともよい

→【なくともよい】

【てもかまわない】

「てもいい」とも言う。また、かしこまった言い方に「てもよろしい」がある。「てもかまわぬ」は古めかしい言い方。

→【てもいい】【てもよろしい】

1　V-てもかまわない ＜許可＞ N4

(1) この集まりにはすこしぐらい遅れてもかまわない。

(2) このレポートは英語で書いても、日本語で書いてもかまいません。

(3) A：すみません、ここで待っていてもかまいませんか？
　B：いいですよ。どうぞ。

(4) 今できないのなら、あとでやってもかまいません。

(5) ここでやめてもかまわないが、そうすると、この次、また、初めからやり直さなければならないだろう。

(6) A：1時間待ちましたよ。
　B：すみません、でも先に行ってくれてもかまわなかったのに。

許可や許容を表す。会話では、相手に許可を与えたり、許可を求めるのに使う。「てもいい」に言いかえられる。くだけた言い方に「ていい」がある。

→【ていい】【てもいい】1【てもよろしい】1a

2　V-てもかまわない ＜可能性＞

(1) タクシーで行ってもかまわなかったのだが、車で送ってくれるというので、乗せてもらった。

(2) お金は十分あったので、高いホテルに泊まってもかまわなかったのだが、そうはしなかった。

多くは、「てもかまわなかった」の形で、他を選択する可能性があったことを示す。実際には、そうしなかったことを暗示することが多い。「…てもかまわなかった」は「…てもよかった」に言いかえられる。

→【てもいい】2【てもよろしい】2

3　…てもかまわない

[N／Na　でもかまわない]

[A-くてもかまわない]

(1) 何か上着のようなものを貸してください。大きくてもかまいません。

(2) A：このスープはまだ十分温まっていませんよ？
　B：ぬるくてもかまいません。

(3) テレビは、映りさえすれば古くてもかまわない。

(4) 静かなアパートを探している。静かな場所なら、多少不便でもかまわない。

(5) 意味が通じるのなら、表現は多少不自然でもかまわない。

(6) だれでもかまわないから、わたしの仕事を代わってほしい。

(7) 履歴書はパソコンで作成してもいいし、手書きでもかまわない。

(8) 誰か一人呼んでください。吉田さんでも、小山さんでもかまいません。

(9) A：何時頃お電話すればいいですか？

B：朝でも晩でもかまいませんから、なるべく早く結果を知らせてください。

譲歩を表す。「最上のものではないが、妥協して、これでいいとする」という意味を表す。(9)のように、選択肢がいくつかある場合は、可能とする範囲を示す。「てもいい」に言いかえられる。くだけた言い方に「ていい」がある。

→【ていい】【てもいい】4【てもよろしい】3

【てもさしつかえない】

[N／Na　でもさしつかえない]

[A-くてもさしつかえない]

[V-てもさしつかえない]

(1) 無理をしなければ運動をしてもさしつかえありません。

(2) ひとりかふたりのお客さまなら、人数を変更なさってもさしつかえありません。

(3) このレストランは高級だが、平日は予約がなくても、さしつかえないそうだ。

(4) お訪ねするのはあしたの午後でも差し支えないでしょうか。

(5) 最終的に決定するのに、全員の意見が聞けなくてもさしつかえはないと思う。

「…ても／…なくてもさしつかえない」のどちらも使う。譲歩の表現で、「「…ても」で示した条件でいい、支障がない」という意味を表す。「さしつかえはない」とも言う。「てもいい／かまわない」に近いが、このふたつより改まった状況で使うのが普通。

→【てもいい】【てもかまわない】

【てもしかたがない】

[N／Na　でもしかたがない]

[A-くてもしかたがない]

[V-てもしかたがない]

(1) このレポートでは、やりなおしを命じられても仕方がない。

(2) あんないいかげんな練習では、一回戦で負けてもしかたがない。

(3) あんなに雪が降っては、時間通りに着けなくてもしかたがない。

(4) これだけたくさんの人がいては、彼女がみつけられなくてもしかたがない。

(5) チームの選手にけが人が多かったから、今回は最下位でもしかたがない。

(6) 買い物にいくひまがないから、今夜のパーティーは古い服でもしかたがない。

(7) このところ雨ばかりだから、ビアガーデンのお客が少なくても仕方がない。

(8) この辺は便利だから、マンションの値段が高くても仕方がない。

「...ても／...なくてもしかたがない」のどちらも使う。「残念な／不満な状況だが、受け入れざるをえない」とする意味を表す。話し言葉では「...てもしょうがない」とも言う。

【でもって】

1 Nでもって

(1) 行為でもって誠意を示しなさい。
(2) 言葉は信じられない。行動でもって示してください。
(3) お金でもって、始末しようという彼の態度が気に入らない。

手段や方法を表す。話し言葉で使うことが多い。

2 でもって

(1) 彼女はかしこい。でもってスポーツ万能ときている。
(2) A：山田さんは、おこって部屋を飛び出して行ったんだ。みんな、びっくりだよ。
B：でもって、それから、どうなったの？

話を追加したり、発展させたりするときに用いる。「そのうえ・それで」とも言う。くだけた会話で使う。

→【そのうえ】【それで】

【でもない】

1 V-るでもない

(1) 彼は反論するでもなく、ただぼんやりたばこをすっている。
(2) 角のところに人影が現れた。しかし、こちらへ歩いてくるでもない。
(3) 彼女はそんなきびしい批評をされても、しょんぼりするでもなく、いつものように淡々としていた。
(4) 彼はプレゼントをもらっても、喜ぶでもなく、何かほかのことを考えている様子だ。

あまりはっきりしない態度や様子を表す。その文脈で、ある反応が予想されるが、それが明確に示されないで予想したのとは違う様子であることを表す。

2 まんざら...でもない

→【まんざら】1

【てもみない】

→【てみる】5【てみる】6

【てもよい】

(1) 問題をすべて解き終わった者は、試験終了時間前に部屋から退出してもよい。
(2) 当事者が直接交渉してもよいし、双方の弁護士に交渉させてもよい。

許可や許容を表す。会話では、相手に許可を与える場合や相手に許可を求める場合に使う。「てもいい」の少し改まった言い方。書き言葉に用いられる。

→【てもいい】

【てもよろしい】

「てもいい・てもかまわない」のかしこまった言い方。

→【てもいい】【てもかまわない】

1 V-てもよろしい

a V-てもよろしい

(1) A：君たち、きょうは、もう帰ってもよろしい。

B：はい、社長。

(2) A：いやなら、おやめになってもよろしいですよ？

B：いいえ、参ります。

(3) A：書類はここでご覧になってもよろしいですよ。

B：ありがとうございます。

許可を与えるのに使う。普通体の表現は、権威的な響きがある。また、丁寧体の「よろしいです」は、かしこまった言い方。

許可を与えるという行為は、その権限のある人が行うのが普通であるため、目下の人が目上の人に向かってこの表現を使うと失礼に聞こえることが多い。

b　V-てもよろしい　ですか／でしょうか

(1) A：先生、お聞きしたいことがあるんですが、少しお時間をいただいてもよろしいでしょうか。

B：いいですよ。

(2) A：先生、これを見せていただいてもよろしいですか？

B：ええ、どうぞ。

(3) A：必要書類は明日お届けにあがってもよろしいでしょうか。

B：結構です。よろしく。

(4) 社長、では十時ごろ、お迎えに参ってもよろしいでしょうか。

(5) お客様、お部屋を掃除させていただいてもよろしいでしょうか。

非常に丁寧に許可を求める表現で、目上に対して使う。文中の他の部分では敬語表現を多用することが多い。「てもいいですか」をもっと丁寧にしたもので、「てもよろしいでしょうか」は「てもよろしいですか」よりさらに丁寧。

→【ていい】【てもいい】1【てもかまわない】1

2　…てもよろしい ＜可能性＞

(1) A：ネクタイピンはこちらをおつけになってもよろしいですね。

B：そうですね。

(2) ≪料理の番組≫これは、キャベツをお使いになってもよろしいと思います。

他のものを選択する可能性があることを示す。「てもいい」にくらべ、かしこまった表現。

→【てもいい】2【てもかまわない】2

3　…てもよろしい ＜譲歩＞

[N／Na　でもよろしい]

[A-くてもよろしい]

(1) 面会はあしたでもよろしい。

(2) これ、自宅まで届けていただけますか？　来週でもよろしいんですけど。

(3) 酒さえあれば、食べ物はなくてもよろしい。

(4) 応募したいんですが、経験が不十分でもよろしいですか？

譲歩を表す表現で、「最上とはいえないが妥協してこれでよい」とする意味を表す。会話では、許可を与えたり、許可を求めたりする意味でも使う。普通体の表現は、相手がある場合は権威的に聞こえる。

→【ていい】【てもいい】4【てもかまわない】3

【てもらう】

丁寧な言い方に「ていただく」がある。

→【ていただく】

1　V-てもらう N4

(1) 私はタイ人の友だちにタイ料理を教えてもらった。

(2) 山本さんにお薦めの小説を貸してもらった。

(3) 今年の冬はホストファミリーにスキーに連れて行ってもらいました。

(4) みんなに1000円ずつ出してもらって、お祝いの花束を買った。

(5) いろいろと準備してもらったのに、中止になってしまって申し訳ありません。

(6) プリントが足りなかったら、隣の人に見せてもらってください。

話し手(または話し手側の人)のために誰かが何かの行為をするということを、話し手側から述べる表現。話し手が行為をするように頼んだ場合は「てもらう」を使うことが多いが、相手が自分から進んで行為をした場合はその人を主語にして「てくれる」を使うことが多い。

「教えてもらう・貸してもらう・送ってもらう」などのように、物や知識などが相手側からこちら側に移動したり伝わったりする場合は、「友だちからタイ料理の作り方を教えてもらった」のように「...から...てもらう」の形も使われる。

→【てくれる】1

2 V-て もらえるか/もらえないか

(1) A：ちょっとドア、閉めてもらえる？
　B：いいよ。

(2) 買い物のついでに郵便局に寄ってもらえるかな。

(3) ちょっとペン貸してもらえますか？

(4) A：ねえ、悪いけどちょっと1000円貸してもらえない？
　B：いいよ。

(5) すみません、ここは子供の遊び場なんで、ゴルフの練習はやめてもらえませんか？

(6) ここは公共の場所なんですから、タバコは遠慮してもらえませんか？

(7) 娘が風邪をひいたので、土曜日のシフト、誰かに代わってもらえないでしょうか。

「もらう」の可能の形を使って、話し手(または話し手側の人)のために何かの行為をするように頼むときに用いる。普通体は目下の親しい相手に対して、丁寧体は広くいろいろな相手に対して用いられ、(5)(6)のように人に注意を与えたりする場合にも使う。(7)「てもらえないでしょうか」にするとより丁寧な依頼の言い方になる。「V-てくれるか/くれないか」とも言う。

→【てくれる】2【もらう】

3 V-てもらえると ありがたい/うれしい

(1) A：今度の日曜日、もし時間があったら、引っ越しの手伝いに来てもらえるとありがたいんですけど。
　B：あ、いいですよ。

(2) 私が買い物から帰ってくるまでに掃除しておいてもらえるとうれしいんだけど。

(3) 約束の時間をもう少し遅くしてもらえると、助かるんだが。

「てもらえると」の後に、「ありがたい・うれしい・助かる」などを続けて、相手がその行為をすると、話し手にとって好ましい状態になることを表す。丁寧な依頼を表すことが多い。また、文末は言い切らないで、「けど・が」などで終わることが多い。

→【けど】2【が$_2$】2

4 V-てやって もらえるか/もらえないか

(1) わるいけど、ちょっと太郎の宿題を見てやってもらえる？

(2) 彼女、人間関係でかなり落ち込んでるみたいなんだけど、それとなく一度話を聞いてみてやってもらえる？

(3) うちの娘に英語を教えてやってもらえないかしら。

話し手、聞き手以外の第三者に対してある行為をするように聞き手に依頼するときに使う。話し手、聞き手、第三者の三人とも話し手側に属する親しい間柄である場合に用いる。「てやってくれないか」とも言う。

→【てくれる】3

【てやまない】N1

[V-てやまない]

(1) 愛してやまないアルプスの山々は今日もきれいだ。

(2) 彼女は、女優をしていた間、ずっとその役にあこがれてやまなかった。

(3) 今井氏は一生そのことを後悔してやまなかった。

(4) あの方はわたしの父が生涯尊敬してやまなかった方です。

感情を表す動詞に付いて、その感情が強く持続していることを表す。よい感情と悪い感情のどちらにも使える。小説などの文章で用い、会話ではあまり用いない。

【てやる】N4

[V-てやる]

(1) 子供に新しい自転車を買ってやったら、翌日盗まれてしまった。

(2) 東京の弟に、今年もふるさとの名物を送ってやった。

(3) うちの犬をドッグランに連れていってやったら、うれしそうに走り回っていた。

(4) A：荷物、重かったら持ってやるよ。
B：あ、いい、大丈夫。

(5) こんな会社、いつでも辞めてやる。

(6) 今度会ったら、文句を言ってやる。

話し手より目下の人や動物等のために、話し手（または話し手側の人）が何かの行為をすることを表す。(5)(6)のように、怒りの表現として、「相手の嫌がることをする」という意味で使われることもある。「てあげる」のぞんざいな言い方。

→【てあげる】

【てん】N4

1 …てん

[Nのてん]

[Naなてん]

[A-いてん]

[Vてん]

(1) 兄より弟の方が行動力の点でまさっている。

(2) 新しい車の方が、燃費の点で安上がりだ。

(3) 値段の点では、A電気のもののほうが安いが、性能の点では、B電気のほうがよくできている。

(4) この問題の特に重要な点について説明します。

(5) この種類の犬は性格のやさしい点が好まれている。

(6) この小説は、現代の世相をよくとらえている点で評価が高い。

(7) 経験がある点で、彼のほうがこの仕事には向いている。

(8) 若い社員がたくさん活躍している点で、この会社はおもしろそうだ。

(9) この点でみんなの意見が分かれた。

あるものごとの特性のうち、特にひとつのことを取りあげて示すのに用いる。

2 …というてん

[Nというてん]

[Naだというてん]

[A-いというてん]

[Vというてん]

(1) 彼の設計は創造性という点で高く評価された。

(2) この会社は、給料はいいが、労働条件がきびしいという点が気になる。

(3) この犬は、性格がやさしいという点で、人気がある。

(4) この計画は人がたくさん必要だという点で問題がある。

(5) 経験があるという点で、彼のほうがこの仕事には向いている。

意味は、上の「…てん」の用法と同じで、「という」でつないだ表現。名詞を用いる場合も「という」を入れることができるが、節を用いる場合に、「という」でつなぐことが多い。動詞、イ形容詞の場合は「という」がなくてもよいが、名詞やナ形容詞が述語になる「…だ」の場合は、「という」が必ず必要。

→【てん】1

【と1】

[N／Na　だと]

[A-いと]

[V-ると]

述語の辞書形に付く。たいてい普通体に付くが、丁寧に言う場合は「…ですと・…ますと」となる場合もある。前の出来事を契機にして後の出来事が成立するという関係を表す。

1 …と ＜一般条件＞ N4

(1) あまり生活が便利だと人は不精になる。

(2) 気温が低いと桜はなかなか咲かない。

(3) 酒を飲むと顔が赤くなる。

(4) 春が来ると花が咲く。

(5) 水は100度になると沸騰する。

(6) 気温が急に下がると霧が発生する。

(7) だれでも年をとると昔がなつかしくなるものだ。

(8) 生活が安定すると退屈になるし、不安定すぎるとストレスがたまる。

(9) 月にかさがかかると翌日は雨になると言われている。

(10) 来年のことを言うと鬼が笑う。

特定の個人やものではなく、人やものごと一般についての条件関係を述べる表現で「Xが成立する場合に必ずYが成立する」という意味を表す。文末はいつもマス形か辞書形をとり、タ形や推量の形をとることはない。(7)のように、本来そのような性質を持っているという意味を表す「ものだ」が付くことがある。

前のことがらが起こると、それに引き続き自動的・自然発生的に後のことがらが起こるというような関係を表すことが多く、自然界の法則を述べる場合などによく使われる。(10)はことわざの表現。

→【ば】1【ものだ】1

2 …と ＜反復・習慣＞

a …と…る

(1) おじいさんは天気がいいと裏山に散歩にでかける。

(2) 兄は冬になると毎年スキーに行く。

(3) 隣の犬は私の顔を見るといつも喜んでしっぽを振る。

(4) 私は面白いコマーシャルを見るとすぐその製品を買いたくなるくせがある。

(5) お酒を飲むといつも頭がいたくなる。

(6) 難しい本を読むと、すぐ寝られる。

(7) 彼女はストレスがたまるとむやみに食べたくなるのだそうだ。

(8) 僕がデートに遅れると彼女は必ず不機嫌になる。

(9) 彼は給料が入ると飲みに行く。

特定の人やものの現在の習慣・動作の反復を表す。文末には述語の辞書形が用いられる。

→【ば】2a

b　…と…た(ものだ)

(1) 子供のころ天気がいいと、この辺を祖母とよく散歩したものだ。

(2) 日曜日に一家で買い物に出ると、必ずデパートの食堂でお昼を食べた。

(3) 祖母のところに行くと必ずおこづかいをもらったものだ。

(4) 学生のころは、試験が始まると胃が痛くなったものだ。

(5) 北海道のおじさんが遊びに来ると娘たちはいつも大喜びをした。

文末に述語のタ形が用いられ、特定の人やものの過去の習慣・動作の反復を表す。回想を表す「ものだ」を伴うことが多い。

→【ば】2b【ものだ】4

3　…と＜仮定条件＞

a　…と+未実現のことがら N4

(1) ここをまっすぐ行くと右手に大きな建物が見えます。

(2) このボタンを押すとドアは開きます。

(3) この小説を読むと世界観が変わるかもしれません。

(4) 雨天だと明日の試合は中止になります。

(5) これを全部計算すると、総費用はだいたい百万円になります。

(6) 動くと撃つぞ。

(7) そんなに食べると太るよ？

(8) 真面目に勉強しないと卒業できないよ。

(9) 生活がこんなに不安定だと落ち着いて研究ができない。

(10) こんなにおいしいといくらでも食べてしまいそうだ。

特定の人やものについて「Xが成立する場合にYが成立する」ということを述べるのに使う。Yはいつも未実現のことがらを表すが、Xは未実現のことがらの場合とすでに実現していることがらの場合がある。

(1)〜(6)は、Xが未実現の場合、(7)〜(10)は、Xがすでに実現している場合である。(6)は動き出しそうな相手に銃を向けて脅す場合の表現で、この場合「動いたら撃つぞ」とも言えるが、「と」には「前後の動作が間を置かずにほとんど同時に起こる」という意味があり、「たら」よりも迫力のある脅しの表現となる。(7)(8)はそれぞれ食べ過ぎの人、勉強しない人に警告するときの言い方である。

Yには、事実を述べ立てる表現や「だろう・かもしれない」などの推量表現を続けることができるが、命令・依頼・勧誘など相手への働きかけの表現や、「V-よう」の形の意志表現は使えない。

(誤)　雨天だと明日の試合は中止にしよう。

(正)　雨天なら明日の試合は中止にしよう。

「と」は、「すでに実現していることや、未来にかなりの確率で実現しそうなことがらを条件とする」という意味が強いため、仮定の意味をもつ「もし」は付きにくい傾向がある。

(誤)　もし雨天だと試合は中止になります。

(正)　もし雨天なら試合は中止になります。

→【かもしれない】1【たら$_1$】1a【だろう】1

b　…と+疑問詞…か

(1)　A：お酒を飲むとどうなりますか？
　　B：顔が赤くなります。
(2)　A：51を3で割るといくつになりますか？
　　B：17になります。
(3)　A：この道をまっすぐ行くとどこに出ますか？
　　B：国道1号線に出ます。

「…するとどうなるか」のような形で、「と」の後に疑問詞を伴う疑問文が続いたもの。後ろには「どうなるか・何があるか」など、変化や存在などを表す動詞が続く。「どうするか」のような意志でコントロールできる動作の表現はこの用法では使えない。

（誤）　水は100度になるとどうしますか？
（正）　水は100度になるとどうなりますか？

「と」は、普通「…するとどうなるか」のように、後半に疑問詞がある場合に使われ、「どうするとそうなるか」のように、前半に疑問詞がある文には使いにくい。この場合は、「と」ではなく「ば」や「たら」を使った方が自然である。

（誤）　どうするとドアは開きますか？
（正）　どう{すれば／したら}ドアは開きますか？

→【たら₁】1【ば】3d

4　…と…た

前後ともにすでに実現している特定のことがらを表す。文末はタ形をとるのが普通だが、小説などでは、歴史的現在を表す辞書形が用いられることもある。ほとんどの場合、前後とも動詞が用いられる。物語や小説でよく使われるが、会話では「たら」の方がよく使われる。

→【たら₁】2

a　V-る／V-ている　と…た　N4

(1)　教えられた通りまっすぐ行くと、つきあたりに郵便局があった。
(2)　駅に着くと、友達が迎えに来ていた。
(3)　トンネルを出ると、そこは銀世界だった。
(4)　お風呂に入っていると、電話がかかってきた。
(5)　街を歩いていると、見知らぬ男が声をかけてきた。
(6)　夜になると急に冷え込んできた。
(7)　午後になるとだいぶ暖かくなった。
(8)　ベルを鳴らすと、女の子が出て来た。
(9)　仕事をやめるとたちまちお金がなくなった。

前のことがらが成立した場面で、後のことがらを話し手が新たに認識したり、前のことがらをきっかけに後のことがらが起こったりするということを表す。

(1)～(3)は前の動作が行われたところで、後の状況を話し手が発見する用法。(4)(5)は前の動作が行われている場面に、新たな事態が出現する用法。(6)(7)は、前半が時間的状況を表す。(8)(9)は、「前の動作をきっかけに後の動作が起こる」という意味を表す。

いずれの場合も、後のことがらは、同一場面で、話し手が外から観察できるようなことがらでなければならない。次の例は、話し手の身体的な感覚を表しており、こうした関係を表さないので「と」は使えず、「たら」を使わなければならない。

（誤）　昨夜この薬を飲むと、よく効いた。
（正）　昨夜この薬を飲んだら、よく効いた。

ほとんどの場合、前後とも動詞が用いられるが、(3)のように、ある状況の発見を表す用法では後半に名詞述語や形容詞述語が使われることもある。

（例）　外に出ると、予想以上に寒かった。

→【たら₁】2

b　V-ると…た

(1)　男はめざまし時計を止めると、またベッドへ戻った。

(2) わたしは、東京駅へ着くとその足で会社へ向かった。

(3) 母は電話を置くと、ためいきをついた。

同一の行為者が、ひとつの動作を契機にして、引き続き次の動作をしたということを表す。前後とも意志的動作を表す。文末は普通タ形を用いるが、シナリオのト書きなどでは次のように辞書形も使われる。

(例) (シナリオ)良雄は、手をふくと、ギターを手に取る。

この「と」は小説や物語でよく使われる。この用法では「たら」の使用は不自然で、ほとんどの場合、言いかえは不可能である。この用法の「と」は、動詞のテ形で言いかえられるが、テ形から「と」への言いかえは、いつも可能とは限らない。例えば、テ形は三つ以上の動作の連続を表すことができるが、これを「と」で言いかえることはできない。

(誤) 父は家に帰ると、ご飯を食べると、すぐ布団に入った。

(正) 父は家に帰って、ご飯を食べて、すぐ布団に入った。

→【て】1 【たら$_1$】2

5 V-るとすぐ

(1) 彼はうちへ帰るとすぐゲームの電源を入れる。

(2) 放送局は、駅を降りて右へ曲がるとすぐです。

(3) 疲れていたので、ベッドに入るとすぐ寝てしまった。

(4) 彼らは土地の開発許可が降りるとすぐ工事にとりかかった。

(5) 彼女は大学を卒業するとすぐ結婚した。

(6) スポーツをやめるとすぐ太り出した。

条件表現の「と」と副詞「すぐ」の組み合わさったもので、前の出来事に続いてすぐに次の出来事が起こることを表す。

→【すぐ】

6 V-ると

(1) 正直に言うと、そのことについてはあまりよく分からないのです。

(2) 母に言わせると、最近の若者は行儀が悪くなっているようだ。

(3) 本当のことを申し上げますと、手術で助かる見込みは50パーセント以下ではないかと思います。

(4) 実用的な点からみると、あまり使いやすい部屋ではない。

(5) 今となって考えてみると、彼の言うことももっともだ。

(6) 昨年に比べると、今年は桜の開花がちょっと遅いようだ。

「言う・見る・考える・比べる」など、発言や思考、比較などを表す動詞に続き、後に続くことがらがどのような観点や立場から述べられているかについて前置き的に述べる表現。この用法の「と」は、「たら・なら・ば」で言いかえられることが多い。

→【たら$_1$】6b 【なら$_3$】5 【ば】7b

7 …からいうと

→【からいう】1

8 …からすると

→【からする】1

9 …からみると

→【からみる】1

10 …てみると

→【てみる】3

11 …というと

→【というと】

12 …とすると

→【とすると】

13 …となると
→【となると】2

14 …ともなると
→【ともなると】

15 …によると
→【によると】

16 V-ようとV-まいと
→【よう2】6c

【と2】N5

[NとN]

(1) 住所と電話番号を書いてください。
(2) コンビニでパンとジュースと雑誌を買った。
(3) プリン3つとこのケーキ5つ、お願いします。
(4) 休んだのは山本さんと小川さんと竹沢さんの3人です。

2つ以上の名詞をならべるのに使う。「会社員だ・25歳だ・広い・海に行った」など、名詞以外の語句を並べるときは、「と」が使えない。この場合は「N／Naで・A-くて・V-て」を用いたり、接続詞「そして」を用いたりする。

(誤) 森田さんは会社員と25歳です。
(正) 森田さんは会社員で25歳です。
(誤) 静かと広い公園
(正) 静かで広い公園
(誤) 試験はむずかしかったとだれもできなかった。
(正) 試験はむずかしくてだれもできなかった。
(誤) 海に行ったと泳いだ。
(正) 海に行って泳いだ。
(正) 海に行った。そして泳いだ。

→【そして】【て】

【と3】

1 NとV <いっしょに> N5

(1) 週末は家族と外で食事をすることになっている。
(2) このワインはチーズとよく合います。
(3) 夏休みに友だちといっしょに山に登った。
(4) おばあさんは3匹のネコと共に暮らしていました。

人、機関、ものなどの名詞を受けて、「それといっしょに・それとともに」という意味を表す。(3)のように間に「いっしょに」を入れることができる。

→【とともに】1

2 NとV <相手> N5

(1) 和子は大学の後輩の太郎と結婚することにした。
(2) 皆と助け合って、問題を解決していった。
(3) 弟とけんかして母にしかられた。
(4) 人と話すのが好きなので、この仕事を選びました。
(5) とうとう中田は妻と離婚した。
(6) 外国の大学との交流協定で交換留学制度ができた。

「結婚する・話し合う・愛し合う・憎み合う」などのような二者が互いに関わる動詞とともに使われて、名詞が示すものがその動作の相手であることを表す。「話す・相談する・会う」などは「に」も使うが、その場合は関係が双方的ではなく、相手に向かって働きかける一方向的な意味合いが強くなる。また、この用法の場合は「といっしょに」とともに用いることができない。あるいは用いると意味が変わってしまう。

(誤) 和子は太郎と一緒に結婚した。(「和子と太郎が結婚した」という意味にはならない)

3 NとV ＜基準＞

(1) 昨年度の実績と比べると今年度はかなり期待が持てる。

(2) 私も父と同じように機械をいじるのが大好きです。

(3) 私立学校は公立学校と違い授業料が高い。

(4) すぐに諦めてしまうのは初めから何もしなかったのと同じだ。

「Nと同じ／違う／比べる／比較する」などの形で、比較する対象を表す。

4 …とV ＜引用＞

(1) 彼女は恥ずかしそうに「こんにちは」と言った。

(2) 母は「やめなさい」と子供をしかった。

(3) 父は3時頃帰ると言っていました。

(4) 私はそんなことができるはずがないと思っていた。

(5) 子供たちは「おはよう」と元気よく入ってきた。

さまざまな語句や文を受けて、発言や思考の内容を引用するのに用いる。「言う・話す・思う・考える」など、発言や思考の動詞とともに用いられることが多いが、(5)のように、そのような動詞を伴わないこともある。

→【いう】

5 …とV ＜結果＞

(1) 次回の会議は来月1日の3時からと決まりました。

(2) 毎日10キロ走ることを目標と定めて体力作りに励んだ。

(3) 18歳以下の子供の医療費は来年から無料となります。

ものごとの結果や変化した先の状態を表す。

6 …とV ＜様子＞

(1) 星がキラキラと輝いている。

(2) 舞台の上から子供たちが一人二人と降りてきた。

(3) 小さな箱にチョコレートがぎっしりと詰まっていた。

ものごとの状態や動きの様子を表す。

【と4】

1 数量詞+と ＜繰り返し＞

(1) 人々は一人、また一人とやってきた。

(2) 星が、一つ、また一つと消えていく。

(3) 白鳥が一羽、また一羽と湖に降り立った。

「一人、また一人」「一つ、また一つ」のように、「1」を表す数量詞を繰り返して、出来事が散発的に繰り返される様子を表す。書き言葉。

2 数量詞+と ＜累加＞

(1) 人々は一人、二人と集まってきた。

(2) このコンクールも二回、三回と回を重ねるうちにだんだんよくなってきた。

(3) 二度三度と失敗を繰り返して、ようやく成功にこぎつけた。

少ない数と、一つ上の数を並べて、少しずつ量や回数が増える様子を表す。

3 数量詞+とV-ない

(1) 禁煙しようという彼の決心は三日と続かなかった。

(2) あの人は気が短いから、5分と待っていられない。

(3) A：これだけビールを買っておけばだいじょうぶでしょう。
B：いや、客が多いから1時間ともちませんよ。

(4) あんなに宣伝したのに、参加者は二十人と集まらなかった。

短い期間や少ない量を表す数量詞を用い、後ろには否定形を伴って、「わずかそれだけでさえ満たせない」という意味を表す。

4 **擬態語+と**

(1) 彼はウロウロと歩き回った。
(2) 雨がザーッと降ってきた。
(3) 雨がぽつり、ぽつりと降り始めた。
(4) 列車はガタンガタンと動き始めた。
(5) 傷口がずきずきと痛む。

擬態語や擬音語に付いて、動作や作用の行われる様子を表す。「と」は省略できる場合もある。また、(3)~(5)のように擬態語や擬音語を繰り返すと、動作や作用が繰り返されたり少しずつゆっくりと開始されたりする様子を表す。

5 **にどとV-ない**

→【にどと…ない】

【とあいまって】N1

[Nとあいまって]

(1) 彼の建築は背景のすばらしい自然とあいまって、シンプルでやすらぎのある空間を生み出している。
(2) その映画は、弦楽器の音色が美しい映像と相まって、見る人を感動させずにはおかないすばらしい作品となっている。
(3) 彼の独創性が彼女の確かな技術と相まって、彼らの作る家具はオリジナリティあふれたものとなっている。

名詞に付いて、「それが他の要素と作用し合って・その性質が他の要素の性質と一緒に働いて」という意味を表す。書き言葉的な表現。

【とあって】

[N/V　とあって]

1 **…とあって** N1

(1) 今日は三連休とあって、全国の行楽地は家族連れの観光客で賑わいました。
(2) 一年に一回のお祭りとあって、村の人はみんな神社へ集まっていた。
(3) めったに聞けない彼の生演奏とあって、狭いクラブは満員になった。
(4) 大型の台風が接近しているとあって、どの家も対策におおわらわだ。
(5) 名画が無料で見られるとあって、席ははやばやと埋まってしまった。

「…という状況なので」という意味を表す。特別な状況の場合に用いられ、後にその状況で当然起こることがらやとるべき行動を述べるという含みがある。やや改まった表現で、ニュースなどでよく使われる。

2 **…とあっては**

(1) 伊藤さんの頼みとあっては、断れない。
(2) 彼が講演するとあっては、何とかして聞きに行かねばならない。
(3) 高価なじゅうたんが定価の一割で買えるとあっては、店が混雑しないはずがありません。
(4) 最新のコンピュータ機器がすべて展示されるとあっては、彼が行かないわけがない。

「…という状況であるなら」という意味を表す。特別な状況の場合に用いられ、後にその状況で当然起こることがらやとるべき行動を述べるのに使う。例えば(1)の例では、伊藤さんが自分にとって重要な人物であるから当然断れないといった状況で用いる。やや改まった表現だが、話し言葉でも使う。

【とあれば】N1

(1) 相手が自分より弱いとあればすぐに

威張り散らす。

(2) 治療が必要とあれば、いつでも伺います。

(3) 固有種の保護のためとあれば、外来種を駆除することも仕方ありません。

(4) 検診で精密検査が必要とあれば、だれでも心配になるものです。

「そうであるなら」という意味を表す。「そのように判断されれば・そのように指示されれば」のように、判断や指示を媒介するという含みがある。

【といい】

[N／Na　だといい]

[A-いといい]

[V-るといい]

「と」と「いい」が結び付いたもの。「とよい」はそのやや改まった形。

→【と$_1$】3

1　V-るといい

(1) この株は今買うといいですよ。

(2) 分からないときは、この辞書を使うといい。

(3) 旅行には、小さいドライヤーを持っていくといい。

(4) 疲れたようだね。仕事は急がなくてもいいから、ソファで少し寝るといい。

(5) 私を疑いたければ疑うといい。

動詞の辞書形を受け、人に対してその行為を行うように勧める意味を表す。文脈によっては、(5)のように「自分の好きなように...しなさい」といった「放任」を表す場合もある。しないように勧める場合には使えず、その場合は「V-ないほうがいい」などを使う。

(誤) 今買わないといい。

(正) 今買わないほうがいい。

類義的表現として「たらいい・ばいい」があるが、「といい」は「一般的にそうするのが適当だ」という意味の勧めに使う。どうすべきかをたずねる疑問表現では「といい」は使えず、「たらいい・ばいい」を使う。その答えには「たらいい・ばいい」だけでなく「といい」も使うことができる。この場合「たらいい・ばいい」が特定の結果を得るために「それで必要十分だ」という意味を表すのに対し、「といい」は「それが一般的に適切だ」という意味を表す。

(誤) うまくいかないときはどうするといいですか？

(正) A：うまくいかないときはどう{したら／すれば}いいですか？

B：山本さんに{聞いたら／聞けば／聞くと}いいですよ。

→【たらいい】1【ばいい】1

2　...といい

(1) 生まれてくる子供が、女の子だといいなあ。

(2) 学生がもっと積極的だといいのだが。

(3) 勉強部屋がもっと広いといいのになあ。

(4) 旅行の間、晴天が続くといいんだが。

(5) 彼が時間に間に合うといいんだけど。

(6) みんながこのことを忘れていないといいが。

(7) 学生の自発的な活動が今後も継続されるといいと思う。

そうなってほしいという願望を表す。文末に「が・けど・のに・(のに)なあ」などを伴うことが多い。「が・けど・のに」を伴う場合は、「実現しないかもしれない」という不安や、現状が希望する状態と異なるという含みがある。「たらいい・ばいい」もほぼ同義で、ほとんどの場合言いかえが可能。

→【が$_2$】1【けど】2【たらいい】2【の

に₁】2【ばいい】2

3 …とよかった(のに)

(1) 私の勤め先が、もっと女性を活用してくれる会社だとよかったのに。

(2) A：とても楽しい旅行だったわよ。あなたも来るとよかったのに。
B：行けるとよかったんだけど、急用ができてしまってね。

(3) 本当のことを言ってくれるとよかったのに。

(4) この部屋、もう少し日当たりがいいとよかったんだが。

実際には起こらなかったり、現実が期待に反するような場合に、それを残念に思ったり聞き手を非難したりする気持ちを表す。この用法では「とよかった」よりも「ばよかった・たらよかった」の形の方がよく使われる。文末には「のに・のだが・のだけれど」などが付くことが多い。「のに」は普通自分の行動については使わない。

(誤) 僕も行けるとよかったのに。

(正) 僕も行けるとよかったん{だけど／だが}。

→【のに₁】2

【といい…といい】N1

[NといいNといい]

(1) 社長といい、専務といい、この会社の幹部はみんな頭が堅い。

(2) 娘といい、息子といい、遊んでばかりで、全然勉強しようとしない。

(3) 玄関の絵といい、この部屋の絵といい、時価一千万を超えるものばかりだ。

(4) これは、質といい、柄といい、申し分のない着物です。

(5) ここは、気候といい、景色といい、休暇を過ごすには、最高の場所だ。

(6) あのホテルといい、このレストランといい、観光客からできるだけしぼりとろうとしているのが明白だ。

例として二つのものをとりあげるのに用いる。「その二つだけでなく他のものもそうである」という意味が含まれることが多い。批判や評価の文で使い、特別な感情(あきれたという気持ち、感心、あきらめなど)が表される。

【といいますと】

(1) サファリといいますと、アフリカの大自然が連想されます。

(2) 団塊の世代といいますと、1940年代の終わりごろに生まれた世代のことですね。

(3) A：この写真は私が中学生のころに撮ったものです。
B：といいますと、今から40年くらい前のことになりますね。

「というと」の丁寧な言い方。

→【というと】

【という₁】

→【いう】1【いう】2

【という₂】

1 NというN ＜名前＞ N5

(1) これは、プルメリアという花です。

(2) 山川登美子という歌人を知っていますか？

(3) 中野さんという人から電話があった。

(4) 飛行機が次に着いたのは、エベスという小さい町だった。

(5) 「天使の朝」という映画を見たが、友達はだれもその映画の名前を聞いたことがないと言った。

「N1というN2」の形でN2の名前を示すのに用いる。単に「これはプルメリアです」という場合と比べると、「という」を用いた場合は、話し手か聞き手、またはその双方がその花をあまりよく知らないという含みがある。くだけた話し言葉では、しばしば「プルメリアって花・エベスって町」のように「Nって」という形が用いられる。

2 NというN <繰り返し>

(1) 道路という道路は車であふれていた。

(2) 家という家は飾りをいっぱいつけて、独立の喜びをあらわしていた。

(3) ビルの窓という窓に人の顔がみえた。

(4) 会場をでてくる選手の顔という顔に満足感がみちあふれていた。

同一の名詞を使って、「全部のN」という意味を表す。すべてであることを強調するのに用いる。書き言葉で文学的な表現。

3 …というN

(1) この会社には、仕事は五時までだという規則がある。

(2) 山田さんは自分では画家だといっているが、本当は会社経営者だといううわさが流れている。

(3) 弟が大学に合格したという知らせを受け取った。

(4) 彼女の到着が一日遅れるという連絡が入った。

(5) 今度K製薬からでた新製品は副作用もなくよく効くという評判である。

(6) たばこの煙が体によくないという事実はだれでも知っている。

Nの内容を述べるのに用いる。Nには「話・うわさ・評判」など発言に関わる名詞や、「規則・記事・情報・事件」など内容のあるまとまりを表す名詞が用いられる。「仕事・事件」など、できごとの内容を述べる場合は、「という」が省略されることもある。

(例) 3人の高校生が中学校に放火した(という)事件は、近所の人を不安に陥れた。

【というか】

くだけた話し言葉では「っていうか」となる。

→【っていうか】

1 …というか

(1) そんなことをするなんて、ほんとに軽率というか、困った人だ。

(2) この決断は、勇気があるというか、とにかく凡人にはなかなかできないことだ。

(3) 持っていたお金を全部あげてしまうとは、人がいいというか、びっくりさせられた。

「AというかB」の形で、「Aと言うよりBと言う方が適当だ」という意味を表す。人やできごとに付いて、「例えばこんな風にも言える」という気持ちで印象や判断を挿入的に述べるのに用いる。後に、総括的な判断を述べることが多い。

2 …というか…というか

(1) そんなことを言うなんて、世間知らずというか、無神経というか、あきれてものもいえない。

(2) 彼女の行動は大胆というか、無邪気というか、みんなを困惑させた。

(3) そのときの彼の表情は、悲壮というか、雄々しいというか、言葉にはしがたいものがあった。

(4) そのほめ言葉を聞いたときのわたしの気持ちは、うれしいというか、恥ずかしいというか、何とも説明しがたいものだった。

「AというかBというか」の形で、AとBのどちらがよい言い方か考えていることを表す。人やできごとについて、その印象や判断などを、思いつくままに並べあげるのに用いる。後に、総括的な判断などを述べることが多い。

【ということ】

1 …ということ ＜内容＞ N4

(1) 最初のオリンピックがアテネで開かれたということは今まで知らなかった。
(2) 日本語のクラスで日本ではクリスマスよりお正月の方が大事だということを習った。
(3) この工場地帯のはずれに豊かな自然が残っているということはあまり知られていない。
(4) この法律を知っている人が少ないということは、大きな問題だ。
(5) 小林さんが、バンコクへ赴任するということが正式に決まった。
(6) わたしがここで言いたいのは、根本的に原因を解明しない限り、事態は改善されないということだ。

話や知識や出来事などの内容を具体的に示すのに用いる。「…だ」の後には必ず「という」が使われるが、それ以外では付けないこともある。ただし(6)のように長い表現が用いられるときは、付けるのが普通。

2 …ということ ＜意味＞ N4

(1) 「灯台もと暗し」とは、身近なことはかえって気がつかないということである。
(2) このことわざの意味は時間を大切にしないといけないということだ。
(3) A：なんであの人腕時計を指してるの？
B：早くしろってことよ。
(4) A：つまり、この商談は成立しないということですか？
B：ええ、まあそういうことです。

語句の意味やことがらの解釈を述べるのに用いる。必ず「という」を付ける。

3 …ということは…(ということ)だ N2N3

(1) 電車がストライキをするということは、あしたは学校が休みになるということだ。
(2) 一日5時間月曜から金曜まで働くということは、1週間で25時間の労働だ。
(3) 車が一台しかないということは、わたしたちのうち誰かがバスで行かなければならないということだ。

ある状況についての解釈を述べる表現。「XということはYだ」において、聞き手も知っている状況Xを述べ、その状況から推測されたり、結論として導き出されたりすることがらを、Yで示す。

4 …ということだ N2N3

(1) 山田さんは近く会社をやめて留学するということだ。
(2) この店は当分休業するということで、わたしのアルバイトも今日で終わりになった。
(3) 新しい冷蔵庫を買う場合は、古いのを下取りしてくれるということだから、それを確かめてから買ったほうがいい。
(4) 募集のしめきりは9月末だということだから、応募するのなら急いだほうがいい。

(5) A：吉田さん、まだ姿が見えませんね。

B：いや、さっきまでいたんですが、もう帰りました。今夜から出張するということです。

伝聞を表す。必ず「という」を付ける。

5 ということは

(1) A：原油が値上がりしそうだ。

B：ということはまたガソリン代が上がるね。

(2) A：東京本社に転勤になりました。

B：ということは、ご栄転ですね。おめでとうございます。

相手の話を受け、その内容から推量して自分の判断を述べるのに用いる。

6 …ということにする

→【ことにする】2

【というと】

1 …というと N2N3

(1) スペインというと、すぐフラメンコが心に浮かぶ。

(2) 北海道というと、広い草原や牛の群れを思い出す。

(3) 漱石というと、『こころ』という小説を思い出す人も多いだろう。

(4) モーツァルトというと没後200年の年には随分たくさん行事がありましたね。

(5) A：スキーというと、今年は冬季オリンピックの年ですね。Bさんもスキーはなさいますか？

B：ええ、でもあまり上手じゃないんですよ。

ある話題を受けて、そこから連想されることについて述べたり、それについて説明を加えたりするのに用いる。「といえば」とも言う。話し言葉では「っていうと」となることもある。

→【といえば】

2 …というと…のことですか

(1) 「しめなわ」というと、あの、お正月につける飾りのことですか？

(2) NGOというと、非政府組織のことですか？

(3) A：困っていたとき、ケリーが金を貸してくれまして。

B：あの、ケリーというと、あの銀行家のケリーのことですか？

A：ああ、そうです。

単語、語句の意味や定義を確認するのに使う。先行文脈で出された語句をとりあげて尋ねる場合が多い。話し言葉では、「というと」のかわりに、「って」を使うこともある。確認の表現であり、「NGOというと、何のことですか」というような全く知らないことを尋ねる質問はしにくい。

→【って】2

3 というと

(1) A：この企画は大筋はいいが、細かいところで少々無理があるね。

B：というと？

A：今から説明するよ。

(2) A：この事件は終わったように見えて、実はまだ終わってはいないんだ。

B：というと、まだ何か起こるんですか？

相手の言葉を受けて、くわしく展開するようにうながす表現。丁寧表現として「といいますと」がある。

→【といいますと】

【というところだ】N1

(1) A：どうですか、もう仕上がりますか？
B：あと2、3日というところです。

(2) 先頭の選手はゴールまであと一息というところです。

(3) A：進度はどんなものですか？
B：来週で入門段階が終わるというところです。

その段階での状況を説明するのに用いる。「…といったところだ」とも言う。

【というのは】

1 というのは

(1) 駅前の開発計画が急に取りやめになった。というのは、地域住民の強硬な反対で、マスコミに大きく取り上げられたからだ。

(2) 申しわけありませんが、来週お休みをいただけないでしょうか。というのは、国から母が突然訪ねてくることになったんです。

(3) A：あしたのご都合はいかがですか？
B：あしたはちょっと都合が悪いんです。というのは、東京に出かけることになっているものですから。

文を受け、前の文で述べられたことがらの原因・理由について説明したり、話し手の判断の根拠を後から付加的に述べるような場合に用いる。後に続く文は「…からだ・のだ」などで終わることが多い。

「なぜなら」と似ているが、「なぜなら」が明確な因果関係がある場合に使われるのに対し、「というのは」は事情を付加的に説明する場合であれば、必ずしもはっきりとした因果関係がなくても使うことができる。また、「なぜなら」は書き言葉で、「というのは」は話し言葉で用いられることが多い。

→【のだ】1

2 …というのは…ということだ

(1) レイさんが少し遅くなるというのは一時間は遅れるということだ。

(2) この地方全体で雨が一時間に10センチ降るというのは、洪水が起こるということだ。

「…ということは…（ということ）だ」と同義。

→【ということ】3

3 NというのはNのことだ

(1) パソコンというのはパーソナルコンピュータのことだ。

(2) 十五夜というのは、満月の夜のことだ。

単語、語句、文の意味の定義、説明、解釈を示す表現。

【というのも】

1 というのも

(1) あの会社、倒産するかもしれませんよ。というのも、このところ急激に株価が下がっているんですよ。

(2) 彼は昼だけでなく、夜もアルバイトしている。というのも、親の仕送りを受けずに大学を卒業しようとしているからだ。

「というのは」とほぼ同じ。

→【というのは】1

2 というのも…からだ

(1) 彼が転職したというのも、空気のきれいな田舎で病弱な子供を強くしたいと思ったからだ。

(2) メモを取る習慣をつけよう。というのも、人は忘れやすい生き物だからだ。

(3) 青木さんが怒ったというのも、部下がみんなあまりにも怠惰だったからだ。

(4) 土地を売るというのも、そうしなければ相続税が払えないからだ。

すでになされた、あるいはすると決まった行為について、そうなった理由を説明するのに用いる。「も」は、それが特別な行為であることを強調する。「...からだ」の代わりに「のだ」を用いることもある。

→【のだ】1

【というもの】

(1) 定年退職してからというもの、父は趣味の世界を楽しんでいます。

(2) トラックを運転し始めてからこの40年間というもの、一度も事故を起こしたことがありません。

(3) 結婚してから10年間というものは穏やかで幸せな生活が続きました。

「...してからというもの・...年間というもの」などの形で、「それ以来ずっと・その間ずっと」という意味を表す。

【というものだ】N2N3

[V-るというものだ]

(1) この研究は、生産量を10年のうちに2倍にするというものだ。

(2) 今回作られたタイムカプセルは200年先の人々に20世紀からのメッセージを送るというものだ。

(3) 先方から提示された取引の条件は、利益の30パーセントを渡すというものだった。

あるものの機能や内容の説明をするのに用いる。

【というものではない】N2N3

(1) 食べ物などは、安ければそれでいいというものではない。

(2) 速ければそれだけでいい車だというものでもないだろう。

(3) 有名な大学を卒業したからといってそれで幸せになれるというものでもない。

(4) 人には自由があるからといって何をしてもよいというものではない。

ある主張や考え方について、「それが全面的に妥当だとは言えない」という意味を表す。(2)(3)のように「というものでもない」とも言い、その場合、その主張や考え方をやや婉曲に否定している。

【というより】

→【より】4

【といえど】

1 ...といえど

(1) この寺院では、一国の王といえど、靴をはいたまま入ることは許されない。

(2) 暦の上では春といえど、この土地の人々はいまだ真冬の寒さにふるえている。

「...といえども」と同じ。

→【といえど】2

2 …といえども N1

(1) 冬山はベテランの登山家といえども遭難する危険がある。

(2) スポーツマンの家田さんといえども風邪には勝てなかったらしい。

(3) その機密は厳重に管理されており、たとえ、部長といえども近づくことは禁じられている。

(4) 弘法大師といえども字を間違えることがあるのだから、少々の失敗にくよくよすることはない。

譲歩を表す表現で、資格や能力のあるものを取り上げ、それなら当然できるという予想に反したことがらが成立することを表す。改まった話し言葉や、小説などの書き言葉で使う。「でも」で言いかえることができる。

→【でも$_2$】1

【といえなくもない】

(1) A：最近、彼はまじめに仕事をしていますか？

B：まあ、前よりはましだといえなくもないですが。

(2) A：山田君のゴルフはプロ並みだね。

B：うーん。まあ、そう言えなくもないけど…。

(3) この会社に入った当初は仕事のあまりのきつさにどうなることかと思ったが、今では慣れてきたと言えなくもない。すくなくとも、前ほどは疲れなくなった。

「といえる」ほど断定的ではなく、やや消極的に肯定する言い方。後に逆接的な内容が続いたり、それを暗示したりすることが多い。

【といえば】

1 Nといえば N2N3

(1) A：川口さんて気が短いね。

B：気が短いと言えば、Aさん、田中さんを覚えてますか？

A：ああ、あの人もすごく気が短かったよね。

(2) 高木さんといえば切手というぐらい、彼の収集熱は有名だ。

(3) 森町といえば、昔から木材の産地だが、最近は温泉が吹き出して話題になっている。

ある話題を受けて、そこから連想されることについて述べたり、それについて説明を加えたりするのに用いる。「というと」とも言う。

→【というと】1

2 …といえば…が

(1) おっとりしているといえば聞こえがいいが、彼女は何をするのものろい。

(2) 緑が豊かだといえばいい所だと思うが、実際は遠くて行くのが大変だ。

(3) 一日に一回は部下をどなりつけるといえばこわい上司だと思われるかもしれないが、実際はみんなにしたわれている。

対立する評価を述べる表現。Xという言い方から考えるとYという評価を得るのが普通だが、実はそれとは対照的なZという評価が得られるということを表すのに用いる。

3 …といえば…かもしれない

(1) 彼らはビートルズの再来だといえば、ほめすぎかもしれない。

(2) 全て彼のせいだと言えば言いすぎかもしれないが、それほど彼の責任は重い。

(3) この作品が時代の流れを変えるといえば、あまりにおおげさかもしれないが、実際に見ればその素晴らしさがわかるだろう。

婉曲的な評価の表現。前半部分で述べた評価を後半で弱めるのに用いる。話し手の主張したいのは前半部分の評価であることが多く、(3)のように後ろにその評価を肯定し発展させる文が続くことも多い。

4 …といえば…ぐらいのことだ

(1) わたしの得意なことといえば、タイピングが少し速いぐらいのことだ。

(2) 町の名所といえば、小さい古墳が残っているぐらいのことだ。

(3) わたしができることといえば、ただひたすら彼女を励ますぐらいのことだ。

取り上げた話題について、あまりすぐれたものがないと述べるのに用いる。自分に関することを謙遜して述べるときに使うことが多い。

【といけない】

[V-るといけない　から／ので]

(1) 盗まれるといけないので、さいふは金庫にしまっておこう。

(2) 雨がふるといけませんから、傘を持って行きましょう。

(3) 忘れるといけないので、メモしておいた。

(4) 遅れるといけないと思って、早目に家を出た。

望ましくないことがらを受け「それが起こると困る」という心配･危惧の気持ちを表す。たいていの場合「…といけないので／から／と思って」のような形で使われ、後ろには「困ったことにならないようにあらかじめ準備しておく」といった意味の表現が続く。「てはいけない」も似た意味を表すが、言い切りで「禁止」の表現として使うことができる点で「といけない」と異なる。

→【てはいけない$_2$】

【といった】

1 N、Nといった N

(1) 黒沢、小津といった日本の有名な映画監督の作品を上映するそうだ。

(2) この学校には、タイ、インドネシア、マレーシアといった東南アジアの国々からの留学生が多い。

(3) この豪華な催しの行われているホールの駐車場には、ベンツ、ロールスロイスといった超高級車がずらりと止まっている。

「N1、N2といったN3」の形で例を列挙するのに使う。

2 …といったところだ

(1) A：体の調子、どうですか？
　　B：全快まであと一歩といったところです。

(2) A：彼の運転の腕はどうですか？
　　B：まあまあといったところですね。

その段階での状況を説明するのに用いる。「というところだ」とも言う。

→【というところだ】

【といったら】 N2N3

[N(だ)といったら]

[A-いといったら]

1 …といったらありはしない N1

(1) この子は一度決めたら絶対に変えようとしない。頑固だといったらありゃしない。

(2) この年になってから一人暮らしを始める心細さといったらありはしない。
(3) 彼女はこっちが立場上断れないとわかっていて、わざといやな仕事を押しつけてくるのだ。くやしいといったらありはしない。

3の「…といったらない」とほぼ同じ意味だが、マイナス評価のことがらを言うときだけに使われる。書き言葉的表現。

→【といったら】3

2 …といったらありゃしない N1

(1) あの子は自分が周りからちやほやされているのを知った上で、それを利用しているんだよ。憎たらしいといったらありゃしない。
(2) このごろあちこちで地震があるでしょ？　おそろしいったらありゃしない。

1の「…といったらありはしない」のくだけた話し言葉での言い方。(2)のように「…ったらありゃしない」と省略されることが多い。

→【といったら】1

3 …といったらない N1

(1) 民族衣装を着た彼女の美しさといったらなかった。
(2) みんなが帰っていったあと、一人きりで病室に取り残されたときの寂しさといったらなかった。
(3) 彼は会議中にまじめな顔をして冗談を言うんだから、おかしいったらないよ。
(4) 結婚以来今まで10年も別居せざるをえなかった妻とやっと一緒に暮らせるのだ。うれしいといったらない。

名詞やイ形容詞に付いて、その程度が極端であることを強調するのに用いる。「とても言い表せないほど…だ・そんなに…ことは他にはない」という意味。話し言葉では(3)のように「…ったらない」の形も使われる。また、1の「…といったらありはしない」も同じ意味だが、マイナス評価のときだけに用いる。

→【といったら】1

【といって】

1 といって

(1) お金をなくしたのは気の毒だが、といって、わたしにも貸せる程のお金はない。
(2) 入社以来週末も働き通しで、疲れ果ててしまった。といって、ここで仕事をやめることもできない。
(3) 最近の彼の働きはめざましいが、といって、すぐに昇進させるわけにはいかない。
(4) このような対応の仕方では、解決はおぼつかないという批判が集中した。といって、これに代わる案が出て来たわけではなかった。

状況を表す文を受けて、「しかしながら」という意味を表す。後ろには、その状況から当然予測できる事態とは別の事態が表される。

2 …といって

(1) 頭が痛いといって、彼は会社をやすんだ。
(2) ニュースを見るといって、娘はテレビを独占している。
(3) 大きな事故が起こったといって、当局はトンネルを通行止めにした。
(4) 石田さんは、子供の健康のためだといって、いなかに引っ越して行った。

「…という理由を言って」という意味を表す。口実や理由を述べて、ある行為をするということを述べるのに使う。ただし、実際に声に出して言った言葉のとおりでなくてもかまわない。

3 これといって…ない

(1) 現代絵画の展覧会にいったが、これといっておもしろい作品には出会わなかった。
(2) 初めて高い山に登るので少し不安だったが、これといってけがもなく無事に下山できた。
(3) 食べ物の好き嫌いはこれといってないんですが、お酒はまったく飲めません。
(4) 彼は何でもよくできて優秀なので、これといって注文はない。自由にやってくれればいい。

否定的な意味を表す表現を伴い、「特にとりあげるべきものがない」という意味を表す。

【といっては】

(1) あの人はなまけものだといっては言い過ぎかもしれない。
(2) 神童といってはほめすぎかもしれないが、その夜の彼の演奏は確かに見事だった。
(3) 工業都市といってはあたらないかもしれない。ここには広大な森も広がっているからだ。

人やできごとについての判断や評判などを述べた表現を受けて、そのように批評することは「言い過ぎだ」とか「合っていない」と述べるときに使う。

【といっても】

1 といっても

(1) ビデオの作品を作った。といっても、せいぜい10分の短い作品だが。
(2) 新しいアルバイトが見つかった。といっても、友達の代わりに一週間働くだけだ。
(3) あの人がこのクラブの会長です。といっても、大会であいさつするだけですが。
(4) 仕事場が変わりました。といっても、同じ階の端から端へ移っただけなんですけど。

前文で述べたことから期待されることがらに対して、実際はそれほど程度が重くないと修正をくわえ、限定するのに使う。

2 …といっても

くだけた表現では「ったって」になる。

→【たって】2

a …といっても N2N3

(1) A：休みには故郷へ帰ります。
B：じゃあ、当分お目にかかれませんね。
A：いや、帰るといっても、一週間程度で、すぐまた戻って来ます。
(2) 料理ができるといっても、卵焼きぐらいです。
(3) シンガポールへ行ったといっても、実際は一日滞在しただけです。
(4) A：去年は珍しく雪が降りました。
B：へえ、あんな暖かい所でも降るんですか。
A：いや、降ったといっても、ほんの少しで、すぐ消えてしまいました。
(5) 日本舞踊ができるといっても、ほんのお遊び程度です。

前に述べたことについて、それが実際にはそれほど程度の重いことではないとつけ足すのに用いる。

b　ひとくちに…といっても

(1) 一口にアジアといっても、広大で、多種多様な文化があるのです。
(2) 一口にバラといっても、実に豊富な種類があります。
(3) 一口に日本人の考え方といっても、いろいろな考え方があるので、どうとは決めにくいのです。

「簡単にまとめていうが、実際は複雑だ」という意味を表す。

c　…といっても…ない

(1) A：来週はテストがあるんです。
B：じゃあ、このハイキングはだめですね。
A：いえ、テストがあるといっても、そんなにたいしたものじゃありませんから、一日ぐらいはだいじょうぶです。
(2) 山登りが趣味だと言っても、そんなに経験があるわけではありません。
(3) 風邪を引いたと言っても、そんなに熱はない。
(4) アルバイトの人がやめたといっても、店のほうは別に支障はない。
(5) 土曜日には、夫の姉が遊びに来ることになっている。しかし、お客が来るといっても、別に特に忙しいわけではない。

ある特別な事態が生じていることを示し、そこから当然予測されることがあるが、実際には程度は重くない、問題は生じないと述べるのに用いる。

3　…といってもいいだろう

(1) これは、この作家の最高傑作だといってもいいだろう。
(2) 川田さんは、かれの本当の恩師だといってもいいだろう。
(3) この試合は、事実上の決勝戦だと言ってもいいだろう。

「そのように評価してまちがいではないだろう」という意味を表す。ことがらや人についての解釈、判断、批評を述べる表現。「…といえる」より、婉曲的な表現。

4　…といってもいいすぎではない

(1) 成功はすべて有田さんのおかげだといってもいいすぎではない。
(2) 環境破壊の問題は、これから世界の最も重要な課題になるといっても言い過ぎではない。

「そのように述べることもおおげさではない」という意味を表す。主張を強く述べるのに用いる。改まった書き言葉では、「言いすぎ」のかわりに「過言」が用いられることがある。

(例) そのニュースは国中の人々を幸福な気分にさせたといっても過言ではない。

【といってもまちがいない】

(1) この会社は祖父の力で大きくなったといってもまちがいはない。
(2) 現在、彼が日本マラソン界の第一人者といっても間違いない。

ことがらや人についての解釈、判断、批評を述べるのに用いる。「といえる」に比べ、確信をもって断定的に述べる。書き言葉で使うのが普通で、「も」を入れないこともある。

【といわず…といわず】

[NといわずNといわず]

(1) 風の強い日だったから、口といわず、目といわず、すなぼこりが入ってきた。

(2) 車体といわず、窓といわず、はでなペンキをぬりたくった。

(3) 入り口といわず、出口といわず、パニックになった人々が押し寄せた。

あるものの部分を表す名詞を繰り返して、「区別をつけないで全部」という意味を表す。

【どうか】

→【てはどうか】

【どうしても】

1 どうしてもVR-たい

(1) 次の休みにはどうしても北海道へ行きたい。

(2) 競争率の高いのは知っているけれど、どうしてもあの大学へ入りたいのです。

(3) 子供のとき別れた父親が今どこでどうしているのか、どうしても知りたい。

(4) 両親は反対したが、わたしはどうしても演劇の道に進みたいと思っていた。

欲求や願望を表す表現とともに用いて、望んでいるのは実現がむずかしいと思われることだが、困難を乗り越えてでもしたいという、願望の強さを表す。

2 どうしても…ない

(1) 仕事がひどく忙しいので、今月末まではどうしてもあなたのところへは行けません。

(2) 何度もやってみたが、この問題だけはどうしても解けなかった。

(3) 努力はしているが、あの課長はどうしても好きになれない。

(4) あしたまでに車の修理をしてほしいと頼んだが、人手が足りないのでどうしても無理だと言われた。

(5) もしどうしても都合が悪いなら、別の人を推薦してくださっても結構です。

可能を表す「れる」の否定形や「無理だ・だめだ・都合が悪い」などの否定的な意味を表す表現とともに用いられ、「努力してもできない」という意味を表す。

→【れる₁】

【どうじに】

1 …とどうじに ＜直後＞

[Nとどうじに]

[V-る／V-た　(の)とどうじに]

(1) スタートの合図と同時に選手達はいっせいに走り出した。

(2) 私が乗り込むと同時に電車のドアは閉まった。

(3) 私が部屋に入ったのとほとんど同時に電話が鳴りだした。

前のことがらの起こった直後に次のことがらが起こることを表す。動詞と「と」の間には(3)のように「の」が入ることもある。

→【と₃】3

2 …とどうじに ＜同時＞

[N／Na　であるとどうじに]

[A／V　とどうじに]

(1) 彼女は医者であると同時に小説家でもある。

(2) この手術はかなりの危険を伴うと同時に費用もかかる。

(3) 社会に巣立つ若者に対して、期待するところが大きいと同時にいささかの懸念も残る。

(4) 当選できて大変うれしく思いますと同時に、議員としての重責に身の引き締まる思いです。

二つのことがらが同時に成立することを表す。前後の意味内容によって、「累加」(1)(2)、「対比」(3)(4)などの関係を表す。たいてい普通体を受けるが、改まったスピーチなどでは(4)のように丁寧体を受けることもある。

3 どうじに

(1) 医者という職業は体力を必要とする。同時に、人間の繊細な心理に対する深い理解も要求される。

(2) 過疎地の開発も大切である。が、同時に自然の保護には十分な注意が必要である。

(3) 医学の進歩は人類に大きな恩恵をもたらした。しかし、同時に人間の生命に対してどこまで手を加えられるのかという倫理上の問題を新たに生じさせている。

二つの文の間に用いて、前後のことがらが同時並行的に成立することを表す。対比的な意味内容の文が続くのが普通で、(2)(3)のように「同時に」の前に「が・しかし」を伴うことが多い。書き言葉的。

→【が$_2$】1【しかし】

【どうせ】 N2N3

1 どうせ

(1) 一生懸命働いてもしょうがない。どうせ給料は上がらないんだから。

(2) 三日坊主の彼のことだから、どうせ長続きはしないだろう。

どちらにしても結論や結果は決まっており、個人の意志や努力で変えることができないといった、話し手の諦めや投げやりな態度を表す。望ましくないことがらが続くことが多い。

2 どうせ…(の)なら

(1) どうせやるならもっと大きいことをやれ。

(2) どうせ参加しないのなら、早めに知らせておいたほうがいい。

(3) どうせ2か月余りの命なら、本人のやりたいことをやらせたい。

(4) 急いでもどうせ間に合わないのだったら、ゆっくり行こう。

「どのみち…ということが決まっているなら」という意味で、その条件の下で、とるべき態度や行動について述べるのに用いる。「…のだったら」も用いられる。話し手の意志、希望、義務や、命令、勧誘といった相手への働きかけの表現が続く。

3 どうせなら

(1) 長年使っていたパソコンが壊れてしまった。どうせならパソコンだけでなくプリンターも買い換えようかな。

(2) 彼女にプロポーズしたけれど、なかなか返事がもらえない。どうせなら、嫌だとはっきり断ってくれればいいのに。

(3) 遠足に行く息子のためにお弁当を作ったのですが、「どうせなら」と思い、家族全員分のお弁当を作りました。

前に述べたことを受けて、「そのようなことが決まっているのなら」という意味で、その条件の下で取るべき態度や行動について述べるのに用いる。話し手の意志、希望、義務や、命令、勧誘といった相手への働きかけの表現が続く。

4 どうせV-る いじょう(は)/からには

(1) どうせやる以上は必ず成功して戻っ

てこい。

(2) どうせ試合に出るからには、必ず優勝してみせる。

(3) どうせ留学するからには、博士号まで取って帰ってきたい。

「…することは決まっているのだから」という意味を表す。話し手の意志、希望、義務や、命令、勧誘といった相手への働きかけの表現が続く。

→【いじょう】4【から(に)は】

5 どうせ…のだから

(1) どうせ間に合わないのだから、いまさらあわてても仕方がない。

(2) どうせ合格するはずがないのだから、気楽にいこう。

(3) どうせやらなければならないのだから、早めにやってしまいましょう。

結論・結果が分かっている(決まっている)状況での話し手の意志や判断を表すのに使う。後ろには話し手の諦めや、投げやりな態度を表す表現が用いられることが多い。

6 どうせ(のこと)だから

(1) どうせのことだから、飛び切り高級なホテルに泊まろう。

(2) どうせのことだから、駅までお送りします。

(3) 当分バスも来ないみたいだし、どうせだからお茶でも飲まない?

「どのみち…することが決まっているのだから」といった意味の慣用表現。後ろには「思い切って/ついでに…しよう(意志・勧誘)」といった意味の表現が続く。話し言葉では「どうせだから」の形で用いられることが多い。

【どうぜん】

1 Nどうぜん

(1) 実の娘同然に大切に育ててくれた。

(2) このみじめなくらしは奴隷同然だ。

(3) ボロ同然に捨てられて、彼は会社に復讐を誓った。

「…と同様」という意味を表す。「…のようだ」に近いが、「同然」の方が感情的で、あざけり、不満の感情などをこめることが多い。

→【ようだ$_1$】1

2 …もどうぜん

[Nもどうぜん]

[V-たもどうぜん]

(1) この子は本当は姪ですが、小さいころから一緒に暮らしているので娘も同然です。

(2) あの人はアルバイト社員だが、仕事の内容からみると正社員も同然だ。

(3) 別れた恋人はわたしにとっては死んだも同然の人だ。

(4) 10000票の差が開いたから、これでもう勝ったも同然だ。

「事実はそうではないが、ほとんど事実と同じ状態だ」という意味を表す。「…と(ほとんど)同じだ」という意味だが、「同然」はさらに感情的な評価があり、思い込みが強い場合が多い。

【とうてい…ない】

(1) うちの息子の実力では、トップレベルの大学に合格するのはとうてい無理だ。

(2) 彼女が僕を裏切るなんてとうていあり得ない。

(3) 歴史の長さにおいて、日本の大学は西洋の古い大学にはとうてい及ばない。

「どんな方法をとっても、どう考えても無理だ/不可能だ/あり得ない」という意味を表す。書き言葉的。

【とうとう】N4

1 とうとうV-た

(1) 夏休みもとうとう終わってしまった。
(2) 長い間入院していた祖父も、とうとう亡くなった。
(3) 卒業式も無事に終わって、とうとう国に帰る日になった。
(4) 20年の歳月ののち、研究はとうとう完成した。
(5) 相手があまりにしつこいので、温厚な彼もとうとう怒ってしまった。
(6) 朝から曇っていたが、夕方にはとうとう雨になった。

長い時間をかけて、または最終的に何かが実現することを表す。(1)〜(3)は長い時間や経過を経て、予想されていた最後の段階に至った場合、また、(4)は長い時間をかけて努力してその結果に至った場合である。そこに至るまでのできごとや歳月に対しての話し手の感慨がこめられる。

また、(5)(6)のように、それまで保っていた状態が限界を越えてしまった場合に使うこともある。(5)は、「ふだん怒らない彼も我慢しきれなくなって怒った」、(6)は「朝から雨が降りそうな天気だったが、なんとか昼の間は降らずにもっていた。しかし夕方には降り始めた」という意味。

似た表現に「やっと・ついに」がある。詳しくは【やっと】1を参照。

→【ついに】1【やっと】1

2 とうとうV-なかった

(1) 二時間も待ったが、とうとう彼は来なかった。
(2) 何週間も捜索が続けられたが、遺体はとうとう発見されなかった。
(3) 全力をあげて調査が行われたが、事故の原因はとうとう分からなかった。

期待されていた事態が、最後まで実現しなかった場合に使う。「ついに」も同じように使われるが、この文型には「やっと」は使えない。

→【ついに】2

【どうにか】N1

1 どうにか

(1) おかげさまでどうにかやっておりますのでご安心ください。
(2) 急いで行ったらどうにか間に合った。
(3) いろいろ問題はありましたが、みなさんのご協力のおかげで、どうにかこのプロジェクトを成功させることができました。

苦労や努力の結果、十分ではないが一応希望する状況に至る様子を表す。さらに強めて「どうにかこうにか」となることもある。「なんとか・やっと」との違いについては【やっと】2を参照。

→【なんとか】2【やっと】2

2 どうにかする

(1) 早くどうにかしないと手遅れになってしまうよ。
(2) そちらの手違いで予約もれになってしまったのだから、どうにかしてもらいたい。
(3) この水不足をどうにかしないと大変だ。

問題が起こったときなどに、「それを解決するために何か手を打つ」という意味を表す。「なんとかする」とも言う。

→【なんとか】4

3 どうにかなる

(1) そんなに心配しなくてもどうにかなるよ。
(2) A：レポート遅れそうなんだよ。

B：大丈夫、必死でやればどうにかなるよ。

(3) この猛暑、どうにかならないかな。

「問題が自然に解決したり、何らかの方法で解決することができる」という意味を表す。「なんとかなる」とも言う。

→【なんとか】3

【どうにも】

1 どうにも…ない

(1) こうむし暑くてはどうにもやりきれない。

(2) 彼の怠惰な性格はどうにも直しようがない。

後ろに「できない・V$_{R}$-ようがない」などの否定的な意味を表す表現を伴って、「どのような方法をとっても不可能だ」という意味を表す。「ど｢うにも」のようなアクセントで発音される。さらに強めて「どうにもこうにも」となることもある。

→【よう$_{1}$】1

2 どうにも ならない／できない

(1) 過ぎたことはいまさらくやんでもどうにもならない。

(2) ここまで病状が悪化してしまっては、もうどうにもできない。

「どのようなことを行っても状況を変えることができない」という意味を表す。悪い状況を好転させられないような場合に用いる。アクセントは「ど|うにも」となるのが普通。

【どうも】

1 どうも <不確か>

(1) あなたはどうも私のことを誤解しているようだ。

(2) 最近、彼はどうも様子がおかしい。

(3) あの人の考えていることはどうもよく分からない。

(4) 運動しているせいか、どうも調子がいいような気がする。

(5) 今日は朝からどうも気分がふさぐ。

(6) A：奥さんの具合はいかがですか？

B：それがどうもね…。

現状や自分の感覚、感情について、「なぜそうなるのか／そのように感じられるのかよく分からない」という話し手の「いぶかしみ」の気持ちを表す。述語には打ち消しの表現や、「変だ・おかしい・気分がふさぐ」のようなマイナス評価の表現が用いられる。(6)は「あまりよくない」という部分を言わないで婉曲に言う場合の表現。「なんだか・なんとなく」に言いかえられることが多い。

→【なんだか】【なんとなく】

2 どうも…そうだ

(1) この空模様ではどうも雨になりそうだ。

(2) 彼の言ったことはどうも全部うそのようだ。

(3) おじの病気はどうもガンらしい。

「そうだ・ようだ・らしい」などを伴い、一定の根拠に基づいた話し手の推定を表す。「どうやら」に言いかえられる。

→【そうだ$_{2}$】【どうやら】1【ようだ$_{2}$】【らしい$_{2}$】

3 どうも <困惑>

(1) ちっとも勉強しないで遊んでばかりで、どうも困った息子です。

(2) A：先輩、一曲歌ってくださいよ。

B：これは、どうもまいったな。

「困った・まいった」などを伴って、困惑や軽い驚きの気持ちを強調する。

4 どうも <挨拶> N5

(1) お手紙どうもありがとうございます。

(2) お待たせしてどうもすいません。
(3) 先日はどうも。

挨拶の表現に用いられ、感謝やおわびの気持ちを強調する。(3)のように後半が省略されることもある。実際には特別な感情がなくても「どうも、どうも」のような形で単なる儀礼的挨拶の表現として使われることが多い。

【どうもない】

(1) 彼は酒を1升ぐらい飲んでもどうもない。
(2) A：この牛乳、ちょっと変な味しない？
B：《飲んでみて》どうもないよ。

「平気だ・大丈夫だ・問題がない」といった意味の話し言葉的表現。「どうってことない」とも言う。

【どうやら】N1

1 どうやら…そうだ

(1) この分でいくと、どうやら桜の開花は早まりそうだ。
(2) むこうから歩いて来るのはどうやら田中さんのようだ。
(3) 部屋から次々と人が出て来るところをみると、どうやら会議は終わったらしい。

後ろに「そうだ・ようだ・らしい・みたいだ」などの推量を表す表現を伴って、はっきりとは分からないが、そのように推量されるという話し手の不確かな気持ちを表す。

→【そうだ$_2$】【みたいだ】2【ようだ$_2$】【らしい$_2$】

2 どうやら（こうやら）

(1) 急いだのでどうやら間に合った。
(2) どうやら論文も完成に近づいた。
(3) どうやらこうやら卒業することができました。

十分ではないが努力した結果、ようやく目標としていた状態や完成の段階に到達する様子を表す。

【どうり】

1 …どうりがない

(1) こんなに難しい本が子供に読める道理がない。
(2) 上司なら部下にどんな命令をしてもよいなどという道理はない。
(3) そんな道理はない。

「どう考えてもそれが正しいと認められる理由・根拠がない」という意味を表す。(2)(3)のように「が」が「は」になることもある。

2 どうりで

(1) A：彼女13歳までアメリカで育ったんだって。
B：へえ。どうりで英語の発音がいいわけだね。
(2) A：彼女の両親は学者だよ。
B：道理で彼女も頭がいいはずだ。

現状についてのもっともな理由を知り、「なるほどそうであるはずだ／わけだ」と納得する場合に用いる。

【どおし】

[V_R-どおし]

(1) 1週間働き通しだ。
(2) 一日中立ち通しで働いている。
(3) 昼からずっと歩き通しで、足が痛くなった。
(4) 朝から晩まで座り通しの仕事は、かえって疲れるものだ。

ある期間同じ動作や状態が続く様子を表す。動詞の連用形を受けるが、名詞を受けるものとして「夜通し(=一晩中)」がある。

【とおして】

→【をとおして】

【とおす】

[VR-とおす]

(1) やると決めたことは最後までやり通すつもりだ。

(2) 途中で転んでしまったが、あきらめないでゴールまで走り通した。

(3) こんな難しい本は、私にはとても読み通せない。

意志的な行為を表す動詞に付いて、「最後まで…する」という意味を表す。

【とおなじ】

→【おなじ】1

【とおもう】

1 …とおもう

a …とおもう N4

(1) 今日は雨が降ると思います。

(2) 山田さんは来ないと思う。

(3) あの人のやり方はひどいと思います。

(4) 彼は、まちがっていると思う。

(5) 確か、机の上に置いたと思う。

(6) あなたには幸せになってほしいと思うから、あえてこういうきつい忠告をするのです。

(7) いつ寝ているのかと思うほどいそがしそうだ。

節を受けて、それが話し手の主観的な判断・個人的な意見であることを表す。疑問文では、聞き手の個人的判断や意見を問う表現になる。「と思う／思います」のように辞書形・マス形で言い切る表現では、その主語はいつも話し手であり、第三者ではない。例えば、(2)では「思う」のは「私」であって、「山田さん」ではない。もし、思う主体が山田さんだということを表したければ「山田さんは(田中さんが)来ないと思っている」のように、「思っている」の形にしなければならない。ただし、「思う」が次の例のようにタ形をとる場合は、第三者の判断を表すことも可能となる。

(例) 山田さんは来ないと思った。

ここでは、「私は山田さんは来ないと思った」という解釈と「山田さんは(誰かが)来ないと思った」という解釈のどちらも可能である。

b …とおもっている

(1) 私は自分のしたことが正しいと思っている。

(2) イギリスに留学してよかったと思っている。

(3) 警察はあの男が犯人だと思っている。

(4) その実力で合格できると思っているの?

節を受けて、話し手、あるいは第三者がそのような意見や判断・信念を持っていることを表す。これを上のaの「…とおもう」の場合と比べると、「…とおもう」は話し手がその場で下した判断という意味合いが強いのに対し、「…とおもっている」は以前から現在に至るまでそのような意見や信念を持っているといったニュアンスがある。また、(3)のように、「…とおもっている」は第三者の意見や判断を表せるという点でも、それができない「…とおもう」とは異なる。

c …とおもわれる

(1) このままの状態では環境汚染は進む一方だと思われる。

(2) 私にはこのことが正しいとは思われ

ません。

「自発的にそのような判断が成り立つ」という意味を表し、自分の意見を独断ではなく客観的に述べたり、主張をやわらげたい場合に用いられる。論文や講義・講演など改まった文章で多用される。「と」のかわりに「ように」を用い「ようにおもわれる」となることもある。

→【と$_3$】4【ようだ$_2$】3

2 …とはおもわなかった

(1) まさか今日あの人が来るとは思わなかった。

(2) こんな街中にこんな静かな公園があるとは思わなかった。

(3) 寮の部屋が狭いとは聞いていたが、こんなに狭いとは思わなかった。

(4) いつも反抗的なお前がそんなに素直に謝るとは思わなかったな。

(5) A：引っ越し先のおとなりが田中さんだなんて思ってもみませんでしたよ。奇遇ですね。

B：いや、ぼくも君が越してくるとは思わなかったよ。

「そのことがらはまったく予想していなかった」という意味で、驚きの気持ちを含むことが多い。

3 V_R-たいとおもう

(1) 大学を卒業したら留学したいと思います。

(2) 結婚式には是非参加したいと思っております。

(3) コンピュータ関係の会社に就職したいと思っている。

(4) では、ご一緒に乾杯をしたいと存じます。

話し手の願望や欲求を表す「たい」に付いて、その直接的な言い方をやわらげて、丁寧な表現にする働きをもつ。さらに丁寧な表現では、(4)のように「存じます」を使うこともある。「〜たい(です)」と、そのまま言い切る表現は子供っぽい印象を与えるため、成人の改まった会話では不適切で、「思う」や「のだ」などを伴うのが普通である。

→【たい】1【のだ】1

4 …からとおもって

(1) 体にいいからと思って、野菜をたくさん食べるようにしています。

(2) せっかくおしゃれをして来たのだからと思って、一流レストランで食事することにした。

(3) 夜道のドライブは危険だからと思って、早めに帰ってきました。

節を受け、「そのようなことを理由にして後続の行動をとる」という意味を表す。前半の理由の部分は後続動作の結果成立するような意味関係を表すことが多い。後半部分には意志的な動作を表す表現が用いられる。

5 …とおもいきや N1

(1) 今場所は横綱の優勝間違いなしと思いきや、3日目にケガで休場することになってしまった。

(2) 今年の夏は猛暑が続くと思いきや、連日の雨で冷害の心配さえでてきた。

(3) これで一件落着かと思いきや、思いがけない反対意見で、この件は次回の会議に持ち越されることになった。

節を受けて、そこで表されるような結果を予想していたら、意外にもそれに反する結果が現れたということを表す。(3)のように「と」の直前に「か」を伴う場合もある。やや古めかしい言い方で、書き言葉に用いられる。

→【と$_3$】4

6 …とおもうまもなく

(1) つめたい雨が降ってきたと思う間もなく、それは雪にかわった。

(2) 両目に涙があふれてきたかと思う間もなく、その子は大声で泣き出した。

(3) 帰ってきたなと思う間もなく息子は「遊びに行ってくる！」と叫んで出ていった。

(4) 飛行機は下降を始め、雲を突き抜けたと思う間もなく、翼の下に、街の灯が広がった。

二つのことが時間をおかずに続けて起こることを表す。「…かとおもうまもなく」も用いられる。どちらも書き言葉で使われる。「X（か）とおもうまもなくY」の形式では、XにもYにも話し手の行為は使えない。

（誤） 私はうちに帰ったと思う間もなく友達に電話した。

（正） 私はうちに帰るとすぐ友達に電話した。

7 …とおもったら

a …とおもったら N2N3

［N／Na だとおもったら］

［A-いとおもったら］

［V-る／V-ない とおもったら］

(1) 息子の姿が見えないと思ったら、押し入れの中で寝ていた。

(2) なんだか寒いと思ったら、窓が開いていたのか。

(3) めがねがないないと思ったら、こんなところに置き忘れていたよ。

(4) 冷蔵庫においしそうなケーキがあると思ったら、お客さん用だった。

(5) 最近上田さんが学校に来ないと思っていたら、交通事故で入院しているらしい。

(6) 誰もいないのにうちの電気がついていると思ったら、弟が遊びに来て勝手に上がり込んでいたのだった。

節に付いて、そのことがら、その原因・理由がわからなくて変だと感じる気持ちを表す。後に、原因・理由・説明となることがらが続き、それがわかってやっと納得できたという気持ちが表される。(1)は、「息子の姿が見えないので変だと思ったが、押し入れの中で寝ているのを見つけて納得した」、(2)は「寒いので変だと思ったが、窓が開いているのに気づいて納得した」という意味。不可解な状態がずっと続いた場合は、(5)のように「と思っていたら」の形にもなる。

b 疑問詞…かとおもったら

(1) 何を言うのかと思ったらそんなくだらないことか。

(2) 食事もしないで何をやってるのかと思ったら、テレビゲームか。

(3) 会議中に席を立ってどこへ行くのかと思ったら、ちょっと空が見たいって言うんだよ。あいつ、最近おかしいよ。

話し手が不思議に思って注目する様子を表す。後ろには意外な発見や驚きをさそう出来事が表される。

8 Nにとおもって

(1) おばあちゃんへのお土産にと思って、湯飲み茶碗を買った。

(2) つまらないものですが、これ、お子さんにと思って…。

(3) 健康維持にと思い、水泳を始めた。

人や、目的・用途を表す名詞を受け、「その人や目的のために」という意味を表す。意志的な動作を表す表現が続く。書き言葉では「…にと思い」とも言う。

9 …ものとおもう

→【ものとおもう】

10 …ようとおもう

→【よう$_2$】7

11 …ようとはおもわなかった

→【よう$_2$】9

12 Nを…とおもう
→【おもう】4

【とおり】N4

1 数詞／なん／いく　とおり

(1) 駅から大学までには3とおりの行き方がある。
(2) やり方は何通りもありますがどの方法がよろしいでしょう。
(3) 「生」の読み方はいくとおりあるか知っていますか？

数詞や「何(なん)・幾(いく)」などの疑問詞に付いて、方法や種類の数を表す。

2 …どおり N2N3

[Nどおり]

(1) 計画はなかなか予定どおりには進まないものだ。
(2) すべて課長の指示どおり手配いたしました。
(3) 自分の気持ちを思いどおりに書くことは簡単そうに見えて難しい。
(4) 世の中は自分の考えどおりには動いてはくれないものだ。

予定・指示・思いなどの名詞に付いて、「それと同様に・その通りに・そのままに」といった意味を表す。この用法ではいつも「…どおり」となる。この他の例として「命令どおり・型どおり・見本どおり・文字どおり・想像どおり」などがある。

3 V-る／V-た　とおり N2N3

(1) おっしゃるとおりです。(＝あなたの意見に賛成です)
(2) 私の言うとおりに繰り返して言ってください。
(3) 先生のお母様は私が想像していたとおりのやさしい方でした。
(4) ものごとは自分で考えているとおりにはなかなか進まない場合が多い。

「言う・思う」などの発言や思考を表す動詞の辞書形やタ形に付いて、「それと同じようである」という意味を表す。

【とか₁】

1 Nとか(Nとか) N4

(1) 病気のお見舞いには果物とかお花が好まれる。
(2) 私はケーキとか和菓子とかの甘いものはあまり好きではありません。
(3) 最近の大学院は、働きながら学びたい人とか、仕事を退職した人とかが、再び勉強するために入学するケースが目立つようになった。
(4) 日本から外国へのお土産としては、お菓子とか電化製品がいいでしょう。

人や物に付いて、同じような例をいくつか挙げる場合に用いる。話し言葉的。

2 V-るとか(V-るとか) N4

(1) 休日はテレビを見るとか、買い物するとかして過ごすことが多い。
(2) 教師の不足は、教師が教える時間数を増やすとか、一つの教室で複式の授業をするとかの方法で何とか乗り切ることにしたい。
(3) 奨学金をもらっていない留学生には授業料を免除するとか、部屋代の安い宿舎を提供するとかして、経済面での援助をする必要がある。
(4) あなたは、分からないことがあるといつも友達に教えてもらっているけれど、たまには自分で調べるとかしなさいよ。

動作を表す動詞を受け、同じような動作・行動の例をいくつか挙げる場合に用いる。

【とか₂】

1 …とか(いう) N2N3

(1) 山田さんとかいう人が訪ねてきていますよ。

(2) 田中さんは今日は風邪で休むとか。

(3) A：田中さんは？
B：なんか今日は風邪で休むとか言っていました。

(4) 天気予報によると台風が近づいているとかいう話です。

名詞や引用節の後に付いて、聞いた内容を他の人に伝える場合に用いる。内容の正確さに十分な確信がないという含みがある。(2)のように文末の「言っている・言った」が省略されることもある。

2 …とか…とか(いう)

(1) 彼女は買い物に行くとこれがいいとかあれがいいとか言って、決まるまでに本当に時間がかかる。

(2) あの二人は結婚するとかしないとか、いつまでたっても態度がはっきりしない。

(3) もう仕事はやめるとかやっぱり続けるとか、会うたびに言うことが変わる人だ。

正反対のことがらや、いろいろに変わる発言内容を受け、本当はどちらなのかはっきりしない場合に用いる。(2)のように「言う」の部分が省略されることもある。

3 …とかいうことだ

[N／Na だとかいうことだ]

[A／V とかいうことだ]

(1) 隣の娘さんは高校を卒業するとかいうことだ。

(2) ニュースによると大雨で新幹線がストップしているとかいうことだ。

(3) その人はまれに見る天才だとかいうことだ。

(4) その学校は校則が非常に厳しいということだ。

伝聞内容を受けて、「はっきりとではないが…のようなことを聞いている」という意味を表す。

4 …とかで

[N／Na だとかで]

[A／V とかで]

(1) 機内持ち込み禁止だとかで、はさみを取り上げられてしまった。

(2) 途中で事故があったとかで、彼は1時間ほど遅刻してきた。

(3) 来週引っ越すとかで、鈴木さんから二日間の休暇願いが出ています。

(4) 結婚式に出るとかで、彼女は着物姿で現れた。

「聞くところによると…のような原因・理由で」という意味で、原因・理由の部分が他の人から伝え聞いたものであることを表す。話し言葉的。

【とかく】 N1

1 とかく…がちだ

(1) 学生の時は、とかく就職に有利かどうかに目を向けがちだ。

(2) 兄弟で会社を興すと、とかく経営方針をめぐる確執が起こりやすい。

(3) 年を取ると、とかく外に出るのがおっくうになるものだ。

(4) われわれはとかく学歴や身なりで人間の価値を判断してしまう傾向がある。

(5) とかく人の世は住みにくいものだ。

文末に「…がちだ・やすい・傾向がある・ものだ」などの表現を伴って、「どちらかというと…ような傾向がある」という意味を表す。あまりよくないことがらが表されるのが普通。「とかく」の代わりに「ともすれば・ややもすると」などが用いられることもある。書き言葉的。

→【がち】2【ものだ】1【やすい】

2 とかく

(1) 先のことを今からとかく心配してもしようがない。

(2) 他人のことをとかく言う前に自分の責任をはたすべきだ。

(3) とかくしているうちに時間ばかり過ぎていった。

あれこれといろいろなことを考えたり言ったりする様子を表す。その行動や発言に対してマイナス評価のニュアンスをもつ場合が多い。似た表現に「とやかく」があるが、こちらの方がマイナス評価のニュアンスが強い。

(例) 大家にとやかく言われて嫌になる。

【とかんがえられる】

1 …とかんがえられる

[N／Na／A／V とかんがえられる]

(1) このままでは日本の映画産業は落ち込む一方だと考えられる。

(2) ここ数年の経済動向から見ても、彼の予測の方が妥当なのではないかと考えられる。

(3) この難解な文章を10歳の子供が書いたとはとても考えられないですね。

自分の考えを何らかの根拠にもとづいた客観的なものとして述べるのに使う。

2 …とかんがえられている

[N／Na／A／V とかんがえられている]

(1) 一般的に英語は世界の共通語だと考えられているが、実際には英語が通じない国はいくらもある。

(2) 火星には生物はいないと考えられていましたが、今回の探索で生命の痕跡が確認されました。

一般的に受け入れられている考えを述べるのに使う。その考えが実は正しくない、あるいは修正する必要があるということを言う場合によく使われる。

3 …ものとかんがえられる

[N／Na であるものとかんがえられる]

[A／V ものとかんがえられる]

(1) この結論は妥当であるものと考えられます。

(2) 泥棒は二階の窓から入ったものと考えられる。

(3) 現在の二酸化炭素の排出量の増加傾向から、地球の温暖化はますます進むものと考えられる。

自分の考えを、さまざまな根拠から当然導き出される客観的なものとして述べるときに使う。論文や論説など、改まった書き言葉で用いられることが多い。

4 …ものとかんがえられている

[N／Na であるものとかんがえられている]

[A／V ものとかんがえられている]

(1) 今回の地震の原因は、地下断層に亀裂が生じたことによるものと考えられている。

(2) この建物は、その様式や技法から見て9世紀末に建築されたものと考えられている。

さまざまな根拠によって妥当な判断だと一般的に認められている考えを述べるのに使う。改まった書き言葉で用いられることが多い。

【とき】

1 …とき N5

[Nのとき]

[Naなとき]

[A-いとき]

[V-るとき]

(1) 子供の時、田舎の小さな村に住んでいた。
(2) 暇な時には、どんなことをして過ごしますか？
(3) 祖父は体の調子がいい時は、外を散歩する。
(4) 暇のある時にはたいていお金がない。
(5) 寝ている時に地震がありました。

状態を表す述語の辞書形を受けて、それと同時並行的に他の出来事や状態が成立することを表す。

2 …たとき N5

[N／Na　だったとき]

[A-かったとき]

[V-たとき]

(1) 先代が社長だった時は、この会社の経営もうまく行っていたが、息子の代になってから、急に傾きはじめた。
(2) 貧乏だった時は、その日の食べ物にも困ったものだ。
(3) 子供がまだ小さかった時は、いろいろ苦労が多かった。
(4) 東京にいた時は、いろいろ楽しい経験をした。
(5) ニューヨークで働いていた時に、彼女と知り合った。

状態を表す述語のタ形を受けて、それと同時並行的に成立した過去の出来事や状態を表す。この場合、前半の部分には辞書形を用いることもできるが、意味には微妙な違いがある。

(例)　子供がまだ小さい時は、いろいろ苦労が多かった。

(例)と(3)を比べると、タ形を用いた(3)には、「話し手が過去を回想している」といった意味や、「現在はもう過去の状態とは違う」という意味があるのに対し、辞書形を用いた(例)にはそのような含みがない。

3 V-るとき

(1) 電車に乗るとき、後ろから押されてころんでしまった。
(2) 関西へいらっしゃるときは、前もってお知らせください。
(3) 東京へ行くとき夜行バスを使って行った。
(4) 父は新聞を読むときめがねをかけます。

動作を表す動詞の辞書形を受けて、その動作の行われる前に、あるいはそれと同時並行して他の行為や出来事が成立することを表す。(1)(2)が前者、(3)(4)が後者の例である。

4 V-たとき

(1) 家を出たとき、忘れ物に気がついた。
(2) アメリカへ行った時に、昔の友人の家に泊めてもらった。
(3) 朝、人と会ったときは「おはようございます」と言います。
(4) 火事や地震が起こったときにはエレベーターを使用しないでください。

動作を表す動詞のタ形を受けて、その動作の実現後に他の出来事や状態が成立することを表す。

【どき】

[Nどき]

[V_R-どき]

(1) 昼飯どきは、この辺りはサラリーマンで一杯になる。
(2) 木の芽時は、どうも体調がよくない。
(3) 梅雨時はじめじめして、カビが生えやすい。
(4) 株でもうけるには、買い時と売り時のタイミングに対するセンスが必要だ。
(5) 会社の引け時には、ビルのエレベーターは帰宅を急ぐ人で満員になる。
(6) お中元の季節と歳末は、デパートの書き入れ時だ。

「そのようなことが起こる／行われるとき・それの盛んなとき・それを行うのにふさわしいとき」などの意味を表す。

【ときく】

[N／Na　だときく]
[N／Na　だったときく]
[A／V　ときく]

(1) ここは昔は海だったと聞く。
(2) この地方は米作りをやめる農家が多いと聞く。
(3) 今の市長は、次の選挙には立候補しないと聞いている。
(4) 噂で、あの二人が婚約を解消したと聞いた。

「…と聞く／聞いている／聞いた」などがあり、そのようなことを伝え聞いていることを表す。「と聞く」は書き言葉でしか用いられず、マス形の「と聞きます」は用いられない。

(誤) このあたりは昔海だったと聞きます。
(正) このあたりは昔海だったと聞いています。

【ときたひには】

やや古めかしい話し言葉。「…ときたら」の方が普通に使われる。

→【ときたら】

1 Nときたひには

(1) うちの息子ときたひには、暇さえあればゲームをしている。
(2) うちの親父ときたひには、天気さえよければ釣りに行っている。

極端な行動や性質をもった人物を話題にして、「まったくあきれてしまう」といった気持ちを表す。

2 …ときたひには

(1) 毎日残業で、しかも休日なしときたひには、病気になるのも無理はない。
(2) 授業には毎回遅刻で、試験も零点ときたひには、落第するのも当然だ。
(3) 毎日うだるような暑さが続いて、しかも水不足ときたひには愚痴もいいたくなる。

程度が普通ではない極端な状況を表す節や名詞を受け、「このような状況ではこうなるのも当然」といった意味を表す。たいていマイナス評価を表す。

【ときたら】

1 Nときたら N1

(1) 弟ときたら服は脱ぎっぱなしだしなんとかしてほしい。
(2) 弟の部屋ときたら、散らかし放題で足の踏み場もない。

ある人物や事物を話題として取り上げ、それについて話し手の評価を述べる場合に用いる。話題は話し手にとって身近なもので、それについて話し手がとりわけ強く感じている感情や評価を表す。たいてい「本当に嫌になる／あきれてしまう」といった非難や不満を表す表現が続く。話し言葉的。

2 …ときたら

(1) 毎晩のように二日酔いときたら、体がもつはずがない。

(2) 働き者で気立てがいいときたら、みんなに好かれるのも無理はない。

(3) 新鮮な刺し身ときたら、やっぱり辛口の日本酒がいいな。

(4) ステーキときたらやっぱり赤ワインでなくちゃ。

極端な性質をもつ人物や事物、状況を話題に挙げ、「このような場合・状況では、やっぱりこうなる(する)のが当然だ」といった意味を表す。(3)(4)は、「NときたらN」という形で使われて、「NにはNが一番あう・NにはNが一番いい」という意味。

【ときているから】

[N／Na／A／V　ときているから]

(1) あの寿司屋は、ネタがいいうえに安いときているから、いつ行っても店の前に行列ができている。

(2) 秀才でしかも努力家ときているから、彼の上にでるのは簡単ではない。

(3) 収入が少なく子だくさんときているから、暮らしは楽ではない。

極端な性質をもつ人物、事物、状況を取り上げ、「これほど...のだからそれも当然だ」というふうに、現状がそのような性質からの当然の結果であることを表す。話し言葉的。

【ときとして】

(1) 温暖なこの地方でも、時として雪がふることもある。

(2) 人は時として人を裏切ることもある。

「(いつもそうとは限らないが)ときによってはそのようなこともある」といった場合に用いる。やや書き言葉的。

【ときに】

(1) 時に、ご家族の皆様はお元気ですか？

(2) 時に、例の件はどうなりましたか？

会話の途中で、今までの話題とは関係のない新しい話題を言い出す場合に用いる。やや古めかしい言い方で、普通は「ところで・さて」などを使う。

→【さて】【ところで】[1]

【ときには】

(1) 生真面目な彼だが、時には冗談をいうこともある。

(2) 私だって時には人恋しくなることもある。

(3) いつも明るい人だが、時に機嫌の悪いこともある。

(4) 専門家でも、時に失敗する場合もある。

「いつもというわけではないがときによっては」という意味を表す。(3)(4)のように「は」が省略されることもある。

【とくに】

→【ことに$_2$】【とりわけ】

【どこか】

[1] どこか <不定>

(1) このテレビ、どこかがこわれているんじゃないかな。

(2) 今頃はどこかをさまよっているかもしれない。

(3) どこかでお茶でも飲みませんか？

(4) 春休みにはどこかへ出かける予定がありますか？

(5) どこかから赤ん坊の泣いている声が

聞こえてくる。

(6) 顔色が悪いが、どこか悪いところでもあるのではないか。

不特定なある場所を表す。「が・を・から・で・に・へ」などの助詞は後に付くが、「が」はよく省略される。話し言葉では「どっか」となることが多い。なお、次のように名詞を修飾する場合は「どこか＋連体修飾節＋ところ」のようになる。

(誤) 静かなどこかで話しましょう。

(正) どこか静かなところで話しましょう。

2 どこか <不確か>

(1) あの人はどこかかわいいところがある。

(2) 彼女にはどこか私の母に似たところがある。

(3) このあたりの風景にはどこか懐かしい記憶を呼び起こすものがある。

「どの部分がそうだと言うことはできないが、そのようなところがある」という意味を表す。

【どことなく】

(1) この屋敷は、どことなく不気味なところがある。

(2) あの先生はどことなく人をひきつける魅力をもっている。

「どことはははっきり言えないが、そのような印象／感じを与えるところがある」という意味を表す。「どこかしら・どこか」とも言う。

→【どこか】2

【ところ$_1$】

1 Nのところ

(1) 今のところ患者は小康状態を保っています。

(2) 現在のところ応募者は100人ほどです。

(3) このところ肌寒い日が続いている。

「今・げんざい・この」など「今」を表す名詞に付いて、「現段階・今の時点・最近」といった、現在の時間的状況を表す。

2 V-るところとなる

(1) この政治的スキャンダルは遠からず世界中の人々が知るところとなるだろう。

(2) 彼らの別居はたちまち周囲の人の知るところとなった。

「うわさ／ニュースが人に知られる状態になる」という意味を表す。「知るところとなる」の形をとるのが普通。書き言葉的。

3 V-るところに よると／よれば

(1) 聞くところによれば、あの二人は離婚したそうだ。

(2) 現地記者の話すところによると、戦況は悪化する一方のようである。

(3) 特派員の伝えるところによると、アフリカの飢饉はさらに悪化しているらしい。

「聞く・話す・伝える」などの発言や伝達の動詞を受けて、後に続くことがらが伝聞情報であることを示す。文末には「らしい・そうだ・とのことだ」などを伴うことが多い。ニュースなどでよく使われる。

→【そうだ$_1$】【らしい$_2$】

4 V-る／V-ている ところのN

(1) 私が知るところの限りでは、そのようなことは一切ございません。

(2) 彼が目指すところの理想の社会とは、偏見や差別がなく、全ての人が自由に自己実現できる社会である。

(3) 本日は、重大な社会問題となっているところの少子高齢化について議論する。

欧文の関係代名詞の直訳的表現。日本語では「彼の目指す理想の社会」のように、必ずしもこれを用いる必要はないが、使用した場合は翻訳調に聞こえる。書き言葉的。

5 V-るところまでV

(1) 堕ちるところまで堕ちてしまった。

(2) とにかく、行けるところまで行ってみよう。

(3) 時間内にやれるところまでやってみてください。

前後に同じ動詞が用いられ、「動作／変化が極限／最終段階に至る」という意味を表す。(2)(3)のように可能を表す「れる」を使った場合は、「可能な限りその動作を行う」という意味になる。

6 V-ているところをみると

(1) 平気な顔をしているところをみると、まだ事故のことを知らされてないのだろう。

(2) 大勢の人が行列しているところを見ると、安くておいしい店のようだ。

直接の経験を根拠に話し手が推量を述べる場合に用いる。文末には「らしい・ようだ・にちがいない」などが使われることが多い。「…ところから」や「…ところからみて」という形が用いられることもある。

(例) 高級車に乗っているところから、相当の金持ちだと思われる。

→【にちがいない】【らしい$_2$】【ようだ$_2$】

【ところ$_2$】

1 V-たところ N2N3

(1) 先生にお願いしたところ、早速承諾のお返事をいただいた。

(2) 駅の遺失物係に問い合わせたところ、届いているとのことだ。

(3) ホテルに電話したところ、そのような名前の人は泊まっていないそうだ。

動作を表す動詞のタ形に付いて、後に続くことがらの成立や、発見のきっかけを表す。前後にくることがらには直接的な因果関係はなく「…したら、たまたま／偶然そうであった」という関係である。後に続くことがらは前の動作をきっかけに話し手が発見した事態で、すでに成立している事実の表現が用いられる。

2 V-たところが

(1) 親切のつもりで言ったところがかえって恨まれてしまった。

(2) 高いお金を出して買ったところが、すぐ壊れてしまった。

(3) 仕事が終わって急いで駆けつけてみたところが、講演はもうほとんど終わってしまっていた。

「のに」で言いかえられる逆接的な用法で、結果が予想・期待に反したものであることを表す。「が」が省略されることもある。

→【のに$_1$】 1

【どころ】

1 …どころか N2N3

[Nどころか]

[Na(な)どころか]

[A-いどころか]

[V-るどころか]

(1) 病気どころか、ぴんぴんしている。

(2) A：あの人、まだ独身でしょう？
B：独身どころか、子供が3人もいますよ。

(3) 彼女は静かなどころか、すごいおしゃべりだ。

(4) A：そちらは涼しくなりましたか？
B：涼しいどころか、連日30度を

超える暑さが続いていますよ。

(5) 風雨は弱まるどころか、ますます激しくなる一方だった。

(6) この夏休みはゆっくり休むどころか、仕事に追われどおしだった。

名詞、形容詞などに付く。ナ形容詞の場合は、(3)のように間に「な」を伴うこともあるが省略も可能。前の部分で述べられたこととは正反対であるような事実が後ろに続き、話し手、あるいは聞き手の予想・期待を根底からくつがえす事実を述べる場合に用いる。

(2)を例にとれば、聞き手が「独身だ」と思っている人物に対して、単に「独身でない」ことを言うのではなく、実は「子供が3人もいる」という事実を伝え、「独身だ」と思っている聞き手の予想を根底から否定するような用法である。

2 …どころか…ない N2N3

(1) 最近の大学生の中には、英語どころか日本語の文章さえもうまく書けない者がいる。

(2) 旅行先で熱を出してしまい、見物どころか、温泉にも入れなかった。

(3) 彼女の家まで行ったが、話をするどころか姿も見せてくれなかった。

(4) A：今夜お暇ですか？
B：暇などころか、食事をする時間さえありませんよ。

(5) お前のような奴には、1万円どころか1円だって貸してやる気はない。

接続、意味とも上の「…どころか」に準ずる用法である。後半では「さえ(も)／も／だって」などが否定の表現とともに用いられ、平均的な基準や期待が満たされないばかりでなく、それよりずっと容易だったり、低い水準の期待さえも満たされないということを表す。

(1)の例で言えば、「日本の大学生であれば普通、外国語では英語ができるはずだが、それより易しい日本語の作文でさえまともにできないほど、作文力がない学生がいる」という意味である。

→【どころ】1

3 …どころではない N2N3

[Nどころではない]

[V-る／V-ている　どころではない]

(1) この1か月は来客が続き、勉強どころではなかった。

(2) こう天気が悪くては海水浴どころではない。

(3) 仕事が残っていて、酒を飲みに行くどころではないんです。

(4) 合格発表の結果が気になって、のんきに寝ているどころではなかった。

(5) A：今晩一杯いかがですか？
B：仕事がたまっていて、それどころではないんです。

動詞や、動作を表す名詞に付いて、「そのような活動ができる状況／場合ではない」という意味を表す。(5)のように前の発言を指示語「それ」で受けることもある。(5)は「酒を飲みに行くどころではない」という言いかえが可能である。

4 Nどころの　はなし／さわぎ　ではない

(1) 受験生の息子を二人もかかえ海外旅行どころの話ではありません。

(2) こう忙しくてはのんびり釣りどころの話ではない。

(3) 原子力発電所の事故発生でバカンスどころのさわぎではなくなった。

動作を表す名詞に付いて、上の「…どころではない」と類似の意味を表す。「そんな呑気なことを言っている状況ではない」といった含みがある。

→【どころ】3

【ところが】N2N3

1 ところが

(1) 天気予報では今日は雨になると言っていた。ところが､少し曇っただけで、結局は降らなかった。

(2) ダイエットを始めて3週間になる。ところが、減った体重は、わずか1キロだけだ。

(3) いつもは8時半ごろ会社に着く。ところが、今日は交通事故に巻き込まれ、1時間遅れで到着した。

(4) 兄は大変な秀才である。ところが弟は大の勉強嫌いで、高校を無事に卒業できるかどうかも危ぶまれている。

(5) A：春休みはゆっくりされているんでしょうね？
B：ところが、締め切り原稿があってそうもしていられないんです。

(6) A：来週のパーティーには是非いらしてくださいね？
B：ところが、その日急に予定が入ってしまったんです。

(7) 急いで家を出た。ところが、途中で財布を忘れていることに気がつき、あわてて引き返した。

前文の内容から自然に予想されたり、期待されることに反したり、食い違う内容の文が続く場合に用いられる。また、(3)(4)のように二つの事態が対比的関係に立つ場合にも用いられる。(5)(6)のような会話文では、「あなたはそうお考えでしょうが、事実はそれと違う」というようなことを聞き手に伝える場合に用いられる。つまり、相手の期待や予想と現実の食い違いを示す用法である。

いずれの場合も後続の文には既定の事実を表す表現が用いられる。事実性が定まっていない意志、希望、命令、推量などの表現は用いることができない。次の例はそのために誤用となる。

(誤) 合格はかなり難しそうだ。ところが、{受験してみるつもりだ(意志)／挑戦してみたい(希望)／頑張れ(命令)／ひょっとしたら受かるかもしれない(推量)}。

2 V-たところが

→【ところ$_2$】2

【ところだ】

1 Vところだ ＜事態の局面＞

動詞に付いて場面・状況や出来事がどのような進展の段階にあるかを報告するような場合に用いる。「ところだった」の場合は、過去においてそのような段階にあったということを表す。「ところだ」自体は否定形や疑問形にはなりにくい。また、前に付く動詞には否定形が使われないのが普通。

a V-たところだ N4

(1) 今帰ってきたところです。

(2) 海外勤務を終え、先月帰国したところです。

(3) 電話したら、あいにくちょっと前に出かけたところだった。

動作・変化がその「直後」の段階にあることを表す。「今・さっき・ちょっと前」などの、直前のときを表す副詞と共に用いられることが多い。

b V-ているところだ N4

(1) A：もしもし、一夫さん？
B：あ、ごめん、いま電車に乗っているところだから、あとでかけ直すね。

(2) ただ今電話番号を調べているところですので、もう少々お待ちください。

(3) ふすまを開けると、妻は着物を片付けているところだった。

動作がその「最中」の段階にあることを表す。

c　V-ていたところだ

(1) いい時に電話をくれました。私もちょうどあなたに電話しようと思っていたところなんです。

(2) 思いがけなくも留学のチャンスが舞い込んできた。そのころ私は、将来の進路が決められずいろいろ思い悩んでいたところだった。

以前から文の表す時点に至るまでそのような状態が続いていたということを表す。思考や心理状態を説明するような場合が多く、その状況に新たな変化・展開が起きたような場合によく用いられる。

d　V-るところだ N4

(1) これから家を出るところですから、30分ほどしたら着くと思います。

(2) 飛行機は今飛び立つところだ。

(3) A：ご飯もう食べた？
B：ううん、これから食べるところ。

(4) 家に戻って来ると、妻は買い物に出掛けるところだった。

動作や変化がその「直前」の段階にあることを表す。「ちょうど・今・これから」などの副詞が用いられることもある。

2　Vところだ <反事実>

「もし場合が違っていればこうであるはずだ」という事実に反することがらを表す。前に「たら・なら・ば」などの条件節を伴うことが多い。

→【たら1】3【なら2】2【なら3】4【ば】5

a　…たらVところだ

(1) 昔だったらそんな過激な発言をする人間は、処刑されているところだ。

(2) 父がそのことを知ったら激怒するところだ。

(3) 先生がお元気だったら、今日のような日には一緒に中華料理でも食べているところでしょう。

(4) 知らせていただかなければ、とっくにあきらめていたところです。

「ば・たら」などの条件節を伴い動詞の辞書形、タ形を受け、事実はこれとは異なるが、もしそのような場合だったら成立したはずの状況を想像して述べる表現。

(1)の例で言えば「昔だったら処刑されているはずだが、現代の社会ではそのようなことはない」という意味を表す。

b　…ところだった

[V-る／V-ていた　ところだった]

(1) もし気がつくのが遅かったら、大惨事になるところだった。

(2) あっ、あなたに大事な話があるのを思い出しました。うっかり忘れるところでした。

(3) ありがとうございます。注意していただかなければ忘れていたところでした。

「事情が異なれば起こっていたはずの出来事がその直前のところで実現しなかった」という意味を表す。「ば・たら」などの条件節を伴うことが多い。直前まできていたという意味を強めるときは「もうすこしで…ところだった」のように言う。

c　…なら(ば)…ところ　だが／を

(1) 普通ならただではすまないところだが、今回だけは見逃してやろう。

(2) 本来ならば直接お伺いすべきところですが、書面にて失礼致します。

(3) いつもなら1時間で行けるところを、今日は交通事故があって3時間もかかった。

「普通／通常／本来ならば」などの表現を伴い、「普通はこうなのだが、現状がそれとは異なり特別だ」という意味を表す。

【ところで】

1 ところで N2N3

(1) A：お元気そうですね。

B：おかげさまで。

A：ところで、この度は息子さんが大学に合格なさったそうで、おめでとうございます。

(2) A：やっと夏休みだね。ところで、今年の夏休みはどうするの？

B：卒論の資料を集めるつもり。

(3) 今日はお疲れ様でした。ところで、駅のそばに新しい中華料理屋さんができたんですけど、今夜行ってみませんか？

(4) 今日の授業はこれまでです。ところで、田中君を最近見かけませんが、どうしているか知っている人いますか？

これまでの話題とは別のものに話題を変更したり、いまの話題に関連することがらを付け加えたり、対比させて述べるような場合に用いる。

2 V-たところで <区切りの時点>

(1) 皆が集まったところでお茶にしましょう。

(2) 話の区切りが付いたところで、終わることにしましょう。

(3) 大急ぎで走り、飛び乗ったところで電車のドアが閉まった。

(4) ようやく事業に見通しがつくようになったところで、父は倒れてしまった。

前の動作・変化が終わり一区切りがついた時点で、「後の動作・変化が起こる（あるいは起こす）」という意味を表す。

3 V-たところで <逆接>

a V-たところで…ない N1

(1) いくら頼んだところで、あの人は引き受けてはくれないだろう。

(2) そんなに悲しんだところで、死んだ人が帰って来るわけではない。

(3) 今頃になって急いだところで、無駄だ。

(4) 到着が少しぐらい遅れたところで問題はない。

(5) 頑丈な作りですから倒れたところで壊れる心配はありません。

動詞のタ形に続いて、そのような行為をしても期待する結果が得られないことを表す。結果の部分は(1)～(3)のように、述語の否定形や、「無駄だ・無意味だ」というような否定的な判断や評価を表す表現が用いられる。また、(4)(5)のように「…しても大丈夫／問題はない」という肯定的な評価を表す用法もある。これは前の事態が成立しても後の事態には影響が及ばないという関係である。「たとえ・どんなに・いくら」のような副詞や「何＋助数詞」(例：何人、何冊、何回)を伴うこともある。

→【いくら】4【たとえ】【ても】3b

b V-たところで

(1) 僕は出世したところで課長どまりだろう。

(2) どんなに遅れたところで、せいぜい5、6分だと思います。

(3) 泥棒に入られたところで、価値のあるものは本ぐらいしかない。

(4) 静かにしろと注意したところで、無視されるだけだ。

後に少ない程度を表す表現を伴い、「仮にそのようなことが起こった場合でも、その結果はたいしたものではない」といった意味を表す。「…たところで…だけだ」という形で使われることもある。

→【だけ 1】1c

c　V-たところで…だけだ

→【だけ 1】1c

【ところに】N2N3

[V-ている／V-た　ところに]

(1) 出掛けようとしたところに電話がかかってきた。
(2) ようやく実行する方向に意見がまとまったところへ思わぬ邪魔が入った。
(3) 財布をなくして困っているところに偶然知り合いが通りかかり、無事家までたどり着くことができた。

「…ところに／ところへ」の形で「…している／したときに」の意味を表す。

ある段階における状況を変化・変更させるような出来事が起こることを表す場合に用いる。たいていは、(1)(2)のようにものごとの進行を妨害・邪魔するような出来事のことが多いが、(3)のように現状をよい方向に変えるような場合もある。

【ところを】

1　VところをV N2N3

(1) お母さんは子供が遊んでいるところを家の窓から見ていた。
(2) その男性は禁漁区でこっそり魚をとっているところを監視員に見つかった。
(3) 駅前を歩いているところを警官に呼び止められた。
(4) 男は金庫からお金を盗み出そうとしているところを現行犯で逮捕された。
(5) 人々がぐっすり寝込んだところを突然の揺れが襲った。
(6) あやうく暴漢に襲われかけたところを見知らぬ男性に助けてもらった。

前後に動詞を伴い、前の動詞によって表されている状況の進展に対して、直接的な働きかけを与えるような動作が後に続くことを表す。後続の動詞としては「見る・見つける・見つかる・発見する」といった、視覚や発見の意味の動詞や、「呼び止める・捕まえる・捕まる・襲う・助ける」など、停止・捕捉・攻撃や救助といった意味のものが用いられる。これらは前の動作・出来事の進展を止めたりさえぎったりする意味上の共通点をもつものである。

2　…ところ(を) N1

[Nのところ(を)]

[A-いところ(を)]

[VR-ちゅうのところ(を)]

(1) お楽しみのところを恐縮ですが、ちょっとお時間を拝借できないでしょうか。
(2) ご多忙のところ、よくきてくださいました。
(3) お忙しいところを申し訳ありませんが、ちょっとお邪魔いたします。
(4) お取り込み中のところを失礼します。
(5) お休み中のところをお電話してすみませんでした。
(6) 難しいことは承知のうえですが、そこのところをちょっと無理して聞いていただけないでしょうか。
(7) A：最近ちょっと忙しくて…。
B：そこんところを何とかよろしくお願いしますよ。

「そのような場面／状況のときに」という意味を表す。相手に無理を言ったり、迷惑をかけたりするような場合に、相手の状況を配慮する表現として用いられる。前置き的に使われることが多く、依頼やおわび、感謝などの表現が後に続く。(6)(7)のように前のことがらを指示詞で受けて「そこのところ」のような形で用いられることもある。

【とされている】

(1) 仏教で生き物を殺すのは十悪のひとつとされている。

(2) 地球の温暖化の一因として、オゾン層の破壊が大きくかかわっているとされている。

(3) チョムスキーの理論では、言語能力は人間が生まれつきもっている能力とされている。

(4) 歌舞伎は風俗を乱すものとされ、禁止された。

「…と考えられている／見なされている」という意味を表す。名詞述語の場合は「だ」が省かれ「Nとされている」となることが多い。普通、報道や論文など、改まった文体で用いられる。

【としたら】

助詞「と」に「したら」が付いたもの。「そのように考えた場合」という想定上の条件を表す。このような意味は単独の「たら」にはないため、ほとんどの場合「たら」で置き換えることができない。

1 …としたら ＜仮定条件＞ N2N3

[N／Na　だとしたら]

[A／V　としたら]

(1) 家を建てるとしたら、大きい家がいい。

(2) もし1億円の宝くじがあたったとしたら、家を買おう。

(3) 仮にあなたが言っていることが本当だとしたら、彼は私に嘘をついていることになる。

(4) いらっしゃるとしたら何時ごろになりますか？

(5) 責任があるとしたら、私ではなくあなたの方です。

「仮にそれが事実だと考えれば・それが実現／存在するような場合は」という意味を表す。後半には話し手の意志、判断や評価の表現が続く。「かりに・もし」を伴うこともある。後半に意志や評価を表す表現が続く場合は「としたら」は使えるが、「とすると・とすれば」は不自然である。

(誤) 宝くじがあたった{とすると／とすれば}家を買おう。

→【かりに】1【かりに】2【とすると】1【とすれば$_2$】1【もし】1

2 …としたら ＜確定条件＞

[N／Na　(なの)だとしたら]

[A／V　(の)だとしたら]

(1) これだけ待っても来ないのだとしたら、今日はもう来ないでしょう。

(2) A：私はそのことを誰にも話していません。

B：あなたが話してないのだとしたら、一体誰がもらしたのだろう。

(3) このプランにみんなが賛成なのだとしたら、さっそく実行しましょう。

現状や相手からの情報に基づき、「このような現状・事実をふまえれば」といった意味を表す。「…のだとしたら」の形で使われることが多い。この用法では「かりに・もし」は使えない。「とすると・とすれば」に言い換えられる。

→【とすると】2【とすれば$_2$】2

3 (そう)だとしたら

(1) A：特急は全て満席だって。
　B：だとしたら、普通列車で行くしかないわね。
(2) A：会議は1時間遅れの開始になったそうですよ。
　B：そうだとしたら、こんなに急いでくるんじゃなかった。
(3) 台風の上陸と満潮の時刻が重なるらしい。だとしたら、沿岸では厳重な警戒が必要になる。

前の文や相手の発言を受けて、「そのような事実・状況をふまえれば／それが事実なら」という意味を表す。「(だ)とすると・(だ)とすれば」に言い換えられる。

→【とすると】3【とすれば$_2$】3

【として】

1 Nとして N2N3

(1) 研究生としてこの大学で勉強している。
(2) 日本軍の行った行為は日本人として恥ずかしく思う。
(3) 子供がこんなひどい目にあわされては、親として黙っているわけにはいかない。
(4) 彼は大学の教授としてより、むしろ作家としての方がよく知られている。
(5) 趣味として書道を勉強している。
(6) 学長の代理として会議に出席した。
(7) 大統領を国賓として待遇する。
(8) 軽井沢は古くから避暑地として人気があるところだ。
(9) 文学者としては高い評価を得ている彼も、家庭人としては失格である。
(10) 彼の料理の腕前はプロのコックとしても十分に通用するほどのものだ。

名詞に接続して資格・立場・部類・名目などを表す。

2 Nとしても

(1) 私としてもこの件に関しては当惑しております。
(2) 学長としても、教授会の意向を無視するわけにはいかないだろう。
(3) 会社といたしましても、この度の不祥事は誠に遺憾に思っております。

人物や組織を表す名詞に付いて、「その立場／観点からも」という意味を表す。(3)のように丁寧な形をとることもある。「Nとしては」と似ているが、「Nとしても」には、他にも同様の立場・観点に立つ人や組織があるという含みがある。

→【としては】1

3 NとしてのN

(1) 教師としてではなく、一人の人間としての立場から発言したいと思う。
(2) 彼にも記者としての意地があるはずです。
(3) 日本代表としての責任を強く感じ、精一杯頑張りたいと思います。

「Nとして」が名詞を修飾する用法。

4 Nとしては

→【としては】

【として…ない】

[最小限の数量+として…ない]

(1) 戦争が始まって以来、一日として心の休まる日はない。
(2) 期末試験では、一人として満足のいく答案を書いた学生はいなかった。
(3) 高級品ばかりで、一つとして私が買えそうな品物は見当たらない。

(4) だれ一人として、私の発言を支持してくれる人はいなかった。

(5) この子は活発で少しもじっとしていない。外に出たときは、一時として目を離すことができない。

「一日・一時・(だれ)一人・(何)一つ」などの最小限の量を表す「一」の付く語を受け、後に述語の否定形を伴って「全然…ない」という意味を表す。「なに・だれ」のような疑問詞を伴う場合は「として」を省くことができる。

(例) だれ一人、私の発言を支持してくれる人はいなかった。

やや書き言葉的な表現で、話し言葉では「ひとつもない」のような言い方が普通。

【としては】

「として」に「は」の付いたものだが、以下の用法では、通常「は」は省略されない。

→【として】1

1 Nとしては ＜立場・観点＞ N2N3

(1) 彼としては、辞職する以外に方法がなかったのでしょう。

(2) 私といたしましては、ご意見に賛成しかねます。

(3) 住民としては、安全な通学路の整備を行政にお願いしたい。

(4) 委員会としては、早急に委員長を選出する必要がある。

人物や組織を表す言葉に付いて、「その立場／観点から言えば／考えると」という意味を表す。「…としましては・いたしましては」のように、丁寧な形が用いられることもある。

2 Nとしては ＜平均値とのずれ＞

(1) 父は日本人としては背の高いほうです。

(2) 100キロの体重は普通の男性だったらずいぶん重いと思うが、相撲取りとしてはむしろ軽いほうである。

(3) 大学院を出てすぐ大学に就職できる人は、研究者としては恵まれた部類に入る。

(4) 学生数2000人というのは大学としてはかなり規模が小さい。

人物や組織を表す名詞に付いて、その属するグループの標準・平均と比べた場合、それからはずれた数値や性質をもっていることを述べる場合に用いる。「にしては」と言いかえられる。

→【にしては】

【としても】

1 …としても N2N3

[N／Na (だ)としても]

[A／V としても]

(1) 彼の言っていることが真実だとしても、証拠がなければ信じるわけにはいかない。

(2) たとえ賛成してくれる人が一人もいないとしても、自分の意見を最後まで主張するつもりだ。

(3) 留学するとしても、来年以降です。

(4) 今からタクシーに乗ったとしても、時間には間に合いそうもない。

(5) 渋滞でバスが遅れたとしても、電話ぐらいしてくるはずだ。

(6) 加藤さんの忠告がなかったとしても、やっぱり病院を替えていただろう。

(7) 同級生に駅で出会わなかったとしても、やっぱり授業をさぼって映画に行っただろう。

「XとしてもY」の形で、「仮にXが事実であっても／成立していてもYの成立や阻止に有効に働かない」という意味を表す。Yは、Xから予想・期待されることに反したり、はずれたことがらを表す。

Xが動詞の場合は、(4)～(7)のように「V-たとしても」のように夕形を受ける場合が多いが、(3)のように「V-るとしても」も使われる。(3)は「未来に留学するようなことが生じる場合」という意味で、YはXが成立する同時的な時間を表している。これに対して「V-たとしても」は、「Xの事態が成立した場合でも」という意味で、XはYに先行して成立していることがらを表す。(4)の例で言えば「タクシーに乗った場合でも間に合わないという結果に終わるだろう」という意味の表現である。

(6)(7)はXが事実に反することがらを表す場合で、「実際は加藤さんの忠告があったが、それがなかった場合でも」「実際は同級生に会ったが、会わなかった場合でも」、Yという結果は成立していただろうということを述べる表現。

2 …はいいとしても

(1) 彼はいいとしても、彼女が許してくれないだろう。

(2) 計算を間違えたのはいいとしても、すぐに報告しなかったことが問題だ。

(3) 時間通り来たのはいいとしても、宿題を忘れて来たのはよくない。

(4) あのホテルは、部屋はいいとしても、従業員の態度がよくない。

名詞や節を受け、「XはいいとしてもY」の形で用いられる。Yには「よくない」などのマイナス評価の表現が続き、「Xについてはいいと考えてもいいが、Yについてはそうは言えない」という意味を表す。二つのことがらを対比させ、Xは許容される範囲にあるが、Yはその範囲にないということを表す言い方。

3 Nとしても

→【として】2

【とする1】

(1) ぎりぎりで締め切りに間に合い、ほっとした。

(2) その子は少しの間もじっとしていない。

(3) 何を言われても平然としている。

(4) ぼんやりしていた記憶が時間が経つにつれてだんだんはっきりしてきた。

(5) 記者の質問に対し堂々とした態度で応対した。

(6) もっときちんとした格好をしなさい。

(7) 真夜中の電話の音にはっとして目が覚めた。

(8) 彼女はきっとして、私をにらみつけた。

(9) 昨日からの雪は、一夜明けた今も依然として降り続いている。

語尾に「と」の付く副詞に「する」が付いて、そういう様子・状態であるということを示す。(4)の「ぼんやり・はっきり」のように「と」が付かなくても副詞として使える語の場合は、「と」を省略することができる。(7)～(9)では「して」を省略することができる。その他の例に「ちゃんと／ゆったりと／かっかと／悠々と／悠然と／毅然とする」などがある。

【とする2】

[N／Na だとする]

[A／V とする]

1 …とする <仮定>

(1) 彼らの証言が真実だとすると、被告は犯人ではありえない。

(2) この計算が正しいとすると、今年度は大赤字になるぞ。

(3) 今仮に3億円の宝くじがあなたに当

たったとします。あなたは、それで何をしますか？

(4) 今、東京で関東大震災と同程度の地震が起こったとしよう。その被害は当時とは比べものにならないものになるだろう。

(5) 例えば50人来るとして、会費は一人いくらぐらいにすればよいでしょうか。

「かりに…と考える」という意味で、現実がどうであるかということは別にして、とりあえず仮定・想像の上でのことがらとして条件を設定する用法。

2 …とする <見なし>

ニュース報道や法律の条文など、改まった表現で用いられる。

a …とする

[N／Na (だ)とする]

[A／V とする]

(1) あの状況ではしかたがなかったとして、彼の責任は問われないことになった。

(2) 多額の不正融資が行われた疑いがあるにもかかわらず、証拠不十分として不起訴になった。

(3) 裁判長は過失は被告側にあるとし、被害者に賠償金を払うよう命じた。

(4) 法律では、子どもを小中学校に通わせるのは親の義務だとされている。

「…と見なす・…と決める」という意味を表す。名詞のあとの「だ」は省略されることが多い。

b …こととする

(1) ≪規則≫会議を欠席する場合は、事前に議長宛に届けを提出することとする。

(2) この度の法律改正は喜ぶべきこととして受け止められている。

「…と決める・…と判断する」という意味を表す。

c …ものとする

(1) 意見を言わない者は賛成しているものとする。

(2) 1週間たってもお返事がない場合はご辞退なさったものとして扱います。

(3) 使用料未払いのものに対しては文書で警告を行うものとする。

「…と見なす／解釈する／決める」という意味を表す。改まった書き言葉。

3 NをNとする N2N3

(1) 私は恩師の生き方を手本としている。

(2) 祖父は散歩を日課としている。

(3) この試験では60点以上を合格とする。

(4) 芭蕉は人生を旅として生きた。

「…を…のように見なす／考える／決める」という意味で、人の行動や方法を手本にしたり、行動を習慣として決めたり、ものごとを異なるものに見立てたりするのに用いる。(1)～(3)は「Nにする」とも言いかえられるが、(4)のような比喩的な用法の場合は言いかえられない。

→【する】5

4 V-ようとする

→【よう$_2$】8

【とすると】

[N／Na だとすると]

[A／V とすると]

助詞「と」に「すると」が付いたもので、節を受け、「そのように考えた場合」という想定上の条件を表す。このような意味は単独の「と」にはないため、ほとんどの場合「と」で置きかえることができない。

1 …とすると <仮定条件>

(1) 医学部に入るとすると、一体どのくらいお金が必要なのだろうか。

(2) もし、今後も雨が降らないとすると、水不足になるのは避けられないだろう。

(3) 仮に被告が言っていることが事実だとすると、彼女は嘘の証言をしていることになる。

「かりに事実だ／実現すると考えた場合は」という意味を表す。「かりに・もし」を伴うこともある。「としたら・とすれば」に言い換えられる。

→【としたら】1【とすれば$_2$】1

2 …とすると ＜確定条件＞

(1) 1時間待ってまだ何の連絡もないとすると、途中で事故にでもあったのかもしれない。

(2) A：図書館は明日から2週間休館になります。

B：2週間休館だとすると今日のうちに必要な本を借りておかなければならないな。

現状や相手から聞いた情報に基づいて、「このような現状・事実をふまえると」といった意味を表す。この用法では「かりに・もし」は付かない。「としたら・とすれば」に言い換えられる。

→【としたら】2【とすれば$_2$】2

3 (だ)とすると

(1) A：今年の2月の平均気温は平年より数度も高いそうですよ。

B：とすると、桜の開花も早くなるでしょうね。

(2) 脱線事故で今日一日電車は不通の見込みだという。だとすると、道路は相当混雑するだろう。

前の文や相手の発言を受けて「このような現状・事実をふまえると」という意味を表す。「(そう)だとしたら・(だ)とすれば」に言い換えられる。「そうだとすると」とも言える。

→【としたら】3【とすれば$_2$】1

【とすれば$_1$】

[Nとすれば]

(1) 住民側とすれば、その計画に反対するのも無理はない。

(2) 当事者の彼とすれば、そう簡単に決めるわけにはいかないのです。

(3) 教師とすれば、問題を抱えた学生こそ気にかかる。

人を表す名詞を受けて、「その人の立場から見れば／考えれば」という意味を表す。やや書き言葉的。話し言葉では「にしたら・にしてみれば」をよく使う。

→【にしたら】【にしてみれば】

【とすれば$_2$】

助詞の「と」に「すれば」が付いたもの。節を受け、「そのように考えた場合」という想定上の条件を表す。このような意味は単独の「ば」にはないため、ほとんどの場合、「ば」で置きかえることができない。

1 …とすれば ＜仮定条件＞ N2N3

[N／Na だとすれば]

[A／V とすれば]

(1) この壺が本物だとすれば、かなりの高値で売れるだろう。

(2) 彼の話が正しいとすれば、彼女は嘘をついていることになる。

(3) 台風が上陸するとすれば、明日の夜になるでしょう。

(4) 仮に20人来るとすれば、この部屋ではちょっと狭すぎるだろう。

(5) 来年の10月に留学するとすれば今年

中に手続きを終えておかなければならない。

それが事実かどうか、あるいは実現するかどうかは分からないが「かりにそれが事実だと考えた場合／それが実現・存在するような場合は」という意味の仮定条件を表す。「かりに・もし」のような副詞を伴うこともある。後半には「だろう・はずだ」のような話し手の判断を表す表現が用いられることが多い。「としたら・とすると」に言い換えられる。

→【かりに】[1]【かりに】[2]【だろう】[1]【としたら】[1]【とすると】[1]【はず】[1]【もし】[1]

[2] …とすれば <確定条件>

[N／Na　だとすれば]

[A／V　とすれば]

(1) これだけ待っても来ないとすれば、もともと来る気がなかったんじゃないだろうか。

(2) 我々の計画が他社に知られているとすれば、社内のだれかがもらしたことになる。

(3) A：山田さんは行けないそうです。
B：山田さんがだめだとすれば、田中さんに行ってもらうしかないですね。

現状や相手からの情報で、それが事実であることが新たに分かったようなときに、「このような現状／事実をふまえれば・それに基づいて判断すれば」という意味を表す。後ろには話し手の判断を表す表現が用いられる。この場合は「かりに・もし」は付かない。「としたら・とすると」に言い換えられる。

→【としたら】[2]【とすると】[2]

[3] (だ)とすれば

(1) A：プロジェクトの補助金が打ち切られるそうだ。
B：だとすれば、この実験が続けられなくなるじゃないですか。

(2) あの日彼女は一日中彼と一緒だったことが証明された。とすれば、彼女にはアリバイがあるということになる。

前の文や相手の発言を受ける表現で、「それが事実なら／正しいとすると」という意味を表す。用法は上の[2]と同じ。やや改まった言い方で、普通の会話では「だったら・そうなら」などがよく使われる。「(そう)だとしたら／とすると」に言い換えられる。

→【だったら】【としたら】[3]【とすると】[3]【とすれば$_1$】[2]

[4] NをNとすれば N2N3

(1) 悪質な企業を別とすれば、近年では多くの企業が社会的責任や企業倫理に敏感になっている。

(2) 人口減少と高齢化を前提とすれば、地域社会の公共交通網の整備は喫緊の課題である。

(3) 今年度の物価の上昇率を基準とすれば、来年度の支出は大幅に膨らむことが予想される。

「N1をN2とすれば」の形で、「N1がN2であると考える場合は」という意味を表す。「NをNとするなら」とも言う。

[5] NがNだとすれば

(1) 兄が実業家タイプだとすれば、弟は学者タイプの性格である。

(2) 犬が人間のパートナーだとすれば、猫は気ままな同居人だ。

二つのものを対比させる表現で、「一方について…のように表現するとすれば、他方のものは…のように表現できる」といった意味の定型的表現。「兄が実業家タイプなら(ば)、弟は学者タイプだ」のように、「NがNなら(ば)」で言いかえることができる。この用法で「とすると・としたら」がまったく使えないわけではないが、「なら」か「とすれば」が使われることが多い。

→【なら₃】 2

【とたん】

1 V-たとたん(に) N2N3

(1) ドアを開けたとたん、猫が飛び込んできた。

(2) 有名になったとたんに、彼は横柄な態度をとるようになった。

(3) 試験終了のベルが鳴ったとたんに教室が騒がしくなった。

(4) 注射をしたとたん、患者のけいれんはおさまった。

動詞のタ形を受け、前の動作や変化が起こるとすぐ後に、別の動作や変化が起こるということを表す。後の動作・変化を話し手がその場で新たに気付いたような場合に用いられるため、「意外だ」というニュアンスを伴うことが多い。したがって、話し手の意志的な動作を表す表現が後に来る場合は用いることができず、代わりに「とすぐに・やいなや」などが用いられる。

(誤) 私は家に帰ったとたんお風呂に入った。

(正) 私は家に帰るとすぐにお風呂に入った。

2 そのとたん(に)

(1) 車のクラクションが鳴った。そのとたんに犬がやかましく吠え始めた。

(2) 噂の二人が部屋から姿を現した。そのとたん、外で待ち構えていた記者たちのフラッシュのシャワーが二人をおそった。

前の文の内容を受けて、「その直後に・するとすぐ後に」という意味を表す。

3 とたんにV

(1) 空が急に暗くなったと思ったら、とたんに大粒の雨が降りだした。

(2) 日が落ちたら、途端に寒くなった。

(3) 列車はゆっくりと動き出した。途端に彼女の目から涙があふれ出した。

「急に・たちまち」という意味を表す。この場合は「に」を省略できない。

【とちがって】

[Nと(は)ちがって]

[Naなのと(は)ちがって]

[A/V のと(は)ちがって]

(1) 弟は大柄な兄とちがって、やせていて背も低い。

(2) 人間は機械とちがって、想像力をもっている。

(3) 外国での生活は、自国で生活するのとちがって、思わぬ苦労をすることがある。

(4) 実際に自分の目で見るのは、人から聞くのと違って強烈な印象を受けるものだ。

「…と異なって」という意味を表す。異なる性質をもつものを他と比較して述べる場合に用いる。「…とちがい」の形で用いられることもある。

(例) 評判で聞いていたのとはちがい、実際に見たら退屈な映画だった。

【とちゅう】 N4

1 とちゅうで

(1) いつもの時間に家を出たが、途中で忘れ物に気づいて引き返した。

(2) やりかけた仕事は途中で投げ出してはいけないよ。

(3) 泥棒の足跡は途中で途切れている。

(4) この道は途中で行き止まりになっている。

時間や場所の「中途で」の意味で、ものごとが最後まで終わらないうちに、中止されたり、別の何かが起こったりすることを表す場合に用いる。この場合「で」は省略できない。

2 …とちゅう(で／に)

[Nのとちゅう(で／に)]

[V-るとちゅう(で／に)]

(1) 通勤の途中、突然雨が降りだした。
(2) 買い物の途中で、急に気分が悪くなって倒れてしまった。
(3) 買い物に行く途中で、ばったり昔の友人に会った。
(4) 家に帰る途中、居酒屋に立ち寄った。
(5) 駅に行く途中に郵便局があるので、そこでこの手紙を出してくれませんか？

動作を表す名詞や動詞を受けて、その行為が終了してない時点で、別の出来事が起こったり、移動中の場所に存在するものを示す場合に用いる。一般に出来事の起こる時点には「で」、存在の場所を表す場合は「に」が使われるが、(1)(4)のように省略されることもある。

3 …とちゅう(は)

(1) 会社に来る途中、ずっとこの小説を読んでいた。
(2) 歩いている途中、彼に言われたことばが頭を離れなかった。
(3) 旅の途中は眠ってばかりいた。
(4) 通勤の途中は語学の勉強をすることにしている。

移動の動作を表す名詞や動詞を受けて、その間ずっと後の動作や状態が続く場合に用いる。

【どちらかというと】

(1) 私はどちらかというと、人前で発言するのが苦手である。
(2) この店はどちらかというと若者向けで、年配の客はあまり見当たらない。
(3) 大阪も悪くないが、どちらかというと私は京都の方が好きだ。
(4) あの教授はどちらかといえば学者というよりビジネスマンタイプである。
(5) この学校は、どちらかといえば勉強よりスポーツに力を入れている。

「全体としては・総じて」という意味を表す。人や物の性格・特徴について評価する場合、全体としてはそのような特性・傾向が認められるといった意味を表すのに使う。「どちらかといえば」もほぼ同義。

【どちらかといえば】

→【どちらかというと】

【とて】

1 Nとて(も)

(1) 私とて悔しい気持ちは皆と同じである。
(2) この事故に関しては、部下の彼とても責任はまぬがれない。
(3) これとても、特に例外的な現象というわけではない。

主に人や役割などを表す名詞に付いて、「…であっても／それについても他と同様に」という意味を表す。他の同類のものと比較した場合、それについても当然同じことが言えるということを強く主張する場合に用いる。やや古めかしい言い方で、話し言葉では「私だって」のような言い方の方がよく使われる。

→【だって$_2$】1

2 …からとて

[N／Na　だからとて]

[A／V　からとて]

(1) 病気だからとて、無断で休むのはけしからん。

(2) 仕事に情熱がもてないからとて、簡単に辞めるわけにはいかない。

「それだけの理由で」という意味で、あとに述べるような結論を出すことはできないということを述べるのに用いる。「からといって」の古い表現。

→【からといって】2

3 …とて

[Nだとて]

[V-たとて]

(1) いくら愚か者だとて、そのくらいのことはわきまえていてもよさそうなものだが。

(2) いくら頼んだとて、聞き入れてはもらえまい。

(3) どんなに後悔したとて、失われたものは再び元に戻ることはないのである。

「…でも・…としても・…としたって・V-たところで」などの古い表現。話し言葉ではあまり用いられない。「いくら・どんなに・たとえ」などを伴うことが多い。

→【いくら】4【たって】1【たとえ】【ても】3b【ところで】3【としても】1

【とても】N5

1 とても

(1) あの映画はとても面白かった。

(2) 今度の新入社員はとてもよく働く。

程度がはなはだしいことを表す。「たいへん・ひじょうに」とも言う。

2 とても…ない

(1) こんな難しい問題はとても私には解けません。

(2) 一度にこんなにたくさんの単語はとても覚えられません。

(3) あの美しさはとても言葉では表現できない。

どのような方法を尽くしても無理だ、できないという話し手の主観的な判断を表す。書き言葉では「とうてい…ない」と言いかえられる。

→【とうてい…ない】

【とでもいう】

(1) 学問の楽しみは、未知の世界を発見する喜びとでもいおうか。

(2) シルクの繊維としての素晴らしさは、気温や湿度の変化に対する絶妙なバランスにあるとでもいったらよいだろうか。

(3) 冷房のきいた部屋から外に出た時の感じは、まるで蒸し風呂に入った感じとでもいえようか。

ものごとの性質・特徴を別の表現にたとえて説明する言い方。「たとえて言えば…のように言えるのではないか」という意味を表す。「…とでもいおうか・…とでもいえよう・…とでもいってよいだろう」などの形で使われる。書き言葉的。

【とでもいうべき】

[NとでもいうべきN]

(1) そこは東洋のパリとでもいうべき優雅な雰囲気のある町である。

(2) 第二のモハメド・アリとでもいうべきボクサーが現れた。

(3) 彼は映画の神様とでもいうべき存在である。

婉曲な比喩表現。よく知られた名前をあげて、このようにたとえるのがふさわしいという気持ちを表す。「…ともいうべき」と言うこともある。

【とともに】

1 Nとともに N2N3

(1) 仲間とともに作業に励んでいる。

(2) 夫とともに幸せな人生を歩んできた。

(3) 隣国とともに地域経済の発展に努めている。

人や機関を表す名詞を受けて、それと「いっしょに・共同で・協力して」といった意味を表す。書き言葉的。

2 …とともに

[Nとともに]

[V-るとともに]

(1) 交通量の増加とともに、事故の件数も増えてきた。

(2) 国の経済力の発展とともに、国民の生活も豊かになった。

(3) 地震の発生とともに津波が発生することがある。

(4) 年をとるとともに記憶力が衰えてきた。

(5) ≪スピーチ≫今後、教育内容の充実を図るとともに、地域社会に貢献する大学として努力する所存でございます。

動作・変化を表す動詞や名詞を受けて、「一方の動作・変化に応じて別の動作・変化が起こる」という意味や、「二つのことが同時に起こる」という意味を表す。書き言葉的。「につれて・とどうじに」とも言う。

→【どうじに】1【どうじに】2【につれて】

【となく】

1 なん+助数詞+となく

(1) 彼は世界選手権にはすでに何回となく参加した経験をもっている。

(2) 彼らとは何度となく交信を試みているが、応答がない。

(3) 公園のベンチには若いカップルが幾組となく腰掛けて愛を語り合っている。

「何(なん)・幾(いく)」など不定の数量を表す言葉に「…回・…度」などの助数詞が付いたものを受け、その数量がかなり多いことを表す。書き言葉的で、話し言葉では、「何回も・幾組も」のような表現の方がよく使われる。

2 ひるとなくよるとなく

(1) 世界の至るところで、昼となく夜となく様々な事件が発生している。

(2) 母は昼となく夜となく病気の祖母の世話で忙しく暮らしている。

「昼も夜も」すなわち「一日中」という意味を表す。書き言葉的。

【となったら】

節や名詞を受け、「…ような場合/状況になったら」といった意味や「そのことが話題になったら」といった意味を表す。状況・話題が「そのようなことになった場合」のように、自然にそうなるといった意味が強い。「となると・となれば」とも言う。

→【となると】2【となれば】1

1 …となったら

[N/Na (だ)となったら]

[A/V となったら]

(1) 勤務形態が在宅となったら、田舎に引っ越すかもしれない。

(2) もし、一戸建の家を建てるとなった

▶た

ら、銀行から相当の借金をしなければならない。

(3) 引き受ける人が誰もいないとなったら、私がやるしかない。

(4) もう買い手が決まっているとなったら、諦めるしかない。

(5) A：海外勤務になったんですよ。
B：そうですか。海外で生活するとなったら、お子さんの学校のことなど、いろいろ大変ですね。

節を受け、「…のようなこと・状況が起こった場合は」という意味を表す。事実かどうかが未定の仮定的なことがらと、事実であることが新たに分かったようなことがらのどちらにも用いられるが、どちらかは文脈によって決まる。例えば(3)は、「仮にそのような場合」と「すでに事実が明らかになった現在」のどちらでもありえる。仮定的なことがらの場合は「かりに・もし」を伴うことがある。(5)は人の発言を受ける場合で、「そうなったら」で言いかえることができる。

→【かりに】1【かりに】2【もし】1

2 いざとなったら

(1) いざとなったら私が責任をとります。

(2) いざとなったら、今の仕事を辞めても自分のやりたい道に進むつもりだ。

「決断や実行が求められる重大な状況になった場合には」という意味を表す慣用表現。後半には意志の表現が用いられることが多い。この場合、「となれば」とは言いかえられるが、「となると」は使えない。

→【となれば】2

3 N(のこと)となったら

(1) 日本料理となったらここの板前の右に出る者はいないそうだ。

(2) 自分の専門のこととなったら、彼は何時間でも話し続ける。

名詞を受けそれを話題として取り上げるのに使う。「そのことについては・それが話題になったら」などの意味を表す。

【となっては】

1 いまとなっては

(1) 今となっては、名前も顔も思い出すことができない。

(2) 全てが終わってしまった今となっては、じたばたしてもしかたがない。

(3) 当時はずいぶん辛い思いをしたものだが、今となっては、それも懐かしく思い出される。

「いろいろな経緯を経た現時点においては」という意味を表す。後ろには「それも当然だ／もっともだ」といった意味の表現が続くことが多い。(1)(2)のように「できない・しかたがない」といったマイナス評価の表現が続くことが多いが、(3)のように、中立的な評価のこともある。

2 …となっては

[N／Na (だ)となっては]

[A／V となっては]

(1) 鶏インフルエンザが蔓延する状況となっては、卵の値上がりを防ぐ手立てがない。

(2) 子供達だけで海外へ行くとなっては、親としてはちょっと心配になる。

(3) 病状がここまで進んだとなっては、もうどうすることもできない。

(4) 誰も引き受けてくれないとなっては、自分でやるしかない。

節を受けて、「…のような状況になった場合は」という意味を表す。すでに成立している状況を表すことが多く、後ろは、そのような場合に当然成り立つような話し手の評価や判断を表す。「心配だ・しかたがない」のようなマイナス評価を表す場合が多い。

【となる】

→【なる】3

【となると】

1 となると

(1) A：先生はご病気で昨日入院されました。
B：となると、しばらく授業は休講ということになりますね。

(2) 長期予報によれば今年の梅雨は空梅雨になるとのことだ。となると、野菜の値段の高騰や、水不足が予想される。

文頭に用いて、「そのような事実をふまえると」という意味を表す。前半にはその場で話し手が新たに知ったことがらや、他の人の発言内容が述べられ、後半ではそのような情報に基づいてそこから話し手が導き出した判断が表される。

2 …となると

[N／Na (だ)となると]

[A／V となると]

(1) 地方に転勤となると単身赴任するしかない。

(2) 医学部に進むとなると相当にお金がかかるだろう。

(3) 彼は、決断するまでは時間がかかるが、やるとなると実行するのは早い。

(4) いざ、海外に行くとなると、事前の準備が大変だ。

(5) 仮にこのまま水不足が続くとなると営業時間を短縮しなければならなくなる。

(6) この時間になっても帰っていないとなると、何かの事件に巻き込まれている可能性がある。

(7) 現場に残された指紋が彼のものと一致するとなると、彼が犯人である公算が高い。

(8) これほど大企業の経営状態が悪いとなると、不況はかなり深刻ということになる。

(9) 社長がそう言っているとなると、変更はほとんど不可能でしょう。

節を受けて、「…のような場合は・…のような状況になった場合は」という意味を表す。現実的な状況を言う場合と、仮定的な状況を言う場合があるが、どちらの意味かは文脈による。仮定的なことがらには「かりに・もし」が用いられることがある。

→【かりに】1【かりに】2【もし】1

3 いざとなると

(1) 簡単な手術のはずだが、いざとなると不安になるものだ。

(2) スピーチは原稿を何度も読んで練習してきたが、いざとなるとあがってしまい、うまくしゃべれなかった。

「実際に実行する場合は」という意味の慣用表現。後ろには「そのような状況では自然にそうなってしまう」といった意味の表現が続くことが多い。

意志を表す表現が続く場合は、「いざとなったら・いざとなれば」を用いる。

(誤) いざとなるとこの家を売ろう。

(正) いざと{なったら／なれば}この家を売ろう。

→【となったら】2【となれば】2

4 N(のこと)となると

(1) 芸能人のスキャンダルとなると、マスコミは夢中になって追跡する。

(2) 試験問題のこととなると学生は急に

真剣になる。

名詞を受け、「そのことが話題/問題になるときは」という意味を表す。後ろには、「そのことが問題になると普通とは違う態度をとる」といった意味を表す表現が続く。

5 …かとなると

(1) どうすればこの問題を解決できるかとなると、簡単には答えられない。

(2) 実際にだれがその危険な仕事にあたるかとなると、積極的な人は一人もいない。

疑問表現を受けて、「…のことが話題/問題になると」という意味を表す。後ろには「それに対する解決・実行が不可能だ/困難だ」という否定的な意味を表す表現が続く。

6 Nともなると

→【ともなると】

【となれば】

1 …となれば

[N/Na (だ)となれば]

[A/V となれば]

(1) 高校進学となれば、家を出て一人暮らしをしなければならない。

(2) 外国に住むとなればやはりその国の言葉ぐらいは勉強しておいたほうがよい。

(3) 結婚してから両親と同居するとなれば、今の家では狭すぎるだろう。

(4) 今から急いで行ってももう間に合わないとなれば、焦ってもしかたがない。

(5) 彼が言ったことが全て嘘だとなれば、我々はまんまとだまされていたことになる。

節を受けて「…のような場合は/状況になった場合は/事実をふまえると」などの意味を表す。後には「当然だ」といった意味の判断や、そのような状況でとるべき行動の表現が続く。仮定的な状況を言う場合と現実的な状況を言う場合があるが、どちらの意味かは文脈による。

2 いざとなれば

(1) 手持ちの現金では足りないかもしれないが、いざとなればクレジットカードを使うことができる。

(2) 一人で留学するのは不安だが、いざとなれば、友達が助けてくれるから大丈夫だ。

「決断や実行が求められる重大な状況になった場合」という意味を表す慣用表現。困った状況になった場合でも大丈夫だといった意味を表す場合が多い。「いざとなると・いざとなったら」とも言う。

→【となったら】2【となると】3

3 N(のこと)となれば

(1) いつもは生気のない彼の目もサッカーのこととなれば急に生き生きと輝いてくる。

(2) 脳死問題となれば学者も安易な発言はできない。

名詞を受けて「そのことが話題/問題になるときは」という意味を表す。後ろには普通とは異なる状態や出来事の生起を表す表現が続く。「となると」を用いることの方が多い。

→【となったら】2【となると】4

4 …かとなれば

(1) どうすれば解決できるかとなれば、答えは簡単には出てこないものだ。

(2) 首相が発言どおり実行するかとなれば、必ずしもそうとばかりは言えない。

疑問表現を受けて、「…のことが話題/問題となる場合は」という意味を表す。後ろには、それに対する解答や実行が不可能だ、困難だといった、否定的な意味を表す表現が続く。「発言はするが、いざ実行するかといえば」のように、他のことがらと対比させてさらに重要な問題を取り上げるような場合に用いることが多い。「となると」を用いることの方が多い。

→【となると】5

5 Nともなれば

→【ともなれば】

【とにかく】N2N3

あることがらや行為について、それはひとまずおいておいて、それより他のことがらや行為を優先させて扱うことを表す場合に用いる。「ともかく」とも言う。

→【ともかく】2

1 とにかく

(1) あの人はとにかく大変な秀才です。

(2) 田中さんの新しい家、とにかくすごく大きい家なんですよ。

(3) 戦闘の後の町は、とにかくひどい状況です。

「いろいろあるだろうが、まず何よりも」という意味を表す。後に平均的ではない程度を表す表現を伴い、「非常に／大変／すごく…だ」といった意味を強調するのに用いる。話し言葉的。

2 とにかくV

(1) うまくいくか分かりませんが、とにかくやってみます。

(2) とにかく言われたことだけはやっておきました。

(3) なんでもいいからとにかく来い！

(4) まだ全員そろっていませんが、時間ですのでとにかく始めることにしましょう。

意志的な行為を表す動詞を後に伴い「他の事情はどうであれ、まずこの行為を優先して」という意味を表す。話し手が自分の意志や事実を主張したり、相手に実行を促すような場合に用いる。

3 Nはとにかく(として)

(1) 見かけはとにかく味はよい。

(2) 成績はとにかくとして、明るくて思いやりのあるいい子供です。

(3) 私はとにかく、あなたはこの仕事に満足しているんですか？

(4) あいさつはとにかくまずは中にお入りください。

(5) A：先日はお世話様でした。
　　B：いいえ。それはとにかく、お願いした仕事の方は引き受けてくださいますか？

名詞を受けて、それよりももっと大事なことや、先に行うべきことなどを対比させて言う場合に用いる。会話では、(5)のように、「それはとにかく(として)」のような形で文頭で相手の発言を受け、それと異なる別の話題を持ち出すような場合にも用いられる。

【との】

1 …とのことだ

(1) みなさんによろしくとのことでした。

(2) 無事大学に合格なされたとのこと、まことにおめでとうございます。

(3) 社長はすこし遅れるので、会議を始めておいてくれとのことでした。

(4) そちらは、寒い日が続いているとのことですが、皆様お変わりありませんか？

(5) あの二人も、長かった婚約に終止符を打ち、6月に挙式するとのことだ。

「…(だ)そうだ・ということだ」の意味で、人から伝え聞いたことを言う場合に用いる。(2)のように、「だ」が省略されたまま文が終わることもある。「とのことだった／でした」のようにタ形にはなるが、否定形にはならない。

2 …とのN

(1) 恩師から結婚式には出席できないとの返事を受け取った。

(2) 学生から留学するため一年休学させてほしいとの希望が出されている。

(3) この件については、次回の審議に回してはどうかとの議長の提案に全員賛成した。

(4) 来月から一年間、札幌の関連会社に出向せよとの辞令を受けた。

(5) 文部科学大臣は、学校教育を改善するためには、高等教育機関の入学試験制度の抜本的改革が必要だとの見解を述べた。

言語表現や思考の内容を表す節が名詞を修飾しているもので、改まった文体で用いられる。Nには、「手紙・返事・依頼・提案・警告・命令」など言語活動や、「意見・見解・考え・希望」など思考活動にかかわる名詞が用いられる。他の人の発言や考えについて言う場合に用いられ、話し手自身の考えを表す場合は、次の例のように「との」ではなく、「という」が用いられるのが普通である。

(例) 私は夫婦別姓を合法化すべきだという意見をもっている。

→【という₂】3

【とは】

1 …とは…(のこと)だ

(1) パソコンとは、個人で使える小型のコンピュータのことだ。

(2) 蓮華とは蓮の花のことだ。

(3) これからの日本で求められる福祉の形態とはどのようなものだろうか。

(4) 「普遍的」とは、どんな場合にも広く一般的に当てはまるという意味だ。

(5) 私にとって家族とは一体何なのだろうか。

名詞を受けて、その意味や性質・内容がどのようなものかを述べる場合に用いる。「…とは…のことだ／意味だ」「…とは…ということだ／意味だ」のような形で、語句の意味や内容について定義づけを行ったり、「…とは…ものだ」のような形でその本質的な特徴を述べたりするような場合に用いる。書き言葉的な言い方で、話し言葉では「Nというのは」の方が一般的。

2 …とは ＜引用＞

(1) A：森山さん、会社を退職するそうですよ？
　B：えっ、退職とは、どういうことですか？

(2) ≪書き置きを見て≫「お世話になりました」とは、もう帰ってこないということだろうか。

(3) A：このお話、なかったことにしてください。
　B：「なかったことにする」とはどういうことですか？

(4) 親に向かって「バカヤロー」とは何事だ。

相手の発言や書かれた情報などの言語表現を受けて、その真意を確かめたり、それに対する話し手の評価を述べたりするときに用いる。驚き、感嘆、怒りなどの気持ちを伴うことが多い。「とは」は「というのは」で置きかえられることが多いが、(4)の「とは何事だ」のような定型的な言い方では置きかえられない。

→【というのは】

3 …とは ＜驚き＞ N1

(1) 一人で5種目も優勝とはまったく驚いた。

(2) 全員そろって授業をサボるとはあきれた学生達だ。

(3) 人を2時間も待たせておいて「すみません」の一言もないとはまったく非常識な奴だ。

(4) 駅のベンチに忘れた現金がもどってくるとは思いもよらないことでした。

予想外の状況に接したときの驚き、感嘆を表す。くだけた話し言葉では「なんて」の形もよく使われる。次のように後ろの部分を省略することもある。

(例1) あの人がこんな嘘をつくとは。

(例2) ベテラン登山家の彼が遭難するとは。

(例3) こともあろうに、入学式の日がこんなひどい土砂降りになろうとは。

→【なんて$_2$】1

【とはいいながら】

1 …とはいいながら

(1) 分かっていたこととはいいながら、やはり別れはつらいものだ。

(2) もう過去のこととは言いながら、なかなかあきらめられない。

節を受けて、「そのことは認めるけれども、しかし」という意味を表す。

2 とはいいながら

(1) 過ぎたことは悔やんでも仕方がない。とはいいながら、思い出すとつい涙が出てしまう。

(2) 仕事を選ぶにはやりたい仕事かどうかが最も重要なことだ。とは言いながら、労働条件も無視できないのも当然のことである。

前の文を受けて、「そのことは認めるけれども、しかし」という意味を表す。

【とはいうものの】

→【ものの】2【ものの】3

【とはいえ】

節や文を受け、「それはそうなのだが、しかし」といった意味を表す。前のことがらから予想・期待されることと結果が食い違うような場合に用いられる。書き言葉。「とはいいながら・とはいうものの・とはいっても」に言いかえられる。

→【とはいいながら】【ものの】3【といっても】1【といっても】2

1 …とはいえ N1

[N／Na (だ)とはいえ]

[A／V とはいえ]

(1) 家計が苦しいとはいえ、これ以上食費を切りつめるわけにはいかない。

(2) 男女平等の世の中とはいえ、職場での地位や仕事の内容などの点でまだ差別が残っている。

(3) 国際化が進んだとはいえ、英語が苦手な日本人はまだまだ多い。

節を受けて、「それはそうなのだが、しかし」といった意味を表す。前のことがらから予想・期待されることと結果が食い違うような場合に用いられる。書き言葉。「とはいいながら・とはいうものの・とはいっても」に言いかえられる。

2 とはいえ

(1) 病状は危険な状態を脱して、回復に向かっている。とはいえ、まだ完全に安心するわけにはいかない。

(2) 生徒の非行には家庭環境が強く影響する。とはいえ、学校教育のあり方にも責任の一端がある。

前の文を受けて、「それはそうなのだが、しかし」といった意味を表す。前のことがらから予想・期待されることと結果が食い違うような場合に用いられる。書き言葉。「とはいいながら・とはいうものの・とはいっても」に言いかえられる。

【とはいっても】

→【といっても】1【といっても】2

【とはうってかわって】

[Nとはうってかわって]

(1) 父は若い時とはうってかわって、とても優しくなった。

(2) 村は昔の姿とはうってかわり、近代的なビルが立ち並んでいる。

(3) 社長はこれまでとはうってかわったように、強硬な態度に出てきた。

「…とはうってかわって／うってかわり／うってかわったように」などの形で、前の状態とまったく別の状態に変わる様子を表す。次の例のように、「Nとは」なしで、副詞的に使われることもある。

(例) 少し前までは活発な子だったのに、今ではうってかわったようにおとなしくなった。

【とはかぎらない】

[N／Na／A／V　とはかぎらない]

(1) 日本語を教えているのは日本人とはかぎらない。

(2) 有名な作家の小説ならどれでもおもしろいとはかぎらない。

(3) スーパーマンだからって、何でもできるとはかぎらないよ。

(4) ここのお料理もいつもおいしいとは限らないんですよ。

(5) 完治したからといって再発しないとは限らないのだから、気を付けるにこしたことはない。

「…ということがいつも正しいとは言えない」という意味を表す。一般的に正しいと認められることがらについて、例外もあると言うのに使う。

【とばかり】

1 …とばかり(に) N1

(1) 今がチャンスとばかり、チャンピオンは猛烈な攻撃を開始した。

(2) 横綱はいつでもかかってこいとばかりに身構えた。

(3) その人はもう二度と来るなとばかりに私の目の前でピシャッと戸を閉めた。

(4) 「どうだ、すごいだろう」とばかりに、新しい車を見せびらかしている。

節を受けて「まるで…と言うかのように」という意味を表す。相手がいかにもそのようなことを言いたそうに見える場合に用いる。後には勢いや程度が強力だという意味の表現が続く。書き言葉的な表現で、「このときとばかりに攻め込む／攻めかかる・えいっとばかりに切りつける／切りかかる」など慣用的に使われることが多い。

2 …といわんばかり

(1) お前は黙っていろと言わんばかりに兄は私をにらみつけた。

(2) 警察は「お前がやったんだろう」と言わんばかりの態度で男を尋問した。

節を受けて「まるで…とでも言いそうな態度で」という意味を表す。用法は1とほぼ同様である。

→【とばかり】1

【とはちがって】

→【とちがって】

【とみえて】

[N／Na　(だ)とみえて]

[A／V　とみえて]

1 …とみえて

(1) 最近忙しいとみえて、メールを出しても返事が来ない。

(2) 夜中に雨が降ったとみえて、水たまりができている。

(3) 何かいいことがあったとみえて、朝からずっとにこにこしている。

(4) 隣の家は留守とみえて、ドアの前に数日分の新聞がたまっている。

現状を理由・根拠に予想されることを述べる言い方。前の節にその予想の部分が来て、後ろの節でその理由・根拠が表される。(2)を例にとって言えば、後ろの「水たまりができている」という現状を根拠に前の「夜中に雨が降ったようだ」という予想を述べる言い方である。後ろの節には、話し手が実際に観察した事実が述べられる。

2 …とみえる

→【みえる】2e

【とも】

活用語に付いて、「ても」と同様の意味を表す。「ても」に比べて、やや古めかしい言い方である。

→【ても】

1 …とも

[A-く／A-かろう　と(も)]

(1) 田中さんの送別会には、少なくとも30人は集まるだろう。

(2) どんなに苦しくとも、最後まで諦めないで頑張るつもりだ。

(3) どんなに辛かろうと、苦しかろうと、必ずやり遂げてみせます。

イ形容詞の「-く」、「-かろう」の形に付く。話し言葉では、「-くても」となるのが普通である。(1)は「そのように見積もっても」の意味で数量を見積もる表現が続く。「多くとも10人・長くとも30分・遅くとも5時までに」などが同様の用法である。(3)のように、「-かろうと」が2度繰り返される場合は「も」が省略されることが多い。

2 …であろうと(も)

→【であろうと】1

3 V-ようと(も)

→【よう₂】6d

【ども₁】

[Nども]

(1) 申し訳ありません。私どもの責任です。

(2) 手前どもの店では、この品物は扱っておりません。

(3) ≪けんかのことば≫野郎ども、みんなそろってかかって来い。

(4) あれは偽善者どもの集まりだ。

主として人を表す名詞に付いて、複数であることを表す。「…たち」と似ているが、一人称に付いた場合は、謙遜の気持ちを表すため、「私たち」よりも丁寧である。また、「私たち」は聞き手を含む場合と含まない場合があるが、「私ども」は聞き手を含まない意味しかない。(3)(4)のように、一人称以外の人に付いた場合は、その人を見くだす意味を伴うことが多い。この他「女ども・者ども」など。

【ども₂】

[V-ども]

(1) 行けども行けども、原野は続く。

(2) 声はすれども、姿は見えず。

(3) 大作家と言えどもいつも傑作が書けるとは限らない。

動詞のバ形の「ば」を除いた形に付いて、「V-ても･Vけれども」という意味を表す古い表現。(1)は「行っても行っても」(2)は「声は聞こえるけれども」という意味。これらの慣用表現や「といえども・と思えども」などの表現で用いられる。

【ともあろうものが】

[Nともあろうものが]

(1) 財務官僚ともあろうものが、賄賂を受け取るとは驚いた。

(2) 警察官ともあろうものが、強盗をはたらくとは何ということだろう。

(3) 金融の専門家ともあろうものが、こんなに甘い予測をしてしまって、実にお恥ずかしいです。

「それほどの人が」という意味を表す。社会的地位・役割や職業を表す名詞を受けて、常識的に考えて、そのような役割の人物が行うべきではない行為を行ったことを述べる場合に用いる。驚きや怒り、不信感を伴う表現が続く。「もの」の部分に「人・人物」など人を表す言葉が用いられることもある。

(例) 国会議員ともあろう人物がこのような巨額の脱税を平気で行うのだから、議員のモラルも低下したものである。

【ともいうべき】

→【とでもいうべき】

【ともかぎらない】

[Aともかぎらない]

[V-ないともかぎらない]

(1) 教師の言うことが正しいとは限らないし、本に書いてあることが正しいとも限らない。

(2) A：司会者を探してるんだけど、山下さん結婚式の司会なんか、引き受けてくれないよね？
B：一度聞いてみたら？　引き受けてくれないとも限らないよ。

(3) 山田は来ないと言っていたが、気まぐれな彼のことだから、ふらりと現れないともかぎらない。

(4) 薬は慎重に選んだ方がいい。へたな医者にかかっては、命を落とさないともかぎらない。

「…とは決まっておらず、それとは逆の可能性もある」という意味を表す。多くは、「V-ないともかぎらない」の形で使われて、可能性が低いと考えられる状況で、あえて可能性があることを述べる表現。似た表現に「とはかぎらない」がある。

→【とはかぎらない】

【ともかく】

1 Nはともかく(として) N2N3

(1) 見かけはともかく味はよい。

(2) 学歴はともかく人柄にやや難点がある。

(3) 父はともかくとして母は大変明るい性格だ。

(4) 細かい点はともかく全体的に見れば、うまく行ったと言えるのではなかろうか。

(5) 勝敗はともかくとして、一生懸命頑張ろう。

「それは議論の対象からはずして」という意味を表す。それよりも大事なこととして後のことがらを優先させて述べる場合に用いる。「Nはとにかく(として)」とも言う。

→【とにかく】3

2 ともかくV

(1) 雨で中止になるかもしれないが、ともかく行ってみよう。

(2) ともかく、言われたことだけはやっておきました。

(3) ともかく使ってみないことにはいい製品かどうかは分からない。

(4) ともかくお医者さんに診てもらった方がよい。

意志的な行為を表す動詞を伴い、「いろいろ議論するよりも、まずは実行する」という意味を表す。「とにかく」とも言う。

→【とにかく】2

【ともくされている】

[Nともくされている]

(1) 今度の試合ではAチームが優勝すると目されている。

(2) 彼がその事件の最重要参考人と目されている。

(3) 事業の後継者と目されているのは、重役の市川氏だ。

(4) 知事選挙で最有力候補と目されているのは、早田氏です。

「とみなされている・そういう評判が立っている」という意味を表す。本当はどうなのか、どうなるか、まだわからない場合に用いる。

【ともすると】

(1) ベテラン教師でもともするといい子ばかりに目がいってしまうことがある。

(2) この学生は時間にルーズで、ともすると授業に1時間も平気で遅れて来る。

(3) 夏はともすると睡眠不足になりがちである。

(4) 科学技術の進歩には目を見張るものがあるが、ともすると人類の破滅を引き起こしかねない危険性をはらんでいる。

「何かのきっかけでそういうことが起こりやすい」という意味を表す。望ましくない事態が起こるような場合が多く「V_R-がちだ・かねない」などといっしょに使われることが多い。「ともすれば」とも言う。

→【がち】2【かねない】

【ともなう】

→【にともなって】

【ともなく】

1 疑問詞(+助詞)+ともなく

(1) どこからともなく、沈丁花のいい香りが漂ってくる。

(2) 明くる朝、旅人はどこへともなく立ち去って行った。

(3) 誰からともなく拍手が起こり、やがて会場は拍手の渦に包まれた。

(4) 生徒達は夜遅くまで騒いでいたが、いつともなくそれぞれの部屋に戻っていった。

(5) 二人はどちらからともなく走り寄り固く抱きあった。

「どこ・いつ・だれ・どちら」などの疑問詞を受けて、場所・時間・人物・物などの、「どの部分かは特定はできないが」という意味を表す。助詞が用いられる場合は、疑問詞の直後に付く。

2 V-るともなく N1

(1) どこを眺めるともなく、ぼんやり遠くを見つめている。

(2) 老人は誰に言うともなく「もう秋か」とつぶやいた。

(3) 何を考えるともなく、一日中物思いにふけっていた。

「見る・話す・言う・考える」のような、人間の意志的な行為を表す動詞を受けて、その動作がはっきりした意図や目的なしに行われている様子を表す。その前に「何・どこ」などの疑問詞を伴うことが多い。

【ともなって】

→【にともない】【にともなって】

【ともなると】N1

[N／V　ともなると]

(1) いつもは早起きの息子だが、日曜日ともなると昼頃まで寝ている。

(2) 彼女ほどの有名人ともなると、警備の態勢も厳重だ。

(3) 子供を留学させるともなると、相当の出費を覚悟しなければならない。

時間・年齢・役割・出来事などを表す名詞や動詞を受けて、「そのような状況になった場合は」という意味を表す。後ろには、そのような状況では当然そうなるはずだといった判断を表す表現が続く。「ともなれば」とも言う。

→【ともなれば】

【ともなれば】N1

[N／V　ともなれば]

(1) 9月ともなれば、真夏の暑さはなくなり過ごしやすくなる。

(2) 子供も10歳ともなればもう少し物分かりがよくてもいいはずだ。

(3) 結婚式ともなればジーパンではまずいだろう。

(4) 主婦ともなれば朝寝坊してはいられない。

(5) 学長に就任するともなれば、今までのようにのんびり研究に打ち込んではいられなくなる。

時間・年齢・役割・出来事などを表す名詞や動詞を受けて、「そのような状況になった場合は」という意味を表す。後ろには、そのような状況では当然そうなるはずだといった判断を表す表現が続く。「ともなると」とも言う。

→【ともなると】

【ともに】

→【とともに】

【ともよい】

→【なくともよい】

【とやら】

1 Nとやら

(1) 例の啓子さんとやらとはうまくいっていますか？

(2) 娘が「ムサカ」とやらいうギリシャ料理を作ってくれました。

「…とかいう」という意味で、正確には覚えていない呼び名などの後に付けて用いる。(1)は「とやら」に直接助詞が付いたものだが、これは「とやらいう人」の「いう人」の部分が省略されたものと考えられる。

2 …とやら

(1) 私の答案を見て、先生がびっくりした顔をしていたとやら。

(2) 結局あの二人は結婚して、田舎で仲良く暮らしているとやら。

人から伝え聞いたことがらの後に付いて、「正確にではないがそのように聞いている」という意味を表す。「…とか聞いている・とのことだ・そうだ」などと類義の意味をもつが、「とやら」は話し手の記憶が曖昧で、あまり正確な引用ではないという意味が強い。日常の話し言葉ではほとんど用いられない。

→【そうだ$_1$】

【とりあえず】N1

(1) とりあえず、今日はこの問題からやってみよう。
(2) とりあえず、以上の件、よろしくお願いします。
(3) あすのスポーツ大会は、雨で中止になるかもしれないが、とりあえず、準備はしておかなければならない。
(4) 注文は、とりあえずビール4つでお願いします。

「当面の間に合わせの処置として」という意味を表す。決定的ではない状況を示すのに用いる。一時的であって、今後、扱い方や考え方が変わるかもしれないという含みをもつ。類義表現に「いちおう」がある。

→【いちおう】

【とりわけ】N1

(1) 兄弟は3人とも頭がよいが、次男はとりわけ優秀だ。
(2) 暖冬の影響か、今年の春はとりわけ桜の開花が早い。
(3) 今回の不況はこれまでの中でもとりわけ深刻だ。
(4) どの科目もあまり成績がよくないが、とりわけ国語がひどい。

どれを見ても平均的ではないが、他のものと比べて特別に際立っているものを取り立てて言う場合に用いる。プラス評価・マイナス評価のどちらにも使用できる。「特に・ことに・ことのほか」などと言いかえられる。

→【ことに$_2$】

【とわず】

→【をとわず】

【とんだ】N1

[とんだN]

(1) あなたが邪魔したなどと、とんだ思い違いをしていました。
(2) A：通勤の途中で、事故に遭ってしまったんですよ。
B：それはとんだ災難でしたね。
(3) もし1分でも気が付くのが遅れていたら、とんだ大事故になっていたかもしれない。
(4) とんだ野郎に見込まれてしまったものだ。
(5) 委員会の議長に選ばれるとは、とんだことになってしまった。

ことがらや人を表す名詞の前に付いて、「それが予想外のものだ」という意味を表す。「ひどい・驚きあきれた・困った・大変な」といった意味で、マイナス評価を表すことが多く、期待に反した結果や、常識を欠いた人物に対して用いられる。ただし、(4)のような場合は「常識やぶりの面白い人物」といった意味の親しみをこめたプラス評価でもありうる。

【とんでもない】N2N3

1 とんでもないN

(1) 子供は時々とんでもない質問をして親を困らせることがある。
(2) 明け方の4時などという、とんでもない時間に電話がかかってきてびっくりした。

(3) 海中に都市を作るとは、とんでもない計画だ。

「まったく思いがけない／意外だ／常識では考えられない」という意味を表す。「とんだ」に比べて、マイナス評価の意味が薄い。

→【とんだ】

2 とんでもない

(1) A：ずいぶん景気がよさそうですね。

B：とんでもない。借金だらけで首が回りませんよ。

(2) 先生：そのかばん、持ってあげましょう。

学生：先生に荷物を持っていただくなんてとんでもないです。

(3) A：この度は本当にお世話になりました。

B：とんでもございません。こちらこそいろいろご迷惑をおかけいたしまして…。

会話で相手の発言を「そんなことはない」と強く否定する場合に用いる。(2)(3)のように、相手からの親切な申し出や感謝の言葉を否定する場合は、丁寧な遠慮の気持ちの表現になる。「とんでもありません／ございません」はその丁寧な形。

【どんな】 N5

[どんなN+助詞+も]

(1) 母はどんなことでもやさしく聞いてくれる。

(2) どんな状況においても対応できる準備ができている。

(3) どんな人間にも幸福に生きて行く権利がある。

(4) 彼女はどんな人からも好かれる女性です。

(5) 教師はどんな学生に対してもわけへだてなく付き合う必要がある。

(6) 彼はどんなことにも興味をもつ人間だ。

名詞の表すものがどのようなものであっても、あらゆる場合に後続のことがらが成立することを表す。

【どんなに】 N2N3

1 どんなに…だろう(か)

(1) 希望校に合格できたらどんなにいいだろうか。

(2) 息子の戦死を知ったら両親はどんなに悲しむことでしょう。

(3) 父が生きていたらどんなに喜んでくれたことだろうか。

(4) 子供が無事だと分かった時、私はどんなにうれしかっただろう。

(5) 私はこの日がくることをどんなに望んだことだろう。

喜びや悲しみ、希望などの表現を伴いその程度が普通の程度をはるかに超えていることを詠嘆をこめて述べる言い方。(1)～(3)は「もし…だったら、きっと…大変する／しただろう」のように、現実には実現していないことを推量して言う言い方であるのに対し、(4)(5)は現実に「大変うれしかった･強く望んだ」ことを表す。

2 どんなに…ても

→【ても】3b

【な】 N4

[V-るな]

(1) ≪工場で≫危ないぞ。その機械にはさわるな。

(2) ≪公園での掲示≫芝生に入るな。

(3) がっかりするなよ。またチャンスはあるよ。

(4) そんなに怒るなよ、彼も謝ってるんだから。

(5) 見るなと言われるとますます見たくなるのよね。

動詞の辞書形に付いて強い禁止を表す。公共の場での指示や学校などの集団行動での禁止の命令、号令などに使われる。話し言葉で主に男性が使う。(3)(4)では聞き手の行為を制することで励ましたり、なだめたりする意を表す。(5)のような間接的な引用の場合は男女ともに使う。

【ないか】

「...ないか」は主として男性が使う。丁寧な言い方の「...ませんか」や「か」を省略した「...ない？」は男女ともに使う。

1 V-ない(か)

(1) ちょっと、食べてみない？

(2) 今度、いっしょにスキーに行かないか？

(3) そろそろお茶にしませんか？

(4) ちょっと寄っていきません？

意志的な行為を表す動詞に付いて、相手に行動を勧めたり、いっしょに行動しようと誘う表現。(3)のように丁寧形は「V-ませんか」となる。普通、上昇調で発音され、(4)のように「か」は省略されることもある。

2 V-てくれない(か)

(1) 写真撮ってくれない？

(2) ちょっと手伝ってくれませんか？

(3) この本、2、3日貸してもらえない？

(4) 5時までにおいでくださいませんか？

(5) 明日もう一度ご来店いただけないでしょうか。

「V-てくれないか／もらえないか」などの形で、相手に対する依頼を表す。「V-てくださいませんか／いただけませんか／いただけませんでしょうか」や、(4)(5)のように「お／ご...くださいませんか」「お／ご...いただけないでしょうか」などの形にするとさらに丁寧な表現になる。

「もらう・いただく」の場合は「V-てもらえないか／いただけないか」のように、可能を表す「もらえる・いただける」の否定形を使うという点に注意すること。また敬語の「おいでになる」や漢語動詞「来店する」などに「いただく・くださる」が付く場合は「になって」や「して」を省略して「おいでいただけませんか／くださいませんか」「ご来店いただけませんか／くださいませんか」のような形になるのが普通である。

上昇調で発音されることが多く、「か」が省略されることもある。丁寧な言い方では、次のように「...願えないでしょうか」という表現に言いかえることもできる。

(例) もう一度ご来店願えないでしょうか。

3 V-ないか

(1) おい、待たないか。

(2) だまらないか。

(3) いい加減でやめないか。

(4) 早く起きないか。

行動を起こさない相手に対して、すぐに行動を起こすように命令する表現。例えば(1)は「待て」、(2)は「だまれ」の意味。

これらは「待て・だまれ」という命令形の表現に似ているが、相手がなかなか行動を起こさない状況で用いられるため、話し手のいらだちや怒りが感じられることが多い。下降の詰問調で発音され、丁寧形にはならない。主に男性が用いる。

4 ...ない(か) ＜確認＞

[N／Na　ではないか]

[A-くないか]

[V-ないか]

(1) ≪刑事ドラマを見ながら≫
A：彼が犯人じゃないですか？

B：確かにあやしいね。
(2) A：子供には無理じゃないですか？
B：大丈夫ですよ。
(3) A：Bさんにはちょっと難しくない？
B：ええ、でもやってみます。
(4) A：この部屋、変な匂いがしない？
B：うん、なんだかちょっと。
(5) A：ちょっと駅から遠すぎませんか？
B：そうですか。歩いて15分ぐらいですけど。

話し手の考えが正しいかどうかを聞き手に確認する場合に用いる。「Xじゃないか」などと打ち消しの形を取っているが、確認の内容は「Xである」という肯定のことがらである。聞き手も同意見の場合は「はい／うん、そうだ」、違う意見の場合は、「いいえ／いや、そうではない」のような形で答える。なお、すでに起こったと思われることについて確認する場合は、次のように、タ形をとる。

(例1) A：何か物音がしなかったか。
B：いや、僕には何も聞こえなかったけど。

(例2) A：私に電話かかって来ませんでしたか。
B：いいえ。

5 …ない(か) <控えめな主張>

[N／Na　ではないか]
[A-くないか]
[V-ないか]

(1) 彼が、一流企業に採用されたなんて何かの間違いではないか？
(2) 最近の彼の言動はちょっと変じゃないか？
(3) このスープ、ちょっと、塩味が薄くない？
(4) やめといたほうがよくないか？
(5) ≪働きすぎの人に≫毎日そんなに遅くまで働いていたら、体調を崩さないか？

自分の意見を控えめに主張する場合の表現で、「そうではないかと思う」といった気持ちで、やや疑う余地を残し非断定的に述べるのに用いる。(5)のように、心配・懸念の気持ちを含むことも多い。

「のではないか・のではないだろうか・のではなかろうか・のではあるまいか」や「ないかしら・ないかな」のような推量や疑念を含む表現で言いかえられることが多い。過去のことについて言う場合は次のように「(では)なかったか」の形をとる。

(例) 昨日見かけた人、山田さんの奥さんじゃなかったか？

話し言葉では、名詞やナ形容詞に付く場合、「じゃないか」になるのが普通。

→【じゃないか$_2$】【ではないか$_2$】1【ではないだろうか】【ではなかろうか】【ないかしら】2【ないかな】2【まい】4a

6 …じゃないか

→【じゃないか$_1$】【じゃないか$_2$】

7 …ではないか

→【ではないか$_1$】【ではないか$_2$】

【ないかしら】

活用語の否定形に話し手の不確かな気持ちを表す「かしら」が付いたもので、自問と相手への質問のどちらにも用いられる。少し古めかしい女性言葉で、現在はあまり使われない。似た言い方の「ないかな」は男女ともに使う。

→【かしら】【ないかな】

1 …ないかしら <願望>

[V-れない／V-てくれない　かしら]

(1) またあの人に会えないかしら。

(2) お金持ちと結婚できないかしら。
(3) バス、早く来てくれないかしら。
(4) ちょっと手伝ってくれないかしら。

可能を表す「V-れる」の否定形や「V-てくれない」に付いて、話し手の希望・願望を表す。(4)は直接聞き手に向かって言うような場合は依頼表現にもなる。

2 …ないかしら ＜推測・懸念＞

[N／Na　ではないかしら]
[N／Na　じゃないかしら]
[A-くないかしら]
[V-ないかしら]

(1) 向こうからくる人、鈴木さんじゃないかしら。
(2) この着物、私にはちょっと派手じゃないかしら。
(3) このご飯、ちょっとかたくないかしら。
(4) あんなに乱暴に扱ったらこわれないかしら。

述語の否定形に付いて、十分に確信はないが「ひょっとするとそうかもしれない」といった推測や「そんな気がする・心配がある」といった懸念・心配な気持ちを表す。独り言の場合は話し手の自問を表すが、聞き手に向かって使う場合は「そう思いませんか」と相手の判断を問う表現になる。

【ないかな】

活用語の否定形に話し手の不確かな気持ちを表す「かな」が付いたもの。自問と相手への質問のどちらにも用いられる。「かしら」とは異なり男女どちらでも使用できるが、丁寧な言い方ではないので、直接聞き手に対して質問するような場合は親しい間柄に限られる。

→【かしら】【かな】

1 …ないかな(あ) ＜願望＞

[V-ない／V-れない／V-てくれない　かな(あ)]

(1) 早く夏休みにならないかなあ。
(2) 今夜いい夢が見られないかな。
(3) 早く息子が就職してくれないかな。

動作や変化や存在を表す動詞や可能を表す「V-れる」の否定形を受けて、「そうだといい・そうなってほしい」という話し手の希望・願望を表す。

2 …ないかな(あ) ＜推測・懸念＞

[N／Na　ではないかなあ]
[N／Na　じゃないかなあ]
[A-くないかなあ]
[V-ないかなあ]

(1) あの人、森田さんの奥さんじゃないかな。
(2) 彼だったら大丈夫じゃないかな。
(3) こっちのほうがよくないかな。
(4) 子供にはちょっと難しすぎないかな。
(5) この服、ちょっと小さくないかなあ。
(6) この間、あんなことを言ってしまって、彼女怒っていないかなあ。

述語の否定形に付いて、十分に確信はないが「ひょっとするとそうかもしれない」という推測や、「そんな心配がある・そんな気がする」という懸念・心配の気持ちを表す。独り言の場合は自問の表現になるが、相手がいる場合には、「そう思いませんか」と相手の判断を問う表現になる。

【ないことはない】 N2N3

[Na　では／じゃ　ないことはない]
[A-くないことはない]
[V-ないことはない]

(1) A：ケーキ、残したんですね。好きじゃないんですか？
　B：いえ、好きじゃないことはない

んですが、お腹がいっぱいで入りません。

(2) A：そんなに薄着で寒くないんですか？

B：寒くないことはないですが、寒さには慣れていますから大丈夫です。

(3) A：彼女は来ないんじゃないか？

B：来ないことはないと思うよ。遅れても必ず来ると言っていたから。

(4) A：1週間でできますか？

B：できないことはないですが、かなり頑張らないと難しいですね。

(5) A：行きたくないの？

B：行きたくないことはないけど、あまり気がすすまないんだ。

否定の表現を2回用いることにより、断定を避けて婉曲的に肯定する意味を表す。例えば(1)はAの「好きじゃないんですか」という疑問に対し、Bは「好きじゃない」を否定することで「好きだ」と婉曲的に答えている。(4)のBは「1週間でできない」ことを否定することで「できる」と言っているが、できない可能性もあることをほのめかしている。(4)や(5)のように積極的に肯定できない気持ちを表す場合は「ないこともない」と言い換えられる。

→【ないこともない】

【ないこともない】N2N3

[Na　では／じゃ　ないこともない]

[A-くないこともない]

[V-ないこともない]

(1) この仕事は好きじゃないこともないけれど、給料が安いから辞めようかと思っている。

(2) 優勝できなかったのは悔しくないこともない。でも、この経験から多くのことを学ぶことができた。

(3) よく考えてみれば、彼の言うこともっともだと思えないこともない。

(4) 言われてみれば、確かにあのときの彼は様子がおかしかったという気がしないこともない。

(5) この会社は社長一人の意見で動いていると言えないこともない。

否定の表現が2回用いられ「そのような面がある・可能性がある」と消極的に肯定する意味を表す。全面的にそうだというわけではないが、そのように言える面があるといった、断定を避ける気持ちを表す。

【ないし】N1

1　数量詞+ないし+数量詞

(1) この薬の効果は、だいたい3日ないし1週間で出てくると思います。

(2) この会議には200人ないし300人の参加が見込まれている。

数量などの上限と下限を示して、範囲を表すのに用いる。「NからNまで」とも言う。書き言葉的な改まった表現。

→【から₁】1f

2　NないしN

(1) 本人の署名ないし押印がないと、書類は無効である。

(2) 応募資格は博士号取得者、ないしそれに準じるものとする。

「または」の書き言葉的な改まった言い方。

→【または】

【ないで】

動詞の否定形がテ形の形をとったもので、後に続く動作や状態がどんな様子・状況・事情のもとに成立するかを表す。

1 V-ないで ＜付帯状況＞ N5

(1) 息子は今朝もご飯を食べないで出かけた。

(2) 彼女は一生結婚しないで独身を通した。

(3) 傘を持たないで出かけて雨に降られてしまった。

(4) 予約しないで行ったら、満席で入れなかった。

(5) 歯を磨かないで寝てはいけません。

後ろに動詞の文を伴って、「…しない状態で…する」という意味を表す。書き言葉では「ずに」も使われる。「なくて」に言いかえることはできない。

→【ずに】【なくて】

2 V-ないで ＜代わりに＞

(1) 親が来ないで子供が来た。

(2) ロンドンには行かないでパリとローマに行った。

(3) 運動してもちっともやせないで、かえって体重が少し増えた。

(4) 頑張っているのに成績はちっともよくならないで、むしろ下がってきている。

「…ではなく、代わりに別のことを行う／別のことが起こる」という意味で、二つのことがらを対比的に述べる表現。後に続くことがらは予想・期待に反した結果だという意味を含む場合が多い。書き言葉では「…ずに」も使われる。

「なくて」で置きかえられないこともないが、「なくて」の場合は「代わりに」という対比的な意味がなく、二つのことがらが前後して成立したという別の意味になる。したがって、対比的な意味を表したい場合には、「ないで」を使わなければならない。

→【なくて】

3 V-ないで ＜原因＞

(1) 子供がちっとも勉強しないで困っています。

(2) やつが来ないで助かった。

(3) 試験にパスできないでがっかりした。

(4) 朝起きられないで授業に遅れた。

(5) 大事故にならないでよかった。

「…しないことが原因で」という意味を表す。後に続く表現には、(1)(2)のように「困った・助かった」などの感情や評価を表す表現や、(4)のように、時間的な前後関係が認められることがらのことが多い。この用法では、比較的自由に「なくて」との置きかえができる。

→【なくて】

【ないでいる】

[V-ないでいる]

(1) 昨日から何も食べないでいる。

(2) このことは夫にも話さないでいる。

(3) 日曜日は雨だったので、部屋から一歩も出ないでいた。

(4) 祖母は自分一人では起き上がることもできないでいる。

「…しない(できない)ままの状態でいる」という意味を表す。「ずにいる」とも言える。主語にたつのは感情や意志を持つ人や動物といったものに限られるため、次のような表現には使えない。

(誤) 雨が降らないでいる。

(正) 雨が降らずにいる。

→【ずにいる】

【ないでおく】

[V-ないでおく]

(1) 時間がないので昼ご飯は食べないで

おこう。

(2) 十分に残っているのでまだ注文しないでおいた。

(3) 他人がさわると分からなくなると思ったので、机の上は掃除しないでおきました。

何らかの理由・目的があって、意図的に「…しないままでおく」という表現。「ずにおく」とも言える。

→【ずにおく】

【ないでください】N5

[V-ないでください]

(1) この書類は鉛筆で書かないでください。

(2) このことはだれにも言わないでくださいね。

(3) ≪動物園の掲示≫食べ物を与えないでください。

(4) 危険ですから押さないでください。

(5) 駐車場内で遊ばないでください。

誰かが何かの行為をしないよう依頼・指示・命令する意味を表す。目下や同等の人に対して使う。「V-ないでくれ」よりは丁寧な言い方で、公共の場での指示に使われることが多い。

→【てくれ】2

【ないでくれ】

→【てくれ】2

【ないですむ】

[V-ないですむ]

(1) 道がすいていたので遅刻しないですんだ。

(2) 優秀な医者に治療してもらったおかげで、手術をしないですんだ。

「予定していたことをしなくてもよくなる・予測されることが避けられる」という意味を表す。好ましくない事態が避けられることを表す。

【ないではいられない】N2N3

[V-ないではいられない]

(1) こんな悲しい話を聞いたら、泣かないではいられない。

(2) 言わないほうがよいことは分かっているが、話さないではいられなかった。

(3) あの映画を見たら、誰だって感動しないではいられないだろう。

(4) 子供たちの無邪気な様子をみているとほほえまないではいられない。

動詞の否定形に続いて、「意志の力では抑えることができないで自然にそうしてしまう」という意味を表す。「泣く・思う・感動する」など、人間の思考・感情の動きを表す動詞が用いられることが多い。書き言葉では「ずにはいられない」とも言う。

→【ずにはいられない】

【ないではおかない】N1

[V-ないではおかない]

(1) この作品は読む者の胸を打たないではおかないだろう。

(2) 彼女の言動はどこか私を苛立たせないではおかないものがある。

(3) あいつはいつも嘘をついてごまかそうとする。今度こそ、本当のことを白状させないではおかないぞ。

他動詞の否定形や自動詞の使役「V-させる」の否定形に続いて、「外部からの強い力によって、本人の意志にはかかわらずそのような状態や行動が引き起こされる」という意味を表す。書き言葉。より改まった「ずにはおかない」を使うことの方が多い。

→【ずにはおかない】

【ないではすまない】N1

[V-ないではすまない]

(1) 私の父は何事も徹底的に調べないではすまない性格だ。

(2) こんな基本的なルールを教師が知らないではすみません。

(3) 罪もない人々にこのような過酷な運命を強いてしまった。いつの日にかその報いを受けないではすまないであろう。

動詞の否定形に付いて、「それをしないことは許されない、必ずそうしなければならない」という意味を表す。かたい表現。

【ないでもない】

否定を表す表現や形容詞「ない」を受けて、「そのようなことが全くないわけではなく、それが存在したり成立することもある」という意味を表す。「ないこともない·なくもない」とも言う。

→【ないこともない】【なくもない】

1 …ないでもない

[A-くないでもない]

[V-ないでもない]

(1) 宿題の作文をほめられて嬉しくないでもないけれど、自分ではあまりよく書けたと思えないので、素直に喜べない。

(2) A：納豆はお好きですか？
B：食べないでもないですが、あまり好きじゃありません。

(3) A：ねえ、行きましょうよ。
B：そんなに言うなら行かないでもないけど。

(4) 自分にも悪い点があったことは認めないでもない。

(5) 考えてみれば、彼の意見ももっともだという気がしないでもない。

否定の表現が2回用いられ、「そのようなことが全くないわけではない」と消極的に肯定する意味を表す。例えば(1)は「嬉しいけれど積極的に嬉しいと言えない」という控えめな気持ちを表す。「言う・考える・思う・認める・感じる・気がする」など思考や知覚にかかわる動詞が用いられた場合は、「何となくそんな気がする」といった意味を表す。

2 Nがないでもない

(1) 時には一人になりたいと思うことがないでもない。

(2) 娘は、何も言わないが、進学するつもりがないでもないらしい。

(3) 海外旅行をしたい気もないではないが、なかなかその時間がとれない。

主として意志や気持ちを表す名詞を受けて、「そのような気持ちが全くないわけではない」という意味を表す。「Nがないでもない」という形の他に、(3)のように、「Nもないではない」という形が使われることもある。

【ないでもよい】

[V-ないで(も)よい]

(1) この欄には何も書かないでもよい。

(2) 明日は来ないでいいですか。

(3) そんなことは言わないでもいいじゃありませんか。

「なくてもいい」と類義の用法で、「する必要がない」という意味を表す。「も」が落ちて「ないでよい」が用いられることもある。話し言葉では

「なくてもいい」の方がよく使われる。古めかしい言い方では「V-ずともよい」(例：行かずともよい)のような言い方もある。

→【なくてもいい】

【ないと】

[N／Na　でないと]

[A-くないと]

[V-ないと]

1　…ないと+マイナス評価の内容

(1) 君はもっと謙虚でないと、みんなに嫌われるよ？

(2) 急がないと遅刻するよ？

(3) 勉強しないと怒られます。

(4) 注意しないと病気になるよ？

(5) もう少し成績が良くないと合格はむずかしいだろう。

(6) 早く来てくれないと困るよ。

文末に「遅刻する・むずかしい」などのマイナス評価の内容を表す表現を伴って、「あることがらが成立しない場合には好ましくない事態が起こる」という意味を表す。「…ないと」の部分で述べたことがらを促したり、そうした方がいいと忠告を与えたりする場合に使うことが多い。

2　…ないと…ない

(1) 平均70点以上でないと合格できない。

(2) 世の中の動きに敏感でないとすぐれた政治家にはなれない。

(3) 背が高くないとファッションモデルにはなれない。

(4) 食べないと大きくなれないよ。

(5) 早く出ないと間に合いませんよ。

(6) 気温が高くないとうまく発酵しない。

文末に動詞の否定形を用いて、「あることがらが成立しない場合には別のことがらが成立しない」という意味を表す。「なくては／なければ…ない」とも言うが、それらよりも話し言葉的。

→【なくては】1【なければ】1

3　…ないと　いけない／だめだ

(1) 風邪を防ぐには十分な休養を取らないといけません。

(2) レッスンを休むときは、絶対連絡しないといけないよ？

(3) 映画はまずおもしろくないといけない。ほかの点は二の次だ。

(4) こういう仕事は若い人でないとだめだ。山田君にやってもらおう。

「そのような義務／必要性がある」という意味を表す。次のように後ろの節を省略することもある。

(例)　車はやっぱり頑丈でないとね。

「なくては／なければいけない」とも言うが、それらよりも話し言葉的。「なくてはならない・なければならない」という言い方もあるが、「ないとならない」の形はない。

(誤)　早く行かないとならない。

(正)　早く行かなければならない。

→【なくては】2【なければ】2

【ないといい】

[N／Na　でないといい]

[A-くないといい]

[V-ないといい]

(1) あそこの奥さん、もうちょっとおしゃべりでないといいんだけど。

(2) 新しく配置される部署の仕事、あまり大変でないといいのだが。

(3) これほど毎日忙しくないといいのだが。

(4) この世に試験なんかないといいのに

なあ。

(5) 雨にならないといいが。

述語の否定形を受け、そうでないことを望む気持ちを表す。すでに実現していたり起こる危険や心配があるような場合に使われることが多い。言い切らずに「いいのに・が・けれど」などで終わる言い方が自然である。「なければいい」とも言う。

→【といい】2

【ないともかぎらない】

(1) 今日は父の命日だから、誰かが突然訪ねてこないともかぎらない。

(2) 鍵を直しておかないと、また泥棒に入られないともかぎらない。

(3) 間違えないとも限らないので、もう一度確認した方がいい。

(4) 事故じゃないとも限らないし、ちょっと電話をしてみた方がいいかもしれない。

「...ということは100%確実なことではない」という意味を表す。何も起こるはずがないと思って安心していないで、何か対策を立てた方がいいということを言うのに使うことが多い。「ともかぎらない」は、否定形に付くことが多いが、肯定形で使われることもある。次の「いつ死ぬともかぎらない」は、慣用句で「いつ死ぬかはわからない」の意味。

(例) 人間いつ死ぬともかぎらないのだから、やりたいことはやりたい時にやった方がいい。

→【ともかぎらない】

【ないまでも】 N1

[V-ないまでも]

(1) 毎日とは言わないまでも、週に2、3度は掃除をしようと思う。

(2) 絶対とは言えないまでも、成功する確率はかなり高いと思います。

(3) 予習はしないまでも、せめて授業には出て来なさい。

(4) 授業を休むのなら直接教師に連絡しないまでも友達に伝言を頼むか何かすべきだと思う。

動詞の否定形を受けて、「そこまでの程度でなくても、せめてこのぐらいは」という意味を表す。前の節に、量や重要性において程度の高いことがらが提示され、後の節にはそれより低い程度のことがらが続く。(1)(2)のように、「...とは言わない/言えないまでも」の形もよく使われ、「そこまでとは言わない/言えないが、少なくともこの程度のことは」という意味を表す。文末には「すべきだ・...た方がよい」などの義務や、意志・命令・希望などの表現が用いられる。古い表現を使ったかたい書き言葉に「ぬまでも」がある。

→【ぬまでも】

【ないもの(だろう)か】

[V-ない/V-れない　もの(だろう)か]

(1) この混雑は何とかならないものか。

(2) この橋が早く完成しないものか。

(3) この状況をどうにかして打開できないものか。

(4) 私の力でこの人たちを助けてあげられないものだろうか。

動詞の否定形、可能を表す「V-れる」の否定形に付いて、「それを何とか成立させたい」という動作や変化の実現を強く望む話し手の気持ちを表す。実現がなかなか難しい状況で用いられることが多い。(4)のように「...ないものだろうか」となることもある。

→【ものか】2

【なお】 N2N3

1 なお <程度>

(1) あなたが来てくれればなお都合がよい。
(2) 薬を飲んだのに、病状はなお悪化した。
(3) 祖父は老いてもなお精力的に仕事を続けている。
(4) 退院するまでには、なお１週間ぐらい必要だ。
(5) 反対されるとなおやってみたくなる。

他の同類のものと比べて、(1)(2)のように、それより程度が上だという意味や、(3)(4)のように、依然として同じ状態が続いているという意味を表す。(5)のように、前後が対立的な意味をもつ場合は「かえって」に近い意味になる。

→【かえって】

2 なお <但し書き>

(1) 受験希望者は期日までに、受験料を納入してください。なお、いったん納入された受験料は、いかなる場合にもお返しできませんので、ご了承ください。
(2) 毎月の第三水曜日を定例会議の日とします。なお、詳しい時間などは、1週間前までに文書でお知らせすることにします。
(3) 参加希望者は葉書で申し込んでください。なお、希望者多数の場合は、抽選とさせていただきます。
(4) 明日は、2、3年生の授業は休講になります。なお、4年生のみが対象の授業は、通常どおり行いますので注意してください。

これまでの話題をいったん打ち切って、それに関する但し書きや、補足説明、例外や特例を追加したり、前文とは直接的に関係のない別の話題を追加するような場合に用いる。(4)のように、前文から受ける予想からはずれるようなことがらを追加するような場合は「ただし」に近い意味をもつ。掲示やお知らせ、論文の注など、書き言葉で用いられることが多い。

→【ただし】

3 なお <まだ>

(1) 町の様子はすっかり変わってしまったが、郊外の田園風景は今もなお美しい。
(2) この土地は昔からの伝統が今なお失われずに残っている。
(3) 住民たちの差別撤廃運動は今日もなお続けられている。

以前の状態が変わらずに続いている様子を表す。「今もなお・今なお」の形で使われることが多い。

【なおす】

1 V_R-なおす <意志的>

(1) 出版の際に論文の一部を書き直した。
(2) 俳優がセリフを間違えたため、同じ場面を３度も撮り直さなければならなかった。
(3) 答案をもう一度見直してください。
(4) 顔を洗って出直して来い。
(5) 一度はこの大学をやめようと思ったが、思い直して卒業まで頑張ることにした。

意志的な行為を表す動詞の連用形に付いて、「一度行った行為をもう一度行う」という意味を表す。前の行為の結果が好ましくないので、それを修正する目的でやり直すような場合が多い。「出る」のような例を除いて、ほとんどの場合他動詞に付く。その他の例は「言い直す・考え直す・し直す・立て直す・建て直す・作り直す・練り直す・飲み直す・焼き直す・やり直す」など。(4)の「顔を洗って出直して来い」は、「気持ちを切り替えてやり直せ」という意味を表す慣用句。

2 V_R-なおす <無意志的>

(1) 今年になって景気が持ち直した。

(2) 病人はだいぶ持ち直した。

(3) 勇敢な態度を見て彼にほれ直した。

(4) 部長のことを見直した。

人間の意志に関わらないことがらを表す無意志的な動詞の連用形に付いて、「自然によい方向に向かう」という意味を表す。(1)(2)の「持ち直す」は景気や病状が回復するという意味。(3)(4)は新たによい点を認め再評価するといった意味を表す。前に来る動詞は例に挙げたようなものに限られており、いずれの場合にも、「直す」に話し手の意図的な修正の意味がない点で1の用法とは区別される。他の例としては「気を取り直す」がある。

【なか】 N5

1 Nのなか

(1) 部屋の中にはだれがいるの？

(2) 他人の心の中は外からは見えない。

(3) 箱の中からバネ仕掛けの人形が飛び出した。

「空間的な範囲の内部」という意味を表す。

2 NのなかでNがいちばん

(1) 3人兄弟の中では、次男が一番優秀だ。

(2) ワインとビールと日本酒の中で、ワインが一番好きだ。

(3) この中で一番背が高い人はだれですか？

「N1のなかでN2がいちばん」の形で、三つ以上のものを比較して最も上位のものを表すのに使う。N1には(2)の「NとNとN」のように名詞を列挙することもある。

3 …なかを

[Nのなかを]

[A-いなかを]

[V-るなかを]

(1) 激しい雨の中をさまよった。

(2) 雪が降る中を5時間もさまよい続けた。

(3) お忙しい中をご苦労様です。

(4) 本日はお足元の悪い中をわざわざお出でいただき、まことにありがとうございます。

「…なかを」の形で、後の動作が行われる状況を表す。後半には「歩く・さまよう・来る」など、移動を伴う動作の表現が来る。本来「場所を移動する」の意味を持つため、1の用法と連続的である。(3)は「お忙しい中を(お出でくださり)」の(　)の部分が省略されたもの。(3)(4)は「ところ」で言いかえられる。

【ながす】

[V_R-ながす]

(1) このレポートは、何の調査もせずに、思いついたことを適当に書き流しているだけだ。

(2) 彼が着物を軽く着流した姿は、なかなか粋である。

(3) ざっと読み流しただけですが、なかなか面白い本ですよ。

(4) 彼のいうことは聞き流しておいてください。

(5) 老政治家は検察の執拗な追及も軽く受け流している。

動詞の連用形を受けて、「その動作をあまり力まずに、気楽に行う」という意味を表す。相手からの働きかけの動作の場合は、「それをまともには受け止めないで、はぐらかしたり、そらす」といった意味を表す。(2)の「着流す」ははかまをつけずに着る着物のふだんの着方のこと。名詞の「着流し」の形で用いられることが多い。

【なかったら】

→【なくては】1

【なかなか】N4

1 なかなか+ A／Na

(1) このゲームはなかなかおもしろい。

(2) あいつ、なかなかいい男じゃないか。

(3) 今週の君の宿題はなかなかよくできていた。

(4) 彼はなかなか魅力的な人物ですね。

(5) なかなか素敵な時計をお持ちですね。

「おもしろい・いい」などのプラス評価を表す形容詞とともに用いて、「相当に／ずいぶん…である」という意味を表す。「非常に」というほど程度は高くないが、肯定的・好意的な評価をするときに用いる。話し手が、評価できるだけの能力や権威をもつことを暗示することが多い。そういう立場にない人が使うと、イントネーションによっては、違和感の生じることがある。例えば、子供が、大人に向かって「これはなかなかおもしろいよ」などと言うと不自然に感じられる。

2 なかなかのNだ

(1) 彼女がつれてきたボーイフレンドは、なかなかの好青年だった。

(2) お宅の部長さんはなかなかのやり手ですね。

(3) 彼の料理は趣味にしてはなかなかのものです。

(4) 彼はなかなかの人物だ。あの会社を一代であれだけ立派なものにしたのだから。

「相当な／ずいぶん…である」という意味を表す。「よい」というプラス評価を表すのに用いる。「好人物・やり手」などのプラス評価を表す名詞に付くことが多いが、「なかなかのもの・なかなかの人物」のような言い方もある。

3 なかなか+否定表現

(1) テニスを習いはじめて3ヶ月になるが、なかなか上達しない。

(2) 毎日練習していますが、難しくてなかなか覚えられません。

(3) 資金が足りなくて、なかなか家が完成しなかった。

(4) 何度も頼んでいるけれど、なかなかうんといってくれない。

(5) A：あの人、なかなか来ないね。
B：どこかで迷っているのかもしれないね。

(6) 最近では、こんな立派なものを手に入れるのはなかなかむずかしいんですよ。

「上達しない」のような否定形や「むずかしい」のような否定的な意味を表す表現とともに用いて、「そう簡単には…しない・そうすぐには…しない」という意味を表す。(4)は「簡単には承諾してくれない」の意。(5)は長い時間待っているのに来ないときに用いられる。

4 なかなか ない／いない

(1) 彼女が気に入る品物はなかなかない。

(2) 今時、こんな真面目な人はなかなかいないよ。

(3) これほどの力がある人物はなかなかいない。

「容易には見つからない」という意味を表す。

【ながら】

1 V_R-ながら N5

(1) その辺でお茶でも飲みながら話しま

しょう。

(2) 母は鼻歌を歌いながら夕飯の用意をしている。

(3) 兄はアルバイトをしながら大学に通っている。

(4) よそ見をしながら運転するのは危険です。

(5) 飛行機は黒煙をあげながら真っ逆さまに墜落して行った。

(6) 液体はぶくぶくとガスを発生させながら発酵を続けている。

前後の動作を表す動詞をつないで、同時並行的に進行する二つの動作を表す。この場合、後の動作が主な動作で、前の動作はその動作を行う際の様子などを描写する副次的な動作を表す。(2)の例で言えば、「夕飯の用意をする」のが主な動作で、それを「鼻歌を歌う」動作を伴いながら行うということである。「乗る」や「座る」のように瞬間的に動作が完結する動詞が使われた場合は、それらの動作と後に述べる動作が同時に行われたという不自然な状況を表す文になる。

(例1) 電車に乗りながら本を読んだ。

(例2) ソファーに座りながら本を読んだ。

電車の中で本を読んだりソファーに座った状態で本を読んだりしたことを表したいときは「電車に乗って本を読んだ・ソファーに座って本を読んだ」と言う。「ながら」の前と後の主語は同じでなければならない。

(誤) 私はウィスキーを飲みながら、彼は本を読んだ。

(正) 私はウィスキーを飲みながら本を読んだ。

前も後も動作を表す動詞が用いられ、人間の意志的な行為を表す場合が多いが、(5)(6)の飛行機や自然現象のように、自分の力で動いたり変化できるものの場合もある。

2 …ながら

[Nながら]

[VR-ながら]

(1) いつもながら見事なお手並みですね。

(2) この清酒メーカーは、昔ながらの製法で日本酒をつくっている。

(3) 被害者は涙ながらに事件の状況を語った。

(4) 生まれながらのすぐれた才能に恵まれている。

名詞や、動詞の連用形に付いて、そのまま変化しないで続く状態・様子を表す。例えば、「生まれながら・昔ながら」は、「そのときからずっとそのまま」という意味で「生まれつき・昔のまま」に近い意味である。また「涙ながらに」は、「涙を流している状態で」という意味で、「涙を流して」とも言いかえることができる。固定化が進んだ表現で、前にくる言葉は上の例のような特定のものに限られている。

3 …ながら(も/に) N2

[N/Na　ながら]

[A-いながら]

[VR-ながら]

[副詞+ながら]

(1) このバイクは小型ながら馬力がある。

(2) 敵ながらあっぱれな態度であった。

(3) 子供ながらになかなかしっかりとした挨拶であった。

(4) 残念ながら、結婚式には出席できません。

(5) 狭いながらもようやく自分の家を手に入れることができた。

(6) 何もかも知っていながら教えてくれない。

(7) すぐ近くまで行きながら、結局実家には寄らずに帰って来た。

(8) 学生の身分でありながら、高級車で通学している。

(9) 細々ながらも商売を続けている。

(10) ゆっくりながらも作業は少しずつ進んでいる。

名詞、イ形容詞、ナ形容詞、動詞の連用形、副詞(「…と／に」などを伴う場合はそれを除いた部分)などに付いて、「のに」あるいは「けれども・が」と類義の逆接の意味を表す。「も」を伴い「ながらも」の形で使われることもある。(3)の「ながらに」は、やや古めかしい言い方で、話し言葉では、通常用いられない。この用法では「ながら」の前にくる述語は状態性の場合が多い。これに対して、1 「VR-ながら」の用法は前後とも動作を表す動詞に限られる。

→【が2】1【けれども】2【ながら】1【のに1】1

4 …とはいいながら

→【とはいいながら】1

【なきゃ】

(1) 早く行かなきゃ間にあわない。

(2) もう帰らなきゃ。

「なければ」のくだけた言い方。

→【なければ】

【なくして(は)】N1

[Nなくしては]

(1) 親の援助なくしてはとても一人で生活できない。

(2) 彼らの同意なくしては、この企画を進めることができない。

(3) 彼女のこの長年の努力なくしては全国大会の代表の座を勝ち取ることはできなかっただろう。

(4) 当事者同士の率直な意見交換なくしては問題解決への道のりは遠いと言わざるを得ない。

(5) あなたがたの協力なくしてこの事業は続けられません。

名詞に付いて、「あるものがなかったら」という意味を表す。それがなかったら何かすることは難しいということを述べるのに使う。書き言葉的表現で、話し言葉では「Nがなかったら」を使う。

【なくちゃ】

(1) 勉強しなくちゃ怒られる。

(2) 早く帰らなくちゃ。

(3) この仕事、今日中に終わらせなくちゃならないんだ。

「なくては」のくだけた言い方。

→【なくては】

【なくて】N4

[Nがなくて]

[N／Na　でなくて]

[A-くなくて]

[V-なくて]

(1) 若い頃は、お金がなくて苦労した。

(2) 検査の結果、ガンでなくて安心した。

(3) 子供の体が丈夫でなくて大変だ。

(4) 思ったより値段が高くなくてほっとした。

(5) ちっとも雨が降らなくて困っている。

(6) あいつが来なくて助かった。

「そのようなことが成立しないことが原因・理由で」といった意味で、後のことがらの原因・理由を表す。後半には「安心する・困る・助かる」など、話し手の感情や評価を表す表現が用いられる。

「なくて」の「て」は前後の節をゆるやかに結びつける働きしか持っていない。「原因・理由」の意は文脈の助けを借りて読み取れるだけで

「ので」や「から」のように明示的に原因・理由を表しているのではない。

【なくては】

[N／Na　でなくては]

[A-くなくては]

[V-なくては]

1　…なくては

(1) 我慢強い人でなくては彼女と付き合うのは難しい。

(2) どんなにお金があっても健康でなくては幸せだとは言えない。

(3) 成績がもっとよくなくてはこの大学への合格は無理だろう。

(4) 彼がいなくては生きていけない。

(5) 聞いてみなくては分からない。

(6) もっと食べなくては大きくなれないよ。

文末に動詞の否定形や「無理だ・難しい」などの否定的意味を表す表現を伴い、「そうでなければ…は不可能だ」という意味を表す。前の節で述べることがらの実現を望んだり、それが必要だということを言いたい場合に使う。「なくては」は「なかったら・なければ・ないと」で言いかえられることが多い。くだけた話し言葉では「N／Naじゃなくちゃ」「A-くなくちゃ」「V-なくちゃ」となる。

→【ないと】1【ないと】2【なくちゃ】【なければ】1

2　…なくては　いけない／ならない／だめだ N4

(1) 履歴書は自筆のものでなくてはいけない。

(2) 肉だけじゃなく野菜も食べなくてはいけないよ。

(3) この家は小さすぎる。家族が住むにはもう少し大きくなくてはだめだ。

(4) 目上の人と話す時はことばづかいに気をつけなくてはいけない。

(5) 子供の命を守るために、通学路の事故防止対策を急がなくてはならない。

「そのような義務／必要性がある」という意味を表す。話し言葉では「なく(っ)ちゃ」となり、後ろの部分が省略されることもある。

(例1) もっとまじめに勉強しなくちゃだめだよ。

(例2) もう行かなくちゃ。

話し言葉では「ないといけない／ならない」とも言う。「なくてはいけない」と「なくてはならない」の違いについては【なければ】2を参照。

→【ないと】3【なければ】2

【なくてもいい】 N4

[N／Na　でなくてもいい]

[A-くなくてもいい]

[V-なくてもいい]

(1) 時間はたっぷりあるから、そんなに急がなくてもいいですよ。

(2) 毎日でなくてもいいから、ときどき運動して下さい。

(3) この染料はお湯で溶かすんだけど、温度はそんなに高くなくてもいいよ。すぐ溶けるから。

(4) 仕事が忙しい場合は、無理して来なくてもいいですよ。

「…する必要がない」という意味を表す。「なくてもかまわない／大丈夫」などが用いられることもある。改まった言い方に「なくてもよい・なくともよい」がある。

→【なくてもかまわない】【なくてもよい】【なくともよい】

【なくてもかまわない】N4

(1) 二人だけで暮らすのだから、大きな家でなくてもかまわない。

(2) 子育ては完璧でなくてもかまいません。

(3) この料理を作るのに、塩はなくてもかまいません。

(4) 100cc くらいの水があればいいのです。そんなに厳密に計らなくてもかまいません。

「…する必要がない」という意味を表す。「なくてもいい」とほぼ同義。

→【なくてもいい】

【なくてもよい】

[N／Na　でなくてもよい]

[A-くなくてもよい]

[V-なくてもよい]

(1) 成績が優秀でなくてもよい。元気に育ってほしい。

(2) 要旨は重要な論点さえ分かればよいのだから、そんなに詳しくなくてもいい。

(3) そんな小さな問題に悩まなくてもよい。

(4) 転勤しなくてもよい会社に変わりたいと思っています。

(5) この病院はいつも混んでいるので、あまり待たなくてもよいよう、予約を取ることをお勧めします。

「…する必要がない」という意味を表す。「なくてもいい」の改まった言い方。書き言葉に多く使われる。

→【なくてもいい】

【なくともよい】

[N／Na　でなくともよい]

[A-くなくともよい]

[V-なくともよい]

(1) 履歴書は自筆でなくともよい。ただし、その場合は最後に押印、署名のこと。

(2) 入学式には必ずしも父母同伴でなくともよい。

(3) 支柱の強度はそれほど強くなくともよい。

(4) 委任状を提出すれば、必ずしも本人が出席しなくともよい。

「…する必要がない」という意味を表す。「なくてもよい／いい」の古い表現で、現代語では改まった場合を除いてはあまり使われない。「する」に付く場合は「せずともよい」が使われることもある。

→【なくてもいい】【なくてもよい】

【なくもない】

「そのようなことが全くないわけではなく、それが存在したり成立したりすることもある」という意味を表す。「ないこともない・ないでもない」とも言う。

→【ないこともない】【ないでもない】

1　…なくもない

[Na　で／じゃ　なくもない]

[A-くなくもない]

[V-なくもない]

(1) この仕事は忙しすぎるが、けっこう面白いので嫌じゃなくもない。

(2) A：お酒は召し上がらないんですか？
　　B：飲まなくもないんですが、あまり強くはありません。

(3) 時には転職することを考えなくもない。

(4) 最近彼女は少し元気がないような気がしなくもない。

(5) そのやり方は詐欺だと言えなくもないほど悪質だ。

動詞や形容詞の否定形を受け、「そのようなことが全くないわけではない」と消極的に肯定する意味を表す。「言う・考える・思う・認める・感じる・気がする」など思考や知覚にかかわる動詞とともに用いられた場合は「何となくそんな気がする」といった意味を表す。

→【ないでもない】1

2 Nがなくもない

(1) 旅行は好きではないが、知らない国を見てみたいという気がなくもない。

(2) あの人を恨む気持ちがなくもない。

(3) A：何かいい方法はないのでしょうか？
B：方法がなくもないのですが、費用がかかるのであまりおすすめできないのです。

(1)(2)のように主として意志や気持ちを表す名詞を受けて、「そのような気持ちが全くないわけではない」という意味を表す。(3)の「方法がなくもない」は、「方法はあるが、問題がある」という意味。

→【ないでもない】2

【なけりゃ】

(1) この仕事はあなたでなけりゃ務まらない。

(2) 転ばなけりゃ勝てたのに。

(3) 勝つためにはもっと頑張らなけりゃいけない。

「なければ」のくだけた言い方。

→【なければ】

【なければ】

[N／Na でなければ]
[A-くなければ]
[V-なければ]

「する」は「しなければ」の他に「せねば」という形がある。話し言葉では「なけりゃ・なきゃ」の形も使われる。

→【なきゃ】【なけりゃ】

1 …なければ…ない

(1) この映画は18歳以上でなければ見ることができない。

(2) 体がじょうぶでなければこの仕事はつとまらない。

(3) 私はパソコンでなければ論文が書けない。

(4) 背が高くなければファッションモデルにはなれない。

(5) 安くなければ買わない。

(6) 勉強しなければ大学には入れない。

(7) 君が手伝ってくれなければこの仕事は完成しない。

文末には動詞の否定形や「無理だ・むずかしい」などの否定的な意味の表現を伴い、「あることがらが成立しない場合には別のことがらも成立しない」という意味を表す。「…なくては…ない」とも言う。

→【なくては】1

2 …なければ いけない／ならない／だめだ N4

(1) そろそろ帰らなければいけません。

(2) 教師は生徒に対して公平でなければならない。

(3) もっと自分を大切にしなければだめですよ。

(4) 全国大会に出場したいなら、もっと頑張って練習しなければだめだよ。

「そのような義務／必要性がある」という意味を表す。次のように後ろの節を省略することもある。

(例1) もう10時だから、そろそろ帰らなければ。

「なくてはいけない／ならない／だめだ」とも言うが、次のような使い分けがある。

「なければならない・なくてはならない」は、社会常識やことがらの性質から見て、「そのような義務／必要性がある」という意味を表す。つまり誰にとってもそうする義務・必要性があるという一般的な判断を述べる場合に用いられることが多い。これに対して「なければいけない・なくてはいけない」は、個別の事情で義務や必要が生じた場合に用いられることが多い。「なければだめだ・なくてはだめだ」も同様であるが、「なければいけない・なくてはいけない」よりもさらに話し言葉的。話し言葉では「ないといけない／だめだ」とも言う。「なければならない」の書き言葉的な言い方に「ねばならぬ」がある。

(例2) 人生には我慢せねばならぬこともある。

また、「ならない」の代わりに「ならん」、「いけない」の代わりに「いかん」を使うこともあるが、これは古めかしい話し言葉。

(例3) 優勝するには、もっと志気を高めなければならん。

(例4) 少しぐらいつらくても、我慢しなければいかんよ。

→【ないと】3【なくては】2【ねばならぬ】

3 …なければV-た

(1) 彼が助けてくれなければこの本は完成しなかっただろう。

(2) みんなの協力がなければ、うまくいかなかったに違いない。

(3) あの一言さえなければ別れることにはならなかったのに。

(4) あのミスさえしていなければ合格できたはずなのに。

(5) 体がこんなに弱くなければ仕事が続けられたのに。

「事情が異なれば結果もまた異なったものになる」という意味の反事実的な意味を表す。文末には「だろう・にちがいない・はずだ・のに」などが使われることが多い。

→【だろう】1【にちがいない】【のに$_1$】2【はず】1

4 なければいい

→【ないといい】

【なさい】

1 V_R-なさい N4

(1) うるさい。すこし静かにしなさい。

(2) 明日も学校があるんだから、早く寝なさい。

(3) A：あいつ、本当に馬鹿なんだから。
B：やめなさいよ。そんな言い方するの。

(4) A：明日のパーティー、どうするの？
B：行こうかな？　どうしようかな？
A：迷ってないで、行きなさいよ。絶対おもしろいから。

(5) ≪試験の問題≫次の文を読んで、記号で答えなさい。

命令や指示を表す。親が子供に、教師が学生に対してなど、監督する立場にある者が使うことが多いが、(3)(4)のように、家族や友人など親しい間柄でも使われる。より丁寧な言い方は「お…なさい」になる。(3)は禁止の表現で、相手の言動をたしなめるために使われている。(4)は強い勧誘。また、(5)のように、試験問題などの指示にも使われる。

2 お…なさい

[おVR-なさい]

[ごNなさい]

(1) もうすぐ6時だよ。暗くなる前に早く家にお帰りなさい。

(2) お黙りなさい。

(3) そんな言い方はおよしなさい。

(4) 明子、先生をご案内なさい。

命令や指示を表す。「なさい」のより丁寧な言い方。古めかしい話し言葉。「来る・する」と一段動詞で語幹が1音節の動詞(「いる・見る・着る」など)は、「お…なさい」にならない。(4)のように、行為を表す漢語名詞とともに使う場合は「ごNなさい」の形が多い。「ごめんなさい」は謝罪の慣用表現、「おやすみなさい・お帰りなさい」は挨拶の慣用表現として使われる。

【なさんな】

[VR-なさんな]

(1) 風邪などひきなさんな。

(2) 大丈夫だから、そんなに心配しなさんな。

「する」の尊敬語「なさる」に禁止の「な」が付いた「なさるな」の話し言葉的な言い方で、「…するな」の意味を表す。

親しい間柄でしか使えない。年配の人は使うが、若い人はほとんど使わず、「風邪をひくなよ・心配するなよ」のような言い方をするのが普通。丁寧に言う場合は、「心配しないで・ご心配なさらないで・ご心配にならないでください」などを使う。

【なしでは…ない】

[Nなしでは…ない]

(1) あなたなしでは生きていけない。

(2) 辞書なしでは英語の新聞が読めない。

(3) 議長なしでは会議を始めるわけにはいかない。

(4) 運転免許証なしではこの仕事はできない。

文末に不可能や否定的な意味を表す表現を伴い「それがない状態では…することができない／困る／Nがどうしても必要だ」という意味を表す。「Nが(い)なくては／(い)なければ…できない／困る」などと言いかえることができる。

【なしに】 N1

[Nなしに]

(1) この山は冬は届け出なしに登山してはいけないことになっている。

(2) 断りなしに外泊したために、寮の規則で一週間ロビーの掃除をさせられた。

(3) 前田さんは忙しい人だから約束なしに人と会ったりしないでしょう。

(4) 研究会では、前置きなしにいきなり本題に入らないように、皆にわかりやすい発表をこころがけてください。

(5) 今度事務所に来たアルバイトの高校生はいい子なのだが、いつもあいさつなしに帰るので、いつ帰ったかわからなくて困る。

「届け出・断り」など動作を表す名詞に付いて、「その動作をしないで何かする」という意味を表す。「当然前もってしておかなくてはいけないことをしないで、何かをする」という文脈で使われることが多い。

次のように名詞に「何の」が付くと「も」が入って「何のNもなしに」という形になる。

(例) 彼は何の連絡もなしに突然たずねてきて、金の無心をした。

書き言葉的な表現で、話し言葉では「しないで」を使う。

【なぜ…かと　いうと／いえば…からだ】

(1) なぜ遅刻したかというと、出かける前に電話がかかってきたからです。

(2) なぜ偏西風が吹くのかというと、地球が自転しているからだ。

(3) なぜアメリカに留学したかといえば、親戚がいるからです。

(4) なぜあんなに勉強しているのかといえば、彼は弁護士資格をとるつもりなのです。

「なぜ」の後に結果や現状を表す表現が来て、その理由を求めるのに使う。後ろの節で理由が述べられる。

　文末にはたいてい「からだ」を伴うが、(4)のように「のだ」が用いられることもある。

→【のだ】1

【なぜか】

(1) 最近なぜか昔の恋人のことが気にかかってしかたがない。

(2) 彼は今日はなぜか元気がないようだ。

(3) だめだと思っていたのに、なぜか希望していた会社に採用された。

「原因・理由は分からないが」という気持ちを表す。話し手の感覚や、意志や予想に反したことなどを述べる場合に使われることが多い。

【なぜかと　いうと／いえば…からだ】

(1) A：宇宙に行くとどうして物が落ちないのですか？
　B：なぜかというと、地球の引力が働かなくなるからです。

(2) 彼が犯人であるはずがない。なぜかというと、その時彼は私と一緒にいましたから。

(3) A：天気はなぜ西から東に変化して行くのでしょう。
　B：それはなぜかといえば、地球が自転しているからです。

(4) 彼はスーツとネクタイを新調した。なぜかといえば、就職の面接がもうすぐあるからだ。

前に述べられたことについて、その原因や理由を説明するのに用いる。文末は「…からだ」の形をとるのが普通だが「…ためだ」となることもある。自然現象の原因や判断の理由などを述べる場合に用いられることが多い。

【なぜなら(ば)…からだ】

(1) 原子力発電には反対です。なぜならば、絶対に安全だという保証がないからです。

(2) これはまだ発表するわけにはいかない。なぜならば、正式な会議で決まっていないからだ。

(3) 私は車は持たないで、タクシーを利用することにしている。なぜなら、タクシーなら、駐車場や維持費がかからず、結局安上がりだからである。

前に述べたことについて、その理由や事情を説明するのに用いる。どちらかというと、書き言葉や、改まった場面での話し言葉で用いられる。日常の会話では「なぜかというと／いえば…からだ」が使われることが多い。

→【なぜかと　いうと／いえば… からだ】

【など】

くだけた言い方では「なんか」が用いられる。

1 …など

a Nなど N5

(1) 居酒屋などでアルバイトをして学費を貯めた。

(2) A：このスーツに合うブラウスを探しているんですけど…。
B：これなどいかがでしょうか。お似合いだと思いますよ？

(3) デパートやスーパーなどの大きな店ができたために、小さな店は経営が苦しくなった。

いろいろある中から主なものを取り上げて、例として示すのに用いる。他にも似たものがあるという含みがある。

b V-るなどする

(1) 髪を整えるなどして、もうすこし身だしなみに気を付けてほしい。

(2) パソコンの動作が遅いですね。OSを変えるなどしたら早くなるかもしれないですよ。

いろいろあることの中から主なものを取り上げて例として示すのに用いる。他にも似たことをするという含みがある。

2 …などと

(1) 学校をやめるなどと言って、みんなを困らせている。

(2) 社長は来年になれば景気が持ち直すから大丈夫だなどとのんきなことを言っている。

(3) 東京で仕事を探すなどと言って、家を出たきり帰ってこない。

後ろに「言う」などの発言を表す動詞を従えて、その発言のおおよその内容を表すのに使う。発言の引用をする用法だが、他にも似たようなことを言っているという含みがある。

3 …など…ない

(1) あなたの顔など見たくない。

(2) 私は嘘などつきませんよ。

(3) 賛成するなどと言っていない。

(4) あんな男となどいっしょに働きたくない。

(5) そんなことで驚いたりなどしないさ。

(6) 別にあなたを非難してなどいませんよ。

(7) こんな難しい問題が私のようなものになど解けるはずがありません。

(8) こんな結果になるなどとは考えてもみませんでした。

名詞や動詞、名詞＋助詞などに付き、その後に否定的な意味を表す表現を従えて、あることがらに対する否定を表すと同時に、「など」によって取り立てたものごとに対する軽蔑の気持ちや謙遜の気持ち、あるいは意外な気持ちなどを表す。

例えば(7)は「こんな難しい問題は私には解けるはずがない」ということと同時に、自分自身を低く評価して謙遜する気持ちも表している。

4 …などV-るものか N2N3

(1) そんな馬鹿げた話などだれが信じるものか。

(2) お前になど教えてやるものか。

(3) あんなやつを助けてなどやるものか。

(4) これくらいの怪我でだれが死になどするものか。

(5) 私の気持ちがあなたなどに分かるものですか。

「など」は名詞や動詞、名詞＋助詞などに付く。その成分を特に取り立てて強く否定するのに用いる。否定の意を強めると同時に「など」によって取り立てたものごとを、取るに足りないくだらないものだと、軽視する気持ちを表す。

ややくだけた話し言葉では「なんか…ものか」が用いられる。

→【なんか…ものか】

【なに…ない】

1 なにひとつ…ない

(1) 家が貧しかったので、ほしいものはなにひとつ買ってもらえなかった。

(2) あの大地震でも、家の中のものはなにひとつ壊れなかった。

(3) この店には、私が買いたいと思うものは何一つない。

(4) 膨大な資料を調査してみたが、彼らの残した記録は何一つ見つからなかった。

(5) みなさんにお伝えしなければならないような重大な事件は何一つ起こりませんでした。

ものや出来事に関して、「少しも…ない・まったく…ない」と強く否定する意味を表す。人に関する場合には「だれひとり…ない」という形が用いられる。

2 なに…ない

(1) 彼は父から受け継いだ大きな家に住んで、なに不自由なく暮らしている。

(2) この会は気のあった人たちの集まりだから、なに気兼ねなく自由に振る舞うことができる。

(3) 物質的には何不足ない生活をしているのだが、なぜか満たされない気持ちで日々を過ごしている。

(4) 祖父は子供や孫たちに愛されて、何不自由ない満たされた老後を送っている。

「なに不自由なく・なに不足ない」などの慣用的に固定化した表現で、不自由や不足がまったくなく、満たされた状態であることを表す。

【なにか】 N2N3

1 なにか ＜物事＞

(1) 冷蔵庫に何か入っているから、お腹がすいたら食べなさい。

(2) この穴は何かでふさいでおいたほうがいいでしょう。

(3) 何か質問はありませんか？

(4) 壁に何か硬いものがぶつかったような跡がある。

(5) 私に何かお手伝いできることはありませんか？

それとはっきり指し示すことのできないものごとを表す。副詞的に用いることが多いが、(2)の「なにかで・なにかが・なにかを」のように助詞と共に用いることもある。くだけた言い方では「なんか」となる。

→【なんか】 1

2 なにか ＜様子＞

(1) 彼の態度は何か不自然だ。

(2) 彼女のことが何か気になってしかたがない。

(3) この景色を見ているといつも何か寂しい気持ちになってくる。

「なぜそう感じるのか、はっきりしたことは分からないが、なんとなく」といった意味を表す。くだけた言い方では「なんか」となる。

→【なんか】 2

3 …かなにか

[N／V かなにか]

(1) コーヒーか何か飲みませんか？

(2) はさみか何かありませんか？

(3) 石か何かの硬いもので殴られた。

(4) 吉田さんは、風邪をひいたか何かで会社を休んでいます。

名詞や動詞に付いて、はっきりと指示できないがそれに類したものごとを表す場合に用いる。「Nかなにか」に続く助詞の「が」や「を」は省略されることが多い。くだけた言い方では「…かなんか」となる。

→【なんか】3

4 Nやなにか

(1) 休みの日は雑誌や何かを読んでのんびり過ごします。

(2) かばんの中には洗面用具や何かの身の回り品が入っていた。

(3) A：何を盗まれたんですか？
B：金庫は荒らされていなかったんですが、たんすの中の宝石や何かがなくなっています。

名詞に付いて、そのものやそれに類似したものを表すのに用いられる。「Nかなにか」が「Nのようなもの」という意味であるのに対して、「Nやなにか」は「N」の他にそれに類した他のものもあることを表す。助詞を従える場合が多い。くだけた言い方では「N（や）なんか」となる。

→【なんか】4

5 なにか <詰問>

(1) それならなにか？　この会社を辞めてもいいんだな？

(2) 君はなにか、僕に責任があると言いたいのか。

「なにか」の部分を上がり調子で発し、相手を強く問いつめるのに用いる。非難の気持ちが伴うことが多い。主に年配の男性が、話し言葉で、同等や目下の相手に対して用いる。

【なにかしら】

(1) なにかしらアルバイトをしているので、生活には困りません。

(2) いつもなにかしらお噂を聞いております。

(3) 家のことがなにかしら気にかかったので、急いで帰ってきた。

(4) 息子は最近なにかしら反抗的な態度を取る。

特にそれとはっきり指し示すことのできないものごとを表す。ひとつだけでなく他にもいろいろあるという含みがある。「なにか知らぬ・なにか知らん」から転じたもの。

【なにかと】

1 なにかと

(1) なにかと雑用が多くてゆっくりできません。

(2) 先生にはいつもなにかとお世話になっております。

(3) 駅の近くだと何かと便利です。

(4) お引っ越ししたばかりでは何かとお忙しいことと存じます。

(5) 大勢の人間をまとめなければならないので何かと気苦労が多い。

いろいろなものやことを特になにと特定せずに漠然と指し示すときに用いられる。「いろいろと・あれやこれやと」とも言う。

2 なにかというと

(1) あの人はなにかと言うと文句ばかり言っている。

(2) 母は何かと言うとその話を持ちだしてくる。

(3) その先輩には何かと言うと意地悪をされた。

「何かきっかけがあるたびに」という意味を表す。後ろには人間の行為を表す表現が続き、「いつもその行為が繰り返される」という意味になる。「なにかにつけて」とも言う。

→【なにかにつけて】

【なにがなんでも】

1 なにがなんでも

(1) あの人にはなにがなんでも負けたくない。

(2) この仕事は、なにがなんでも明日までに終わらせてもらわなければ困ります。

(3) なにがなんでも彼女を説得して下さい。

(4) この取引は会社の命運がかかっているんだから、何が何でも成功させなければならない。

(5) この試合に勝ちさえすればオリンピックに出場できる。何が何でも勝たなければならない。

後ろに話し手の意志や依頼を表す表現を伴って、「事情がどのようなものであっても、何かをやり抜く／やり抜いてほしい」という意気込みを表す。似た意味の表現に「どんなことがあっても・ぜひとも」がある。

→【ぜひ】2

2 なにがなんでも+マイナス評価表現

(1) この記事はなにがなんでもひどすぎる。

(2) なにがなんでもそんな話は信じられない。

(3) なにがなんでもこんな小さな子供にその役は無理だ。

(4) こんな短期間のうちに工事を終わらせろなんて、何が何でもできない相談です。

後ろに「ひどい・できない」などのマイナス評価や否定的な意味を表す表現を伴って、「何かの事情があることは分かるが、それでもなお、それを認めることはできない」という気持ちを表す。「どんな理由があったにしても」とも言う。似た意味の表現に「いくらなんでも」がある。

→【いくら】4g

【なにかにつけて】

(1) なにかにつけてその時のことが思い出される。

(2) 叔父にはなにかにつけて相談にのってもらっている。

(3) 駅の近くだとなにかにつけて便利です。

(4) 彼はなにかにつけて私の悪口を言いふらしている。

「何かのきっかけがあるたびに・何かのときには必ず」という意を表す。後ろには出来事や状態を表す表現などが続き、「いつもその出来事が繰り返される・いつもその状態である」という意味になる。「なにかというと」とも言う。

→【なにかと】2

【なにげない】 N1

[なにげないN]

[なにげなくV]

(1) 何気ないその一言が私の心をひどく傷つけた。

(2) 彼は、内心の動揺を隠して何気ない風を装っている。

(3) 彼は特に発言もせずに我々の意見に賛同しているように見えるが、実は、何気ない振りをしてこちらの出方をうかがっているだけなんだ。

(4) 彼女は何気ない顔つきで、みんながびっくりするような発言を始めた。

(5) なにげなく窓の外を見ると、空に大きな虹が架かっていた。

(6) なにげなく心に浮かんだ風景をキャンバスに描いてみた。

(7) 何気なく言った言葉が彼をひどく傷つけてしまった。

特に深く考えたり意識したりせずに行動する様子を表す。文脈に応じて「深く考えずに・意識せずに・さりげなく」などの意味になる。副詞的な用法は「なにげなしに」と言いかえられる。

【なにしろ】 N2N3

(1) なにしろ彼は頭がいいから、私がどんなに頑張っても言い負かされてしまう。

(2) なにしろ観光シーズンですからどのホテルも予約は取れないと思います。

(3) ≪手紙で≫もっと早くお便りしようと思っていたのですが、なにしろ忙しくてゆっくり机に向かう暇もありませんでした。

(4) どこにも異常はないかもしれないが、なにしろ頭を強く打ったんだから大至急検査をしてみる必要がある。

いろいろなことが考えられるが、それについては触れないで、とりあえずあることだけを取り立てて表現するのに用いる。「なにしろ…から／…て」のような形で理由を述べる場合に用いられることが多い。「なんにしても・とにかく」とも言う。

→【とにかく】

【なににもまして】

(1) なににもまして健康が大切です。

(2) あなたにお会いできたことがなににもまして嬉しく思いました。

(3) なににもまして必要なのはこのプランを実行に移すことだ。

「他のどんなものよりも・なによりもまず第一に」という意味を表す。

【なにも】 N2N3

1 なにも

a なにも…ない ＜全然ない＞

(1) 外は暗くてなにも見えない。

(2) かばんの中にはなにも入っていなかった。

(3) そのことについて、私は何も知りませんでした。

(4) 作業は順調に進み、心配していたようなことは何も起こりませんでした。

後ろに否定的な意味を表す表現を伴って、「まったく…ない・全然…ない」という意味を表す。ものやことがらや人間以外の動物に関して用いられる。人の場合には「だれも…ない」、場所の場合には「どこも…ない」となる。

b なにも…ない ＜必要ない＞

(1) なにもみんなの前でそんなに恥ずかしい話をしなくてもいいでしょう。

(2) 団体旅行で添乗員もいるのだから、なにもそんなに心配する必要はありませんよ。

(3) 彼らも悪気があって言ったことじゃないんだから、何もそんなに怒ることはないじゃないですか。

(4) ちょっと注意されただけなのに、何もそんなに気にすることはないですよ。

(5) 何もそこまで懇切丁寧に指導してあげる必要はありませんよ。彼らはもう十分に訓練を受けている人たちなんですから。

(6) 何も試合直前になって延期したいと

言ってくることはないだろうに。

後ろに「(そこまで) …しなくてもいい・(そう) …する必要がない」などの表現が続き、「特にそうする必要はないのに」という気持ちを表す。相手がやりすぎていることをたしなめたり非難したりする場合に用いられることが多い。

c　なにも…わけではない

(1) 私はなにも、あなたがやっていることを非難しているわけではないんです。ただちょっと注意したほうがいいと思って忠告しているんじゃないですか。

(2) 私は何もこの仕事がやりたくないわけではないのです。今は他の仕事があるので、少し時間がほしいとお願いしているだけなのです。

(3) あなたは私が邪魔をしていると思っているようですが、何も私は邪魔をしているわけではないのです。手順を踏んで慎重に話を進めようとしているだけなんです。

(4) A：お母さんは私のことが嫌いなんでしょう？
B：何を言ってるの。私は何もあなたが嫌いで反対しているわけではないのよ。あなたのことを気にかけているから、反対しているんじゃないの。

自分の行動に関して相手がどう考えているかを受けとめて、その考えが実は正しくないと否定するのに用いる。(4)のように相手の直前の発話を受ける場合もあるが、多くの場合は相手の考えを推量してそれを否定するのに用いる。

2　…もなにも

a　Nもなにも

(1) 戦争で、家もなにも全てを失ってしまった。

(2) 事故のショックで、自分の名前も何も、すっかり忘れてしまいました。

(3) ペンも何も持っていなかったので、メモが取れませんでした。

(4) 住所も何も書いていないのでどこに連絡すればいいのか分からない。

名詞の後に付き、「そこで表されているものやそれに類するものすべて」という意味を表す。後ろには「失う・忘れる・なくなる」などの消滅や、「ない・わからない」など、否定的な意味を表す表現が続く。

b　A／V　もなにも

(1) A：高田さん、あなた必ずやるって約束してくれたじゃないですか。
B：約束するもなにも、私はそんなことを聞いた覚えもないですよ。

(2) A：怪我をしたときは痛かったでしょう。
B：痛いもなにも、一瞬死ぬんじゃないかと思ったくらいだ。

(3) A：彼に会ってずいぶん驚いていましたね。
B：驚いたもなにも、彼のことは死んだと思っていたんですから。

相手の言ったことを受けて、それを強く否定したり、相手が考えている以上であると強調したりする場合に用いる。話し言葉に用いるのが普通。

3　なにもかも

(1) 嫌なことは何もかも忘れて楽しみましょう。

(2) 何もかも、あなたの言うとおりにします。

(3) あの人なら何もかも任せておいて大丈夫です。

(4) 戦争で何もかもすっかり失ってしまった。

ものやことがらに関して用いられ、何と限定することなくすべてにわたることを表す。「全部・すべて」の意。人に関する場合は「だれもかれも」、場所に関する場合は「どこもかも・どこもかしこも」となる。

【なにやら】

1 なにやら

(1) なにやら変な臭いがする。
(2) みんなで集まってなにやら相談をしているらしい。
(3) なにやら雨が降りそうな天気ですね。
(4) この曲を聞いていたらなにやら悲しい気分になってしまった。
(5) 包みの中には何やら瓶のようなものが入っているようだ。
(6) 彼は何やら緊張した様子で、部屋の前に立っていた。

それとはっきり指し示すことができないことを表す。「なにかは分からないが・確かなことは分からないが・理由ははっきり分からないが」といった意味になる。

2 …やらなにやら

[Nやらなにやら]

[A-いやらなにやら]

[V-るやらなにやら]

(1) お菓子やらなにやらを持ち寄ってパーティーを開いた。
(2) 子供の病気やらなにやらで、落ち着いて考える暇もなかった。
(3) パーティー会場は人が多く、音楽がやかましいやら何やらで、気分が悪くなりそうだった。
(4) 酔っぱらって、泣き叫ぶやら何やらの大騒ぎを演じたあげく、大いびきをかいて寝込んでしまった。

それの他にそれと似たようなものがいろいろあることを表す。多くのものやことがらが入りまじって混乱しているという含みを持つことが多い。

▶な

【なにより】N1

1 なにより

(1) 料理を作るのがなにより得意です。
(2) 息子が無事でいるかどうかがなにより気がかりだ。
(3) なにより嬉しかったのは、友達に会えたことです。
(4) あなたから励ましの言葉をいただいたことになにより感激いたしました。

「他のどんなものよりも一番・なににもまして」という意味を表す。

2 なによりだ

(1) お元気そうでなによりです。
(2) 就職先が決まったそうで何よりです。
(3) 温泉に入るのがなによりの楽しみだ。
(4) みんなの元気な姿を見ることが、なによりの喜びです。

「他のどんなものとくらべても一番よい」という意を表す。名詞を修飾するときは(3)(4)のように「なによりのN」という形になる。(2)のように「なによりだ」という形が使われるのは、多くの場合、相手に関するできごとをよいことだと評価する場合で、自分に関するできごとの場合には用いない。

(誤) 私が一流企業に就職できて何よりです。

「なによりの…」という形の場合は、相手や第三者のことだけでなく自分のことに関しても用いることができる。

【なまじ】

(1) 彼はなまじ上司に気に入られたために、同僚たちから妬まれてしまった。
(2) なまじ自信があったのがわざわいして、重大なミスを犯してしまった。
(3) なまじ彼女の状況が理解できるだけに、こんな仕事はとても頼みづらい。
(4) なまじの知識は役に立たないどころか邪魔になることもある。
(5) 彼らになまじな手助けをしてもらっても、かえって手間がかかるだけだ。

プラスの価値を持つものが十分にその真価を発揮できないで不徹底、中途半端に終わる様子を表す。本来ならプラスの価値を持つものが、反対にマイナスの結果をもたらしてしまうことを述べる場合に用いる。

名詞を修飾するときは(4)(5)のように「なまじの／なまじなN」となる。この場合は「中途半端な」と言いかえることができる。例えば(4)は、本来なら持っている方がよい知識が十分なものでないために、かえって邪魔になるという意味。

【なら$_1$】

名詞を直接「なら」が受け、主題を表す。「ならば」の形で使われることもある。

1 Nなら N4

(1) A：めがねはどこかな？
　B：めがねならタンスの上に置いてありましたよ。
(2) A：アルバイトを雇うには金がかかりますよ。
　B：お金のことなら心配しなくていいですよ。何とかなりますから。
(3) A：佐藤さん見ませんでしたか？
　B：佐藤さんなら、図書館にいましたよ。
(4) 時間ならば十分ありますから、ご心配なく。
(5) 例のことならもう社長に伝えてあります。

相手の言ったことやこれまでの話題にあがっていたこと、あるいはその場の状況から予測できることを話題として取り立てて、それに関して話を進める場合に用いる。相手から持ち出されたことがらを話題として取り上げる場合によく使われる。

主題を表す「は」に言いかえられることが多いが、「なら」には本来「Nが話題ということならば」といった仮定的な意味があるのに対し、「は」にはこのような意味がない。そのため、言いかえた場合は意味が変わる。主題を表す「Nだったら」と類義的で、言いかえが可能。

2 …ならN　だ／にかぎる／がいちばんだ N4

(1) 山ならやっぱり富士山だ。
(2) ストレスを解消するならスポーツに限る。
(3) 酒ならなんといってもここの地酒が一番だ。
(4) カキ料理なら広島が本場だ。
(5) 気持ちよく汗をかきたいなら、ホットヨガが一番だよ。
(6) ゆっくりくつろぐなら、やっぱり家が一番だ。

「…なら」の後には「Nだ」の他に「Nに限る／一番だ／がいい」などが用いられる。「…なら」で話題の範囲を限定し、その範囲内で最も評価の高いものを述べるのに用いる。この場合は(2)であれば「ストレスの解消はスポーツに限る」のように「Nは」で言いかえても大きな意味の違いはない。

3 …(助詞)なら

(1) あの人とならいっしょに仕事をしてもいい。

(2) フランス語はだめですが、英語でなら会話ができます。
(3) あと一人だけなら入場できます。
(4) A：足の具合はいかがですか？
　B：ゆっくりとなら歩けるようになりました。
(5) 仕事の後なら時間があります。

名詞、副詞、あるいは名詞＋助詞などを受けて、「他の場合はそうでないが、Xについてなら／Xの場合なら、Yが成立する」という意味を表す。Yにはたいてい望ましいことがらが続き、それを成立させることが可能なXを積極的に選ぶような場合に用いる。対比を表す「は」と似ているが、「なら」は疑問詞を受けることができるのに対し、「は」ではそれが不可能である。

(誤)　何時は都合がいいですか？
　　　誰とは行ってもいいですか？
(正)　何時なら都合がいいですか？
　　　誰となら行ってもいいですか？

【なら2】

[N／Na　なら]
[N／Na　だった(の)なら]
[A-い／A-かった　(の)なら]
[V-る／V-た　(の)なら]

述語の辞書形・タ形を受け、「実情／状況がそのようであれば」という意味を表す。「のならば・のなら・ならば」の形も使われる。話し言葉では「の」は「ん」となることが多い。

「の」の有無による意味の違いははっきりとは認められない場合が多いが、「の」がある場合は、聞き手の発言や具体的な状況を受けて、「実情がそのようであれば」という意味を表すことが多い。これに対し、「の」がない場合は、「一般的にそのような場合は」のような意味を表す傾向がある。ただし、違いは微妙である。

「の」は名詞、ナ形容詞を直接受ける場合、あまり使わないが、動詞、イ形容詞に続く場合は使われる。この場合、「(の)なら」と「のだったら」は類義的で、互いに言いかえが可能。ただし「のだったら」の「の」は省略できない。

(誤)　知っているだったら教えてほしい。
(正)　知っている(の)なら教えてほしい。
　　　知っているのだったら教えてほしい。

→【のだったら】

1 …(の)なら N4

(1) A：風邪をひいてしまいまして。
　B：風邪なら早く帰って休んだほうがいいよ。
(2) 彼女のことがそんなに嫌いなら別れたらいい。
(3) A：頭がずきずき痛むんです。
　B：そんなに痛いなら早く医者に診てもらいなさいよ。
(4) 行きたくないならやめておいたらどうですか？
(5) 真相を知っているなら私に教えてほしい。
(6) 郵便局に行くなら、この手紙を出してきてくれますか？
(7) あなたがそんなに反対するのならあきらめます。
(8) A：ちょっと買い物に行ってくる。
　B：買い物に行くのならついでにおしょうゆを買ってきてちょうだい。
(9) A：沖縄ではもう梅雨に入ったそうですよ。
　B：沖縄で梅雨に入ったのなら、九州の梅雨入りも間近ですね。

述語の辞書形・タ形を受け、「実情がそのようであれば・それが事実であれば」という意味の仮定を表す。相手の言ったことやその場の状況を踏まえて、自分の意見や意向を述べたり、相手に依頼・忠告などをしたりする場合に用いる。

「なら」は、起こるのが当然のことがらや、自然に起こるようなことがらには使えない。この場合には「たら・ば・と」を使う。

（誤）　春が来るなら花が咲きます。

（正）　春が{来たら／来れば／来ると}花が咲きます。

（誤）　雨が降るなら道がぬかります。

（正）　雨が{降ったら／降ると／降れば}道がぬかります。

また、文末に単なる事実を述べる表現は使えず、判断、意志、命令など、話し手の主観的な態度を表す表現を使わなければならない。

（例1）テストに合格したいなら、早めに準備を始めた方がいい。（判断）

（例2）≪午後から雨が降ると聞いて≫雨が降る(の)なら、傘を持っていこう。（意志）

（例3）明日朝早くでかけるなら、早く寝なさい。（命令）

条件表現「たら・ば・と」では、時間的に前の条件部のことがらが先に起こり、その結果後半部のことがらが成立するという順になる。「なら」は、反対に後半部のことがらが時間的には先に成り立って、その後に条件部のことがらが起こるという場合も表すことができる。

（例4）イタリアに行ったらイタリア語を習いなさい。（イタリアに行ってからイタリアで習う）

（例5）イタリアに行くならイタリア語を習いなさい。（イタリアへ行く前に自分の国で習う）

→【たら$_1$】1【と$_1$】1【ば】1

2　…(の)なら　…のに／…のだが

(1)　先週神戸に来ていたのなら、案内してあげたのに。

(2)　店をやめるのなら、先に知らせてほしかった。最後にもう一度行きたかったのに。

(3)　あいつが来るならこのパーティーには来なかったんだが。

(4)　体の調子が悪いのなら、そう言ってくれればよかったのに。

(5)　結婚式に呼んでくれるのなら新しいスーツを買うのだが。

「X(の)ならYのに／のだが」の形の反事実条件文。Y、あるいはXとYがともに事実に反することがらを表す。(1)～(4)は、新たにXを知ったような場合に、「Xを知っていればYを行ったはずだが、それを知らなかったので行わなかった」という意味の表現で、しばしば後悔や残念な気持ちが含まれる。(5)は、結婚式に呼ばれるかどうかわからないので、新しいスーツを買うかどうか決められない状態を表している。

「なら」の反事実条件文は「たら・ば」を使った反事実条件文とは異なる意味を表し、言いかえは不可能である。「なら」と「たら・ば」の間には次のような違いがある。

（例）　先週、神戸に来ていたのなら案内してあげたのに。

「先週、神戸に来ていたという事実を知らなかったので案内してあげられなかった」という意味。X(神戸に来たこと)が事実でY(案内してあげたこと)が反事実。

（例）　先週、神戸に来て{いれば／いたら}案内してあげたのに。

「先週、神戸に来ていなかったので案内してあげられなかった」という意味。X（神戸に来ていること)もY（案内してあげたこと)も反事実。

→【たら$_1$】3a【ば】5a

3　V-る(の)なら…がいい

(1)　靴を買うならイタリア製がいい。

(2)　食事をするなら、このレストランがいいよ。

(3)　英語を習うならあの学校に行くことをすすめたい。

(4) A：大学を卒業したら留学したいと思っているんだ。
B：留学するのならもっと言葉を勉強しておいた方がいいよ。

「がいい・をすすめる」などの表現が続き、あることを行う場合に一番よい手段・方法を勧めるような場合に用いる。広告・コマーシャルのキャッチフレーズでよく使われる。

特定の相手の行為ではなく一般的な行動について述べる場合には「の」は付かないのが普通で、「Nなら…がいい・Nは…がいい」のような主題を表す「なら・は」を用いた表現に近い意味になる。

(例1) 靴を買うならイタリア製がいい。

(例2) 靴ならイタリア製がいい。

(例3) 靴はイタリア製がいい。

→【なら1】2

4 V-る(の)なら …しろ／…するな

(1) 何事もやるなら最後まで徹底的にやれ。

(2) 女性と付き合うなら真剣に付き合いなさい。

(3) 留学するならいい加減な気持ちではするな。

(4) 私のことを笑うなら勝手に笑えばいい。

(5) 泣きたいのなら好きなだけ泣けばいい。

「なら」の前後に同じ動詞が続き、ある行動をとる場合に、それをどのように行うべきかを指示する場合に用いる。後ろには命令・禁止の表現の他「すればいい」など提案や勧めの表現が続く。(4)(5)は、「そうしたければ好きなようにすればいい」という意味の表現。

「一般的に…する場合」という意味では「なら」の前に「の」が付かないことが多いが、特定の相手の発言や意向を受けて、「そういうつもりなら・そうしたいのなら」という意味の場合は、(5)のように「のなら」の形も使われる。

5 …(の)なら…で

[NaならNaで]

[A(の)ならAで]

[V(の)ならVで]

(1) 嫌なら嫌で、そう言ってくれたらよかったのに。今となっては遅すぎるよ。

(2) 金がないならないで、人生何とかなるものさ。

(3) 会社を辞めるなら辞めるで、それからあとの身の振り方ぐらい考えておくべきだった。

(4) 遅くなるのなら遅くなるで、ちゃんと連絡ぐらいしてくれればいいのに。

(5) 行かないのなら行かないで、ちゃんと断りの連絡だけはしておいたほうがいい。

「なら」の前後に同じ語を繰り返し、そのような状況ならそれでも構わないと認めた上で、その際どういう行動をすべきであるかを述べたり、それをしなかったことを非難したり後悔したりする意味を表す。

6 …(の)なら…と

[NならN(だ)と]

[NaならNa(だ)と]

[A(の)ならAと]

[V(の)ならVと]

(1) 欠席なら欠席と前もって知らせておいてください。

(2) そうならそうと言ってほしかった。

(3) 嫌なら嫌だとはっきり意思表示をしてほしい。

(4) 好きなら好きとはっきり言っておけ

ばよかった。

(5) 都合が悪いのなら悪いと言ってくれればよかったのに。

(6) これからは来ないのなら来ないとちゃんと事前に連絡して下さいね。

(7) 行くのなら行く、行かないのなら行かないとちゃんと言ってくれなければ困るじゃないですか。

同じ語を繰り返し、後ろに「言う・連絡する」など発言を表す表現を続けて、相手や第三者が自分の行動に対してはっきり態度表明をすべきであるという話し手の態度を表す。

普通、明確な態度表明をしなかったことを非難したり、態度表明すべきであったと忠告する場合に使う。(4)のように自分自身が明確な態度表明をしなかったことを悔やむ気持ちを表す場合にも用いられる。

7 …(の)ならべつだが

[N／Na　ならべつだが]

[A／V　(の)ならべつだが]

(1) 大金持ちなら別だが、ふつうのサラリーマンにはあの家は買えない。

(2) 本気で頑張るなら別だが、いい加減な気持ちなら音楽家になるのはあきらめた方がいい。

(3) 他にしたいことがあるのなら別だが、そうでないなら、もう少し今の仕事を続けてみてはどうですか？

(4) 自分のことなら話は別だが、人のことにそんなに気を揉んでも仕方がないだろう。

(5) どうしても嫌なら話は別だが、我慢して今の会社にとどまるのも一つの考えだ。

異なった二つの状況を想定して、一方の状況の場合は当てはまらないことだがと前置きし、もう一方の場合に対する話し手の意見を言う場合に用いる。非難や警告・忠告など相手に対する働き掛けを表す表現が続くことが多い。(4)(5)のように、「…なら話は別だが」の形で用いられることもある。

8 …というのなら

(1) 仕事を辞めるというのなら辞めてもいいけれど、これから先の生活はどうするつもりなんだ。

(2) 責任をもつと言うのなら、信頼して任せてみてはどうですか？

(3) 子供が大事だと言うのなら、もっと家庭を大切にしなくてはだめだ。

(4) 経営に行き詰まっているというのならあんな派手な商売はできないはずだ。

これまでの話の内容を踏まえてそれに対する話し手の判断を示す場合に用いる。相手に対する許可や忠告、提案の表現や、話し手の判断を表す表現が続く。「…ということなら」とも言う。

→【なら$_2$】9

9 …ということなら

(1) この仕事、今日中に終わらせなくていいということなら、今日はもう家に帰ろう。

(2) 自分たちでやるということなら、やらせてみてはどうか。

(3) 期限内にできないということなら、ほかの業者に頼むことにしよう。

第三者の発言を踏まえてそれに対する話し手の対応を表す。用法は「というのなら」とだいたい同じだが、「というのなら」は直接の目の前の相手の発言を受けて「あなたがそう言うのなら・彼がそう言うのなら」の両方の意味で使うことができる。それに対して「ということなら」は第三者の発言を受ける場合しか使えない。

→【なら$_2$】8

10 どうせ…(の)なら

→【どうせ】2

11 …ならいい

→【ならいい】

12 …なら…なり

→【なり$_3$】2

13 …ものなら

→【ものなら】1

14 V-ようものなら

→【ものなら】2

【なら$_3$】

「なら$_2$」と異なり、「のなら」の形にならず、「なら」または「ならば」の形で使われる。「N／Naだ」のバ形に当たるが、動詞やイ形容詞にも続き、それぞれの辞書形とタ形を受ける。動詞・イ形容詞に続く場合は、「ば」や「たら」で言いかえても大きな意味の違いはない。「たなら」の形は「たら$_1$」を強調したやや古めかしい言い方。

→【たら$_1$】【なら$_2$】【ば】

1 N／Na なら(ば) N4

(1) 10人一緒なら団体の割り引き料金になる。

(2) まわりがもう少し静かならば落ち着いて勉強できるのですが。

(3) 東京ならこんなに安い家賃で家は借りられません。

(4) その話が本当なら大変なことになりますよ。

(5) 私があなたならそんなふうには考えなかったと思う。

(6) 日曜日、お天気ならハイキングに行きましょう。

「N／Naだ」のバ形で、「もし…であれば・かりに…である場合は」といった意味の仮定条件や「事情が反対なら」という反事実条件を表す。改まった書き言葉では「である」のバ形「であれば」も使われる。「だったら」で言いかえが可能。

主題を表す「なら$_1$」との違いは、「なら$_1$」は名詞のみに付いて「Nが話題であれば」という意味を表すのに対し、この用法は「事実であるかどうかが未定のことがら／事実に反することがらを仮にそうだと仮定すれば」という意味を表す。だが、どちらの用法か判定がむずかしい場合も多い。

→【なら$_1$】

2 NがNならNはNだ

(1) 京都が観光の街なら大阪は食べ物の街だ。

(2) パリが芸術の都なら、ロンドンは金融の都だ。

(3) 兄が努力型の秀才なら弟は天才型だ。

対比的な性質をもつ人物や事物に付いて、それぞれを対比させて述べるときの言い方。それぞれを別の言葉にたとえて言う場合に用いるもので「…を…と表現するとすれば…は…と表現できる」という意味を表す。

3 A／V なら(ば)

(1) 今年も真夏の日照時間が短いならば米不足の問題は深刻だ。

(2) この機会を逃したならばもう二度と彼には会えないだろう。

(3) このまま不況が続くなら失業者はさらに増えるだろう。

(4) 今後1週間雨が降らなかったならば水不足になる。

イ形容詞、動詞の辞書形またはタ形を受け「もしそのような状況が成立した場合は」という意味を表す。未来に成立が予想される状況を仮定して、それが実現した場合に成立することがらを予測して述べる仮定条件の表現。「するなら・したなら」のどちらを使っても大きな意味の違いはない。「たら・ば」で言いかえが可能で、口語的な言い方では、こちらを使うことの方が多い。

(例1) 今年も真夏の日照時間が｛短ければ／短かったら｝米不足の問題は深刻だ。

(例2) この機会を｛逃せば／逃したら｝もう二度と彼には会えないだろう。

(例3) このまま不況が｛続けば／続いたら｝失業問題は深刻になる。

(例4) 今後1週間雨が｛降らなければ／降らなかったら｝水不足になる。

→【たら₁】1a【ば】3a

4 …たなら

[N／Na だったなら]

[A-かったなら]

[V-たなら]

(1) 私が全能の神だったなら、あなたを助けてあげられるのに。

(2) もう少し発見が早かったなら助かったのに。

(3) もしも私に翼があったなら大空を自由にかけまわりたい。

(4) ≪歌詞≫あの坂を越えたなら幸せが待っている。

「たら」を強調した、やや古風な言い方で、仮定条件や、反事実条件を表す場合に用いられる。文学作品や歌謡曲の歌詞などでよく使われるが、日常の話し言葉では普通は「たら」を使う。

→【たら₁】3a【ば】5a【ば】5b

5 V-るなら

(1) 事情を知らない人の目から見るなら、少しおおげさな感じがするかもしれない。

(2) 私に言わせるなら、この作品はあまり面白いとは思えない。

(3) 戦前と比べるなら生活レベルはずいぶん向上したといえるだろう。

(4) 一部を除くなら、彼の意見は正しいと思う。

「見る・言う・比べる」などの動詞の辞書形に「なら」が続く慣用的に固定化した表現で、後に続く判断や意見がどのような観点から述べられているかを表す。やや書き言葉的。「たら・と・ば」にも同様の用法があり、たいていこれらで言いかえが可能。この他「…によるなら・…を別にするなら」などがある。

→【たら₁】6b【と₁】3【ば】7b

6 NがNならNもNだ

→【が₁】6

【ならいい】

[N／Na ならいい]

[A／V (の)ならいい]

1 …ならいい ＜放任＞

(1) お母さんが病気ならいいよ。早く家に帰ってあげなさい。

(2) 勉強がそんなに嫌いならいいよ。大学など行かないで就職したらいい。

(3) A：悪いけど、その仕事はあまり得意じゃないんだ。

B：やりたくないならいいよ。他の人に頼むから。

(4) それほど熱心に言うのならいいじゃありませんか。やりたいことをやらせてあげなさいよ。

それ以前からの話の内容や状況を踏まえて、「そのような事情なら、それでも構わない／…してもいい／…しなくてもいい」という話し手の許可や放任の態度を表す。例えば(3)は「やりたくないならやらなくてもいい」という意味。

2 …ならいい ＜願望＞

(1) この仕事、もう少し暇ならいいのに。

(2) 家がもう少し豊かならいいのにねえ。

(3) 無事に到着したのならいいんだけど。

(4) いつまでも変わらずにこのままの姿ならいいね。

話し手の願望を表す。文末には「のだが・のに・(のに)なあ」などを伴うことが多い。「ばいい・たらいい・といい」とも言う。

→【ばいい】2【たらいい】2【といい】2

3 …ならよかった

(1) 元気で暮らしているのならよかった。
(2) スピード違反だけならよかったのだが、酒を飲んでいたので罪は重い。
(3) うまく逃げられたならよかったのに。

「それで問題がない」という意味を表す。(2)(3)のように「のだが・のに」が続いた場合は、実際にはそうでなかったことを残念に思う気持ちを表す。

【ならでは】N1

[Nならでは]

(1) 親友ならではの細かい心遣いが嬉しかった。
(2) 二枚目俳優ならではの端整な顔立ちをしていた。
(3) 当店ならではのすばらしい料理をお楽しみください。
(4) あの役者ならでは演じられないすばらしい演技だった。

人物や組織などを表す名詞を受けて「Nだからこそこれほどすばらしい・N以外にはできない・Nでなければあり得ない」といった意味を表す。「NならではのN」のような形で用いられることが多いが「Nならでは…ない」の形もある。Nについての高い評価を表し、店や会社などの広告・宣伝のキャッチフレーズでよく使われる。

【ならない】

1 V-てならない

→【てならない】

2 V-てはならない

→【てはならない】

3 V-なくてはならない

→【なくては】2

4 V-なければならない

→【なければ】2

【ならびに】N1

[NならびにN]

(1) 各国の首相ならびに外相が式典に参列した。
(2) この美術館は主に東欧の絵画並びに工芸品を所蔵している。
(3) 本日ご出席の卒業生の諸君ならびに御家族の皆さま方に心からお祝い申し上げます。
(4) 優勝者には賞状ならびに記念品が手渡されることになっている。
(5) 用紙に住所、氏名ならびに生年月日を記入して下さい。

前のことがらと同様のものをさらに並べる言い方。書き言葉的表現。あいさつなどの改まった話し言葉でも使われる。

【なり$_1$】

1 V-るなり N1

(1) 家に帰るなり自分の部屋に閉じ籠もって出てこない。
(2) 立ち上がるなり目まいがして倒れそうになった。
(3) 会うなり金を貸してくれなどと言う

ので驚いた。

動作を表す動詞に付いて、「その動作の直後に」という意味を表す。「V-たとたん(に)・V-るやいなや」とも言う。その動作の直後に予期しない出来事が起こる場合に用いられる。

→【とたん】1【や₂】2

2 V-たなり

a V-たなり(で)

(1) 座ったなり動こうともしない。

(2) うつむいたなり黙りこんでいる。

(3) 立ったなりでじっとこちらの様子を窺っている。

ある状態がそのまま持続して事態が進展しないことを表す。「…したまま」に言いかえられる。多少古めかしい言い方。

→【まま】2

b V-たなり

(1) 家を出たなり一カ月も帰ってこなかった。

(2) お辞儀をしたなり何も言わずに部屋を出て行った。

(3) 住民の反対にあって、工事は中断されたなり解決のめどもついていない。

ある事態が起こった後、普通ならそれに引き続いて起こると思われる事態にならないでそのままの何も起こらない状態が続くことを表す。「…したまま」に言いかえられる。多少古めかしい言い方。

→【まま】2

【なり₂】

1 …なり

[N(+助詞)なり]

[V-るなり]

(1) 何かお飲み物なりお持ちしましょうか？

(2) そんなに忙しいんだったら友達になり手伝ってもらったらいいのに。

(3) そんなに心配なら先生に相談するなりしてみてはどうですか？

(4) 壁に絵を飾るなりしたらもっと落ちつくと思いますよ。

名詞や動詞などに付いて、いくつかある可能性の中から一つのものを例として指し示すのに用いる。

2 V-るなりV-ないなり

(1) 行くなり行かないなりはっきり決めてほしい。

(2) やるなりやらないなり、はっきりした態度をとらなければならない。

(3) 来るなり来ないなりをきちんと連絡してもらわなければ困ります。

動詞の肯定形の後に否定形を続けて、「どちらかの行為を選ぶ」という意味を表す。後ろにはどちらを選択するか態度を明確にすべきである、してほしい、したらどうかなどの表現が続く。選択を迫る気持ちが含まれるので使い方をあやまると失礼になる。

(誤) 参加なさるなりなさらないなりをお知らせください。

(正) 参加なさるかどうかをお知らせください。

3 …なり…なり N1

[NなりNなり]

[V-るなりV-るなり]

(1) 彼の父親なり母親なりに相談しなければならないだろう。

(2) 東京なり大阪なり、好きなところで生活すればいい。

(3) 叱るなり誉めるなり、はっきりとした態度をとらなければだめだ。

「同じグループに属するものを二つ挙げ、そのどちらかを選ぶ」という意味を表す。その二つのものだけでなく可能性は他にもあるという含みがある。

4 …なりなんなり

[N／V なりなんなり]

(1) チューリップなりなんなり、少し目立つ花を買ってきて下さい。

(2) ここは私が支払いますからお酒なりなんなりと好きなものを注文して下さい。

(3) 休暇をとるなり何なりして少し体を休めたほうがいい。

(4) この部屋は寒そうだから、カーペットを敷くなり何なりしなければいけないね。

「それに類するものやことがらなら何でも」という意味を表す。場所を表す場合は「…なりどこなり」という表現がある。

(例) 外国なりどこなり、好きなところへ行ってしまえ。

【なり3】

1 …なり

a …なり ＜相応の＞ N1

[Nなり]

[A-いなり]

(1) 私なりに努力はしてみましたが、力が及びませんでした。

(2) この事態は役人だけに任せておくのではなく、私たち住民なりの対応策を考えなければならない。

(3) 彼らは経験が浅いなりによく頑張ってやってくれる。

(4) 母親が留守の間は、子供たちなりに一生懸命考えて、食事を作っていたようです。

それ相応の状態であることを表す。そのものごとに限界や欠点があることは認めた上で何かプラスの評価をするときに用いる。

b …なり ＜逆らわない＞

[Nなり]

[V-るなり]

(1) 彼は妻の言うなりになっている。

(2) その店なら、道なりにまっすぐ行くと右側にあります。

「それに逆らわないで従って行く」という意味を表す。「言うなり・道なり」などの固定化した表現でしか用いない。「言うなり」と同じ意味で「言いなり」という表現もある。

2 …なら…なり

[NならNなり]

[NaならNaなり]

[A-いならA-いなり]

[V-るならV-るなり]

(1) 嫌なら嫌なりの理由があるはずだ。

(2) 若いなら若いなりにやってみればいい。

(3) 貧しいなら貧しいなりに楽しく生きられる方法がある。

(4) 我々の要求を受け入れられないなら、受け入れられないなりに、もっと誠意を持って対応すべきだ。

(5) 金があるならあるなりに心配ごともつきまとう。

(6) 新しいビジネスを始めるなら始めるなりの準備というものが必要だ。

同じ語を繰り返して、「そこで述べられているものごとに相応した・それにふさわしい」といった意味を表す。そのものごとに特有の限界や欠点あるいは長所などの特徴があるという含みがあり、「それは認めた上でそれ相応の」という意味を表す。後ろには、「そうするはずだ・そうしなければならない・そうしてほしい」などの表現が続くことが多い。「…ば…なり」となることもある。

(例) 金があればあるなりに気を遣わなければならない。

3 …には…なり

[NにはNなり]

[V-るにはV-るなり]

(1) 若い人には若い人なりの考えがあるだろう。

(2) 学生には学生なりの努力が求められている。

(3) 金持ちには金持ちなりの心配事がある。

(4) この商売にはこの商売なりに、いろいろな苦労や面白さがある。

(5) 断るには断るなりの手順というものがある。

同じ名詞や動詞などを繰り返す。そのものごとに特有の限界や欠点あるいは長所などの特徴があるという含みがあり、「それを認めた上でそのものごとに相応の・それにふさわしい」という意味を表す。

4 NはNなり

(1) 彼らは彼らなりにいろいろ努力しているのだから、それは認めてやってほしい。

(2) 私は私なりのやりかたでやってみたい。

(3) 古い道具は古い道具なりに、年代を経た美しさと使いやすさがある。

同じ名詞を繰り返す。その人やものに限界や欠点があるという含みがあり、「それを認めた上でそれに相当した・それにふさわしい」という意味を表す。

5 それなり

(1) 小さな会社だがそれなりの利益は上げている。

(2) 嫌だというならそれなりの理由があるのだろう。

(3) 子供たちもそれなりに力を合わせて頑張っている。

(4) 努力をすればそれなりの成果はあがるはずだ。

それに限界や欠点があるという含みがあり、「それは認めた上でそれ相応の」という意味を表す。

【なりと】

1 Nなりと(も)

(1) よろしかったら私の話なりとも聞いて下さい。

(2) ここにおかけになってお茶なりと召し上がっていらして下さい。

主として名詞に付いて、いくつかあるもののうち一つを例として指し示すのに用いる。

2 疑問詞(+格助詞)+なりと

(1) お前みたいな勝手なやつはどこへなりと行ってしまえばいい。

(2) だれとなりと、好きな男と一緒になるがいい。

(3) なんなりとお好みのものをお持ちしますのでおっしゃって下さい。

(4) ご希望がありましたら、どうぞ遠慮せずに何なりとお申しつけ下さい。

「どこへなりと・だれとなりと・なんなりと」などの慣用的に固定化した表現で、「なんでも好きなように選ぶことができる」という意味を表す。

→【なんなりと】

【なる】

1 …なる N5

[N／Na になる]

[A-くなる]

[V-るようになる]

(1) 木が切り倒されて山が裸になってしまった。

(2) 彼女は働きすぎて病気になった。

(3) このあたりは、昔は静かなところだったのですが、ずいぶんにぎやかになったものですね。

(4) 酒を飲んで顔が赤くなりました。

(5) 道路が拡張されたために車が増えて、段々住みにくくなっています。

(6) 練習の成果があって、ようやく平仮名が全部読めるようになりました。

(7) 以前は無口だったが、最近はよくしゃべるようになりました。

(8) 彼と一緒に仕事をするようになって、ずいぶんいろいろなことを学びました。

ものごとが変化することを表す。「する」は働きかける人が存在する意図的な変化を表すが、「なる」はそのもの自体の自然な変化を表す。

→【ように】6

2 Nからなる

(1) この本は4つの章からなっている。

(2) この委員会は委員長以下5人の委員からなっている。

(3) 日本の国会は参議院と衆議院とからなる。

(4) 3つの主要な論点からなる議題を提案した。

名詞を受けて、「それによって構成されている」という意味を表す。(3)のように「XとYとからなる」という形もある。文末に用いられるときは「…からなっている」となることが多いが、改まった書き言葉では「…からなる」も可能である。名詞を修飾するときは「…からなるN」という形が用いられる。

3 …となる

[N／Na となる]

(1) 彼はまだ20歳なのに、もうすぐ1児の父となります。

(2) 人々は次々に島を出て行き、ついにそこは無人島となった。

(3) その法案には様々な問題があることが明らかとなった。

(4) この戦争は最終的には悲劇的な結末となった。

(5) 結局は、両国の話し合いは物別れとなった。

名詞やナ形容詞を受けて、「そこで示されたものや状態にものごとが変化する」という意味を表す。最終的な段階まで変化してしまうという含みがあるため、「にぎやか・病気・元気」のような最終段階の決めにくい表現は用いられにくい。「…となる」が用いられるものはすべて「…になる」に言いかえられるが、その逆はできないこともある。

(誤) にぎやかとなった。

(正) にぎやかになった。

4 …になる

[Nになる]

[V-ることになる]

(1) 来年から5月4日は休校日になります。

(2) 今年の秋に結婚することになりました。

将来の行為について何らかの決定や合意がなされたり、ある結果が生じることを表す。誰が決定したかは問題とせず、自然の成り行きで、あるいは他者からの働きかけでその結果が生じたという意味あいを伝える。次のように「N+助詞」が使われることもある。

（例） 会議は5時からになりました。

→【ことになる】1

5 Nになると

(1) 国語なら教えられるが、数学になると全く手がでない。

(2) 練習ではうまくいったのに、いざ本番になると上がってしまいました。

「あるレベル、ある段階に至ったときに」という意を表す。「Nとなると」とも言う。

6 おVR-になる

→【お…になる】

7 …ことになる

→【ことになる】

8 VR-そうになる

→【そうだ₂】2b

9 …となると

→【となると】

10 Nともなると

→【ともなると】【ともなれば】

【なるたけ】N1

(1) この仕事はなるたけ早く仕上げて下さい。

(2) 壊れやすい品物だから、なるたけ気を付けて運んでね。

「できるだけ・なるべく」のくだけた言い方。

→【なるべく】

【なるべく】N4

1 なるべく

(1) 今晩はなるべく早めに帰ってきて下さいね。

(2) 明日は試合だから、今日は無理をしないでなるべく体を休めておくようにしよう。

(3) この活動には、なるべく多くの人に参加してもらいたい。

(4) この品物は壊れやすいから、なるべく注意して取り扱って下さいね。

(5) かなり長い距離を歩くと聞きましたので、荷物はなるべく少なくするようにしました。

「可能な限り・できるだけ」という意味を表す。後ろには意志・希望・依頼などの表現が多く使われる。

2 なるべくなら

(1) なるべくなら、今晩は早く帰って休みたい。

(2) なるべくなら、だれにも会わずに帰ろうと思っていたのですが、知り合いに見つかって声をかけられてしまいました。

(3) この話はなるべくなら人に知られたくないので、黙っていて下さいね。

(4) なるべくなら武力を使わずに話し合いで解決したいものだ。

「可能ならば・できることなら」という意味を表す。後ろには欲求や意志を表す表現が続くことが多い。

【なるほど】N4

(1) いい店だとは聞いていたが、なるほどサービスもいいし料理もうまい。

(2) あなたの言うことはなるほどもっともだが、私の立場も考えてほしい。

(3) なるほど、富士山というのは美しい山だ。

(4) なるほど、噂には聞いていましたが、実際に使ってみると本当に便利なものなのですね。

(5) A：きのうは久しぶりに大学時代の友達に会ってきたよ。
B：なるほど。だからあんなに嬉しそうにしていたんですね？

(6) A：このコピー機は、濃度調整が自動でできるようになっております。
B：なるほど。
A：それから、用紙の選択も自動になっております。
B：なるほど。

他から入ってきた知識や相手が主張していることがその通りであると納得する気持ちを表す。また自分が持っていた知識が正しいことを再確認したり、疑念に解答が与えられて納得したりする気持ちを表す場合にも用いる。(6)のような「納得」よりは軽い気持ちで、相手に対する同意や相手に注意を向けていることを示す相づちとして用いる用法もあるが、この用法は尊大に聞こえる場合もあるので目上に対しては使わない。

【なれた】

[VR-なれたN]

(1) 使いなれた道具を使う。
(2) 老後も住み慣れた土地で暮らしたい。
(3) どこか遠くから聞き慣れたメロディーが流れてきた。
(4) 彼は人前で話し慣れているから、上がらない。

動詞の連用形に付き、その動作をたびたび行って熟練していることやそのことに慣れ親しんでいることを表す。「…なれた」という形で名詞を修飾するために用いられることが多いが、(4)のように「…なれている／なれていない」という形で文の述語になることもまれにある。

【なれば】

1 …となれば

→【となれば】

2 …ともなれば

→【ともなれば】

【なんか】

「なにか」のくだけた言い方で、話し言葉に用いる。

→【なにか】

1 なんか <物事>

(1) A：なんか食べるものない？
B：冷蔵庫見てみたら？　なんか入っていると思うけど。
(2) 誕生日にはなんか買ってやろうと思っています。
(3) 今日手伝えなかったことは、きっと何かで償うよ。
(4) 何か変な音が聞こえませんでしたか？
(5) この部屋、何か臭わない？

それとはっきり指し示すことのできないものごとを表すのに用いられる。

→【なにか】1

2 なんか <様子>

(1) 彼女と話しているとなんかほっとした気持ちになる。
(2) あの人の言っていること、なんか変だと思いませんか？
(3) 今日は子供たちがなんか妙に静かですね。なんかいたずらをしているんじゃありませんか？
(4) なんか不思議だなあ、この町は。前に来たことがあるような気がしてならない。

「なぜかわからないが・なんとなく」といった意味を表す。

→【なにか】2

3 …かなんか N1

[N/A/V かなんか]

(1) 今度の休みは映画かなんか行かない?
(2) この傷は石かなんかがぶつかってできたものでしょう。
(3) お見舞いには果物かなんかを持って行くことにしよう。
(4) 田中君は試験が近いかなんかでとても忙しそうです。
(5) A:田中君はどうしたの?
B:忘れものをしたかなんかで、取りに戻っています。

それとはっきり指し示すことはできないがそれに類したものを表す場合に用いる。

→【なにか】3

4 N(や)なんか N1

(1) お酒はワインなんか好きで、よく飲んでいます。
(2) 食料品なんかは近くの店で買うことができます。
(3) スポーツは好きですが、野球やなんかの球技はあまり得意ではないんですよ。
(4) 出張やなんかで旅行をするときはいつもこの鞄を持っていきます。
(5) この話は友達やなんかには言わないで下さいね。
(6) 山で遭難したときは、持っていたチョコレートやなんかを食べて救助を待ちました。

いろいろあるなかから主なものを取り上げて例として示す。他にも似たものがあるという含みがある。「など」のくだけた言い方で話し言葉に用いる。

→【など】1【なにか】4

5 V-たりなんかして

(1) 休みの日は本を読んだりなんかして過ごします。
(2) どうしたの? ひとりで笑ったりなんかして。
(3) お父さんたら急に怒り出したりなんかして。この頃少し疲れてるのかな。

いろいろあることのなかから主なものを取り上げて例として示す。他にも似たことをするという含みがある。「など」のくだけた言い方で話し言葉に用いる。

→【など】1

【なんか…ない】

(1) お金がないから、旅行なんか滅多にできない。
(2) あんな男となんか口もききたくない。
(3) そんなばかげたことなんか考えたこともありません。
(4) こんな汚い部屋になんか一日だって泊まりたくない。
(5) こんな天気の良い日に家の中で本を読んでなんかいないで、外を散歩しましょうよ。
(6) あんな映画ちっともおもしろくなんかないよ。

名詞や動詞、名詞+助詞などのさまざまな成分に付き、その後に否定形を従える。そこで示されたことがらに対する否定を表すが、それと同時に「なんか」によってとりたてたものごとに対する軽蔑の気持ちや謙遜の気持ち、あるいは意外な気持ちなどの意が込められる。「…など…ない」のくだけた言い方で話し言葉に用いる。

→【など】3

【なんか…ものか】

[…なんかV-るものか]

(1) 家になんか帰ってやるものか。
(2) 誰がそんな話なんか信じるものか。
(3) あんな男となんか二度と口をきいてやるものか。
(4) あんなひとに教えてなんかやるものか。
(5) 一人でも寂しくなんかあるものか。
(6) A：講演会いかがでしたか？　おもしろい話が聞けたでしょう。
　B：おもしろくなんかあるものですか。すごくくだらない話でしたよ。

「なんか」は名詞・動詞・形容詞や名詞＋助詞などのさまざまな成分に付く。動詞の場合は「V-てなんか」、イ形容詞の場合は「A-くなんか」となる。次に述べることを強く否定すると同時に「なんか」によって取り立てたものごとを「馬鹿げたもの・取るに足りないもの・とんでもないこと」と軽視する気持ちを表す。「…など…V-るものか」のくだけた言い方。

→【など】4

【なんだか】N1

(1) このあたりはなんだか気味が悪いね。
(2) あなたと話していたら、なんだか少し気分が楽になってきた。
(3) 彼は最近なんだか私のことを避けているような気がする。

「原因や理由が何であるか分からないが・どういうわけか」という意味を表す。「なぜか」のくだけた言い方。

→【なぜか】

【なんたって】

→【なんといっても】

【なんだろう】

→【でなくてなんだろう】

【なんて$_1$】

1 なんて

a　なんてV

(1) よく聞こえないのですが、あの人はなんて言っているのですか？
(2) この字は何て書いてあるのか分からない。
(3) このことを知ったら、お母さん何て思うかしら。

後ろに「言う・書く」などの動詞を続けて、「その内容が不明である」という意味を表す。「なんと」のくだけた言い方。

→【なんと】1

b　なんて(いう)N

(1) さっき来た人はなんていう人ですか？
(2) 後藤さんは何ていう会社にお勤めですか？
(3) あの人、なんて名前だったかしら。
(4) 彼、なんて町に住んでいるんだっけ。

ものを表す名詞の前に付いて、その名前が不明であることを表す。ものや人の名前を聞くのに用いる。「なんというN」のくだけた言い方。

→【なんという】1

c　なんて(いう)Nだ

(1) あれだけの仕事を１日で片づけてし

まうなんて、何ていう早業だろう。

(2) 事故で子供を失ってしまうとは、なんて事だ。

(3) 友人を見殺しにするなんて、あなたってなんて人なの？

(4) あなたにまたお会いできるなんて、なんていう幸運でしょう。

程度のすごさに驚いたりあきれたりする気持ちを表す。「なんというNだ」のくだけた言い方。

→【なんという】3

d　なんてことない

(1) これくらいのけが、なんてことないさ。

(2) この程度の仕事は何てことない。1日で片付くさ。

(3) 一見何てことない仕事のようだけれど、やってみると非常に手がかかる。

「大したことではない」という意味を表す。「なんということはない」のくだけた言い方。

→【なんという】4

2　なんて…んだろう

[なんて　N／Na　なんだろう]

[なんてA-いんだろう]

(1) ここはなんて寂しいところなんでしょう。

(2) 彼の演奏はなんてすばらしいんだろう。

(3) この子は何てかわいげのない子供なんだろう。

(4) 家の中に木を植えるとは、何て大胆な発想なんだろう。

驚いたりあきれたりすばらしいと思ったりしたことを、感嘆の気持ちを込めて表現するのに用いる。「なんてまあ」とも言う。「なんと…のだろう」のくだけた言い方。

→【なんと】2

【なんて2】

1　Nなんて　N2N3

(1) あなたなんて大嫌い。

(2) そんな馬鹿げた話なんて、だれも信じませんよ。

(3) あの人の言うことなんて、嘘に決まっています。

「馬鹿げたことだ・くだらないことだ」と軽視する気持ちを伴って主題として取り立てるのに用いる。くだけた話し言葉。

2　…なんて　＜発言内容＞

(1) みんなには時間を守れなんて言ったけど、そう言った本人が遅刻してしまった。

(2) 息子が大学進学は嫌だなんて言い出して困っている。

(3) 彼は、私が彼をだましたなんて言っているらしいけど、彼のほうこそ嘘を付いているんです。

(4) あやまれば許してもらえるなんて甘い考えは捨てなさい。

(5) まさか、親に頼めば借金を払ってもらえるなんて思っているんじゃないでしょうね？

後ろに「言う・思う・考える」などの動詞やそれに相当する名詞を従えて、発言や思考の内容を表すと共に、その内容を意外に思ったり軽視したりする気持ちを表す。「…などと」のくだけた言い方。

3　…なんて　＜評価の対象＞

[N／Na　(だ)なんて]

[A／V　なんて]

(1) 一家そろって海外旅行だなんて、うらやましいですね。

(2) あなたにそんなことを言うなんて、実にひどい男だ。

(3) こんなところであなたに会うなんて、びっくりしましたよ。
(4) こんな安い給料でまじめに働くなんて馬鹿らしい。
(5) あんな怠け者が一生懸命働きたいなんて、嘘にきまっているでしょう。
(6) この吹雪の中を出て行くなんて、命を捨てに行くようなものだ。

後ろに「うらやましい・ひどい」などの評価を表す表現を用いて、その評価の対象となることがらを表す。意外だと驚く気持ちや「くだらないものだ・馬鹿げたことだ」と軽視する気持ちを伴うことが多い。くだけた話し言葉。

【なんてったって】

→【なんといっても】

【なんでも】N2N3

1 なんでも

(1) ほしいものは何でも手に入る。
(2) 何でも好きなものを注文して下さい。
(3) あの人は植物の事なら何でも知っている。

「どんなことでも・どのようなものでも・すべて」という意味を表す。

2 なんでも …らしい／…そうだ

(1) なんでもあの人は、昔、有名なダンサーだったらしいよ。
(2) 何でも彼女はもうすぐ仕事をやめるそうですよ？
(3) うわさによると、何でも彼らは浜松に引っ越したという話だ。
(4) 何でもこの窪地は、隕石が落下したあとだということです。
(5) 何でもこのあたりには幽霊が出るっていう話ですよ？

後ろに「らしい・そうだ・という話だ・ということだ」などの伝聞を表す表現を伴って、人から聞いた内容をあまり確信を持たずに伝えるのに用いる。

3 なんでもない

a なんでもない

(1) あの頃の苦労に比べればこんな苦労は何でもない。
(2) 何でもないことにそんなに大騒ぎするな。
(3) この程度の仕事は彼女にとっては何でもないことです。
(4) A：顔色が悪いけど気分でも悪いんじゃないですか？
　B：いいえ、何でもありません。大丈夫です。

「特にどうこう言うほどのことではない・大したことではない」という意味を表す。

b Nでもなんでもない

(1) 病気でも何でもない。ただ怠けたくて休んでいただけだ。
(2) こんなものは芸術でも何でもありません。だれだって少し練習すれば作れます。
(3) お前とはもう友達でもなんでもない。二度と僕の前に顔を出さないでくれ。
(4) 彼は政治家でもなんでもない。ただのペテン師だ。

名詞を受けて、「そうではない」ということを強調して表す。多くの場合、「そうである」ことの方がプラスの価値を持ち、それを強く否定することによって強いマイナスの評価を表す。

4 なにがなんでも

→【なにがなんでも】

【なんと】N1

くだけた言い方では「なんて」となる。

→【なんて$_1$】

1 なんと

(1) ご両親はなんとおっしゃっていましたか？
(2) 報告書には何と書いてありましたか？
(3) 彼らには何と伝えればいいんでしょうか。
(4) なんと言ってなぐさめてよいか分かりません。

「どのように・どんなふうに」という意味を表す。後ろには「言う・書く」などの動詞が続き、その内容が不明であることを表す。

2 なんと…のだろう

[なんと　N／Na　なのだろう]
[なんと　N／Na　だったのだろう]
[なんとA-いのだろう]

(1) なんと美しい人なのでしょう。
(2) 彼女の気持ちが理解できなかったなんて、俺はなんと馬鹿だったのだろう。
(3) 軽装で雪山に登るとは、何と無謀な若者たちなのだろう。

驚いたりあきれたりすばらしいと思ったりしたことを、感嘆の気持ちを込めて表現するのに用いる。なんてまあ。書き言葉に用いる。話し言葉では「なんて…んだろう」となる。

→【なんて$_1$】2

【なんという】

1 なんというN

(1) あの人は何という名前ですか？
(2) その赤いのは何という花ですか？

ものを表す名詞に付いて、その名前が不明であることを表す。ものの名前を尋ねる場合に用いる。

2 なんという+連体修飾句+N

(1) なんという馬鹿なやつだ。
(2) 若いのになんという冷静沈着な人物なのだろう。
(3) 練習がつらいならやめてしまえだなんて、なんという思いやりのないことを言ってしまったのだろう。
(4) 子供たちまで皆殺しにするなんて何という残虐な奴らだろう。

後ろに修飾句を伴った名詞が続き、驚いたりあきれたりすばらしいと思ったりしたことを、感嘆の気持ちを込めて表現するのに用いる。「なんという…のだろう」という形になることが多い。

3 なんというNだ

(1) こんな大きな石を一人で持ち上げられるなんて、何という男だ。
(2) 一瞬のうちにして、家族を全員失ってしまうなんて、なんということだ。
(3) 何ということだろう。月が真っ赤に染まっている。
(4) 外国で同じバスに乗りあわせるなんて、何という偶然だろう。

驚いたりあきれたりすばらしいと思ったりしたことを、感嘆の気持ちを込めて表現するのに用いる。

4 なんということもない

(1) 何ということもなく、毎日が穏やかに過ぎて行く。
(2) 特に何ということもない平凡な人間だ。

「特に取り立てて言うほどの目だったところはない」という意味を表す。

【なんといっても】

(1) なんといっても健康が第一です。

(2) なんといっても子供が一番頼りにするのは親なのです。

(3) 朝の空気はなんといっても清々しい。

「他のなによりもそれが一番」という意味を表す。くだけた話し言葉に「なんたって・なんてったって」がある。

【なんとか】 N2N3

1 なんとか＜手段を尽くして＞

(1) なんとかして山田さんを助け出そう。

(2) このゴミの山を早くなんとかしないといけない。

(3) 早くなんとか手を打たないと、大変なことになりますよ。

(4) お忙しいことは承知していますが、何とか明日までに仕上げていただけないでしょうか。

(5) A：あしたまでに仕上げるのはちょっと無理ですね。
　　B：そこを何とかできないでしょうか。何とかお願いしますよ。

「なんとかする・なんとか手を打つ」など、後ろに「手段を講じて何かをする」という意味の動詞を従えて、「何らかの手段を尽くして」という意味を表す。

(1)のように「なんとかして…する／しよう」という形をとると、難しい状況を手段を尽くして打開するという意になる。また、(4)(5)のように、後ろに依頼を表す表現を伴うと、難しい状況であることは分かっているが無理を言ってお願いしているという含みが生じる。

2 なんとか＜かろうじて＞

(1) 安月給だがなんとか食べていくことはできる。

(2) みなさんのご支援でなんとかここまで頑張ってやって来られました。

(3) 銀行が金を貸してくれると言うから、何とか倒産だけはまぬがれることができそうだ。

後ろに可能を表す表現を伴って、「難しい状況であるが／十分に満足の行く状況であるとは言えないが、ようやく何かを行うことができる」という意味を表す。「かろうじて」とも言う。「どうにか・やっと」などとの違いについては【やっと】2を参照。

→【かろうじて】【どうにか】1【やっと】2

3 なんとかなる

(1) そんなに心配しなくてもなんとかなりますよ。

(2) 二階の雨漏り、何とかならないかしら。

(3) これだけ蓄えがあれば何とかなるだろう。

「好ましくない事態を好ましい方向に変えることができる・十分とは言えないがやっていくことができる」という意味を表す。

4 なんとかする

(1) 借金の返済は自分でなんとかする。だから助けはいらないよ。

(2) 水道管が壊れそうだ。早く何とかしなくちゃ。

(3) 隣の犬の鳴き声がうるさくて眠れない。何とかしてほしいよ。

好ましくない状態を好ましい方向に変えることを表す。

【なんとかいう】

1 なんとかいう

a　なんとかいう

(1) 私の言うことは聞こうとしないから、あなたから何とか言ってやって下さい。
(2) 黙っていないで何とか言ったらどうなんだ。

発言を命じたり頼んだりする場合に用い、何でもよいからとにかく何か言えと、強く発言を求めることを表す。話し言葉。

b　なんとか(と)いうN

(1) 大阪の何とかという人から電話がありましたよ?
(2) 以前佐藤さんが何とかいう学校に通っていただろう。あれはなんていう名前だったかな。

名前のはっきり分からない人やものを指すのに用いる。話し言葉。

2　…とかなんとかいう

a　Nとかなんとか(と)いうN

(1) ポエムとか何とかという喫茶店で会うと言っていました。
(2) 田中とか何とかいう男の人がたずねてきましたよ。

ある名前や単語が思い当たるが、確かにそれだと確信が持てないことを表す。

b　…とかなんとかいう

(1) あの男は給料が安いとかなんとか言って辞めたそうだ。
(2) 彼女は自信を失ったとか何とか言っていたようです。
(3) やりたくないとか何とか言っているようだが、本当はやってみたくてしかたがないんだ。

話の内容が確かにそれであると確信が持てないときや、それ以外にもいろいろな発言をしていてその内容だけに特定できないことを表す。

【なんとしても】

(1) なんとしても彼には負けたくない。
(2) なんとしても彼に追いつくことができなかった。
(3) なんとしても戦争の再発だけは防がなければならない。

「あらゆる手段を尽くしても・どれだけ努力しても」という意味を表す。「どうしても」の書き言葉的な言い方。

→【どうしても】

【なんとなく】 N2N3

(1) なんとなく旅に出てみたくなりました。
(2) 彼と話していると、なんとなく気分が休まるんです。
(3) 何となく町をぶらついていて彼女に出会ったのです。

「はっきりとした理由や目的はなしに」という意味を表す。少し改まった言い方に「なんとはなしに」がある。

→【なんとはなしに】

【なんとはなしに】

(1) なんとはなしに昔の友達に会ってみたくなりました。
(2) 何とはなしに嫌な予感がするので、早く家に帰りました。
(3) 何とはなしに町を歩いていたら後ろから呼びとめられた。

「はっきりとした理由や目的はなしに」という意味を表す。書き言葉に用いる。少しくだけた言い方に「なんとなく」がある。

→【なんとなく】

【なんとも】N2N3

1 なんとも

(1) なんとも申し訳ないことをしてしまいました。

(2) 何とも困ったことをしてくれたものだ。

(3) あいつの生意気な態度には、何とも腹がたって仕方がない。

(4) 人が突然消えてしまうなんて、何とも不思議な話ですね。

多くは好ましくない状況に関して、「その程度がどう形容してよいか分からないほどはなはだしい」ということを表す。

2 なんとも…ない

a なんともV-ない

(1) 結果がどうなるかはまだなんとも言えませんね。

(2) みんなは納得したかも知れないが、私は何とも釈然としない気持ちだ。

(3) 彼女の文章は論理が複雑すぎて何が言いたいのかなんとも分からない。

(4) あんなことをする人たちの気持ちは何とも理解できない。

「言えない・分からない」などの表現を用いて、何と言ってよいか分からない、状況がはっきりと理解できない、はっきり納得することができないなどの気持ちを表す。

b なんともV-ようがない

(1) こんな事になって、なんともお詫びのしようがありません。

(2) 非常に複雑な状況なので、なんとも説明のしようがありません。

(3) 成功するかどうか、今の段階では何とも言いようがない。

(4) 資料がこんなに少ないのでは、何とも判断のしようがありません。

「言いようがない・説明のしようがない」などの表現を用いて、何と言ってよいのか分からない、状況がはっきりと理解できない、はっきり納得することができないなどの気持ちを表す。

(1)は謝罪の気持ちを強く表す慣用表現。感謝の気持ちを表す場合には、「なんとも」を使うより「なんとお礼を言ってよいのか分かりません」などの表現の方が多い。

c なんともない

(1) A：気分が悪いんじゃありませんか？
B：いいえ、なんともありません。ちょっと疲れただけです。

(2) 事故に遭いましたが軽い打ち身だけで、頭のけがは何ともありませんでした。

(3) A：あの映画、こわかったでしょう。
B：ううん。何ともなかったよ。

(4) 私がこんなに心配しているのに、彼の方は何とも思っていない様子でした。

(5) こんなに馬鹿にされているのに、あなたは何とも感じないのですか？

(6) A：さっきはあんなこと言ってごめんなさい。
B：いや、別に何とも思ってないよ。

「なんともない」の形で、「たいしたことはない・特に問題はない」という意味を表す。体の調子や感情の状態に関して用いられることが多い。また「何とも思わない・何とも感じない」のように用いて、「たいしたことだとは思わない(感じない)」という意味を表す。

d A-くもなんともない

(1) そんな話は恐くも何ともないさ。

(2) 彼の冗談はおもしろくも何ともない。

(3) 一人でいたって寂しくも何ともない。

(4) 人の日記なんか読みたくも何ともないよ。

(5) そんなくだらないもの、ほしくも何ともない。

「恐い・おもしろい」などの感動や、「したい・ほしい」などの欲求を表す表現と共に用いて、「そうではない」と強く否定する気持ちを表す。「まったく／ぜんぜん…ない」とも言う。

→【ぜんぜん…ない】【まったく】1

【なんなりと】 N1

(1) 広告のことならなんなりとお申し付け下さい。

(2) アパート探しのことならなんなりとご相談していただけたらと思います。

(3) お客様のご希望に添うよう努力いたしますので、なんなりとご用命下さい。

「どんなことでも・どんなものでも」という意味を表す。後ろには依頼の表現が続くことが多い。顧客に対するサービスの宣伝などに用いられることが多い。

【なんにしても】

(1) なんにしても健康が一番です。

(2) ただの風邪だとは思うけれど、なんにしても、早く医者に診てもらったほうがいい。

(3) なんにしても年内に立ち退いてもらいます。

「他にもいろいろあるだろうが、どんな場合でも」という意味を表す。

【なんにしろ】

[Nはなんにしろ]

(1) 事情は何にしろ、早く故障した部品を取りかえなければならない。

(2) 理由は何にしろ、あなたのやったことは間違っている。

(3) 動機は何にしろ、こんな犯罪は許すことができない。

「いろいろな事情や理由はあるだろうが」という意味を表す。事情や理由があることは認めた上で、注意・勧告・要求などを行うときに用いる。

【なんにつけ(ても)】

(1) あの人は何につけても慎重で、決断するまでに時間がかかる。

(2) 何につけても冷静な人が、その事故のときばかりは慌てていた。

(3) 去年大きな失敗をして以来、何事につけ臆病になってしまう。

(4) 何事につけても彼女の仕事は丁寧で信頼できる。

「どんな場合でも」という意味を表す。(3)(4)のように「何事につけ(ても)」とも言う。

【なんら…ない】

1 なんらV-ない

(1) 彼らがどう言おうと、私にはなんらかかわりのないことだ。

(2) 彼の話からは何ら得るところがなかった。

(3) 我々がこれほど努力しているのに、状況は何ら変わらない。

「まったく／少しも…ない」と、強く否定する気持ちを表す。改まった表現に用いられる。話し言葉では「なにも…ない」の方がよく使われる。

→【なにも】1a

2 なんらのNもV-ない

(1) 彼らの対応にはなんらの誠意も感じられない。

(2) 住民の生活に対しては何らの配慮もなされていない。

(3) 彼らからは何らの回答も得られなかった。

強く否定する気持ちを表す。改まった表現に用いられる。話し言葉では「なんのＮもV-ない」の方がよく使われる。

【に₁】

1 NにV ＜主体＞

(1) 彼女には将来ピアニストになりたいという夢があります。

(2) 私に手伝えることがあったら何でも言ってくださいね？

(3) 友達に頼まれて翻訳を手伝っています。

(4) 生徒たちに本を読ませるいい方法はないでしょうか。

(5) 子供たちにはたくさんのことを経験してもらいたい。

(6) 故郷を離れることが私にはとても辛く感じられた。

所有文・可能文・受身文・使役文・やりもらい文などの主体を表す。その他、(6)のように感情の主体を表すこともある。

2 NにV ＜対象＞ N5

(1) ペンキが乾いていないから壁に触らないでください。

(2) 車を運転していて事故にあったらしい。

(3) 海で泳いでいたら海藻が足に絡まって気持ち悪かった。

動作や作用の及ぶ対象を表す。

3 NにV ＜相手＞ N5

(1) この本、あなたに貸してあげる。

(2) 大通りを歩いていたら、バッタリ昔の友達に出会った。

(3) おじいさんは孫に甘くて、孫の欲しがるものを何でも買ってあげる。

動作や感情が向けられる相手を表す。

4 Nに ＜着点・方向・目的＞ N5

(1) この飛行機は定刻通り成田空港に到着します。

(2) 大阪の支店に荷物を発送しました。

(3) あの角を右に曲がってしばらく行くと駅に着きます。

(4) カモの群れが北に向かって飛んで行きました。

(5) 社長は出張に出かけております。

(6) 海外旅行に行くのを楽しみにしています。

人やものが移動する方向や到着する場所を表す。また、(5)(6)のように移動の目的を表す。

5 NにV ＜存在場所＞ N5

(1) 京都にはたくさんの寺院があります。

(2) あそこに立っている方はどなたですか？

(3) 私はこのマンションの５階に住んでいます。

人やものが存在する場所を表す。

6 NにV ＜時間＞ N5

(1) A：あしたは何時にお会いしましょうか。
B：会議が５時に終わるので、５時半ごろに会いましょう。

(2) 荷物はあしたの午前中に届けてもらえますか？

(3) 夏休みにはどこか旅行に行きますか？

動作や出来事の行われる時間を表す。(1)のよ

▶な

うに特定の時点を表す場合も(2)(3)のようにある程度幅のある時間を表す場合もある。

7 NにV ＜変化の結果＞

(1) 大きくなったら宇宙飛行士になりたいです。
(2) 昼間は晴れていましたが、午後からは雨になりました。
(3) 酒を飲むとすぐ顔に出る。

人やものの変化の結果を表す。

8 Nに ＜原因・理由＞

(1) 花火の音に驚いて猫が逃げてしまった。
(2) 子供が高い熱にうなされている。
(3) バイオリンの美しい音色に酔いしれた。

出来事が生じる原因や理由を表す。

【に$_2$】

1 V_R-にV

(1) 待ちに待った帰国の日がついにやってきた。
(2) 電車は遅れに遅れて、東京駅に着いたときは夜中を過ぎていた。
(3) 彼の死を悼んで、人々は泣きに泣いた。

同じ動詞を繰り返し、そこで述べられる動作や作用の程度が非常に激しいことを強調する。過去の文脈に用いられることが多い。

2 V-るにV-れない

(1) 人手が足りないのでやめるにやめられない。
(2) ものすごくおかしな話だったけど、みんながまじめな顔をして聞いているので、笑うに笑えなかった。
(3) 戦時中は言うに言えない苦労をしてきた。
(4) 事業は失敗するし、妻には逃げられるし、全く泣くに泣けない気持ちだ。
(5) ここまで深入りしてしまっては、いまさら引くに引けない。

同じ動詞を繰り返し用いて、「そうしようと思ってもできない・どうしても…することができない」という意味を表す。(3)～(5)は慣用表現で、(3)(4)はそうしたくてもそれができないぐらいひどい状況であること、(5)はやめることができない状況であることを表す。

【にあたって】 N2N3

[Nにあたって]

[V-るにあたって]

(1) 開会にあたってひとことご挨拶を申し上げます。
(2) 年頭にあたって集会を持ち、住民達の結束が揺るぎないものであることを確認しあった。
(3) 試合に臨むにあたって、相手の弱点を徹底的に研究した。
(4) お嬢さんを嫁に出すにあたってのお気持ちはいかがでしたか？
(5) 新しい生活を始めるにあたっての資金は、親の援助で何とか調達できた。

名詞や動詞の辞書形を受けて、「ものごとの節目の時点、あるいは、そのような重要な時期にさしかかって」という意味を表す。「にさいして」とも言う。式辞や礼状などの形式張った表現として用いることが多い。さらに形式張ったものとして「にあたり(まして)」を用いることもある。名詞を修飾する場合は(4)(5)のように「…にあたってのN」という形になる。

→【にさいして】

【にあたらない】

→【にはあたらない】

【にあたり】N2N3

(1) 代表団の選出にあたり、被選挙人名簿を作成した。

(2) 今回の企画を実現するにあたりまして、皆様から多大のご支援を賜りましたことを感謝致します。

「にあたって」のさらに形式張った言い方。

→【にあたって】

【にあって】

1 Nにあって

(1) 異国の地にあって、仕事を探すこともままならない。

(2) 住民代表という立場にあって、寝る時間も惜しんでその問題に取り組んでいる。

(3) 大臣という職にあって、不正を働いていたとは許せない。

(4) 母は病床にあって、なおも子供達のことを気にかけている。

名詞を受けて、「そこで示された状況のもとで」の意味を表す。その状況とそれ以後に述べられることがらとの関係はゆるやかなもので、前後の文脈に応じて順接の場合も逆接の場合も考えられる。(1)と(2)は順接の例。(3)と(4)は逆接の例で、「その状況にありながら・あるにもかかわらず」という意味。

2 Nにあっても

(1) 彼は苦境にあっても、くじけることなく頑張っている。

(2) 温かい家庭の中にあっても、彼女の心は満たされなかった。

(3) 母は死の間際にあっても、子供達の幸福を願い続けた。

名詞を受けて、「そこで表された状況の中におかれていても」の意味を表す。後には、その状況で起こると予測されることとは食い違うことがらが続く。書き言葉的。

3 Nにあっては ＜状況＞

(1) こんな厳寒の地にあっては、新鮮な野菜が食卓に上るなど、滅多にないことだ。

(2) いつ戦争が起こるか知れない状況にあっては、明るい未来を思い描くことなどできない。

(3) 夫が病床にあっては、子供達に十分な教育を受けさせることもできなかった。

(4) わが社にあっては、若手社員が自由に発言できる雰囲気を大切にしている。

(5)「鉄の女」といわれた彼女も家庭にあっては良き母であった。

場所や状況を表す名詞を受けて、「そこで表された状況の中では」の意を表す。「厳寒の地」や「病床」など状況が厳しいことを表す表現が用いられた場合は、後ろに好ましくない状態を表す表現が続くが、そうでないときは、(4)や(5)のように単に「そこにおいて」という意を表す。「…においては」とも言う。書き言葉的。

4 Nにあっては ＜人＞

(1) 高橋さんにあっては、どんな強敵でも勝てそうにありませんね。

(2) あの男にあっては、嘘もまことと言いくるめられる。油断は禁物だ。

(3) あなたにあってはかなわないな。しょうがない。お望み通りに致しましょう。

人を表す名詞を受けて、その人には誰もかなわないという評価を下すのに用いる。(3)は相手の言葉上手な誘いや強引な要求を断りきれなかったときの発話で、多少相手をからかうようなニュアンスが感じられる。「にかかっては」とも言う。

→【にかかっては】

【にいたる】

[Nにいたる]

[V-るにいたる]

書き言葉的な表現。

1 …にいたる N1

(1) この川は大草原を横切って流れ、やがては海に至る。

(2) 彼はトントン拍子で出世を続け、やがて財務大臣になるに至る。

(3) 仕事を辞めて留学するに至った動機は、人生の目標というものを見つめなおしてみたいと思ったことであった。

(4) さんざん悩んだ結果、仕事を辞めて田舎で自給自足の生活をするという結論に至った。

「到達する」という意味を表す。(1)のように空間的にある場所に到達する場合もあれば、(2)(3)(4)のようにことがらや考えなどの変化の結果、ある段階や結論に到達する場合もある。書き言葉的な改まった表現。

2 Nにいたるまで N1

(1) 旅行中に買ったものからハンドバッグの中身に至るまで、厳しく調べられた。

(2) 部長クラスから新入社員に至るまで、すべての社員に特別手当が支給された。

(3) テレビの普及によって、東京などの大都市から地方の村々に至るまで、ほぼ同じような情報が行き渡るようになった。

「まで」とほぼ同じ意味を表すが、細かいすみずみまでの範囲のことがらを言うのに使う。「から」とともに使われることが多い。

→【から$_1$】1g【まで】1

3 …にいたって N1

(1) 編集段階に至って、初めて撮影した映像が使いものにならないことがわかったが、すでに遅かった。

(2) 上司にはっきり注意されるに至って、ようやく自分の言葉遣いに問題があることに気づいた。

(3) 卒業するに至って、やっと大学に入った目的が少し見えてきたような気がする。

「いろいろ経験して・いろいろあった後、ある(極端な)段階に到達するときになって」という意味を表す。後ろに「ようやく・やっと・はじめて」などの語を伴うことが多い。

→【はじめて】【やっと】【ようやく】

4 Nにいたっては N1

(1) この地方は交通の便が非常に悪い。山間部に至ってはバスが一日に2回しか運行しない。

(2) 首相が代わってからというもの、住宅問題も教育問題も手付かずで、軍事面にいたっては予算が増加する一方である。

(3) 不登校の生徒に対して、どの教師も何の対応もしようとせず、教頭にいたってはどこかよその学校に転校してもらえたらなどと言う始末である。

(4) ことここにいたっては、家庭裁判所に仲裁を頼むしかないのではないだろうか。

マイナス評価のことがらがいくつかあり、その中でも極端な事例について述べるのに使う。(4)の「ことここにいたっては」は「ここまで問題が深刻になったら」という意味の慣用句。

5 ...にいたっても N1

(1) 投票率が史上最低という事態に至っても、なお自分たちが国民から信頼されていると信じて疑わない政治家も少なくない。

(2) 大学を卒業するに至っても、まだ自分の将来の目的があやふやな若者が大勢いる。

(3) 彼らに罪の意識が薄く、仲間が逮捕されるに至っても行動を改めようとしない。

「ある極端な段階に到達しても」という意味を表す。後ろに「まだ・なお・いまだに」などの語を伴うことが多い。

→【いまだ】1【なお】3【まだ】2

【にいわせれば】

[Nにいわせれば]

(1) あの人に言わせれば、こんな辞書はまったく使いものにならないということらしい。

(2) 映画好きのいとこに言わせれば、この映画は映像と音楽が見事に調和した、素晴らしい作品だという話だ。

(3) あなたは気に入っているかもしれないが、私に言わせればそんな作品は素人のお遊びみたいなものだ。

(4) 彼に言わせると、今度見つかった恐竜の化石は、進化の歴史を変えるかもしれないような重要なものなんだそうだ。

人を表す名詞に付いて、「その人の意見では」という意味を表す。その意見が確信に満ちた強いものであるということを言うのに使う。(4)のように、「Nにいわせると」とも言う。

【において】

1 Nにおいて ＜場所・状況＞ N2N3

(1) 卒業式は大講堂において行われた。

(2) その時代において、女性が学問を志すのは珍しいことであった。

(3) 調査の過程において様々なことが明らかになった。

(4) 当時の状況において戦争反対を訴えるのは限りなく勇気のいることだった。

場所や時代や状況を表す名詞を受けて、ある出来事が起こったり、ある状態が存在したりするときの背景を表す。「大講堂で」のように「で」に置きかえられるものが多いが、「で」よりも改まった感じを与える。名詞を修飾するときは、「大講堂における式典」のように「NにおけるN」という形になる。

→【で2】2

2 Nにおいて ＜領域＞

(1) 絵付けの技術において彼にかなうものはいない。

(2) 大筋においてその意見は正しい。

(3) 造形の美しさにおいてはこの作品が優れている。

(4) 資金援助をするという点においては賛成だが、自衛隊を派遣するという点においては強く反対する。

「それに関して・その点で」という意味を表す。後ろにはそのものごとに対する評価や他のものと比較する表現が来ることが多い。

【におうじた】

→【におうじて】

【におうじて】N2N3

[Nにおうじて]

(1) 物価の変動に応じて給料を上げる。
(2) 売行きに応じて生産量を加減する。
(3) 状況に応じて戦法を変える。
(4) 状況に応じた戦法をとる。
(5) 功績に応じた報酬を与える。

「その状況の変化や多様性に合わせて」という意味を表す。後ろには「加減する・戦法を変える」など、それに見合った変化を生じさせることを表す表現が続く。名詞を修飾するときは(4)(5)のように「Nにおうじた N」となる。

【におかれましては】

[Nにおかれましては]

(1) 先生におかれましては、お元気そうでなによりです。
(2) 皆様におかれましては、ますます御壮健の由、私ども一同喜んでおります。

目上の人を表す名詞を受けて、その人に向かって、健康状態などについての近況を尋ねたり述べたりするときに用いる。非常に改まった手紙やメールなどの挨拶で使われる慣用表現。

【における】N2N3

[NにおけるN]

(1) 過去における過ちを謝罪する。
(2) 在職中における功労が認められた。
(3) この敷地内における喫煙はご遠慮ください。

名詞を修飾するのに用いて、ある出来事が起こったり、ある状態が存在したりするときの背景となる場所や時間や状況などを表す。(3)のように、出来事の背景となる場所を表す場合は「での」と置きかえられることがあるが、「での」よりも改まった感じを与える。動詞を修飾するときには「過去において過ちを犯した」のように「において」となる。

→【において】

【にかかったら】

→【にかかっては】

【にかかっては】

[Nにかかっては]

(1) 彼の毒舌にかかっては社長も太刀打ちできない。
(2) あなたにかかっては私も嫌とは言えなくなる。
(3) 彼女にかかってはいつもしらないうちにイエスと言わされてしまう。

人や人の言動を表す名詞に付いて、それを提示し、その人の態度やその人の言葉に対しては誰もかなわないという表現が続けられる。「Nにあっては」とも言えるが、「…にかかっては」の場合はかなわないと感じる側からの視点で語ることができる点が異なっている。

(誤) 私にあっては社長も太刀打ちできないさ。
(正) 私にかかっては社長も太刀打ちできないさ。

「にかかったら・にかかると」と言うこともある。

→【にあって】4

【にかかると】

→【にかかっては】

【にかかわらず】

1 Nにかかわらず N2N3

(1) 試合は晴雨にかかわらず決行する。
(2) 経歴にかかわらず優れた人材を確保したい。
(3) このクラブは年齢や経験にかかわらず、どなたでも参加できます。

天候、性別、年齢など、異なりを含んで成り立つ名詞を受けて、「その違いに関係なく・その違いを問題にせずに」という意味を表す。

2 …にかかわらず

(1) 成功するしないにかかわらず、努力することに意義があると思う。
(2) 経験のあるなしにかかわらず、だれでも参加することができる。
(3) 結果の良し悪しにかかわらず彼の努力は評価されるだろう。
(4) 父が賛成するかしないかにかかわらず、私はこの仕事に就こうと思う。

「ある・ない」「する・しない」のように対立する二つのことがらを表す表現を受けて、「それらに関係なく・それらを問題とせずに」という意味を表す。慣用表現では「あるなしにかかわらず・良し悪しにかかわらず」と言う。この場合、主語は「の」を伴うが、それ以外の場合は「が」を用いるのが普通。(4)のように「…か…ないか」という形をとることもある。

【にかかわる】 N1

[Nにかかわる]

(1) 人の命にかかわる仕事をするにはそれなりの覚悟がいる。
(2) こんなひどい商品を売ったら店の評判にかかわる。
(3) 例の議員が武器の密輸に関係していたかどうかはっきりさせなければならない。これは政党の名誉にかかわる重大な問題だ。
(4) たとえ噂でも倒産しそうだなどという話が広まると、会社の存続にかかわる。
(5) あんな人にいつまでもかかわっていたら、あなたまで評判を落としてしまいますよ。
(6) この裁判にかかわって以来、子どもの人権について深く考えるようになった。
(7) 事件が起きてから十年たった。いつまでもこの事件にかかわっているわけにはいかないが、いまだに犯人はつかまっていない。

「影響をおよぼす」あるいは「関係する」という意味を表す。(1)～(4)は「影響をおよぼす」という意味。名詞には「名誉・評判・生死・合否」など、影響のおよぶものを表すものが使われる。(5)～(7)は「関係する」、「つながりを持つ」という意味で、「人・仕事・出来事」などを表すものが用いられる。

【にかぎったことではない】

→【かぎる】5

【にかけて】

1 NからNにかけて N2N3

(1) 台風は今晩から明日の朝にかけて上陸するもようです。
(2) 今月から来月にかけて休暇をとるつもりだ。
(3) 北陸から東北にかけての一帯が大雪の被害に見舞われた。

場所や時間を表す名詞を受けて、「二つの地点・時点の間」という意味を表す。時間を表す表現の場合、(1)のように二つの時点の間のあるときを表す場合と(2)のようにその間の時間帯を表す場合がある。「…から…まで(に)」と類似の用法だが、それほど明確に境界を特定せずに、二つの領域にまたがった時間や空間を漠然と問題にする場合に用いる。

→【から₁】1f

2 Nに かけて／かけたら N2N3

(1) 話術にかけては彼の右にでるものはいない。
(2) 忍耐力にかけては人より優れているという自信がある。
(3) 彼は、歌は下手だが、作曲にかけたら抜群の才能を持っている。

「そのことに関しては」という意味を表す。後ろには人の技術や能力などに関してなんらかの評価を述べる表現が続くことが多い。

3 Nにかけて(も) N2N3

(1) 命にかけてもこの秘密は守り通す。
(2) プロとしてのプライドにかけても素人には負けたくない。
(3) 面子にかけても約束は守る。

「命・名誉・信用・面子」など、人の生存や価値を社会的に保証するものを表す名詞が用いられて、「それを危険にさらしたとしても・何がなんでも絶対に」と強い決意を表すのに用いられる。慣用的に固定化した表現で、後ろには決意や約束を表す表現が続く。

【にかこつけて】

[Nにかこつけて]

(1) 仕事にかこつけてヨーロッパ旅行を楽しんできた。
(2) 病気にかこつけて仕事もせずにぶらぶらしている。
(3) 接待にかこつけて上等な酒を思いっきり飲んできた。

ことがらを表す名詞を受けて、「それが直接の理由や原因でもないのにそれを口実にして」という意を表す。好ましくないことという含みがある。

【にかたくない】 N1

[Nにかたくない]

(1) このままインフレが続くと社会不安が増大し、政権の基盤が危うくなることは想像にかたくない。
(2) 親からも教師からも見放された太郎が、非行グループの誘いに救いを求めそうになっただろうことは想像に難くない。
(3) なぜ彼があのような行動に走ったのか、事件の前後の事情をよく聞いてみれば理解にかたくない。

慣用的に固定化した表現で「想像／理解にかたくない」の形で使うのが普通で、「容易に想像できる・だれが考えても明らかだ」という意味を表す。書き言葉的な改まった表現。

【にかまけて】

[Nにかまけて]

(1) 仕事にかまけてちっとも子供の相手をしてやらない。
(2) 遊びにかまけて勉強しようともしない。
(3) 資料の整理にばかりかまけていては、仕事は前へ進まない。

ことがらを表す名詞を受けて、「あることに精力を傾けて他のことに目を向けない」という意味を表す。後ろには「他のことをなおざりにして省みない」という否定的な意味を表す表現が続くことが多い。

【にかわって】N2N3

[Nにかわって]

(1) 母にかわって、私があいさつします。

(2) 病気で倒れた上司に代わって、急遽私が会議に出席することになった。

(3) 本日ご出席いただけなかった山田さんに代わって、ご家族の方に賞状と副賞を受け取っていただきます。

(4) これからはガソリン車に代わって電気自動車が主流になるだろう。

(5) 山田さんが立候補を辞退するとなると、彼女に代わる実力者を立てなければならない。

「あるものがするはずのことを他のものがする」という意味を表す。名詞を修飾するときは(5)のように「Nにかわる N」となる。「Nのかわりに」とも言う。

→【かわりに】

【にかわり】N2N3

[Nにかわり]

(1) とりいそぎ高橋にかわりまして御礼のご連絡をさせていただきます。

(2) 化石燃料や原子力などにかわり再生可能エネルギーの占める割合が高まっている。

「にかわって」の改まった書き言葉的な言い方。

→【にかわって】

【にかわる】

→【にかわって】

【にかんして】N2N3

(1) その事件に関して学校から報告があった。

(2) 地震災害に関しては、我が国は多くの経験と知識をもっている。

(3) その問題に関して質問したいことがある。

(4) 地質学に関しての本を読んでいる。

(5) その事件に関しての報告はまだ受けていない。

(6) コンピュータに関する彼の知識は相当なものだ。

(7) 地質調査に関する報告をするように求められた。

「それに関係して・それについて」という意味を表す。名詞を修飾するときは(4)～(7)のように「Nに関してのN」や「Nに関するN」となる。「について」のやや改まった言い方。

→【について】1

【にかんする】

→【にかんして】

【にきまっている】N2N3

[N／A／V　にきまっている]

(1) こんないたずらをするのはあいつにきまっている。

(2) きっと彼も参加したがるに決まっている。

(3) そんなことを言ったら彼女が気を悪くするに決まっているじゃないか。

(4) A：田辺さん、ちゃんと時間に間に合ったかしら。
B：30分も遅く出ていったのだから、遅刻したに決まっているじゃないの。

「必ずそうに違いない」という話し手の確信のこもった推測を表す。聞き手の推測と食い違っている内容を主張するときは「に決まっているじゃない(か／の)」となる。「にちがいない」の話し言葉的な言い方。

→【にちがいない】

【にくい】N4

[VR-にくい]

(1) あの人の話は発音が不明瞭で分かりにくい。

(2) 砂利道はハイヒールでは歩きにくい。

(3) 人前ではちょっと話しにくい内容なのです。

(4) あんなえらい先生のところにはなかなか相談に行きにくい。

イ形容詞と同じように活用する。動詞の連用形に付いて、そうすることがむずかしい、簡単にはできないという意を表す。(1)(2)のように物理的に困難な場合や(3)(4)のように心理的に困難な場合などがある。「分かりにくい」などの例を除いては、「歩く・話す」など意志的な行為を表す動詞に用いる。

(誤) あの人は喜びにくい人です。

(正) あの人を喜ばせるのはむずかしい。

同じ意味を表す言葉に「VR-づらい」、反対の意味を表す言葉に「VR-やすい」がある。

→【やすい】

【にくらべて】N2N3

[Nにくらべて]

[Vのにくらべて]

(1) 例年に比べて今年は野菜の出来がいい。

(2) 男性に比べて女性の方が柔軟性があると言われる。

(3) パソコンを使うと、手で書くのに比べて字もきれいだし早い。

(4) 大都市間を移動するのに比べて、田舎の町へ行くのは何倍も時間がかかる。

(5) 東京に比べると大阪の方が物価が安い。

(6) ジョギングに比べると、水泳は全身運動で身体にもいいということだ。

「XにくらべてY・XにくらべるとY」の形で、Xと比較してYについて述べるのに使う。「XよりY」に言いかえられる。

→【より】3

【にくらべると】

→【にくらべて】

【にくわえ】

→【くわえて】2

【にくわえて】

→【くわえて】2

【にこしたことはない】

[N／Na (である)にこしたことはない]

[A-いにこしたことはない]

[V-るにこしたことはない]

(1) 通勤時間が短いなら、それにこしたことはない。

(2) 体はじょうぶであるにこしたことはない。

(3) 金はあるにこしたことはない。

(4) そうじのことを考えないかぎり、家は広いにこしたことはない。

(5) なにごとも慎重にやるにこしたことはないといつも私に言っている父が、きのう階段から落ちて足を折った。

「...の方がいい」という意味を表す。常識的に当然と考えられていることについて使う場合が多い。

【にこたえ】 N2N3

(1) その選手はファンの期待にこたえ、大事な場面でチームを救った。
(2) 消費者の声に応え、従来より操作が簡単な製品を開発する方針だ。

「にこたえて」の書き言葉の言い方。

→【にこたえて】

【にこたえて】 N2N3

[Nにこたえて]

(1) その選手は両親の期待にこたえてみごとに完走した。
(2) 多数の学生の要望に応えまして、日曜日も図書館を開館することにしました。
(3) 消費者の皆様のご意見にお応えして、この程、より使いやすい製品を発売いたしました。
(4) 国連からの要請に応えて、政府は救援チームを派遣することにした。
(5) 多くのファンの声援に応える完璧なプレーをなしとげた。

「期待」や「要請」などの名詞に付いて、「それがかなうように応じて」という意味を表す。また名詞を修飾する場合は、(5)のように「Nにこたえ るN」となる。やや書き言葉的。

【にさいし】 N2N3

(1) 今回の合併に際し、大規模な合理化が行われた。
(2) 会長選出に際し不正が行われたとの噂がある。
(3) 学則の変更を検討するに際し、専門家の助言を求めた。

「にさいして」の書き言葉的表現。

→【にさいして】

【にさいして】 N2N3

[Nにさいして]

[V-るにさいして]

(1) お別れに際して一言ご挨拶を申し上げます。
(2) この度の大規模なアジア現代美術展を開催するに際して、各国の多数のアーティストの協力と参加を得られたことには大きな意義がある。
(3) 長年の懸案であった平和条約を締結するに際して、両国はお互いの歴史認識を深め合う意義を改めて思い起こすべきである。
(4) 今回の会議参加に際しての最大の懸案事項はやはり安全保障問題であろう。

「ある出来事の機会に」という意味を表す。名詞を修飾するときは(4)のように「N／V-るにさいしてのN」となる。書き言葉的。

【にさきだち】 N2N3

(1) 実験にさきだち、入念なチェックを行った。
(2) 一般公開に先立ち映画の試写会が行われた。
(3) 本論に入るに先立ち、これまでの議論を整理しておこう。

「にさきだって」の書き言葉の言い方。

→【にさきだって】

【にさきだって】 N2N3

[Nにさきだって]

[V-るにさきだって]

(1) 試験開始にさきだって、注意事項を説明する。
(2) 首相来日に先だって、事務次官レベルの事前協議が始まった。
(3) 開会を宣言するに先だって、今回の災害の犠牲者に黙祷を捧げたいと思います。
(4) 交渉を始めるに先だって、お互いの内政問題を議題にしないという暗黙の合意が両国の間にできたようだ。

「何かを始める前に」という意味を表す。その前にしておくべきことがらをするということを述べる場合に用いられる。名詞を修飾する場合は「Nにさきだつ N」となるが、「V-るにさきだつ N」の形はない。

(正) 首相来日に先立つ事前協議が始まった。
(誤) 首相が来日するに先立つ事前協議が始まった。

【にしたがい】 N2N3

(1) 引率者の指示に従い行動すること。
(2) 上昇するに従い気温が下がる。

「にしたがって」の書き言葉での言い方。

→【にしたがって】

【にしたがって】

1 Nにしたがって N2N3

(1) 係員の指示にしたがって行動して下さい。
(2) 古くからのしきたりに従って祭りをとり行った。
(3) 自分の信念に従って行動する。
(4) 矢印に従って進んで下さい。

人・規則・指示などを表す名詞を受けて、「それに逆らわずに・その指示通りに」という意味を表す。

2 V-るにしたがって N2N3

(1) 上昇するにしたがって気圧が下がる。
(2) 進むにしたがって道は険しくなる。
(3) この材質は年月を重ねるに従って美しいつやが出てくる。

「その動作や作用が進むのに伴って」という意味を表す。後ろには「気圧が下がる・険しくなる」など、前に述べた動作や作用の進行に伴って変化が生じることがらが続く。

【にしたって】

「にしても・にしろ・にせよ」のくだけた言い方。

→【にしても】【にしろ】【にせよ】

1 Nにしたって N1

(1) 社長にしたって成功の見通しがあって言っていることではない。
(2) 彼にしたって、今ごろは自分の行いを恥じているはずだ。
(3) この間のパーティーにしたってあんなに派手にやる必要はなかったんだ。とにかく無駄が多すぎる。
(4) 転勤というのは簡単ではない。住むところにしたって、探すのには一苦労だ。
(5) 食事の支度ひとつにしたってあの歳では重荷になっているはずだ。

人やものごとを表す名詞に付いて、「そのような人やものごとの場合にも同様のことがいえる」という意味を表す。いろいろある中の一つを取りあげて述べ、他のものは当然そうだという含みを強調するときは、(5)のように「…ひとつにしたって」となる。

→【にしても】[1]

[2] …にしたって

[N／Na／A／V　にしたって]

(1) たとえ冗談にしたって、笑って済ませる話ではない。

(2) たとえ勝つのは無理にしたって、強豪の相手を少しはあわてさせたい。

(3) 失敗作であったにしたって、その画家の作品なら見たい。

(4) 忙しいにしたって連絡ぐらい入れろ。

(5) 人に注意を与えるにしたって、もう少し言葉遣いには気を付けるべきだ。

(6) 休暇を増やすにしたって、仕事量が変わらなければ休むこともできない。

(7) 休暇をとるにしたって、旅行などとても無理だ。

「…をかりに認めた場合でも」という意味を表す。

→【にしても】[2]【にしろ】[1]【にせよ】[1]

[3] …にしたって…にしたって

[NにしたってNにしたって]

[NaにしたってNaにしたって]

[AにしたってAにしたって]

[VにしたってVにしたって]

(1) 山田にしたって佐藤にしたって、それは不本意だろう。

(2) 元気にしたってそうじゃないにしたって、定期的に近況報告ぐらいはくれよ。

(3) 当選するにしたって落選するにしたって、立候補することに意味があるのだ。

(4) 勝つにしたって負けるにしたって、全力を出し切ることが大事だ。

同じ類の二つのもの、あるいは対立する二つのものごとを取りあげて、「そのどちらの場合でも」という意味を表す。

→【にしても】[3]【にしろ】[2]【にせよ】[2]

[4] 疑問詞+にしたって

(1) どちらにしたって勝てる見込みはほとんどない。

(2) なにをやるにしたって金がかかる。

(3) だれにしたってこんな問題にはかかわりあいたくない。

(4) なんにしたってこの種の問題を解決するには時間がかかる。

「いずれ・どちら・なに・だれ」などの疑問詞を伴って、「どんな場合でも・だれの場合でも」などの意味を表す。(2)のように疑問詞を含む節が用いられることもある。

→【にしても】[4]【にしろ】[3]【にせよ】[3]

【にしたら】N2N3

[Nにしたら]

(1) せっかくの申し出を断られてしまったのだから、彼にしたら、自分の親切が踏みにじられたと感じていることだろう。

(2) 母親は子供のためを思って厳しくしつけようとしたのでしょうが、子供にしたら自分が嫌われていると思いこんでしまったのです。

(3) これは学生の語学力を高めるには必要な訓練なのだが、学生にしたら退屈きわまりない授業だと思うにちがいない。

(4) あの人にしたら親切のつもりで言っ

たのでしょうが、言い方が悪かったので山田さんを怒らせてしまいました。

人を表す名詞を受けて、「その人の立場に立てば」という意味を表す。「他人の立場に立ってその人の考えなどを推測する」という意味を表すのに用いる。話し手自身の立場について用いることはできない。

（誤）　私にしたらたいへん嬉しく思います。

（正）　私としてはたいへん嬉しく思います。

【にして】

1　Nにして ＜段階＞ N1

(1) この歳にして初めて人生のなんたるかが分かった。

(2) 40にしてようやく子宝に恵まれた（＝子供が生まれた）。

(3) これは長年苦労を共にした者にして初めて理解できることである。

「そこに至って」という意味を表す。ある段階に到達して初めて何かが起こったことを表すのに用いられる。「Nにしてようやく／初めて」のように用いられることが多い。

2　Nにして ＜並立＞

(1) 彼は科学者にして優秀な政治家でもある。

(2) 彼は勇敢にして思慮分別に富んだ指導者である。

「Nでありなおかつ」の意味を表す。同類のことを並べ上げるのに用いる。書き言葉に用いる。

3　Nにして ＜逆接＞ N1

(1) 教師にして学問の何であるかを知らない。

(2) 法を守るべき裁判官にしてこの不正に目をつぶろうとしているのは許せない。

「Nであるのに」の意味を表す。逆接を表す。書き言葉的。

4　…にして

(1) 幸いにして大事にいたらずにすんだ。

(2) 不幸にして、重い病にかかってしまった。

(3) その事故で一瞬にして家族全員を失った。

(4) 生まれながらにして（＝生まれたときから）体の弱い子供だった。

(5) その小舟は、たちまちにして波に飲まれて沈んでいった。

特定の名詞や副詞に付いて、ことがらの状況を述べるのに用いる。(1)や(2)のように後に続くことがらが好運なことであるかどうかといった話し手の評価を述べる場合と、(3)～(5)のようにことがらのあり方や起こり方を述べる場合がある。

【にしてからが】

[Nにしてからが]

(1) リーダーにしてからがやる気がないのだから、ほかの人たちがやるはずがない。

(2) 課長にしてからが事態を把握していないのだから、ヒラの社員によくわからないのも無理はない。

(3) 夫にしてからが、私の事を全然分かってくれようともしない。

「…でさえも」という意味を表す。本来はもっともそれから遠いはずの例を示して、「それでさえそうなのだから、まして他のものは言うまでもない」という気持ちを表すのに用いる。マイナス評価が多い。「からして」とも言う。

→【からして】1

【にしては】 N2N3

[N／V　にしては]

(1) 子供にしてはむずかしい言葉をよく知っている。

(2) このアパートは都心にしては家賃が安い。

(3) 学生にしてはずいぶん立派なところに住んでいる。

(4) 始めたばかりにしてはずいぶん上達したものだ。

(5) うちの娘は、受験を控えているにしては、あまり勉強している様子がない。

(6) 下調べをしたにしては不十分な内容であった。

「その割に」という意味を表す。後には、そこから当然予想されることと食い違うことがらが続く。「X(な)のに」に言いかえられる場合が多いが、「のに」にはXがすでに確定した事実であるという含みがあるのに対して、「Xにしては」にはそのような含みはない。

→【のに$_1$】

【にしてみたら】

→【にしてみれば】

【にしてみれば】

[Nにしてみれば]

(1) 今何の歌がはやっているかなんて、私にしてみればどうでもいいことだ。それよりもっと大切なことが山ほどある。

(2) 長い間使っていなかった古いコンピュータをあげたのだが、彼女にしてみればとてもありがたかったらしく、何度も何度もお礼を言われた。

(3) 私は軽い気持ちで話していたのだが、あの人にしてみれば大きな問題だったのだろう。彼は落ち込んで誰とも口をきかなくなってしまった。

(4) 母にしてみれば、大切に育ててきた息子が突然家を出ていったのだから、たいそうショックだろうが、私は親離れしようとしている弟に声援を送りたい気持ちだった。

人を表す名詞に付いて、「その人にとっては」という意味を表す。その人が他の人と比べて違う見方を持っているということを言いたいときに使う。「にしてみたら」と言うこともある。

【にしても】

くだけた言い方では「にしたって」、改まった言い方では「にしろ・にせよ」が用いられる。一般に「にしたって」→「にしても」→「にしろ」→「にせよ」の順で改まった言い方になる。

→【にしたって】【にしろ】【にせよ】

1　Nにしても

(1) 彼にしても、こんな騒ぎになるとは思ってもいなかったでしょう。

(2) 母にしても初めから賛成していたわけではありません。

(3) かなりハードな仕事だし、給料にしても決していいというわけでもない。

(4) 彼は礼儀正しい好青年で、挨拶ひとつにしても気持ちがいい。

(5) 身につけているものひとつにしても育ちのよさが感じられた。

人やものごとを表す名詞に付いて、「そのような人やものごとの場合にも同様のことがいえる」という意味を表す。いろいろある中の一つを取りあげて述べ、他のものは当然そうだという含みを強調するときは、(4)(5)のように「…ひとつにしても」となる。

→【にしたって】1

2 …にしても

[N/Na/A/V にしても]

(1) 子供のいたずらにしても笑って済ませられる問題ではない。

(2) いや、たとえ大好きにしても毎食それしか食べないというのはよくないよ。

(3) たとえ失敗作であるにしても、これには十分に人を引き付ける魅力がある。

(4) 忙しいにしても連絡ぐらいは入れられただろうに。

(5) 私を嫌っているにしても、こんな仕打ちはあんまりだ。

「…をかりに認めた場合でも」という意味を表す。

→【にしたって】2【にしろ】1【にせよ】1

3 …にしても…にしても

[NにしてもNにしても]

[NaにしてもNaにしても]

[AにしてもAにしても]

[VにしてもVにしても]

(1) 山田にしても佐藤にしても、この仕事に向いているとはいえない。

(2) 犬にしても猫にしてもこのマンションではペットを飼ってはいけないことになっている。

(3) 当選にしても落選にしても、今回の選挙に立候補することは大いに意味がある。

(4) 元気にせよそうじゃないにせよ、定期的に近況報告ぐらいはくれよ。

(5) 行くにしても行かないにしても、一応準備だけはしておきなさい。

(6) 勝つにしても負けるにしても、正々堂々と戦いたい。

(7) 勝ったにしても負けたにしても、よく頑張ったとほめてやりたい。

同じ類の二つのもの、あるいは対立する二つのものごとを取りあげて、「そのどちらの場合でも」という意味を表す。

→【にしたって】3【にしろ】2【にせよ】2

4 疑問詞+にしても

(1) いずれにしても結論は次回に持ち越されることになった。

(2) だれにしてもそんなことはやりたくない。

(3) なんにしても年内に結論を出してもらいます。

(4) だれがやったにしても、我々全員で責任をとらなければならない。

(5) 何をするにしても、よく考えてから行動しなさい。

「いずれ・どちら・だれ・なに」などの疑問詞を伴って、「どんな場合でも・だれの場合でも」などの意味を表す。(4)(5)のように疑問詞を含む節が用いられることもある。

→【にしたって】4【にしろ】3【にせよ】3

5 それにしても

→【それにしても】

【にしろ】

「にしても・にせよ」の改まった書き言葉の言い方。くだけた言い方に「にしたって」がある。

→【にしたって】【にしても】【にせよ】

1 …にしろ N2N3

[N／Na／A／V　にしろ]

(1) 子供のいたずらにしろ笑って済ませる問題ではない。
(2) たとえ勝つのは無理にしろ、強豪の相手を少しはあわてさせたい。
(3) いくら忙しいにしろ連絡ぐらいは入れてほしかった。
(4) 私のやっていることが気に入らないにしろ、ここまでの仕打ちはあんまりだ。
(5) 直接の責任は部下にあるにしろ、彼の監督不行届も糾弾されるだろう。
(6) たとえ失敗作だと作家本人が言っているにしろ、この作品には十分に人を引き付ける魅力があると思う。
(7) 思ったほどおいしくなかったにしろ、そこまであからさまにけなすのはあんまりだ。
(8) 役人がわいろを受け取ったかどうか問題になっているが、かりに金銭の授受はなかったにしろ、なんらかの利益を得たことは間違いない。

「…をかりに認めた場合でも」という意味を表す。

→【にしたって】2【にしても】2【にせよ】1

2 …にしろ…にしろ N2N3

[NにしろNにしろ]
[NaにしろNaにしろ]
[VにしろVにしろ]
[AにしろAにしろ]

(1) 私にしろあなたにしろ、誰かが謝罪に行ったほうがよい。
(2) 当選にしろ落選にしろ、今回の選挙に立候補することは大いに意味がある。
(3) 妻にしろ子供達にしろ、彼の気持ちを理解してくれる者はいなかった。
(4) 元気にしろそうじゃないにしろ、定期的に近況報告ぐらいはくれよ。
(5) 行くにしろ行かないにしろ、一応準備だけはしておきなさい。
(6) 勝つにしろ負けるにしろ、正々堂々と戦いたい。
(7) 勝ったにしろ負けたにしろ、よく頑張ったとほめてやりたい。

同じ類の二つのもの、あるいは対立する二つのものごとを取りあげて、「そのどちらの場合でも」という意味を表す。

→【にしたって】3【にしても】3【にせよ】2

3 疑問詞+にしろ

(1) いずれにしろもう一度検査をしなければならない。
(2) だれにしろそんなことはやりたくない。
(3) なんにしろ年内に結論を出してもらいます。
(4) だれがやったにしろ、我々全員で責任をとらなければならない。
(5) 何をするにしろ、よく考えてから行動しなさい。
(6) いくら貧しいにしろ人から施しは受けたくない。
(7) どちらの案を採用するにしろ、メンバーには十分な説明をする必要がある。

「いずれ・どちら・なに・だれ」などの疑問詞を伴って、「どんな場合でも・だれの場合でも」などの意味を表す。(4)～(7)のように疑問詞を含む節が用いられることもある。

→【にしたって】[4]【にしても】[4]【にせよ】[3]

【にすぎない】N2N3

[N／Na／A／V　にすぎない]

(1) その件は責任者にきいてください。私は事務員にすぎませんので。
(2) 会談は成功したが、問題解決のための第一歩にすぎない。
(3) 今回発覚した汚職事件は氷山の一角に過ぎない。
(4) 私は単に思いつきを述べたに過ぎません。

「それ以上ではない」という意味を表す。「あまり重要でない」という評価の気持ちが伴う。(1)は「責任ある地位にいるのではない、ただの事務員だ」、(2)は「始まったばかりだ」、(3)は「ごく一部が表面化しただけだ」の意味。

【にする】

→【する】[5]

【にせよ】

「にしても・にしろ」の改まった書き言葉の言い方。くだけた言い方に「にしたって」がある。

→【にしたって】【にしても】【にしろ】

[1]　Nにせよ N2N3

[N／Na／A／V　にせよ]

(1) 子供のいたずらにせよ笑って済ませる問題ではない。
(2) たとえ勝つのは無理にせよ、強豪の相手を少しはあわてさせたい。
(3) いくら忙しいにせよ連絡ぐらいは入れてほしかった。
(4) 私のやっていることが気に入らないにせよ、ここまでの仕打ちはあんまりだ。
(5) 直接の責任は部下にあるにせよ、彼の監督不行届も糾弾されるだろう。
(6) たとえ失敗作だと作家本人が言っているにせよ、この作品には十分に人を引き付ける魅力があると思う。
(7) 思ったほどおいしくなかったにせよ、そこまであからさまにけなすのはあんまりだ。

「…をかりに認めた場合でも」という意味を表す。

→【にしたって】[2]【にしても】[2]【にしろ】[1]

[2]　…にせよ…にせよ N2N3

[NにせよNにせよ]
[NaにせよNaにせよ]
[VにせよVにせよ]
[AにせよAにせよ]

(1) 私にせよあなたにせよ、誰かが謝罪に行ったほうがよい。
(2) 当選にせよ落選にせよ、今回の選挙に立候補することは大いに意味がある。
(3) 元気にせよそうじゃないにせよ、定期的に近況報告ぐらいはくれよ。
(4) 行くにせよ行かないにせよ、一応準備だけはしておきなさい。
(5) 勝つにせよ負けるにせよ、正々堂々と戦いたい。
(6) 勝ったにせよ負けたにせよ、よく頑張ったとほめてやりたい。

同じ類の二つのもの、あるいは対立する二つのものごとを取りあげて、「そのどちらの場合でも」という意味を表す。

→【にしたって】3【にしても】3【にしろ】2

3 疑問詞+にせよ

(1) いずれにせよもう一度検査をしなければならない。

(2) だれにせよそんなことはやりたくない。

(3) なんにせよ年内に結論を出してもらいます。

(4) だれがやったにせよ、我々全員で責任をとらなければならない。

(5) 何をするにせよ、よく考えてから行動しなさい。

(6) いくら貧しいにせよ人から施しは受けたくない。

「いずれ・どちら・なに・だれ」などの疑問詞を伴って、「どんな場合でも・だれの場合でも」などの意味を表す。(4)～(6)のように疑問詞を含む節が用いられることもある。

→【にしたって】4【にしても】4【にしろ】3

【にそういない】N2N3

[N／V　にそういない]

(1) 犯人はあの男に相違ない。

(2) 彼女は3日前に家を出たまま帰ってこない。きっとなにか事件に巻き込まれたに相違ない。

(3) これを知ったら、彼はきっと烈火のごとく怒り出すに相違ない。

「間違いなくそうである・きっと...だろう」といった話し手の強い確信を表す。文学作品などの書き言葉に用いる。「にちがいない」に言いかえられる。

→【にちがいない】

【にそくして】N1

[Nにそくして]

(1) 事実にそくして想像をまじえないで事件について話してください。

(2) ぼくの経験にそくしていうと、若いときの異文化体験の意味はとても大きい。

(3) ゼロ才児保育につきましてはそれぞれの家庭で事情が異なると思いますから、実情に即して対処いたします。

(4) この問題は私的な感情ではなく、法に則して解釈しなければならない。

(5) 法律に則して言うと、今回の事件は刑事事件として取り扱うべき性格のものだ。

事実・体験・規範などを表す名詞に付いて、「それにそって／従って／基準として」という意味を表す。(1)～(3)のように事実、経験などの名詞に付くときは「即して」と書き、(4)(5)のように法律や規範などの名詞に付くときは「則して」と書く。

【にそった】

→【にそって】

【にそって】N2N3

[Nにそって]

(1) この道に沿ってずっと行くと、右手に大きい公園が見えてきます。

(2) 川岸に沿って、桜並木が続いていた。

(3) この塀に沿って植えてある花は、日陰でもよく育つ。

(4) 書いてある手順に沿ってやってください。

(5) マニュアルに沿った手紙の書き方し

か知らないのでは、いざというとき困る。

川や道など長く続くものや、手順やマニュアルなど作業の流れを示すものを表す名詞に付いて、「それが続いていくとおりに・そのふちにずっと・それにしたがって」などの意味を表す。この場合、漢字は「沿う」を用いる。また、漢字の「添う」を用いた次の例では、「人やものに離れずに付き従う」という意味を表す。

(例) 妻は夫に添って病室に入っていった。

名詞を修飾するときは(5)のように「NにそったN」となる。

【にたいして】

1 …にたいして N2N3

[Nにたいして]

[A／V のにたいして]

(1) 私の発言に対して彼は猛烈に攻撃を加えてきた。

(2) あの人は私の質問に対して何も答えてくれなかった。

(3) 彼は女性に対しては親切に指導してくれる。

(4) 現在容疑者に対しての取り調べが行われているところです。

(5) 私が手を振って合図したのに対して、彼女は大きく腕を振って応えてくれた。

「そのものごとに向けて／応じて」などの意味を表し、後ろにはそれに向けられた行為や態度など、なんらかの働きかけを示す表現が続く。名詞を修飾するときは「…にたいしての／…にたいするN」となる。

2 N+数量詞+にたいして

(1) 研究員1人に対して年間40万円の研究費が与えられる。

(2) 学生20人に対して教員一人が配置されている。

(3) 砂3に対して1の割合で土を混ぜます。

(4) 学生1人に対して20平米のスペースが確保されている。

数量で表された数を単位として、「その単位に応じて」の意を表す。「について・につき」に言いかえられる。

→【について】2【につき】3

3 …のにたいして

[Naなのにたいして]

[A／V のにたいして]

(1) 彼が自民党を支持しているのに対して、彼女は共産党を支援している。

(2) 姉が背が高いのに対して、妹の方はクラスで一番低い。

(3) 同じ兄弟でも性格が違う。弟が素直なのに対し、兄は頑固者だ。

対比的なふたつのことがらを並べて示すのに用いる。

【にたいする】

1 NにたいするN N2N3

(1) 私の疑問に対する答えはなかなか得られない。

(2) 子供に対する親の愛情ははかり知れない。

(3) その子は親に対する反抗心をむき出しにしてくってかかった。

(4) あの人は書画に対する造詣が深い。

「それに向けての・それに関しての」という意を表し、次に続く名詞を修飾する。「その問いに対しての解答」のように、「NにたいしてのN」という形が用いられることもある。

2 N+数量詞+にたいするN

(1) 研究員1人に対する年間の補助は40

万円である。

(2) 教員一人に対する学生数は20人という計算になる。

数量で表された数を単位として、「その単位に応じて」の意を表し、それに続く名詞を修飾するのに用いられる。

【にたえない】

1 V-るにたえない N1

(1) 幼い子供が朝から晩まで通りで物乞いをしている姿は見るにたえない。

(2) 近ごろの週刊誌は暴露記事が多く、読むにたえない。

(3) 地震のあと、町はパニック状態となった。暴徒が次々に商店をおそい、正視するにたえない光景が繰り広げられた。

「あまりにひどい状態で、見たり聞いたりするのがつらい」という意味を表す。「見る・読む・正視する」など、ごく限られた動詞にしか使わない。

2 Nにたえない N1

(1) このようなお言葉をいただき、感謝の念にたえません。

(2) 晩年近くなってボランティア活動を通じて若い人々とこのようなすばらしい出会いがあろうとは考えてもみないことであった。感激にたえない。

(3) このような重大な事故を起こしてしまったことは自責の念に耐えません。

「感謝・感激・痛恨・自責の念」など、限られた名詞に付いて、その意味を強調するのに用いる。文学作品や改まった手紙などに使われる。

【にたえる】

1 Nにたえる

(1) この木はきびしい冬の寒さにたえて、春になると美しい花を咲かせます。

(2) 重圧に耐えられなくなって、彼は社長の座を降りた。

「負けないで我慢する」という意味を表す。否定の表現は不可能を表す「たえられない」を使うことが多い。

2 …にたえる N1

[Nにたえる]

[V-るにたえる]

(1) アマチュアの展覧会ではあるが鑑賞にたえる作品が並んでいる。

(2) きびしい読者の批評にたえる紙面作りを目指したい。

(3) 読むに耐える記事が書けるようになるまでには相当の訓練が要る。

「鑑賞・批判・読む・見る」などの限られた名詞や動詞に付いて、「そうするだけの十分な価値がある」という意味を表す。否定の表現は「にたえない」を使うのが普通で、「たえられない」は使わない。

→【にたえない】

【にたりない】

[V-るにたりない]

(1) とるに足りない（＝つまらない）ことをそんなに気にするな。

(2) あんなものは恐れるに足りない。

(3) 彼は信頼するに足りない人物だ。

「それほどのものではない・そうするだけの価値がない」という意を表す。

【にたる】 N1

[NにたるN]

[V-るにたるN]

(1) 取引先が信頼にたる企業かどうか調べる必要がある。

(2) 彼女は上司として尊敬に足る人物だ。
(3) 昨今の政治家は私利私欲に走り、尊敬するにたる人物はいなくなってしまった。
(4) 学校で子供たちが信頼するにたる教師に出会えるかどうかが問題だ。
(5) 一生のうちに語るに足る冒険などそうあるものではない。
(6) 会議では皆それぞれ勝手なことをいうばかりで、耳を傾けるに足る意見は出なかった。
(7) 海辺の小さな村で取材したが、報道するに足るニュースなど何もなかった。

「尊敬する・信頼する」などの限られた動詞に付いて、「そうする値打ちが十分にある・そうするにふさわしい」という意味を表す。かたい書き言葉。

【にちがいない】N2N3

[N／Na／A／V　にちがいない]
[N／Na　だったにちがいない]

(1) あんなすばらしい車に乗っているのだから、田村さんは金持ちにちがいない。
(2) あそこにかかっている絵は素晴らしい。値段も高いにちがいない。
(3) 学生のゆううつそうな様子からすると、試験は難しかったにちがいない。
(4) あの人の幸せそうな顔をごらんなさい。きっといい知らせだったにちがいありません。
(5) あの人は規則をわざと破るような人ではない。きっと知らなかったにちがいない。
(6) 立派な屋敷だ。ここに住んでいた人々はさぞ裕福だったに違いない。

何らかの根拠にもとづいて、話し手が強く確信していることを表す。「だろう」に比べて話し手がもつ確信の度合い、思い込みの度合いが高い。書き言葉ではよく使われるが、会話で使うと大げさに響くため、「きっと…と思います」などの表現が使われることが多い。

→【だろう】1

【について】

1 Nについて N2N3

(1) 農村の生活様式について調べている。
(2) その点については全面的に賛成はできない。
(3) 彼女は自分自身について何も語ろうとしない。
(4) 事故の原因について究明する。
(5) 経営方針についての説明を受けた。
(6) 将来についての夢を語った。
(7) あの人はことの善悪についての判断ができなくなっている。

「それに関して」という意を表す。名詞を修飾するときは(5)～(7)のように「NについてのN」という形になる。丁寧に言うときは「つきましては」となる。

(例) その件につきましては後でお返事さしあげます。

→【つきましては】

2 N+数量詞+について

(1) 車1台について5千円の使用料をちょうだいします。
(2) 乗客1人について3つまでの手荷物を持ち込むことができます。
(3) 作業員5人について1部屋しか割り当てられなかった。

数量を受けてその数を単位とし、「その単位に応じて」の意味を表す。「にたいして」とも言う。

→【にたいして】2

【につき】

1 Nにつき ＜関して＞ N2N3

(1) 本部の移転問題につき審議が行われた。

(2) 領土の分割案につき関係各国の代表から厳しい批判が浴びせられた。

「について」の改まった言い方。

→【について】1

2 Nにつき ＜理由＞ N2N3

(1) 改装中につきしばらくお休みさせていただきます。

(2) 父は高齢につき参加をとりやめさせていただきます。

名詞を受けて「その理由で」の意味を表す。改まったお知らせや掲示などに用いる。

3 N+数量詞+につき

(1) 参加者200人につき、5人の随行員がついた。

(2) 当キャンプ場の料金は、大人一泊につき1000円です。お子さんは半額の500円を頂戴します。

(3) 食費は1人1日につき2千円かかる。

「N+数量詞+について」の改まった言い方。

→【について】2

【につけ】

1 Nにつけ N2N3

(1) 何事につけ我慢が肝心だ。

(2) 彼は何かにつけ私のことを目のかたきにする。

(3) 山田さんご夫妻には何かにつけ親切にしていただいています。

(4) あの人は何につけても決断が早く、しかも的確だ。

「何事につけ・何かにつけ」などの慣用的に固定化した表現で、それぞれ「どんな場合でも・何かのきっかけがあるたびに」という意味を表す。

→【なんにつけ(ても)】【なにかにつけて】

2 V-るにつけ

(1) 彼女の姿を見るにつけ、その時のことが思い出される。

(2) そのことを考えるにつけ後悔の念にさいなまれる。

(3) その曲を聞くにつけて、苦しかったあの時代のことが思い出される。

(4) 昔の苦労を思い出すにつけても、今の幸せがありがたい。

慣用的に固定化した表現で、「見る・思う・考える」などの動詞に付き、「何かを見たり思ったりするたびにそれに関連して」という意味を表す。後ろには「思い出・後悔」など、感情や思考に関する内容が続く。(3)のように「つけて」、(4)のように「つけても」とも言う。

3 …につけ…につけ N2N3

[AにつけAにつけ]

[VにつけVにつけ]

(1) いいにつけ悪いにつけ、あの人達の協力を仰ぐしかない。

(2) 話がまとまるにつけ、まとまらないにつけ、仲介の労を取ってくれた方にはお礼をしなければなりません。

慣用的に固定化した表現で、二つの対比的な内容を表す語句を並べて、「それらのどちらの場合でも」という意味を表す。

【につれて】N2N3

[Nにつれて]

[V-るにつれて]

(1) 町の発展につれて、前にはなかった新しい問題が生まれて来た。

(2) 時間がたつにつれて、悲しみは薄らいできた。

(3) 設備が古くなるにつれて、故障の箇所が増えて来た。

(4) 試合が進むにつれて、観衆も興奮してきて大騒ぎとなった。

(5) 成長するにつれて、娘は無口になってきた。

ある事態の進展とともに、他の事態も進展するという、おおまかな比例関係を表す。書き言葉の場合は「…につれ」とも言う。

【にて】

[Nにて]

(1) 校門前にて写真撮影を行います。

(2) では、これにて失礼致します。

(3) 会場係は当方にて手配いたします。

出来事の場所を表したり、「これにて・当方にて」などの慣用表現に用いられる。お知らせや掲示などの書き言葉に用いる。「で」に言いかえられる。

→【で₂】

【にとって】N2N3

[Nにとって]

(1) 彼にとってこんな修理は何でもないことです。

(2) 年金生活者にとってインフレは深刻な問題である。

(3) 度重なる自然災害が国家の再建にとって大きな痛手となった。

(4) 病床の私にとっては、友人の励ましがなによりも有り難いものだった。

多くは人や組織を表す名詞を受けて、「その立場からみれば」という意味を表す。まれに(3)のようにものごとを表す名詞を受けて「その点から考えると」の意味を表すこともある。後ろには可能・不可能を表す表現や「むずかしい・有り難い・深刻だ」など、評価を表す表現が続く。「賛成・反対・感謝する」などの態度表明にかかわる表現は用いることができない。

(誤) その案は私にとって反対です。

(正) 私はその案に反対です。

【にどと…ない】

[にどとV-ない]

(1) こんな恐ろしい思いは二度としたくない。

(2) 同じ間違いは二度と犯さないようにしましょう。

(3) こんなチャンスは二度と訪れないだろう。

(4) あんなサービスの悪いレストランには二度と行きたくない。

(5) 今、別れたら、あの人にはもう二度と会えないかもしれない。

「絶対に…ない・決して繰り返さない」と強く打ち消すのに用いる。

【にとどまらず】

[Nにとどまらず]

(1) この図書館は、本の閲覧や貸し出しだけにとどまらず、各種のイベント会場や地域住民の集合場所としても活用されています。

(2) 干ばつはその年だけにとどまらず、

その後3年間も続いた。

(3) 大気汚染による被害は、老人や幼い子供達にとどまらず、若者達にまで広がった。

地域や時間などを表す名詞を受けて、「その範囲には収まらず・それだけでなく」という意味を表す。

【にともない】N2N3

(1) 社会の高齢化にともない、医療の問題も深刻になりつつある。

(2) 地球の温暖化にともない、海面が急速に上昇している。

(3) 政界再編の動きに伴いまして、このたび新しく党を結成することになりました。

(4) 円が下落するのに伴い、輸入品の価格が高くなっている。

「にともなって」のさらに改まった言い方。

→【にともなって】

【にともなって】N2N3

[Nにともなって]

[Vのにともなって]

(1) 気温の上昇にともなって湿度も上がり蒸し暑くなってきた。

(2) 学生数が増えるのにともなって、学生の質も多様化してきた。

(3) 父親の転勤に伴って、一家は仙台からニューヨークへと移ることになった。

「にともなって」の前と後に変化を表す表現を用いて、「前で述べる変化と連動して後に述べる変化が起こる」という意味を表す。あまり個人的なことがらでなく、規模の大きい変化を述べるのに使う。「とともに・につれて」とも言う。書き言葉的。

→【とともに】1【につれて】

【になく】

[Nになく]

(1) 店の中はいつになく静かだった。

(2) 例年になく、今年の夏は涼しい日が多い。

(3) 彼女は歌がうまいと言われて、柄になく顔を赤らめていた。

慣用的に固定化した表現で、「…とは違い」という意味を表す。(1)(2)は「いつも／例年とは違い」、(3)は「その人の性格やいつもの様子とは違い」という意味。「にもなく」とも言う。

→【にもなく】

【になる】

→【なる】4

【ににあわず】

[Nににあわず]

(1) いつもの佐藤さんに似合わず口数が少なかった。

(2) ドクダミは名前に似合わず可愛らしい花を咲かせる。

「それらしくなく・そのものが持つイメージとは一致しないで」という意味を表す。

【には】

1 Nには

助詞の「に」が付いた名詞を取り立てるために「は」がつけ加えられたもの。

a Nには <時・場所・方向・相手など> N5

(1) 春には桜が咲きます。

(2) 10時には帰ってくると思います。

(3) この町には大学が三つもあります。

(4) 結局国には帰りませんでした。

(5) 山田さんにはきのう会いました。

(6) みなさんには申し訳ありませんが、今日の集まりは中止になりました。

助詞の「に」が付いていろいろな意味を表す句を取り立てて、主題や対比という「は」の意味が付け加えられたもの。「は」の意味を加える必要がないときは「に」だけで用いられる。

b　Nには ＜評価の基準＞

(1) このセーターは私には大きすぎる。

(2) この問題はむずかしすぎて私には分かりません。

(3) この仕事は経験のない人には無理でしょう。

人を表す名詞を受けて「その人にとっては」という意を表す。「大きい・むずかしい・できる・できない」などの評価が何に対して下されるのかを示す。「他のものはともかくとして」という対比的な含みが生じる。「に」だけで用いられることは少なく、「…には」の形となるのが普通。

c　Nには ＜尊敬の対象＞

(1) 皆様にはお変わりなくお過ごしのことと存じます。

(2) 先生にはお変わりなくお過ごしのこととお喜び申し上げます。

目上の相手を表す名詞を受けて、その人に敬意を表すために用いる。改まった手紙やメールなどでしか用いない。さらに改まった表現としては「におかれましては」がある。

→【におかれましては】

2　V-るには

(1) そこに行くには険しい山を越えなければならない。

(2) その電車に乗るには予約する必要があります。

(3) 健康を維持するには早寝早起きが一番だ。

「そうするためには・そうしたいと思うのなら」という意味を表す。

3　V-るにはVが

(1) 行くには行くが、彼に会えるかどうかは分からない。

(2) A：あしたまでに完成させると約束したんですって？
B：うん。約束するにはしたけれど、できるかどうか自信がないんだ。

(3) いちおう説明するにはしたのですが、まだみんな、十分に理解できていないようでした。

同じ動詞を繰り返し用いて、「いちおうはそうする(そうした)けれども」という意味を表す。後ろには、「満足のいく結果になるかどうかわからない」という意味の表現が続く。

【にはあたらない】 N1

[V-るにはあたらない]

(1) 彼女が優勝したからといって驚くにはあたらない。彼女の実力は、以前から多くの人が認めるところだったのだから。

(2) 彼ひとりだけ仲間を置いて下山したからといって、非難するには当たらない。あのような天候のもとではそれ以外の方法はなかっただろう。

(3) 子どもがちっとも親のいうことをきかないからといって、嘆くには当たらない。きっといつか親の心がわかる日がくる。

(4) 彼が会議でひとことも発言しなかっ

たからといって責めるには当たらない。あのワンマン社長の前ではだれでもそうなのだ。

「驚く・非難する」などの動詞に付いて、「そうすることは適当ではない・的を射ていない」という意味を表す。「からといって」などの理由を表す表現と共に使うことが多く、「こういう理由で驚いたり非難したりするのは的はずれだ」の意味となる。

→【からといって】2

【にはおよばない】

1 …にはおよばない

[Nにはおよばない]

[V-るにはおよばない]

(1) 検査では何も異常は見つかりませんでした。すっかり元気になりましたから、ご心配には及びません。

(2) 分かりきったことだから、わざわざ説明するには及ばない。

(3) こんな遠くまで、はるばるお越しいただくには及びません。

「そうするほどのことはない・その必要はない」という意味を表す。「にはあたらない」とも言う。

→【にはあたらない】

2 それにはおよばない

(1) A：車で家までお送りしましょう。
B：いいえ、それには及びません。歩いても5分ほどの所ですから、どうぞご心配なく。

(2) A：空港までお迎えにあがりますよ。
B：大丈夫です。よく知っている所ですから、それには及びませんよ。

相手の申し出に対して「そこまでしてくれなくても大丈夫」と断る場合に用いる。相手の気配りを認める含みがあり、「その必要はありません」よりも改まった言い方。

【にはんし】 N2N3

(1) 大方の予想に反し、我らのチームが圧勝した。

(2) 人々の期待に反し、景気は依然低迷を続けている。

「にはんして」の書き言葉の言い方。

→【にはんして】

【にはんして】 N2N3

[Nにはんして]

(1) 予想にはんして、今年の試験はそれほど難しくはなかったそうだ。

(2) 周囲の期待に反して、彼らは結局結婚しなかった。

(3) 年初の予測に反して、今年は天候不順の年となった。

(4) 今回の交渉では、大方の見方に反して、相手側がかなり思い切った譲歩案を提示した模様だ。

「予想・期待」など将来を予測する意味を表す名詞に付いて、「結果がそれとは異なるものであること」を表す。「とちがって・…と(は)はんたいに」に言いかえられる。書き言葉的。また名詞を修飾する場合は「Nにはんする・にはんしたN」となる。

(例) 先週の試合は、大方の予想に反する結果となった。

→【とちがって】【はんたいに】2

【にひかえて】

1 NにNをひかえて

(1) 神戸は背後に六甲山をひかえて東西

に広がっている。

(2) 彼の別荘は後ろに山を控えた景色のよい場所にある。

山・湖・海・湾など空間的に広がりのある大きなものがすぐ後ろにある様子を表す。(2)のように名詞を修飾するときは「ひかえたN」となる。

2 NをNにひかえて

(1) 試合を10日後に控えて選手たちは練習に余念がない。

(2) 収穫を間近に控えた田んぼが黄金色に輝いている。

(3) 首脳会談を5日後に控え、事務レベルの協議は最後のツメにはいっている。

(4) 入学試験を目前に控えてあわただしい毎日だ。

「XをYにひかえて」の形で、Xで表されたできごとが間近にさしせまっていることを表す。Yには「間近に・10日後に・数ヵ月後に」など時間を表す語句が使われることが多い。「Yに」を省略して「Xをひかえて」となることもある。(2)のように名詞を修飾するときは「ひかえたN」となる。

【にひきかえ】 N1

[Nにひきかえ]

(1) 兄にひきかえ弟はだれにでも好かれる好青年だ。

(2) 努力家の姉に引きかえ、弟は怠け者だ。

(3) 支配者は豊かだった。それにひきかえ村民は貧しさにあえいでいた。

(4) 同じ役所でもこの窓口の丁寧な対応ぶりにひきかえあっちの窓口はひどい。

対照的な二つのものを比べ、「一方とは反対に他方は」という意味を表す。話し言葉では「にくらべて」を使う。

→【にくらべて】

【にほかならない】

1 Nにほかならない N2N3

(1) 苦境を脱することができたのは、人々の努力の結果に他ならない。

(2) この会を成功のうちに終わらせることが出来ましたのは、皆様がたのご協力のたまものに他なりません。

(3) 年を取るというのは、すなわち経験を積むということに他ならない。

「それ以外にない・まさにそのものである」と断定的に述べる場合に用いる。

→【ほか】 5a

2 …から／…ため にほかならない N2N3

(1) 父が肺ガンになったのは、あの工場で長年働いたために他ならない。

(2) 彼が私を憎むのは、私の業績をねたんでいるからに他ならない。

(3) この仕事にこんなにも打ち込むことができたのは、家族が支えていてくれたからに他ならない。

あることがらが起こった理由や原因がそのこと以外にない、まさにそのためであると断定的に述べるのに用いられる。

【にむかって】

1 Nにむかって <方向>

(1) この飛行機は現在ボストンに向かっています。

(2) 病人はだんだん快方に向かっています。

(3) 両国の関係はその事件以来悪い方向

に向かっている。

(4) 春に向かってだんだん暖かくなってきた。

(5) このトンネルは出口に向かって下り坂になっている。

ものが移動する際の方向を表したり、時間や状態が変化する際の行く先を表したりする。(1)〜(3)は、「この飛行機・病人・両国の関係」が行き着く先を示し、文の述語として用いることもできる。(4)と(5)は、後に変化を表す表現が続き、「そこに近づくにつれて何かの状態変化が起こる」という意味を表すのに用いられる。例えば(4)は、春に近づくにつれて、気温の上昇という変化が起こるということを表している。

2 Nにむかって ＜対面＞

(1) 机に向かって本を読む。

(2) 黒板に向かって座る。

(3) 空に向かって祈りを捧げる。

(4) 私の部屋は正面に向かって左側にあります。

ものや人を表す名詞を受けて、「それに対してまっすぐ前を向く姿勢をとる」という意味を表す。

3 Nにむかって ＜相手＞

(1) 親に向かって乱暴な口をきくな。

(2) 敵に向かって発砲する。

(3) 上司に向かって反抗的な態度を示す。

人を表す名詞を受けて、ある態度を取ったりある行為を仕掛けたりする際の相手を表す。「にたいして」とも言える。

→【にたいして】1

【にむけて】

1 Nにむけて ＜方向＞

(1) 入口に背を向けて座っている。

(2) 飛行機は機首を北に向けて進んでいた。

(3) 飛行機は機首を北に向けた。

場所や方位を表す名詞を受けて、ものの移動して行く先や、人の姿勢の向きなどを表す。(3)のように文の述語として用いることもできる。

2 Nにむけて ＜目的地＞

(1) 飛行機はヨーロッパに向けて飛び立った。

(2) 彼らは任地に向けて出発した。

場所を表す名詞を受けて移動の目標とする地点を表す。後ろには移動を表す表現が続く。

3 Nにむけて ＜相手＞

(1) 人々に向けて戦争の終結を訴えた。

(2) アメリカに向けて、強い態度を取り続けた。

(3) 彼は戦争の当事者たちに向けて根気強く停戦協定の締結を訴え続けた。

人や組織を表す名詞を受けて、「…に対して」という意味を表す。

4 Nにむけて ＜目標＞

(1) スポーツ大会に向けて厳しい練習が続けられた。

(2) 国際会議の開催に向けてメンバー全員の協力が求められた。

(3) 平和的な問題解決に向けて人々は努力を惜しまなかった。

できごとを表す名詞を受けて、「そのできごとの実現をめざして」という意味を表す。後ろには行為を表す表現が続く。

【にめんした】

→【にめんして】

【にめんして】

1 Nにめんして ＜対面＞

(1) 美しい庭に面して、バルコニーが広がっている。
(2) この家は広い道路に面している。
(3) リゾート地のホテルで、海に面した部屋を予約した。

道路や庭や海など、ある広がりを持った場所を表す名詞を受けて、そこに対して、ある空間が正面を向いて存在していることを表す。(2)のように「...にめんしている」の形で文の述語として用いることもできる。また、名詞を修飾するときは、(3)のように「NにめんしたN」の形をとる。

2 Nにめんして ＜直面＞

(1) 彼女は危機に面しても適切な行動の取れる強い精神力の持ち主なのだ。
(2) 彼はどのような事態に面しても冷静に対処できる人だ。

「困難や危機などの厳しい状況に直面して」という意味を表す。

【にも】

1 Nにも

助詞の「に」の付いた名詞を取り立てるために「も」がつけ加えられたもの。

→【も】

a Nにも ＜時・場所・方向・相手など＞

(1) あそこにも人がいます。
(2) 田中さんにも教えてあげよう。
(3) 箱根にも日光にも行きました。

助詞の「に」が付いていろいろな意味を表す句を取り立てて、「それだけでなく他のものについても同じことが言える」という「も」の意味が付け加えられたもの。「も」の意味を加える必要がないときは「に」だけで用いられる。

b Nにも ＜尊敬の対象＞

(1) ご家族のみなさまがたにもおすこやかにお過ごしのことと拝察申し上げます。
(2) 皆々様にもご健勝にお過ごしの由、お喜び申し上げます。

目上の相手を表す名詞を受けて、その人に敬意を表すために用いる。「先生にも・○○様にも」などの決まった表現でしか用いられず、非常に改まった手紙やメールの挨拶表現として使われる。さらに改まった表現としては「におかれましては」がある。

→【におかれましては】

2 V-ようにも

a V-ようにも…ない

(1) 助けを呼ぼうにも声が出ない。
(2) 機械を止めようにも、方法が分からなかったのです。
(3) 先に進もうにも足が疲れて一歩も踏み出すことができなかった。
(4) 手術をしたときはすでに手遅れで、助けようにも助けようがなかったのです。

「呼ぼう・止めよう」など、動詞の意向形を受けて、後ろには否定的な意味を表す表現が続き、「そうしようと思ってもできない」という意味を表す。

b V-ようにもV-れない

(1) 少し休みたいけれど、忙しくて休もうにも休めない。
(2) こんなに遠くまで来てしまっては、帰ろうにも帰れない。
(3) あんな恐ろしい事件は、忘れようにも忘れられない。
(4) 土砂崩れで道がふさがれており、それ以上進もうにも進めない状態だった。

「帰ろう・忘れよう」など、動詞の意向形を受けて、後ろにも同じ動詞の可能の否定形を繰り返し、「そうしようと思ってもできない・どうしても...することができない」という意味を表す。

【にもかかわらず】 N2N3

［N／A／V　にもかかわらず］

［Naであるにもかかわらず］

(1) 悪条件にもかかわらず、無事登頂に成功した。

(2) 母が止めたにもかかわらず、息子は出かけていった。

(3) あれだけ努力したにもかかわらず、すべて失敗に終わってしまった。

(4) 規則で禁止されているにもかかわらず、彼はバイクで通学していた。

「そのような事態であるのに」という意味を表す。後ろには、そのような事態なら当然予測できることと食い違った事態を表す表現が続く。次のように文のはじめに使うこともできる。

(例)　危険な場所だと十分注意されていた。にもかかわらず、軽装で出かけて遭難するはめになった。

→【それにもかかわらず】

【にもとづいた】

→【にもとづいて】

【にもとづいて】 N2N3

［Nにもとづいて］

(1) 実際にあった話に基づいて小説を書いた。

(2) 計画表に基づいて行動する。

(3) 過去の経験に基づいて判断を下す。

(4) この小説は実際にあったことに基づいている。

(5) 長年の経験に基づいた判断だから、信頼できる。

「それをもとにして・それを根拠にして」という意味を表す。(4)のように文の述語として用いることもできる。また、名詞を修飾するときは(5)のように「…にもとづいたN」の形になる。「…にもとづいてのN」となることもある。

【にもなく】

［Nにもなく］

(1) 今日はがらにもなくスーツなんかを着ている。

(2) その光景を見て、我にもなく動揺してしまった。

慣用的に固定化した表現で、「その人やそのもののいつもの様子や性質とは違って」という意味を表す。

【にもならない】

1　Nにもならない

(1) あまりにばかばかしい話で、冗談にもならない。

(2) こんなに細い木では焚きつけにもならない。

「冗談・焚きつけ」など、あまり役に立たないものを表す名詞を受けて、「その価値さえない」という意味を表す。

2　V-るきにもならない

(1) あまりにばかばかしくて笑う気にもならない。

(2) 彼の考え方があまりに子供っぽいので、腹を立てる気にもならなかった。

「そのような気持ちにならない」という意味を表す。多くの場合はそうする気持ちにならないほど価値が低いというマイナス評価の意味を込めて用いられる。

【によったら】

→【によると】1b

【によって】

1　Nによって ＜原因＞ N2N3

(1) 私の不注意な発言によって、彼を傷つけてしまった。

(2) 踏切事故によって、電車は3時間も遅れました。

(3) ほとんどの会社は不況によって経営が悪化した。

名詞を受けて、「それが原因となって」という意味を表す。後ろには結果を表す表現が続く。

2　Nによって ＜受身文の動作主＞ N2N3

(1) この建物は有名な建築家によって設計された。

(2) その村の家の多くは洪水によって押し流された。

(3) 敵の反撃によって苦しめられた。

(4) これらはヨーロッパの宣教師たちによってもたらされた物です。

(5) 3年生の児童たちによって校庭に立派な人文字が描かれた。

(6) この奇抜なファッションは新しいものを好む若者たちによってただちに受け入れられた。

受身文の動作主を表す。「XにYされる」の「Xに」と同じだが、「Y」の動詞が「設計する・作る・書く」のように何かを生み出すことを表すものであるときは「に」は使えず「によって」を用いる。また、(2)(3)の「洪水・敵の反撃」のように原因と解釈されるもののときは、「で」で言いかえることができる。

(例)　洪水で押し流された。

→【で₂】3

3　Nによって ＜手段＞

(1) この資料によって多くの事実が明らかになった。

(2) 給料をカットすることによって、不況を乗り切ろうとしている。

(3) 交通網の整備によって、遠距離通勤が可能になった。

(4) コンピュータによって大量の文書管理が可能になった。

(5) インターネットによって世界中の情報がいとも簡単に手に入るようになった。

「それを手段として・その方法を用いて」という意味を表す。

4　Nによって ＜よりどころ＞

(1) 先生の御指導によってこの作品を完成させることができました。

(2) 恒例によって会議の後に夕食会を設けることにした。

(3) 例によって彼らは夜遅くまで議論を続けた。

「それを頼りにして・それに従って・それを根拠として」という意味を表す。(2)(3)は慣用句で「いつものように」という意味。

5　Nによって ＜場合＞ N2N3

(1) 人によって考え方が違う。

(2) 明日は所によって雨が降るそうだ。

(3) 時と場合によって、考え方を変えなければならないこともある。

(4) 場合によってはこの契約を破棄しなければならないかもしれない。

(5) 事と次第によっては、裁判に訴えなければならない。

「そのうちのいろいろな場合に応じて」という意味を表す。(5)は慣用句で「場合によって」と同じ意味。

6　疑問詞…か／…か…か　によって

(1) 会費は何人参加するかによって決めることにしよう。

(2) 試験の成績よりも通常の授業でどれだけ頑張ったかによって成績を付けようと思う。
(3) どの性質が強く出るかによって、属するタイプが決まってきます。
(4) 窓口で振り込むかATMで振り込むかによって手数料が変わってきます。

「...に応じて・...に従って」という意味を表す。

【によらず】N1

[Nによらず]

(1) この会社では、性別や年齢によらず、能力のあるなしによって評価される。
(2) 古いしきたりによらず、新しい簡素なやりかたで式を行いたい。
(3) 彼は見かけによらず頑固な男だ。
(4) 何事によらず、注意を怠らないことが肝心だ。

「それとは関係なく・それとは対応しないで」という意味を表す。(3)と(4)は慣用句で、それぞれ「外見とは違って・どんな場合でも」という意味。

【により】N2N3

(1) 水質汚染がかなり広がっていることが、市民団体の調査により明らかになった。
(2) 関東地方はところにより雨。

「によって」の書き言葉的な言い方。

→【によって】

【による】

1 Nによる <動作主・原因・根拠> N2N3

(1) 学長による祝辞に引き続いて、卒業生代表によるスピーチが行われた。
(2) 地震による津波の心配はないということである。
(3) 計画の大幅な変更は、山田の強い主張によるものである。

「動作主・原因・根拠」などを示すのに用いる。書き言葉的な言い方。

2 Nによる <よりどころ>

(1) 晩御飯を食べて帰るかどうかは、会議の終わる時間による。
(2) 登山を決行するかどうかは明日の天候による。

「...に応じて決める/決まる」という意味を表す。

【によると】

1 Nによると N2N3

a Nによると

(1) 天気予報によると、明日は晴れるそうです。
(2) 彼の説明によると、この機械は廃棄物を処理するためのものだということです。
(3) 専門家によると、50年以内にこの地域で大きな地震が起こる可能性が高いそうだ。

他から聞いたことの出どころや推測のよりどころを表す。後ろには「そうだ・...ということだ」などの伝聞を表す表現や「だろう・らしい」などの推測を表す表現が続く。(1)(2)は「によれば」を用いることもできる。

→【そうだ$_1$】【だろう】1【ということ】4【によれば】【らしい$_2$】

b こと/ばあい によると

(1) ことによると今回の旅行はキャンセルしなければならないかもしれない。

(2) 場合によると彼らも応援に来てくれるかもしれない。

慣用的に固定化した表現で「もしかしたら・ある条件のもとでは」という意味を表す。後ろには推測を表す表現が続く。「こと／場合によったら」の形も用いられる。

2 Vところによると

(1) 友人から聞いたところによると、飛行機の方が電車より安い場合があるそうです。

(2) 彼の主張するところによると、彼は事件とは関係ないということだ。

(3) 祖父の語ったところによると、このあたりには昔森があったということだ。

他から聞いたことの出どころや判断のよりどころを表す。後ろには「そうだ・…ということだ」などの伝聞を表す表現や推測・断定などの判断を表す表現が続く。「V-るところによれば」の形も用いられる。

→【そうだ₁】【ということ】4【ところ₁】3

【によれば】 N2N3

(1) この記録によれば、その城が完成したのは11世紀末のことだ。

(2) 彼の話によれば、この茶碗は骨董品として価値の高いものだそうだ。

(3) 詳しく調べたところによれば、何ヶ所かに故障が見つかったそうです。

「によると」と同じ意味を表す。

→【によると】1a【によると】2

【にわたって】 N2N3

[Nにわたって]

(1) この研究グループは水質汚染の調査を10年にわたって続けてきた。

(2) 彼はこの町を数回にわたって訪れ、ダム建設についての住民との話し合いをおこなっている。

(3) 首相はヨーロッパからアメリカ大陸まで8カ国にわたって訪れ、経済問題についての理解を求めた。

(4) 外国人労働者に関する意識調査の質問項目は多岐に渡っており、とても一言で説明することはできない。

期間・回数・場所の範囲などを表す語に付いて、その規模が大きい様子を表す。後に「行う・続ける・訪れる」などの動詞を伴うことが多い。

【にわたり】 N2N3

[Nにわたり]

(1) 話し合いは数回にわたり、最終的には和解した。

(2) 彼の研究は多岐にわたり、その成果は世界中の学者に大きな影響を与えた。

(3) 彼女が訪れた国は実に23カ国に渡り、その旅を記録した写真集は高い評価を得ている。

「にわたって」と同じ意味を表す。「にわたって」は直後の動詞を修飾することが多いが、「にわたり」は節の終わりに使われることが多い。書き言葉で使われる。

→【にわたって】

【ぬ】

否定を表す古い助動詞で、現在では「…ません」や「知らん・好かん」などの「ん」にその形跡が残っている他は、慣用句として用いられる。

1 V-ぬ

(1) 予期せぬ（＝予期しない）事件が起

こった。
(2) 急いで対策を考えなければならぬ。
(3) 知らぬ存ぜぬで（＝知らないと主張し続けて）押し通す。
(4) 知らぬが仏（＝知れば腹が立つが知らなければ大丈夫）。

「…ない」の意を表す。(3)と(4)は慣用句。

2 V-ぬうちに

(1) 誰にも気付かれぬうちにここを抜け出そう。
(2) 暗くならぬうちに家にたどり着けるといいのだが。

「V-ないうちに」の古い表現。

→【うち】2c

3 V-ぬばかり

(1) 太郎の不注意で事故が起きたのに、当の太郎は、自分は関係ないと言わぬばかりの無責任な態度だった。
(2) 泣かぬばかりに懇願した。

「いまにもそうしそうな様子で」という意味を表す慣用句。「V-んばかり」とも言う。

→【ばかり】6b

4 V-ぬまでも

(1) この崖から落ちたら、死に至らぬまでも重傷はまぬがれないだろう。
(2) 実刑は受けぬまでも完全な無罪を勝ち取ることはかなり難しいだろう。

「ないまでも」の古い表現。

→【ないまでも】

5 V-ぬまに

(1) 知らぬ間にこんなに遠くまで来てしまった。
(2) 鬼のいぬ間に洗濯（＝邪魔になる人がいない間にしたいことをする）。

慣用句で、「…ないあいだに」という意味を表す。

【ぬき】

1 Nぬきで N2N3

(1) この集まりでは、形式張ったこと抜きで気楽にやりましょう。
(2) この後は偉い人抜きで、若手だけで飲みに行きましょう。
(3) 前置きは抜きで、さっそく本論に入りましょう。

「…は除いて」という意味を表す。(3)のように「Nはぬきで」となることもある。

2 Nぬきに(は)V-れない N2N3

(1) この企画は、彼の協力抜きには考えられない。
(2) 資金援助抜きに研究を続けることは不可能だ。
(3) 今回の企画の成功は山田君の活躍抜きに語れない。

名詞を受け、さらに「…できない・V-れない・不可能だ」などを文末に用いて、「それなしでは…することができない」という意味を表す。

3 Nをぬきにして(は)V-れない N2N3

(1) この問題を抜きにして教育について語ることはできない。
(2) 本社の今日の繁栄は、創業者の知恵と技術力を抜きにしてはありえなかった。

「Nぬきに…V-れない」と同様に、「それなしでは…することができない」という意味を表す。

4 Nはぬきにして N2N3

(1) この際、仕事の話は抜きにして、大いに楽しみましょう。
(2) 冗談は抜きにして、内容の討議に入りましょう。

「…は除いて・…は止めて」という意味を表す。

【ぬく】 N2N3

[V_R-ぬく]

(1) 苦しかったが最後まで走りぬいた。
(2) 一度始めたからには、あきらめずに最後までやりぬこう。
(3) 考え抜いた結果の決心だからもう変わることはない。
(4) この長い漂流を耐え抜くことができたのは、「ここで死にたくない」という強い気持ちがあったからだと思います。

「必要な行為／過程を全て最後までやり終える」という意味を表す。苦しさに耐えてやり遂げるという意味合いが強い。

【ぬまでも】

(1) 邸宅とは言わぬまでも、せめて小さな一戸建ぐらいは建てたいものだ。
(2) この崖から落ちたら、死に至らぬまでも、重傷はまぬがれないだろう。

「ないまでも」の古い表現。

→【ないまでも】

【ぬものでもない】

→【ものでもない】 2

【ねばならない】

(1) 平和の実現のために努力せねばならない。
(2) 一致協力して問題解決に当たらねばならない。

「なければならない」の書き言葉的な言い方。

→【なければ】 2

【ねばならぬ】

(1) 暴力には力を合わせて立ち向かわねばならぬ。
(2) 自然破壊は防がねばならぬ。

「なければならない」の書き言葉的な言い方。「ねばならない」よりさらにかたい書き言葉に用いる。

→【なければ】 2 【ねばならない】

【の1】

1 NのN

a NのN ＜所属＞ N5

(1) これはあなたの財布じゃないですか？
(2) こちらは東京電気の田中さんです。
(3) 東京のアパートはとても高い。

名詞を修飾し、その名詞が表すものの所有者や所属先や所在などを表す。

b NのN ＜性質＞ N5

(1) 病気の人を見舞う。
(2) バラの花を贈る。
(3) 3時の電車に乗る。
(4) カップ1杯の水を加える。

名詞を修飾し、その名詞の性質・状態・種類・数量など、さまざまな意味を表す。

c NのN ＜同格＞

(1) 友人の和男に相談した。
(2) 社長の木村さんをご紹介しましょう。
(3) これは次女の安子でございます。

前のNと後ろのNが同じものであることを表す。後ろのNには人やものの名前といった固有名詞が用いられることが多い。

d N(+助詞)のN

(1) 子供の成長は早い。
(2) 自転車の修理を頼んだ。
(3) アメリカからの観光客を案内する。

(4) 京都までのバスに乗った。

(5) 田中さんとの旅行は楽しかった。

(6) 京都での宿泊はホテルより旅館のほうがいい。

「子供が成長する」の「子供」と「成長」の関係、「自転車を修理する」の「自転車」と「修理」の関係を、前の名詞が後ろの名詞を修飾することによって表す。「子供が成長する・自転車を修理する」のように「が」と「を」が用いられているときは「子供の成長・自転車の修理」となり、「が」や「を」は表れない。それ以外の助詞の場合は「アメリカからの観光客・田中さんとの旅行」のように助詞も表さなければならない。また、助詞の「に」にはこの用法がなく、代わりに「へ」が用いられる。

(誤) 母にの手紙

(正) 母への手紙

→【へ】 2

e　NのN N5

(1) 彼の描いた絵はすばらしい。

(2) 学生たちの歌う声が聞こえる。

(3) 日本語の上手な人を探している。

(4) 花の咲く頃にまた来てください。

「彼が描いた絵・日本語が上手な人」のように、名詞(この場合は「絵・人」)を修飾する節の中に助詞「が」が用いられている場合、この「が」の代わりに「の」を用いたもの。

2　...の

a　Nの N5

(1) これは私のです。

(2) 電化製品はこの会社のが使いやすい。

(3) この電話は壊れていますので、隣の部屋のをお使い下さい。

(4) ラーメンなら、駅前のそば屋のが安くておいしいよ？

(5) 柄物のハンカチしか置いてないけど、無地のはありませんか？

「Nのもの」という意味を表す。

b　...の N5

[Naなの]

[A-いの]

[Vの]

(1) これはちょっと小さすぎます。もう少し大きいのはないですか？

(2) みんなで料理を持ちよってパーティーをしたんだけど、私が作ったのが一番評判よかったんだ。

(3) これは大きすぎて使いにくい。もっと小さくて便利なのを探さなくてはならない。

(4) その牛乳は古いから、さっき買ってきたのを使って下さい。

動詞や形容詞に付いて、「大きいもの・私が作ったもの」などの意味を表す。

c　Nの...の

[NのNaなの]

[NのA-いの]

[NのVの]

(1) 戸棚のなるべく頑丈なのを探してきてほしい。

(2) パソコンの新しいのを買ってもらった。

(3) ビールの冷えたのはないですか？

(4) 袋の中にリンゴの腐ったのが入っていた。

「Nの＋修飾句＋の」という形で、Nの表すものに関して、修飾句の示すような状態にあるものを特に限定して指し示す場合に用いる。例えば(3)は、「ビールに関して、その中の冷えたビール」という意味。

【の₂】

[N／Na　なの]

[N／Na　だったの]

[A／V　の]

1　…の ＜質問＞ N4

(1) A：遊んでばかりいて。試験、本当に大丈夫なの？
　B：心配するなよ。大丈夫だってば。

(2) A：明子ちゃんは、なにをして遊びたいの？
　B：バドミントン。

(3) A：スポーツは何が得意なの？
　B：テニスです。

(4) 元気ないね。どうしたの？

上昇調のイントネーションを伴って質問を表す。主に子供や親しい人に対する話し言葉に用いられる。

2　…の ＜軽い断定＞

(1) お母さん、あの子がいじわるするの。

(2) A：あした映画に行きませんか？
　B：残念だけど、明日はほかに用事があるの。

(3) 彼は私に腹を立てているみたいなの。

(4) A：元気ないですね。
　B：ええ、ちょっと気分が悪いの。

(5) A：もう少し早く歩けない？
　B：ごめんね。ちょっと足が痛いの。

下降調のイントネーションを伴って、多くは子供や女性が軽い調子で断定するのに用いる。

3　…の ＜確認＞ N4

(1) A：やあ、明子さん。こんにちは。
　B：あら和夫さん。来てたの。

(2) 春子：正子さん、朝日高校出身なんですって？　私もよ。
　正子：へえ、春子さんも朝日高校出身なの。

(3) A：君の発表すごくおもしろかったよ。
　B：あれ、君も聞いてくれていたの？

上昇、または下降調のイントネーションを伴って、相手に確認するのに用いられる。

4　V-る／V-ない　の

(1) 病気なんだから、大人しく寝ているの。

(2) そんなわがままは言わないの。

(3) 明日は早いんだから、今晩は早く寝るの。

(4) こんなことぐらいで泣かないの。

平板、または下降調のイントネーションを伴って、目下の人に対して軽い調子で命令したり禁止したりする場合に用いる。

【の…の】

1　…の…のと

[NだのNだのと]

[NaだのNaだのと]

[AのAのと]

[VのVのと]

(1) 量が多すぎるの少なすぎるのと文句ばかり言っている。

(2) 頭が痛いの気が進まないのと言っては、誘いを断っている。

(3) 形が気にいらないの色が嫌いだのと、気むずかしいことばかり言っている。

(4) 私の父は、行儀が悪いの言葉づかいが悪いのと、口うるさい。

好ましくないことを並べ上げて、あれやこれやとうるさく言う様子を表す。次のような慣用句もある。

（例1）なんのか（ん）のと（＝ああだこうだと、いろいろ）文句ばかり言っている。

（例2）四の五の言わずに（＝あれこれ言わずに）ついてこい。

2 …の…ないの

a …の…ないのと

[A-いのA-くないのと]

[V-る／V-た のV-ないのと]

(1) 行くの行かないのと言い争っている。

(2) うちの子たちはよく兄弟喧嘩をしている。原因はどちらがお菓子をたくさん取ったの取らないのといった他愛ないことだ。

(3) 会社を辞めるの辞めないのと悩んでいた。

(4) A：あの二人、離婚するんですって？
　　B：ううん。離婚するのしないのと大騒ぎしたけど、結局はうまくおさまったみたいよ。

肯定と否定を並べ上げて、あれやこれやとうるさく言う様子を表す。

b …の…ないのって

[A-いのA-くないのって]

(1) A：北海道、寒かったでしょ？
　　B：寒いの寒くないのって。耳が凍るんじゃないかと思ったよ。

(2) A：あの治療は痛かったでしょうね。
　　B：痛いの痛くないのって。思わず大声で叫んじゃったよ。

程度が極端に激しいことを表す。「ひどく…な状態だ」という意味を表す。後ろにはそのために生じたことがらが述べられることが多い。「…のなんのって」とも言う。くだけた話し言葉に用いる。

→【の…の】3b

3 …のなんの

a …のなんのと

[N／Na だのなんのと]

[A／V のなんのと]

(1) 高すぎるのなんのと、文句ばかり言っている。

(2) やりたくないのなんのとわがままを言い始めた。

(3) 頭が痛いのなんのと理由をつけては学校を休んでいる。

(4) 仕事が大変だのなんのと愚痴ばかり言っている。

好ましくないことをあれこれうるさく言う様子を表す。

b …のなんのって

[A／V のなんのって]

(1) A：彼女に会って驚いたんじゃない？
　　B：驚いたのなんのって。すっかり変わっちゃってるんだもの。初めは全然違う人かと思ったよ。

(2) A：あのホテルは車の音がうるさくありませんでしたか？
　　B：いやあ、うるさいのなんのって、結局一晩中寝られなかった。

(3) 喜んだのなんのって、あんなに嬉しそうな顔は見たことがない。

「…の…ないのって」と同じ。

→【の…の】2b

【のいたり】

→【いたり】

【のか】

[N／Na　なのか]

[N／Na　だったのか]

[A／V　のか]

1 …のか ＜判明＞

(1) なんだ、猫だったのか。誰か人がいるのかと思った。

(2) 彼は知っていると思っていたのに。全然知らなかったのか。

(3) なんだ。まだだれも来ていないのか。ぼくが一番遅いと思ってたのに。

下降調のイントネーションを伴って用いられる。思っていたことと違う事実が判明したことを軽い驚きを込めて述べるのに用いる。

2 …のか ＜質問＞ N4

(1) 山田君を見かけないんだけど、彼は今日、休みなのか？

(2) 朝の５時？　そんなに早く起きるのか？

(3) 君は娘に恋人がいたことも知らなかったのか？

(4) A：もう帰るのか？
B：うん。今日は疲れたから。

上昇調のイントネーションを伴って、相手に対する質問や確認を表す。

3 …のか ＜間接疑問＞

(1) 何時までに行けばいいのか聞いてみよう。

(2) 彼はいつも無表情で、何を考えているのかさっぱり分からない。

(3) この書類、どこに送ったらいいのか教えて下さい。

(4) 行くのか行かないのかはっきりして下さい。

(5) あの人はやる気があるのかないのか、さっぱり分からない。

(6) モーターの修理にどんな部品が必要なのか、技術者に確認してほしい。

「何時までに行けばいいのですか・行くのですか、行かないのですか」などの疑問を、間接疑問として文の一部に組み込んだもの。

【のきわみ】

→【きわみ】

【のだ】

[N／Na　なのだ]

[N／Na　だったのだ]

[A／V　のだ]

書き言葉で用いられるのが普通で、話し言葉では「んだ」となることが多い。丁寧形は「のです」で、これは話し言葉にも用いられる。くだけた話し言葉では「どうしたの？」のように「の」だけで終わることもある。また、改まった書き言葉では「のである」が用いられることもある。

→【のである】【んだ】【のです】

1 …のだ ＜説明＞ N4

(1) 道路が渋滞している。きっとこの先で工事をしているのだ。

(2) 彼をすっかり怒らせてしまった。よほど私の言ったことが気にさわったのだろう。

(3) 泰子は私のことが嫌いなのだ。だって、このところ私を避けようとしているもの。

前の文で述べたことや、その場の状況などについて、その原因や理由などを説明するのに用いる。

2 …のだ ＜主張＞

(1) 安全第一。これが我が社の方針なのです。

(2) やっぱりこれでよかったのだ。

(3) 誰がなんと言おうと私の意見は間違っていないのだ。

(4) 誰が反対しても僕はやるのだ。

話し手が自分自身を納得させようと強い主張を行ったり、自分の決意を示したりする場合に用いる。

3 V-るのだ

(1) 早く行くのだ。

(2) そんなことは忘れるのだ。

(3) 人質の安全が第一だ。ここは犯人の要求どおりにするのだ。

指示・命令を表す。「んだ」となることが多い。

→【んだ】2

4 疑問詞…のだ

(1) 彼は私を避けようとしている。いったい私の何が気に入らないのだ。

(2) こんな馬鹿げたことを言い出したのはだれなのだ。

(3) 人々が外で騒いでいるけれど、いったい何があったのだ。

疑問詞を含む節を受けて、自分自身や聞き手に対して強く問いかけるのに使う。

5 つまり…のだ

(1) その患者はリハビリだけで歩けるようになりました。つまり最善の治療法は筋肉を付けることだったのです。

(2) 防災設備さえ完備していればこのようなことにならなかった。つまりこの災害は天災ではなく人災だったのだ。

(3) 私が言いたいのは、緊急に対策を講じなければならないということなのだ。

(4) 会社の経営は最悪の事態を迎えている。要するに、人員削減はもはや避けられないことなのだ。

「つまり・私が言いたいのは・要するに」などに続いて、これまでに述べたことを別の言葉で言いかえる場合に用いる。

→【つまり】

6 だから…のだ

(1) コンセントが抜けている。だからスイッチを入れてもつかなかったのだ。

(2) エンジンオイルが漏れている。だから変な臭いがしたのだ。

(3) 産業廃棄物の不法投棄が後を絶たない。そのために我々の生活が脅かされているのだ。

「だから・そのために」などに続いて、「そこで述べられることがらが、前の文で述べたことがらの帰結として導き出されるものである」という意味を表す。

→【だから】2

7 …のだから

[N／Na　なのだから]

[A／V　のだから]

(1) まだ子供なのだから、わからなくても仕方がないでしょう。

(2) 私でもできたのだから、あなたにできないはずがない。

(3) あしたは朝早く出発するのだから、今夜は早く寝た方がいい。

(4) 冬の山は危険なのだから、くれぐれも慎重に行動してくださいね。

前の節を受けて、そこで述べられていることが事実であると認め、その事実が原因・理由となって後ろに述べる判断が導き出されることを表す。例えば(1)は子供だということは認めたうえで、それを根拠にわからなくても仕方がないという判断を導き出している。それに対し「まだ子供だからわからないのだろう」の場合は、わからないのは子供だからだろうと理由の方を推量している。話し言葉では「...んだから」となることが多い。

【のだった】

1 **V-るのだった**

(1) あと10分あれば間に合ったのに。もう少し早く準備しておくのだった。

(2) こんなにつまらない仕事なら、断るのだった。

(3) 試験は悲惨な結果だった。こんなことなら、もっとしっかり勉強しておくのだったと後悔しています。

実際にはしなかったことについて、それをしておけばよかったと悔やんでいる気持ちを表す。話し言葉では「んだった」となるのが普通。

→【んだった】

2 **...のだった**

[N／Na　なのだった]

[A／V　のだった]

(1) 彼らは自分たちの名誉を挽回するのに必死なのだった。

(2) ついに二人は再会を果たしたのだった。

(3) 田辺はそれが贈賄であると知りながら、金を渡したのだった。

(4) この小さな事故が後の大惨事のきっかけとなるのだったが、その時はことの重大さにだれも気付いていなかった。

過去の出来事に関して、ある種の感慨をもって述べる場合に用いられる。小説や随筆などの書き言葉に多い。

【のだったら】

[N／Na　なのだったら]

[A／V　のだったら]

(1) 風邪なのだったら、そんな薄着はだめだよ。

(2) そんなに嫌いなのだったら、むりに食べなくてもいいよ。

(3) こんなに寒いんだったら、もう1枚着て来るんだった。

(4) A：そのパーティー、私も行きたいな。
　B：あなたが行くんだったら私も行こうかな。

今聞いたことや今の状況を示し、「それなら・その状況では」という意味を表す。話し言葉では「んだったら」になることが多い。

【のだろう】

[N／Na　なのだろう]

[N／Na　だったのだろう]

[A／V　のだろう]

「のだ」と「だろう」が組み合わされた形。話し言葉では「んだろう」となることが多い。

→【だろう】【のだ】【んだろう】

1 **...の／...ん　だろう ＜推量＞**

(1) 大川さんはうれしそうだ。何かいいことがあったのだろう。

(2) 子供はよく眠っている。今日一日よく遊んだのだろう。

(3) 実験に失敗したのにこのような興味深い結果が得られたのには、何か別の要因があるのだろう。

(4) この製品は特別に売れ行きがいい。きっと若い人には魅力的なんだろう。

(5) A：あの人、酒ばかり飲んでたね。

B：よっぽど好きなんだろうね。

(6) この廃屋は、昔は豪華な建物だったんだろうね。

下降調のイントネーションを伴って、推量を表す。「だろう」の前に「の」が入ると、理由や原因についての推測など、ある出来事についての話し手の状況判断が含まれる。

2 …の／…ん だろう ＜確認＞

(1) A：10年ぶりの同窓会だね。君も行くんだろう？
B：うん、行くつもりだ。

(2) A：来月ディズニーランドに行くの。
B：え、また？ もう何回も行ったんだろう？
A：うん。でもおもしろいんだもん。

(3) A：来週は試験だから、週末は忙しいんだろう？
B：うん。まあね。

(4) A：新しいコンピュータ買ったんだって？ 新型は便利なんだろう？
B：ええ。本当に便利ですよ。

上昇調のイントネーションを伴って、確認を表す。「の／ん」がある場合は、それまでの文脈や状況などから得られた情報や推測をもとにして確認するという含みが生じる。話し言葉で主に男性が使う。「んだろう」の形で使うことが多い。

→【んだろう】

3 …の／…ん だろうか

(1) 子どもたちが公園にたくさんいる。今日は学校が休みなのだろうか。

(2) A：山口さんこの頃元気がないね。
B：うん。顔色も悪いし、体の具合でも悪いのだろうか。

(3) A：来年は入試だというのに、太郎ったら、全然勉強しようとしないんですよ。
B：うん。あれで高校に入れるんだろうか。心配だなあ。

(4) A：山下さん、うれしそうね。
B：ほんとだね。何かいいことでもあったんだろうか。

話し手が疑念を抱いたり、心配したりする気持ちを表す。文脈から得られた情報や状況などにもとづいて推量しているときに使われる。

4 疑問詞…のだろう(か)

(1) 一体だれがこんなひどいことをしたのだろう。

(2) いつになったら平和が訪れるのだろう。

(3) 彼らはなぜあんなことを言ったのだろうか。

話し手の疑念の気持ちを表す。

【ので】 N4

[N／Na なので]
[N／Na だったので]
[A／V ので]

(1) 雨が降りそうなので試合は中止します。

(2) もう遅いのでこれで失礼いたします。

(3) 風邪をひいたので会社を休みました。

(4) 入学式は10時からですので、9時頃家を出れば間に合うと思います。

(5) 英語が好きだったので、大学は英語学科に進みました。

(6) A：これからお茶でもどうですか？
B：すみません、ちょっと用事がありますので。

前の節で述べたことが原因や理由となって後ろの節で述べることが起こるということを表すのに使う。前のことがらと後ろのことがらの因果関係が客観的に認められるものである場合に用いられる。そのため、後ろにはすでに成立したことや成立が確実なことが来るのが普通で、話し手の判断を根拠にしたうえでの命令などの表現は用いられにくい。

(誤)　時間がないので急げ。

(正)　時間がないから急げ。

(6)のように断りの理由や言い訳を述べるのによく使われる。くだけた話し言葉では「んで」となる。

→【んで】

【のであった】

(1)　彼は大学を辞めて故郷に帰った。ようやく父のあとを受けて家業を継ぐ決心がついたのであった。

(2)　ついに両国に平和が訪れたのであった。

(3)　この古いアパートが、著名な芸術家たちの暮らしていた場所なのであった。

感慨を込めて過去を回顧する「のだった」の改まった言い方。

→【のだった】2

【のである】

(1)　この山崩れは自然災害ではない。防災を怠ったことによる人災なのである。

(2)　解決には時間がかかりそうだ。問題は簡単ではないのである。

「のだ」の改まった言い方。

→【のだ】

【のです】

[N／Na　なのです]

[N／Na　だったのです]

[A／V　のです]

「のだ」の丁寧形。話し言葉では丁寧な会話に用いられるが、普通は「んです」となることが多い。

→【のだ】【んです】

1　…のです ＜話題のきっかけ＞

(1)　先週京都へ行ってきたのですが、そこで偶然高橋さんに会いましてね。相変わらず仕事に励んでいるようでした。

(2)　実は近々結婚するのです。それでご挨拶にうかがいたいのですが、ご都合はいかがでしょうか。

新たな話題を提出するときのきっかけを作るために、その話題の背景となることがらを表すのに用いる。

2　…のですか

(1)　私の腹痛は何が原因なのですか？

(2)　あなたが幼いころはどんな子供だったのですか？

(3)　どうして彼が犯人だとわかったのですか？

(4)　田中さんはタフですね。なにかスポーツでもしているのですか？

(5)　A：もうお帰りになるのですか？
　　B：ええ。ほかに用事もありますので。

その場の状況やそれまでの話の内容などに関して、聞き手になんらかの説明を求めるときに用いられる。

3　だから…のです

→【のだ】6

4　つまり…のです

→【のだ】5

5　…のです ＜説明＞

→【のだ】1

6　…のです ＜主張＞

→【のだ】2

7　…のですから

→【のだ】7

【のでは】

[N／Na　なのでは]

[N／Na　だったのでは]

[A／V　のでは]

(1) そんなに臆病なのでは、どこにも行けませんよ。

(2) 雨なのではしかたがない。あしたにしよう。

(3) 家が貧乏だったのでは、子供のときに苦労したでしょうね。

(4) こんなに暑いのでは、きょうの遠足はたいへんだろうね。

(5) こんなにたくさんの人に見られているのでは緊張してしまう。

今聞いたことやその場の状況をふまえて、「そのような状況では」という意味を表す。後ろに「こまる・たいへんだ」など否定的な態度を表す表現が来る。話し言葉では「なんじゃ・んじゃ」の形になることが多い。

【のではあるまいか】

→【まい】4a

【のではないか】

→【ではないか$_2$】【んじゃない】【んじゃないか】

【のではないだろうか】

→【ではないだろうか】

【のではなかったか】

1　…のではなかったか ＜推測＞

→【ではなかったか】1

2　…のではなかったか ＜非難＞

→【ではなかったか】2

【のではなかろうか】

→【ではなかろうか】

【のに$_1$】

[N／Na　なのに]

[N／Na　だったのに]

[A-い／A-かった　のに]

[V-る／V-た　のに]

1　…のに ＜文中＞

節を受け、「XのにY」の形で、Xから当然予測される結果とならず、それとは食い違った結果Yになることを表す。XとYは、確定した事実を表し、Yには事実かどうかが確定していない、疑問、命令、依頼、勧誘、意志、希望、推量などの表現は普通用いられない。

(誤)　雨が降っているのに出かけますか？

雨が降っているのに出かけなさい。

雨が降っているのに出かけたい。

雨が降っているのに出かけるだろう。

a　…のに ＜食い違い＞ N4

(1) 5月なのに真夏のように暑い。

(2) あの人は家が近いのによく遅刻する。

(3) うちの子は雨が降っているのに出かけていった。

(4) あの人は真夜中を過ぎたのにまだ帰ってこない。

(5) 今日は日曜日なのに会社に行くんですか？

(6) 5月なのに何でこんなに暑いんだろう。

「XのにY」のXとYの間に因果関係がある場合に、それと食い違う帰結となることを表す。

例えば(3)の例では、「雨が降っているので出かけなかった」という通常の因果関係が成立せず、相反することがらが同時に成立していることを表している。予想外の結果や食い違いに対する話し手の意外感・疑念を伴うことが多い。

(6)は予想外の現状の原因を問う形で、意外感・疑念を表している。

後ろに疑問文は用いられにくいが、(5)には用いられている。その理由は(5)は、会社に出かけようとしていることが確定している事実で、「日曜日なのに会社に行く」ことを不思議に思い、こうした事実について「のですか」の形で問う疑問文だからである。

これに対して「のだ」が付かず、会社へ行くかどうかを問う、次のような疑問文は不自然である。

(誤) 今日は日曜日なのに会社に行きますか？

b …のに ＜対比＞

(1) 昨日はいい天気だったのに今日は雨だ。

(2) 母はチョコレートケーキは好きなのにチョコレートは食べない。

(3) 家族は皆スポーツが得意なのに私だけが苦手だ。

XとYが因果関係をもたず、対比的な関係を表す場合の用法。

例えば(2)は、「チョコレートケーキが好き・チョコレートを食べない」という対比的な関係をもつXとYを結び付けているもので、「母はチョコレートケーキが好きなのでチョコレートは食べない」のような因果関係をもつものではない。

この場合の「のに」は次のように「けれども」や「が」で言いかえが可能である。

(例) 母はチョコレートケーキは好きだ{けれども／が}、チョコレートは食べない。

「けれども」や「が」が単なる対比的関係を表すのに対し、「のに」にはXとYの結び付きが通常の予想からはずれていて「おかしい、変だ」と話し手が感じているニュアンスを含む。

→【けれども】

c …のに ＜予想外＞

(1) 合格すると思っていたのに、不合格だった。

(2) 今晩中に電話するつもりだったのに、うっかり忘れてしまった。

(3) 和子さんには来てほしかったのに、来てくれなかった。

(4) せっかくおいでくださったのに、申し訳ございませんでした。

(5) 以前はおとなしい子供だったのに、ずいぶん活発になったね。

予想がはずれ、予想外の結果となったことを表す。

(1)～(3)では、Xに「…と思っていた・つもりだった・来てほしかった」のような、予想・意向・希望を表す表現が用いられ、それに反する結果がYで述べられている。

(4)は「せっかくおいでくださったのに、(留守にしていて)申し訳ございません」の結果の(　)部分が省略されたもので、期待に反する結果に対するおわびの気持ちを表す表現が直接続いたもの。(5)は「以前はおとなしい子供だった(から今もおとなしいと思っていたが)」の(　)の部分が省略されており、その予想とは異なる結果となったことを表している。

2 …のに ＜文末＞

(1) あの番組終わっちゃったの？　すごくおもしろい番組だったのに。

(2) スピードを出しすぎるから事故を起

こしたんだ。ゆっくり走れと言っておいたのに。

(3) 絶対来るとあんなに固く約束したのに。

(4) もっと早く出発すればよかったのに。

(5) あなたも来ればいいのに。

(6) あと1点取れたら金メダルだったのに。

(7) あと5秒早ければ最終電車に間に合ったのに。

文末に用いて、予想した結果とは食い違った結果になって残念だという気持ちを表す。話し手以外の人の行為に対して、非難したり不満を表す場合や、(6)(7)のように反事実条件文の最後によく用いられる。

3 Nでも…のに

(1) 電気屋でも直せないのに、あなたに直せるはずがないじゃないの。

(2) 九州でもこんなに寒いのに、まして北海道はどんなに寒いだろう。

(3) こんな簡単な問題、小学生でも解けるのに、どうして間違えたりしたの？

「Nなら当然そうあるはずのことが、違う結果となった(電気屋なら直せると思っていたのに直せなかった)。Nでさえそうなのだから、それよりも可能性の薄いものはなおいっそう(素人であるあなたが直すのはなおいっそう)むずかしい」という論の展開を表す。

4 せっかく…のに

→【せっかく】5

5 それなのに

→【それなのに】

【のに₂】

[V-るのに]

(1) この道具はパイプを切るのに使います。

(2) 暖房は冬を快適に過ごすのに不可欠です。

(3) 彼を説得するのには時間が必要です。

動詞の辞書形を受けて、目的を表す。「…するために」に言いかえられるが、後ろに続く言葉は「使う・必要だ・不可欠だ」などに限られており、「…するために」ほど自由ではない。

(誤) 留学するのに英語を習っている。

(正) 留学するために英語を習っている。

名詞を受けて同じ意味を表すときは「Nに」となる。

(例) 辞書は語学の勉強に必要だ。

→【ため】2a

【のは…だ】

[N／Na なのは…だ]

[N／Na だったのは…だ]

[A／V のは…だ]

「XのはYだ」の形で、聞き手がすでに知っていることや予測のつくことをXで述べ、Yの部分で聞き手の知らない新しいことを述べる用法。

1 …のはN(+助詞)+だ

(1) このことを私に教えてくれたのは山田さんです。

(2) 彼の言うことを信じているのはあなただけだ。

(3) ここに通うようになったのは去年の3月からです。

あることがらを先に述べて、そのことがらの成立に関係する人やものなどを示すのに用いる。「だ・です」の前には名詞か名詞＋助詞がくるが助詞の「が」や「を」は用いられない。

(誤) このことを私に教えてくれたのは山田さんがです。

2 …のは…からだ

(1) あの家の2階部分だけがきれいなの

は、新しく建て増ししたからだろう。

(2) 彼女が試験に失敗したのは、体の調子が悪かったからだ。

(3) 大阪に行ったのは事故の原因をたしかめたかったからです。

あることがらを先に述べて、その原因や理由が何であるかを述べるのに用いる。この文型の「から」は「ので」に言いかえられない。

(誤) 試験に落ちたのは勉強しなかったのでだ。

→【ので】

3 …のは…ためだ

(1) この病気の撲滅が困難なのは、治療法が確立していないためだ。

(2) 彼らが戦うのは、家族を守るためだ。

(3) 電車が遅れたのは、踏切事故があったためだ。

(4) 彼らが国に帰ったのは、子供たちに会うためだ。

あることがらを先に述べて、その目的・原因・理由が何であるかを述べるのに用いる。

4 …のは…おかげだ

(1) この商品の人気が高いのはテレビコマーシャルのおかげだ。

(2) 子供が助かったのはあなたのおかげです。

(3) この事業が成功したのは、みんなが力を合わせて頑張ったおかげだ。

好ましいことがらを先に述べて、その原因が何であるかを述べるのに用いる。

5 …のは…せいだ

(1) あの人が疲れた様子だったのは、家族が病気になったせいです。

(2) 雪崩に巻き込まれたのは、無謀な計画のせいだ。

(3) 試合に負けたのは私がミスをしたせいだ。

好ましくないことがらを先に述べて、その原因が何であるかを述べるのに用いる。

【のみ】 N2N3

1 Nのみ

(1) 経験のみに頼っていては成功しない。

(2) 金持ちのみが得をする世の中だ。

(3) 洪水の後に残されたのは、石の土台のみだった。

それだけと限る意味を表す。書き言葉的な改まった表現に用いられる。話し言葉では「だけ」や「ばかり」が用いられる。

→【だけ$_1$】【ばかり】 2a

2 V-るのみだ

(1) 準備は整った。あとはスイッチをいれるのみだ。

(2) 早くしなければと焦るのみで、いっこうに仕事がはかどらない。

「それだけである」という意味を表す。(1)のようにある動作が行われる直前の状態にあることを示す場合や、(2)のようにもっぱらその動作ばかりが行われることを表す場合がある。「V-するばかりだ」に言いかえられる。

→【ばかり】 5

3 Nあるのみだ

(1) こうなったからには前進あるのみだ。

(2) 成功するためには、ひたすら努力あるのみです。

「前進・努力・忍耐」などの名詞を受けて、「すべきことはそれだけだ」という意味を表す。

4 ただ…のみだ N1

(1) 合格したかどうか、ただ結果を待つのみです。

(2) 彼は私の言葉にただうなずくのみで、一言も発しなかった。

(3) この会社を再建できるかどうかは、ただ私たちの知恵と工夫があるのみです。

「それだけだ・それしかない」という意味を強調して示す。

【のみならず】

1 …のみならず…も N2N3

[NのみならずNも]

[NaであるのみならずNaでも]

[A-いのみならずA-くも]

[VのみならずNもV]

(1) この曲は若い人のみならず老人や子供達にも人気がある。

(2) 戦火で家を焼かれたのみならず、家族も失った。

(3) 彼女は聡明であるのみならず思いやりのある人でもある。

(4) 彼らは技術が低いのみならず、慎重さにも欠けていた。

「それだけでなく、さらに…も」とつけ加えるのに用いる。「…だけでなく…も」の改まった書き言葉的な表現。

→【だけ$_1$】3

2 のみならず

(1) 彼はその作品によって国内で絶大な人気を得た。のみならず、海外でも広く名前を知られることとなった。

(2) 彼女はありあまる才能に恵まれていた。のみならず彼女は努力家でもあった。

「前に述べたことを受けて、それだけではなく」という意味を表す。他にも類似のものがあることを暗示する。改まった書き言葉的な表現。

【ば】

[N／Na　なら(ば)]

[A-ければ]

[V-ば]

述語の活用形のひとつ(バ形)で、条件を表す。日本語の条件を表す典型的な形式で「たら・と・なら」と部分的に重なる用法をもつ。

名詞、ナ形容詞に続く場合は、「ば」が省略され「N／Naなら」となることが多い。「N／Naであれば」はその改まった書き言葉的な言い方。否定形の「N／Naでなければ」は、書き言葉でも話し言葉でも使われる。イ形容詞の「いい」は「いければ」ではなく必ず「よければ」の形で用いられる。

「ば」は「たら」と同じように使われることが多いが、書き言葉では「ば」、話し言葉では「たら」が使われる傾向がある。くだけた話し言葉では、語尾の「子音+eba」が「子音+ya」(例：あれば→ありゃ、行けば→行きゃ、飲めば→飲みゃ、なければ→なけりゃ)となったり、「A-ければ」が「A-きゃ」(例：なければ→なきゃ)となることがある。

→【たら$_1$】【と$_1$】【なら$_2$】

1 …ば ＜一般条件＞

[…ば　N／Na　だ]

[…ばA-い]

[…ばV-る]

(1) 春が来れば花が咲く。

(2) 10を2で割れば5になる。

(3) 台風が近づけば気圧が下がる。

(4) 年をとれば身体が弱くなる。

(5) 経済状態が悪化すれば犯罪が増加する。

(6) 人間というものは、余分な金を持ち歩けばつい使いたくなるものだ。

(7) だれでもほめられれば嬉しいものだ。

(8) 風がふけば桶屋がもうかる。

(9) 終わりよければすべてよし。

ものごと一般についての条件関係を述べる表現で、「Xが成立すれば必ずYが成立する」という意味を表す。恒常的に成り立つ論理的、法則的な関係や因果関係を表し、文末はいつも辞書形が用いられる。個人的な経験や個別的な一回きりの出来事を問題にするのではなく、「Xが成立した場合には、当然Yになる・一般的にそうなる・本質的にそうだ」という場合に使われる。

主語が示される場合は「人はだれでも・Nというものは」のように、ある種類に属するもの全体について述べる表現になる。(6)のように、文末に「本来そのような性質をもっている」という意味の「ものだ」を伴うことも多い。(8)(9)のように、ことわざや格言などにもよく使われる。

→【と1】1【ものだ】1

2 …ば ＜反復・習慣＞

ある特定の人物や事物について、「Xが成立するとそのたびにYが成立する・Xを行うと決まってYを行う」という繰り返し行われる動作や習慣を表す。

a …ば…V-る

(1) 祖母は天気がよければ毎朝近所を散歩します。

(2) 彼は暇さえあればいつもテレビを見ている。

(3) 父は私の顔を見れば「勉強しろ」と言う。

(4) 愛犬のポチは主人の姿を見ればとんでくる。

文末に動作を表す動詞の辞書形が用いられ、特定の主語の現在の習慣や反復的動作を表す。

→【と1】2a

b …ば…V-た

(1) 子供のころは、天気がよければ、よく母とこの河原を散歩したものだ。

(2) 若い頃は暇さえあればお酒を飲んで友達と語り明かしたものだ。

(3) 父は東京へ行けば必ずお土産を買ってきてくれた。

(4) 20年ほど前には、街から少し離れれば、いくらでも自然が残っていた。

「過去にはいつも／必ずそうした」「その場合は必ずそうだった」といった特定の主語の過去の習慣や、過去の特定の状況でいつも成立したことがらなどを表す。(1)(2)のように回想を表す「V-たものだ」を伴うこともある。

なお、「たら」にも過去の事実を述べる用法があるが、こちらは普通、過去に一回だけ成立した出来事を表す。

(例1) ビールを2本飲めば酔っぱらいました。

(例2) ビールを2本飲んだら酔っぱらいました。

(例1)は「2本飲めば必ず／いつも酔っぱらった」という、過去に繰り返し起こった出来事を表すのに対し、(例2)は「たまたま2本飲んだら酔っぱらった」という、過去に一度起こった出来事を表す。

→【たら1】2【と1】2b【ものだ】4

3 …ば ＜仮定条件＞

a …ば+未実現のことがら N4

(1) もし私が彼の立場ならば、やっぱり同じように考えるだろう。

(2) もし天気が悪ければ、試合は中止になるかもしれない。

(3) 手術をすれば助かるでしょう。

(4) こんなに安ければ、きっとたくさん売れると思う。

(5) それだけ成績がよければ、どの大学にでも入学できるはずです。

(6) ふだん物静かな夫がめずらしく、一時間も説教していた。あれだけ叱られれば、息子も少しは反省するにちがいない。

特定の人物や事物について「Xが成り立てば当然Yが成り立つだろう」という意味を表す。Yは未実現のことがらを表し、文末には「だろう・にちがいない・...はずだ・かもしれない」や「思う」など、推量や予測の表現を伴うことが多い。

(1)～(3)は、未実現のXを仮定して、そのような場合に成り立つはずのYを推測する言い方。(4)～(6)は、Xがすでに実現していることがらを表す場合で、「このような状況が成立しているのであれば、当然Yが成り立つだろう」という表現。(1)の「ならば」は【なら$_3$】1を参照のこと。

話し手がYの成立についてかなり確信をもっているような場合には、次のように、文末が断定の表現(マス形や辞書形)で終わる場合もある。

(7) 応募人数が多ければ抽選になります。
(8) うっかりミスさえしなければ必ず合格できますよ。
(9) 食事の量を減らして運動をすれば、体重の2、3キロぐらいはすぐ減りますよ。
(10) A：気分が悪くなってきたよ。
　　B：それだけ飲めば、気分も悪くなるよ。

(8)は、「Xさえ...ばY」の形で「Yが成立するためにはXの成立で十分だ」という意味の表現。(10)は「そんなに飲んだ状況では気分が悪くなるのも当然だ」という意味の表現である。

→【かもしれない】1【たら$_1$】1a【だろう】1【なら$_3$】1【にちがいない】【はず】1

b　...ば+意志・希望 N4

(1) 安ければ買うつもりです。
(2) A：なにか飲む？
　　B：そうだな、ビールがあれば飲みたいな。
(3) 宿題をしなければテレビは見させません。
(4) 田中さんが行かなければ私も行かない。
(5) 掃除を手伝ってくれればおこづかいをあげる。
(6) お電話くだされればお迎えに上がります。
(7) もし、今学期中にこの本を読み終われば、次にこの本を読みます。
(8) もし雨が降れば中止しよう。

「Xば...しよう／したい」のような形で、Xが成立したときの話し手の意志や希望を表す。Xに用いられる述語には制約がある。Xに、形容詞や「ある・V-ない」など状態性の述語が使われるときは問題ないが、動作・変化を表す動詞が使われるときは不自然になることが多い。

(誤)　卒業すれば東京に住もうと思います。
(正)　卒業したら東京に住もうと思います。

ただし、(5)(6)のように相手に交換条件を出して約束する場合、(7)(8)のように、「本を読み終わる」ことや「雨が降る」ことが確実でないような場合には、Xに動作・変化を表す動詞を使っても問題ない。

→【たら$_1$】1b

c　...ば+働きかけ

(1) そう思いたければ勝手に思え。
(2) やりたくなければやるな。
(3) 宿題をすませなければ遊びに行ってはいけない。
(4) 飲みたくなければ飲まなくてもいい。
(5) お時間があれば、もう少しゆっくりしていってくださいよ。
(6) 明日、天気がよければ海に行きませんか？
(7) 7時までに仕事が終われば、来てくだ

▶は

　さい。

「...ば」の後に、命令・禁止・勧誘などの表現を続けて、聞き手に行動を行うことを要求する表現。「...ば」の節には形容詞や「V-たい・V-ない・ある」など状態性の述語を用いるのが普通で、動作・変化を表す動詞は使いにくい。ただし(7)のように「仕事が終わること」が確実ではなく、「終わらないかもしれない」という含みがある場合は使うことができる。

Xの表す動作・変化が起こった後に、次の動作を行うよう指示したりそれを禁止したりする場合は、「ば」ではなく「たら」を使わなければならない。

(誤)　駅に着けば迎えに来てください。

(正)　駅に着いたら迎えに来てください。

(誤)　お酒を飲めば運転するな。

(正)　お酒を飲んだら運転するな。

→【たら$_1$】①b

d　...ば+問いかけ

(1)　A：学生ならば、料金は安くなりますか？
　　B：大人料金の2割引になります。

(2)　この病気は手術をすれば治りますか？

(3)　あやまれば許してくれるでしょうか。

(4)　A：どうすれば許してもらえるだろう。
　　B：正直にあやまるのが一番ね。

(5)　A：どのぐらい入院すればよくなるでしょうか。
　　B：2週間ぐらいですね。

(6)　A：どこに行けばその本を見つけることができるでしょうか。
　　B：神田の古本屋を探せば、一冊ぐらいはあるかもしれませんね。

「XばYか」の形で、聞き手に答えを要求する問いかけを表す。(1)～(3)は、「はい／いいえ」を問う疑問文、(4)～(6)は、「どう・どこ」などの疑問詞を伴う疑問文の例である。疑問詞を伴う疑問文は、「どうすればYか」の形で、よい結果Yを得るための手段・方法Xを問うような場合によく用いられる。これに対して、Xが成立した場合にどのような行動をとるかを問う場合は「たら」を使うのが自然で、「ば」を使うと不自然になることが多い。

(誤)　雨が降ればどうしますか？

(正)　雨が降ったらどうしますか？

→【たら$_1$】①c

e　疑問詞+V-ば...のか

(1)　いったいどういうふうに説明すれば分かってもらえるのか。

(2)　何年勉強すればあんなに上手に英語がしゃべれるようになるのだろう。

(3)　どれだけ待てば、手紙は来るのか。

(4)　人間、一体何度同じ過ちを繰り返せば、気がすむのであろうか。

「何・どれだけ・どんなに」などの疑問詞に動詞のバ形が続く反語的表現。「いくら...してもなかなか思い通りにならない」という意味で、状況に対するいらだちや絶望的な気持ちを表す。文末には「のか・のであろうか・のだろう(か)」などが用いられる。「V-ば」は「V-たら」でも言いかえ可能。

→【たら$_1$】①d

④　...ば ＜確定条件＞

(1)　彼は変わり者だという評判だったが、会ってみれば、うわさほどのことはなかった。

(2)　言われてみればそれももっともな気がする。

(3)　始める前は心配だったが、すべてが終わってみれば、それほど大したことではなかったと思う。

「XばY」という形で、「Xが成立した場面でYを新たに認識した」という意味を表す。この用法には、「たら」か「と」を使うのが普通で、「ば」は詩歌や小説など、やや古めかしい文学的な表現に限られる。話し言葉で使われる場合は、普通「V-てみれば」の形で使われ、事実を知って「それももっともだ・やっぱりそれが当然だ」と納得するような気持ちを表す。

次のように同じ人物が前の動作に連続して後の動作を一度だけ行うような場合は「ば」も「たら」も使えず、「と」を使わなければならない。

（誤） 次郎は家に{帰れば／帰ったら}、テレビを見た。

（正） 次郎は家に帰ると、テレビを見た。

→【たら$_1$】[2]【と$_1$】[4]b

[5] …ば ＜反事実＞

前後に事実と反対のことがらを述べて、もし事情が反対ならば実現する(した)はずのことを述べる表現。すでに実現してしまっていることがらについて言う場合と、実現が不可能なことが明らかなような場合に使う。

望ましい事態が実現しない場合は後悔や残念な気持ちを伴う。反対に悪い事態が避けられたような場合は「そうならなくてよかった」という安堵の気持ちを表す。

＜反事実＞かどうかは形では区別できない場合が多いが、以下のような文型は反事実条件文でよく使われるものである。この用法の「ば」はいずれの場合も「たら」で言いかえることができる。

→【たら$_1$】[3]

a …ば …のに／…のだが

(1) 宿題がなければ夏休みはもっと楽しいのに。(残念なことに宿題がある。)

(2) お金があれば買うんだけどなあ。(お金がないから買えない。)

(3) お金があれば買えたんだが。(お金がなかったので買えなかった。)

(4) A：試験うまくいった？
B：うまくいっていれば、こんな不機嫌な顔はしていないさ。(試験に失敗したから、こんな不機嫌な顔をしている。)

「XばYのに／のだが／のだけれど」の形の反事実条件文。Yの述語は辞書形の場合とタ形の場合がある。(1)(2)が前者の例で、現状と違うことを望んだり、現状を嘆いたりする場合の表現。(3)は後者の例で、過去の事実とは異なる事態を仮定して、その場合には違った結果になっていたということを述べるもの。(4)は「V-ていればV-ている」の形のもので、すでに実現していることがらについて、事情が異なれば現状のようであるはずがないと仮定して述べる表現。

(1)〜(3)のように文末に「のに・のだが・のだけれど」などが付けば反事実条件文であることがはっきりするが、(4)のようにそれが示されない場合もある。

→【たら$_1$】[3]a【なら$_2$】[2]

b …ば …だろう／…はずだ

(1) 地震の起こるのがあと1時間遅ければ被害はずっと大きかっただろう。

(2) 気をつけていれば、あんな事故は起きなかったはずだ。

(3) 発見がもう少し遅ければ助からなかったかもしれない。

(4) あの時すぐに手術をしていれば、助かったにちがいない。

(5) 彼が止めに入らなければ、ひどい喧嘩になっていたと思う。

(6) あの時、あの飛行機に乗っていれば、私は今ここにいないはずだ。

事情が異なればあり得たはずのことがらを推測して述べるもの。文末には「だろう・…はずだ・かもしれない・にちがいない・とおもう」など予測・推測を表す表現が使われる。

(1)〜(5)のように、これらが述語のタ形を受ける場合は、過去の事実がそれと異なることを表し、(6)のように辞書形を受ける場合は、現状がそれと異なることを表す。

→【かもしれない】[1]【たら$_1$】[3]a【だろう】[1]【にちがいない】【はず】[1]

c　…ば…ところだ(った)

(1) もう少し若ければ、私が自分で行くところだ。

(2) あのとき、あの飛行機に乗っていれば私も事故に巻き込まれていたところだ。

(3) 今日の授業は突然休講になったらしい。田中が電話をしてくれなければ、もう少しで学校に行くところだった。

(4) 電車がもう少し早く来ていれば大惨事になるところだった。

(5) 注意していただかなければ忘れていたところでした。

文末は「V-るところだ・V-るところだった・V-ていたところだ・V-ていたところだった」などの形になる。

「…ばV-るところだ」は、事情がXと異なれば実現しそうな未実現のことがらYを仮定する言い方。(1)がその例で「実際には若くないので行けないが、そうしたいぐらいの気持ちだ」という意味を表す。

「…ばV-ていたところだ」は「事情が異なればそうした／なったはずだ」と、過去にあり得た状況を述べる表現で、(2)がその例。

(3)(4)の「…ばV-るところだった」は、事情が異なれば起こっていたはずの出来事が、その直前で避けられたような場合に使う。「悪い結果を避けることができてよかった」というような場合に用いる。

(5)の「忘れていたところでした」は「忘れているところでした」と言うこともできるが、前者は「忘れずにすんだ」という過去の時点での状況を表し、後者は「忘れずにすんでいる」という現時点での状況を表す。

→【ところだ】[1]c【ところだ】[2]b

d　…ば　V-た／V-ていた

(1) 安ければ買った。

(2) もっと早く来れば間に合った。

(3) 手当てが早ければ、彼は助かっていた。

(4) きちんとした説明があれば、私も反対しなかった。

文末が動詞のタ形をとって、事実に反することがらを表す。過去のことがらについて、実際にはしなかったことや実際とは違った状態を仮定して、その場合に成立していたことがらを言う場合に使う。(2)の例で言えば「もっと早く来れば間に合ったのだが、実際には遅く来たので間に合わなかった」という意味。

文末がタ形で終わる場合は、「ば」を用いた文と「たら」を用いた文は異なる意味を表すことがあるので注意が必要である。

(例1) ボタンを押したら爆発した。

(例2) ボタンを押せば爆発した。

(例1)は「ボタンを押した。すると爆発した」という実際に起こった出来事の意味になるのに対し(例2)は「もしボタンを押したら爆発しただろうが、実際には押さなかったので爆発しなかった」という反事実条件文の意味になる。

→【たら$_1$】[2]

[6]　…ば…で

[A-ければA-いで]

[V-ばV-たで]

(1) 自動車がないとさぞ不便だろうと思っていたが、なければないでやっていけるものだ。

(2) 父は暑さに弱い。それでは冬が好きかというとそうではない。寒ければ寒いで文句ばかり言っている。

(3) 金などというものは、無ければ困るが、あればあったでやっかいなものだ。

(4) 子供が小さい間は、病気をしないだろうかちゃんと育つだろうかと心配ばかりしていたが、大きくなれば大きくなったで、受験やら就職やら心配の種はなくならない。

「ば」の前後に同じ動詞やイ形容詞を繰り返して使う。対照的なことがらを取り上げて、「どちらにしても同じだ」という意味を表す。例えば、(1)は「自動車があるのは便利だが、なくても思ったほどは困らない」、(2)は「父は暑くても寒くても、文句を言っている」、(3)は「金はあってもなくても困る」、(4)は「子供は小さい間も大きくなってからも心配なものだ」という意味になる。(4)は2度目の「大きく」を省略して「大きくなればなったで」とも言える。「..たら...で」とも言う。

→【たら1】5

7 …ば <前置き>

a …ば+依頼・勧め

(1) もし、差し支えなければ、ご住所とお名前をお聞かせください。

(2) A：今日の説明会はもう終わったんでしょうか。

B：はい、3時に終了いたしました。よろしければ、来週の火曜にも説明会がございますが。

(3) よろしければ、もう一杯いかがですか？

聞き手に依頼や勧め・提案をする場合に用いられる慣用表現で、相手の都合や気持ちに対する配慮を表す。「あなたの都合や意向に反するものでなければ」という意味で、もし都合が悪かったり、その気がない場合は必ずしもそれに応じなくてもいいという話し手の遠慮を表す丁寧な表現である。「たら」を使うこともある。

→【たら1】6a

b …ば

(1) A：本当に行くのかい？

B：うん。でも正直言えば、本当は行きたくないんだ。

(2) 50年前と比べれば、日本人もずいぶん背が高くなったと言える。

(3) 最近は円高なので、国内旅行よりも海外旅行の方が安くつくらしい。考えてみればおかしな話だ。

(4) 思えば、事業が成功するまでのこの10年は長い年月だった。

「言う・思う・比べる」など、発言や思考、比較を表す動詞を受けて、後に続く発言や判断がどのような観点・立場からなされているのか、前もって予告し、説明する言い方。

(1)(2)は「正直言って／言うと／言ったら」「比べて／比べると／比べたら」、(3)は「考えてみると／みたら」と言いかえることができる。(4)は「改めて思えば」の意味で、これまでのことを感慨をこめて振り返る場合に使われる言い方だが、テ形や「たら・と」での言いかえは不可能。

慣用的に固定化した表現が多く、この他にも「はっきり言えば・極端に言えば・からみれば・からすれば」などがある。

→【たら1】6b【と1】6

8 V-ば

(1) ≪服売り場で≫

A：これなんかどうかなあ。

B：着てみれば？

(2) A：ゆうべから、すごく頭が痛いんだ。

B：そんなに痛いの？ 会社休めば？

(3) A：ケーキ、こんなにたくさん食べきれないよ。

B：それなら、友達に分けてあげれば？

上昇調のイントネーションで発音され、聞き手にある行動をするように勧めるときに使う。「V-ば」だけで終わる言い方をすると、話し手にとってはどうでもいいことであるという、投げやりな感じがすることが多い。「たらどうか・てはどうか」で言いかえ可能。くだけた話し言葉で使う。

→【たらどうか】【てはどうか】

9 …も…ば…も N2N3

(1) 彼は心臓が悪いくせに酒も飲めばたばこも吸う。

(2) 彼は器用な男で料理もできれば裁縫もできる。

(3) 勲章なんかもらっても、うれしくもなければ、名誉だとも思わない。

(4) 動物が好きな人もいれば、嫌いな人もいる。

(5) 人の一生にはいい時もあれば悪い時もある。

(1)～(3)のように類似したことがらを並列的に並べて強調する場合や、(4)(5)のように対照的なことがらを並べて、いろいろな場合があることを表す場合に使う。これらの例文は「酒も飲むしたばこも吸う」のように「し」を使った表現に言いかえることができる。また、「動物の好きな人がいれば嫌いな人もいる」のように、初めの「も」に「が」が使われることもある。

→【し】1

10 おもえば

→【おもえば】

11 …かとおもえば

→【かとおもう】3【かとおもう】4

12 …からいえば

→【からいう】1

13 …からすれば

→【からする】1

14 …からみれば

→【からみる】1

15 …さえ…ば

→【さえ】3

16 …ってば

→【ってば】

17 …といえば

→【といえば】

18 …とすれば

→【とすれば$_1$】【とすれば$_2$】

19 …となれば

→【となれば】

20 …ともなれば

→【ともなれば】

21 …ならば

→【なら$_1$】【なら$_2$】【なら$_3$】

22 …にいわせれば

→【にいわせれば】

23 …にしてみれば

→【にしてみれば】

24 …ば…だけ

→【だけ$_2$】6

25 …ば…ほど

→【ほど】4b

26 …もあれば…もある

→【も】9

27 …も…ば

→【も】4d

【は…が】

→【が$_1$】2

【は…で】

[NはNで]

(1) 彼の言うことなど気にせず、君は君で自分が正しいと思ったことをやればいいのだ。

(2) 姉はオリンピックで金メダルを取り、妹は妹で、初めて書いた小説が文学賞を受賞した。
(3) 会社の仕事も忙しいけれど、休みの日は休みの日で、子供野球のコーチとして汗を流しています。

「XはXで」と同じ名詞をくり返し用いて、他のものと対比しながらXについて述べるのに用いる。

【ばあい】N4

[Nのばあい]
[Naなばあい]
[A／V ばあい]

1 …ばあい

(1) 雨天の場合は順延します。
(2) 火事、地震など、非常の場合には、エレベーターを使用せずに階段をご利用下さい。
(3) あの場合にはやむを得なかった。
(4) 陸からの救助が困難な場合には、ヘリコプターを利用することになるだろう。
(5) この契約が成立した場合には謝礼をさしあげます。
(6) 万一8時になっても私が戻らない場合には警察に連絡して下さい。

起こり得るいろいろな状況の中から、ひとつだけをとりあげて述べるときに使う。「…ときは」と言いかえられる。しかし、次のように、話し手の個人的な経験に基づく具体的な時間関係を表す文には「場合」は使えない。

(誤) 私が行った場合には会議は始まっていた。
(正) 私が行ったときには会議は始まっていた。

2 …ばあいもある

(1) 子供の学習にとっては、細かく教えないほうがいい場合もある。
(2) 患者の容態によっては手術できない場合もある。
(3) 商品はたくさん用意しておりますが、品切れになる場合もございます。
(4) 優秀な学生であっても、希望した学校に入学できない場合もあるし、逆の場合もありうる。

ある状況が起こり得る可能性があることを述べるときに使う。(1)～(3)のように、「たいていは大丈夫だが、例外的にだめなこともある」という意味で使われることが多い。

(4)は、対照的な場合を例に挙げて、「いろいろな可能性がある」ということを述べている例である。

3 …ばあいをのぞいて

(1) 非常階段は、緊急の場合を除いて使用しないで下さい。
(2) 非常時の場合を除いてこの門が閉鎖されることはない。
(3) 病気やけがなど特別な場合を除いて、再試験は行わない。
(4) 緊急性が高い場合を除いては、手術をしないでほしい。

ある特別な状況が起きたときを取り上げて、例外規定を述べるときに用いる。後に「…ないでください・…しない」などが続くことが多い。(1)は「非常階段は、緊急のときだけ使って下さい」、(3)は「病気やけがなど特別なときだけ、再試験をする」という意味になる。「場合以外は」と言うこともある。

→【ないでください】

4 V-ているばあいではない

(1) 今は泣いている場合じゃないよ。

(2) もう議論している場合ではない、行動あるのみだ。

(3) A：入学試験に落ちたら、学校に行かなくてもすむな。

B：冗談を言っている場合じゃないだろう。少しは勉強したらどうだ。

現在の状態や相手が行っている行動が不適当であることを述べて、現在が緊急事態であることを聞き手に忠告するときに使う。

5 ばあいによっては

→【によって】5

【はい】N5

肯定の応答やあいづちなどに用いる。似た表現に、「うん・ええ」がある。「うん」は、家族間や友人同士など、ごく親しい間柄でくだけた場面や目下の者に向かって言う場合にしか使えない。改まった場面では「はい」や「ええ」が用いられる。否定の場合に使われるものに「いいえ・うん・いや」などがある。

1 はい ＜肯定＞

(1) A：これはあなたの本ですか？

B：はい、そうです。

(2) A：明日、学校へ行きますか？

B：はい、行きます。

(3) A：おいしいですか？

B：はい、とてもおいしいです。

(4) A：便利ですか？

B：はい、便利です。

(5) A：国へ帰るんですか？

B：はい、そうです。

自分の判断が正しいか正しくないかを問う疑問文において、その判断が正しい場合に答えとして用いる。この場合、「はい、そうです」は(1)のように名詞を受けるときにしか使えない。

動詞・形容詞を受ける場合には(2)～(4)のように同じ動詞・形容詞を繰り返さなければならない。ただし、(5)のように質問が「のですか・んですか」のときは「はい、そうです」も使うことができる。

次の例のような否定疑問文では相手の判断が正しい場合には「はい」間違っている場合には「いいえ」が使われる。

(例) A：これは、あなたの車ではありませんね？

B1：はい、ちがいます。

B2：いいえ、わたしのです。

つまり、「これはあなたの車ではない」が正しい判断であれば、答えはB1「はい、違います」や「はい、私の車ではありません」となり、「はい」が使われる。

以上の例でわかるように、否定疑問文に対する答えは、質問者の予想や判断が正しい場合には「はい」、違う場合には「いいえ」となり、判断の内容そのものが肯定か否定かには関係がない。実際の会話では、否定疑問文に対して「はい・いいえ」を使わないで答えることも多い。

2 はい ＜承諾＞

(1) A：行ってくれますね？

B：はい。

(2) A：いっしょにやりましょう。

B：はい。

(3) A：これをあっちに持って行ってください。

B：はい、わかりました。

(4) A：いっしょに食事をしませんか？

B1：はい、行きましょう。

B2：いや、今日はちょっと。

(5) 母：早くおふろに入りなさい。

子：はいはい。

母：「はい」は、一回！

依頼や要求、勧誘などを承諾するときに使う。

(4)は、形は疑問文だが正しいか正しくないかを問うものではなく、勧誘なので、承諾する場合には「はい」が使われる。断る場合に「いいえ」を使うと拒絶する感じが強いので避けられることが多い。(5)のように、依頼や要求に対して「はい」を二回繰り返すのは、いやいや返事をしているようで失礼な印象を与える。

「ええ」とも言う。

3 はい ＜応答＞

(1) A：山田君。
　　B：はい。

(2) A：ちょっとおたずねしますが…。
　　B：はい。

(3) A：あのう。
　　B：はい。

(4) A：おーい。ちょっと。
　　B：はい。

呼びかけられたとき、出席をとるために名前を呼ばれたときなどの応答に使う。この場合は「ええ」は使わない。くだけた場面で、呼びかけられたときには、「はあい」や「なに・なあに」なども使われる。

4 はい ＜あいづち＞

(1) ≪電話で≫
　　A：来週の旅行のことですが…。
　　B：はい。
　　A：他の方は皆さんいらっしゃることになったんですが。
　　B：あ、はい。
　　A：ええ、それで、Bさんのご都合はどうかと思いまして…。
　　B：すみません。それがですねえ。急に用事ができてしまいまして、申し訳ないんですが…。
　　A：だめですか…。

「はい」や「ええ・うん」は、あいづちとして用いられることが多い。その場合には相手の話を理解している、聞いていることを示しているだけで、相手に同意しているわけではない。

5 はい ＜喚起＞

(1) ≪写真を撮るとき≫はい、みなさんこっちを向いて。

(2) ≪団体旅行で、ガイドが≫はい、みなさん出発しますよ。

(3) ≪相手にものを渡すとき≫はい、どうぞ。

(4) ≪家族にお茶を出すとき≫はい、お茶。

(5) ≪店員が客にものを見せるとき≫はい、これでございます。

相手の注意を引きつけるのに使う。この場合、「うん・ええ」は使えない。

6 はい ＜追認＞

(1) A：こちらには長くお住まいですか？
　　B：私ですか？　私は、戦前からずっとここに住んでおります。はい。

(2) 客：どっちが似合うかしら。
　　店員：そりゃもう、どちらもお似合いでございます。はい。

自分の発言の最後に、自分の言葉を確認するような感じでつけ加える。古めかしい、あるいはへりくだった感じがする。

【ばいい】

[N／Na　なら(ば)いい]

[A-ければいい]

[V-ばいい]

活用語のバ形に「いい」が付いた慣用的に固定化した表現。「ばよい・ばよろしい」はそのやや改まった言い方。

→【たらいい】【といい】

1 V-ばいい ＜勧め＞

(1) 休みたければ休めばいい。

(2) お金がないのなら、お父さんに借りればいいじゃない。

(3) A：どうすればやせられるでしょうか。
B：食べる量を減らして、たくさん運動すればいいんじゃないですか？

(4) A：何時ごろまでに行けばいいですか？
B：10時までに来てくれればいい。

相手に特定の行動をとるように勧めたり、提案したりする表現。特定のよい結果を得るためにどのような方法・手段をとるのがいいか助言したりそれを求めたりする場合に用いる。「たらいい」と類義的で、だいたい置きかえられるが、「ばいい」には「それさえすれば必要十分」という意味が強い。文脈によっては、「話し手にとってはどうでもいいこと、そんなに簡単なことさえ分からないのか」といった投げやりなニュアンスをもつ場合がある。助言を求める場合は、(3A)のように「どうすればやせられるか」の形で目的を明示してたずねるか、「どうすればいいか」という疑問文を使う。

→【たらいい】1

2 ...ばいい ＜願望＞

(1) もうすこし暇があればいいのに。

(2) もう少し給料が高ければいいのだが。

(3) もっと家が広ければいいのになあ。

(4) 明日、晴れればいいなあ。

(5) 父が生きていればなあ。

(6) 順子さんもパーティーに出席してくれればいいなあ。

(7) 明日が休みならばいいのに。

そうなってほしいという話し手の願望を表す。文末は「のだが・のに・(のに)なあ」などを伴うことが多い。現状が希望する状態と異なったり、実現できないような場合には、「そうでなくて残念だ」という気持ちを伴う。(5)のように、「いい」が省略された「...ばなあ」の形もよく使われる。ほとんどの場合「たらいい」で言いかえられる。名詞やナ形容詞に「...ばいい」が付くときは、(7)のように「N／Naならばいい」という形になる。

→【たらいい】2【ならいい】2

3 ...ばよかった

(1) 親がもっと金持ちならばよかったのに。

(2) 体がもっと丈夫ならばよかったのに。

(3) もう10センチ背が高ければよかったのに。

(4) あんな映画、見に行かなければよかった。

(5) あのバッグ売り切れだった。この前見た時に買っておけばよかった。

実際には起こらなかったり、現状が期待に反するような場合に、それを残念に思ったり、聞き手を非難する気持ちを表す。(4)のように否定形を用いて「なければよかった」という場合は、実際に実行してしまったことを後悔する言い方。文末には「のに」の他「のだが・のだけれど」などが付くことがある。「...たらよかった」もほぼ同義。この用法で「とよかった」も使えないことはないが、「たら／ばよかった」の方がよく使われる。自分の行動について言う場合は普通「のに」は用いられない。

(誤) 僕も行ければよかったのに。

(正) 僕も行ければよかったんだが。

→【たらいい】3【といい】3【のに1】2

【はいざしらず】

→【いざしらず】

【はおろか】 N1

［Nはおろか］

(1) 私は、海外旅行はおろか国内旅行さえ、ほとんど行ったことがない。

(2) 吉井さんはアレルギーがひどくて、卵はおろかパンも食べられないそうだ。

(3) この学生には単位は出せません。今学期はレポートの提出はおろか出席さえしていないんです。

(4) 発見されたとき、その男の人は住所はおろか名前すら記憶していなかったという。

(5) もし歩いていてピストルを突きつけられたら絶対に逆らわないでお金を渡しなさい。さもないと金はおろか命までなくすことになるよ。

「XはおろかYさえ／も／すら…ない」のように否定形と共に使うことが多い。「もちろんのこと・言うまでもなく」の意味で、程度の軽いものをXで示し、Yを強調するのに使う。古めかしくかたい書き言葉。話し言葉では「…どころか…ない」を使う。

→【どころ】2

【ばかり】

1 数量詞+ばかり

(1) 一時間ばかり待ってください。

(2) 三日ばかり会社を休んだ。

(3) りんごを三つばかりください。

(4) 1000円ばかり貸してくれませんか？

(5) この道を100メートルばかり行くと大きな道路に出ます。

(6) 来るのが少しばかり遅すぎたようだ。

(7) ちょっとばかり頭がいいからといってあんなにいばることはないじゃないか。

数量を表す言葉に付いて、だいたいの量を表す。(1)～(5)は、「ほど」で言いかえることができる。日常の話し言葉では「ほど」の方がよく使われる。

現代語では(1)(2)のように時間の長さを表すときには使えるが、時刻·日付には使えない。その場合には「くらい」や「ごろ」を使う。

（誤） 3時ばかりに来てください。

（正） 3時｛ぐらい／ごろ｝に来てください。

（誤） 10月3日ばかりに来てください。

（正） 10月3日｛ぐらい／ごろ｝に来てください。

(3)(4)は、「りんごを三つください・1000円貸してください」と同じであるが、「ばかり」をつけて数量をはっきり言わないことで表現がやわらかくなっている。(6)(7)のように、「少し・わずか・少々」などにも付く。

→【くらい】1【ほど】1

2 …ばかり ＜限定＞

話し言葉では、「ばっかり」も使われる。

a N(+助詞)ばかり N4

(1) このごろ、夜遅くへんな電話ばかりかかってくる。

(2) うちの子はまんがばかり読んでいる。

(3) 彼はいつも文句ばかり言っている。

(4) 今日は朝から失敗ばかりしている。

(5) この店の材料は厳選されたものばかりで、いずれも最高級品だ。

(6) 6月に入ってから、毎日雨ばかりだ。

(7) 子供とばかり遊んでいる。

(8) 父は末っ子にばかり甘い。

「それだけで他はない」という意味を表す。「同様のものを多く・同様のことが何度も」といった意味が生じることが多い。

格助詞の「が」や「を」と共起する場合は「Nが

ばかり・Nをばかり」とならず「Nばかりが・Nばかりを」となるが、その他の助詞の場合は「Nとばかり・Nばかりと」のように「ばかり」の前に付くことも後に付くことも可能である。「だけ・のみ」に似ているが、「いつも・すべて・何度も繰り返して」などの含みがあるときには、「だけ」や「のみ」を使うことはできない。

(誤) うちの子はいい子{だけ／のみ}だ。

(正) うちの子はいい子ばかりだ。

(誤) 母は朝から晩まで小言{だけ／のみ}言っている。

(正) 母は朝から晩まで小言ばかり言っている。

→【だけ₁】1【のみ】1

b　V-てばかりいる

(1) 彼は寝てばかりいる。

(2) 遊んでばかりいないで、勉強しなさい。

(3) 食べてばかりいると太りますよ。

(4) 母は朝から怒ってばかりいる。

同じことを何度も繰り返したり、いつも同じ状態にあることを話し手が批判的に述べる場合に用いる。「だけ・のみ」と言いかえることはできない。

c　…ばかりで

[Naなばかりで]

[A-いばかりで]

[V-るばかりで]

(1) 彼は言うばかりで自分では何もしない。

(2) サウナなんか熱いばかりで、ぜんぜんいいと思わないね。

(3) このごろの野菜はきれいなばかりで味はもうひとつだ。

(4) 忙しいばかりで、ちっとももうからない。

「ばかり」で取り立てられたことだけで、それ以上のことはないという話し手のマイナス評価を表す。後半には否定的な意味を表す表現が続く。

d　Nばかりは

(1) そればかりはお許し下さい。

(2) 命ばかりはお助け下さい。

(3) 今度ばかりは許せない。

(4) 他のことは譲歩してもいいが、この条件ばかりはゆずれない。

(5) いつもは厳格な父も、この時ばかりは叱らなかった。

「これ・それ・あれ」や名詞に付いて、「他のことはともかくそれだけは・少なくともそのときだけは」などの強調を表す。書き言葉的な改まった表現。日常の話し言葉に使うと古めかしく大げさな感じがする。

3　V-たばかりだ

(1) さっき着いたばかりです。

(2) このあいだ買ったばかりなのに、テレビが壊れてしまった。

(3) まだ3時になったばかりなのに、表はうす暗くなってきた。

(4) 日本に来たばかりのころは、日本語もよくわからなくて本当に困った。

(5) 山田さんは一昨年結婚したばかりなのに、もう離婚を考えているらしい。

動作が完了してから、時間があまりたっていないことを表す。動作の直後でなくても、(5)のように、話し手にとって時間がたっていないと感じる場合にも使える。

4　V-るばかりだ <一方的な変化>

(1) 手術をしてからも、父の病気は悪くなるばかりでした。

(2) 新しいシステムが導入されてからも、仕事は増えるばかりでちっとも楽にならない。

(3) 英語も数学も、学校を出てからは忘れていくばかりだ。

悪い方向への一方的な変化を表す。「V-るいっぽうだ」と言いかえることができる。

→【いっぽう】2

5 V-るばかりだ ＜準備の完了＞

(1) 荷物もみんな用意して、すぐにも出かけるばかりにしてあった。

(2) 部品も全部そろって後は組み立てるばかりという時になって、説明書がないことに気がついた。

(3) 料理もできた。ビールも冷えている。後は、お客の到着を待つばかりだ。

(4) 今はただ祈るばかりだ。

「V-るばかりにしてある・V-るばかりになっている」の形でよく使われる。(1)～(3)のように、準備が完了して、いつでも次の行動に移れる状態になっていることを述べるときに使う。また、(4)のように、「すべてをやって、あとは…するだけだ」という意味で使うこともある。

6 …ばかり ＜比喩＞

a A-い／V-る ばかりのN N1

(1) 頂上からの景色は輝くばかりの美しさだった。

(2) 船はまばゆいばかりの陽の光を浴びながら進んでいった。

(3) 透き通るばかりの肌の白さに目をうばわれた。

(4) 用意された品々は目を見張るばかりの素晴らしさである。

(5) 雲つくばかりの大男が現れた。

比喩を使って程度がはなはだしいことを表す。慣用表現が多く、書き言葉的な言い方で、物語などによく使われる。

b V-んばかり N1

(1) デパートはあふれんばかりの買物客でごったがえしていた。

(2) 彼のスピーチが終わると、われんばかりの拍手がわきおこった。

(3) 山々は赤に黄色に燃えんばかりに輝いている。

(4) 泣かんばかりに頼むので、しかたなく引き受けた。

(5) 彼女は意外だと言わんばかりに不満気な顔をしていた。

(6) 彼はまるで馬鹿だと言わんばかりの目付きで私の方を見た。

(7) 彼はほとんど返事もせずに、早く帰れと言わんばかりだった。

形は「V-ない」の「ない」をとって「ん」を付ける。

(1)(2)は「…しそうなほどのN」、(3)は「…しそうなほどに」、(4)は「ほとんど、今にも…しそうなようすで／…していると言ってもよい状態で」という意味を表す。(5)～(7)は、「…と言わんばかり」の形で使われて、実際にそう言ったわけではないが、態度などから話し手にそのように感じられたことを表す。

「様子・態度・目付き・口調」などの言葉とともに用いられることが多い。

7 …ばかりに

a …ばかりに N2N3

[N／Na であるばかりに]

[Naなばかりに]

[A／V ばかりに]

(1) あの国は鉱物資源が豊かなばかりに、常に他国からの脅威にさらされている。

(2) 稼ぎがないばかりに、妻に馬鹿にされている。

(3) 二人は愛し合っているのだが、親同士の仲が悪いばかりに、いまだに結婚できずにいる。

(4) 彼の言葉を信じたばかりにひどいめにあった。

(5) 資格を持っていると言ったばかりに、よけいな仕事まで押しつけられる羽目になってしまった。

(6) 遺産があるばかりに、遺族の間でトラブルが起こることもある。

「まさにそのことのせいで」という意味を表す。後ろには、その結果悪い状態にとどまったり悪い出来事が生じたりするという内容が続く。

b　VR-たい／ほしい　ばかりに

(1) 彼に会いたいばかりに、こんなに遠くまでやって来た。

(2) 嫌われたくないばかりに、心にもないお世辞を言ってしまった。

(3) わずかな金がほしいばかりに、人を殺すなんて、なんてひどい話だろう。

「どうしてもそうしたい／そうしたくないので」という意味を表す。後ろには、そのためには苦労もいとわない、したくないこともあえてするという内容が続く。

8　V-てばかりもいられない

(1) 父が亡くなって一か月が過ぎた。これからの生活を考えると泣いてばかりもいられない。

(2) このごろ体の調子がどうも良くない。かといって、休んでばかりもいられない。

(3) ひとごとだと思って、笑ってばかりもいられない。

(4) よその国のことだと傍観してばかりもいられない。

「V-てばかりはいられない」の形でも使う。「それだけしているわけにはいかない」の意味で、現在の状態について、話し手が「安心していてはいけない・ゆだんしていてはいけない」と感じていることを表すのに使う。「笑う・泣く・喜ぶ・傍観する・安心する」などの感情や態度を表す言葉とともに使われることが多い。

9　…とばかりはいえない

(1) 大手の新聞報道が必ずしも正しいとばかりは言えない。

(2) 一流大学を出て、一流企業に勤めているからといって、人間として立派だとばかりはいえない。

「一概に決めつけられない・そうでない場合もある・一般にそうだとは言えない」という意味を表す。

10　…とばかりおもっていた

[N／Na　だとばかりおもっていた]

[A／V　とばかりおもっていた]

(1) 試験は来週だとばかり思っていたら、今週の金曜日だった。

(2) A：昨日はどうしてパーティーに来なかったんですか？
　　B：えっ、昨日だったんですか？明日だとばかり思っていました。

(3) 生徒はみんな帰ったとばかり思っていたのに、何人かは教室に残っていた。

「かんちがいしてそう思いこんでいた」という意味で、何かのきっかけでそれまで思い違いをしていたことに話し手が気づいたときに用いる。状況から明らかなときは後ろの部分は省略される。

11　…とばかり(に)

→【とばかり】1

【ばかりか】

書き言葉的なかたい表現。話し言葉では「…だけでなく…も」や「ばかりで(は)なく…も」を使う。

→【だけ1】3【ばかりで(は)なく…も】

1 …ばかりか …も／…まで N2N3

[Nばかりか …も／…まで]

[Naなばかりか …も／…まで]

[A／V ばかりか …も／…まで]

(1) 彼女は、現代語ばかりか古典も読める。

(2) 会社の同僚ばかりか家族までが私を馬鹿にしている。

(3) そのニュースが放送されると、日本国内ばかりか遠く海外からも激励の手紙がよせられた。

(4) 手術をしても歩けるようにはならないかもしれないと言われていたが、手術後の回復はめざましく、歩けるようになったばかりか軽い運動もこなせるようになった。

(5) この案は職場の改善のために利用可能なばかりか、地域の改善にとっても大いに役に立つ。

「…だけでなく、その上に」という意味を表す。まず、程度の軽いものについて述べて、それだけでなくて、さらにそれよりも程度の高いことにも及んでいるという場合に使う。

例えば(1)は、「彼女は、現代語が読めるだけではなくて、それよりももっと難しい古典も読める」という意味になる。(2)は、「会社の同僚だけではなくて、(一番信頼してくれるはずの)家族まで私を馬鹿にしている」という意味。

「V-ないばかりか」の形で使われるときには良くないことについて使われる傾向がある。

(例1) 彼は自分の失敗を認めないばかりか、相手が悪いなどと言い出す始末だ。

(例2) 親切に忠告してやったのに、彼は、まじめに聞かないばかりかしまいには怒りだした。

(例3) 薬を飲んだが、全然きかないばかりか、かえって気分が悪くなってきた。

2 そればかりか

(1) 上田さんは英語が話せる。そればかりか韓国語もインドネシア語も話せる。

(2) 彼はその男に着る物を与えた。そればかりか、いくらかの金まで持たせてやった。

(3) 日本の私立高校には、たいてい制服がある。そればかりか靴やカバンまで決まっているという学校が多い。

用法は「…ばかりか…も／…まで」と同じ。はじめの文で程度の軽いことについて述べて、次にさらにそれよりもっと程度の高いことにも及んでいることを述べる表現。

→【ばかりか】1

【ばかりで(は)なく…も】 N2N3

(1) 山田さんは英語ばかりでなく中国語も話せる。

(2) この絵本は子供達ばかりでなく広く大人にも愛されている。

(3) 佐藤さんがイギリスに行くことは、友人ばかりではなく家族でさえも知らなかった。

(4) このアパートは、暑いばかりではなく音もうるさい。

「XばかりでなくYも」の形で使われて、「Xはもちろん、Yも」という意味を表す。「も」以外に「まで・さえ」なども使われる。書き言葉では「ばかりか」ともいう。話し言葉では「だけじゃなく」の方がよく使われる。

→【さえ】1a【だけ₁】3【ばかりか】1【まで】4a【も】1a

【ばこそ】 N1

[N／Na であればこそ]

[A-ければこそ]

[V-ばこそ]

(1) すぐれた教師であればこそ、学生からあれほど慕われるのです。

(2) 体が健康であればこそ、つらい仕事もやれるのだ。

(3) 問題に対する関心が深ければこそ、こんなに長く研究を続けてこられたのだ。

(4) あなたを信頼していればこそ、お願いするのですよ。

(5) 家族を愛すればこそ、自分が犠牲になることなどはおそれない。

「ば」に「こそ」が付いたもの。「他でもないこの理由で」という意味で、理由を強調するやや古めかしい言い方。文末に「のだ」を伴うことが多く、たいてい理由を表す「から」で置きかえができるが、「から」では理由を強調する意味は失われる。

(例) すぐれた教師だから、学生からあれほど慕われるのです。

類義表現に「からこそ」があるが、「からこそ」は、原因・理由がプラス評価・マイナス評価のどちらのことがらの場合でも使うことができるのに対し、「ばこそ」はマイナス評価のことがらが原因・理由となる場合には使いにくい。

(誤) 体が弱ければこそ嫌いなものも無理して食べなければならない。

(正) 体が弱いからこそ嫌いなものも無理して食べなければならない。

書き言葉的。文章や改まった話し言葉で使われる。

→【から$_2$】 1 【からこそ】【のだ】 1 【のだ】 2

【はさておき】

(1) 冗談はさておき、ひとつ教えてほしいことがあるのです。

(2) 挨拶はさておき、本題に入りましょう。

(3) 成功するかしないかはさておき、みんなで力を合わせてチャレンジすることが重要だ。

本題に入るときの前触れとして使い、「そのことは別にして」という意味を表す。慣用的に固定化した表現に「それはさておき・何はさておき」などがある。

【はじめ】 N2N3

1 Nをはじめ(として)…など

(1) 日本の伝統芸能としては、歌舞伎をはじめ、能、茶の湯、生け花などが挙げられる。

(2) 日本語には外来語が多い。英語をはじめとしてフランス語、ドイツ語、ポルトガル語、オランダ語などさまざまな外国語起源の外来語が使われている。

最初にカテゴリー(例:日本の伝統芸能)を示し、その後に、そのカテゴリーに属するもの(例:歌舞伎、能、など)を並べて示すのに使う。

2 Nをはじめ(として)…まで

(1) その会議には、歴史学者をはじめ、町の研究家から一般市民にいたるまで、さまざまな人々が参加した。

(2) 彼の葬儀には、友人知人を始めとして、面識のない人までが参列した。

中心的なものからより広い範囲にまで及んでいることを表す。

【はじめて】N5

[V-て(みて)はじめて]

(1) 病気になってはじめて健康のありがたさがわかる。

(2) 外国に行って初めて自分の国について何も知らないことに気がついた。

(3) 言われてみて初めて、自分がいかに狭量であったかに気がついた。

「あることが起こってはじめて」という意味で、何かを経験した結果、いままで気がつかなかったことや、知っていてもあまり深く考えなかったことに改めて気づいたことを述べるのに用いる。

【はじめる】N4

[VR-はじめる]

(1) 山田さんはついに小説を書き始めたらしい。

(2) 寝る前に推理小説を読み始めたら、止まらなくなってしまった。

(3) 中学生の頃、J-POPにハマったのがきっかけで、日本語を習い始めました。

(4) 夜になって雪が降り始めた。

(5) 11月になってようやく木の葉が色づき始めた。

(6) 政治に対する若い世代の考え方は変わり始めている。

出来事や動作の開始を表し、特に、意志的な動作に用いられる。主語が無生物の場合、徐々に起こる変化を観察しているというような意味合いになる。

【はず】

1 …はずだ ＜話し手の判断＞ N4

[Nのはずだ]

[Naなはずだ]

[A／V　はずだ]

(1) A：山田さんも明日の会議には出席するんですか？

　B：いや、今週は東京に行くと言っていたから、明日の会議には来ないはずだよ。

(2) あれから4年たったのだから、今年はあの子も卒業のはずだ。

(3) A：本当にこのボタンを押せばいいのかい？　押しても動かないよ。

　B：説明書によるとそれでいいはずなんだけど。変だなあ。

(4) A：あそこにいるの、下田さんじゃありませんか？

　B：おかしいな。下田さんは昨日ニューヨークに発ったはずだよ。

(5) A：会議は一時からですか？

　B：ええ、そのはずです。

話し手が、なんらかの根拠に基づいて、当然そうであると考えたことを述べる場合に用いる。判断の根拠は論理的に筋道の追えるものでなければならない。従って、次のような場合には用いることができない。

(誤)　めがねが見つからない。またどこかに置き忘れたはずだ。

(正)　めがねが見つからない。またどこかに置き忘れたんだ。

(3)(4)のように、現実が話し手の判断と違った場合には、意外・不審の念を表す。

第三者の予定について、「彼は来年帰国するはずです。」とは言えるが、話し手自身の行動については、「はず」は使えない。この場合には「つもり・…ようとおもう・…予定だ」を用いる。

(誤)　私は来年帰国するはずです。

(正)　私は来年帰国する予定です。

自分自身の行動であっても、次の例のように、自分の意志で決定できないことや予定の行動と違った場合には使える。

(正) マニュアルを何回も読んだからできるはずなんだけど、どうしても機械が作動しない。

(正) その旅行には、私も行くはずでしたが、結局行けませんでした。

→【つもり】1【よう₂】7

2 …はずだ ＜納得＞

[Naなはずだ]

[A／V はずだ]

(1) この部屋、寒いねえ。(窓が開いているのを見つけて) 寒いはずだ。窓が開いているよ。

(2) ≪作品を見ながら≫彼が自慢するはずだ。本当にすばらしいできだ。

(3) さっきから道が妙にすいていると思っていたが、すいているはずだ。今日は日曜日だ。

話し手が不審に思っていたことや十分に納得できないでいたことをうまく説明できる事実を見つけて納得する気持ちを表す。

3 V-たはず

(1) おかしなことに、閉めたはずの金庫のカギが開いていた。

(2) A：書類、間違っていたよ？
　　B：えっ、よく確かめたはずなんですけど。すみません。

(3) ちゃんとかばんに入れたはずなのに、家に帰ってみると財布がない。

話し手が当然そうだと思っていたことが現実と違った場合に使われ、話し手の後悔、不審などの気持ちを表す。

4 …はずがない N4

(1) あの温厚な人がそんなひどいことをするはずがない。

(2) かぎがない？　そんなはずはない。さっき机の上に置いたんだから。

(3) これは君の部屋にあったんだよ。君が知らないはずはない。

可能性の否定を表す。「はずがない」と似通った意味を表すものに、話し手の判断を表す1の「はずだ」を用いた「ないはずだ」がある。

(例1) 今から出発したのでは間に合うはずがない。

(例2) 今から出発したのでは間に合わないはずだ。

「ないはずだ」は話し手の否定的な判断を表す。そのため、可能性を否定する「はずがない」より話し手の主張はやや弱くなる。

5 …はずだった

(1) 彼も来るはずだったが、急用ができて来られないそうだ。

(2) 理論上はうまくいくはずだったが、実際にやってみると、うまくいかなかった。

(3) 初めの計画では、道路はもっと北側を通るはずだったのに、いつの間にか変更されてしまった。

「当然そうなると考えていた」という意味で、実際にはそれとは違った結果が出たことを表すのに用いられる。話し手の意外感や失望、後悔などの気持ちが込められることが多い。「はずだったが・のに・けれど」など逆接の形で使われることが多い。

→【けれど】2【のに₁】1

6 …はずではなかった

(1) こんなはずではなかった。もっとうまくいくと思っていたのに。

(2) こんなはずじゃなかったのに。

(3) 彼が来るはずではなかったのに。

多くは「こんなはずではなかった」という形で使われて、現実が話し手の予測と違って、失望したり後悔したりする気持ちを表す。「…はずではなかったのに」という形で使われることが多い。

【はずみ】

[Nのはずみ　で／に]

[V-たはずみ　で／に]

(1) ころんだはずみに足首を捻挫してしまった。

(2) 駅で人とぶつかって、そのはずみに財布を落としたらしい。

(3) 大きい声に驚いて、そのはずみで、コーヒーをこぼしてしまった。

(4) 乗用車は、トラックにぶつかったはずみで崖から転落した。

(5) このあいだは、もののはずみで「二度とくるな」などと言ってしまったが、本当にそう思っているわけではない。

「ある動作の余勢で」という意味で、予想しないこと、意図しないことが起こることを表すのに使う。「V-た拍子に」と言いかえられることが多い。(5)の「もののはずみで」は「そのときの勢いで」という意味を表す慣用表現。

【はたして】N2N3

1 はたして…か

(1) 説明書の通りに組み立ててみたが、はたしてこれでうまく動くものかどうか自信がない。

(2) この程度の補償金で、はたして被害者は納得するだろうか。

(3) はたして、どのチームが優勝するだろうか。

(4) 機械には特に悪いところがないとすると、はたして何が故障の原因だったのだろうか。

(5) はたして誰の言っていることが真実なのだろうか。

「ほんとうに…か」という意味を表す。「はたして…か・はたして…だろうか・はたして…かどうか」などの形で使われて、話し手が「予想通りにいかないのではないか」と疑いの気持ちを抱いている場合に使う。また、(3)〜(5)のように「いつ・どこ・だれ・なに・どう」などの疑問詞を含んだ疑問文とともに使われて、「結局のところ、本当に」という意味を表す。書き言葉的な表現。

2 はたしてV-た

(1) 彼もやって来るのではないかと思っていたところ、はたして現れた。

(2) はたして彼女は合格した。

「思っていたとおり／やはり…した」という意味で、話し手が予想していた通りのことが、実際に起きた場合に用いる。書き言葉的。

【はとわず】

→【をとわず】

【ぱなし】

[VR-っぱなし]

動詞の連用形に付く。「VR-はなし」の形で使われることもある。

1 VR-っぱなし ＜放任＞ N1

(1) ドアを開けっ放しにしないでください。

(2) しまった。ストーブをつけっぱなしで出てきてしまった。

(3) うちの子ときたら、食べたら食べっぱなし、服は脱いだら脱ぎっぱなしで、家の中がちっとも片づかない。

当然するべきことをしないで「そのままにしておく・そのままでいる」という意味を表す。「V-

たまま」とは違って、マイナス評価の意味が含まれることが多い。

→【まま】①【まま】②

② VR-っぱなし ＜継続＞

(1) 新幹線はとても混んでいて、東京から大阪まで立ちっぱなしだった。

(2) うちのチームはここの所ずっと負けっぱなしだ。

(3) 今日は失敗ばかりで、一日中文句の言われっぱなしだった。

「同じことがらや同じ状態がずっと続く」という意味を表す。

【はやいか】

→【がはやいか】

【はんいで】

[Nのはんいで]

[NからNのはんいで]

[Vはんいで]

(1) 私にわかる範囲でよければお答えしましょう。

(2) ≪アンケートで≫差しつかえない範囲でお答え下さい。

(3) 駅から歩いて10分ぐらいの範囲で、いいアパートはありませんか？

(4) 今日の午後、花火工場で爆発事故がありました。半径5キロから10キロの範囲で、被害があったもようです。

「ある限られた広がり」を表す。

【はんたいに】

① はんたいに

(1) あの子は、靴を左右反対にはいている。

(2) 父は酒が一滴も飲めない。反対に母はとても酒に強い。

(3) 彼はどろぼうに飛びかかったが、反対にやられてしまった。

(4) 今学期は、いっしょうけんめい勉強したが、成績は反対に下がってしまった。

「逆に」という意味を表す。(1)のように、「左右、上下」など二つあるものが逆になっている場合や、(2)のように対照的なことがらを述べる場合、(3)(4)のように、普通考えられるのとは、逆の結果になった場合に使う。

② …と(は)はんたいに

(1) 姉は友だちと騒ぐのが好きだが、私は姉と反対に静かに音楽でも聞いている方が好きだ。

(2) 私の部屋は南むきで陽あたりがいいが、うるさい。それとは反対に妹の部屋は、陽あたりは悪いが静かだ。

(3) 山田さんが晩年いい作品を残したのと反対に、若くして賞をとった石田さんはその後ぱっとしなかった。

(4) 弟が有名になっていくのとは反対に、兄の人気は衰えてきた。

「…とは逆に」という意味を表す。(1)～(3)のように、対照的な二つのものを比べたり、(4)のように、反比例して変化していく状態について述べる場合に使う。

【はんめん】

① …はんめん N2N3

[Na な／である はんめん]

[A-いはんめん]

[V-るはんめん]

(1) この薬はよく効く反面、副作用も強い。

(2) 化学繊維は丈夫である反面、火に弱いという欠点がある。
(3) 自動車は便利な反面、交通事故や大気汚染というマイナスの側面も持っている。
(4) 彼は目上に対しては腰が低い反面、目下に対してはいばっている。

「…のと反対に」という意味を表す。同じ一つのものごとの中に、反対の性格をもつ二つの面が存在することを表す。

2 そのはんめん(では)

(1) 田中先生はたいへんきびしい方だが、その反面、とてもやさしいところもある。
(2) 加藤さんは仕事が速いので有名だ。しかし、その反面、ミスも多い。
(3) 急激な近代化とそれに伴う経済成長のおかげで、我々の生活は確かに向上した。だが、その反面では、伝統的な固有の文化が失われるという結果をもたらした。

上の「…はんめん」と同じ意味。(1)のように、「…が／けれど、その反面…」、(2)(3)のように「(しかし／だが)その反面(では)…」の形で使う。

→【はんめん】1

【ひいては】N1

(1) 今回の事件は、一社員の不祥事であるばかりでなく、ひいては会社全体の信用をも失墜させる大きな問題であると言うことができる。
(2) 無謀な森林の伐採は森に住む小動物の命を奪うだけでなく、ひいては地球規模の自然破壊につながるものである。

前文を受けて、「それが原因となって・さらにすすんで」という意味を表す。(1)のように「小さく見える問題が実はもっと重大な問題の原因となっている」、(2)のように「比較的小さなことがらが、より大きな問題につながっていく」という文脈で使われることが多い。

【ひかえて】

→【にひかえて】

【ひさしぶり】

→【ぶり】2

【ひじょうに】N4

(1) 今日はひじょうに寒い。
(2) 非常に結構なお味でした。
(3) その御提案は非常にありがたいのですが、家族ともよく相談しませんと。

程度がはなはだしいことを表す。改まった表現。話し言葉では「とても・すごく」がよく使われる。

→【とても】1

【ひではない】

[Nのひではない]

(1) アラビア語の難しさは英語などの比ではない。
(2) 彼は専門的な教育を受けたことはないが、その博識は並の学者の比ではない。
(3) 現在でも医学部に入学することは難しい。しかし、当時女性が医者になることの困難さは現代の比ではなかった。

「同等でない・比べ物にならないほど程度が高

い」という意味を表す。

【ひとつ】

1 ひとつ…ない

「ない」ことを強調する表現。よく似た表現に「最小限の数量＋も…ない」「として…ない」などがある。頻度については、「一度も・一回も・一ぺんも…ない」が使われる。

→【として…ない】【も】4c

a　Nひとつ…ない

[Nひとつない]

[NひとつV-ない]

(1) 雲一つない青空。
(2) しみひとつない美しい肌。
(3) 街は清潔で、ちりひとつ落ちていない。
(4) 夜の公園には、猫の仔一匹いなかった。
(5) あたりはしーんとして、物音ひとつしない。
(6) 彼の意見に誰一人反対しなかった。
(7) 昨日から何ひとつ食べていない。

「ひとつ」の他に「一匹・一人・一枚」など「一＋助数詞」の形を用いて「全然…ない」という意味を表す。(1)(2)のように、「雲／しみが全然ない」ことを述べて、「空の青さ・肌の美しさ」を強調するのに用いる。また、(3)〜(5)のように、動詞といっしょに使われて、「全然V-ない」という意味を表す。また、(6)(7)のように「誰ひとり／何ひとつ…ない」の形で使われて、「誰も／何も…ない」という意味を表す。

→【なに…ない】1

b　…ひとつも…ない

[ひとつもない]

[ひとつもA-くない]

[ひとつもV-ない]

(1) 知った顔はひとつもない。
(2) あの人の話はひとつも面白くない。
(3) 教授の説明は難しすぎてひとつも理解できなかった。
(4) 彼の作文には、まちがいはひとつもなかった。
(5) このごろのファッションなんか、ひとつもいいと思わない。
(6) あいつは、君の忠告なんかひとつも覚えてやしないよ。

「全然ない」ことを強調した言い方。

→【ぜんぜん…ない】

2 もうひとつ／いまひとつ　…ない

(1) 給料はいいが、仕事の内容がもうひとつ気に入らない。
(2) 彼の話は難しすぎて、いまひとつ分からない。
(3) 風邪がもうひとつよくならない。
(4) 今年のみかんは、甘味がもうひとつ足りない。
(5) 今年のみかんは、甘味がもうひとつだ。

「もうひとつ／いまひとつ…ない」の形で使われて、話し手の期待している程度には至っていないことを表す。「とても悪いというわけではないが、はかばかしくない／満足できない」という意味を表す。(1)(2)は「あまり…ない」、(3)は「完全には…ない」、(4)と(5)は「少し足りない」という意味になる。

3 NひとつV-ない

(1) 近ごろの子供はぞうきんひとつ満足にしぼれない。
(2) 女優のくせに、歌ひとつ歌えない。
(3) このごろの若いやつは、挨拶ひとつ満足にできない。
(4) パソコンひとつ使えないようでは、社会に出てから困るだろう。

(5) 当時はたいへん貧しく、子供達に服ひとつ新しく買ってやれなかった。

本来ならできるはずの簡単なことができないことを強調するのに使う。それ以上のことはもちろんできないことを暗に示して、話し手の不満や批判など否定的な気持ちを表すことが多い。

4 ひとつ

(1) ひとつよろしくお願いしますよ。

(2) ひとつ頼まれてほしいことがあるんだが。

(3) ひとつ頼まれてくれないか？

(4) ここはひとつやってみるか。

(5) ひとつ話にのってみようか。

(6) おひとつどうぞ。

(7) ひとついかがですか？

日常の話し言葉で用いられる。「ちょっと・ためしに」という意味を表す。(1)～(3)のように、何かを頼むときや、(4)(5)のように、試しに何かをやってみようとするときに使われる。(6)(7)は、食べ物などを人に勧めるときに使われる。

【ひとつまちがえば】

(1) 出産というのは大変な仕事で、医学の進んだ現在でもひとつまちがえば命にかかわる。

(2) 政治家の不用意な発言が続いている。ひとつ間違えば外交問題にも発展しかねない。

(3) カーレースは、ひとつ間違えば、大事故につながることもある危険な競技である。

(4) ひとつ間違えば大惨事になるところだった。

(5) 乗る予定だった飛行機が墜落した。ひとつ間違えば、私もあの事故で死んでいた。

「ほんの少しの差で」という意味を表す。(1)～(3)のように、ほんの少しの差で大事に至る可能性があることを表す。「ひとつまちがえば…こともある／かねない」などの形で使われることが多い。

(4)(5)は、ほんの少しの差で大事に至らずにすんだ場合に使われた例である。(4)の「ひとつ間違えば…ところだった」の形は、「実際にはそうならなかったが、もう少しで危なかった」ということを表すときに使う。

【ひととおり】 N2N3

1 ひととおり

(1) 教科書は一通り読んだが、まだ問題集には手を付けていない。

(2) テニスを始めようと思って、道具は一通り揃えたのだが、忙しくて暇がない。

(3) そんなに上手なわけではないが、お茶もお花も一通りは習った。

「全体についてざっと／だいたい満足できる程度に」という意味を表す。

2 ひととおりのN

(1) 一通りのことはできるようになった。

(2) この問題は難しくて一通りの説明ではわからない。

(3) 私が合格した時、母は一通りの喜びようではなかった。

(4) みんなが頑張っているのだから、成功しようとすれば、一通りの努力ではだめだ。

多くは「ひととおりのNではない・ひととおりのNでは、…ない」の形で使われて、「普通の程度ではない・普通の程度ではできない」などの意味を表す。

③ **ひととおりではない**

(1) 成功するまでの彼の努力は、一通りではなかった。

(2) 愛用していたパソコンが壊れたので、あわてて友だちから借りてきたが、慣れない機械というのは、使いにくいこと一通りではない。

「普通の程度ではない」という意味を表す。(1)は「たいへんな努力をした」、(2)は「たいへん使いにくい」という意味になる。

【ひとり…だけでなく】N1

[ひとりNだけでなく]

(1) 環境保護の問題は、ひとり日本だけでなく地球全体の問題でもある。

(2) この活動は、ひとり本校だけでなく、広く地域に呼びかけて進めたい。

「単にそれだけでなく」という意味を表す。書き言葉で、やや改まった話題で使う。さらにかたい表現に「ひとり…のみならず」がある。

→【ひとり…のみならず】

【ひとり…のみならず】N1

(1) 環境汚染の問題は、ひとり我が国のみならず全世界の問題でもある。

(2) このNGOには、ひとり日本のみならず、多くの国の人々が参加している。

「ひとり…だけでなく」の、さらにかたい表現。

→【ひとり…だけでなく】

【ふう】

① **Nふう** N2N3

(1) あの寺は中国風だ。

(2) 音楽家だというので、ちょっと変わった人間を想像していたが、やってきたのはサラリーマン風のごく普通の男だった。

(3) 美智子さんは、今風のしゃれた装いでパーティーに現れた。

「そのような様式／スタイル」という意味を表す。名詞を修飾するときは「NふうのN」となる。

② **…ふう ＜様子＞**

[Naなふう]

[A-いふう]

[V-ている／V-た　ふう]

(1) そんなに嫌がっているふうでもなかった。

(2) 男は何気ないふうを装って近づいて来た。

(3) 久しぶりに会った松井さんは、ずいぶんやつれて、生活にも困っているふうだった。

(4) なんにも知らないくせに知ったふうなことを言うな。

(5) 父は無関心なふうを装っているが、実は娘のことを非常に気にしている。

「そのような様子」という意味を表す。

③ **…ふう ＜方法＞**

a　**こういうふう**

(1) こういうふうにやってごらん？

(2) あの人も、ああいうふうに遊んでばっかりいると、ろくなことにはならないよ。

(3) どういうふうに説明していいのかわからない。

(4) A：きみ、最近太りすぎじゃない？
B：失礼な奴だな。そういうふうに、人の嫌がることをはっきり言うもんじゃないよ。

(5) そういうふうな言い方は失礼だよ。

「こういう」の他に「そういう・ああいう・どういう」なども用い、特定のやり方や方法を表すときに使う。ナ形容詞の活用をする。「こんなふう・そんなふう・あんなふう・どんなふう」「このように・そのように・あのように・どのように」とも言う。

b …というふうに

(1) 好きな時間に会社へ行き、好きな時間に帰るというふうにはいかないものだろうか。

(2) ひとり帰り、またひとり帰りというふうにして、だんだん客が少なくなってきた。

(3) 今月は京都、来月は奈良というふうに、毎月どこか近くに旅行することにした。

「やり方・方法・状態」などに付いて例を挙げて説明するのに使う。

【ふしがある】

(1) 彼はどうも行くのをいやがっているふしがある。

(2) 犯人は、その日被害者が家にいることを知っていたと思われるふしがある。

(3) その男の言動には、どことなくあやしいふしがある。

「そのような様子だ」という意味を表す。(1)(2)のように、「本人がはっきりとそう言ったわけではないが、言葉や行動からそのように察せられる」という場合に使う。また、(3)のように、「あやしいところがある」という意味で使う。

【ふそくはない】

(1) 相手にとって不足はない。

(2) 給料には不足はないが、仕事の内容がもうひとつ気に入らない。

(3) 彼は大統領として不足のない人物だ。

「話し手の期待どおりで不満はない」という意味を表す。

【ふと】 N2N3

1 ふと

(1) 彼は映画の広告を見つけて、ふと立ち止まった。

(2) ふと思いついて近所の本屋に寄ってみることにした。

(3) 人は死んでしまうとどうなるのだろうなどと妙なことをふと考えた。

(4) 普段は何とも思わないのだが、何かの拍子に、忙しいだけのこんな生活がふとむなしくなるときがある。

「何かちょっとした拍子に・思いがけなく」の意味を表す。(1)のように、特別な理由も目的もなく、ちょっとした思いつきやきっかけで何かをする様子を表す。また、(2)～(4)のように「考える・思う・思い出す」や「むなしくなる・さびしくなる」のように心理的な変化を表す表現などといっしょに使われて、なぜかわからないが、何かちょっとした拍子に思いだしたり、気がついたりすることを表す。

2 ふとV-ると

(1) ふと見上げると、空にはぽっかり白い雲が浮かんでいた。

(2) ふと見回すと、まわりには誰もいなくなっていた。

(3) 仕事をしていて、ふと気がつくと外はもう暗くなっていた。

「なにげなく…したら」の意味を表す。後ろには、その拍子に何かに気がつくということがらが続く。

3 ふとしたN

(1) 長い一生の間には、ふとしたことで、人生が嫌になることがあるものだ。
(2) ふとしたきっかけで、彼とつきあうようになった。
(3) 小さいころ、祖母にはずいぶん可愛がってもらった。今でも、ふとしたひょうしに祖母のことを思い出すことがある。
(4) 赤ん坊は、ふとした病気がもとで死んでしまった。

「ささいな原因/理由/きっかけで」という意味を表す。(4)は「死ぬような大きな病気ではなかったのに、死んでしまった」という意味。

【ぶり】 N2N3

1 …ぶり

[Nぶり]

[V_R-ぶり]

(1) 最近の彼女の活躍ぶりは、みんなが知っている。
(2) 東京の電車の混雑ぶりは異常だ。
(3) 間違いを指摘された時の、彼のあわてぶりといったらなかった。
(4) 彼は飲みっぷりがいいね。
(5) 佐藤さんの話しぶりからすると、交渉はあまりうまくいっていないようだ。

「活躍・混雑・勉強」など動作を表す名詞や、「飲み・話し」など動詞の連用形に付いて、その様子やありさまを表す。「食べる・飲む」は、「食べっぷり・飲みっぷり」になる。(4)は、「見ていて気持ちがいいほど豪快に飲む」という意味。

2 Nぶり

(1) 10数年ぶりに国に帰った。
(2) 国に帰るのは5年ぶりだ。
(3) 父の半年ぶりの帰国に、家族みんなが大喜びした。
(4) 三日ぶりにふろに入った。
(5) 遭難者は18時間ぶりに救出された。
(6) 最近、ずっと忙しかったが、今日は久しぶりにゆっくりすごした。
(7) A:下田さん、お元気ですか? 御無沙汰してます。
B:やあ、田中さん。久しぶりですね。

時間の長さを表す表現に付く。「…ぶりに…した」の形で使われることが多く、「長い間しなかったことをした」という意味を表す。(4)のように短い期間の表現を使うこともできるが、この場合は「普段なら毎日ふろに入る」というような状況で、話し手にとって長いと感じられる期間でなければならない。「ひさしぶりですね・おひさしぶりです」は、長い間会わなかった相手へのあいさつとして使われる慣用表現。

【ぶる】

[N/Na ぶる]

(1) 彼は、通ぶってフランスの上等なワインしか飲まない。
(2) 父は学者ぶって解説を始めた。
(3) あの人はいつも上品ぶっている。
(4) 三年生になった長女は、先輩ぶって一年生の妹にいろいろ教えたりしている。
(5) 彼はもったいぶってなかなか教えてくれない。

「…らしい態度で」という意味を表す。「いかにもたいした…である」というふうに、ふるまう様子を表す。(1)~(3)のように、「本当にはそうでないのに、まるでそうであるかのような態度で」、あるいは(4)のように「たいしたことでもないのに大げさに」など、話し手のマイナス評価を含む場合に使うことが多い。(5)の「もったいぶって」は、慣用表現で「気取って、ものものしく振る舞う」という意味で、「なかなか教えない／言わない」などといっしょに使う。限られた特定の言葉にしか使えない。

【ぶん】N2N3

1 …ぶん

[Nのぶん]
[Vぶん]
[期間を表す名詞+ぶん]

(1) 甘いものが大好きな弟は、私のぶんのケーキまで食べてしまった。
(2) 心配しなくていいよ。君のぶんはちゃんと残しておいたから。
(3) 子供に食べさせる分まで奪われてしまった。
(4) 来月分の食費まで先に使ってしまった。
(5) 部屋を借りるためには、はじめに家賃三ヶ月分のお金が必要です。

「…の割当／分け前／そのためのもの」という意味を表す。(4)は「来月使うための食費まで使ってしまった」、(5)は「三ヶ月に相当する金額」という意味。

2 …ぶん(だけ)

[Nのぶん]
[Naなぶん]
[A／V ぶん]

(1) 1年間の休職の分だけ、仕事がたまっていた。
(2) 外で元気な分、彼は家ではおとなしい。
(3) 食べれば食べた分だけ太る。
(4) 早く始めれば、その分だけ仕事が早く終わる。
(5) 彼を信頼していたぶん裏切られたときのショックも大きかった。

「その程度に応じて」という意味を表す。

(3)(4)のように、「…V-ばV-たぶんだけ・…V-ば、そのぶんだけ」の形で使われることが多い。「それだけの量、それに応じた量」を表す。

(3)は「食べれば、食べたその量だけ太る」、(4)は、「早く始めれば、早く始めた時間だけ早く終わる」、(5)は、「彼をたいへん信頼していたので、それだけショックが大きかった」という意味。「だけ」はなくてもよい。

3 このぶん でいくと／では

(1) 一年かかって、まだ半分も終わっていない。このぶんでいくと完成するには三年ぐらいかかりそうだ。
(2) このぶんでは徹夜になりそうだ。
(3) このぶんでいくと、仕事は予定より早く終わりそうだ。

「この調子ですすむと・この早さですすむと」という意味を表す。

4 …ぶんには

[Naなぶんには]
[A／V ぶんには]

(1) はたで見ているぶんには楽そうだが、自分でやってみるとどんなに大変かがわかる。
(2) 私はいかなる宗教も信じない。しかし、他人が信じるぶんには一向にかまわない。
(3) A：申し訳ありません。会議の始まる時間がいつもより少し遅くなりそうなんですが。
B：遅くなるぶんには、かまわないよ。
(4) 到着が遅れると困るけれど、早いぶんには問題ない。

▸は

「その限りでは」という意味を表す。(1)は、「自分でやらないで見ている限りでは楽そうにみえる」、(2)は「自分は宗教は信じないが、他の人が信じるのはかまわない」、(3)は「早くなるのは困るが、遅くなるのはかまわない」、(4)は逆に「遅れるのは困るが、早いのはかまわない」という意味になる。

【へ】

1 Nへ N5

(1) 父は毎日9時に会社へ行き、6時に家へ帰る。

(2) ぜひ一度、家へ来てください。

(3) 視聴者の皆さんへ向けて、何かメッセージをお願いします。

(4) 旅人は西へ向かって歩き続けた。

(5) 家へ帰ると「友子へ、今日は8時ごろに帰ります。母より」と書いたメモがテーブルの上に置いてあった。

(6) ≪新聞の見出し≫大統領、辞任へ

移動の方向や目的地、または動作の向けられる相手を表す。話し言葉では「に」がよく使われる。(5)のように宛先を書くときや(6)のように動詞が略されるときは「へ」だけで、「に」に言いかえることができない。

(誤) 友子に、今日は8時ごろに帰ります。母より

(正) 友子へ、今日は8時ごろに帰ります。母より

2 NへのN

(1) 留学中は母への電話だけは欠かさないようにしていた。

(2) システムエンジニアへの転職を考えている。

(3) 検定試験合格への道のりはけわしい。

名詞に付いて、それが表すものの向かう先や、それが表す動作が向けられる先を表す。このような用法の場合は「へ」を「に」に言いかえることができない。

(誤) 母にの手紙

(正) 母への手紙

→【へ】

3 NからNへと

(1) 次から次へと注文が相次いで目の回る忙しさだ。

(2) 旅から旅へと休むまもなく演奏活動を続けている。

(3) その事件は闇から闇へと葬り去られた。

連続して起こる様子を表す慣用的に固定化した表現。

【べからざる】 N1

[V-るべからざるN]

(1) 川端康成は日本の文学史上、欠くべからざる作家だ。

(2) 大臣の地位を利用して、企業から多額の金を受け取るなどは、政治家として許すべからざる犯罪行為である。

(3) いかなる理由があったにせよ、警官が一般市民に暴行を加えるなど、あり得べからざる異常事態だ。

「Vべきでない N」の古い表現。その行為や事態が「正しくない・望ましくない」ことを述べて「...ことができないN・...てはいけないN」などの意味を表す。古めかしくかたい書き言葉。

(1)は「欠かすことができない、忘れてはいけない人物」、(2)は「許すことができないひどい犯罪行為」、(3)は「起こるはずのない事態、起こってはいけない事態」という意味になる。

どんな動詞でも使えるというわけではなく、(1)〜(3)の「欠くべからざる人物・許すべからざる行為・あり得べからざる事態」のような慣用的な表現だけが使われる。(3)は「得る」では

なく「得」に付く。

【べからず】N1

[V-るべからず]

(1) 落書きするべからず。
(2) 芝生に入るべからず。
(3) 犬に小便させるべからず。

禁止を表す。「べきでない」の古い表現。その行為が「正しくない・望ましくない・よくない」ことを述べて「V-てはいけない」と同じ意味を表す。

かなり強い調子の禁止表現で、看板や掲示等に書かれることが多い。最近では「芝生に入ってはいけません・芝生育成中」など、もっとやわらかい感じの表現が使われるようになってきている。

看板や掲示によく使われる禁止表現には、他に「…禁止・V-ることを禁ず」などがあるが、いずれもかなり強い調子の禁止表現である。古めかしくかたい書き言葉。話し言葉では使わない。

→【てはいけない₁】1

【べき】

[N／Na　であるべき]
[A-くあるべき]
[V-るべき]

古い助動詞「べし」の活用形。現代語の表現では動詞の辞書形に付く。「する」には「するべき」と「すべき」の二つの形が使われる。

1 …べきだ N2N3

(1) 学生は勉強するべきだ。
(2) 他人の私生活に干渉すべきではない。
(3) 近頃は小学生まで塾に通っているそうだが、子供はもっと自由に遊ばせるべきだ。
(4) 女性は常に化粧をして美しくあるべきだなどという考えには賛成できない。
(5) 地球規模で自然破壊が進んでいる。人間は自然に対してもっと謙虚であるべきだ。
(6) 教師：君、成績が良くないね。もっと勉強するべきだね。
　学生：すみません。
(7) A：海外研修に行くかどうか迷っているんだ。
　B：そりゃ、行くべきだよ。いいチャンスじゃないか。
(8) この仕事はきみがやるべきだ。
(9) 会社の電話で私用の電話をするべきじゃないね。

「…するのが当然だ・…するのが正しい・しなければならない」という意味を表す。否定形は「べきではない」で、「…するのはよくない・…するのは正しくない・…してはいけない」の意味。

(1)～(5)は、一般的なことがらについて、話し手が意見を述べている例である。(6)～(9)のように相手の行為について用いるときには、忠告や勧め・禁止・命令などになる。書き言葉でも日常の話し言葉でもよく使われる。

2 …べき　だった／ではなかった

[V-る／V-ておく　べきだった]
[V-る／V-ておく　べきではなかった]

(1) あの時買っておくべきだった。
(2) あんなひどいことを言うべきではなかった。
(3) 君はやっぱりあのときに留学しておくべきだったんだよ。

過去のことがらについて、「ああしておけばよかった・あんなことをしなければよかった」という意味を表す。

(1)は、「あの時、買っておけばよかった(実際には買わなかった)」、(2)は「あんなひどいことを言わなければよかった(ひどいことを言ってしまった)」、(3)は「君はあのとき留学しなかったが、留学しておいた方がよかった」という意味になる。話し手が自分自身のことについて述べるときは、後悔や反省の気持ちを表す。この表現は、書き言葉でも日常の話し言葉でもよく使われる。

3 V-るべきN N2N3

(1) 外交政策について、議論すべきことは多い。

(2) エジプトのピラミッドは、永遠に残すべき人類の遺産である。

(3) その伝染病は恐るべき速さで世界中に広がっている。

(4) 人は皆死すべき運命を背負っている。

「当然しなければいけないこと・当然そうなること」という意味を表す。

(1)は「論じなければいけないことがら」、(2)は「当然残さなければいけない人類の遺産」という意味になる。(3)(4)は、慣用表現で、それぞれ「たいへんな速さ・必ず死ぬ運命」という意味である。

書き言葉的な改まった表現。

【べく】

古い助動詞「べし」の連用形。書き言葉的な改まった表現として現代語でも使われる。動詞の辞書形に付く。「する」は「するべく」と「すべく」の二つの形が使われるが「すべく」の方が改まった感じがする。

1 V-るべく N1

(1) 大学に進むべく上京した。

(2) 速やかに解決すべく努力致します。

(3) しかるべく処置されたい。

「…をするために・…することができるように」という意味を表す。(3)は「適切に処置してください」という意味。書き言葉的な改まった表現。

2 V-るべくしてV-た

(1) この機械の危険性は以前から何度も指摘されていた。この事故は起こるべくして起こったといえる。

(2) 彼が勝ったのは偶然ではない。練習につぐ練習を重ねて、彼は勝つべくして勝ったのだ。

同じ動詞を繰り返して、「当然そうなるだろうと予想されていたことが実際に起こった」という意味を表す。

(1)は「事故が起こるかも知れないと心配していたら、やはり起こった」という意味。(2)は、「彼が勝ったのは偶然や幸運ではなくて、あんなに努力したのだから当然である」という意味になる。

書き言葉的な改まった表現。

3 V-るべくもない

(1) 優勝は望むべくもない。

(2) 突然の友人の死を、遠く海外にいた彼は知るべくもなかった。

(3) 民間ロケットの打ち上げ成功が、宇宙開発事業に拍車をかけたことは疑うべくもない。

古い表現で、「…することは、とてもできない・…するはずがない」という意味を表す。「望む・知る・疑う・比べる・否定する」など限られた動詞と共に用いられる。

【べし】

[V-るべし]

(1) 学生はすべからく勉強に励むべし。

(2) 後生おそるべし。

(3) 今度の試験は、よほど難しかったらしく、クラスで一番良くできる生徒でも60点しかとれなかった。他の生徒の得点は推して知るべしだ(=言うまでもなく容易に想像できる)。

(4) この小説、すごく面白かった! まだ読んでいない人は絶対読むべし。

古い表現で「当然のこととしてしなければいけない・するのが当然だ」という意味を表す。「推して知るべし・後生おそるべし」など、慣用的に固定化した表現に使われることが多い。

(1)は「すべからく…べし」の形で、「学生は当然しなければいけないこととして、勉強しなさい」という意味。(2)は「若い人はこれから将来、おおいに成長していく可能性があるので大切にしなければいけない」という意味の慣用句。(3)の「推して知るべしだ」は、慣用表現で、「推量すれば、すぐにわかる」という意味。ここでは「他の学生は、言うまでもなくもっと悪い」という意味になる。

【へた】N5

ナ形容詞。名詞の前では、「へたなN」となる。

1 へた

a へた

(1) 字がへたなので、もっぱらパソコンを愛用している。

(2) A：日本語がへたで、すみません。
　　B：へただなんてとんでもない。とてもおじょうずですよ。

(3) 父は、へたなくせにゴルフが好きだ。

(4) へたな言いわけはやめなさい。

(5) 社長は気むずかしい人だから、へたなことを言って、怒らせないように気をつけたほうがいい。

「上手でない・まずい」という意味を表す。(1)～(4)は「うまくない、上手でない、技術が高くない」こと、(5)は「あまりよく考えないで言ったり、したりする」ことを表す。

b Nは…がへただ

[NはNがへただ]

[NはV-るのがへただ]

(1) 私は計算がへただ。

(2) 私は歌を歌うのが下手だ。

(3) 山下さんはピアノはうまいが、歌は下手だ。

(4) 英語は読む方はなんとかなるが、話すのは下手だ。

(5) A：テニスはやるんだろう？
　　B：うん、へただけどね。

「うまくできない・上手ではない」という意味を表す。よく似た表現に「…が苦手だ」がある。「苦手だ」は、あまり好きでないという意味が含まれるが「へただ」にその意味はない。

2 へたに

(1) このごろの機械は複雑だから、故障しても素人がへたにいじらない方がいい。

(2) へたに動かすと爆発するかもしれないので、うかつに手がだせない。

(3) A：うちの娘が反抗期でね。家族と口もきかないんだ。注意した方がいいのかなあ。
　　B：でも、へたに注意するとよけいに反抗するかもしれないよ。

「充分な注意や配慮をしないで」という意味を表す。(1)のように、「うまくいかない可能性が高いから、しない方がよい」という場合や、(2)(3)のように、「充分に注意や配慮をしないと、良くないことが起きる可能性があるから気をつけた方がいい」という場合に使われる。「うかつに」とも言う。

3 へたをすると

(1) A：試験はどうだった？
　　B：それが、あまり良くなかったんだ。へたをすると、卒業できないかもしれないなあ。

(2) 風邪のようなありふれた病気でもへたをすると命とりになることがある。

(3) 不景気で中小企業の倒産があいついでいる。へたをすると、うちの会社も倒産するかもしれない。

(4) 道を歩いていたら、上から植木鉢が落ちてきた。へたをすると大怪我をするところだった。

「悪くすると・ひょっとすると」という意味を表す。悪い結果にいたる可能性があることを表す。話し手の心配や不安を表すことが多い。(4)は、「へたをすると…V-るところだった」という形で、「もう少しで悪い結果になるところだったが、助かった」という意味。

【べつだん】

1 べつだん…ない

(1) べつだん変わったことはない。

(2) 彼はいつもより口数が少ないようだったが、私はべつだん気にもしなかった。

「特別に／別に…ない」という意味を表す。やや改まった書き言葉的な表現。

2 べつだんのN

(1) 別段のご配慮をいただきたく存じます。

(2) 来賓として招かれて、別段の扱いを受けた。

「特別の・いつもと違う」という意味を表す。やや改まった書き言葉的な表現。

【べつとして】

1 Nはべつとして

(1) 中国語は別として、そのほかのアジアの言語となると学習する人が少なくなる。

(2) 彼らの行動は、刑事的な責任は別として、道義的には非難されるべきものである。

(3) 中国での生活が長かった西田さんは別として、うちの会社には他に中国語のできる人はいない。

「…は例外だが・…は特別だが」という意味を表す。「べつにして」とも言う。

2 …はべつとして

[…かどうかはべつとして]

[疑問詞+かはべつとして]

(1) 将来役に立つかどうかは別として、学生時代にいろいろな分野の勉強をしておくことは、けっして無駄ではない。

(2) 実現可能かどうかは別として、この計画は一度検討してみる価値はあると思う。

(3) だれが言ったかは別として、今回のような発言がでてくる背景には根深い偏見が存在すると思われる。

「…については今問題にしないが」という意味を表す。「べつにして」とも言う。

【べつに】

1 べつに…ない

(1) 別に変わったことは何もない。

(2) 会社の宴会など別に行きたくはないが、断る適当な理由も見つからないので、しかたなく行くことにした。

(3) 今どき洋酒なんか、別に珍しくはないが、海外旅行のおみやげにとわざわざ持ってきてくれた彼の気持ちがうれしい。

(4) あなたなんかいなくても、別に困らないわ。

(5) A：どうかしたの？

B：いや、べつに。

「特に…ない・とりたてて…ない」という意味を表す。(5)のように「…ない」の部分が省略されることもある。

2 …とはべつに

[Nとはべつに]

[Vのとはべつに]

(1) 料金とは別に600円の送料が必要です。

(2) お食事の料金は宿泊料とは別にいただきます。

(3) 昨日来たのとは別に、もうひとつ小包が来ています。

(4) 映画館はすごく混んでいたので、友だちとは別に座ることにした。

(5) 彼女は旅館に泊まった私達とは別に、となりの町のホテルに泊まった。

(1)〜(3)は、「…以外に・…の他に」、(4)(5)は「…とはなれて・…とちがう」という意味を表す。

3 Nべつに

(1) クラス別に写真を撮った。

(2) アンケートの結果を、年齢別に集計した。

(3) 調査の結果を国別に見ていくと、中国をはじめとしたアジアの国々の経済成長が著しいことがわかる。

「Nごとに・Nを基準に」という意味を表す。

【べつにして】

→【べつとして】

【ぽい】

→【っぽい】

【ほう】

[Nのほう]

[Naなほう]

[A／V ほう]

1 …ほう ＜方向＞

[Nのほう]

[Vほう]

(1) 京都の北のほうは冬には雪がずいぶん積もる。

(2) あっちの方へ行ってみましょう。

(3) A：どこに座ろうか。

B：前の方にしようよ。

(4) まっすぐ私の方を見てください。

(5) 太陽が沈む方に向かって鳥が飛んで行った。

(6) A：それで、山下さんはまっすぐ家に帰ると言ったんですね？

B：ええ、そう言いました。でも、山下さんが歩いて行った方には駅もバス停もないんで、おかしいなと思ったんです。

おおよその方向、方角を表す。「東・西・南・北」などの方角や「あっち・こっち・どっち・こちら・そちら・どちら」「前・後・左・右・上・下」など方向を表す名詞に付くことが多い。

2 …ほう ＜一方＞ N4

(1) A：どちらになさいますか？

B：じゃ、大きいほうをください。

(2) A：いくらですか？

B：こちらの赤い方が1万円、あちらの方が1万3千円となっております。

(3) どちらでもあなたのお好きな方で結構です。

(4) A：連絡は御自宅と会社とどちらに

さしあげましょうか。
B：自宅の方にお願いします。

(5) 私の方からお電話します。

(6) A：たいへん申し訳ございませんでした。
B：いや、悪いのはこちらの方です。

(7) 妻：悟は学校で問題なくやっているのかしら。
夫：放っておけばいいさ。何かあれば、学校の方から何か言ってくるだろう。

(8) 寮の部屋はどこも狭くてきたないけれど、僕の部屋は窓が大きいからまだましなほうだよ。

(9) 自分で言うのもなんだが、子供のころ僕は成績のよい方だった。

(10) A：御専門は物理学でしたね？
B：ええ、原子力の方をやっております。

(11) 二つの作品のうち先生が手伝った方はさすがに完成度が高い。

二つあるものの一方をさす。(5)(6)は、話し手と聞き手を対比させ、話し手側を「私の方・こちらの方」、聞き手側を「あなたの方・そちらの方」で示している。(7)の「学校の方から」は「学校から」と同じ意味だが「我々の側」と「学校の側」を対比させている。また、(9)(10)のように、ばくぜんとある部分、ある方面を指す言い方もある。(9)は、「どちらかというと成績がよかった」の意味。(10)は、二つのものの対比ではなく、「物理学の中で原子力の方面を研究している」という意味。

3 …ほう ＜比較＞

a …ほうが…より(も) N4

(1) 飛行機のほうが新幹線より速い。

(2) 高いより安い方がいいに決まっている。

(3) 新幹線で行く方が飛行機で行くより便利だ。

(4) イタリアへ行くなら、ローマやベニスみたいな観光地より田舎の方がおもしろいよ。

(5) スポーツは見るより自分でやる方が好きだ。

(6) 漢字は読むことより書くことの方が難しい。

(7) 加藤さんよりも佐藤さんの方が、親切に相談にのってくれる。

(8) 彼のけがよりも精神的なショックの方が心配だ。

二つのものを比較して、「…ほうが」で表されるものの程度が高いことを表す。「…ほうが」と「…より(も)」は順番が入れ替わって「…より(も)…のほうが」となることもある。また、文脈から明らかなときには、「…ほうが」か「…よりも」のどちらかが省略されることが多い。

b どちらのほう N4

(1) A：田中さんと井上さんとでは、どちらのほうが背が高いですか？
B：田中さんのほうが背が高いです。

(2) A：コーヒーと紅茶と、どちらの方がよろしいですか？
B：どちらでも結構です。

二つのことがらを比較して、どちらかを問うときに用いる。「のほう」を除いて「どちら」だけでもかまわない。

4 Vほうがいい N4

(1) 僕が話すより、君が直接話すほうがいいと思う。

(2) そんなに頭が痛いんだったら医者に行ったほうがいいよ。

(3) あいつとつきあうのはやめた方がい

い。

(4) A：ときどき胃が痛むんだ。

B：たいしたことはないと思っても、一度医者に行っておく方がいいよ。

(5) 退院したばかりなんだから、あまり無理をしない方がいいと思うよ。

(6) あの人おしゃべりだから、話さない方がいいんじゃない？

動詞の辞書形・タ形・否定形に付き、聞き手に忠告やアドバイスをするのに使う。

辞書形を使っても、タ形を使ってもそれほど大きな違いはないが、聞き手に強く勧める場合にはタ形を使うことが多い。例えば、現在風邪をひいている人に面と向かって言うような場合には「V-たほうがいい」が使われる。但し、否定形は常に「…ない」の形で用いられ、「…なかったほうがいい」という形は使うことができない。

(誤) あの人には話さなかった方がいいよ。

(正) あの人には話さない方がいいよ。

5 …ほうがましだ

(1) ≪学期末の成績評価について≫

A：テストとレポートとどっちがいい？

B：レポートの方がましかな。

(2) どうせやらなくちゃいけないなら、日曜日に働くよりは、金曜日に残業して片づけてしまう方がまだましだ。

(3) 酒をやめるくらいなら死んだほうがましだ。

(4) 途中でやめるぐらいなら始めからやらないほうがましだ。

話し手にとって望ましくないことがらを比べて、「どちらかを選ばなければならないなら…の方がよい」という気の進まない選択を表す。

(4)のように「Vぐらいなら」を伴って比較の対象を示すことがある。「…くらい・ぐらいなら」は「…より」と似ているが、そのことがらを話し手がよくないと思っているという含みがある。

6 …ほうがよかった

(1) 人に頼まないで自分でやった方がよかった。

(2) A：髪を切ったんだけど、似合う？

B：えっ、切ったの？　長い方がよかったのに。

(3) こんな不愉快な話は聞かない方がよかった。

(4) せっかくの連休だからと思って、ドライブに出たが、車が渋滞していてまったく動かない。こんなことなら、来ない方がよかった。

(5) 有名人になると苦労が多い。いっそ、無名のままの方がよかった。

(6) この本の装丁はもっと簡素なほうがよかったかもしれない。

過去のできごとについて、「実際に起こったことよりも、それとは別のことの方が適切だった」という話し手の考えを述べて、話し手の残念に思う気持ちや後悔の気持ちを表す。自分自身の行動について述べると後悔を表す表現になり、聞き手や他の人の行動について述べる場合には、話し手の残念な気持ちやがっかりした気持ちを表す表現になる。

【ほうだい】

1 V_R-(たい)ほうだい

(1) 近所の子供たちは、後片付けもせずに、家の中を散らかし放題に散らかして帰っていった。

(2) 誰も叱らないものだから、子供達はやりたいほうだいゲームをしている。

(3) 口の悪い姉は相手の気持ちも考えずいつも言いたい放題だ。

「やる・する・言う」などの動詞の連用形に付いて、他者への配慮無しに好きなように振る舞うことを表す。話し手のマイナス評価が含まれる。慣用表現に「勝手放題にする」などがある。

2 VR-ほうだい

(1) バイキング料理というのは、同じ料金で食べほうだいの料理のことだ。

(2) ≪ビアホールの広告≫2000円で飲み放題。

(3) 病気をしてからは、あんなに好きだった庭いじりもできず、庭も荒れ放題だ。

制限なく自由にできる様子を表す。「食べる・飲む」などの言葉といっしょに使われることが多い。また、(3)のように「そのことに対して積極的には何もせずに、なるがままに任せておくこと」を表す。

【ほか】N5

1 …ほか

a …ほか

[Nのほか]

[Naなほか]

[A／V ほか]

(1) 今日のパーティーには、学生のほかに先生方もお呼びしてある。

(2) うちの会社には、田中さんのほかにはロシア語のできる人はいない。

(3) 今回の会議には、学識経験者のほか、銀行、電機メーカーといった企業の人事担当者が参加した。

(4) お支払いは、銀行、郵便局のほか、お近くのコンビニエンスストアなどでも扱っております。

(5) 今度引っ越したアパートは、ちょっと駅から遠い他はだいたい希望通りだ。

(6) きょうは授業にでる他には特に何も予定はない。

「ほか・ほかに・ほかは」などの形で用いて、「そのこと以外に」という意味を表す。

b Nほか

(1) 田中他三名が出席します。

(2) 出演山田太郎他。

代表的な人やものの名前を示し、それ以外にもあることを表す。書き言葉的な改まった表現で、講演や劇の出演者を紹介する場合などによく使われる。

2 ほかに(は)

(1) A：留守番ありがとう。何か変わったことはありませんでしたか？
B：まちがい電話が一本かかってきただけで、ほかには何も変わったことはありませんでした。

(2) ≪税関で≫
A：何か申告するものはありますか？
B：ウイスキーが5本です。
A：他には？
B：他にはべつに。

(3) ボーイ：コーヒーでございます。他に御用はございませんか？
客：今のところ、特にありません。

「それ以外に」という意味を表す。

3 ほかのN

(1) 石田さんに頼もうと思ったが、忙しそうなので、他の人に頼んだ。

(2) めがね、まだ見つからないの？　ほかの部屋を探してみたら？

(3) A：この店は高すぎるね。
B：そうね。ほかの店へ行きましょ

う。

(4) これはちょっと大きすぎますから、他のを見せてくれませんか?

「現在話題としてとりあげられているもの以外のもの/違うもの」という意味を表す。(4)のように、「ほかの物」の意味で「ほかの」という言い方を使うこともある。

4 …ほか(は)ない

[V-るほか(は)ない]

a …ほか(は)ない N2N3

(1) 気は進まないが、上司の命令であるので従うほかはない。

(2) 病気の進行を食い止めるには手術する他はない。

(3) 体力も気力も限界だ。この勝負はあきらめる他ない。

「望ましくはないが他に方法がないのでやむをえない」という意味を表す。書き言葉的で、他に「…ほかすべがない・…しか手がない」などもある。話し言葉では「…しかない・…ほかしかたがない」などが使われる。

→【しか】1

b …というほかはない

(1) 十分な装備を持たずに冬山に登るなど、無謀と言うほかはない。

(2) あんな高いところから落ちたのにこの程度のけがですんだのは、幸運だったと言うほかはない。

(3) 世界には前世の記憶をもった人がいるという。それが事実だとしたら、ただ不思議と言うほかはない。

「…としか言いようがない・本当に…だ」という意味を表す。書き言葉的な改まった表現。

5 ほかならない

a Nにほかならない N2N3

(1) 今回の優勝は彼の努力のたまものにほかならない。

(2) 日本における投票率の低さは、政治に対する失望感の現れにほかならない。

(3) このような事故が起きた原因は、利益優先で安全性を軽視してきた結果にほかならない。

「XはYにほかならない」の形で使われて、「Xはそれ以外のものではなくて、まさにYである・XはY以外のなにものでもない」という意味を表す。書き言葉的な改まった表現で日常の話し言葉には使わない。

b ほかならない/ほかならぬ N

(1) ほかならない彼の頼みなので、引き受けることにしました。

(2) 他ならない鈴木さんからの御依頼ですから、喜んでお引受けいたしましょう。

(3) ほかならぬ彼の頼みなので、断るわけにはいかなかった。

(4) うわさ話をしていたところにやって来たのは、ほかならぬ当人だった。

(5) 現在の繁栄をもたらしたのも、自然破壊をもたらしたのも、他ならぬ人間である。

「ほかのものではなく、まさにその」という意味を表す。(1)~(3)は「ほかの人ならともかく」という含みがあり、「話し手にとって特に大切な人の頼みなので断れない」という文脈でよく使う。(4)(5)はまさにそのものであることを強調するのに用いる。「ほかならない」より「ほかならぬ」の方が多く用いられる。

6 …よりほか に/は …ない

→【より】5b【より】5c

【ほしい】

「ほしい」には漢字「欲しい」が使えるが、「V-てほしい」はひらがなで書くことの方が多い。

1 Nがほしい N5

(1) もっと広い家が欲しい。

(2) A：誕生日のプレゼントは何が欲しい？

B：そうね。新しい服が欲しいな。

(3) 子供の頃、僕は野球のユニホームが欲しかった。

(4) 今は何も欲しくない。

(5) ≪小説≫彼はどうしても金がほしい。そのことを考えると夜もねむれないぐらいだ。

「手に入れたい・自分のものにしたい」という話し手(疑問文の場合は聞き手)の欲求を表す。「ほしい」は感情を表すイ形容詞で、文末が言い切りの形で使われる場合には(1)のように、話し手自身の欲求を表すか、(2)のように聞き手の欲求をたずねる場合に限られ、そのままでは、第三者の欲求を表すのには使えない。第三者の欲求を表すときは「…は…をほしがっている・…がほしいようだ」などの表現を使う。

(誤) 妹は人形がほしいです。

(正) 妹は人形をほしがっています。

但し、(5)のように、視点が自由に移動できる小説の地の文などでは、文末に言い切りの形で使われても問題はない。また、(2)のように相手の欲求を直接たずねることは親しい間柄に限られる。丁寧さが必要な場面では「砂糖がほしいですか。」のような言い方は避けて「砂糖はいかがですか。」のように「ほしい」を使わない方がよい。

2 V-てほしい

a Nに V-てほしい

(1) この展覧会には、たくさんの人に来てほしい。

(2) あまりに仕事が多いので、だれかに手伝ってほしいと思っている。

(3) 母には、いつまでも元気で長生きしてほしい。

(4) この仕事はぜひ君に引き受けてほしいんだ。

(5) 私たちのことは忘れないでほしい。

(6) 子供たちには自分の利益ばかり考えるような人間にだけはなってほしくない。

(7) A：うちの会社にも落ち度があったかもしれません。

B：君にまで、そんなことを言って欲しくないね。

自分以外の人に対する話し手の希望や要求を表す。「…してもらいたい・その状態でいてもらいたい」という意味で、(1)(2)のように「その人が何かをしてくれること」を望んだり、(3)のように「その人がある状態でいること・ある状態になること」を望んだりしていることを表す場合がある。

否定形には、「V-ないでほしい」と「V-てほしくない」の二つがある。(5)のように「V-ないでほしい」は、「…しないでください」という依頼の表現としてよく使われる。依頼表現については、【ほしい】3参照。「V-てほしくない」を使うのは、(6)のように自分の望みを聞き手とは関係なく述べる場合や、(7)のように聞き手のとった行動に対する非難となる。

→【ほしい】3

b Nが V-てほしい

(1) 寒い冬にはもうあきあきしてきた。早く春がきてほしい。

(2) 早く夏休みが始まってほしい。

(3) これだけ晴天が続くと、農家ならずとも雨が降ってほしいと思わない人はいないだろう。

(4) 彼の愛が永遠に変わらないでほしいと思うのはぜいたくでしょうか。

「ある事態が生じることを望んでいる」という意味を表す。人に対する望みを表すときは、「Nに V-てほしい」の形になるが、物事に対する望みを表すときは、「NがV-てほしい」の形になる。

3 ほしい(んだけれど)

話し手の欲求・願望を表す「Nがほしい・V-てほしい」は、状況によって間接的な依頼表現となることがある。「ほしいんですが…・ほしいんだけど…」というように言いよどむと、遠慮がちな感じが出てやわらかな頼み方になる。

a Nがほしいんですが

(1) 客：すみません。これがほしいんですが。
　店員：こちらでございますか？　ありがとうございます。

(2) 店員：これなどいかがですか？
　客：そうねえ、もうちょっと明るい色のがほしいんだけど。

(3) ≪友だちの家で≫
　A：水が一杯ほしいんだけど。
　B：いいよ。ちょっと待って。

(4) ≪おもちゃ屋で≫
　子供：お母さん、これほしい。
　母親：ダメ。今日は何も買いません。

「あるものを手にいれたい」という話し手の欲求を述べて、間接的に依頼を表す表現。(1)(2)のように「すみません。Nがほしいんですが／ですけど」がよく使われる。

b V-てほしい(んだけれど)

(1) 客：プレゼントなので、リボンをかけてほしいんですが。
　店員：はい、少々お待ちください。

(2) A：今日は早く帰ってきてほしいんだけど。
　B：うん、わかった。

(3) A：田中さんに来週の予定を教えてあげてほしいんですが。
　B：ああ、いいですよ。

(4) あしたは出かけないでほしいんだけれど。

(5) 君にこの仕事をやってほしいんだが。

(6) 君には東京に行ってほしい。

「聞き手にある行動をしてもらいたい」という話し手の願望を述べて、間接的に依頼を表す表現。「しないこと」を依頼する場合には、(4)のように「V-ないでほしい」の形を使う。(5)(6)は主に男性が使う表現で、高圧的な感じがする。

4 V-させてほしい(んだけれど)

(1) A：来週休ませてほしいんですけど。
　B：ああ、いいよ。

(2) この件はぼくにやらせてほしいんだけど。

(3) 私に行かせてほしいんですが。

「(私に) V-させてほしいんですが／けれど」の形で、話し手がこれから行う行動について許可を求める表現として使われる。

【ほしがる】

[Nをほしがる]

(1) 山下さんは新しい車を欲しがっている。

(2) 桃子が欲しがっているのは女の子の人形ではなくて、熊のぬいぐるみだ。

(3) 人の物を欲しがってはいけない。

(4) 当時まだ一年生だった僕は、母の注意をひきたいばかりに、わざと妹のおもちゃをほしがってみせた。

「ほしい」という気持ちを言葉や態度で外に表している様子を述べる場合に用いる。

話し手以外について使われるのが普通で、話し手自身の欲求については「…がほしい」を使う。しかし、(4)のように、自分自身の内面とは関係なくそのような様子をしてみせた場合などには話し手自身の欲求についても「ほしがる」が使われる。

【ほど】

1 数量詞+ほど

(1) 沸騰したら塩を大さじ1杯ほど入れてください。

(2) 修理には一週間ほどかかります。

(3) 完成するまでに3時間ほどかかります。

(4) 仕事はまだ半分ほど残っている。

(5) A：りんごください。
B：いくつですか？
A：五つほど。

数量を表す表現に付いて、だいたいの量(概数)を表す。時間の長さ、日数などの概数を表すときにも使うことができる。しかし、時刻や日付など、長さを持たない時間表現には使えない。その場合は「ごろ」を使う。

(誤) 3時ほど来て下さい。

(正) 3時ごろ来て下さい。

(5)は、一種の丁寧表現で「五つください」と意味は変わらない。はっきり「五つ」と言わずに概数を示すことで聞き手に選択の余地を残した表現となり、やわらかな感じを与える。

概数を表す「ほど」は「くらい」や「ぐらい」に言いかえることができる。

→【くらい】1

2 …ほど…ない N4

[N／V ほど…ない]

a …ほど…ない

(1) 今年の夏は去年ほど暑くない。

(2) 試験は思っていたほど難しくなかった。

(3) 教師の仕事はそばでみているほど楽ではない。

(4) 佐藤は今井ほど勤勉な学生ではない。

(5) この地域は、大都市近郊ほど宅地開発が進んでいない。

「XはYほど…ない」の形で、「Yを基準として考えて、XはY以下である」という意味を表す。例えば「XはYほど大きくない」は「XはYより小さい」ということになる。

ただし、「XはYより…」が単に両者を比較しているに過ぎないのに対して、「XはYほど…ない」の文型を使った場合には、「XもYも…であるが、その中で比較すると」という意味を含むことがある。例えば、(1)の例では「今年の夏も暑いが、去年よりましだ」という含みをもつ。

b …ほどNはない

(1) 試験ほどいやなものはない。

(2) いろんな方が親切にして下さいましたが、あなたほど親身になって下さった方は他にありません。

(3) 東京ほど家賃の高いところはない。

(4) これほどすばらしい作品は他にありません。

(5) 川口さんほどよく勉強する学生はいない。

(6) 子供に先立たれることほどつらいことはない。

「他に並ぶものがない」ことを述べて、「…ほど」で示されたものの程度が一番高いことを表す表現。(1)は「試験は他の何よりもいやなものだ」、(2)は「あなたが一番親切にしてくれた」という意味になる。

3 …ほど ＜具体例＞

a …ほど N2N3

[Nほど]

[A-いほど]

[V-るほど]

(1) この商品はおもしろいほどよく売れる。

(2) 顔も見たくないほどきらいだ。

(3) 今日は死ぬほど疲れた。

(4) そのニュースをきいて、彼は飛び上がるほど驚いた。

(5) 東京中を足が棒になるほど歩き回ったが、探していた本は見つからなかった。

(6) 医者の話では、胃に親指の先ほどの腫瘍があるという。

(7) それほど言うなら、好きなようにすればいい。

(8) なんの連絡もしてこないから、どれほど心配したかわからない。

動作や状態がどれぐらいかという程度を、比喩や具体的な例を使って表すのに使う。「これ・それ・あれ・どれ」に「ほど」が付いたときは「こんなに・そんなに・あんなに・どんなに」の意味となる。

b …ほどだ N2N3

[Naなほどだ]

[A／V ほどだ]

(1) ここは静かすぎる。不気味なほどだ。

(2) ずいぶん元気になって、昨日なんか外に散歩にでかけたほどです。

(3) 彼は犬がたいへん嫌いだ。道に犬がいれば、わざわざ遠回りするほどだ。

(4) コンサートはたいへんな人気で、立ち見がでるほどだった。

(5) このシャツは着やすいし値段も安いので、とても気に入っている。色違いで3枚も持っているほどだ。

(6) 事故後の彼の回復ぶりは、奇跡とも言えるほどだ。

先に述べられたことがらについて、具体的に例を挙げて、どの程度か説明するのに使う。

c …ほどの…ではない

[…ほどのNではない]

(1) 医者に行くほどのけがではない。

(2) そんなに深刻に悩むほどの問題ではない。

(3) そんなに怒るほどのことではない。

(4) 確かに便利そうな機械だが、20万円も出すほどのものではない。

「…より程度の軽いものである」という意味を表す。たいしたことではない、重大な問題ではないという含みがある。

d …というほどではない

[N／Na／A／V というほどではない]

(1) 酒は好きだが、毎日飲まないではいられないというほどじゃない。

(2) 英語は少し勉強しましたが、通訳ができるというほどではありません。

(3) 数年前から胃を悪くしているが、手術をしなければいけないというほどではない。

(4) A：高級車買ったんだって？
B：いや、高級車というほどじゃないけれど。わりといい車なんだ。

程度がそれほど高くないことを表す。先に述べられたことから、一般に予想されることがらを取り上げて、そんなには程度が高くないことを補足説明するような場合に使う。

4 …ほど ＜相関＞

a …ほど N2N3

[N／Na ほど]

[A-いほど]

[V-るほど]

(1) 年をとるほど体が弱くなる。

(2) 上等のワインは、古くなるほどうまくなる。

(3) 駅に近いほど家賃は高くなる。

(4) 北へ行くほど寒くなる。

(5) まじめな人ほどストレスがたまる。

(6) 健康に自信がある人ほど、病気になかなか気づかないことが多い。

(7) 酔うほどに、宴はにぎやかになっていった。

「…ほど」で表されたことがらの程度が高くなるにつれて、もう一方も程度が高くなるという場合に使う。(1)は、「年をとるとだんだん体が弱くなる」、(2)は「ワインは古くなるともっとうまくなる」という意味。

(1)～(4)のように、「…ほど…Naに／A-く／V-ようになる」の形で使われて、一般的なことがらを表すことが多い。(7)の「…ほどに」は、書き言葉的な表現。よく似た表現に「につれて・…ば…ほど」がある。

→【につれて】【ほど】4b

b …ば…ほど N2N3

[N／Na であればあるほど]

[A-ければA-いほど]

[V-ばV-るほど]

(1) 食べれば食べるほど太る。

(2) A：どれぐらいのご予算ですか？
B：安ければ安いほどいいんですが。

(3) 活発で優秀な学生であればあるほど、知識を一方的に与えるような授業はつまらなく感じるのだろう。

(4) 自然が豊かであればあるほど多様な動植物が観察される。

(5) 電化製品というのは、高くなればなるほど、使いにくくなる。

(6) どうしたらいいのか、考えれば考えるほどわからなくなってしまった。

(7) 眠ろうとすればするほど眼が冴えてくる。

(8) この説明書は、読めば読むほどわからなくなる。

同じ語をくり返して使い、ひとつのことがらの進行に伴って他のことがらも進行することを表す。「「…ば」で表されることに比例してもうひとつのことがらも同じように変化する」という意味だが、(5)～(8)のように、一般に予想されるのとは反対の変化を表す場合にも使われる。

【ほどなく】

[V-て／V-ると ほどなく]

(1) 祖父が亡くなってほどなく祖母も亡くなった。

(2) 広島と長崎に原爆が落とされてほどなく、日本は無条件降伏を受け入れた。

(3) 新しい社長が就任すると、ほどなく社内で経営陣への批判が始まった。

(4) Z社がパソコンを大幅値下げすると、ほどなく他社もそれに追随して値下げを始めた。

「一つの出来事が起こってからあまり長い時間がたたないうちに」という意味を表す。過去のことを述べるのに使われる。書き言葉的で改まった表現。「ほどなくして」とも言う。

【ほとんど】 N4

1 ほとんど

(1) この小説はほとんど読んでしまった。

(2) 京都の有名な寺にはほとんど行ったことがある。

(3) 新しいビルは、ほとんど完成している。

(4) 彼ほどの実力なら、合格はほとんど確実だ。

(5) 地域のスポーツクラブに行ってみたら、ほとんどが年輩の人だったのには驚いた。

(6) このクラスのほとんどが、アジアからの留学生だ。

「だいたい・おおよそ・おおかた」の意味を表す。述語部分を修飾して、(1)～(3)のように、「全部ではないが、全部に近いこと」や、(4)のように「100%に近いこと」を表す。また、(5)(6)のように、「(Nの)ほとんどが」の形で使われて、「全体のうちで大部分が」という意味で使われる。

2 ほとんど…ない

(1) 給料日前でほとんど金がない。

(2) 彼は酒はほとんど飲まない。

(3) 英語はほとんど読めない。

(4) この仕事を三日で仕上げるのは、ほとんど不可能に近い。

(5) このごろは忙しくて、あれほど好きだったテニスにも、ほとんど行っていない。

(6) 今でこそ有名だが、10年ほど前には、彼の名前を知っている人はほとんどいなかった。

(7) ほとんど飲まず食わずで、一日中働き続けた。

(8) 遭難して三日めには、食糧もほとんどなくなった。

「たいへん量が少ない・頻度が低い」という意味を表す。

3 ほとんど…た

(1) 子供の頃、チフスでほとんど死にかけたことがある。

(2) 横道から飛び出してきた自転車とほとんどぶつかるところだった。

(3) 事業は、ほとんどうまくいきかけたのだが、運悪く得意先が倒産してしまい、それからは悪いこと続きだった。

「ほとんどV-るところだった」や「ほとんどV_R-かけた」という形で、「もう少しというところで、そうなるところだったが、実際にはならなかった」という意味を表す。(1)(2)のように、「危ないところを助かった」という場合に使うことが多い。

【ほんの】

→【わずか】2

【まい】

五段動詞は辞書形、一段動詞は連用形か辞書形に付く(例：行くまい・話すまい・見まい・見るまい)。「来る」「する」にはそれぞれ、「くるまい・こまい」「するまい・すまい」という二つの形があるが、辞書形に付く「くるまい・するまい」の形の方が一般的である。

動詞以外については、「ない」は「あるまい」となり、「Nではない・Naではない・A-くない」はそれぞれ「Nではあるまい・Naではあるまい・A-くあるまい」になる。

また、「ます」に付いて「ますまい」となることもある。

1 …まい ＜意志＞ N2N3

a V-まい

(1) 酒はもう二度と飲むまい。

(2) 弟は、みんなに負けるまいと頑張って走り、一等賞を取った。

(3) A：佐々木とけんかしたんだって？
B：そうなんだよ。人が親切で言ってるのに聞こうともしないから、あいつにはもう何も言うまいと思っているんだ。

(4) 二日酔いの間はもう二度と飲み過ぎるまいと思うが、ついまた飲み過ぎてしまう。

(5) その時、広子は、二度と田中には会うまいと固く決心した。

(6) 母を悲しませまいと思ってそのこと

は知らせずにおいた。

「…しない」という話し手の否定的な意志を表す。話し言葉では、「V-ないようにしよう／つもりだ」が使われる。また(3)～(5)のように「…まいと決心する／思う／考える」などの形で「…しない」という意志について述べるのに使う。(6)は、「母を悲しませたくないと思って」の意味。書き言葉的なかたい表現。

b　V-まいとする

(1) ひったくりに鞄を奪われまいとして争いになった。

(2) 夏子は泣くまいとして歯を食いしばった。

(3) 家族の者を心配させまいとする気持ちから、会社をやめたことは言わずにおいた。

「…ないようにする」という意味を表す。書き言葉的なかたい表現。「…まいとして」の場合は「して」を省くこともある。

(例) 鞄を奪われまいと争いになった。

2　…まい ＜推量＞ N2N3

(1) このうれしさは他人にはわかるまい。

(2) 減税に反対する納税者はまずあるまい。

(3) 山田氏の当選はまず間違いあるまい。

(4) 年老いた両親も亡くなって、ふるさとにはもうだれもいなくなってしまった。もう二度と訪れることもあるまい。

(5) こんな話をしてもだれも信じてはくれまいと思って、今まで黙っていたのです。

(6) 顔を見るだけで他人の過去を当てるなんて妙な話だが、これだけ証人がいるのならまんざら嘘でもあるまい。

(7) 他ならぬ松下さんの御依頼ですから、父もまさかいやとは言いますまい。

(8) 子供が初めて下宿した時には、かぜをひいてはいまいか、一人でさびしがっていはしまいかと心配でならなかった。

「…ないだろう」という意味を表す。話し手の推量を表す。書き言葉的なかたい表現で、(7)は話し言葉だが古めかしい言い方。

3　…(で)もあるまい

a　Nでもあるまい

(1) 仕事を紹介して下さる人もあるが、私ももう70だ。この歳になって、いまさら会社勤めでもあるまい。

(2) 自分から家を出ておきながら、今ごろになって、同居でもあるまい。

不適切、不適当であるという判断を表す。「いまさら／いまごろ…でもあるまい」の形で使われることが多く、時期が遅すぎて不適当であるということを述べる場合に使う。

b　Nでもあるまいし N1

(1) 子供でもあるまいし、自分のことは自分でしなさい。

(2) 学生でもあるまいし、アルバイトはやめて、きちんと勤めなさい。

(3) プロ野球選手でもあるまいし、そんなに高いグローブを買ってどうするんだ。

(4) 新人でもあるまいし、それくらい自分で判断しなさい。

「Nではないのだから・Nではないはずだから」という意味を表す。後に「…しなさい・…してはいけない」など、禁止や命令の形を伴って、忠告したり、批判したりするのに使われることが多い。「では／じゃあるまいし」の形もある。

→【し】2d

c　V-ることもあるまい

(1) あんなにひどい言い方をすることも

あるまいに。

(2) あの程度のことで、大の大人が泣くこともあるまい。

(3) 電話かメールで用は足りるのだから、わざわざ行くこともあるまい。

その行動が不適当であるという批判的な判断や、その行動が不必要であるという判断を述べる場合に使う。書き言葉的なかたい表現で、話し言葉では「V-ることもないだろう」の方がよく使われる。

4 …まいか

a …ではあるまいか N1

[N／Na (なの)ではあるまいか]

[A／V のではあるまいか]

(1) 彼は若くみえるが、本当はかなりの年輩なのではあるまいか。

(2) 佐藤さんは知らないふりをしているが、全部わかっているのではあるまいか。

(3) 児童の自殺があいついだのには、現在の教育制度に、何か問題があるのではあるまいか。

(4) 他人への無関心が、このような事件を引き起こす一因となったのではあるまいか。

(5) 知識のみを偏重してきたことは、現在の入試制度の大きな欠陥ではあるまいか。

(6) 会社や組織のためにのみ働き続ける生活は、誰よりも本人が一番苦しいのではあるまいか。

「…ではないだろうか」という意味を表す。「Xではあるまいか」は、話し手が「たぶんXだ」と考えていることを表す推量の表現。

名詞、ナ形容詞に付く場合には、「N／Naではあるまいか」と「N／Naなのではあるまいか」の二つの形がある。

(3)～(6)のように、問題提起の部分に使われたり、結論を述べる部分で、聞き手に問いかける形をとりながら、話し手の主張を述べる場合に使うことが多い。主に書き言葉で使われるかたい表現。

→【ではないだろうか】

b V-て くれまいか／もらえまいか

(1) 忙しいからと一度は断ったのだが、なんとかやってもらえまいかと何度も頼まれてしかたなく引き受けた。

(2) 会長にインタビューを申し込んだが、取材は遠慮してくれまいかと断られた。

(3) A：例のニューヨーク支店の件だが、支店長として、まず君に行ってもらえまいか。

B：かしこまりました。

依頼を表す。書き言葉の表現で、話し言葉では「V-てくれ／もらえないだろうか」が使われるのが普通。(1)のように、「…と頼まれた／言われた」の形で引用文中に使われることが多い。

5 V-ようがV-まいが

→【よう$_2$】4c

6 V-ようとV-まいと

→【よう$_2$】6c

【まえ】N5

1 Nのまえに

a Nのまえに <空間>

(1) 駅の前に大きなマンションが建った。

(2) 僕の前に田中が座っていた。

(3) 社長の前に調査報告書が提出された。

(4) 検事は裁判長の前に進みでた。

(5) 我がチームは相手チームの守備の前に手も足もでなかった。

空間的な関係を表す。Nの正面・前方・面前にあることを表す。(5)のようにNの状況にあることを表す場合もある。

b　Nのまえに <時間>

(1) 食事の前に手を洗いましょう。
(2) 授業の前に先生のところへ行くように言われた。
(3) 出航の前に再度安全点検を行う。
(4) 最終決定の前にみんなの意思を確認しておこう。

時間的な関係を表す。Nの時点より早いことを表す。

2　V-るまえに N5

(1) 食事をする前に手を洗いましょう。
(2) 私は、夜寝る前に軽く一杯酒を飲むことにしている。
(3) 大学を卒業する前に、一度ゆっくり仲間と旅行でもしてみたい。
(4) 結婚する前には、大阪の会社に勤めていました。

「XまえにY」の形でXのできごとが起こるより先にYのできごとが起こることを表す。文末の述語のテンスにかかわらず、「...まえに」の動詞には辞書形が用いられる。

(正)　食事をする前に手を洗った。
(誤)　食事をした前に手を洗った。

3　Nをまえに(して)

(1) 国会議員のA氏は記者団を前に終始上機嫌だった。
(2) テーブルの上の書類の山を前に、どうしたらいいのか、途方にくれてしまった。
(3) 試験を前にして、学生たちは緊張していた。
(4) 首相は出発を前に、記者会見を行う予定。

空間的あるいは時間的な関係を表す。(1)(2)は人や物に面していること、(3)(4)はできごとの直前であることを表す。時間的関係を表す場合は「Nをひかえて」と言いかえることができる。

→【にひかえて】2

【まさか】N2N3

1　まさか…ないだろう

(1) 彼には何度も念を押しておいたから、まさか遅れることはないだろう。
(2) いくら強いといっても、相手はまだ小学生だ。まさか大の大人が負けるようなことはないだろう。
(3) まさかそんなことはないと思うが念のためにもう一度調べてみよう。
(4) あんなに何度も練習したのだから、まさか失敗することはあるまい。
(5) A：お金が足りませんが…。
　B：まさかそんなはずはない。
(6) A：だれが秘密をもらしたんだろう。
　B：君、まさか僕を疑っているんじゃないだろうね。
(7) まさか、あなた、あの人と結婚する気じゃないでしょうね。

文末に「ないだろう・まい・はずはない・ないと思う」などの否定的な意味を表す表現を伴って、「そんなことは実際には起こらない・そんなはずはない」と強く打ち消す気持ちを表す。また、(6)(7)のように、「まさか…じゃないだろう／でしょうね」の形で使われて、強い疑いを表す。

→【まい】2

2　まさか…とはおもわなかった

[まさか　N／Na　だとはおもわなかった]

[まさか　A／V　とはおもわなかった]

(1) この前彼に会ったときに、ずいぶんやせたなと思っていたが、まさか癌だとは知らなかった。

(2) 山田さんが病気で入院しているとは聞いていたが、まさかこんなに悪いとは思わなかった。

(3) まさか私が優勝できるとは思いませんでした。

(4) まさか彼があんな冗談を本気にするとは思わなかった。

(5) まさか彼がこんなに早く亡くなるなんて誰も想像していなかった。

(6) まさかこんな大惨事になるとは誰も予想していなかった。

(7) A：犯人は彼だったよ。

B：まさか。

「とは思わなかった・とは知らなかった」などの表現を伴って、予期しないことが生じたことに対する驚きの気持ちを表す。話し言葉では、(7)のように「まさか」だけで使われることも多い。

3 まさか+否定表現

(1) A：あんな失敗をするなんて、あいつは馬鹿じゃないか？　もっときつく言ったほうがいいんじゃないですか？

B：まさか本人に面と向かって「ばか」とも言えないじゃないか。

(2) いくら助けてやりたくても、まさかテストの答えを教えるわけにもいかないし、自力で頑張ってもらうしかない。

可能を表す「V-れる」の否定形や「ともいえない・わけにもいかない」などの否定形を伴って、極端な事例を挙げて、実際にはそんなことはできないが、話し手がそうしたいぐらいの気持ちでいることを表す。

4 まさかのN

(1) 健康には自信があるが、家族のことを考えてまさかの時のために保険に入っている。

(2) まさかの場合は、ここに電話してください。

「緊急の場合・万一の場合」という意味を表す。

【まさに】N2N3

書き言葉的な改まった表現で、話し言葉に使われると大げさな感じがする。

1 まさに

(1) 警察に届けられていたのは、まさに私がなくした書類だった。

(2) その絵は実際の幽霊を描いたものとして有名で、その姿にはまさに鬼気迫るものがある。

(3) ≪領収書≫金十万円正に受領致しました。

(4) A：日本政府のはっきりしない態度が、アジア諸国との関係を悪化させているのではないか。

B：まさにそのとおりだ。

(5) 彼の意識が回復したとは、まさに奇跡としか言いようがない。

「確かに・本当に」という意味を表す。

2 まさにV-ようとしている(ところだ)

(1) 私が到着した時、会議はまさに始まろうとしているところだった。

(2) ≪テレビ中継≫今まさに世紀の祭典が開始されようとしております。

(3) 苦労して作り上げてきた作品が、今まさに完成しようとしている。

(4) 彼らが駅に到着した時、列車はまさに動きだそうとしているところだった。

「今にも行われようとするところだ・ちょうど

始まるところだ」という意味を表す。かたい書き言葉では(4)のように「V-んとしているところだ」と言うこともある。

【まじき】

→【あるまじき…だ】

【まして】N1

1 まして(や)

(1) 日本語の勉強を始めて3年になるが、まだ新聞を読むのも難しい。ましてや古典などはとても読めない。

(2) この辺りは昼でも人通りが少ない。まして夜ともなると、怖くて一人では歩けない。

(3) 僕にでもできた仕事だ。まして君のような優秀な人間にできないはずはない。

(4) 家族の死は常に悲しい。まして、子供の死ともなれば、残された者の嘆きは、いかばかりであろうか。

「Xは…ましてYは…」あるいは「Xでも…ましてYは…」の形でよく使われる。XとXより程度の高いYを比べて、「Xでもそうだから、Yはもっとそうだ／もちろんそうだ」という意味を表す。「ましてや」は書き言葉的なやや改まった表現。

2 Nにもまして N1

(1) 日本の夏は暑い。しかし、暑さにもまして耐えがたいのは、湿度の高さだ。

(2) 本当にいい映画だった。映像の美しさはもちろんだが、それにもまして音楽がすばらしかった。

(3) 彼はもともとまじめでよく働く人間だが、子どもが生まれてからというもの、以前にもましてよく働くようになった。

(4) 何にもましてうれしかったのは、友人の加藤君と10年ぶりに再会できたことだった。

「Xにもまして…なのはYだ・XにもましてYが…」などの形で用いられ、「Xはもちろん…だが、Yはもっと…」という意味を表す。Xと比較することで、Yの程度の高さを強調する表現。(3)のように、「前／以前にもまして」の形で使われると「前よりもいっそう／もっと」の意味となる。(4)の「何にもまして」は、「何よりも一番・最も」の意味。

【ましょう】

「V-よう」の丁寧形。

1 VR-ましょう ＜意向＞ N5

(1) あなたにはこれを差し上げましょう。

(2) わかりました。私がやりましょう。

(3) その荷物、お持ちしましょう。

(4) さあ一緒に歌いましょう。

(5) 食事の前には手を洗いましょう。

意志的な行為を表す動詞を用いて、話し手の意志、申し出、誘いかけ、呼びかけなどを表す。

→【よう2】1

2 VR-ましょう ＜推量＞

(1) お腹立ちのこともありましょうが、どうか大目に見てやってください。

(2) しばらくすれば、お気持ちも静まりましょう。

推量の意を表す。やや古めかしい表現。(1)は「腹の立つこともあるだろうが、あまりきびしくとがめないでほしい」という意味。

→【よう2】2

3 VR-ましょうか

(1) お手伝いしましょうか？

(2) ≪打ち合わせで≫

A：そろそろ終わりにしましょうか。

B：そうしましょう。

(3) 駅までお送りしましょうか？

意志的な行為を表す動詞を用いて、申し出や誘いかけを表す。「ましょう」より控えめな表現。

→【ましょう】1【よう$_2$】3

【まず】N4

1 まず

(1) まずはじめに、本日の予定をお知らせいたします。

(2) ≪司会者の発言≫次にみなさんのご意見をお伺いしたいと思います。では、まず川口さんからお願いします。

(3) 今年の夏は暑いらしいから、ボーナスが入ったら、まずエアコンを買おうと思っている。

(4) 日本の年中行事として、まず盆と正月が挙げられる。

(5) その国の文化を知るには、まず言葉からだ。

「最初に・第一に」の意味を表す。(4)(5)は「他のものはさておき」の意味。

2 まずは

(1) まずは一安心した。

(2) ≪手紙≫まずはご報告まで。

(3) ≪手紙≫取り急ぎ、まずはお礼まで。

(4) ≪手紙≫まずは用件のみにて、失礼いたします。

「完全にではないが、一応は・充分ではないがとりあえず」という意味を表す。(1)は「まずはほっとした／よかった」など決まった言い方で「なにはともあれ・とにかく」などと言いかえられる。(2)〜(4)は手紙の結びに使う慣用表現。

→【とにかく】

3 まず …だろう／…まい

(1) 患者：もう、普通の生活に戻っても大丈夫でしょうか。

医者：そうですね。無理さえしなければ、まず大丈夫でしょう。

(2) 予算は十分にあるから、足りなくなることはまずないだろう。

(3) 山田氏の当選はまず間違いあるまい。

(4) この怪我ではまず助かるまい。

(5) この案に反対する人はまずいない。

(6) 彼が一度「だめだ」と言ったら、もう可能性はないと思ってまず間違いない。

「だろう・まい」などと共に用いられて、話し手の推量がかなり確かであることを表す。「まず…まい」は「まず…ないだろう」の意味で、書き言葉的なかたい表現。(5)(6)のように「…だろう」を伴わない場合は、さらに強い確信を持った推量が表される。

→【だろう】1【まい】2

【また】N5

1 また

a また ＜繰り返し＞

(1) また東名高速が事故で通行止めになったらしい。

(2) 同じ問題をまた間違えた。

(3) A：すみません。来週の金曜日、休ませていただきたいのですが。

B：またですか。先週も休んだでしょう。

(4) A：さようなら、また来てくださいね。

B：有難うございます。また、おじ

ゃまします。

(5) ≪授業の終わりに≫では、また来週。

(6) A：じゃ、また。

B：じゃあね。

同じことが繰り返して起きる様子を表す。(4)～(6)のように、別れるときの挨拶としても使われる。

b　また <付加>

(1) 教科書は、大学生協で購入できる。また、大きな書店でも販売している。

(2) 10月から大手私鉄の運賃が平均20%値上げされる。また、地下鉄、市バスも来年4月に値上げを予定している。

(3) ≪テレビのニュースで≫現在、新幹線は東京新横浜間が不通になっております。また、在来線は東京横浜間が不通となっております。

(4) ≪テレビのニュースで≫首相の韓国訪問は、10月と決まりました。また、外務大臣も同行する予定です。

先に述べたことがらに関係して、さらに説明や別のことがらを付け加えるときに使う。

c　また <列挙>

(1) 彼は良き父であり、また良き夫でもある。

(2) この本はおもしろく、またためになる。

(3) 喫煙は健康に悪いし、また、周囲の迷惑にもなる。

「その上・それに」という意味を表す。同類のことがらを列挙するのに使う。「また…も」の形で使うことが多い。

d　また <選択>

(1) 参加してもよい。また、参加しなくてもよい。

(2) 黒か青のインクで書くこと。また、パソコンの使用も可。

「二つのうちどちらか」という意味を表す。「また…も」の形で使うことが多い。

2　…もまた

[Nもまた]

[Naなのもまた]

[A／V　のもまた]

(1) 山でのキャンプ生活は電気もガスもないが、不便なのもまた楽しい。

(2) 暑いのも困るが寒いのもまたたいへんだ。

(3) 晴れた日の散歩は楽しい。しかし、雨にぬれながら歩くのもまた風情があっていいものだ。

(4) 天才といえども、彼もまた人の子だ。うれしいときもあれば悲しいときもある。

「同じように」という意味を表す。(1)～(3)は先に述べられたことと同様であることを表す。(4)は、「天才である彼も、普通の人と同じである」という意味。

3　…また

(1) いったいまたどうしてそんなことを。

(2) どうしてまた、こんなことになったのだろうか。

(3) しかしよくまた、こんなことができたものだ。

(4) これはまたきれいな絵ですね。

「いったい・どうして・これは」などとともに使われて、話し手が驚いたり不思議に思っている気持ちを表す。

→【いったい】

4　またのN

(1) またのお越しをお待ちしております。

(2) きょうは忙しいので、この話はまたの機会にお願いします。

(3) 彼は医者だが、またの名を北山淳といって有名な小説家でもある。

「この次・別の」という意味を表す。(1)も(2)も慣用表現で、「またの機会／チャンス／とき／日／名」など、いっしょに使える名詞は限られている。(3)の「またの名を…という」は「別の名前は…である」という意味。

5 NまたN

(1) 一行は、山また山の奥地に進んで行った。

(2) 残業また残業で休む暇もない。

(3) 人また人で歩くこともできない。

同じ名詞を繰り返して、同じ物が連なっている様子や同じことが続く様子を表す。

【まだ】N5

1 まだ…ない N5

(1) A：昼ご飯は、もう食べましたか？
　　B：いいえ、まだ食べていません。

(2) A：この本は、もう読みましたか？
　　B：いいえ、まだです。

(3) 事故の原因は、まだわかっていない。

(4) 子：お母さん、ご飯まだ？
　　母：もうちょっと待ってね。

(5) 風邪はまだよくならない。

(6) その時はまだ何が起こったのかわからなかった。

(7) 外国には、まだ一度も行ったことがない。

(8) A：お客さんはまだ到着しませんか？
　　B：いいえ、さきほど到着なさいました。

予定されたことが、現在まで行われていない場合や完了していない様子を表す。

「もう…ましたか」という質問に対しての否定の答えは、「いいえ、まだ…ていません」という形を使うことが多い。「いいえ、まだです」とも言える。「いいえ、まだ…ません」とすると「そのつもりはない」という意味に解釈され不適当となる場合がある。

(誤) A：昼ごはんはもう食べましたか？
　　B：いいえ、まだ食べません。

予定が実現していない場合の疑問文は(8)のように「まだ」を用いる。

2 まだ ＜過去からの継続＞

(1) A：敏子は何をしているの？
　　B：おねえちゃんは、まだ電話をしているよ。

(2) もう一週間になるのに、父と母はまだけんかをしている。

(3) 子どもの時に大きな地震があった。あの時のことは、今でもまだはっきりと覚えている。

(4) 今年になっても、日本の経済はまだ低迷を続けている。

(5) A：昔、みんなで温泉に行ったことがあったね。
　　B：ああ、まだおじいさんが生きていたころだね。

(6) 昔と違って、60代といってもまだ若い。

(7) 9月なのにまだ暑い。

(8) さなえちゃんは偉そうなことを言ってても、まだ子供だねえ。

(9) まだ未成年なのに酒を飲んではいけない。

「まだV-ている」の形で使うことが多く、同じ状態がずっと続いている様子を表す。(5)は、「まだV-ていた」の形で、現在は違うが過去のある時点ではその状態が続いていたということを表す。「今はいないけれど、そのころは生きていた」という意味になる。(7)～(9)は、現在も以前と同じ状態にとどまっていて、次の段階に達していないことを表している。

3 まだ ＜未来への継続＞

(1) これから、まだもっと寒くなる。
(2) 雨は、まだ二、三日続くだろう。
(3) 景気はまだ当分よくならないと思われる。
(4) まだこの株は値上がりする。
(5) まだまだこれからが大変ですよ。

現在の状態がこれからも続く様子を表す。「まだまだ」を使うと、「さらにもっと」という意味になり、程度がさらに高くなることや、長い時間続くことを表す。(2)のように、「二、三日」「三日」などはっきりした期間を表す言葉があるときには、「まだまだ」は使えない。

4 まだ…ある N5

(1) 開演までには、まだ時間がある。
(2) 目的地まで、まだ20キロはある。
(3) 食糧はまだ三日分ほど残っている。
(4) まだ他にも話したいことがある。

ものや時間などが残っている様子を表す。

5 まだ ＜経過＞

(1) まだ一時間しかたっていない。
(2) 日本にきて、まだ半年だ。
(3) まだ10分ほどしか勉強していないのに、もう眠くなってきた。
(4) 震災からまだ一年にしかならないのに、街の復興はめざましい。
(5) もう夕方かとおもったが、まだ3時だ。

時間を表す表現と共に用いて、あるできごとからわずかしか時間がたっていない様子を強調する場合に使う。

6 まだ ＜比較＞

(1) 何日もかかって、長いレポートを書かされるよりは、一日ですむ試験の方がまだいい。
(2) 家事はみんな嫌いだが、掃除よりも洗濯の方が、まだましだ。
(3) A：ああ、いやだ。試験が5つもある。
　B：君なんか、まだましな方だよ。僕なんか、11もあるよ。
(4) 今度の地震で家も財産もなくしたが、命があっただけ、まだ救われる。

「まだいい／ましだ」などの形で使われて、「どれもよくないが、他と比べれば少しはよい」という意味を表す。

【またしても】

(1) またしても空の事故が起こった。
(2) またしてもあいつにしてやられた。
(3) ≪高校野球の実況中継で≫京都高校、またしてもホームランを打ちました！

同じことが続けて起きたり繰り返されたりしたことを、話し手が驚きをこめて述べる場合に用いる。(1)(2)のように、悪いできごとについて使うことが多い。「また」を強調した言い方であるが、かたい感じがするので書き言葉やテレビ、ラジオなどのニュースや解説などに使われることが多い。「またも」とも言う。日常の話し言葉では「また」の方がよく使われる。

→【また】1a

【または】 N5

[NまたはN]

(1) 黒か青のペン、またはえんぴつで書いてください。
(2) 13日までに届くよう、郵便またはメールでお送り下さい。
(3) A4の用紙に手書き、またはパソコンで書くこと。

二つのうちどちらでもよいことを表す。(1)は「ペンでもいいし、えんぴつでもかまわない」、(2)は「郵送するか、持参するか、どちらか」という意味になる。書き言葉的な表現で、指示するような場合によく使われる。

【またもや】

(1) またもや、彼が登場した。

(2) またもや人為的なミスによる飛行機事故が起きたことは、看過できない問題である。

(3) またもや、汚職事件が発覚した。

同じことが続けて起きたことを表す。少し古い感じのする表現で、「また・またしても」の方がよく使われる。「またも」とも言う。書き言葉的。

→【また】1a【またしても】

【まったく】N2N3

1 まったく…ない

(1) きのうの授業はまったくおもしろくなかった。

(2) 彼は家ではまったく勉強をしない。

(3) この一週間全く雨が降っていない。

(4) その選手のフォームは全く文句のつけようのない美しさだ。

(5) そのバイオリニストのアルバムは、デビューアルバムとしては全く申し分のない出来である。

否定の意味を強調するのに用いる。「ぜんぜん／すこしも／ちっとも…ない」などより改まった言い方。「文句のつけようがない・申し分がない・非の打ち所がない」などを強めるときには「まったく」以外の表現は使いにくい。

→【すこしも…ない】【ぜんぜん…ない】【ちっとも…ない】

2 まったく

(1) これとこれはまったく同じものです。

(2) それとこれとはまったくちがう話だ。

(3) まったくいやな雨だなあ。

(4) またお財布わすれたの？　まったくこまった人ね。

(5) A：うっとうしい天気だね。
B：まったくだ。

(6) きのうの演奏は全くすばらしいものだった。

「本当に」の意味を表す。程度を強調するのに用いる。(5)は相手の言ったことに対する肯定の気持ちを強く表すのに使う。

【まで】

1 NまでV N5

(1) バスに乗らずに駅まで歩いて行くことにした。

(2) 公園まで走りましょう。

(3) 毎日学校まで歩きます。

(4) 川幅が広くて向こう岸まで泳げそうもない。

(5) 先週の日曜日は、散歩がてら隣の町まで行ってみた。

(6) A：京都にはどうやって行ったらいいですか？
B：そうですねえ。山手線で東京駅まで行って、新幹線に乗るのが一番早いと思いますよ。

(7) わからないことがありましたら、係までおたずね下さい。

「行く・来る・歩く・走る・泳ぐ」などの動詞とともに使われて、移動の終わる場所を表す。「歩く・走る・泳ぐ」などの動詞は、「に・へ」には直接付かないが、「まで」とはいっしょに使うことができる。

(誤)　公園{に／へ}走りましょう。

(正)　公園まで走りましょう。

(誤)　毎日学校{に／へ}歩きます。

(正)　毎日学校まで歩きます。

(誤)　向こう岸{に／へ}泳いだ。

(正)　向こう岸まで泳いだ。

また、次の例でわかるように、「まで」は、続いている動作の終了した場所を示すので、同時に二つ以上の場所をとることはできない。

(正)　イタリアではローマとミラノ{に／へ}行った。

(誤)　イタリアではローマとミラノまで行った。

(7)は、「係に」と同じ意味であるが、事務的で改まった感じがする。

2　Nまで

a　NまでV N5

(1) 3時まで勉強します。

(2) きのうは結局朝方まで飲んでいた。

(3) 私はなまけもので、日曜日はもちろん普通の日でも、たいてい11時頃まで寝ている。

(4) ついこのあいだまでセーターを着ていたのに、この2、3日急に暖かくなった。

(5) 祖父は死ぬ直前まで意識がはっきりしていた。

時間を表す名詞に付いて、「まで」で表される時点以前に、ずっと動作や出来事が続いていることを表す。後ろには、動作や状態の継続を表す表現を伴う。出来事の生起を表す表現を伴うことはできない。

(誤)　5時まで到着します。

(正)　5時までに到着します。

「まで」と「までに」の違いについては、【までに】の項を参照。

→【までに】

b　V-るまでV

(1) あなたが帰ってくるまで、いつまでも待っています。

(2) 私がいいと言うまで目をつぶっていてください。

(3) ≪医者が患者に≫もう少し暖かくなるまで外出はしないほうがいいでしょう。

(4) 佐藤さんが会社を辞めるなんて、昨日山田さんに聞くまで知りませんでした。

(5) 肉がやわらかくなるまで、中火で煮ます。

出来事を表す節に付いて、その出来事が起こる以前に同じ状態や動作がずっと続くことを表す。(5)は、手順を説明するときなどによく使われる表現で、中火で煮て、肉がやわらかくなった段階で煮るのを止めるよう指示している。

3　NからNまで N5

(1) シンポジウムは1時から3時まで第3会場で行います。

(2) A：大阪から東京までどのぐらいかかりますか？

B：新幹線なら2時間半ぐらいでしょう。

(3) ≪ホテルで≫

A：シングルでいくらですか？

B：シングルのお部屋は、7500円から12000円までとなっております。

(4) 教科書の25頁から35頁まで読んでおいてください。

(5) この映画は、子供からお年寄りまでご家族みんなで楽しんで頂けます。

(6) A：昼休みは何時までですか？

B：1時までです。

時間や場所・数量を表す名詞などとともに使われて、範囲を表す。起点を言う必要がないときには「Nまで」だけで用いられる。

4 …まで

a Nまで

(1) 一番信頼していた部下までが、彼を裏切った。
(2) 子供にまでばかにされている。
(3) そんなつまらないものまで買うんですか？
(4) だんだん暗くなって来るのにさがしている家は見つからない。その上、雨まで降ってきた。
(5) 今年はいいことばかりだ。新しい家に引っ越したし、子供も生まれた。その上、宝くじまで当たった。
(6) 生活に困って盗みまでするようになった。

「普通考えられる範囲はもちろん、普通では考えられない範囲にまで及んでいること」を話し手が驚きを込めて述べる表現。(1)を例にあげると、「他の部下だけでなく一番信頼していた部下も彼を裏切った」という意味。(4)は、「暗くなってくるだけでも良くないのに、その上雨も降って来るというもっと悪い状態が重なった」、(5)は、反対に良いことの上にもっと良いことが重なったということを表している。(2)の「子供にまで」のように、「名詞＋助詞＋まで」の形になることもある。

b V-るまでになる

(1) 苦労の甲斐あって、やっと日本語で論文が書けるまでになった。
(2) 人工飼育されていたひなは、ひとりで餌がとれるまでに成長した。
(3) リハビリの結果、ひじを曲げられるまでになった。

「なる」の他に「成長する・育つ・回復する・進歩する」など変化を表す動詞とともに使われ、長い時間や労力をかけて、現在の結果・状態にいたったことを表す。「努力して現在の良い結果／状態に到達した」ことを表す場合によく使われる。

c V-るまで(のこと)もない N1

(1) この程度の風邪なら、医者に行くまでのこともない。うまいものを食べて、一日ぐっすり眠れば治る。
(2) その程度の用事ならわざわざ出向くまでもない。電話でじゅうぶんだ。
(3) 皆さんよく御存知のことですから、わざわざ説明するまでもないでしょう。
(4) 改めてご紹介するまでもありませんが、山本先生は世界的に有名な建築家でいらっしゃいます。
(5) 田中先生は、御専門の物理学は言うまでもなく、平和運動の推進者としてたいへん有名であります。
(6) 子供の頃、兄が大事にしていた万年筆を持ちだしてなくしてしまったことがある。後でひどく怒られたことは言うまでもない。

「…する必要がない」という意味を表す。(1)(2)のように、「程度が軽いので…する必要はない／しなくても大丈夫だ」、(3)～(6)のように、「当然のことであるので、…する必要がない」という場合に使う。

d …までして

[Nまでして]

[V-てまで]

(1) 色々ほしいものはあるが、借金までして買いたいとは思わない。
(2) 彼は、友だちを騙してまで、出世したいのだろうか。

(3) 自然を破壊してまで、山の中に新しい道路をつくる必要はない。

(4) 徹夜までしてがんばったのに、テストでいい点が取れなかった。

(5) 彼が自殺までして守りたかった秘密というのは何だろう。

極端なことを示す表現に付いて、「それほどのことをして」という意味を表す。(1)～(3)のように、目的のためには手段を選ばないようなやり方を非難する場合に用いることが多い。また、(4)(5)のように「普通以上に努力した・たいへんな犠牲をはらって目的を達成しようとした」という意味で使うこともある。

5 …までだ

a V-るまで(のこと)だ N1

(1) 父があくまで反対するなら、家を出るまでのことだ。

(2) もし入学試験に失敗しても、私はあきらめない。もう一年がんばるまでのことだ。

「現在の方法がだめでも落胆することはない、別の方法をとる」という話し手の決意を表す。

b V-たまで(のこと)だ N1

(1) そんなに怒ることはない。本当のことを言ったまでだ。

(2) 妻：どうして子供たちに結婚する前の話なんかしたんですか。
夫：聞かれたから答えたまでのことで、別に深い意味はないよ。

「話し手がそのような行動をしたのは、単にそれだけの理由で他意はない」という意味を表す。

c これ／それ　までだ N1

(1) いくらお金を貯めても、死んでしまえばそれまでだから、生きているうちに楽しんだ方がいい。

(2) 運がよかったと言ってしまえばそれまでだが、彼があの若さで成功したのにはそれなりの理由がある。

(3) もはや、これまでだ。

「V-ば、それまでだ」という形で使われて、「それで終わりだ」という意味を表す。また(3)は慣用句で絶体絶命の窮地に陥ったときに用いる。

6 V-ないまでも

→【ないまでも】

【までに】N4

[Nまでに]

[V-るまでに]

(1) レポートは来週の木曜日までに提出して下さい。

(2) 何時までに伺えばよろしいですか？

(3) 明日までにこの仕事を済ませてしまいたい。

(4) 夏休みが終わるまでにこの本を読んでしまいたい。

時間を表す名詞や出来事を表す節に付いて、動作の期限や締切を表す。後ろには動作や作用を表す表現を伴って、その期限以前のある時点に動作や作用が行われることが表される。

「…まで…する」は動作や状態が「ある時点まで」ずっと続くことを表すが、「…までに…する」の方は継続ではなく、ある出来事の生起を表す。したがって、「…までに」の句では後ろに継続を表す表現を用いることができない。

(誤) 5時までにここで待っています。

(正) 5時までここで待っています。

また、期限を表す句とは別に、手紙などに使われる慣用表現で、「参考までに」という句がある。これは「参考のために・参考になるかもしれませんので」という意味で用いられる。

(例) ご参考までに資料をお送りします。

【まま】

話し言葉では「まんま」とも言う。

1 …ままだ N4

[Nのままだ]

[Naなままだ]

[A-いままだ]

[V-たままだ]

(1) 10年ぶりに会ったが、彼は昔のままだった。

(2) テーブルの上は、朝出かけた時のままだった。

(3) このあたりは開発が進んでいないため、昔と変わらず静かなままだ。

(4) 小学生の息子に辞書を買ってやったが、あまり使わないのか、いつまでも新しいままだ。

(5) 彼には、去年一万円借りたままだ。

(6) 彼は、先週からずっと会社を休んだままだ。

(7) 母は一時ごろに買物に出かけたままだ。

(8) 新幹線は混んでいて、大阪から東京までずっと立ったままだった。

同じ状態が変わらずに続くことを表す。(1)～(4)のように、名詞、ナ形容詞、イ形容詞に付いて、過去のある時点の状態が現在まで変わらずに続いていることを表す。また、(5)～(8)のように動詞のタ形に付いて、「V-た」で表された動作が完了した後、同じ状態がずっと続いていることを表す。

普通ならば、当然次に行われることがまだ行われていない場合に使われることが多い。例えば、(5)は「借りて、まだ返していない」、(6)は「まだ会社にでてこない」ことを表している。

2 …まま(で) N4

[Nのまま(で)]

[Naなまま(で)]

[A-いまま(で)]

[V-たまま(で)]

(1) 日本のトマトは、煮たりしないで生のまま食べた方がうまい。

(2) 店員：袋にお入れしましょうか。
客：いや、そのままでけっこうです。

(3) 日本酒はあたためて飲む人が多いが、私は冷たいままで飲むのが好きだ。

(4) 靴をはいたまま部屋に入らないで下さい。

(5) クーラーをつけたまま寝ると風邪をひきますよ。

(6) 三日前に家をでたまま行方がわからない。

(7) 急いでいたので、さよならも言わないまま、帰ってきてしまった。

「変化せずに同じ状態で」という意味を表す。(1)～(3)は「現在の状態を変えない／変わらない」、(4)～(7)は動詞のタ形や否定形に付いて、「その状態で…する」という意味。

二つの動詞の主語は同じでなければならない。

(誤) 電車はこんでいて、山田さんは立ったまま、私はすわっていた。

(正) 電車はこんでいて、山田さんは立ったままだったが、私はすわっていた。

(誤) 彼が待っているまま、私は他の人と話していた。

(正) 彼を待たせたまま、私は他の人と話していた。

3 …まま(に)

a V-るまま(に)

(1) 足の向くまま、気の向くまま、ふらりと旅に出た。

(2) 気の向くままに、絵筆をはしらせた。

(3) あなたの思うまま、自由に計画を立ててください。

「なりゆきにまかせて・好きなように」という意味を表す。「足の向くまま・気の向くまま」など、使われる動詞は多くない。

b　V-られるまま(に)

(1) 春の風に誘われるままに、公園を散歩した。

(2) 彼は、上司に命令されるままに行動していただけだ。

(3) 被害者は犯人に要求されるままに金を渡していたようだ。

だれか他の人の意志や状況に従って、言いなりになる様子を表す。「V-られるがままに」の形でも使われる。

c　V-たままに　なる／する

(1) 暑いのでドアはあけたままにしておいてください。

(2) 暗いと子供が怖がるので、電気は付けたままにしておきましょう。

(3) 電気がついたままになっていた。

(4) あの事件以来、ドアはこわれたままになっている。

「変えないで同じ状態が続く／同じ状態を続ける」という意味を表す。(1)(2)の「V-たままにしておく」は、「なんらかの理由で、話し手がわざとその状態を変えないでおく」、(3)(4)の「V-たままになっている」は、「そのままの状態で放置されている」という意味。

d　このままにする

(1) 家族を失って、彼女は悲しみにうちひしがれている。今は、そっとこのままにしておいた方がいい。

(2) 病気はだんだん悪くなってきている。このままにしておいてはいけない。

「変えないで同じ状態が続く／同じ状態を続ける」という意味を表す。(1)はその状態を変えないでおく、(2)はその状態で放置してはいけないという意味。

4　V-たままを

(1) 見たままを話してください。

(2) 遠慮なく、思ったままを言ってください。

(3) 田中さんに聞いたままを伝えただけです。

「変更を加えずに・その通りに」という意味を表す。この他、「感じたまま・見たまま・聞いたまま」などが使われる。

5　V-る／V-られる　がまま

(1) 言われるがままに、はんこを押してしまった。

(2) なぐられても、けられても、彼はされるがままになっていた。

(3) あるがままの姿を見てもらいたい。

慣用的に固定化した表現で、変更を加えずに従っている様子を表す。(1)(2)は「V-られるまま(に)」と同じで、(1)は「言われた通りに」、(2)は「されるままになって抵抗しなかった」、(3)は「かざらないそのままの姿を」という意味。

【まみれ】N1

[Nまみれ]

(1) 子供たちは汗まみれになっても気にせずに遊んでいる。

(2) あの仏像は何年も放っておかれたので、ほこりまみれだ。

(3) 犯行現場には血まみれのナイフが残されていた。

汚いものが全面に付いている状態を表す。「Nまみれになる・Nまみれだ・Nまみれの」という形で用いる。「汗まみれ・ほこりまみれ・血まみれ・泥まみれ」など、限られた名詞にしか用いない。

【まもなく】N2N3

1 まもなく

(1) ≪駅のアナウンス≫まもなく急行がまいります。

(2) ≪劇場のアナウンス≫まもなく開演です。席のほうにお戻りください。

(3) 一学期も終わりに近づき、まもなく楽しい夏休みがやって来る。

次のことが起きるまでわずかの時間しかない様子を表す。「すぐに」よりやや改まった言い方。

2 V-ると／V-て　まもなく

(1) 彼女は結婚してまもなく、夫の海外赴任についてアメリカへ行ってしまった。

(2) 病院に運ばれてまもなく、美智子は女のあかちゃんを出産した。

(3) 会社をやめてまもなく、青木さんは喫茶店を開業した。

(4) 夜があけるとまもなく小鳥たちが鳴き始める。

後ろにも出来事を表す表現を続けて、「はじめのことが起きてから少しして、関連のある、次のことが起こる」という、時間の前後関係を表すのに用いられる。

よく似た表現に、「V-てすぐ」がある。「V-てすぐ」は、二つのことがらが引き続いてすぐに起きた場合に使うが、「V-るとまもなく／V-てまもなく」は、それほど切迫しておらず、「少し時間がたって／しばらくしてから次のことが起きる」場合に使う。

【まるで】N2N3

1 まるで

(1) 今日は風が強くて、まるで台風みたいだ。

(2) あんなつまらないことで怒りだすなんて、まるで子供みたいだ。

(3) 彼は、入学試験を受ける友人のことを、まるで自分のことのように心配している。

(4) きのうあんなに大きな事件があったのに、街はまるで何事もなかったかのように平静を取り戻していた。

(5) あの俳優は、大した実力もないくせに、まるで大スターであるかのごとく振る舞っている。

「まるで…ようだ／みたいだ」、「まるで…かのように／かのごとく」という形で使う。ある状態を他の例にたとえたり、二つを比べて「実際には違うが、たいへん近い」ことを表す表現。「らしい」といっしょに使うことはできない。

(誤)　あの人は、まるで女らしい人です。

(正)　あの人は{たいへん／とても}女らしい人です。

2 まるで…ない

(1) うちの兄弟はまるで似ていない。

(2) いくら仕事ができても、自分の身の回りのことがまるでできないようでは、一人前のおとなとは言えない。

(3) あいつのやり方はまるでなってない。

(4) みんなの話では、ずいぶん嫌な男のように思えたが、実際に会ってみると、聞いていたのとはまるで違っていた。

(5) 私は外国語はまるでだめなんです。

否定形や否定的な意味を表す表現を伴って、「ぜんぜん…ない・まったく…ない」という意味を表す。(3)は「ぜんぜんだめだ」という意味。(4)の「違っていた(＝同じでない)」や(5)の「だめ(＝よくない)」のように否定の意味を含む肯定形の語が使われることがある。

【まわる】

[VR-まわる]

(1) この寒いのに子供達は外を走り回っている。
(2) 病人がスイカが食べたいというので、スイカを求めて12月の街を駆けずり回った。
(3) 売れっ子ジャーナリストの彼は世界中を飛び回っている。
(4) 子供は小犬に追いかけられて、部屋中を逃げまわった。

「動く・走る・飛ぶ・泳ぐ」など移動を表す動詞や、「暴れる・遊ぶ・跳ねる」などの動きを表す動詞といっしょに使われて、「あちこち…する・そのあたりを…する」という意味を表す。

【まんざら】

1 まんざら …でも／…では ない

(1) 彼の話はまんざら嘘ではなさそうだ。
(2) 祖母は、一時期教師をしていたことがあるから、人前でしゃべるのはまんざら素人でもない。
(3) 大勢の人の前で歌うのは、まんざら嫌いでもない。
(4) 彼女の様子では、まんざら彼が嫌いでもないようだ。
(5) おれもまんざら捨てたものではない。

「必ずしもXというわけでもない」という意味を表す。Xには否定形や否定的な表現がはいる。(3)(4)は、「それほどいやでもない、むしろ好きだ」、(5)は慣用表現で、「なかなか良いところがある」という意味。

2 まんざらでもない

(1) 子供のことをほめられて彼はまんざらでもないようすだった。
(2) まんざらでもない顔をしていた。
(3) お世辞だとわかっていても、自分が描いた絵をほめられるのはまんざらでもない。
(4) 今でこそみんな忘れてしまったが、学生のころの英語の成績はまんざらでもなかった。

「悪くない気持ちだ。むしろ、うれしい」または「悪くない。むしろかなりよい」という意味を表す。「まんざらでもない様子／ふう／みたい／ようだ」「まんざらでもない(という)顔をしている」などの形がよく使われる。

【まんまと】

(1) やつにまんまと騙された。
(2) まんまと、してやられた。
(3) まんまと一杯くわされた。
(4) 犯人は、金をだまし取ることにまんまと成功した。

「非常にうまく・みごとに」という意味を表す。「まんまと」の後には「騙す・してやる・一杯くわせる・忍び込む」など慣用的に固定化した表現がよく使われる。人の裏をかいたり、騙したりして成功したような場合や、あまりほめられないような手段を使ってうまくいった場合に使われる。

(1)～(3)のように、「まんまとV-された」の形で使われると、話し手の悔しい気持ちやその手口のみごとさに驚く気持ちが表される。

【みえる】N4

1 …がみえる

[Nがみえる]

[Nが V-る／V-ている のがみえる]

[Nが V-る／V-ている ところがみえる]

(1) 晴れた日には、ここから富士山がよく見える。

(2) 田舎は空気がきれいなので星がよく見える。

(3) この部屋の窓から、電車が通るのがよく見える。

(4) この部屋の窓から、子供達が公園で遊んでいるのが見える。

(5) 私の座席からは、手品師がコインを袖に隠すところがよく見えた。

(6) 子供の頃、私の部屋から、庭の桜の木が見えた。

(7) 目が悪いので、めがねがないと遠くの文字は見えない。

(8) 黒板の字が小さくて見えません。

(9) ここに来てごらん。パンダが昼寝しているところが見えるよ。

特に意識して見ようと思っているわけではないが、「自然に目にはいる・見ることができる」という意味を表す。「見えない」は、視力に問題があったり、障害物がある、遠すぎるなどの理由で「見ることができない」ことを表す。

「みられる」も「見ることができる」という意味であるが、こちらは単に視覚的に目に映るということではなく、「見ることが許されている・見る機会がある」などの意味となる。したがって次の例のように、見る機会があるかどうかを問題にしているような場合には、「みられる」を使う。

(正) A：歌舞伎を見たいんですが、どこへ行けば見られますか？

B：そりゃ、歌舞伎座でしょうね。

(誤) 歌舞伎を見たいんですが、どこへ行けば見えますか？

(正) 大都会では、蝶やとんぼが身近に見られなくなった。

(誤) 大都会では、蝶やとんぼが身近に見えなくなった。

2 みえる

a Nがみえる

(1) 今学期の彼の成績には、努力の跡が見える。

(2) 彼女にはまったく反省の色が見えない。

(3) 当時の日記には、当時彼が苦悩していた様子があちこちに見える。

(4) 彼が父親を嫌っていることは、言葉の端々に見える。

「そう認められる・そのことがわかる・そのように感じられる」という意味を表す。

b Nが…みえる

[Nが N／Na にみえる]

[NがA-くみえる]

[NがV-てみえる]

(1) 壁のしみが人の形に見える。

(2) あの子は背が高くて、とても小学生には見えない。

(3) 父は最近体の調子がいいらしく、前よりずっと元気に見える。

(4) あの人は、実際の年よりずっと若く見える。

(5) みんなに祝福されて、彼の顔はいっそう輝いて見えた。

話し手が見たことから判断して、「そのように思われる・そう感じられる」という意味を表す。次のc「…そうにみえる」d「…ようにみえる」の形でも使われる。

→【みえる】1c【みえる】1d

c …そうにみえる

[Naそうにみえる]

[A-そうにみえる]

[Vʀ-そうにみえる]

(1) 料理にパセリかなにか緑色のものを

添えるとおいしそうに見える。

(2) この人形は今にも動きだしそうに見える。

(3) その日の山本さんは、なんだか寂しそうに見えた。

(4) この仕事は、はじめは楽そうに見えたが、やってみるとなかなかたいへんだ。

(5) あいつは一見やさしそうに見えるが冷たいところのある男だ。

(6) このごろの電化製品は、いろいろな機能がついていて一見便利そうに見えるが、実際にはいらないものばかりだ。

話し手が見たことから判断して、「そのように思われる・そう感じられる」という意味を表す。(4)～(6)のように、「外見はそのように見えるが、本当のことはわからない／実際はちがう」という意味を表すのに使われることも多い。

d　…ようにみえる

[Nのようにみえる]

[Naなようにみえる]

[A-いようにみえる]

[Vようにみえる]

(1) この宝石は猫の目のように見えるところから、キャッツアイという名前がついている。

(2) 夏休みの間に、子供たちは急に成長したように見える。

(3) 便利なように見えたので買ってみたが、使ってみるとたいしたことはなかった。

(4) あの先生は厳しいようにみえるが、実はとても優しい。

(5) 彼は賛成しているように見えるが、本当のところはわからない。

(6) 男は何も知らないといったが、何かを隠しているように見えた。

話し手が見たことから判断して、「そのように思われる・そう感じられる」という意味を表す。(1)は「猫の目ににているので」という意味。(4)～(6)のように、「外見はそのように見えるが、本当のことはわからない／実際はちがう」ということを表すのにもよく使われる。

e　…とみえる

(1) すぐに返事をしないところをみると、佐藤さんはあまり気が進まないとみえる。

(2) その子はおもちゃを買ってもらったのがよほどうれしかったとみえて、寝ている間も離さなかった。

(3) 母はたいへん驚いたとみえて、しばらく口をきかなかった。

(4) 山田は、まだ飲み足りないとみえて、しきりにもう一軒行こうと誘う。

話し手が見たことから判断して、「そのように感じられる・そう思われる」という意味を表す。話し言葉にも使われるが、どちらかというと書き言葉的な表現。話し言葉では、「みたいだ・らしい」の方がよく使われる。

→【みたいだ】2【らしい$_2$】

f　…か(のよう)にみえる

(1) 彼は他人の非難などまったく意に介していないかにみえる。

(2) きのうあんな事件があったのに、街は静かで何ごともなかったかにみえる。

(3) 景気の悪化は一応底を打ったかのようにみえるが、まだまだ安心はできない。

(4) その法案は、そのまますんなりと議会で可決するかにみえたが、僅差で否決されるという意外な結末を迎えた。

「表面的にはそのように感じられる／思われる」という意味を表す。「本当のことはわからないが、表面的にはそのように見える／実際にはそうでない可能性がある」ということを述べる場合に使われる。(4)のように、「…かにみえたが」の形で使われたときには、「そのように思われたが、現実には予想と違うことが起きた」という意味。書き言葉的な改まった表現。話し言葉では、「ように／みたいにみえる」を使う。

→【みえる】2d

3 Nがみえる

(1) 先週、斎藤さんが挨拶に見えた。
(2) 明日のパーティーには、田中さんも見えるはずだ。
(3) A：留守中だれか来ましたか？
B：今日はどなたも見えませんでした。

「来る」の尊敬語。「いらっしゃる・おいでになる」と同じ。さらに丁寧な言い方に「…がお見えになる」がある。

【みこみ】N1

[Nのみこみ]

[V-るみこみ]

1 …みこみがある

(1) A：先生、この足はもう治らないんでしょうか。
B：残念ですが、回復の見込みはほとんどありません。
(2) もう二十日も晴天が続いている。水不足が心配されているが、近いうちに雨が降る見込みはまったくない。
(3) A：このあたりに地下鉄の駅ができるというのは、どの程度見込みのある話なんですか？
B：さあ、どうなんでしょうね。
(4) 川口はいつも文句ばかり言っている。あんなやつは、見込みがない。

「その可能性がある・その予想／予定である」などの意味を表す。名詞を修飾するときは「…みこみのあるN」の形で使われる。(3)のように、文脈から明らかなときには、「みこみがある」だけで使われて、前半は省略される。特に(4)のように、人について「みこみがある／ない」と言うときには、「将来性がある／ない」という意味になる。

2 …みこみだ

(1) ≪ニュース≫鉄道各線は、明日の朝6時には運転再開する見込みです。
(2) このあと目的地到着までの所要時間は30分の見込みだ。
(3) 台風の影響で新幹線のダイヤはたいへん乱れております。復旧は夜遅くになる見込みです。
(4) ≪履歴書≫○○年3月31日高校卒業見込み。

「…予定だ・…見通しだ」という意味を表す。(4)は、履歴書を書くときの決まった表現で、「卒業予定」と同じ。書き言葉的な改まった表現。書き言葉以外にはアナウンスやニュースで使われることが多い。

3 …みこみがたつ

(1) やっと、借金の返済の見込みが立った。
(2) ≪アナウンス≫先ほど、踏切内で列車と自動車が衝突する事故があったもようです。今のところ、復旧の見込みは立っておりません。
(3) 会場が確保でき、イベントを開催する見込みが立った。

「予定／計画が立つ」という意味を表す。(2)は「いつ復旧するか、まだわからない」という意味。

4 みこみ　ちがいだ／はずれだ

(1) 彼には大いに期待していたが、まったくの見込み違いだった。

(2) 新商品が大ヒットして、会社の業績が上がることを期待していたが、見込みはずれだった。

「みこみちがいだった／はずれだった」のようにタ形で使うことが多く、「予想と違った・期待通りにならなかった」という意味を表す。「みこみがはずれた」とも言う。

【みこんで】

[Nをみこんで]

[V-るのをみこんで]

(1) 君を見込んで頼むのだが、ぜひ今度の仕事に参加してほしい。

(2) 完成までに時間がかかる地下鉄工事などは、物価の上昇を見込んで、余裕のある予算を組んでおいた方がよい。

(3) この商品には、はじめから売れ残るのを見込んだ値段がつけてある。

「…を期待して・…を予想して」という意味を表す。(1)のように、その人の能力を高く評価して、りっぱな仕事をしてくれるだろうと期待していることを表す。また、(2)(3)のように「そのことをはじめから計算にいれて／前もって、予想しておく」ことを表す。

【みせる】N5

1 …をみせる

[NがNに…をみせる]

(1) 私は友だちに写真をみせた。

(2) 来月工場に行って、実際に製品を作っているところを見せてもらうことになった。

(3) その子はうまく字が書けるようになったのを母親に見せたくてしかたがないようだった。

(4) 家族と離れて元気がなかった彼も、最近やっと笑顔を見せるようになった。

(5) 50代にはいって、さすがの彼も体力に衰えを見せるようになった。

「人にものを示して見えるようにする」という意味がもとになって、さまざまな意味を表す。例えば、(1)～(3)は「人に見えるようにする」、(4)は「内面の状態や感情などを態度や表情に表す」という意味。(5)は「状態の変化が感じられる」という意味。

2 かお／すがた　をみせる

(1) このごろ彼はちっとも学校に姿を見せない。

(2) 久しぶりだね。たまには顔を見せてくれよ。

(3) 8時ごろになって、やっと月が雲の切れ間から顔を見せた。

(4) 木の陰から一匹の猫が姿を見せた。

「人が来る・今まで見えなかったものが見える状態になる」という意味を表す。

3 Nが…を…みせる

[Nが…をNaにみせる]

[Nが…をA-くみせる]

[Nが…をV-ようにみせる]

(1) 華やかな衣装が彼を実際より若く見せている。

(2) 明るいライトが商品をいっそうきれいに見せている。

(3) ショートカットの髪がいっそう彼女

を活発に見せている。

(4) 明るい照明が商品を新鮮に見せている。

(5) これは、静止画を、動いているように見せる装置です。

「Nで表されるものによって、見る人にそのように感じさせる」という意味を表す。

4 …ようにみせる

[Nのようにみせる]

[Naなようにみせる]

[Vようにみせる]

(1) この部屋に飾っている花は、生花のようにみせて実は造花だ。

(2) 元気なようにみせているが、彼の病状はもっと深刻ではないだろうか。

(3) 彼は娘の家出をあまり気にしていないように見せてはいるが、本当は心配でたまらないのだ。

(4) 犯人は、わざとドアを壊して外部から侵入したように見せている。

(5) 出かけたように見せて、実は家の中に隠れていた。

「実際は違うのに、そう見えるようにしている」という意味を表す。

5 V-てみせる

→【てみせる】

【みたいだ】

主に話し言葉で使う。書くときにも使われるが、かなりくだけた表現で、かたい文や改まった場面では「ようだ」が使われる。「ようだ」を使った慣用表現は「みたいだ」で言いかえにくい。

1 …みたいだ <比況>

「ようだ」と同じく、ものごとの状態・性質・形や、動作の様子を、本来はそれと異なる他の何かにたとえて表現するのに使う。同類の似た性質のものごとにたとえる場合だけでなく、全く別の架空のものにたとえる場合もある。非常によく似ていることを強調する場合には、「まるで／ちょうど…みたいだ」のようにたとえの意味を添える副詞が使われる。「あたかも・いかにも・さながら」は、書き言葉的な改まった言い方なので、「…みたいだ」といっしょに使うことはまれである。

→【あたかも】【まるで】1【ようだ1】1

a Nみたいな N

(1) この薬は、チョコレートみたいな味がする。

(2) 竹下さんって、あの学生みたいな人でしょ？

(3) いい年をして、子供みたいな服を着ないでほしいな。

(4) 飛行機みたいな形の雲が浮かんでいる。

「N1みたいなN2」の形で、N2がどのようなものかを、N2に似ている例をN1に挙げて説明するのに使う。

「…ようなN」で言いかえることができる。「NらしいN」と混同する学習者が多いが、「NみたいなN」は、似たものを例に挙げているだけで、N1=N2ではない。例えば、「学生みたいな人」という場合、その人は学生のように見えるが、実際は学生ではない。それに対して、「学生らしい人」は「たいへん学生っぽい／学生の特徴がきわだった人」の意味で学生に対して使われる表現である。

→【ようだ1】2a【らしい1】1

b …みたいだ

[N／V みたいだ]

(1) すごい風だ。まるで台風みたいだ。

(2) 君ってまるで子供みたいだね。

(3) その地方のことばに慣れるまでは、

まるで外国語を聞いているみたいだった。

(4) 私が合格するなんてうそみたい。

「それと同じようだ」という意味を表す。似たものにたとえて表現するのに使う。「まるで」と共に使われることが多い。日常の話し言葉で特に女性が使う場合には、(4)のように文末の「だ」を省くことが多い。「うそみたいだ」は「とても信じられない・たいへん驚いた」という意味になることが多い。

→【まるで】1【ようだ$_1$】1a

c …みたいに

[N／A／V みたいに]

(1) もう9月も半ばなのに、真夏みたいに暑い。

(2) この服は、買って何年にもなるが、新品みたいにきれいだ。

(3) 子供みたいにすねるのはやめろよ。

(4) 私ばかりが悪いみたいに言わないでよ。あなただって悪いんだから。

(5) A：学校ではあまり会わないね。
B：おいおい、そんな言い方をしたら、僕が授業をさぼってばかりいるみたいに聞こえるじゃないか。

ものごとの状態・性質・形・動作の様子などについて、よく似たものを例にあげて述べるのに使う。(4)(5)の例は、「本当はそうでないのに」という含みがある。改まった言い方では「…ように」に言いかえられる。

→【ようだ$_1$】1

d …みたいなものだ

[Nみたいなものだ]

[V-たみたいなものだ]

(1) 僕の給料なんか、会社の儲けに比べたら、ただみたいなものさ。

(2) ≪サッカーを見ながら≫こんなに点差があけば、もう勝ったみたいなものだ。

(3) A：中田さん、店、売ったんだって？
B：売ったというか、まあ、取られたみたいなものだ。借金の抵当にはいってたんだそうだよ。

「まだ現実にはそうなっていないが、ほとんど確実にそうなる・ほとんど同じと言ってよい状態である」という意味を表す。話し言葉では「ものだ」ではなく「もんだ」が使われることが多い。改まった言い方では「ようなものだ」に言いかえられる。

2 …みたいだ ＜推量＞

(1) 誰も彼女の本名を知らないみたいだ。

(2) 田中さんは甘いものが嫌いみたいだ。

(3) どうも風邪をひいたみたいだ。

(4) 今度発売された辞書は、すごくいいみたいだよ？

(5) 何か焦げているみたいだ。へんな匂いがする。

(6) A：あの人誰？
B：誰だろう。近所の人じゃないみたいだね。

(7) A：新しくできるスーパー、いつ開店するのかな。
B：来週みたいだよ？

(8) A：あの人会社をやめたの？
B：みたいだね。

(9) A：小林さんはもうアメリカに行ったのかな。
B：ええ、きのう出発したみたいですよ。

(10) A：山本さん怒っていたでしょう。
B：うん、すごく怒ってるみたいだった。

話し手の推量を表す。「はっきりと断定はできないが、そのように思う」という意味を表す。「何かを見た・音を聞いた・匂いをかいだ」など、話し手が直接経験したことや、外部からの情報をもとに推論したことを述べる表現。意味的に「らしい・ようだ」との大きな差異はないが、「ようだ」の方が改まった言い方で、また、「によると」などを伴ったりして伝聞であるということが明確である場合には「らしい」が使われやすい。さらに伝聞であるということをより明確にしたい場合には「そうだ」を使うことが多い。

すでに述べたことがらを受ける場合は次のように「そうみたいだ」が使われる。

(例)　A：雨が降ってきましたね。

　　　B：ええ、そうみたいですね。

これは、婉曲を表す用法で、「…みたいだ」を用いないで、「そうですね」と言ってもよいような例である。このように、「…みたいだ」は断定を避け、相手に対して控えめに表現するときにも用いられ、「どうやら・どうも・なんとなく・なんだか」などの副詞を伴うことが多い。改まった言い方では「そのようですね」などと言う。

「…みたいだ」と「…みたいだった」はどちらも使える場合が多いが、意味は異なる。次の例のように「V-たみたいだ」は、過去に起きたことがらについて、話し手が話している時点で推量した結果を述べている。

(例)　A：田中さんはいつ来たのかな？

　　　B：午前中は見かけなかったから、昼から来たみたいですよ。

「V-たみたいだった」は、話し手が過去のある時点でそのように思ったということを表す。

(例)　昨日の夜は妙だった。誰か来たみたいだったから、ドアをあけてみたが、だれもいなかった。そんなことが何度もあった。

また、見たままの様態を述べる場合、例えば目の前にケーキがあるときに「このケーキはおいしいみたいだ」とは言わない。この場合には「このケーキはおいしそうだ」と言う。

(例)　A：これ、新しく買ったスマートフォンです。

(正)　B：便利そうですね。

(誤)　B：便利みたいですね。

このときに使われる「そうだ」は伝聞の「そうだ」とは違うので注意が必要である。伝聞の場合には「おいしいそうだ・便利だそうだ」となる。

→【そうだ$_1$】【そうだ$_2$】【どうやら】1【どうも】【なんとなく】【なんだか】【によると】1a【らしい$_2$】

3　…みたい

[N／V　みたいなN]

[N／V　みたいに]

(1)　東京や大阪みたいな大都会には住みたくない。

(2)　何か細くて長い棒みたいな物はありませんか？

(3)　佐藤さんみたいに英語が上手になりたい。

(4)　今年みたいに暑いと、働くのが本当にいやになる。

(5)　君みたいなあわて者、見たことがないよ。

(6)　あの人がやったみたいなことを私もやってみたい。

(7)　彼女がやっているみたいに私もできたらいいのに。

例をあげる場合に使う。(1)は、「例えば、東京や大阪などの大都会」という意味。

(4)(5)は例示の形をとっているが、実際には「今年は暑いので、働くのが本当にいやになる」「君は本当にあわてものだ」と同じと考えてよい。改まった言い方では「…のような／ように」が用いられる。

→【ようだ$_1$】2a【ようだ$_1$】2b

【みだりに】

(1) みだりに動物にえさを与えないでください。

(2) みだりに他人の部屋に立ち入るべきではない。

(3) 新聞と言えども、個人のプライバシーをみだりに公表することはゆるされない。

「必要もないのに・許可なく・勝手に」という意味を表す。「みだりに…するな／してはいけない」など、後には人の行動を禁止する表現が続く。書き言葉的な改まった表現。日常の話し言葉では、「勝手に…しないでください」がよく使われる。

【みる】N5

1 …をみる

[Nをみる]

[Vのをみる]

(1) テレビを見るのが好きだ。

(2) 窓からぼんやりと雲が流れて行くのを見ていた。

(3) このごろは忙しくて新聞を見るひまもない。

(4) 料理の味を見てください。

(5) しばらく反響を見てみよう。

(6) 機械の調子を見る。

(7) 近所の人に子供の面倒を見てもらっている。

(8) あの人の言うことを全部本気にしていると馬鹿を見るよ。

(9) あの人は子供の時からずっと辛い目を見てきたのだから、今度こそ幸せになって欲しい。

(10) 作品は20年後に完成を見た。

「目で見る」という基本的な意味の他「舌や手などを使って調べる・世話をする」などの意味がある。(8)(9)はそのような経験をするという意味の慣用表現。(10)は、書き言葉的なかたい表現で「長い時間がかかってやっと完成した／成功した」という意味。「医者が患者をみる」という場合には、「診る」という漢字を使う。

2 Nを…みる

[NをA-くみる]

[NがV-るとみる]

(1) 試験を甘くみていると失敗しますよ。

(2) 政府は今回の事件を重く見て、対策委員会を設置することを決定しました。

(3) 警察は、A容疑者にはまだ余罪があると見て、厳しく追及する構えです。

「…と考えている・…と推察している」という意味。書き言葉的な改まった表現。

3 Nにみる

(1) 最近の新聞の論調にみる経済偏重の傾向は目にあまるものがある。

(2) 今回の地震は、近年まれに見る大災害となった。

(3) ≪新聞や雑誌などの見出し≫アンケート調査に見る大学生の生活実態と金銭感覚

「…にみられる」という意味を表す。書き言葉で使われる改まった表現。

4 …ところをみると

(1) うれしそうな顔をしているところをみると、試験はうまくいったようだ。

(2) いまだに返事がないところを見ると、交渉はうまく行っていないようだ。

(3) 平気な顔をしているところを見ると、まだ事故のことを知らされていないのだろう。

直接の経験を根拠に、話し手が推量を述べる場合に用いる。文末には「らしい・ようだ・ちがいない」などが使われることが多い。「...ところからみて」という形が使われることもある。

(例) 高級車に乗っているところからみて、相当の金持ちらしい。

→【にちがいない】【ようだ2】【らしい2】

5 ...からみると

→【からみる】1

6 V-てみる

→【てみる】1

【みるからに】

(1) 部屋に入ってきたのは、見るからに品の良い中年の女性だった。

(2) このコートは見るからに安物だ。

(3) あの人はいつも見るからに上等そうなものを着ている。

(4) 店の奥から、見るからにやさしそうなおばあさんが出てきました。

(5) 通夜、葬式と続いて、ふだんは元気な彼も見るからに疲れた様子で座っていた。

「外見から容易に判断できるほど・見ただけですぐにわかるほど」という意味を表す。

【むき】

1 Nむき ＜方向＞

(1) 南向きの部屋は明るくて暖かい。

(2) 右向きに置いてください。

(3) 横向きに寝てください。

(4) 前向きに検討したいと考えております。

東西南北などの方角や前後左右、上下など方向を表す名詞に付いて、その方向に正面を向けていることを表す。(4)は慣用表現の「前向きに」で、「なるべく実現させるように努力する」という意味。

2 Nむき ＜適性＞ N2N3

(1) 高齢者向きのスポーツにはどんなものがありますか？

(2) この映画は子供向きだ。

(3) この家は部屋数も多く台所も広い。どちらかというと大家族向きだ。

(4) この機械は性能が非常によいが、値段も高く大型で一般家庭向きではない。

(5) セールスの仕事には向き不向きがある。

(6) あの人は計算が苦手だから経理の仕事には不向きだよ。

「Nのためにちょうどよい・Nに適している」という意味を表す。「Nむきでない」の代わりに、「Nに不向きだ」と言うことができる。(5)の「向き不向きがある」は、慣用表現で、「その人によって、適性があったりなかったりする」という意味。「むけ」との違いについては【むけ】を参照。

→【むけ】

3 Vむきもある

(1) 君の活躍を快く思わないむきもあるようだから、はでな言動は慎んだ方がいい。

(2) 今回の計画については実現を危ぶむ向きもある。

「そういう人達もいる」という意味を表す。(1)は、「快く思わない人もいる」、(2)は「実現は難しいと考えている人もいる」という意味。書き言葉的なかたい表現。

4 むきになる

(1) 彼はむきになって、自分は正しいと言い張った。

(2) そんなにむきにならなくてもいいじ

ゃないか。

(3) 彼はいい男だが、仕事の話となるとすぐむきになるので困る。

たいしたことでもないのに、本気になって怒ったり、激しく主張したりすることを表す。(2)は「少し落ちついて、平静になった方がいい」という意味。

【むく】N2N3

(1) 彼は学者としてはすぐれているが、教師にはむかない。

(2) 私は人と接する仕事にむいていると思う。

(3) 私は知らない人に会うのが苦手なので、セールスの仕事には向いていません。

(4) この仕事は美智子さんみたいなおしゃれな人に向いていると思うんだけど。

(5) 私に向いた仕事はないでしょうか。

「適性がある」という意味を表す。「(人)が(仕事)にむく・(仕事)が(人)にむく」のどちらの形でも使う。「むいている」という形でも使える。また、名詞を修飾するときは「N1にむいたN2」の形がよく使われる。

【むけ】

1 NむけのN N2N3

(1) この会社では、子供向けのテレビ番組を作っている。

(2) 小学生向けの辞書は字が大きくて読みやすい。

(3) 輸出向けの製品はサイズが少し大きくなっている。

「N1むけのN2」という形で、「N1を対象として作られたN2」という意味を表す。(1)の場合は、「子供のために作られた番組」という意味。

よく似た表現に「…むきの…・…ようの…」がある。「…むきの」は「…に適した」という意味。「…ようの」は、「…が使うための・…のときに使うための」という意味で「子供用の椅子・パーティー用バッグ」のように使われる。

2 Nむけに N2N3

(1) 当社では、輸出向けに左ハンドルの自動車を早くから生産している。

(2) 最近中高年向けにスポーツクラブを開いている地方自治体が増えている。

(3) その商品は若者向けにデザインを変えたことによって、よく売れるようになった。

「…を対象に・…を対象として」という意味を表す。

【むけて】

[Nにむけて]

(1) 103便は8月10日午前8時に、成田からロンドンに向けて飛び立った。

(2) 次のオリンピックに向けて準備が着々と進められている。

(3) 新空港建設については、まず住民に向けての十分な説明が為されなければならない。

(1)のように目的地やめざす方向、(2)のように目的や目標を表す。また、(3)はその行為の向けられる対象を表す。

【むしろ】N1

1 むしろ

(1) じゃましようと思っているわけではない。むしろ君たちに協力したいと思っているのだ。

(2) A:選挙のあとで、景気はよくなりましたか？

B：そうですね。むしろ前より悪くなったんじゃないですか？

(3) 病状はよくなるどころか、むしろ悪くなってきている。

二つのものを比較して、「どちらかといえば一方の方がより程度が高い」という意味を表す。

2 …より(も)むしろ

[Nより(も)むしろ]

[V-るより(も)むしろ]

(1) お盆のこむ時期には、旅行なんかするよりも、むしろ家でゆっくりしたい。

(2) 大都会よりもむしろ地方の中・小都市で働きたいと考える人が増えてきている。

(3) その頃は、円高のせいで、国内旅行よりもむしろ海外へ行く方が安くつくという逆転現象が起こっていた。

(4) この点については教師よりもむしろ学生の方がよく知っている。

「XよりもむしろY」の形で使われて、どちらかと言えばYの方が程度が高いことを表す。

(1)(2)のように、単に比較するだけでなく話し手の価値判断が含まれて、「二つのもののうち一つを選ぶなら、どちらかと言えば後者がよい」という意味を表すことが多い。この場合には、後に、「…するほうがよい・…したい・Nがいい／よい」など、話し手の好みや意向を表す表現がくる。

(3)(4)の例は、「一般に考えられるのとは逆に・期待していたこととは逆に」という含みがあり、「かえって・逆に・反対に」などで言いかえることができる。

3 V-るぐらいならむしろ

(1) 行きたくない大学に無理をして行くぐらいなら、むしろ働きたいと思っている。

(2) こんなに金利の安い時に貯金なんかするぐらいなら、むしろ海外旅行にでも行った方がいい。

(3) 信仰を捨てるくらいなら、むしろ死を選ぶ。

「XぐらいならY」の形で使われて、話し手にとって、「XよりもYの方が好ましい・話し手にとってXは望ましいことではないので、Yを選ぶ」という意味を表す。「XくらいならY」と言うこともある。

4 …というよりむしろ…だ

(1) あの人は天才というより、むしろ努力の人です。

(2) 今回の出来事は、事故というよりむしろ人災だ。

(3) この説明は難しいというより、むしろわかりにくい。

あることがらについての表現や判断の仕方を比較するのに用いる。「Xという言い方／見方もできるが、比較すればYという言い方／見方の方が妥当だ」という意味を表す。

【むやみに】

(1) 人の物にむやみにさわらないほうがいい。

(2) 山で道に迷ったときはむやみに歩き回らないほうがいい。

(3) たとえ小さな虫でも、むやみに殺してはいけない。

(4) 最近、父は年のせいか、むやみに怒る。

結果がどうなるか、あとさきを考えないで何かをする様子を表す。後に「するな・してはいけない」などの禁止や「しない方がよい・するのはよくない」などの評価の表現がくることが多い。また、(4)は、度をこしている様子を表す。「むやみやたらに」は「むやみに」を強調した表現。「むやみと」の形でも使われる。

【むり】N4

1 むり

(1) 無理を言わないでよ。
(2) 無理なことをお願いしてすみません。
(3) 若い時とは違って無理がきかない。

「不合理なこと・行きすぎたこと」という意味を表す。(3)は慣用表現で、「過重な負担に耐えられない」という意味。

2 …はむりだ

(1) 一日に新しい漢字を50も覚えるのは無理だ。
(2) その仕事は子供には無理ですよ。
(3) A：これ、明日までに修理してもらえますか？
　B：明日ですか、ちょっと無理だと思います。

「するのが難しい／たいへん困難だ／不可能だ」という意味を表す。

3 …にはむりがある

[Nにはむりがある]

[V-る(の)にはむりがある]

(1) 今度の計画には無理がある。
(2) この工事を3か月で完成させるには無理がある。
(3) 君の考え方には無理があるよ。
(4) 彼が犯人だと考えるのには無理がある。

「実現不可能な点がある・理屈にあわない点がある」という意味を表す。

4 むりに

(1) A：かばんが壊れちゃった。
　B：そんな小さなかばんに無理に詰め込むからだよ。
(2) このスーツケースは、鍵を壊して無理に開けようとするとブザーがなるようになっています。
(3) いやがる友人を無理に連れて行った。
(4) 行きたくなければ、無理に行くことはない。
(5) 彼が嫌がっても、無理にでも医者に診せなければなりません。

できないことややりたくないことを強引にやる様子を表す。

5 むりをする

(1) 無理をすると体をこわしますよ。
(2) 夜遅くまで勉強するのもいいが、試験も近いのに、今無理をして病気にでもなったら大変だよ。
(3) あの会社は不動産取引でかなり無理をしていたようです。

「できないこと／難しいことを強引にする」という意味を表す。

6 …のも　むりも／むり(は)　ない

(1) あんなひどいことを言われては、彼が怒るのも無理はない。
(2) うちの子は遊んでばかりいる。あんなに遊んでばかりいては成績が悪いのも無理はない。
(3) A：仕事をする気になれないなあ。
　B：こんなに暑くちゃ、無理ないよ。
(4) 遊んでばかりいたのだから受験に失敗したのも無理もない。

ことがらを表す表現に続いて、そのことがらが起こるのは当然だという気持ちを表す。当然だと納得するための原因や理由が共に述べられることが多い。(3)のように「…のも」の部分は省略することができる。

【めく】 N1

[Nめく]

(1) 少しずつ春めいてきた。

(2) どことなく謎めいた女性がホールの入り口に立っていた。

(3) 彼は、皮肉めいた言い方をした。

(4) 彼の作り物めいた笑いが、気になった。

名詞に付いて、「それが表す要素をもっている」という意味を表す。例えば(1)は少しずつ春のようになってきたということで、冬の終わりごろに使う。使用する名詞は限られている。名詞を修飾する場合は(3)(4)のように「N1めいたN2」という形になる。

【めぐって】 N2N3

[Nをめぐって]

(1) 国会では、憲法の改正をめぐって激しい論議が交わされている。

(2) 彼の自殺をめぐって様々なうわさや憶測が乱れとんだ。

(3) 人事をめぐって、社内は険悪な雰囲気となった。

「…に関して・…について」という意味を表す。あることに関した周辺のことがらも含めて対象としてとりあげるのに用いる。「について」のように、いろいろな動詞といっしょに使えるわけではない。

(誤) 日本の経済をめぐって研究しています。

(正) 日本の経済について研究しています。

後に続く動詞は「議論する・議論を戦わせる・うわさが流れる・紛糾する」などに限定されており、Nがどうなのかをいろいろな人が議論したり、話し合ったりできるものでなければならない。「Nをめぐり」は、書き言葉によく使われる。また名詞を修飾するときには、「NをめぐるN・NをめぐってのN」の形になる。

(例1) 政治献金をめぐる疑惑がマスコミに大きくとりあげられている。

(例2) 父親の遺産をめぐっての争いは、日増しにひどくなっていった。

→【について】 1

【めったに】

1 めったに…ない

[…はめったにない]

[めったにV-ない]

[めったにV-ることもない]

(1) 私は酒はめったに飲まない。

(2) うちの子は丈夫でめったに病気もしない。

(3) 人混みは好きではないので、東京や大阪などの大都市にはめったに行かない。

(4) この頃の機械は優秀で故障はめったにない。

(5) わが家はずいぶん田舎にあるので、お客がやって来ることはめったにない。

(6) 学生時代の友人とも遠く離れてしまって、めったに会うこともない。

何かをする回数が非常に少ないことを表す。(1)～(3)のように、「めったにV-ない」の形か、(4)(5)のように「…はめったにない」の形で使われることが多い。

「たまに」も頻度が少ないことを表すが、強調する点が違う。例えば、次の(例1)、(例2)はどちらも「酒を飲む回数がたいへん少ないこと」を表しているが、(例1)の「めったに…ない」は回数が「少ない」ことを強調している。それに対して、(例2)の「たまに」は頻度は低いが飲むことが「ある」ことを表現している。

(例1) 私は酒はめったに飲みません。

(例2) 私は酒は嫌いですが、友だちに誘われたときなど、たまには飲むこともあります。

「あまり…ない>ほとんど／めったに…ない>ぜんぜん／まったく…ない」の順に頻度が低くなる。

2 めったな

(1) めったなことで驚かない私も、そのときばかりはさすがにうろたえてしまった。

(2) A：山下さんが盗ったんじゃない？
B：しっ。証拠もないのに、めったなことを言うもんじゃないよ。

(3) この機械は丈夫ですから、めったなことでは故障しません。

(4) このことは、めったな人に話してはいけない。

慣用的に固定化した表現。「めったなことで(は)…ない」の形で使われて、「よほど特別なことがなければ…ない」という意味を表す。(1)は、「驚くことはほとんどない・たいていのことは平気だ」、(2)は「いいかげんなこと、思慮のないことを言ってはいけない」という意味。

(4)の「めったなN」の形は、あまり使われなくなってきている。ここでは「よほど特別な人以外には話してはいけない」という意味。

【も】

1 Nも ＜累加＞

a Nも N5

(1) A：なんだか、すごく疲れました。
B：ええ、私もです。

(2) 大阪から東京へ行くが、途中で静岡にも寄る予定だ。

(3) 今日も雨だ。

(4) 私のアパートは日当たりが悪い。そのうえ、風通しも良くない。

(5) 今日は風が強いし、雨も降りだしそうだ。

同類のものごとをさらにつけ加えるのに用いる。他に同じようなものごとのあることが前提とされているが、その存在が単に暗示されているだけの(3)のような場合もある。名詞に直接付くだけでなく、(2)のように「名詞＋助詞」に付くこともある。

b NもNも N5

(1) セルソさんもイサベラさんもペルーの人です。

(2) 山下さんも田中さんも、英語はあまり得意じゃないでしょう？

(3) 空港までは電車でもバスでも行ける。

(4) 田中さんにも山下さんにも連絡しておきました。

(5) A：田中さんか森本さんを呼んできてくれない？
B：田中さんも森本さんもまだ出社していないんですけれど。

名詞に付いて同類のものごとをならべて取り上げるのに用いる。(3)(4)のように「名詞＋助詞」に付くこともある。

c Nも…し、Nも…

→【し】1c

2 …も…も

a …も…も…ない

[NもNも…ない]

[NaもNaもない]

[A-くもA-くもない]

[V_R-もV_R-もしない]

(1) 暑くも寒くもなく、ちょうどいい気候だ。

(2) 成績は上がりも下がりもしない。現状維持だ。

(3) 趣味で音楽をやるのに上手も下手もない。

(4) 上司も部下もなく、社員全員ひとつとなって問題に対処した。

(5) あまりの強さに手も足もでない (=どうしようもない)。

(6) 根も葉もない (=根拠のない) 噂をたてられる。

(7) 私は逃げも隠れもしない。文句があったら、いつでも来なさい。

「寒い・暑い」「手・足」など一対になった言葉を取り上げて、「それらのどちらでもない・AもBも関係ない」という意味を表す。慣用的に固定化した表現が多く、さらに固定化したものに「にっちもさっちもいかない(=どうにもならない)」がある。

(例) 今回の事件はにっちもさっちもいかない状態だ。

b　V-るもV-ないもない

(1) A：すみません。十日までにはできそうもありません。
　B：何を言ってるんだ。いまさら、できるもできないもないだろう。やってもらわないと困るよ。

(2) A：すみませんでした。許してください。
　B：許すも許さないもない。君の責任じゃないんだから。

(3) A：ご主人、単身赴任なさるんですって？　賛成なさったんですか？
　B：賛成するもしないもないんですよ。全部一人で決めてしまってから、言うんですから。

(4) A：反対なさるんじゃないかと心配しているんですが。
　B：反対するもしないもない。喜んで応援するよ。

同じ動詞を繰り返し用いて「する、しないを問題にしていられる状況ではない」という意味を表す。相手の言葉の一部を繰り返して、それを強く否定したり、そんなことを言っては困ると強くたしなめたりするのに使う。

c　…もなにもない

(1) その部屋は、家具も何もない空き部屋です。

(2) 政治倫理もなにもない政界には、何を言っても無駄だ。

(3) 母：テレビを消して、手伝ってちょうだい。
　子供：だってぇ、今いいところなんだもん。
　母：だっても何もありません。すぐ来なさい。

(4) A：被害状況をよく調べましてから、救助隊を派遣するかどうか決定したいと考えております。
　B：何を言っているんだ。調べるも何もないだろう。これだけけが人が出ているんだから。

(5) A：反対なさるんじゃないかと心配しているんですが。
　B：反対するもなにもない。喜んで応援するよ。

否定を強めるのに用いる。(1)(2)は、名詞に付いて、「それだけでなくその他のものもない」という意味を表し、ないことを強調している。(3)〜(5)は、相手の言葉の一部を繰り返して、それを強く否定したり、そんなことを言っては困ると強くたしなめたりするのに使う。「V-るもV-ないもない」と同じ用法。

→【も】2b

d　…も…も

[V-るも　V-る／V-ない　も]

(1) 行くも止まるも君の心一つです。

(2) 行くも行かないもあなた次第です。

(3) 成功するもしないも努力次第だ。

(4) 勝つも負けるも時の運だ。

「行く・行かない」「勝つ・負ける」など一対になった言葉を用い、後に「…しだいだ・…にかかっている」などの表現を伴って、「どちらにするかは…にかかっている・どちらになるかは…で決まる」という意味を表す。

3 極端な事例+も

[N(+助詞)も]

[V-る の/こと も]

(1) 日本語をはじめて1年になりますが、まだひらがなも書けません。

(2) スミスさんは、かなり難しい漢字も読めます。

(3) こんな簡単な仕事は子供にもできる。

(4) 恐ろしくて、声もでませんでした。

(5) 立っていることもできないほど疲れました。

(6) あんな奴は顔を見るのも嫌だ。

(7) 最悪の場合も考えておいたほうがよい。

(8) 頭が痛いときには、小さな音でさえもがまんできない。

(9) 人類は月にまでも行くことができるようになった。

極端な事例をあげて、それよりも程度の小さいことがらについては当然そうであることを暗示する。例えば、(1)では一番やさしいひらがなも書けないのだから、「それよりも難しいカタカナや漢字は当然書けない」という含みがある。また、(8)(9)のように「さえ・まで」などを伴って意味を強調することもある。

→【さえ】1a【まで】4a

4 数量詞+も

a 数量詞+も N4

(1) 雨はもう三日も降っています。

(2) りんご1つが300円もするなんて…。

(3) 反戦デモには十万人もの人が参加した。

(4) いっぺんにコーラを20本も飲むなんて、兄さんはどうかしているよ。

(5) ほしいけれど、10万円もするなら、買えない。

(6) 新しい車を買おうと思って貯金を始めたが、目標までまだ50万円も足りない。

数量の多さや程度の高さを強調する。話し手がその数量や程度が高すぎると思っている気持ちを表すのに用いる。

b 数量詞+も…ない

(1) 泳ぐのは苦手で、ほんの5メートルも泳げない。

(2) ここからあそこまで10メートルもないだろう。

(3) 財布の中には、500円も残っていない。

(4) ベッドに入って10分もたたないうちに寝てしまった。

否定形と共に使って、数量の少なさや程度の低さを強調する。話し手がその数量や程度を少ないと思っていることを表す。程度の高いことを強調する「も」の用法との違いに注意が必要である。

(例1) こんな豪勢な暮らしをしていて、わずか10万円も支払えないのか。(程度低)

(例2) 学生の身分で月々10万円も支払えるはずがない。(程度高)

→【も】4a

c 最小限の数量+も…ない N4

(1) 客はひとりも来なかった。

(2) 彼女のことは一日も忘れたことはない。

(3) 外国へは一回も行ったことがない。

(4) 失敗は彼が原因だったが、彼を責めようとする人はひとりもいなかった。

(5) この料理は少しもおいしくない。

「ひとりも・ひとつも・一回も」など最小限の量を表す「1」の付く言葉や「すこしも」を打ち消しの表現と共に使って、「まったく／ぜんぜん…ない」という意味を表す。

d　数量詞+も　…ば／…たら

(1) この仕事なら、3日もあれば充分だ。

(2) A：ICレコーダーって、いくらぐらいするものですか？
　B：そうですねえ、安いものなら、五千円もあれば買えますよ。

(3) もうしばらく待ってください。10分もしたら、先生は戻っていらっしゃると思います。

(4) 雨はだんだん小降りになってきた。あと10分もすれば、きれいに晴れ上がるだろう。

(5) このあたりは、自然が豊かだが、もう10年もたてば、開発されてしまうだろう。

あることがらが成立するのにこの程度の数量があれば十分だということを表す。「ば」の他に、「たら」や「と」も用いられる。また、文末には「だろう・でしょう・とおもう」など話し手の推量を表す表現がくることが多い。

→【たら$_1$】1a【だろう】1【でしょう】【と$_1$】3a【とおもう】1a

e　数量詞+も…か

(1) 事故にあってから、救出されるまで1時間もあったでしょうか。夢中だったのでよくわかりません。

(2) A：その魚はどれくらいの大きさでしたか？
　B：そうですねえ。50センチもあったかなあ。

(3) 昔、家の庭に大きな木があった。高さは7、8メートルもあっただろうか。杉か何かだったと思う。

(4) 直径3センチもあろうかという氷の固まりが降ってきた。

おおよその量を表すが、話し手の主観によって、程度の高さを強調したり、反対に低さを強調したりする。

5　疑問詞+も

a　疑問詞+も

(1) このスーパーマーケットではなんでも売っている。

(2) これは、日本のどこにでもあるような話だ。

(3) どれもみんな素晴らしい。

(4) どちらも正しい。

(5) あの子はいつも元気で明るい。

(6) その人のことは誰も知らない。

(7) 子供の部屋に危険なものはなにも置かない。

(8) 理想の人はどこにもいなかった。

(9) この辞書はどれも役に立たない。

(10) どちらもあまり好きではない。

(11) そのことはだれもが知っている。

「だれ・なに・どこ・いつ」などと共に用いて、どの場合にも当てはまることを表す。「どこにもある・どこにもない」「だれにも分かる・だれにも分からない」のように「も」の前に助詞が入ることがある。ただし、助詞「が」の場合は「だれもが知っている」のように「も」の後に入る。否定文は「が」が入らず「だれも知らない」となる。

「いくら＋も」の場合は次のように別の意味になる。

(例1) そんな話はいくらもある。(＝たくさんある)

（例2）財布の中には、いくらも入っていない。（＝ほとんどない）

→【いくら】3【なにも】1a【なんでも】1

b　なん+助数詞+も

(1) タイには何人も友だちがいる。

(2) 何回も海外旅行をしたことがある。

(3) 何度もノックしたが、返事がない。

(4) 雨は何日も降り続いた。

(5) 何か月も留守にしたので、庭は荒れ放題だ。

数量や回数などが多い様子を表す。

c　なん+助数詞+も…ない

(1) この問題が解ける人は何人もいないでしょう。

(2) 私の国では、雨が降る日は一年に何日もない。

(3) すぐに終わります。何分もかかりません。

(4) こんなチャンスは、人生に何度もない。

数量や回数などが少ない様子を表す。ただし、次の(例2)のように、状態が継続していることを表す場合は「数量が多い」という意味になる。

（例1）試験まであと何日もない。（＝短い間）

（例2）彼は何ヵ月も姿を見せなかった。（＝長い間）

6　Nも ＜提題＞

(1) 秋も深まって、紅葉が美しい。

(2) 夜もふけた。

(3) 長かった夏休みも終わって、あしたからまた学校が始まります。

(4) 彼にも困ったものだ。

(5) さっきまであんなに泣いていた赤ん坊もようやく寝ました。

(6) 彼の機嫌も直って、平和な空気が戻った。

(1)～(3)のように、季節の変化や、ものごとの始まりや終わりなど、時間が過ぎていくのに伴って変化するようなことがらを、話し手が感慨をこめてとりあげたり、(4)～(6)のように、他にも同じようなことがあることを暗示することで、表現をやわらげて提示したりする場合に用いる。

7　NもN

(1) あいつは、うそつきもうそつき、大うそつきだ。

(2) 彼の両親の家は、山奥も山奥、一番近い駅から車で3時間もかかるところにある。

(3) A：佐藤さん、酒飲みなんですって？
　B：酒飲みも酒飲み、一度に一升くらい平気で飲み干しちゃうんだよ。

同じ名詞を繰り返して、その程度が普通でないことを強調するのに用いる。

8　…もあり…もある

[NでもありNでもある]

[NaでもありNaでもある]

[A-くもありA-くもある]

(1) 彼はこの会社の創始者でもあり、今の社長でもある。

(2) 藤田さんは私の義兄でもあり師でもある。

(3) 彼の言ったことは、心外でもあり不愉快でもある。

(4) 娘の結婚は、嬉しくもありさみしくもある。

「XもありYもある」の形で、XとYの両方であることを表す。

9 …もあれば…もある

[NもあればNもある]

[NaでもあればNaでもある]

[A-くもあればA-くもある]

[VこともあればVこともある]

[VものもあればVものもある]

(1) 起きる時間は決まっていない。早く起きることもあれば遅く起きることもある。

(2) 人生、楽もあれば苦もある。

(3) 株価の変動は誰にも分からない。上がることもあれば、下がることもある。

(4) 車に乗っていると、便利な時もあれば、不便な時もある。

(5) 温泉といってもいろいろだ。硫黄が含まれているものもあれば、炭酸が含まれているものもある。

あることがらについてのバリエーションを並べて、いろいろな場合があることを表す。対照的なことがらを並べることが多い。

10 …もV-ない

[NもV-ない]

[VRもしない]

(1) あいつは本当に失礼な奴だ。道で会っても、挨拶もしない。

(2) 息子は体の具合でも悪いのか、夕食に手もつけない。

(3) あの子は、本当に強情だ。あんなにひどく叱られても、泣きもしない。

(4) 前から気がついていたのか、母は父が会社をやめたと聞いても驚きもしなかった。

(5) うちの猫は魚がきらいで、さしみをやっても見向きもしない。

(6) さわりもしないのに、ガラスのコップが割れてしまった。

(7) 妹は夕方になっても、電気もつけないで、本に熱中していた。

(8) 山田さんは怒ったのか、さよならも言わないで帰ってしまった。

(9) この寒いのに、子供たちは、上着も着ないで、走り回っている。

否定の意を強調するのに用いる。普通なら当然そうなると思っていたこととは違うことが起こり、話し手が驚いたり、あきれたりしている場合に使うことが多い。

11 NもV-ず(に)

(1) わたしは深く考えもせず、失礼なことを言ってしまった。

(2) 彼女は食事もとらずに、けが人の看病をしている。

(3) 彼は別れの挨拶もせずに部屋を出て行った。

「…もしないで」の書き言葉的な言い方。

12 V-るNもV-ない

(1) 寝坊したので、食べるものも食べないであわてて会社へ行った。

(2) 急に雨が降り出したので、買うものも買わないで帰ってきてしまった。

(3) こんな設備が不十分な病院では助かる命も助からない。

同じ動詞を繰り返して、「普通なら当然できることもできない」という意味を表す。Nには「もの」や「こと」が使われることが多い。また、次のような慣用表現もある。

(例) 叔父が急に亡くなったというので、取るものも取りあえず(=大急ぎで)駆けつけた。

13 NもNならNもNだ

→【が1】6

【もう₁】N5

1 もう+数量詞

(1) すみません、もう5分ここにいてください。

(2) もう一時間待って、彼が来なかったら先に行く。

(3) もう一人紹介したい人がいる。

(4) もう百円あれば、切符が買える。

(5) もう10ページ読めば、この本は読み終わる。

(6) もう一度だけ会ってください。

(7) みんなが来てから、もう一回先生に電話してみた。

数や量をさらに付け加えるのに使う。例えば、(4)は、「お金がいくらかあって、これに百円加えれば、切符が買える」という意味。

「あと5分」のように「あと」で言いかえられることが多い。ただし、「あと」の方は、「これが最後の残り」という含みがあるが、「もう」には特にそういう含みがない。回数などについては、それで最後とは言いにくい場合は「あと」ではなく「もう」を使う。例えば、「みんなが来てから、あと一回先生に電話してみた」はやや不自然。

2 もうすこし

a もう すこし／ちょっと <量>

(1) もう少し、ミルクをください。

(2) もう少しここで過ごしたい。

(3) もう少し待てば、順番が回ってくる。

(4) ゴールまで、もうちょっとだ。

現在の状態から少量の増減か変化があることを表す。「あとすこし」ともいう。また、「もうちょっと」は、「もうすこし」よりくだけた表現で、日常の会話などで使うのが普通。「たくさん」など量の多さを表す名詞には付かない。

(誤) もうたくさんほしい。

(正) もっとたくさんほしい。

b もう すこし／ちょっと <程度>

(1) もう少しいい車を買いたい。

(2) 温度はもう少し低くした方がいい。

(3) もう少し大きな声で話したほうがいい。

(4) 彼なら、もう少し難しい問題もできるだろう。

(5) もうちょっと安いものはありませんか?

属性や状態を表す表現とともに使って、現在の状態よりわずかに程度が高いことを表す。

c もうすこしでVR-そうだった

(1) もう少しでうまくいきそうだったのに、邪魔が入ってしまった。

(2) もう少しで会社に遅れそうになったが、ぎりぎりで間にあった。

(3) もう少しで本当のことを言いそうになったが、何とか我慢した。

(4) 二人はもう少しでけんかしそうになったが、わたしが何とか止めた。

「ある事態が起こる寸前まで行った」という意味を表す。「もうすこしで…ところだった」と言いかえられることが多い。くだけた会話などでは「もうちょっとで」も使う。

d もうすこしでV-るところだった

(1) もう少しでけがするところだった。

(2) ぼんやり歩いていて、もう少しで車にひかれるところだった。

(3) 赤ちゃんはもう少しで寝るところだったのに、電話の音で目をさましてしまった。

(4) 実験はまた失敗したが、本当はもう少しで成功するところだったのだ。

(5) もう少しで完成するところだったのに、邪魔が入った。

「V-るところだった」を強める言い方。

→【ところだ】2b

【もう$_2$】N5

1 もう ＜完了＞ N5

(1) 今日の仕事はもう全部終わった。

(2) A：今評判になっているあの映画、もう見ましたか？
　　B：ええ、この前の日曜日に見ました。

(3) 食事はもうできている。

(4) その問題なら、もう解決している。

(5) 彼の娘はもう大学を卒業したそうだ。

(6) 駅についたときにもう特急は出てしまっていた。

(7) 手紙はもう投函したので、取り返せないんです。

(8) A：すみません、今日はもう閉店ですか？
　　B：いいえ、まだ開いています。

(9) A：この本はもう出ましたか？
　　B：いいえ、まだ出ていません。来週出版予定です。

行為、できごとなどがある時点までに完了したことを示す。完了かどうかを問う疑問文でも「もう」を用いる。完了状態に至っていないときは「まだ…ない」を用いる。

→【まだ】1

2 もう＋ 時間／年齢

(1) 気がついたらもう朝だった。

(2) この子はもう10才だから、一人でバスに乗れるだろう。

(3) 暦の上ではもう春なのに、まだ雪が降っている。

(4) もう夜が明けるのに彼らはまだ話し続けている。

(5) もう8時ですよ。起きなさい。学校に遅れますよ。

時間や年齢を表す表現と共に用いて、すでに十分な時点に至っているということを示す。(1)のように思ったより早くその時点に到達してしまったという気持ちが含まれることがある。

3 もう Naだ／いい

(1) もうおなかがいっぱいだ。

(2) A：この肉、焼けているかな？
　　B：ああ、もういいですね。

(3) A：機械、直ったんですか？
　　B：ええ、これでもういいはずです。

(4) A：ちょっと目を閉じて？ 1､2､3。
　　B：もういい？
　　A：いいよ。はい、目を開けて。

「一杯だ」などと共に用いて、「十分満足すべき状態になっている」という意味を表す。「もういい」は基本的に「十分に適当な状態になっている」という意味で、いろいろな状況で用いる。文脈によって、「準備ができた・解決した」などの意味になる。「もういい」の否定的な用法については、【もう$_2$】5b参照。

→【もう$_2$】5b

4 もう…ない N5

(1) 山田さんはもうここにはいません。

(2) 疲れて、もう何も考えられなくなった。

(3) 交渉のあと、だれももう文句を言わなかった。

(4) かれとは、もうこれ以上話したくない。

(5) もう二度とあの人には会わないだろう。

(6) もう誰も信じられないと言って、彼女は泣いていた。

(7) こんな待遇の悪い職場にはもうがまんができない。
(8) さいふの中にはもう100円しか残っていなかったので、家へ帰るのにバスにも乗れなかった。
(9) 10万円の値段がついたので、もうこれ以上は上がらないだろうと思った。

ある時点などを限界として、「それ以後はない・これ以上はない」という意味を表す。

5 もう <否定的態度>

a もう+否定的表現

(1) こんな退屈な仕事はもうやめたい。
(2) もうあの人の愚痴を聞くのはいやだ。
(3) これ以上歩き続けるのは体力的にもう無理です。
(4) あの人をかばい続けるのももう限界だ。
(5) 戦争をするのは、もうたくさんだ。
(6) ≪母親が子どもに≫もういいかげんにゲームはやめなさい。

「無理だ・いやだ」など否定的な意味の述語を用いて、「これ以上ある状態を続けることができない」という意味を表す。「もうたくさんだ」は「限界に達したので、これ以上はいやだ」の意味で、かなり感情的になったときに使うことが多い。また、以後の行動を禁止する(6)のような場合にも使う。

b もういい

(1) A:ほかに出す書類がありますか?
B:これでもういいです。
(2) A:チョコレート買いましょうか?
B:いや、これだけ食料があれば、もういいです。
(3) A:もう一杯いかがですか?
B:いや、もういいです。
(4) A:お母さんの気持ちも考えてみなさい。
B:もういいよ。お説教は聞き飽きたよ。
(5) A:頑張っていたのに、うまく行かなくて残念だったね。
B:もういいんです。何か、ほかの事を考えます。
(6) A:もう一回探し直せば、見つかるかもしれません。
B:もういいよ。あきらめよう。

基本的に「これで十分だから、これ以上はいらない」という意味を表す。いろいろな状況で使う。(3)は断るときの表現。また、(4)は、「これが限度で、これ以上は受け入れられない」の意味で、話し手の拒否の態度を表す。いやになったり、うんざりした場合などによく使う。(5)(6)のように、それまで執着していたことをあきらめるという気持ちの表現としても用いる。「もういい」の肯定的な用法は、【もう$_2$】3参照。

→【もう$_2$】3

6 もう <非難>

(1) お母さんたら、もう。わたしの友達の悪口を言うのはやめてよ。
(2) もう、あなたったら、こんなやさしい計算もできないの?
(3) 山田さんたら、もう。また「これコピーして」ですって。自分でやればいいのに。
(4) A:あ、また、汚した。
B:もう。

文頭や文中に挿入して、相手に対する非難の気持ちを示す。くだけた会話でのみ用いる。主に女性が使うことが多い。非難の気持ちをこめた「(っ)たら」とともに使うことが多い。

【もうすぐ】N4

(1) 田中さんはもうすぐ来ます。
(2) もうすぐ夏休みですね。

(3) クリスマスまで、もうすぐだ。
(4) 桜の花ももうすぐ咲きそうだ。
(5) もうすぐここに30階建てのマンションが建つそうだ。

そのことが起こるまでに今からあまり時間がないことを表す。「すぐ」よりは長い時間。話し言葉でよく使われる。

→【すぐ】

【もかまわず】N2N3

[N(に)もかまわず]
[Vの(に)もかまわず]

(1) 喜びのあまり、人目もかまわず抱きついた。
(2) 役員たちから慎重な対応を求める声が上がっているのもかまわず、社長は新分野への参入を決断した。
(3) 世論から厳しい批判を浴びせられているのにも構わず、その議員は再び立候補した。

「…を気にかけないで」という意味を表す。「人目もかまわず」という慣用表現で用いられることが多い。

【もくされている】

→【ともくされている】

【もさることながら】N1

[Nもさることながら]

(1) 彼は、大学の成績もさることながら、スポーツ万能で親孝行という申し分のない息子だ。
(2) このドレスは、デザインもさることながら、色使いがすばらしい。
(3) あのレストランは、料理もさることながら、眺めの良さが最も印象的だった。

「XもさることながらY」という形で、「Xもそうであるが、Yはもっとそうである・Xもそうであるが、さらにYもあげられる」という意味を表す。プラス評価のことがらに使われるのが普通。

【もし】N4

後に条件表現を伴い、ことがらを仮定的に設定する話し手の態度を表す副詞。文頭で用いられることが多い。類義表現に「かりに・もしも」がある。

→【かりに】【もしも】

1 もし …たら／…なら／…ば

(1) もし雨が降ってきたら、洗濯物を取り込んでおいてね。
(2) もしよろしければ、週末、家にいらっしゃいませんか？
(3) もしお暇なら、いっしょにドライブに行きませんか？
(4) もし気が付くのが1秒でも遅かったら大惨事になっていただろう。

「たら」のかわりに「ば・なら」なども用いる。順接的な仮定条件を伴い「かりにそうならば」という意味を表す。(1)～(3)のように、本当かどうか未定だったり未知のことがらや、(4)のように、事実に反することがらの前に付いて、それを予想的・想像的に述べる場合に用いる。

「かりに」と似ているが、「かりに」は想像のうえで仮定的に設定するような場合に用いられる。そのため現実に成立する可能性がある(1)のような事態を述べる場合には不適切である。

(誤) かりに雨が降ってきたら、洗濯物を取り込んでおいてね。

これに対して「もし」は、話し手に仮定する意識があれば、事実関係とは無関係に使用可能で、(1)のように実際に起こりそうなことがらでも、(4)のように事実に反することがらでも使うことができる。

→【かりに】[1]【かりに】[2]【たら$_1$】[1]【なら$_2$】[1]【ば】[3]

[2] もし …ても／…としても／…としたって

(1) 天気予報では曇りですが、もし雨でも遠足は決行します。

(2) 薬で治りそうですが、もし手術をするとしても、簡単に済みます。

(3) もし泥棒に入られたとしたって、たいして金目になるものはない。

(4) もし入社試験に合格しても、本人に入社の意志がないのなら辞退すべきだ。

後に「ても・としても・としたって」などの条件節を伴い、「仮にそのような状況が成立しても」という意味を表す。「その可能性はあまりないが」という含みがある場合が多い。たいてい「かりに」で置きかえられる。

→【かりに】[3]

【もしかしたら】

[1] もしかしたら…かもしれない

(1) 仕事の量が減ったから、もしかしたらわたしも日曜日に出かけられるかもしれない。

(2) 今はいい天気だが、すこし雲が出て来たから、もしかしたら雨が降るかもしれない。

(3) 彼はここ2、3日大学に出て来ない。もしかしたら彼は病気かもしれない。

(4) もしかしたら、中田さんが知っているかもしれないが、はっきりしたことはまだわからない。

(5) もしかしたら、山川さんがその本をもっているのではないだろうか。

「…かもしれない・のではないだろうか」などの推量の表現を伴ってそういうこともありうるという程度の推量の気持ちを表す。話し手が自分の判断にあまり自信をもっていないことも示す。「もしかすると・もしかして・ひょっとすると」とも言う。

→【かもしれない】[1]【ではないだろうか】【ではなかろうか】

[2] もしかしたら…か

(1) A：あの人、もしかしたら、山本さんじゃないですか？
B：ええ。そうですよ。ご存じですか？

(2) もしかしたら事故にでもあったんじゃない？

(3) もしかしたら今日は雨になるのではないだろうか。

「…か・じゃない？」など疑問を表す表現を伴って、自分の判断にそれほど自信がないことを表す。「もしかすると・もしかして・ひょっとして」とも言う。

【もしくは】N1

書き言葉。「XもしくはY」の形で使われる。公式の文章などによく使われる改まった表現で、日常の話し言葉では使わない。日常の話し言葉では「XかY」がよく使われる。

→【か】[1]

[1] NもしくはN

(1) 黒もしくは青のインクを使用すること。

(2) お問い合わせは、電話もしくはメールでお願いします。

(3) この施設は、会員もしくはその家族に限り使用できる。

(4) ≪法令≫第84条第2項の規定による命令に違反した者は、これを6ヶ月以下の懲役もしくは禁固または一万円以下の罰金に処する。

「二つのうちのどちらか一方」という意味を表す。XかYのどちらかを選ばせたり、XかYの条件に当てはまっていれば、どちらでもよいということを表したりする。(4)のように、法律用語として使われるときは特別で、「XまたはY」のXがさらに二つに分かれるときに「XaもしくはXb」を使う。「XaもしくはXb、またはY」という関係になる。

→【または】

2 V-るか、もしくは

(1) 応募書類は、5月10日までに郵送するか、もしくは持参すること。

(2) パンフレットを御希望の方は、専用サイトからご請求いただくか、もしくはお電話でご相談ください。

(3) 京都市内に住んでいるか京都市内に通勤している人なら、だれでもこの施設が使えます。

「二つのうちのどちらか一方」という意味を表す。XかYのどちらかという意味だが、(3)の例では「京都市内に住んでいて、京都市内に通勤している人」のようにXとYの両方が当てはまる場合も該当する。

【もしも】N2N3

「もし」をさらに強調した語で、「かりにそうならば」という意味を表す。

→【もし】

1 もしも …たら/…なら/…ば

(1) もしも家が買えるなら、海辺の景色がきれいなところがいい。

(2) もしも僕が君の立場だったら、違う行動をとると思う。

(3) もしも私が君ぐらい若ければ世界中を飛びまわっているだろう。

(4) もしも地震が起こるのがあと30分遅ければ、被害は甚大なものになっていただろう。

後に「たら・ば・なら」などの条件表現を伴い、事実かどうか未定のことや事実と反対のことを「かりにそうならば」と仮定する意味を表す。

→【たら$_1$】1a【なら$_2$】1【ば】1

2 もしものN

(1) 父にもしものことがあったらどうしよう。

(2) もしもの場合にはすぐ連絡してください。

(3) 大地震はそんなにちょくちょく起こるわけではないが、もしもの時のために準備をしておいた方がよい。

「もしも」に「時・場合・こと」などの名詞が続き「万一そのような状況になった場合」という意味を表す。「死・危篤状態・大災害」など、望ましくない重大な事態の場合に用いる。(1)は「死」のことを婉曲に言う表現。「万一」もほぼ同義で置きかえ可能。「もし」にはこの用法はない。

【もちまして】

→【をもって$_2$】2

【もちろん】N4

1 もちろん

(1) A:一緒に行きますか?
B:もちろん。

(2) A:そこへ行ったら、彼女に会えますか?
B:もちろんですよ。

(3) この仕事は、残業が多くなるかもしれません。もちろん、その分の手当はちゃんと支払われます。

(4) A：あの、休暇は、きちんと取れるのでしょうか。
B：それは、もちろんですよ。

当然のことと受け入れる気持ちを表す。その状況から予想しうることについて、その通りであると強調する表現。また、以下の例のように、先に述べたことについて、留保をつけたりする場合にも使う。

(例1) わたしはこの計画に賛成です。もちろん、実行できるかどうかは社長の決定を待たなければなりませんが。

(例2) 娘は、土曜日の午後はアルバイトをして、友達と喫茶店でおしゃべりをして帰って来ます。もちろん、いつもそうだというわけではありませんが、だいたいそういう習慣になっていたようです。

2 Nはもちろん N2N3

(1) 彼は、英語はもちろん、ドイツ語も中国語もできる。

(2) 彼は、スポーツ万能で、テニスはもちろん、ゴルフもサッカーもうまい。

(3) 委員長の高田さんはもちろん、委員会の全メンバーが参加します。

(4) この学校では、お料理はもちろん、生け花や茶道も教えてくれる。

(5) この本は、勉強にはもちろん役に立つし、見るだけでも楽しい。

当然そこに入る代表的なものとしてNをとりあげ、その後で同類の他のものを並べあげるのに用いる。「もちろんのこと」という表現もある。

【もって】

→【をもって 1】【をもって 2】

【もっと】 N5

(1) もっと大きい声で話してくれませんか？

(2) もっと時間をかければもっといいものができると思います。

(3) 地下鉄が開通すればこのあたりはもっと便利になる。

(4) A：痛むのはこの辺ですか？
B：いや、もっと右です。

(5) A：そのラケット、よく売れてますよ。
B：これよりもっと軽いのはありませんか？
A：あちらの黒いののほうがもっと軽いんですが、あまり軽すぎるのも使いにくいんじゃないでしょうか。

(6) もっと驚いたことには会社でそのことを知らなかったのは私だけだった。

程度が今ある状態より高いことを表す。話し言葉的。

【もっとも】

1 もっとも

(1) レポートは来週提出して下さい。もっとも、はやくできた人は今日出してもかまいません。

(2) この事故では、橋本さんに責任がある。もっとも、相手の村田さんにも落ち度があったことは否定できない。

(3) 彼は強かったなあ。もっとも、毎日あれだけ練習しているのだから当然か。

(4) あの人の英語は素晴らしい。もっともアメリカで生まれ育ったから当然ともいえる。

直前に述べた内容について補足的に訂正したり情報を加えたりするときに用いる。(1)(2)は、直前に述べた内容を部分的に変えること、(3)(4)は、直前に述べた評価がその状況では当然だということを表している。

2 もっとも …が／…けど

(1) あしたから旅行に行きます。もっとも二、三日の旅行ですが。

(2) あのホテルにした方がいいんじゃない？ もっとも、私も行ったことがないから、本当にいいかどうかわからないけど。

(3) 彼女がそう言っていました。もっともうそか本当かは分からないけど。

(4) わたしは来年大学に進学します。もっとも試験に受かればの話ですが。

(5) スポーツをするなら、サッカーが一番面白い。もっとも疲れることは疲れるけど。

前の文の内容を部分的に訂正したり、その内容から聞き手が予想しそうなことを否定したりするのに用いる。「けど」は話し言葉。

→【けど】2

【もっぱら】N1

1 もっぱら

(1) 世間ではもっぱら電気代の高騰のことでもちきりだ。

(2) いろいろな酒類があったが、彼はもっぱら日本酒ばかり飲んでいた。

(3) A：愛読書は何ですか？
B：私はもっぱら推理小説です。

(4) 日曜はもっぱらうちでのんびり過ごしています。

「ほとんどそればかり」という意味を表す。

2 もっぱらのN

(1) K監督の新作が面白いともっぱらの評判だ。

(2) あの会社が不正な取引をやっているのではないかともっぱらのうわさだ。

(3) もうすぐ大きな異動があると、社内ではもっぱらの噂になっている。

「評判・うわさ」などとともに使って、「みんながそう言っていること」という意味を表す。

【もと】

1 Nのもと(で) N2N3

(1) 子供は太陽のもとで思いきりはねまわるのが一番だ。

(2) 彼はすぐれた先生のもとでみっちり基礎を学んだ。

(3) 先生のあたたかい指導のもとで、生徒たちは伸び伸びと自分らしい作品を作り出していった。

(4) その国では、国連の監視のもとで国会議員選挙が行われた。

「…の下で・…の影響の及ぶ範囲で」という意味を表す。名詞を修飾するときは「NのもとでのN」になる。

(例) 国連の監視のもとでの国会議員選挙が行われた。

書き言葉的な言い方。また、さらに改まって、「Nのもと」と言うことがある。

(例) 国連の監視のもと、国会議員選挙が行われた。

2 Nのもとに N2N3

(1) 両親の了解のもとに3年間の留学が可能になった。

(2) 弁護士立ち会いのもとに当事者間の協議が行われた。

(3) 二社の合意のもとに、共同事業の計画が進められた。

「…を条件として・…の状況において」という意味を表す。書き言葉的。

【もどうぜん】

→【どうぜん】2

【もともと】N2N3

1 もともと(は)

(1) その本はもともと彼のものだったんだ。だから、彼に返すのは当然のことだ。

(2) 彼は結局裁判で負けたが、もともと彼の主張は根拠が薄いものだった。

(3) もともと彼は九州の出身だから、大学を出た後九州の会社に就職してもおかしくない。

(4) もともとは別々の国だったが、統一されてひとつの国になった。

(5) あのマンションの敷地はもともとは工場だった。

「本来」の意味を表す。ものごとのはじまりについて述べるのに用いる。ある状況が元の状況とくらべてどうかということをあらためて認識する場合に用いることが多い。(4)(5)のように「もともとは」という言い方もある。

2 …て(も)もともとだ

(1) 勉強不足だとは思うが、とにかく、試験を受けてみよう。落ちてもともとだ。

(2) 断られてもともとだと思って、思い切って彼女にプロポーズしてみた。

(3) だめでもともとぐらいの気持ちで受験したので、緊張しなかった。

(4) 初めからあまり可能性はなかったから、失敗してもともとだ。

「…て」の部分に「だめ・失敗」などの意味を表す言葉を使って、「何もしなかった場合と同じだ」という意味を表す。可能性の低そうなことをする場合や、挑戦して失敗した場合などに使う。

【もとより】

1 もとより

(1) 反対にあうのは、もとよりわかっていたことです。

(2) 仕事を辞めて旅に出ようと思ったが、もとよりそんなことはできるはずがなかった。

(3) そのことはもとより承知しています。

「はじめから」の意味を表す。(2)(3)のように「いうまでもなく・もちろん」という意味を表すことが多い。やや改まった表現。

2 …はもとより N2N3

(1) タブレットはもとより、パソコンすら使ったことがない。いつも手書きだ。

(2) すしはもとより、すきやきも彼は食べられない。とにかく日本料理はいっさいだめだ。

(3) 胃はもとより肺もやられているのが検査でわかった。

(4) 結果はもとより、その過程も大切だ。

(5) 迎えに行くのはもとより、彼の滞在中一切の世話をしなければならない。

はじめに当然と思われることを出して、「それだけでなく、もっと重要なこと／軽いことも」という意味を表す。

【もの】N5

漢字の「物」が使われるのは、1の中で具体的な手でつかめるような物体を表す場合で、それ以外は、「もの」とするのが普通。

1 もの <物体>

(1) この部屋にはいろいろなものがある。
(2) 何かすぐ食べられるものがあれば、それでいい。
(3) どうぞ、すきなものをとってください。
(4) 赤ちゃんは、動かないものには興味を示さない。
(5) この料理の本の中には、わたしにできるものはひとつもない。
(6) 古い蔵書の中でおもしろいものをみつけた。
(7) 買いたい物があるので、帰りにデパートに寄る。
(8) 山すそに、けむりのようなものが見えた。

「物体」の意味で、見たり触れたりできる具体的な対象を表す。

「もの」と「こと」の用法は区別しにくいことが多いが、時間の過程の中で起こることを示すかどうかが基本的な違いとなる。動作やできごとにかかわる場合は「もの」ではなく、「こと」を用いる。例えば、「話したいものがある」とは言わず、「話したいことがある」とする。同様に、「たいへんなものが起こった」ではなく、「たいへんなことが起こった」とするのが正しい。

→【こと】1

2 もの <言葉・知識・作品など>

(1) 子供がものを言うようになった。
(2) あの人はあまりものを知らない。
(3) 学生のころから、ものを書くのがすきだった。
(4) 彼と私とは、ものの考え方が違う。
(5) 上司がものの分からない人だと部下は苦労するよね。

「言う・見る・知る」などの動詞とともに用いる。動詞に応じて「言葉・知識・作品」などの意味を表す。「ものを言う」は、「話す」の他に、力を発揮するという意味の使い方もある。

(例) 彼の肩書きがものを言う。

(5)の「ものが分かる」は「理解力がある」の意味。

3 Nというもの

a Nというもの

(1) 彼女は助け合いの精神というものをもっていないのだろうか。
(2) わたしは一度も愛情などというものを感じたことがない。
(3) 今まで彼は恐れというものを知らなかった。

「愛情」など抽象的な概念を表す名詞を用いて、それを強調的に示すのに用いる。

b Nというものは

(1) 人間というものは不可解だ。
(2) 金というものは、なくても困るし、あり過ぎても困る。
(3) 幸福というものは、あまり続き過ぎると、感じられなくなる。
(4) 時間というものは、だれに対しても平等だ。

「人間・幸福」などの名詞に付いて、その属性や性質などを、一般化して述べるのに用いる。「というのは」という表現も使う。(2)(3)のように、動詞文の場合もある。文脈によっては、いろいろな感慨をこめることもある。名詞文の場合は「…とは…だ」に言いかえられる。

→【というのは】3【とは】1

4 V-れないものはV-れない

(1) A：これだけお願いしてもだめです

か？

B：いくら頼まれても、できないものはできないんだ。

(2) A：まだわかりませんか？

B：いくら説明されても、わからないものはわからないんだ。

(3) A：お願いしていた原稿、あしたまでに仕上げていただけないでしょうか。

B：急がされても、書けないものは書けないんです。

可能を表す「れる」の形や「分かる」のような可能の意味を持つ動詞を繰り返して、できないことを強調するのに用いる。「ても」と共に使うことが多い。

→【ても】1【れる1】

5 …もの／…もん N2N3

(1) 借りたお金は返しておきました。もらいっぱなしではいやだもの。

(2) わたし、姉ですもの。弟の心配をするのは当たり前でしょう。

(3) A：今晩食事に行く約束してたけど、ごめん、キャンセルさせて？

B：これだもん。いつも直前だな。

(4) 雪が降ったんだもの。行けるわけないでしょう。

(5) A：もうすこしいたら？

B：いっぱいやることがあるんだもの。帰らなくちゃ。

(6) A：また、出かけるの？

B：うん。だって、吉田さんが行こうって言うんだもの。

(7) A：買っておいたお菓子食べたの、よっちゃんでしょ？

B：うん、だってお腹すいちゃったんだもん。

くだけた会話中で文末に付けて、理由を表す。自分の正当性を主張するために用いることが多い。

「もの」のさらにくだけた形が「もん」だが、(年齢層の若い)男女とも使う。(6)(7)のように「だって」とともに使うことも多い。「だって」を一緒に使うと、甘えた調子の理由表現になる。

→【だって3】

【ものか】

1 …ものか／…もんか N2N3

[Naなものか]

[A-いものか]

[V-るものか]

(1) A：はさみも持って行く？

B：そんなもの必要なもんか。

(2) こんな複雑な文章、訳せるものですか。

(3) 誘われたって、だれが行くものか。

(4) あんな人に、頼むもんか。

(5) 非難されたって誰が気にするものか。

下降調のイントネーションを伴って、強く否定する気持ちを表す。(3)〜(5)は「…しない」という話し手の強い意志を表す。話し言葉で使う。

2 V-ないものか

(1) もう少し涼しくならないものかなあ。

(2) もう少し分かりやすく書けなかったものか。

(3) 何とかして晩までに青森まで行けないものか考えてみよう。

(4) だれかに協力してもらえないものだろうか。

(5) 2時間の通勤時間を何とか利用できないものかと考えた。

(6) A：彼と話ができないものでしょう

か。

B：何とか方法を考えましょう。

文末に「ないものか・なかったものか・ないものだろうか」などを伴って、あるできごとの実現を望む話し手の気持ちを表す。(2)「…なかったものか」は、実現しなかったことに対して困惑する気持ちが含まれる。また、文末に「(と)考える」を伴う場合は、実現が可能かどうか考えるという意味になる。(6)のようにひかえめな依頼の表現として用いられることもある。

→【ないもの(だろう)か】

3 なんと…ものか

[Naなものか]

[A-いものか]

(1) 言葉はなんと無力なものか。

(2) 自然の造形はなんと美しいものか。

(3) 友人に裏切られるとは、なんと悲しいものか。

詠嘆の気持ちを表す。話し手の主観を、感慨を込めて表すのに用いる。

→【なんと】2

【ものがある】 N2N3

[Naなものがある]

[A-いものがある]

[V-るものがある]

(1) この作品は発想に斬新なものがある。

(2) 彼の潜在能力にはすばらしいものがある。

(3) この文章はまだまだ未熟だが、しかし随所にキラリと光るものがある。

(4) 彼女の企画書は結局通らなかったが、いくつかの点で見るべきものがある。

「ある特徴が見られる」という意味を表す。(4)の「見るべきもの」は「見る価値のある優れた点」という意味。「ある」の代わりに「見られる・認められる」なども使われる。

(例) この文章はまだまだ未熟だが、しかし随所にキラリと光るものが見られる。

書き言葉的。プラス評価のことがらが多い。

【ものだ】

[Naなものだ]

[A-いものだ]

[Vものだ]

1 …ものだ ＜本性＞ N2N3

(1) 人の心は、なかなかわからないものだ。

(2) 人間は本来自分勝手なものです。

(3) 赤ん坊は泣くものだ。

(4) 金というのはすぐなくなるものだ。

(5) 言葉が通じない国で生活するというのは不自由なものだ。

(6) 世間とは冷たいものだ。一時は騒いでもすぐに忘れる。

(7) 人生なんて、はかないものだ。

真理、一般的にいわれていること、本来の性質などについて、ある種の感慨をこめて述べるのに用いる。

2 …ものだ ＜感慨＞

a …ものだ N2N3

(1) この校舎も古くなったものだ。

(2) この町も、昔と違ってきれいになったものだ。

(3) 昔のことを思うと、いい世の中になったものだと思う。

(4) あたりを見回して、かれはつくづく遠くへ来たものだと思った。

(5) 旧友と昔話をするのは実に楽しいものだ。

(6) 人間というのは不可解なものだ。

感慨・詠嘆を表す。

b　よく(も)V-たものだ

(1) あの会社は大きな負債を抱えていたのに、よく再建できたものだ。
(2) こんなむずかしい問題が、よく解けたものだ。
(3) 昔世話になっていた人に、よくもあんな失礼なことができたものだ。
(4) 完成した作品を見ると、みんなよく頑張ったものだと思う。
(5) こんな小さい記事がよく見つけられたものだ。
(6) あんなに不況のときによく就職できたものだと思う。

あるできごと、行為について感心したり、呆れたりする気持ちを表す。

3　V-たいものだ N2N3

(1) そのお話はぜひうかがいたいものです。
(2) それはぜひ見たいものだ。
(3) 海外へ行かれるときには、わたしも一度、ご一緒したいものです。
(4) 私も彼の好運にあやかりたいものだ。
(5) 今のわたしを、死んだ両親にみてもらいたいものだ。
(6) このまま平和な生活が続いてほしいものだ。

「たい・ほしい」などの欲求を表す表現とともに使って、その気持ちを強調したり、感慨を表したりするのに用いる。

→【たい】1【ほしい】2a

4　V-たものだ N2N3

(1) 学生のころはよく貧乏旅行をしたものです。
(2) 彼は、若い頃は周りの人とよくけんかをしたものだが、今はすっかりおだやかになった。
(3) 小さい頃はよくみんなで近くの森へ遊びに行ったものです。
(4) そのころは授業が終わると喫茶店にいりびたったものでした。
(5) 小学校時代、彼のいたずらには、先生たちが手を焼いたものでした。

過去において、習慣的に行われていたことを感慨をこめて回想するのに用いる。

【ものだから】

1　…ものだから N2N3

[N／Na　なものだから]

[A／V　ものだから]

(1) 私の前を走っている人が転んだものだから、それにつまずいて私もころんでしまった。
(2) 父が病気だという電話が来たものだから、あわてて新幹線に飛び乗って帰って来た。
(3) 彼がこの本をあまりに薦めるものだから、つい借りてしまったが、全然おもしろくなかった。
(4) 駅まであまりに遠かったものだから、タクシーに乗ってしまった。
(5) A：昨日は練習に来なかったね。
　B：ええ、妹が熱を出したものですから。
(6) 英語が苦手なものですから、海外旅行は尻ごみしてしまいます。

原因・理由を表す。「から」に言いかえることができるが、あとに意志表現、命令表現は付けられない。

(誤)　近いものだから、歩こう。

(正)　近いから歩こう。

「事態の程度が激しい、あるいは、重大で、そのせいで、ある行動、状況に至った」ということを述べるのに用いられることが多い。話し言葉で使われるのが普通で、くだけた言い方では「もんだから」となる。

→【から₂】1

2 …とおもったものだから

(1) もう知っていると思ったものだから、彼には伝えませんでした。
(2) 彼女はたぶん来ないと思ったものですから、誘いませんでした。
(3) 子供の様子がいつもとは違うと思ったものですから、すぐ病院へ連れて行きました。
(4) 雨が降るといけないと思ったものですから、洗濯ものを取り込んでおきました。

「と思ったから」とだいたい同じだが、「と思ったものだから」は言い訳めいた感じをあたえる。

【ものではない】

1 V-るものではない N2N3

(1) 人の悪口を言うものではない。
(2) 公共の場所で騒ぐものではありません。
(3) 動物をいじめるものではない。

人の行為を表す動詞を受け、「…すべきではない」という意味を表す。忠告を与えるような場合に使う。

2 V-たものではない

(1) こんな下手な写真など、人に見せられたものではない。
(2) あいつにまかせたら何をしでかすか分かったものではない。
(3) こんなすっぱいみかん、食べられたもんじゃない。

「できる・分かる」のような可能を表す動詞を受け、それが「不可能だ」という否定の気持ちを強調するのに用いる。話し言葉で使われるのが普通で、くだけた言い方では(3)のように「もんじゃない」となる。マイナス評価のことがらに使う。

【ものでもない】

1 V-たものでもない

(1) 素人ばかりの劇だが、すぐれたところもあり、そう馬鹿にしたものでもない。
(2) みんな、主任になったばかりの佐々木さんを若すぎて頼りないと言うが、彼の行動力はそう見くびったものでもない。
(3) 年をとったといっても、わたしのテニスの腕はまだまだ捨てたものでもない。

「軽視する」という意味を含んだ表現に続き、「そんなに悪くない」という意味を表す。

2 V-ないものでもない N1

(1) この程度の料理なら、私にも作れないものでもない。
(2) 道は険しいが、気をつけて歩いて行けば行けないものでもない。
(3) 理由次第では、手を貸さないものでもない。
(4) このルートで休みなしに走れば、間に合わぬものでもない。

「できる」ということを、消極的に表す。やや古めかしい言い方。(4)のように「…ぬものでもない」とも言う。「なくもない・ないでもない」とだいたい同じ。

→【ないでもない】1【なくもない】1

【ものとおもう】

1 …ものとおもう

(1) 問題はないものと思うが、一応確かめてみよう。

(2) 母は、子供たちも一緒に行くものと思っている。

「思う」の主体が確信しているということを表す。

2 …ものとおもっていた

(1) スキーはむずかしいものと思っていたが、やってみたら、簡単だった。

(2) 間違いはもう全部直したものと思っていたら、まだ少しあると言われた。

(3) あしたはストで休みになるものと思っていたから、授業の準備は全然していなかった。

(4) 古典なんて退屈なものと思っていたが、読んでみたら、意外におもしろかった。

(5) 吉田さんは来ないものと思って、5人分の食事しか作らなかった。

話し手の思い込みを表す。真実だと思い込んでいたが、実際にはそうではなかったという場合に用いるのが普通。

3 …ものとおもわれる

(1) 選挙の結果については今日の深夜には大勢が判明するものと思われる。

(2) この調子の悪さでは、あまりいい結果は期待できないものと思われる。

(3) 容疑者は東京方面へ逃亡したものと思われる。

「と思われる」と同じ意味で、推測の表現として使う。「もの」が入る表現は、やや改まった会話や文章で使うのが普通。

【ものとする】

→【とする$_2$】2c

【ものともせずに】

→【をものともせずに】

【ものなら】

1 V-る／V-れる ものなら N2N3

(1) できるものなら世界中を旅行してみたい。

(2) もし願いがかなうものなら、この美術館にある絵が全部ほしい。

(3) もし希望通りのことができるものなら、今すぐ引退して、趣味の花作りに打ち込みたい。

(4) こんな職場などやめられるものならやめてしまいたいが、家族がいるから、そうはいかない。

(5) A：今年はスキーに行かないんですか？
B：行けるもんならもう行っているよ。どうしても時間が作れなくて。

(6) やれるものならやってみろ。

実現する可能性の少ないことに関して、「もし実現した場合は」と仮定するのに用いる。可能動詞を使うことが多い。また、(4)～(6)のように同じ動詞をくりかえす場合、実際にはできないことを強調する。(6)は、相手に挑戦することを表す慣用表現。

2 V-ようものなら

(1) そんなことを彼女に言おうものなら、軽蔑されるだろう。

(2) そんな言葉を使おうものなら何と下品な人かと思われるだろう。

(3) 最後の試験に遅刻でもしようものなら、僕の一生は狂ってしまうだろう。
(4) あの人は気が短くて、約束の時間にすこしでも遅れようものなら、怒って帰ってしまう。
(5) となりの子供はわがままで、ちょっと注意でもしようものなら、大声で泣き叫ぶ。

やや誇張した条件の述べ方で、「万一そのようなことが起こったら」という意味を表す。後ろには「大変な事態が生じる」という内容を続けるのが普通。

【ものの】

1 Vものの N2N3

(1) 新しい登山靴を買ったものの、忙しくてまだ一度も山へ行っていない。
(2) 今日中にこの仕事をやりますと言ったものの、とてもできそうにない。
(3) その町は、かつての繁栄はないものの、豊かで落ち着いたたたずまいを見せていた。
(4) 次の企画を始める資金はあるものの、アイデアがなくて困っている。
(5) 招待状は出したものの、まだほかの準備は全くできていない。
(6) 先月仕事で久しぶりに東京へ行った。大学時代の友人に電話でもかけてみようとは思ったものの、忙しさにまぎれて、つい、そのままにしてしまった。

過去の出来事や現在の状況を述べて、「だがしかし…」と文を続けるのに用いる。後ろには、前に述べられたことから普通に予測されることが起こらない、起こりそうにないという表現が続く。

2 …とはいうものの

(1) 四月とはいうものの、風がつめたく、桜もまだだ。
(2) この試合の相手は中学生とはいうものの、なかなか手ごわい。
(3) 「石の上にも三年」とは言うものの、こんなに訓練がきびしくてはやめたくなる。
(4) 人間は平等だとはいうものの、この世は不平等なことばかりだ。

一般的に推測されることがあてはまらないことを表す。(1)は「四月は普通ならあたたかく桜の咲く季節だが、今年はそうではない」の意味。(3)のようにことわざなどに続けて使われることが多い。

3 とはいうものの

(1) 大学時代は英文学専攻だった。とはいうものの、英語はほとんどしゃべれない。
(2) 今時海外に留学するのはめずらしいことではない。とはいうものの、自分の子供のこととなるとやはり心配だ。

前のことがらから予想されることと違う事態が続くことを表す。「それはそうなのだが・しかし」という意味を表す。

【ものを】

1 …ものを N1

(1) 黙っていればわからないものを、彼はつい白状してしまった。
(2) 本来ならば長兄が会社を継ぐはずのものを、その事故のせいで次兄が継ぐことになってしまった。
(3) 知らせてくれたら、すぐ手伝いに行ったものを、何も言わないとはみずくさい人だ。

(4) 運が悪ければ大事故となるものを、幸いにも軽傷で済んだ。

「のに」とだいたい同じ意味だが、(1)〜(3)のように思わしくない結果が生じたことに対して不満の意をこめて用いられることが多い。

→【のに$_1$】1a

2 V-ばいいものを

(1) すぐに医者に行けばいいものを、がまんしていたから、ひどくなってしまったのだ。

(2) そこで引き返せばいいものを、まっすぐ行ったものだから、山に迷い込んでしまった。

(3) そのまま逃げだせばいいものを、うろうろしていたので彼は結局警官に捕まってしまった。

(4) あの時すぐに謝ればよかったものを、お互いに意地をはって謝らなかったので、彼とは気まずくなってしまった。

(5) わたしに話してくれればいいものを、どうして、ひとこと言ってくれなかったんですか？

「…すれば悪い結果にならなかっただろうが、そうしなかったから、よくない結果になってしまった」という意味を表す。恨みや非難の気持ちをこめて使うことが多い。

【もはや】N1

副詞。「もう」よりも改まった表現。

1 もはや…だ

(1) 車を持つことが庶民の夢だった時代もあったが、もはやそれも昔の話だ。

(2) 資金繰りに走り回ったがついに不渡手形を出してしまった。もはや会社もこれまでだ。

(3) あの政治家が虚偽の答弁をしていたことはもはや明らかだ。

(4) 病院に運び込んだ時にはもはや手遅れだった。

「これまでの経過を述べて区切りをつけたり、現状はもうここまで来ている、こうなっている」ということを表す。

2 もはや…ない

(1) この理論が時代遅れになった今、彼から得るものはもはや何もない。

(2) 故郷もすっかり変わって昔の面影はもはやない。

(3) 彼のスキャンダルがあちこちでうわさになりはじめた。こうなってはもはや手の打ちようがない。

(4) 長年彼のうそにだまされてきて、もはやだれ一人として彼を信じる者はなかった。

「いままで続いていた事態が、これ以上は続かない」という意味を表す。(3)は「こんなにうわさが広がってはもう止める方法はない」という意味。

【もようだ】

[Nのもようだ]

[Naなもようだ]

[Vもようだ]

(1) 午後は大雨の模様です。

(2) 今日は波が穏やかな模様だ。

(3) 10年前に訪れたときより、さらに砂漠化が進んだ模様である。

(4) この国は短期間で急速な発展を遂げた模様だ。

「そのような様子だ・そのような有様だ」という意味を表す。

【もらう】

1 Nをもらう N4

(1) 12歳の誕生日に私は両親に腕時計をもらった。

(2) 彼は娘にネクタイをもらって、うれしそうだ。

(3) こんな高いお酒、だれからもらったんですか？

(4) 退職した日に同僚からは大きな花束を、妻からは手紙をもらった。

対等の関係にある人が話し手や話し手側の人にものを与えることを表す。与え手は「に」または「から」で表される。話し手が与え手である場合は使えない。

（誤） 中川さんはわたしに本をもらった。

（正） わたしは中川さんに本をあげた。

→【から₁】1c

2 V-てもらう

→【てもらう】

【や₁】

1 NやN N5

(1) 机の上には皿や紙コップなどが置いてあった。

(2) バスは中学生や高校生ですぐにいっぱいになった。

(3) その村には米や野菜はあるが、肉はなかなか手に入らない。

ものをならべたてるのに用いる。「XとY」ではX、Yの二つだけだが、「XやY」はそれ以外にもなにかあるという含みがある。

→【と₂】

2 数量詞+や+数量詞

(1) うちの子は一度ゲームを始めると、2時間や3時間はやり続けます。

(2) どんな人でも、いいところの一つや二つはあるだろう。

(3) 彼は気前がいいから、5万や10万なら理由を聞かずに貸してくれる。

(4) 狭い部屋ですが、一晩や二晩ならがまんできるでしょう。

(5) 給料は安いが、子供の一人や二人は育てられる。

(6) 国際化の時代なのに外国語の一つや二つできないようでは困ります。

おおよその数をあげて、それがたいした数ではないことを表す。「大丈夫だ・かまわない・たいしたことはない」などの表現が続く。普通は1、2（一人や二人など）が使われることが多い。

【や₂】

1 V-るや N1

(1) 彼は社長に就任するや、社内の改革に着手した。

(2) 父親の訃報を知るや、すぐさま彼は故郷に向かった。

「…と同時に・…とすぐに」の意味を表す。古めかしい表現で書き言葉に使われる。

2 V-るやいなや N1

(1) 彼はそれを聞くやいなや、ものも言わずに立ち去った。

(2) その薬を飲むやいなや、急に眠気がおそってきた。

(3) 開店のドアが開くや否や、客はなだれのように押しよせた。

ひとつの動作に続いてすぐに次のことが行われる様子を表す。「…するかしないかの短い間に・…するとすぐに」という意味。書き言葉。

【やがて】N2N3

(1) 秋が終わり、やがてきびしい冬がやってきた。

(2) 小さな誤解が、やがて取り返しのつかない国際問題に発展することもある。

(3) あの子は心を閉ざして、だれに対しても反抗的だが、やがてわかる時がくる。今はそっとしておいてやろう。

(4) この小川がやがて大きな河になり、そして海にそそぎこむ。

「まもなく・そのうちに」という意味を表す。「...になる／いたる」のような「自然の変化でそのようなことになった」という意味を表す表現とともに使われる。

→【にいたる】①【なる】①

【やすい】N4

[V_R-やすい]

(1) このペンはとても書きやすい。

(2) 先生は気さくで話しやすい。

(3) その町は物価も安く、人も親切で住みやすいところです。

(4) カタカナの「ツ」と「シ」は間違えやすいので気をつけてください。

(5) 彼は太りやすい体質なので、食べすぎないようにしているそうだ。

(6) そのおもちゃは壊れやすくて危ない。

イ形容詞と同じように活用する。動詞の連用形に付いて、その動作が簡単にできること、起こり得ることを表す。性質としてそうなる傾向があるときは、例えば「恋をしやすい」より「すぐに人を好きになる」のように「すぐに...する」などの表現が使われる。「おこりやすい・泣きやすい」などは「すぐにおこる／おこりっぽい」「すぐに泣く」の方が普通。反対の意味を表す言葉に「にくい」がある。

→【すぐ】【にくい】

【やたらに】

(1) 今日はやたらに忙しい一日だった。

(2) 最近やたらにのどがかわく。なにか病気かもしれない。

(3) 今年の夏はやたらに雨が多い。

(4) 子供がやたらに敬語を使うとなんだか変な気がしませんか？

(5) この学校はやたらに規則を変更するので困る。

程度が激しかったり、秩序がない様子を表す。「やたらと」も使う。「むやみやたらに・めったやたらに」という言い方もある。

→【むやみに】

【やっと】N4

① やっと ＜期待の実現＞

(1) 三回試験を受けて、やっと合格した。

(2) やっとテストが終わった。

(3) 何日も練習してやっとできるようになった。

(4) やっと、退院できるところまで快復した。

(5) 新しい劇場がやっと完成した。

(6) きびしく注意したので、孫もやっといたずらをしなくなった。

(7) 明日でやっと試験も終わる。

(8) 貯金もかなりできた。これでやっと独立できる。

(9) 娘も来年はやっと卒業だ。

苦労して、あるいはたいへん時間がかかった後で、話し手が待ち望んでいたことが実現する様子を表す。「やっとV-た」の形で使われることが多い。話し手の「ほっとした気持ち」や「喜び」を表したり、「時間がかかった・たいへんだった」といった気持ちを表す。

似た表現に「ようやく・とうとう・ついに」がある。「とうとう・ついに」は、話し手にとって望ましいことにも、望ましくないことにも使うことができるが、「やっと」は、話し手が待ち望んでいたことについてしか使えない。

(例) 長い間入院していた祖父が{とうとう／ついに}亡くなった。

上のような例で「やっと」を使うと話し手が「祖父が死ぬことをずっと待っていた」ということになる。「とうとう・ついに」は、話し手が望んでいたかどうかとは関係がなく、長い時間や経過を経て最後の段階に至ったことを表す中立的な表現である。

また、「やっと・ようやく」は話し手が待ち望んでいたことが、実現する場合に使われるので、最後まで実現しなかったことを表すことはできない。

(誤) 彼は、{やっと／ようやく}来なかった。

(正) 彼は、{とうとう／ついに}来なかった。

→【ついに】1【とうとう】1【ようやく】1

2 やっと <ぎりぎりの状態>

話し言葉にも書き言葉にも使われる。似た表現に「どうにか・なんとか・かろうじて・からくも」などがある。「どうにか・なんとか」は話し言葉的な表現で、「かろうじて」は書き言葉的なやや改まった表現。「からくも」はかたい書き言葉に使われる。「かろうじて」との違いについて詳しくは【かろうじて】1を参照。

→【からくも】【かろうじて】1【どうにか】1【なんとか】2

a やっとV-た

(1) タクシーをとばして、やっと約束の時間に間に合った。

(2) 試合は延長戦にもつれこんだが、全力を振り絞ってやっと勝った。

(3) うちの子は先月やっと二才になったばかりだ。

(4) 退院してから、やっと半年たった。

(1)(2)のように、「難しかったが、苦労してなんとかうまくいった」という場合や、(3)(4)のように数量を表す表現とともに使われて、「その数量が精いっぱいで、それ以上ではない・その数量が少ない」ことを表す。ここでは、(3)は「二才になって間もない(たいへん幼い)」、(4)は「たった半年だ」という意味。

b やっとV-ている

(1) 退職してからは、国から支払われる年金で、やっと生活している。

(2) 私は太りやすい体質で、ダイエットをしてやっと現在の体重を維持している。

(3) 人工呼吸器を使って、やっと生きている状態だ。

(4) 一面焼け野原で、焼け残った家も、燃え残った柱のおかげで、やっと立っているというありさまだった。

(1)(2)のように、「十分ではないが、苦労しながら現在の状態を保っている」という場合や、(3)(4)のように「(死ぬ・倒れるという)最悪の状態の一歩手前で、なんとか現在の状態を保っている」という場合に使う。

c やっとV-るN

(1) 私の家は、家族5人がやっと暮らせる広さしかない。

(2) 柿の実は、大人が背伸びをしてやっと届くところにあった。

(3) 何年も英語を勉強しているが、やさしい本がやっと読める程度で、新聞なんかとても読めない。

「難しいけれども、ぎりぎりなんとかできる」という意味を表す。可能や自発を表す表現といっしょに使われる。

d　やっとNだ

(1) 宿題はなかなか終わらない。まだやっと半分だ。

(2) この本はすごく難しくて、なかなか進まない。三時間かかって、やっと5ページだ。

(3) 私の収入は、何もかも全部含めても、やっと10万円だ。

(4) この子はまだやっと10歳なのに漢字検定1級に合格しました。

(5) うちの子は、まだやっと幼稚園だ。

(1)～(3)のように、数量を表す表現と共に用いて、「たいへん苦労をして、その数量に至った」ことを表す。話し手が、「その数量が、努力の割に少ない」と思っている場合に使う。また、(4)(5)のように年齢や学年などを表す表現と共に用いて、「...にすぎない・たいへん若い・幼い」という意味を表す。

e　やっとのN

(1) 子供のころは貧しくて、毎日食べていくのがやっとの生活だった。

(2) 日常会話がやっとの語学力では、大学の授業を受けるのは難しいだろう。

(3) やっとの思いで、彼女に秘密を打ち明けた。

(4) やっとのことで、一戸建ての家を手に入れた。

「...するのがやっとのN・Nがやっとのｎ」の形で使われて、「そうするのが精いっぱいの状態で、それ以上の余裕がない」という意味を表す。また、(3)(4)の「やっとの思いで・やっとのことで」は慣用表現で、「たいへんな苦労や努力をして」という意味。

f　...のがやっとだ

[N(の)がやっとだ]

[V-るのがやっとだ]

(1) 家の前の道は、車一台が通るのがやっとだ。

(2) 私の給料では、食べていくのがやっとだ。

(3) 子供の頃は体力がなくて、毎日学校に通うのがやっとだった。

(4) この本はすごく難しくて、なかなか進まない。一日に5ページがやっとだ。

「Nは(Nが) V-るのがやっとだ・NはNがやっとだ」などの形で、「そうするのが精いっぱいの状態で、それ以上の余裕がない」という意味を表す。

【やなんぞ】

[Nやなんぞ]

(1) 大学の名前やなんぞでぼくを評価してほしくない。

(2) 不況やなんぞには負けていられない。皆で会社のためにがんばろう。

(3) 塾やなんぞに行っても、やる気がなくちゃだめだ。

(4) たった一度の受賞やなんぞで得意になってはいけないよ。

「...やなにか」という意味だが、否定的にとらえるときに使われる。「やなんか」ともいう。少し古めかしい言い方。

【やはり】 N4

ややくだけた話し言葉では「やっぱり」と言う。さらにくだけた言い方に、「やっぱし・やっぱ」がある。

1　やはり ＜予想・期待通り＞

(1) 彼女なら運転免許をとるのは簡単だろうと思っていたが、やはり一回で試験にパスした。

(2) そろそろ台風が来るだろうと思っていたら、やはり大型台風がやってきた。

(3) この頃あまり調子がよくなかったが、検査を受けたらやはり赤血球が減少していると言われた。

(4) 締め切りまでに完成するのは、あなたの言った通り、やはり無理だった。

(5) A：やはり、山本さんは欠席だそうです。

B：そうですか。忙しそうだから、心配だったんだけど、仕方ないですね。

(6) 追いかけようと思ったが、やはり思いとどまった。

(7) その授業は難しそうだったから取りたくなかったのですが、やはり必要だと思って取りました。

(8) A：ちょっとビールでも飲んで帰りませんか？

B：やっぱり、今日はやめときます。

「思った通り・予想した通り」という意味で、予想や期待をしていたことが、その通りの結果になる(なった)という気持ちを表す。

「やはり」の基本的な用法は、すでに存在する意見・判断・予測・期待など、前提となる情報に自分の考えをつきあわせて、それと一致したということを述べることにある。前提となる情報は、前の文や相手の発話の中に表されている場合もあるし、そうでない場合もある。例えば(1)〜(4)は前の文で予想や期待の内容が表されているが、(5)のようにそれが表されていない場合も少なくない。表されていない場合は、そのような前提が存在していたことが暗示される。例えば(5)は「山本さんが欠席すること」が前から予想されていたことを暗示する。

また、「やはり」は、(6)(7)のように、直前で述べたことと反対の結果になる文脈で用いられることもある。そうは思ったが、いろいろな前提と照らし合わせて結論を出したという含みが生じ、結論に至るまでにあれこれ考えたことが暗示される。(8)は相手の誘いを断る場合だが、「やはり」を用いると、熟慮の結果の答えだと暗示する効果がある。それに対して、相手の意向に沿う答えの場合には、「やはり」が不自然に感じられることがある。以下の場合は熟慮やためらいを示す「やはり」を用いるよりは、即答する方が好ましい。

(例) A：すみませんが、あしたちょっと遅れてきてもかまいませんでしょうか。

B：(誤)ええ、やはりかまいませんよ。

B：(正)ええ、かまいませんよ。

「やはり」に近い意味をもつ語に「けっきょく」がある。「やはり」とちがって、「けっきょく」には「予想や期待、常識にもとづく前提」の含意がない。また、「やはり」は文末表現の制限がないが、「けっきょく」は、意向、誘いかけ、禁止などの表現とはともに使えない。

(誤) 結局いっしょに見物しましょう。

(正) やはりいっしょに見物しましょう。

また、疑問文の場合はどちらも使えるが、疑問詞のある疑問文の場合、「やはり」の使用が不自然となる。

(正) 結局、いつ帰るんですか？

(誤) やはり、いつ帰るんですか？

前提とのつきあわせをする「やはり」は、「いつ」のように新しい情報を求める表現とは相入れないものと思われる。

→【けっきょく】

2 やはり <一般にいう通り>

(1) 一番いい季節は、やはり紅葉のきれいな秋だ。

(2) やはり日本人だ。米を食べないと元気が出ないね。

(3) やっぱり横綱は強いね。

(4) A：卒業後はどうしますか？

B：そうですね。やはり専門を生かせる仕事につきたいと思っています。

「一般に思われている通り・一般に言われている通り」の意を表す。社会通念や常識に自分の判断が合っていることを表す。自分の意見は世間一般の意見に合致していることが表されるため主張が和らぐと感じられる場合もあるが、使い方によっては自説をおしつけるように聞こえることもある。話し手がふまえている知識を聞き手が実際に共有しているとは限らないからである。例えば、

(例)　A：日本の作家では、だれがお好きですか？

B：やはり、奥泉光ですねえ。

この例で、「奥泉光」が小説作家であることを聞き手が知らない場合、強引な論法だと感じられる可能性がある。

3　やはり ＜同じように＞

(1) この土地はみんな彼のものだ。あの山もやはりそうだ。

(2) あの本棚は、父が日曜大工で作ったものだ。このテーブルもやはり父の作品だ。

(3) 山田さんは本山駅から電車で通っている。中川さんもやはり本山駅で電車に乗るから、ふたりが電車の中で出会ったとしてもおかしくない。

(4) この靴はイタリア製の高級品だ。あれもやはりイタリア製だ。

「同じように」の意味を表す。「先に述べた内容と同じように」という意味で、「…もやはり」の形になることが多い。

4　やはり ＜依然として＞

(1) 10年前に来たとき、この寺は、椿の名所だった。今もやはりそうらしい。

(2) わたしが子供のとき、叔父は島で漁をしていた。今もやはり漁をしている。

時間の経過の中で、以前と比較して、状況が変わらないということを表す。

5　やはり ＜会話でのいろいろな機能＞

(1) A：あの二人結婚するらしいよ？

B：やっぱりね。最近いつも一緒にいるから何かあるなと思ってた。

(2) A：先月の電気代の請求書がきたら、2万円もあったの。

B：やっぱり。寒くて、エアコンをずっとつけっぱなしにしていたからね。

(3) A：勝つのはどのチームでしょうか。

B：わたしの予想では、やはりAチームですね。

A：でも、Aチームはあまり強力な選手がいませんけれど。

B：いや、やはりこのチームです。

(4) A：電子レンジは、どれがいい？

B：これか、あれか。あっちの方が便利かな。

A：やっぱりこれにしようよ。

(5) A：どの作品がいちばんいいと思われますか？

B：やはり、この作品ですね。やはり、色彩の美しさは際立っていますし、それに、やはり現代人に訴える要素がありますし。

会話では「やはり(やっぱり)」が頻用される。会話の冒頭で用いられたり、途中に挿入されたりして、さまざまな機能を果たす。

(1)と(2)は「予想が的中した」という気持ちを強調するのに用いられている。(3)は「予想通り」の意味であるが、特に二つ目の「やはり」は

話し手の自説を強化する機能を果たしている。(4)は、迷ったあと、以前の意見・判断にもどるときによく使う。あれこれ考えた後の結論であることを示している。また、(5)のように、会話の中で調子を整えるために、何度も挿入することがある。

このような場合、「予想通り・思った通り」という基本的な意味がはっきり感じられないことが多い。ただし、「やはり」が自由にどの状況でも挿入できるというわけではない。どの場合でも、「やはり」は、「常識などを前提にして、それに合う結論を妥当だとして表示する」という基本的な意味をもっており、そういう意味で使えないときは、不自然になる。例えば、次の例の「やはり」の挿入は不自然である。

(例) A：すみません、地下鉄の駅の入り口はこの先でしょうか。

B：(誤)やっぱりそう思いますけど。

B：(正)そう思いますけど。

Bは、質問を受けて、記憶の中から探して答えようとしている。このケースでは、B自身の持っている前提に答えが適合しているかどうかは問題でないため、「やはり」を使うと不自然となる。

【やむ】

[VR-やむ]

(1) 夜中の三時ごろになってやっと赤ん坊は泣きやんだ。

(2) となりの部屋の電話のベルが鳴りやまない。

(3) 一ヶ月降り続いた雨が降りやんだ後は、町は一面水浸しだった。

「続いていた現象が終わる」という意味を表す。「泣く・鳴る・降る」などの限られた自動詞とともに使われる。「降りやむ」は単に「やむ」というのが普通。

【やら】

1 …やら…やら N2N3

(1) 来月はレポートやら試験やらでひどく忙しくなりそうだ。

(2) スケート場は子供やらつきそいの母親やらでごったがえしていた。

(3) 日が沈んで、山道は寒いやらこわいやらで小さい子は泣きだしてしまった。

(4) 皆さんにこんなに祝ってもらえるとは恥ずかしいやら、嬉しいやら、なんともお礼の言いようがありません。

(5) きのうは電車で財布をすられるやら傘を忘れるやらでさんざんだった。

「…や…などいろいろ」「…たり、…たりして」のようにいくつかの中から並べあげるのに用いる。「いろいろあって大変だ」という意味で使われることが多い。

→【たり】1【や1】1

2 …のやら…のやら

(1) 行きたいのやら行きたくないのやら、あの人の気持ちはどうもよくわからない。

(2) 息子に就職する気があるのやらないのやら私にはわかりません。

(3) うちの子はいつも部屋にいるけど、勉強しているのやらしていないのやら、まったくわからない。

(4) こんなに辛くては、味がいいのやら悪いのやらさっぱりわからない。

(5) 彼の家族にこのことを知らせた方がいいのやらいけないのやら、迷っている。

「二つのうちのどちらかよくわからない」という意味を表す。話し手が判断に困っていたり、話題の主の態度がはっきりしないのを快く思っていないときに使われることが多い。

3 **疑問詞…のやら…ない**

(1) きのうの昼に何を食べたのやらまったく思い出せない。
(2) お祝いに何をあげていいのやらさっぱりわからない。
(3) どこにしまったのやら、いくら探しても見つからない。
(4) 彼に会ったのがいつのことやらはっきり覚えていない。
(5) 40年も会っていないので、はじめは誰が誰やらさっぱりわからなかった。
(6) 毎日カバンを持って家を出るけど、どこで何をしているのやら。

「なに／いつ／どこ／だれ／どう…かわからない」という意味を表す。「のやら」の「の」を言わないこともある。(4)の「いつのことやら」はいつかわからないこと、(5)の「だれがだれやら」は誰かわからないことを強調する慣用句。他に「なにがなにやら・どれがどれやら・どこがどこやら」などの言い方がある。(6)のように後ろの部分の「わからない」を略すこともある。少し古めかしい表現。

4 **疑問詞+やら**

(1) なにやら騒がしいと思ったら、近所が火事だった。
(2) 妻の誕生日がいつやらはっきり覚えていない。
(3) 会議のあとでどこやら高そうなバーに連れて行かれた。
(4) どうやらやっと事件の解決の糸口が見えてきた。

「なに・どこ」などの疑問詞に付いて、はっきりそれとは指し示せないことを表す。(1)は「なにか・なんだか」、(2)は「いつか」、(3)は「どこか」、(4)は「どうにか」に言いかえられる。

→【どうにか】1【どこか】1【なにか】2【なんだか】

【やる】

1 **Nをやる** N4

(1) うちでは、子供が小学校に入るまでは小遣いをやりません。
(2) ペットにえさをやるのは父の役目です。
(3) 子供に甘いものをやりすぎると虫歯になりますよ。

話し手や話し手側の人が目下のものにものを与えるときに使う。また、動物などにえさを与えるときにも使う。「やる」のかわりに「あげる」が使われる傾向にある。

→【あげる$_1$】1

2 **V-てやる**

→【てやる】

【ゆえ】 N1

古めかしい言い方。書き言葉。

1 **ゆえ**

(1) ゆえあって故郷を捨て、この極寒の地に参りました。
(2) 彼はゆえなく職務を解かれ、失意のうちに亡くなった。
(3) 中年の女が故ありげな様子で門のそばにたたずんでいた。

「わけ・理由・事情」という意味を表す。(1)は「事情があって」、(2)は「理由なく仕事を首になり」、(3)は「事情がありそうな様子」という意味。「ゆえあって・ゆえなく・ゆえありげ」はいずれも慣用表現。

2 **N(の)ゆえ** N1

(1) 貧困のゆえに教育を受けられない子供達がいる。

(2) 政府の無策の故に国内は内乱状態に陥った。

(3) 自分の愚かさ故の過失をたびたび繰り返してきた。

(4) 危険が迫っている。それ故、速やかに行動しなければならない。

「Nの原因／理由／ため」という意味を表す。「の」は省略することもある。(4)の「それ故」は「そのため」の古めかしい書き言葉的な言い方。

3 …がゆえ

(1) 女性であるが故に差別されることがある。

(2) 事が重大であるが故に、報告の遅れが悔やまれる。

(3) 親が放任していたが故に非行に走る若者もいる。

(4) 容易に会えぬが故に会いたさがつのる。

普通体の節を受けて、「それが原因・理由となって」という意味を表す。

4 …のはNゆえである

(1) 息子は窃盗、万引で何度捕まったことか。それでも見捨てないのは子供可愛さゆえである。

(2) 冬山登山は確かに死と隣り合わせだ。だがそれでも行くのは冬山の魅力ゆえである。

「…するのは…だからだ」という意味。困難な状況の中であえて何かをする場合の理由を述べるのに用いられる。

→【から₂】3a

【よう₁】

1 VR-ようがない N2N3

(1) こんなにひどく壊れていては、直しようがない。

(2) あの二人の関係はもう修復しようがない。

(3) ここまで来てしまったからにはもう戻りようがない。

(4) そんなにひどいことをしたのなら、言い訳のしようがないと思う。

(5) 多大なるご迷惑をおかけしてしまいお詫びのしようがございません。

「どんな方法をとっても不可能だ」という意味を表す。他に可能な手段が何もないような場合に用いる。(4)(5)のように「Nのしようがない」の形をとることもある。

2 VR-ようで(は)

(1) この道具は大きすぎて使いにくい。しかし、使いようでは非常に役に立つ。

(2) 考えようではサラリーマン生活も悪くはない。

(3) あなたの気持ちの持ちようひとつで決まるんだから。

(4) 物は言いようで角が立つ。

(5) 仕事はやりようでいくらでも時間を節約できる。

(6) ものは考えようで、失敗した経験が財産になる。

「考え方／やり方によって」という意味を表す。(3)は「VR-ようひとつで」のような形で、「それだけで後のことが決まる」という意味。後半の部分には「どのようにもできる・どうにでもなる」、あるいは「異なる・いろいろだ」などの表現が来る。(6)は「物事は考え方ひとつでよくも悪くも解釈できるものだ」という意味。

3 VR-ようによっては

(1) 考えようによっては、彼らの人生も幸せだったと言えるのかもしれない。

(2) その仕事はやりようによってはとて

も素晴らしいものになるだろう。

(3) あの山は、見ようによっては仏像が寝ているように見える。

「考え方／やり方によっては」という意味で、方法や観点によって結果が異なることを言う場合に使う。

【よう₂】

[V-よう]

動詞の意向形で、話し手の意志や推量を表す。「-よう」は一段動詞の連用形に付く(例:見よう、食べよう)。「来る・する」は「こよう・しよう」となる。五段動詞は「お段」の音に「-う」を付ける(例:行こう、読もう、話そう)。丁寧体は「食べましょう、行きましょう」のように「V_R-ましょう」となる。

1　V-よう ＜意向＞

意志的な行為を表す動詞を用いて、話し手の意志を表す。また、使用される状況によって、＜申し出＞＜誘いかけ＞＜間接的要求＞など異なる用法をもつ。

a　V-よう ＜意志＞

(1) そろそろ帰ろう。

(2) 夏休みには海に行こう。

(3) 来年こそはよい成績がとれるように頑張ろう。

(4) 何にもすることないから、テレビでも見ようっと。

意志的な行為を表す動詞に用いて、その行為を行おうとする話し手の意志を表す。(4)の「V-ようっと」は、話し言葉で用いられる独り言的な言い方。短く「V-よっと」と発音されることもある。

b　V-よう ＜申し出＞

(1) 足が痛いのか。おぶってやろう。

(2) 忙しいのなら、手伝ってあげよう。

(3) その荷物、ぼくが持とう。

(4) 切符は私が手配しよう。

(5) 駅までお送りしよう。

相手のために話し手が何かすることを申し出るのに用いる。相手の利益になる行為を話し手が相手のためにしようとするもの。丁寧体は「ましょう」となる。「V-ようか」の形にするとより控えめな申し出になる。

→【ましょう】1【よう₂】3b

c　V-よう ＜誘いかけ＞

(1) 君もいっしょに行こうよ。

(2) 一度ゆっくり話し合おう。

(3) 今夜は飲み明かそうよ。

(4) お待たせ。じゃあ出かけよう。

聞き手も自分といっしょに行動するように誘いかけるのに用いる。また、誘いかけを受ける場合の応答にも用いる。bの＜申し出＞では、行為を行うのが話し手だけなのに対し、＜誘いかけ＞は、聞き手も話し手と共に行動するよう誘いかける用法である。丁寧体は「ましょう」となる。「V-ようか」の形にするとより控えめな誘いかけになる。

→【ましょう】1【よう₂】3c

d　V-よう ＜呼びかけ＞

(1) 横断する時は左右の車に注意しよう。

(2) 飲酒運転は絶対に避けよう。

(3) 食事の前には手を洗おう。

(4) 動物にいたずらしないようにしよう。

複数の人々にある行動をとる(とらない)よう呼びかけるのに用いる。多くの人の目に触れるポスターや、たれ幕などの標語でよく用いられ、人々にそれに従うように呼びかける言い方。丁寧体は「ましょう」となる。「V-ようか」の形にするとより控えめな呼びかけになる。

→【ましょう】1【よう₂】3c

e　もらおう／いただこう

[Nを　もらおう／いただこう]

[V-て　もらおう／いただこう]

(1) ビールをもう一本もらおう。

(2) じゃあ、それを二つもらおう。

(3) ≪警察官が不審者に≫ちょっと署まで来てもらおう。

(4) 今からみんなに自己紹介をしていただこう。

間接的に聞き手に行動を要求するのに用いる。「ビールをください・来てください」のような依頼表現と似ているが、「(V-て)もらおう」の方が話し手の要求を一方的に押し付けるニュアンスが強い。話し言葉では、社会的に上位の人物や、職業上の権威をもつ人物などでないと使いにくい。丁寧体は「もらいましょう・いただきましょう」となるが、この場合は形式的には丁寧さを維持しながら実際には押し付けていることになる。「もらおうか・いただこうか」の形にするとより控えめな要求の仕方になる。

→【ましょう】[1]

[2] V-よう ＜推量＞

話し手の推量を表す「だろう」のやや古めかしい言い方。書き言葉的。「よかろう・寒かろう」のようにイ形容詞の「A-かろう」もこれと同様の用法である。丁寧表現は「ましょう」となる。話し言葉では「だろう(と思う)・でしょう」などを使う。

→【かろう】【だろう】[1]【でしょう】【ましょう】[2]

a V-よう

(1) 場合によっては延期されることもあろう。

(2) 災害への備えに関して、早急の対策が必要となろう。

(3) 彼の指導は実に的確だったと言えよう。

(4) そういうことも想定されよう。

話し手の推量を表す。書き言葉的で、古めかしい言い方。「ある・なる」や、「言える・できる・考えられる・あり得る」のような可能の意味を表すものが用いられることが多い。丁寧体はましょう」となる。話し言葉では「だろう」を使う。

→【だろう】[1]【ましょう】[2]

b V-ようか

(1) 結論としては、次のようなことが言えようか。

(2) こんなひどいことをする人間がこの世にあろうか。

(3) こんなに貧しい人達をどうして放っておけようか。

(4) そんな馬鹿げたことがありえようか。

「だろうか」の書き言葉的表現。問いかけや反語を表す。(1)は問いかけの形で控えめに主張している例。(2)～(4)は反語の例で、「...だろうか。いやそうではない」と解釈できる。丁寧体「ましょう」より普通体が用いられる方が多い。

→【だろう】[3]【ましょう】[2]

[3] V-ようか

動詞の意向形「V-よう」に疑問の助詞「か」が付いたもので、話し手自身の意志に不確かな部分があったり、聞き手の意向を問うような場合に用いる。基本的な用法は「V-よう」と同様だが、「か」が付くことによって疑い・問いかけの意味が加わっている点が異なる。

a V-ようか ＜意志＞

(1) どうしようか。

(2) 昼ご飯は何にしようかな。

(3) 行こうか、それともやめておこうか。

(4) 私の考えていること、白状しちゃおうか。

(5) 風邪ぎみだから、あしたは仕事を休もうかな。

(6) これからどうして暮らしていこうか。

話し手がその行為をしようかどうか迷ったり、意志が決まらないでいる状態を表す。「か」以外に「かな・かしら」が付くこともある。「かな・かしら」は、独り言的な表現なので、丁寧体と共には用いられにくく、「ましょうかな・ましょうかしら」などとは言わないのが普通。

→【かしら】【かな】

b　V-ようか ＜申し出＞

(1) 君の代わりに僕がやろうか。
(2) 荷物、僕が持とうか。
(3) 何かお手伝いしましょうか？
(4) いいこと教えてあげましょうか。

「V-よう」より控えめな申し出を表す。上がり調子、下がり調子のどちらのイントネーションでも用いるが、上がり調子のときは問いかけの気持ちが強まる。丁寧体は「V_R-ましょうか」となる。

→【ましょう】[3]【よう2】[1]c

c　V-ようか ＜誘いかけ＞

(1) 散歩にでも行こうか。
(2) 待ち合わせは何時にしようか。
(3) どこかで食事しようか。
(4) いっしょにどこか海外に旅行しようか。

「V-よう」より控えめな誘いかけを表す。聞き手も話し手と一緒に行動しようと問いかけるのに用いる。下がり調子のイントネーションで発せられることが多いが、上がり調子のときは問いかけの気持ちが強まる。丁寧体は「V_R-ましょうか」となる。

→【ましょう】[3]【よう2】[1]b

d　V-ようかV-まいか

(1) 雨が降り始めたので、出かけようか出かけまいか迷った。
(2) 値段が高いので買おうか買うまいかしばらく考えて、結局買わないで帰ってきた。
(3) 母の病気のことを幼い弟に知らせようか知らせまいか迷っている。

「…しようか…しないか」という意味を表す。どちらにするか決めるのを迷っている状況で用いる。

e　もらおうか／V-てもらおうか

(1) お茶を一杯もらおうか。
(2) これ、コピーしてもらおうか。
(3) 君には、しばらく席をはずしてもらおうか。
(4) A：もうすぐ、戻ると思います。
　B：じゃ、ここで待たせてもらおうか。

間接的に聞き手に行動を要求するのに用いる。「もらおう／V-てもらおう」より控えめな要求の仕方になる。(4)の「待たせる」のように、使役を表す動詞が使われたときは自分の行動を相手に受け入れさせるのに用いる。普通、目上の人が目下の人に対して使う。丁寧体は「もらいましょうか」となる。

[4] V-ようが

「V-ても」の書き言葉的な表現で「どのような行動をとっても・どのような状況であっても」という意味を表す。後ろにはそれにかかわらず成立することがらや決意・要求や「自由だ・勝手だ」などの評価の表現が続く。「V-ようと・V-ようとも」と言いかえられる場合が多いが、「ても」とは言いかえられないことがある。

→【ても】

a　V-ようが

(1) どこで何をしようが私の勝手でしょう。
(2) 人になんと言われようが、自分の決めたことは実行する。
(3) あの人がどうなろうが、私の知ったことではない。

前のことがらに拘束されずに後のことがらが成立することを表す。後半には意志・決意や「自由だ・勝手だ」のような評価の表現が用いられる。

b　V-ようがV-ようが

(1) 出掛けようが家にいようが、あなたの自由です。

(2) 雨が降ろうが槍が降ろうが、行くつもりです。

(3) みんなに笑われようがバカにされようが、気にしない。

正反対、あるいは類似の意味のことがらを重ねて述べ、「何が起こっても・どのようなことをしても」という意味を表す。用法は上のa「V-ようが」と同様。(2)は「どんな困難があっても」という意味の慣用句。

c　V-ようがV-まいが

(1) あなたが出席しようがしまいが、私は出席します。

(2) 勉強をやろうがやるまいが私の勝手でしょう。

(3) パーティーは参加しようがしまいが、皆さんの自由です。

同じ動詞の肯定と否定の意向形が用いられ、「どちらの行動をとったとしても」という意味を表す。「…してもしなくても」のかたい言い方。

→【ても】2c

5　V-ようじゃないか

(1) 一緒に飲もうじゃないか。

(2) みんなでがんばろうじゃないか。

(3) よし、そんなにおれと喧嘩したいのなら、受けて立とうじゃないか。

(4) 今夜は、語り明かそうではありませんか。

「V-ようではないか」のくだけた言い方。

→【ではないか$_1$】4

6　V-ようと

「V-ても」の書き言葉的な表現で「どのような行動をとっても・どのような状況であっても」という意味を表す。後半にはそれにかかわらず成立することがらや「自由だ・勝手だ」などの評価の表現が続く。「V-ようが」と言いかえできる場合が多いが、「ても」とは言いかえられないことがある。

→【ても】1【よう$_2$】4a

a　V-ようと

(1) なにをしようと私の自由でしょう。

(2) どこへ行こうとあなたの勝手です。

(3) どんなに馬鹿にされようと、腹をたてるでもなく彼はひたすら働いている。

前のことがらに拘束されずに後のことがらが成立することを表す。後半には「勝手だ・自由だ・関係ない」といった意味の表現が来る。

b　V-ようとV-ようと

(1) 努力しようと怠けようと結果がすべてだ。

(2) あなたが泣こうとわめこうと、僕には関係ない。

(3) 行こうとやめようと私の勝手だ。

(4) 遊ぼうと勉強しようと、お好きなようにしてください。

(5) 煮て食おうと焼いて食おうとご自由に。

正反対、あるいは類似の意味のことがらを重ねて述べ、「何をしてもかまわない・自由だ」といった意味や、どのような行動をとった場合でも、それと無関係に後のことがらが成立することを表す。(5)の「煮て食おうと焼いて食おうと」は「どんな(ひどい)ことをしようとも」という意味の慣用句。

c　V-ようとV-まいと

(1) 行こうと行くまいとあなたの自由だ。

(2) たくさん食べようと食べまいと料金は同じだ。

(3) 君が彼女に会おうと会うまいと僕には関係のないことだ。

「…してもしなくても」という意味を表す。

d　V-ようとも

(1) 皆にどんなに反対されようとも決め

たことは実行する。

(2) たとえどんなことが起ころうとも、がんばろうと思う。

(3) どんなに脅かされようとも、彼は毅然とした態度をくずさなかった。

(4) いかに富に恵まれようとも、心が貧しくては幸せとは言えない。

「V-ようと」に「も」が付いたもので、「V-ても」の書き言葉的な言い方。意味・用法は「V-ようと」と同じだが、「V-ようとも」はもっぱら書き言葉で使われる。「(たとえ)どんなに・いかに」などを伴うことが多い。

→【いかに】5【ても】1【よう$_2$】6a

7 V-ようとおもう N4

(1) お正月には温泉に行こうと思う。

(2) 来年はもっと頑張ろうと思う。

(3) 今夜は早く寝ようと思っている。

(4) 今の仕事を辞めようかと思っている。

(5) 外国に住もうとは思わない。

(6) あなたは一生この仕事を続けようと思いますか?

意志的な行為を表す動詞を受けて、話し手の予定や意志を表すのに用いる。疑問文は聞き手の意志を問う表現となる。また、(4)の「かと思う」は、話し手に迷いやためらいがあることを表す。(5)の「V-ようと(は)思わない」はそのような意志が話し手にないことを表す。

「Vつもりだ」と似ているが、「Vつもりだ」は第三者の意志を表すことができる点で異なる。

(誤) 山田さんは留学しようと思う。

(正) 山田さんは留学するつもりだ。

なお、「V-ると思う」は話し手の意志ではなく推量を表すため、意志を表したい場合は使えず、「V-ようと思う」を使わなければならない。

(誤) 私は東京へ行くと思う。(意志の表現としては誤り)

(正) 私は東京へ行こうと思う。

→【つもり】1a

8 V-ようとする

a V-ようとする ＜直前＞

(1) 時計は正午を知らせようとしている。

(2) 長かった夏休みもじきに終わろうとしている。

(3) 日は地平線の彼方に沈もうとしている。

(4) 上り坂にさしかかろうとする所で車がエンストを起こしてしまった。

(5) お風呂に入ろうとしていたところに、電話がかかってきた。

動作や変化が始まったり終わったりする「直前・寸前」という意味を表す。「始まる・終わる」などの、人間の意志に関わらない無意志的な動詞が使われるのが典型的だが、「V-ようとするところ」のような文型では、意志的な動詞も使われる。無意志的な動詞が使用される場合は、文学や詩的な表現のことが多い。

b V-ようとする ＜試み＞ N4

(1) 彼女は何とかして友人を助けようとしている。

(2) いくら思い出そうとしても、名前が思い出せない。

(3) 棚の上の花びんをとろうとして、足を踏みはずしてしまった。

(4) 本人にやろうとする意欲がなければ、いくら言っても無駄です。

(5) 寝ようとすればするほど、目がさえてきてしまった。

意志的な行為を表す動詞を受けて、その動作や行為を実現しようと努力したり試みたりすることを表す。

c V-ようと(も/は)しない

(1) うちの息子はいくら言っても勉強を

しようとしない。

(2) 隣の奥さんは私に会っても挨拶ひとつしようとしない。

(3) その患者は食べ物を一切受け付けようとしない。

(4) 声をかけても振り向こうともしない。

(5) 彼女はおそらくこの仕事を引き受けようとはしないだろう。

意志的な行為を表す動詞を受け、その動作や行為を行おうとする意志がないことを表す。「も」が間に入った「V-ようともしない」は、「…しようとさえしない」と同様に、否定を強調する言い方。(5)のように「は」が間に入ることもある。

9 V-ようとはV-なかった

(1) こんなことになろうとは思わなかった。

(2) 被害がこれほどまで広がろうとは、専門家も予想していなかった。

(3) 息子が、たった一度の受験で司法試験に合格しようとは夢にも思わなかった。

(4) たったの5日で実験が成功しようとは誰一人想像しなかった。

「なる」のような、人間の意志に関わらないことがらを表す無意志的な動詞を受けて、「そのようになるとは予測しなかった」という意味を表す。(3)(4)の「合格しよう・成功しよう」は、「合格／成功できる・合格／成功することになる」のような、「自然にそうなる」という意味を表しており、話し手の意志を表すものではない。後に続く動詞は、「思わなかった」以外には、「予想しなかった・想像しなかった」などが用いられる。書き言葉的。

→【なる】1

10 V-ようにもV-れない

→【にも】2b

【ようするに】

(1) 要するに、日本は官僚支配政治だ。

(2) いろいろ理由はあるが、要するに君の考えは甘い。

(3) 要するに看護師の数が足りないのだ。

(4) ≪前にいろいろ説明したあとで≫要するに、私が言いたいことは、結論を急がない方がよいということです。

(5) ≪相手の話をさえぎって≫要するに、君はこの件に反対なのだね？

(6) 要するに、君は何が言いたいのだ。

これまで述べてきたことを要約して、自分の結論をいう場合や、相手の結論を確認するような場合に用いる。自然の成り行きの結果を述べる文での使用には適さない。この場合は「けっきょく」などを使う。

(誤) 健闘したが、要するに日本チームは負けてしまった。

(正) 健闘したが、結局日本チームは負けてしまった。

→【けっきょく】

【ようだ$_1$】

[Nのようだ]

[A／V　ようだ]

ナ形容詞の活用をし、連用形、連体形は「ように・ような」となる。

1 …ようだ

a …ようだ N4

(1) この雪はまるで綿のようです。

(2) 彼女の心は氷のように冷たい。

(3) 男は狂ったように走り続けた。

(4) 赤ん坊は火がついたように泣き出した。

(5) あたりは、水を打ったように静まりかえっている。

(6) 新製品は面白いようによく売れた。

(7) 6月が来たばかりなのに真夏のような暑さだ。

(8) 会場は割れるような拍手の渦につつまれた。

(9) 身を切るような寒さが続いている。

ものごとの状態・性質・形や、動作の様子を、本来はそれと異なる他の何かにたとえて表現するのに使う。同類の似た性質のものごとにたとえる場合だけでなく、全く別の架空のものにたとえる場合もある。名詞や動詞に付くことが多いが、まれに(6)のようにイ形容詞に付くこともある。しかし、ナ形容詞に付くことはない。また、次のように「あたかも・いかにも・さながら・まるで・ちょうど」などの、たとえの意味を添える副詞を伴うこともある。

(例1) 町はすっかりさびれてしまって、まるで火が消えたようだ。

(例2) 長女の大学合格に続いて次女も高校に合格し、あたかも盆と正月がいっしょに来たようだ。

慣用的に固定化した表現が多い。この種の表現はこの他に「雲をつかむような話・竹を割ったような性格・血のにじむような努力・手が切れるような新札・飛ぶように売れる・目を皿のようにして探す」などがある。

話し言葉では「みたいだ」をよく使う。また、書き言葉では「ごとし」が使われることもある。

→【あたかも】【いかにも】1【ごとし】1【まるで】1【みたいだ】1

b　V-る／V-た　かのようだ N2N3

(1) 彼はなにも知らなかったかのように振る舞っていた。

(2) 父はあらかじめ知っていたかのように、平然としていた。

(3) 本当は見たこともないのに、いかにも自分の目で見てきたかのように話す。

(4) 極楽にでもいるかのような幸せな気分だ。

(5) 犯人は事件のことを初めて聞いたかのような態度をとった。

(6) あたり一面霧に包まれ、まるで別世界にいるかのようだ。

動詞の辞書形やタ形を受け、実際はそうでないのに、そうであるかのように振る舞ったり、感じたりする様子を表す。事実と矛盾したり、仮想的なことがらをたとえに挙げて言う場合が多い。くだけた言い方では「みたいだ」に言い換えられる。

→【みたいだ】1

2　…ような／…ように

a　…ようなN N4

(1) 風邪をひいたときは、みかんのようなビタミンCを多く含む果物を食べるといい。

(2) あなたのようなご親切な方にはなかなか出会えません。

(3) これはどこにでもあるようなものではない。

(4) 彼はあなたが思っているような人ではない。

(5) これを食べても死ぬようなことはありません。安心してください。

(6) 薬を飲んでもよくならないような場合は医者に相談してください。

例をあげる場合に使う。くだけた言い方では「みたいな」に言い換えられる。

→【みたいだ】1

b　…ように <例示> N4

(1) あの人のように英語がペラペラ話せたらいいのに。

(2) ニューヨークのように世界中から集まった人々が住む都市では、各国の本格的な料理を味わうことができる。

(3) 初めて会った人なのに、昔からの友人だったように楽しく語り合いました。

(4) 私が発音するようにあとについて言ってください。

例をあげる場合に使う。(4)は「動作を真似して」という意味。

「ようだ」が、本来それとは異なる別のことがらを「まるでXのように」とたとえる表現であるのに対し、この用法は、同じ性質や内容をもつものの具体的な例としてXを取り上げる用法である。しかし、この二つの用法は連続しており、はっきりと区別できない場合もある。くだけた言い方では「みたいに」に言い換えられる。

→【みたいだ】1 【ようだ₁】1

c …ように <前置き>

(1) ご存じのように、日本は人口密度の高い国です。

(2) あなたがおっしゃっていたように、彼は本当に素敵な方ですね。

(3) すでに述べたようにこの国の食糧不足は深刻な状況にある。

(4) ことわざにもあるように、外国に行ったらその国の習慣に従って暮らすのが一番である。

(5) あのにこにこ笑う顔からも分かるように、彼はとても明るい性格の人です。

前に述べられたことがらや既知の事実と、これから述べることがらが一致するものだということを表す。後で説明を行う場合の前触れをするのに用いる。「とおりに」で言い換えができる。

→【とおり】3

d つぎの/いかの ように N2N3

(1) 結果は次のようにまとめることができる。

(2) 中には以下のような意見もあった。

(3) 本稿の結論をまとめれば、次のようになる。

(4) 以下で示すように、我が国の出生率は下がる一方である。

予告しておいてから、後で具体的な内容を示すのに用いる。縦書き文章の中で使うときは「右のように・左のように」となることもある。

e このように

→【このように】

【ようだ₂】

[Nのようだ]

[Naなようだ]

[A/V ようだ]

名詞やナ形容詞は「Nの/Naなようだ」の他に、「N/Naだったようだ」「N/Naじゃないようだ」などの形もある。

1 …ようだ <推量> N4

(1) あの人はこの大学の学生ではないようだ。

(2) どうやら君の負けのようだね。

(3) 先生はお酒がお好きなようだ。

(4) こちらの方がちょっとおいしいようだ。

(5) どうも風邪を引いてしまったようだ。

(6) あの声は、誰かが外で喧嘩しているようだ。

(7) ざっと見たところ、最低500人は集まっているようだ。

話し手の推量を表す。「はっきりと断定はできないが、そのように思う」という意味を表す。「何かを見た・音を聞いた・匂いをかいだ」など、話し手が直接経験したことや外部からの情報をもとに推論したことを述べる表現。意味的に「らしい・みたいだ」との大きな差異はない。「みたいだ」より改まった言い方。また、「によると」などを伴い伝聞であることが明確である場合には「らしい」が使われやすい。さらに伝聞であるということをより明確にしたい場合には「そうだ」を使うことが多い。

すでに述べたことがらを受ける場合は次のように「そのようだ・そんなようだ」が使われる。

(例)　A：雨が降ってきましたね。

　　　B：ええ、そのようですね。

これは、婉曲を表す用法で、「ようだ」を用いないで、「そうですね」といってもよいような例である。このように、「ようだ」は断定を避け相手に対して控えめに表現するときにも用いられ、「どうやら・どうも・なんとなく・なんだか」などの副詞を伴うことも多い。くだけた話し言葉では「そうみたいだ」が用いられる。

「…ようだ」と「…ようだった」の二つはどちらも使える場合が多いが、意味は異なる。次の例のように「V-たようだ」は、過去に起きたことがらについて、話し手が話している時点で推量した結果を述べている。

(例)　A：田中さんはいつ来たのかな？

　　　B：午前中は見かけなかったから、昼から来たようですよ。

「V-たようだった」は、話し手が過去のある時点でそのように思ったということを表す。

(例)　昨日の夜は妙だった。誰か来たようだったから、ドアを開けてみたが、誰もいなかった。そんなことが何度もあった。

くだけた言い方では「…みたいだ」と「…みたいだった」に言い換えられる。

また、見たままの様態を述べる場合、例えば目の前にケーキがあるときに「このケーキはおいしいようだ」とは言わない。この場合には「このケーキはおいしそうだ」と言う。次の例も同様である。

(例)　A：これ、新しく買ったスマートフォンです。

　　　B：(誤)便利なようですね。

　　　B：(正)便利そうですね。

このときに使われる「そうだ」は伝聞の「そうだ」とは違うので注意が必要である。

→【そうだ$_1$】【そうだ$_2$】1a【どうも】2【どうやら】1【なんだか】【なんとなく】【みたいだ】2

2　…ような　き／かんじ　がする

(1) ちょっと期待を裏切られたような気がする。

(2) もう他に方法はないような気がする。

(3) あまりほめられるとちょっとくすぐったいような感じがする。

(4) 何となく不吉なことが起こるような予感がした。

(5) 運動したら、何だか体が軽くなったような感じだ。

「ような」の後に「気・感じ・予感」などの名詞が続いて、「ようだ」で終わる場合とほぼ同様の意味を表す。くだけた言い方では「みたいなきがする・みたいなかんじがする」に言い換えられる。

3　…ように　おもう／かんじる

(1) こちらのほうがお似合いになるように思います。

(2) 心なしか彼の表情が陰ったように思われた。

(3) あの二人はとても仲がいいように見える。

(4) その日の彼は様子がいつもと違うように感じた。

(5) 今年の冬は去年より、少し暖かいように感じられる。

「ように」の後に「思う・思われる・見える・感じる」など思考や感覚を表す動詞が続き、感覚・印象の内容を述べたり自分の主張を婉曲的に述べたりするのに用いる。くだけた言い方では

「みたいにおもう／かんじる」などに言い換えられる。

4 …ようでは

(1) こんな問題が解けないようではそれこそ困る。

(2) きみが行かないようでは誰も行くわけがない。

(3) こんなことができないようでは、話にならない。

(4) こんな質問をするようでは、まだまだ勉強が足りない。

「そのような様子では」という意味を表す。後ろに期待に反することがらや、「困る・だめだ」のようなマイナス評価の表現を伴う。

5 …ようで(いて)

(1) 一見やさしいようで、実際やってみると案外むずかしい。

(2) ふだんはおとなしいようでいて、いざとなるとなかなか決断力に富んだ人です。

(3) 一見、内気で温厚なようだが、実は短気で、喧嘩っぱやい性格の男だ。

「見かけではこのような印象だが」という意味を表す。「一見／見かけは…ようで、実際は…」などとなることが多く、実際の性質は異なっていることを表す。「…ようだが」と言うこともある。

6 …ようでも　あり／あるし

(1) 僕の言ったことが彼には分かったようでもあり、全く理解していないようでもある。

(2) この会社での30年間は、長かったようでもあり、あっと言う間だったような感じもします。

(3) 彼は本当は立候補したい気持ちがあるようでもあるし、全くその気がないようでもある。

正反対の内容や、矛盾する内容のことがらを並べ上げて、意味的に対立したり、矛盾する感覚・印象が話し手の中に共存することを表す。「…ようでもあり」は書き言葉的。くだけた言い方では「…ようでもあるし・…みたいでもあり」などに言い換えられる。

7 …ような…ような

(1) そのようなことがあったようななかったような…。

(2) 分かったような分からないような中途半端な感じだ。

(3) 悲しいような懐かしいような複雑な気持ちである。

上の6と類似の用法だが、こちらの方が話し言葉的。

→【ようだ$_2$】6

8 …よう　だったら／なら

(1) 遅れるようだったら、お電話ください。

(2) 明日お天気がよいようでしたら、ハイキングに行きませんか？

(3) この薬を飲んでも熱が下がらないようなら、医者と相談した方がよいでしょう。

「ようだ」の条件を表す形で、「そのような場合は」という意味を表す。書き言葉では、「…ようであれば」も使われる。

【ように】

1 V-る／V-ない　よう(に) <目的>

N2N3

(1) 後ろの席の人にも聞こえるように大きな声で話した。

(2) 子供にも読めるよう、名前にふりがなをつけた。

(3) 赤ん坊を起こさないようにそっと布

団を出た。

(4) 忘れないようにノートにメモしておこう。

「そのような状態／状況を成立させるために(...する)」という意味を表す。「に」は省略されることもある。「ように」の前には、「なる・できる」など人間の意志に関わらない無意志的な行為を表す動詞や可能を表す「V-れる」、あるいは動詞の否定形など、状態的な意味を表す表現が用いられることが多く、後の節には話し手の意志的な行為を表す動詞が続く。目的を表す「ために」との違いは【ため】2を参照。

→【ため】2

2 V-る／V-ない　よう(に) ＜勧告＞

(1) 忘れ物をしないようにしてください。

(2) 時間内に終了するようお願いします。

(3) 風邪をひかないようご注意ください。

(4) 私語は慎むようにしなさい。

(5) 集合時間は守るように。

(6) 授業中はおしゃべりしないように。

聞き手に対する忠告や勧告を表す表現。後半には「しなさい・てください」や「お願いします」などの動詞が続くが、省略されて「ように」で終わることもある。また、「ように」の「に」は省略が可能だが、(5)(6)のように「ように」で文が終わる場合は省略されないのが普通。「V-ないように」の形で、否定的な内容の忠告・勧告を表すことが多い。

→【てください】【なさい】1

3 V-る／V-ない　よう(に) ＜祈願＞

(1) 娘が大学に合格できるよう神に祈った。

(2) 現状がさらに改善されるよう期待している。

(3) ≪年賀状≫新しい年が幸い多き年でありますよう祈っております。

(4) ≪病気見舞の手紙≫一日も早く全快なさいますように、祈念いたしております。

(5) どうか合格できますように。

(6) すべてがうまくいきますよう。

(7) あしたは雨が降りませんように。

自分や他者にとって、望ましいことを祈ったり希望する表現。「ように」の後には「祈る・祈念する・念じる・望む・願う・希望する・期待する」などの動詞が用いられる。(5)～(7)のように、「...よう(に)」で終わることもある。その場合は「...ように」の前に丁寧体の表現が用いられるのが普通。スピーチや手紙の締めくくりなどでよく用いられる。

4 V-る／V-ない　よう(に)いう N4

(1) すぐ家に帰るように言われました。

(2) これからは遅刻しないように注意しておきました。

(3) 山田君が戻ってきたら僕のオフィスに来るように伝えてくれ。

(4) 隣の人に、イヤホンの音量を下げてくれるように頼んだ。

後半に「言う・伝える」などの伝達を表す動詞を伴い、要求内容を間接的に引用するのに使う。直接的な引用の場合は、次のように「命令や依頼の表現＋と＋伝達の動詞」の形をとる。

(例1)「すぐ帰れ」と言った。

(例2)「イヤホンの音量を下げてください」と頼んだ。

5 V-る／V-ない　ようにする N4

(1) 私は肉を小さく切って、子供にも食べられるようにした。

(2) できるだけ身体を動かすようにしている。

(3) 彼女の機嫌を損ねることは言わないようにした。

(4) 試験日には、目覚まし時計を2台セットして寝坊しないようにしよう。

(5) 油ものは食べないようにしている。

(6) 大きな活字を使い、高齢者にも読みやすいようにする。

「行為や状況を成立させることを目指して努力する／心掛ける／配慮する」といった意味を表す。(3)～(5)のように否定形を使った場合は「成立させないことを目指して」という意味になる。(2)や(5)の「…ようにしている」は、「そうすることを習慣としている」という意味。たいていの場合「ように」の前には動詞が用いられるが、(6)のように「やすい」が来ることもある。この場合は「読みやすくする」とも言える。

→【やすい】

6 V-る／V-ない　ようになる N4

(1) 日本語が話せるようになりました。

(2) 眼鏡をかければ、黒板の字が見えるようになります。

(3) 赤ちゃんはずいぶん活発に動くようになりました。

(4) 隣の子供は最近きちんとあいさつするようになった。

(5) 注意したら文句を言わないようになった。

動詞の辞書形を受けて、不可能な状態から可能な状態に、あるいは実行されない状態から実行される状態に変化することを表す。(1)のように可能を表す「V-れる」が使われることが多い。(5)のように否定形に続く場合は、実行しない状態への変化を表す。この場合「言わなくなった」とも言える。

【ようやく】N2N3

1 ようやく ＜期待の実現＞

[ようやくNだ]

[ようやく　V-た／V-る]

(1) 降り続いた雨もようやく上がって、陽が差し始めた。

(2) 冬の朝は遅い。7時頃になってようやく陽が昇る。

(3) 子供たちも、ようやく一人前になって、それぞれ独立していった。

(4) 水道とガスは、震災から3カ月たって、ようやく復旧した。

(5) 何度も計画を変更して、ようやく社長の承認を得ることができた。

(6) 来年は娘もようやく卒業だ。

(1)(2)のように、自然現象について使われて、少しずつ変化してある状態になった場合に使う。また、(3)～(6)のように、長い時間がかかったり、途中でいろいろなことがあった後に、事態に変化が起きたり、話し手の予想や期待が実現した場合に使う。

話し手にとって望ましい状態になったときに使うことが多いが、話し手が特に待ち望んでいたとは限らない。待ち望んでいたことが実現して「うれしい・ほっとした」ことを表現したい場合には「やっと」を使うことが多い。

→【やっと】1

2 ようやく ＜労力を伴う実現＞

時間や労力をかけて実現する様子を表す。似た表現に「どうにか・なんとか・やっと・かろうじて・からくも」がある。使い分けについては【やっと】1を参照。

→【からくも】【かろうじて】1【どうにか】1【なんとか】2【やっと】1

a ようやくV-た

(1) タクシーを飛ばして、ようやく時間に間に合った。

(2) 試合は延長戦にもつれこんだが、一点差でようやく勝つことができた。

(3) 何時間にもわたる手術の結果、ようやく命をとりとめた。

「危ないところだったが、…した」という意味を表す。良い結果が得られたことを述べるのに用いる。「悪い事態を避けることができた」という場合には、「かろうじて」を使う。

(正) {ようやく／やっと／かろうじて}約束の時間に間に合った。

(誤) 危ないところだったが、{ようやく／やっと}大事故にはならなかった。

(正) 危ないところだったが、かろうじて大事故にはならなかった。

→【かろうじて】1

b ようやくV-ている

(1) 世界は、微妙なかけひきで、ようやく軍事的な均衡を保っている。

(2) 両親から援助を受けて、ようやく生計を立てている。

(3) その患者は、人工呼吸器の助けで、ようやく息をしているという状態だ。

「たいへんだが、なんとか…している」という意味を表す。「やっと」を使った場合ほど切迫した感じはない。

→【やっと】1

c ようやくV-るN

(1) 家と家のすき間は、人一人がようやく通れる広さしかない。

(2) 人に支えてもらって、ようやく歩ける状態だ。

(3) 本人は気にしているが、「ここにある」と言われて、ようやく気が付く程度の傷で、たいしたことはない。

(4) 鍵は、大人が背伸びをして、ようやく手が届く高さに隠してあって、子供には取ることができない。

可能を表す表現といっしょに使われて、「やっと／なんとか／どうにか／かろうじて…できる程度のN」という意味を表す。「難しいけれども、ぎりぎりなんとかできる」という場合に使う。

【よかった】

1 V-てよかった

(1) あ、雨だ。かさを持ってきてよかった。

(2) 財布、見つかってよかったですね。

(3) 今日はお天気になってよかった。おかげで予定どおり遠足に行ける。

(4) 友達もできたし、いろんな経験もできたし、本当に日本に来てよかったと思っている。

(5) あの映画、見に行かなくてよかったよ。全然おもしろくなかったんだって。

動詞の表す行為や出来事が成立したのをいいことだと評価していることを表す。「よかった」は過去の形だが、表しているのは現在の気持ちである。

2 V-ば／V-たら　よかった

a V-ば／V-たら　よかった

(1) しまった。あの人の電話番号を聞いておけばよかった。

(2) あの服、買っておけばよかった。もう売り切れてしまったんだって。

(3) 野菜がしなびている。冷蔵庫に入れておいたらよかった。

(4) 一人で悩んでいないで、もっと早く友達に相談すればよかった。

(5) 田中さんも誘ってあげたらよかったね。

「V-ば／V-たらよかった」の形で、実際にはしなかったことに関して、すべきだったと後悔する気持ちを表す。

→【たらいい】3【ばいい】3

b V-なければ／V-なかったら　よかった

(1) こんな服、買わなければよかった。派手すぎてとても着られない。

(2) こんなごちそうが出るんなら、さっき間食しなければよかった。

(3) あいつ、彼女が留学することを知らなかったのか。それなら言わなかったらよかった。

(4) 昨日はあんなに飲まなければよかった。二日酔いで頭が痛い。

「V-なければ／V-なかったらよかった」の形で、してしまったことに関して、すべきではなかったと後悔する気持ちを表す。

→【たらいい】③【ばいい】③

③ V-ば／V-たら　よかったのに

a　V-ば／V-たら　よかったのに

(1) 昨日のパーティーにあなたも来ればよかったのに。楽しかったよ。

(2) 私に相談してくれれば助けてあげられたのに。

(3) 今日花子も誘ったらよかったのに。あの人このごろ暇だって言ってたよ。

(4) 田中じゃなくて君が選挙に立候補したらよかったのに。田中じゃたぶん勝てないよ。

「V-ば／V-たらよかったのに」の形で、聞き手が実際にはしなかったことに関して、すべきであったと残念がったり非難したりする気持ちを表す。

→【たらいい】③【ばいい】③

b　V-なければ／V-なかったら　よかったのに

(1) そんなこと言わなければよかったのに。

(2) あんな人に会いに行かなければよかったのに。

(3) 風邪をひいているのなら、スキーなんかしなかったらよかったのに。

「V-なければ／V-なかったらよかったのに」の形で、聞き手がしてしまったことに関して、すべきでなかったと残念がったり非難したりする気持ちを表す。

→【たらいい】③【ばいい】③

【よかろう】

(1) のんびりしたいのなら、観光地に行くよりは温泉の方がよかろう。

(2) どうせみんな時間どおりには集まらないのだから、少しぐらい遅れて行ってもよかろう。

(3) 医者には止められているが、少々ならよかろうと思ってビールを1杯飲んだのが間違いだった。

(4) どうせすぐに戻ってくるんだから、車はここに止めておけばよかろう。

(5) 荷物を運ぶのは若い者に任せたらよかろう。

(6) どうしても行きたければどこにでも行くがよかろう。ただし、何が起こっても私は知らないぞ。

「よい」の推量の形で「いいだろう・かまわないだろう」の意味を表す。(6)のように、「…がよかろう」の形で許可として用いられることもある。話し言葉では若い人はほとんど使わない。

【よぎなくさせる】

→【をよぎなくさせる】

【よぎなくされる】

→【をよぎなくされる】

【よく】

① よく ＜頻度＞ N5

(1) 彼はこの店によく来る。

(2) 私は仕事でよく中国へ行くが、まだ一度も万里の長城に行ったことがない。

(3) 若い頃はよく一人で貧乏旅行をしたものだ。

頻度が多いことを表す。「しばしば・頻繁に」とも言う。

2 よく＜程度＞ N5

(1) 最近よく眠れなくて困っている。

(2) ≪母親が子供に≫おやつは手をよく洗ってから食べるのよ。

(3) 次の文章をよく読んで問題に答えなさい。

(4) ≪試合の後で監督が選手に≫みんな、よくやった。

(5) ≪山の頂上まで登った人に≫よくがんばったね。

程度が十分であることを表す。また、(4)(5)のように困難なことを満足にやり遂げた努力をほめるのに用いることもある。「十分に・満足に」とも言う。

3 よく(ぞ)

(1) よくいらっしゃいました。

(2) そんな大事な秘密をよく私に話してくださいました。

(3) 本当にみんな、こんな夜遅くまでよく働いてくれたね。ありがとう。

(4) こんなに遠いところまでよくぞいらしてくださいました。

大変なことを私のためにわざわざやってくれてうれしいという感激の気持ちを表す。「V-てくれる」と一緒に用いられることが多い。

→【てくれる】1

4 よく(も)＜驚き＞

(1) おじいさんの子供の頃なんて、よくもそんな古い写真が残っていたね。

(2) 田中さん、よくもあんな速い英語を正確に聞き取れるもんだね。

(3) あんな吹雪の中でよく無事でいられましたね。どうやって寒さをしのいでいたんですか？

困難なことをやったり起こりそうもないことが起こったりしたことに対する驚きを表す。

5 よく(も)＜非難＞

(1) よくもみんなの前で私に恥をかかせてくれたな。

(2) あなた、よくそんな人を傷つけるようなことを平気で言えるものですね。

(3) あいつ、みんなにあれだけ迷惑をかけておいて、よくも平気な顔で出社できたものだ。

(4) あの人、よく毎日同じもの食べて飽きませんね。おなかがいっぱいになれば味なんてどうでもいいんでしょうね。

(5) あいつ、ふられた彼女に毎晩電話して「やり直そう」って言ってるらしいよ。あんな情けないこと、よくやるよ。

(6) A：お前、すこし運動でもしてやせた方がいいんじゃないか？
B：よく言うよ。お前だっていつもごろごろして全然体を動かしていないじゃないか。

迷惑なことやひどいこと、非常識なことなどをすることに対して「どうしてそんなことをするのか」という怒りや非難、あきれ、軽蔑の気持ちを表す。(1)のように「V-てくれる」と一緒に用いられた場合は、皮肉の表現。(6)は相手の発話に対して「あなたにそんなことを言う資格はない」という非難を表す。(5)(6)は慣用表現。

→【てくれる】1

【よし】

[…の／…との　よし]

(1) 今年は寒波が厳しくなるとの由。年老いた両親の健康が心配だ。

(2) ≪手紙≫先生にはいよいよお元気で米寿をお迎えの由、お喜び申し上げます。

(3) ≪手紙≫大学に合格したとの由、おめでとう！

「…と聞いた」という意味を表す。古い言い方で、現在では手紙文で用いられる。

【よそに】

1　Nをよそに　＜無視＞ N1

(1) 弟は親の心配をよそに毎晩遅くまで遊んでいる。

(2) 反則をした選手は、観衆のブーイングをよそに、平然と試合を続けた。

(3) 密室政治という悪評をよそに、今回の合意もまた、その過程は不明瞭なものだった。

(4) 周囲の期待をよそに、彼はせっかく入った一流企業を退職し、小さな店をはじめた。

心配・噂・非難・批判・期待など人から向けられる感情や評価を表す名詞を用いて、「それを無視して／気にしないで」という意味を表す。後半には意志的な動作が続く。

2　Nをよそに　＜無関係＞ N1

(1) 高速道路の渋滞をよそに、私たちはゆうゆうと新幹線で東京に向かった。

(2) 子どもたちは寒さをよそに、外で元気に雪遊びを楽しんでいた。

(3) 昨今の不景気をよそに、デパートのお歳暮コーナーでは高額の商品に人気が集まっている。

ある状況を表す名詞を用いて、「それに関係なく・わずらわされないで」という意味を表す。

【よほど】 N1

話し言葉で強めるときには「よっぽど」となる。

1　よほど

a　よほど

(1) こんな大邸宅を建てるなんて、よほどの金持ちに違いない。

(2) よっぽどのことがなければ、彼はここには来ません。

(3) あいつはよほど金に困っているらしい。昨日も友達に昼ごはんをおごってもらっていた。

(4) よっぽど疲れていたんだろう。弟は帰ってくるとご飯も食べずに寝てしまった。

(5) その映画、続けて3回も観たって？よっぽどよかったんだね。

(6) 泣き言を言わない彼女が愚痴をこぼすとは、よほど仕事がつらかったんだろうと思う。

一般的な基準から見て並の程度ではない様子を表す。ことがらの程度を推量して述べる場合に使う。

b　…ほうがよほど

(1) 真夏の日本よりインドネシアの方がよっぽど涼しかった。

(2) こんなに狭くて家賃の高い部屋に住むくらいなら、今の古い部屋の方がよっぽどましだ。

(3) 姉より弟の方がよっぽどよく家事を手伝ってくれる。

(4) 入学試験を受ける兄より母の方がよ

っぽど神経質になっている。

(5) こんなにつらいのなら死んだほうがよほどましだ。

「(Xより) Yのほうがよほど」の形で二つのことがらを比較して、Yの方がはるかに、ずっと程度が高いことを表す。「よほど」の後には形容詞・動詞が続く。

2 よほどV-よう

(1) こんなつまらない仕事、よほど辞めようかと思った。

(2) あいつに失礼なことを言われて腹が立ったので、よほど言い返してやろうかと思ったが、大人げないので黙っていた。

(3) 彼の皿の洗い方があまりにも不器用なので、よっぽど自分でやってしまおうと思ったが、我慢して見ていた。

(4) あんまり話がつまらなかったので、よっぽど途中で帰ろうと思ったが、誰も席を立たないのでしかたなく最後まで聞いていた。

「(か)と思った」を伴うことが多く、「...しようと強く思う」という意味を表す。思うだけでできない状況にある場合に用いられ、後に逆接の節が続くことが多い。

【よもや】

1 よもや V-ないだろう／V-まい

(1) よもや負けるまいと思われていた選手が予選落ちした。

(2) 彼は信頼に足る男だ。よもや裏切るようなことはするまい。

(3) あんな雪山の遭難ではよもや助かるまいと思っていたが、彼は奇跡的に助かった。

(4) よもやバレることはないだろうと思っていたのに、母は私の嘘を見抜いていた。

推量表現とともに使って、そんなことはまさかありえないだろうと強く否定する気持ちを表す。

2 よもや...とは

(1) 自分の書いた本がよもやこんなに売れるとは思っていなかった。

(2) よもやオリンピックで優勝できるとは、だれも考えていなかった。

(3) よもやあんな古い自転車が盗まれるとは、思ってもみなかった。

(4) よもや、信頼していた部下に裏切られようとは。

後ろに「思ってもいなかった・思ってもみなかった」などを伴い、予期しないことが生じたことに対する驚きの気持ちを表す。ありえないと思っていたことが実際に起こってしまった場合に用いる。また、(4)のように、動詞の意向形「よう」が用いられることもある。

→【よう2】2a

【より】

1 NよりV ＜起点の場所＞

(1) 遠方より友が訪ねてくる。

(2) 北国より初雪の便りがとどきました。

(3) 南東の方角より暖かい風が吹いてきた。

場所を表す名詞に付いて、動作や出来事の起点となる場所や、動作や出来事の経路を表す。「から」の古い言い方で、書き言葉に用いる。

2 NよりV ＜起点の時間＞

(1) 講演会は本日午前10時より開始されます。

(2) 私は大学を卒業した年より20年近く

この会社で働いている。

(3) あの会社は、昨年より売り出した商品がヒットして売上を伸ばしている。

時間を表す名詞に付いて、動作や出来事の始まる時間を表す。改まった書き言葉に使われる。

3 …より(も／は) N4

[N／V より(も／は)]

(1) 今年の冬は昨年よりも寒い。

(2) 休みの日は外へ出かけるよりうちでごろごろしている方が好きだ。

(3) 田中さんの送別会は予想していたよりずっと多くの人が集まってくれました。

(4) やらずに後悔するよりは、無理にでもやってみた方がいい。

(5) 仕事は思ったよりも大変だった。

(6) 事件の背景は、私が考えていたよりも複雑なようだ。

「XよりもYのほうがZ・YはXよりもZ」の形で、Xが比較の基準を表す。くだけた話し言葉では次のように「よりか・それよか」などの形を使うこともある。

(例1) レストランよりか居酒屋の方がリラックスできていいんじゃないかな。

(例2) 今から外食しに行くのもいいけど、それよか一緒に買い物に行ってうちで作って食べない？

→【ほう】3

4 …というより N2N3

(1) 彼は倹約家というよりけちだと言う方が当たっている。

(2) 彼女はきれいというよりはむしろ個性的なタイプで、独特のファッション感覚がある。

(3) 彼の書いた英文は、できが悪いというより、むしろもう絶望的だと言った方がいいくらいひどい。

(4) A：何の絵を描いてるの？
B：虎。
A：虎というより猫みたいだね。

(5) こんなパーティーは、楽しいというよりも退屈なだけで、一部の人のためのバカ騒ぎとしか思えない。

あることがらについての表現や判断の仕方を比較するのに用いる。「Xという言い方／見方もできるが、比較すればYという言い方／見方の方が妥当だ」という意味を表す。(2)(3)のように「むしろ」と共に使われることも多い。

→【むしろ】2

5 …よりない

a V-るよりない N2N3

(1) どうしても大学に通う気が起きないのなら、もう退学するよりないだろう。

(2) 文句を言っても仕方がない。とりあえず今できることを一生懸命やるよりない。

(3) こんな不景気なら、どこでもいいから採用してくれるところに就職するよりなさそうだ。

「V-るより他(に／は)ない」を短くした言い方で、「問題がある状況で、そのことをする以外に解決方法はない」という意味を表す。「V-るしかない・V-るいがいにない」とも言う。

→【いがい】3【しか】1c

b V-るよりほか(に／は)ない N2N3

(1) 今さらあれはうそだったとも言えないし、隠しとおすよりほかにない。

(2) 雪はだんだん激しくなってきたが、引き返すこともできないし、とにかく山小屋まで歩くよりほかはなかった。

(3) 放っておけばあの地域のリゾート開発は進む一方だし、こうなったら反対運動を起こすよりほかにないと思った。

「V-よりない」と同様に、「問題のある状況において、そのことをする以外に解決方法はない」という意味を表す。「V-るしかない・V-るいがいにない」とも言う。

→【いがい】2【しか】1c

c …よりほかに…ない

[Nよりほかに…ない]

[V-るよりほかに…ない]

(1) その部屋は静かで、時計の音よりほかに何の物音も聞こえなかった。

(2) 田中さんよりほかにこの仕事を任せられる人はいない。

(3) あなたよりほかに頼れる人がいないから、忙しいのを承知でお願いしているのです。

(4) せっかくのお休みで天気もいいのに、うちでテレビを見るよりほかにすることはないのですか？

後ろに否定形を伴って、「それ以外にない」ということを強調するのに用いる。「…しか／…以外に…ない」とも言う。

→【いがい】2【しか】1a【しか】1c

d V-るよりしかたがない

(1) お金がないのなら、旅行はあきらめるよりしかたがないね。

(2) 自分の失敗は自分で責任を持って始末するよりしかたがない。

(3) 終電が出てしまったので、タクシーで帰るよりしかたがなかった。

(4) 傘がないから雨が止むのを待つよりしかたがない。

「その状況を解決するのには、不本意でもそうするしかない」という意味を表す。「…ほかしかたがない・…以外にしかたがない」とも言う。

→【しかたがない】1

【よる】

→【によって】【によらず】【により】【による】【によると】【によれば】

【よろしい】

→【てもよろしい】

【らしい$_1$】 N4

1 NらしいN

(1) 最近は子供らしい子供が少なくなった。

(2) 男らしい男ってどんな人のことですか？

(3) あの人は本当に先生らしい先生ですね。

(4) このところ雨らしい雨も降っていない。

同じ名詞を繰り返してその名詞の表すものの中の典型的なものを表す。

2 Nらしい

(1) 今日は春らしい天気だ。

(2) 弱音を吐くなんて君らしくないね。

(3) 彼はいかにも芸術家らしく奇抜なかっこうで現れた。

(4) 彼女が選んだ花束はいかにも彼女らしいやさしい色合いだった。

名詞に付き、そのものの典型的な性質がよく表れていることを表す。

【らしい$_{2}$】N4

[N／Na／A／V　らしい]

(1) 天気予報によると明日は雨らしい。
(2) 新しく出た製品はとても便利らしい。
(3) 噂では、この近所に有名人が引っ越してきたらしい。
(4) 彼はどうやら今の会社を辞めて、自分で会社を作るらしい。
(5) 兄はどうも試験がうまくいかなかったらしく、帰ってくるなり部屋に閉じ籠もってしまった。
(6) その映画は予想以上におもしろかったらしく、彼は何度もパンフレットを読み返していた。
(7) 料理はいかにも即席で用意したらしく、インスタントのものがそのまま並んでいた。

話し手の推量を表す。「はっきりと断定はできないが、そのように思う」という意味を表す。「何かを見た・音を聞いた・匂いをかいだ」など、話し手が直接経験したことや外部からの情報をもとに推論したことを述べる表現。例えば、(1)は、天気予報という情報から「雨らしい」と推量し、(5)は、「帰ってくるなり部屋に閉じ籠もってしまった」という状況から「試験がうまくいかなかった」と推量している。意味的に「みたいだ・ようだ」との大きな差異はないが、(1)のように伝聞であることが明確である場合には「らしい」が使われやすい。さらに伝聞であることをより明確にしたい場合には「そうだ」を使うことが多い。

→【そうだ$_{1}$】【みたいだ】2【ようだ$_{2}$】1

【られたい】

→【せられたい】【そうだ$_{1}$】【みたいだ】2【ようだ$_{2}$】1

【られる$_{1}$】

受身を表す。「V-られる」のVが五段活用の動詞の場合は「行く→行かれる」「飲む→飲まれる」のように、辞書形の末尾をア段の音に変えて「れる」を付ける。一段活用の場合は、「食べる→食べられる」のように、語幹「食べ」に「られる」を付ける。「来る」は「こられる」、「する」は「される」となる。「V-られる」は一段動詞の活用をする。

1　NがV-られる N4

(1) この地方ではおもに赤ワインが作られている。
(2) 木曜日の会議は3時から開かれることになっている。
(3) この辞書は昔から使われているいい辞書だが、最近の外来語などは載っていない。
(4) 昨夜、駅前のデパートで1億円相当のネックレスや指輪が盗まれた。
(5) 来月発売される車のカタログを手に入れた。

動作や作用を受けたものを主語にして述べるのに用いる。事実の描写文、報道文などで多く使われる。動作主は特定することができないため、文中に示されないのが普通。

2　NがNにV-られる

a　NがNに(よって)V-られる N4

(1) 漫画週刊誌は若いサラリーマンによく読まれている。
(2) その寺院は7世紀に中国から渡来した僧侶によって建てられた。
(3) このあたりの海は汚水やプラスチックごみなどの有害物質に汚染されている。
(4) 地震後、その教会は地域の住民によって再建された。

(5) その展覧会は企業の財団によって支援されている。

動作や作用を受けたものを主語にして述べるのに用いる。事実の描写文、報道文などで多く使われる。動作主は「Nに」あるいは「Nによって」で示される。おもに物(作品、建築物など)が作り出される場合や、改まった言い方のときは「によって」が使われる。

→【によって】2

b　NがN　に／から　V-られる N4

(1) おばあさんが犬にかまれた。

(2) その子は母親にしかられて、泣き出した。

(3) 彼女は皆にかわいがられて育った。

(4) 森さんは知らない人から話しかけられた。

(5) 彼は正直なので、だれからも信頼されている。

(6) 夜中に騒いだら、近所の人に注意されてしまった。

動作や作用を受けた人を主語にして述べるのに用いる。二者間で起こることを動作主以外の人の視点から述べる言い方。動作主は「Nに」で示すが、動作主から感情･情報･言葉などが与えられる行為を表すときは「Nから」も使われる。話し手が受けた行為の場合は、話し手の視点から述べるために受身が使われることが多い。

(誤) 駅員は私に注意した。

(正) 私は駅員に注意された。

また一つの文の中では同じ人の視点から述べられるのが普通であるため、次の(例1)よりは(例2)の方がよい。

(例1) 学生が夜中に騒いで、近所の人が注意した。

(例2) 学生が夜中に騒いで、近所の人に注意された。

→【から 1】1c

c　NがNにV-られる N4

(1) 忙しいときに客に来られて、仕事ができなかった。

(2) A：日曜日はいかがでしたか？

B：家族でハイキングに行ったんですが、途中で雨に降られましてね。

A：それは大変でしたね。

(3) 彼は奥さんに逃げられて、すっかり元気をなくしてしまった。

(4) 親にとって、子供に死なれることほどつらいことはない。

「客が来る･雨が降る」など自動詞を使った文の受身文。ある事態が生じたことで間接的に迷惑をうける人の立場から述べるのに用いる。例えば(1)は「客が来る」ことによって話し手が困ったことを表す。

3　NがNにNをV-られる

a　NがNにNをV-られる ＜所有者受身＞

(1) 森さんは知らない人に名前をよばれた。

(2) わたしは今朝、電車の中で足をふまれた。

(3) 犯人は警官に肩を撃たれて重傷を負った。

(4) 先生に発音をほめられて英語が好きになった。

動作や作用を受けたものの所有者を主語にして述べるのに用いる。あるものに対する行為によって、そのものの所有者が迷惑を受けたり戸惑ったりすることを表すのに使う。所有者に属するもの(名前、足、肩など)は「Nを」の形で表す。これらを主語にすると不自然に感じられる場合が多い。

(誤) 私の足がふまれた。

(正) 私は足をふまれた。

話し手の視点から見て歓迎すべきことは「Vてもらう」などの恩恵を表す表現を用いることが多いが、(4)の「ほめる」のように本来プラスの意味を持つ動詞が受身になるときは、「恥ずかしい・得意だ」など、なんらかの感情の動きが含意される。

→【てもらう】1

b　NがNにNをV-られる ＜間接受身＞

(1) せまい部屋でタバコを吸われると気分が悪くなる。

(2) 次々に料理を出されて、とても食べきれなかった。

(3) ≪母親が子供に≫台所のテーブルの上に宿題を広げられると晩御飯のしたくができないから、はやくどけなさい。

(4) 今あなたに会社をやめられるのは困るなあ。

「(だれかが)タバコを吸う／料理を出す」など他動詞を使った受身文。ある事態が生じたことで間接的に迷惑をうける人の立場から述べるのに用いる。例えば(1)は「だれかがタバコを吸う」ことで話し手が困ることを表す。動作主は「Nに」で示され、「Nによって」や「Nから」は使えない。動作主は示されないことが多い。

→【から$_1$】1c【によって】2

【られる$_2$】N4

尊敬を表す。活用形は【られる$_1$】を参照のこと。

[NがV-られる]

(1) ≪目下から目上の人に≫こちらに来られるときはご案内しますので、ぜひご連絡ください。

(2) ≪部下から上司へ≫課長は来月からシンガポールに行かれるそうですね。いつ頃戻られるのですか？

(3) 職員A：橋本先生は、去年まで大阪の大学で教えられていたそうです。
　職員B：ああ、だからときどき大阪弁になるんですね。

(4) ≪目下から目上の人に≫英語がお上手ですね。どうやって勉強されたんですか？

聞き手や第三者の行為を尊敬の気持ちを込めて表す。自分より目上の人や、取引先の相手など、心理的に距離のある人の行為を表す場合に使われる。

【れる$_1$】

可能を表す。「V-れる」のVが五段活用の動詞の場合は、「行く→行ける」「飲む→飲める」のように、辞書形の末尾をエ段の音に変えて「る」を付ける。一段活用の場合は、「食べる→食べられる」のように、語幹「食べ」に「られる」を付ける。「来る」は「こられる・これる」になる。また、「する」については「できる」を使う。「V-れる」は一段動詞の活用をする。

Vが五段活用の動詞の場合、可能の「V-れる」は受身の「V-られる」と異なる形になる(例えば可能が「飲める・書ける」、受身が「飲まれる・書かれる」)。一方、一段活用の動詞の場合は可能も受身も同形である(例えば、可能も受身も「食べられる・起きられる」)。しかし、最近の話し言葉では、可能を表す「V-れる」の「ら」を抜かして「食べれる・起きれる」と言う人が増えている。

→【られる$_1$】

1 NはNがV-れる

一般に「NはNがV-れる」の文がよく用いられるが、能力・可能性をもつ者を「Nに」で表して、「NにNがV-れる」となることもある。また、「NはNをV-れる」ということもある。

a　NはNがV-れる ＜能力＞ N4

(1) リンさんはなっとうが食べられますか？

(2) 山村さんにできないスポーツはない。

(3) わたしに彼らの指導ができるだろうか。

(4) 読めない漢字があったら、そう言ってください。

(5) この本は読み出したら、やめられない。

(6) どうしてもあの先生の名前が思い出せなくて冷や汗をかいた。

(7) 朝6時から練習を開始しますので、起きられたら来てください。

能力や技術、あるいは意志の力によって可能であることを表す。

b　NはNがV-れる ＜可能性＞ N4

(1) あの店ではいつも珍しいものが食べられる。

(2) その会社の社員なら、だれでもその食堂が利用できる。

(3) この動物園では、子供たちは子馬に乗れる。

(4) わたしが直接話せたらいいのですが、あいにく都合が悪いんです。

(5) 両親に言えないことでも、友達になら言える。

(6) 辞書は図書館で借り出せないので、ひまなときに調べに行くつもりだ。

(7) 昨日は答えが聞けなかったので、今日もう一度たずねてみます。

状況や機会によって可能性があることを表す。「見られる・見える」は類似の表現だが、「見える」が自然に目に入ってくる場合、「見られる」はそういう状況や機会があって可能であるという違いがある。

(正) 昨夜のスポーツニュースは忙しくて見られなかった。

(誤) 昨夜のスポーツニュースは忙しくて見えなかった。

(正) ここから白い建物が見えます。

(誤) ここから白い建物が見られます。

「聞ける・聞こえる」の場合も同様で、「聞こえる」は自然に耳に入ること、「聞ける」はそういう状況や機会があって可能であるということを表す。

(正) 携帯ラジオをもってきたので、どこでも天気予報が聞ける。

(誤) 携帯ラジオをもってきたので、どこでも天気予報が聞こえる。

(正) どこからか鳥の声が聞こえた。

(誤) どこからか鳥の声が聞けた。

視力、聴力は、「見える·聞こえる」を用いる。

(例1) 生まれたばかりの猫の子は目が見えない。

(例2) 補聴器をつけたら、耳がよく聞こえるようになった。

→【みえる】1

2　NはV-れる

(1) この野菜は生では食べられない。

(2) この泉の水は飲めます。

(3) 悲しい映画かと思ったが、見てみるとけっこう楽しめる映画だった。

(4) この教室は300人は楽に入れます。

もののの性質として可能なことを表す。

【れる₂】

自発を表す。活用形は【れる₁】を参照のこと。

[N(に)はNがV-れる]

(1) この風景を見ていると、子供のころのことが思い出されます。

(2) 私にはあなたの暮らしぶりが羨ましく思われます。

(3) 子供が一人で歩いているのがおかしいと感じられたので、その子に声をかけました。

(4) 急激な物価上昇が続き、この国の先行きが案じられます。

(5) 友達と別れて一人になった途端に寂しくて泣けてきました。

(6) あのコメディアンはすごいね。黙って立っているのを見ているだけで笑えるよ。

(7) この小説、ぜひ読んでみて下さい。何度も泣けるし笑えます。とにかくすばらしい作品です。

「N1（に）はN2がV-れる」の形で、N1が無意識のうちに自然にそのような気持ちになることを表す。「思う・思い出す・感じる・泣く・笑う」など、心の動きを表す動詞が使われる。

【連用形】

1 VR／A-く

(1) 久しぶりに故郷に帰り、その変わりように驚いた。

(2) 問題点を整理し、再検討しなければならない。

(3) ≪報道≫市内は店も開き、平静さを取り戻しています。

(4) むかしこの辺には大きな工場があり、多くの労働者がいた。

(5) 同窓会には先生もいらっしゃり、楽しいひと時を過ごしました。

(6) 当地は夜になっても暑く、寝苦しい日が続いています。

(7) 地方都市は物価も安く、安全でとても暮らしやすい。

動詞やイ形容詞の活用形の一つ。一段動詞は語幹(例：見、食べ)、五段動詞は「い段」を用いる(例：書き、読み)。「くる・する」は「き・し」となる。イ形容詞は語幹に「く」を付ける(例：古く、おもしろく)。書き言葉で文と文を接続するのに用いる。報道など改まった言い方が必要とされる場面では話すときも使われる。日常的な話し言葉では「皆で酒を飲んで、歌を歌った。」のようにテ形を使って文を接続する。

動詞のマス形の場合は、「書きまして・読みまして」のようにテ形を使って文を接続する。

2 VR

(1) 冷えは体に悪いですよ。

(2) 児童の読み書きの能力はどのようにしてはかるのでしょうか。

動詞の連用形を名詞として使う表現。「行き来・早寝早起き・泣き笑い」のように対になった動詞の決まった言い方も多い。

【ろ】 N4

[V-ろ]

動詞の活用形のひとつで、相手に命令するのに用いる。「-ろ」は一段動詞の連用形に付く(例：見ろ、食べろ)。五段動詞の場合は「え段」を用いる(例：書け、行け)。「くる・する」は「こい・しろ」となる。丁寧体は「食べなさい・書きなさい」のように「VR-なさい」となる。

(1) おい、起きろよ。もう昼だぞ。

(2) いつまでテレビ見てるんだ。早く寝ろ。

(3) 遠慮しないでもっと飲めよ。

(4) 一人で悩んでないで、僕に相談しろよ。

(5) ≪スポーツの応援≫がんばれー。走れー。

(6) ≪行進の指示≫止まれ。右向け右。

(7) 留学生の集まりで韓国について何か話せと言われています。

(8) 松田さん、先生がすぐに来いって。

くだけた話し言葉で、目下や対等の相手に向かって主に男性が使うのが普通。(3)(4)のようにくだけた場面での勧めや、提案としても使われる。(5)(6)のような場面・状況および(7)(8)のような間接的な引用の場合は性別に関係なく使われる。

→【なさい】1

【ろく】N1

1 ろくなN…ない

(1) こんな安月給ではろくな家に住めない。

(2) 道路に吸い殻が落ちている。こんなところでタバコを吸うなんてろくな奴じゃないな。

(3) 上司には怒られるし、彼女にはふられるし、ろくなことがない。

(4) A：≪食事に招かれて≫どうもごちそうさまでした。
B：いいえ、ろくなおかまいもできませんで。

満足のいくものではないこと、標準以下でよくないと思っていることを表す。

2 ろくでもないN

(1) 花子はろくでもない男に夢中になっている。

(2) そんなろくでもない本ばかり読んでいるから、成績が悪くなるのよ。

(3) A：お金が足りないなら、宝くじでも買ったらどう？
B：ろくでもないこと言わないでよ。

なんの値打ちもないことを表す。「くだらない・つまらない」とも言う。

3 ろくにV-ない

(1) テストも近いというのに、あの子ったらろくに勉強もしないんだから。

(2) あいつはろくに仕事もしないくせに、食べるときは人一倍食べる。

(3) せっかく海に来たというのに、彼女はろくに泳ぎもしないで肌を焼いてばかりいた。

(4) ろくに予習しなくたって、あの授業は簡単だから何とかなる。

(5) そんな雑誌、ろくに読まなくてもだいたいどんなことが書いてあるかは見当が付くよ。

満足にしないことを表す。「ほとんど…しない・十分に…しない」とも言う。

【ろくろく】

[ろくろくV-ない]

(1) 電気屋で新製品のカタログを山ほどくれたが、どれもろくろく見ないで捨ててしまった。

(2) 兄はろくろく勉強もしなかったのに、すんなり合格してしまった。

(3) 彼女はその手紙をろくろく読みもしないで破り捨ててしまった。

(4) 隣に引っ越してきた人は、うちの前で顔を合わせてもろくろく挨拶もしないんだ。いったいどういうつもりなんだろう。

「ほとんど…しない・十分に…しない」という意味を表す。しないことに対する否定的な見方を表す。(2)〜(4)のように、「V_{R}-もしない」の形で否定の意味を強調することも多い。

→【も】10

【わ…わ】

1 …わ…わ(で)

(1) 昨日は山登りに行ったが、雨に降られるわ道に迷うわで、散々だった。

(2) 今週は試験はあるわレポートの締切は近いわで、寝る間もない。

(3) このごろ忙しくて、もう家事はたまるわ、まともな食事はできないわ…。

(4) 授業に遅刻して、先生に叱られるわ、友達にからかわれるわで、朝からとんでもない一日だった。

よくないことがらが一度に重なって起こるときに、それらを例示的に並べて困った気持ちを強調して表す。後にそのことで大変だ、困ったという内容が続く。

2 V-るわV-るわ

(1) 新しくできた水族館に行ったら、人がいるわいるわ、魚なんか全然見えないぐらいの人出だった。

(2) 忙しくて新聞がたまるわたまるわ、もう2週間分も読んでいない。

(3) 部屋を久しぶりに掃除したら、ごみが出るわ出るわ、段ボール箱にいっぱいになった。

同じ動詞を繰り返して、存在や発生の量や頻度が予想外に多いことへの驚きを表す。後にそのことによって結果的に発生する事態が続くことが多い。

【わけ(が)ない】 N2N3

[N／Na　なわけ(が)ない]

[N／Na　であるわけ(が)ない]

[A／V　わけ(が)ない]

(1) あいつが犯人なわけないじゃないか。

(2) あんな噂が本当であるわけがないじゃないですか。

(3) A：最近元気？
B：元気なわけないでしょ？　彼と仲直りできなくて、もう悲惨な状態なんだから。

(4) 長年シェフとして働いていた彼が作る料理がまずいわけがない。

(5) こんな忙しい時期にスキーに行けるわけがない。

(6) 勉強もしないで遊んでばかりいて、試験にパスするわけがないじゃないか。

(7) 考えてみれば、彼女が彼に対してそんなひどいことを言うわけがなかった。

そういうことがらが成立する理由・可能性がないという強い主張を表す。「Nな」は「Nの」となることもある。話し言葉では「わけない」というように「が」が省略されることが多い。「…はずがない」で言いかえられる。

→【はず】 4

【わけだ】

[N／Na　なわけだ]

[N／Na　であるわけだ]

[A／V　わけだ]

1 …わけだ ＜独話型＞

前の発話や文脈が表す事実・状況などから論理的に導き出される結論を述べるのに用いる。話し手・書き手が何かについて説明したり解説したりするような場合に用いられる。

a …わけだ ＜結論＞ N2N3

(1) イギリスとは時差が8時間あるから、日本が11時ならイギリスは3時なわけだ。

(2) 体重を量ったら60キロになっていた。去年は50キロだったから、一年で10キロも太ったわけだ。

(3) 最近円高が進んで、輸入品の値段が下がっている。だから洋書も安くなっているわけだ。

(4) 彼女は中国で3年間働いていたので、中国の事情にかなり詳しいわけである。

(5) 私は昔から機械類をさわるのが苦手です。だから未だにパソコンも使えないわけです。

「X。(だから) Yわけだ」の形で、YがXからの自然な成り行き、必然的に導き出される結論であることを表す。「だから・から・ので」などとともに用いられることが多い。

→【から$_2$】① 【だから】② 【ので】

b ...わけだ ＜言い換え＞

(1) 彼女の父親は私の母の弟だ。つまり彼女と私はいとこ同士になるわけだ。

(2) 彼女はフランスの有名なレストランで5年間料理の修行をしたそうだ。つまりプロの料理人であるわけだ。

(3) 彼は大学へ行っても部室でギターの練習ばかりしている。要するに講義にはほとんど出ていないわけだが、それでもなぜか単位はきちんと取れているらしい。

(4) 父は20年前に運転免許を取っていたが車は持っていなかった。つまり長い間ペーパードライバーだったわけだ。

(5) 母が旅行する時に一番気にするのは食事だ。逆に言えば、食事さえうまければ他のことは多少どうでもがまんできるわけだ。

「X。(つまり) Yわけだ」の形で、XとYは同じことがらを意味しており、XをYで言いかえられることを表す。「つまり・言いかえれば・すなわち・ようするに」などとともに用いられることが多い。

→【すなわち】【つまり】①【ようするに】

c ...わけだ ＜理由＞ N2N3

(1) 今年は米のできがよくなかった。冷夏だったわけだ。

(2) 父は昨日から私と口を聞かない。私が言ったことが気に入らないわけだ。

(3) 姉は休みの度に海外旅行に出かける。日常の空間から脱出したいわけだ。

(4) 山田君は就職難を乗り越えて大企業に就職したのに、結局3カ月でやめてしまった。本当にやりたかった音楽関係の仕事を目指すことにしたわけだが、音楽業界も就職はむずかしそうなので、心配している。

「X。Yわけだ」の形で、YがXの原因であるということを表す。「YだからX」と言いかえることもできる。

→【だから】①

d ...わけだ ＜事実の主張＞

(1) 危険な冬山に登るわけだから、十分に準備を整えて出発してくださいね。

(2) 災害はいつ起こるか分からない。だからこそ、定期的な防災訓練が必要とされているわけです。

(3) 私、国際交流関係のボランティア活動はすでに10年近くやってきているわけでして、自慢じゃありませんが、みなさんよりもずっと経験はあるわけです。そういう立場の者としてご提案させていただいているわけです。

(4) ねえ、聞いてくれる? 昨日駅前に自転車置いて買い物に行ったんだけど、帰ってきたらなくなってるわけ。あちこち見てみたけど見つからなくて、しょうがないから警察に行ったわけよ。そしたら「鍵かけてなかったんじゃないの？」なんて言われちゃって…。

自分が述べることは論理的な根拠のある事実だということを主張・強調するのに用いられる。話し言葉での使用が多く、特に論理的な根拠がない場合でも、終助詞的に多用されることもある。自分の考えを述べて相手を説得するときに用いられることが多い。

この用法は(3)(4)のように、聞き手がその事実を知らなくても用いられることがあり、その場合は「あなたも知っているでしょうが」という意味が含まれて押しつけがましく聞こえることもある。

2 …わけだ ＜対話型＞

相手の発話を受けて、そこから論理的に導き出される結論を述べるのに用いる。その結論を相手に確認する場合と、その結論がすでに事実で、その論理的な裏付けを相手の発話から得て納得する場合がある。

a …わけだ ＜結論＞ N2N3

[それなら／それじゃ／じゃ …わけだ]

(1) A：森さんは8年もフィンランドに留学していたそうですよ。
B：へえ、そうなんですか。それならフィンランド語は得意なわけですね。

(2) A：東京の大学に合格しました。
B：それじゃ、家を出て東京に住むことになるんですね。

(3) A：明日から2泊3日で温泉に行くの。
B：へえ、いいわね。じゃ、その間仕事のストレスからは解放されるわけね。

「それなら／それじゃ／じゃ…わけだ」などの形で、相手の発話を受けてそこから必然的に導き出される結論であることを表す。

b …わけだ ＜言い換え＞

[つまり／ようするに …わけだ]

(1) A：今週も土日に仕事が入ってしまったよ。
B：つまり、会社にこき使われているってわけだ。

(2) A：あの小説、やっと出版できることになったよ。
B：要するに、あなたもようやく実力が認められたわけね。

(3) A：田中くん、一緒に旅行に行くのやめるんだって。次の週が試験だから準備しなくちゃいけないらしいよ。
B：ふうん。要するに行きたくないってわけね。

「つまり／要するに…わけだ」の形で相手の直前の発話を別の表現で言いかえるのに用いる。

c …わけだ ＜理由＞ N2N3

(1) A：川本さん、車大きいのに買いかえたらしいよ？
B：へえ。子供が生まれて前のが小さくなったわけだな。
A：いや、そうじゃなくて、単に新車がほしくなっただけのことらしいけど。

(2) A：彼もかつてはこのボロアパートに住んでいたらしいですよ？
B：なるほど。彼も若い頃は絵が売れなくて貧乏していたわけだ。

(3) A：今日はこの通りで首相の選挙応援演説があるそうです。
B：ああ、だから警備がこんなに厳しいわけですね。

相手が述べたことを受けて、その理由や原因を推測して述べるのに用いる。

d　…わけだ <納得>

[だから／それで／なるほど／どうりで …わけだ]

(1) A：山本さん、昇進したらしいですよ？
　B：ああ、そうだったんですか。それで最近いつも機嫌がいいわけだな。

(2) A：彼女は3年もアフリカにフィールドワークに行っていたそうですよ？
　B：そうですか。道理で日本の状況をあまりご存じでないわけですね。

(3) A：隣の鈴木さん、定年退職したらしいよ？
　B：そうか。だから平日の昼間でも家にいるわけだ。

(4) あ、鍵が違うじゃないか。どうりでいくらがんばっても開かないわけだ。

(5) 田中さん、一か月で4キロやせようと思ってるんだって。なるほど、毎日昼ご飯を抜いているわけだわ。

「X。(だから) Yわけだ」などの形で、なぜYなのか不思議に思っていたが、相手の発話を聞いて「そうか。XだからYなのだ」と納得する気持ちを表す。「だから／それで／なるほど／道理で…わけだ」などの形で用いられることが多い。

自分で納得するので、「わけだ」の後に「ね」などを伴う必要はないが「…わけです」という丁寧な形の場合は、必ず「ね・な」などが付く。

(1)では「山本さんは最近いつも機嫌がいいが、その理由がわからない」という状況で、Aの「昇進したらしい」という情報を得て、「昇進したから最近機嫌がいいのだ」と納得したことを表す。(4)は一人の発話だが、「ドアがどうして開かないのかわからない」という状況で、「鍵が違う」ということを発見し、「鍵が違うからドアが開かないのだ」と納得したことを表す。(4)(5)のように、自分で発見したり他人から聞いたりした情報を自分で述べて、それをすでに知っている事実と結び付けて納得を表すという使い方もある。

3　…わけだから

a　…わけだから…はとうぜんだ

(1) 小池さんは何年もインドネシア駐在員だったわけだから、インドネシア語が話せるのは当然です。

(2) あの議員は履歴を偽って有権者をだましていたわけだから、辞職は当然のことだ。

(3) A：あの人、クビになったんだってよ？
　B：当然よ。会社のお金、何百万も使い込んでるのがばれたわけだから。

「XわけだからYは当然だ」の形で、確実な事実Xを根拠にして、そのXが事実だからYは当然のなりゆきであるということを主張する。

b　…わけだから…てもとうぜんだ

(1) 彼女は大学を出てからもう8年も経っているわけだから、しっかりしていても当然だろう。

(2) 僕たちは全く違う環境で育ったわけだから、価値観が違っても当然だよ。

(3) これだけ利用者が増えているわけだからもっと安くしても当然なのに、電車やバスの運賃は値上がりする一方だ。

「XわけだからYても当然だ」の形で、「確実な事実Xを根拠に考えるとYということがらが事実であってもおかしくない」という意味を表す。(3)のように、実際にはYと反対の状況が起こっていて予測と食い違っているという場合に使われることも多い。

4 …という／…って　わけだ

(1) イギリスとは時差が8時間あるから、日本が11時ならイギリスは3時というわけだ。

(2) 彼女の父親は私の母の弟だ。つまり彼女と私はいとこ同士だというわけだ。

(3) A：あしたから温泉に行くんだ。
B：へえ、いいね。じゃ、仕事のことを忘れて命の洗濯ができるというわけだ。

(4) A：川本さん、車買いかえたらしいよ？
B：あ、そう。子供が生まれて前のが小さくなったってわけか。

「わけだ」の<結論><言い換え><理由>の用法に「…という」や「…って」が結びついた形。

→【いう】1a【って】3【わけだ】1【わけだ】2

【わけではない】

1 …わけではない N2N3

(1) このレストランはいつも客がいっぱいだが、だからといって特別においしいわけではない。

(2) 私はふだんあんまり料理をしないが、料理が嫌いなわけではない。忙しくてやる暇がないだけなのだ。

(3) 私の部屋は本で埋まっているが、全部を読んだわけではない。

(4) ゴルフは経験がないわけではないが、得意ではない。

(5) 別に体調が悪いわけではないが、以前ほど無理がきかなくなった。

(6) 弁解をするわけではありませんが、昨日は会議が長引いてどうしても抜けられなかったのです。

(7) A：今度の日曜日に映画に行きませんか？
B：日曜ですか？
A：予定があるんですか？
B：いえ、予定があるわけではないのですが、その日はうちでゆっくりしたかったので…。

現在の状況や直前の発言から当然導き出されることがらを否定するのに用いる。「だからといって・べつに・特に」などとともに用いられることが多い。

(1)では「いつも客がいっぱいだ」ということから一般的に「料理がおいしい」ことが結論として導き出されるが、それは違うのだと否定している。「おいしいわけではない」は「料理がおいしいという結論はまちがいだ」という意味で、「料理はおいしくない」という直接的な否定に比べると間接的で、婉曲的な表現になる。したがって(7)のような場合には、「予定はありませんが」と言うよりも婉曲に断りを言うことができる。「そういうわけではないのですが」とも言える。また、(3)のように「全部・みんな・全然・まったく」などの語と共に用いると、部分否定になり、「少しは読んだ」という意味になる。

→【だからといって】【べつに】1

2 …という／…って　わけではない

(1) このレストランはいつも満員だが、だからといって特においしいというわけではない。

(2) 私はふだんあまり料理をしないが、料理が嫌いだというわけではない。忙しくてやる暇がないだけだ。

(3) A：あした映画に行かない？
B：あした、か。うーん。

A：私とじゃいやだってこと？
B：いや、いやってわけじゃないんだけど…。

(4) 今日は学校へ行く気がしない。雨だから行きたくないというわけではない。ただ何となく今日は何もする気になれないのだ。

「わけではない」に「…という」や「…って」が結び付いた形。「…という」を付けるとより説明的になる。(4)の「雨だから行きたくない」のように複文が使われるときは「というわけではない」を使うことが多い。

→【という2】3

【わけても】

(1) この山は、わけても5月がうつくしい。
(2) そのクラスの学生はみんな日本語がうまいが、わけてもAさんは上達がはやかった。
(3) 彼はスポーツ万能だ。わけてもゴルフはプロなみだ。
(4) 北風が身を切る季節になったが、給料日前の今夜はわけても寒さが身にしみる。

「あるものの中でも特に」という意味を表す。書き言葉。「も」が付かない形は現在ではまれ。

【わけにはいかない】

1 V-るわけに(は／も)いかない N2N3

(1) 頭痛がひどいけど、今日は大事な会議があるので仕事を休むわけにはいかない。
(2) カラオケに誘われたが、明日から試験なので行くわけにもいかない。
(3) 体調を崩した仲間を残して行くわけにもいかず、登山隊はしかたなくそこから下山することになった。
(4) いくらお金を積まれても、不正をするわけにはいきません。
(5) 困っている人を放っておくわけにはいかない。
(6) A：みんなで旅行に行くんだけど、いっしょに行かない？
B：うーん。でもうちには犬がいるから、そういうわけにはいかないんだよ。

「そうすることは不可能だ」という意味を表す。単に「できない」という意味ではなく、「一般常識や社会的な通念、過去の経験から考えてできない、してはいけない」ということ。

「私はお酒が飲めない」は、「体質的にお酒に弱くて飲めない」という意味を表し得るが、「お酒を飲むわけにはいかない」の場合は、体質的に飲めないのではなく、例えば「今日は車で来ているから飲めない」のように「飲んではいけない」という意味になる。また、(6)の「そういうわけにはいかない」(＝旅行に行くわけにはいかない)のように前の文を受けて使うこともある。

2 V-ないわけに(は)いかない

(1) 他の人ならともかく、あの人の頼みなら引き受けないわけにはいかない。いつもお世話になっているんだから。
(2) 実際にはもう彼に任せることに決まっていたが、形式上、上司の承認を得ないわけにはいかなかった。
(3) 二日酔いで気分が悪いが、今日は大事な会議があるから、行かないわけにはいかない。
(4) A：あんなハードな練習、もうやりたくないよ。疲れるだけじゃないか。

B：そういうわけにはいかないだろう。試合も近いんだから。

動詞の否定形に接続し「その動作をしないということは不可能だ＝しなければならない」という義務を表す。①の「V-るわけに(は／も)いかない」と同様に、一般常識や社会通念、過去の経験がその義務の理由となる。(4)のように、前の文や発話を受けて「そういうわけ」(＝やらないわけ)の形でも用いられる。

【わざわざ】N1

(1) 山田さんはわたしの忘れ物をわざわざうちまで届けてくれた。
(2) 会社の人が私の荷物をわざわざ家まで持って来てくれました。
(3) 風邪だというから、わざわざみかんまで買ってお見舞いに行ったのに、その友達はデートに出かけたと言う。
(4) そんな集まりのためだけにわざわざ東京まで行くのはめんどうだ。
(5) 心配してわざわざ来てあげたんだから、もうすこし感謝しなさいよ。

「何かのついでではなく、特にそのことだけのために何かをする」という様子や、「義務ではないが好意・善意・心配などからそれをする」という様子を表す。「…のだから・…のに」などとともに使うことも多い。

→【のだ】⑦【のに₁】①

【わずか】N2N3

① わずか

(1) 生活費も残りあとわずかになった。
(2) 水位はわずかだが上昇している。
(3) わずかな収入で家族5人を養うのはたいへんだった。
(4) 前年度に比べてわずかに回復したものの、依然として不振が続いている。
(5) 薬の量をわずかに増やしただけでも、患者への負担は大きく変わる。
(6) 彼女は自分の得点を見て、わずかに眉を寄せた。

数量や程度が少ないことを表す。「少し・ちょっと」とも言う。書き言葉や改まった話し言葉で用いる。

→【ちょっと】①

② わずか+数量詞

(1) 会議の出席者はわずか5人だけだった。
(2) 財布の中に残っていたのはわずか数千円でしかなかった。
(3) 社員わずか20名足らずの会社だったのを大企業に成長させた。
(4) 彼が失踪したのは、会社を辞めてわずか3日後のことだった。
(5) その家は都心からわずか1キロしか離れていなかった。

数量詞を伴って、数量が予想よりも少ないことを表す。「たった・ほんの」とも言う。

【わたる】

→【にわたって】【にわたり】

【わり】

① わり　と／に

(1) わりとおいしいね。
(2) きょうの試験はわりとかんたんだった。
(3) ああ、あの映画？　わりにおもしろかったよ。

「ある状況から予想されることと比較すれば」という意味を表す。例えば(2)には「いつもの試験と比べて・むずかしいだろうというみんなの予想に反して」といった意味あいがある。プラス評価でもマイナス評価でも、基準どおりではないときに使う。話し言葉的。

2 …わりに(は) N2N3

[Nのわりに]

[Naなわりに]

[A／V　わりに]

(1) あのレストランは値段のわりにおいしい料理を出す。

(2) このいすは高価なわりには、座りにくい。

(3) あの人は細いわりに力がある。

(4) ひとの作った料理に文句ばっかり言ってるわりにはよく食べるじゃないか。

(5) あまり勉強しなかったわりにはこの前のテストの成績はまあまあだった。

(6) 山田さん、よく勉強したわりにはあまりいい成績とは言えないねえ。

「あるものの状態から常識的に予想される基準と比較すれば」という意味を表す。プラス評価でもマイナス評価でも、基準どおりではないときに使う。

【を】

1 NをV ＜対象＞ N5

(1) 毎朝、わたしは紅茶を飲みます。

(2) 本を読むのが好きだ。

(3) 駅前で友だちを待った。

(4) 窓を開けてください。

(5) ドアを閉めました。

他動詞とともに用いて、名詞の表すものごとが動作の対象であることを表す。(4)(5)の「開ける・閉める」のような他動詞は「開く・閉まる」のような対になる自動詞があり、対応する自動詞文「窓が開く・ドアが閉まる」がある。

2 NをV ＜通過＞ N5

(1) 廊下を走らないでください。

(2) 朝早く犬を連れて公園を散歩している人は多い。

(3) 自由に空を飛べたらいいなあ。

(4) このバスは駅前を通って、空港まで行きます。

(5) この海を泳いであちらの島に渡るのは困難だろう。

「歩く・走る・通る・横切る」などの移動を表す動詞とともに用いて、名詞の表すものが移動や通過の場所であることを表す。(5)の「泳ぐ」は移動の動作であるが、移動の意味を含まず単に泳ぐ動作を表すだけのときは、通過場所を示す「を」は使わず、動作の場所を示す「Nで」を使う。

(誤) きのうは一日中、子供とプールを泳いだ。

(正) きのうは一日中、子供とプールで泳いだ。

→【で₂】2

3 NをV ＜離脱＞ N5

(1) 7時に家を出ると、8時半に会社に着く。

(2) 3年前に大学を出た。

(3) 電車を降りてすぐ、忘れ物に気がついた。

(4) 飛行機はすでに福岡空港を飛び立って、東京に向かっている。

(5) 捜索隊がふもとの村を出発したのは夜明け前だった。

「出る・離れる・卒業する」などの離れることを表す動詞とともに用いて、名詞の表すものが離脱の起点であることを示す。類似の意味を表す助詞に「から」があるが、「から」は「泥棒はこの窓から入って、玄関から出て行ったようです。」のようにより具体的な場所を指すことが多い。

（例1）研究所を出て、駅に向かった。

（例2）研究所の南出口から出て、駅に向かった。

→【から₁】1a

4 NをV-たい

(1) 今度のインド旅行ではいい写真をたくさんとりたい。

(2) 部屋が狭くなってきたので、マンションを買い換えたいと思っています。

(3) 自分の特技を活かせる仕事をしたいと考えています。

名詞の表すものごとが欲求、希望の対象であることを表す。「あーのどが渇いた。水が飲みたい。」のように対象を「Nが」で表すこともある。

→【たい】

【を…とする】

→【とする₂】3

【を…にひかえて】

→【にひかえて】2

【をおいて】N1

[Nをおいて]

(1) 都市計画について相談するなら、彼をおいて他にはいないだろう。

(2) マスメディアの社会への影響について研究したいのなら、この大学をおいて他にはない。

(3) もし万一母が倒れたら、何をおいてもすぐに病院に駆けつけなければならない。

「…を別にして・をのぞいて」の意味。(3)の「何をおいても」は「どんな状況でも」という意味の慣用句。

【をかぎりに】N1

[Nをかぎりに]

(1) 今日をかぎりに今までのことはきれいさっぱり忘れよう。

(2) 明日の大晦日をかぎりにこの店は閉店する。

(3) この会は今回をかぎりに解散することとなりました。

(4) みんなは声を限りに叫んだが、何の返事も返ってこなかった。

「今日・今回」などときを表す語に付いて、「そのときを最後にして」という意味を表す。発話時を含むときを表す語が使われることが多い。(4)は慣用表現で「できるだけ大きな声を出して」の意味。

【をかわきりとして】

→【をかわきりに】

【をかわきりに】N1

[Nをかわきりに]

(1) 彼女は、店長としての成功を皮切りに、どんどん事業を広げ、大実業家になった。

(2) その歌のヒットを皮切りに、彼らはコマーシャル、映画、ミュージカルなどあらゆる分野へ進出していった。

(3) 太鼓の合図を皮切りに、祭りの行列が繰り出した。

「それを出発点として」という意味を表す。後ろに、それ以後盛んになったり、飛躍的に発展する様子を述べるのが普通。「をかわきりにして・かわきりとして」という形で用いることもある。

【をかわきりにして】

→【をかわきりに】

【をきんじえない】N1

[Nをきんじえない]

(1) 思いがけない事故で御家族を失った方々には同情を禁じえません。
(2) 戦場から切々と訴えかける手紙に涙を禁じえない人も多いだろう。
(3) 母の死を知らず無邪気に遊んでいる子供にあわれみを禁じえなかった。
(4) この不公平な判決には怒りを禁じえない。
(5) 期待はしていなかったが、受賞の知らせにはさすがに喜びを禁じ得なかった。

「ある状況に対して、怒りや同情などの感情を感じないではいられない」という意味を表す。抑えようとしてもそのような感情をもってしまうというときに使う。改まった書き言葉。

【をけいきとして】N2N3

[Nをけいきとして]

(1) 彼女は大学入学を契機として親元を出た。
(2) 彼は就職を契機として生活スタイルをがらりと変えた。
(3) 日本は敗戦を契機として国民主権国家へと転換したと言われている。
(4) 今回の合併を契機として、我が社は21世紀をリードする企業としてさらに発展してゆかなければならない。

「入学・就職」など動作を表す名詞に付いて、「何かの出来事がきっかけ／転換点となって」という意味を表す。「…をけいきに・…をけいきにして」とも言う。書き言葉。

(例) 彼女は大学入学を契機に(して)親元を出た。

【をこめて】N2N3

[Nをこめて]

(1) 母親のために心をこめてセーターを編んだ。
(2) この花を、永遠に変わらぬ愛を込めてあなたに贈ります。
(3) 彼女は、望郷の思いを込めてその歌を作ったそうだ。
(4) 彼は、長年の恨みを込めて、痛烈な一撃をその男の顔面に食らわせた。

「愛や思いなどの心情をあるものに注いで」という意味を表す。名詞を修飾して「Nをこめた N」となることもあるが、「NのこもったN」となることの方が多い。

(例1) 子供たちが心を込めた贈り物をした。
(例2) 子供たちが心のこもった贈り物をした。

「を」のない次のような慣用表現もある。

(例3) 父は丹精込めて育てたその菊をことのほか愛している。

【をして…させる】

→【させる】7

【をする】

→【する】6

【をぜんていに】

[Nをぜんていに]

(1) 彼女は記事にしないことを前提にそのことを記者に話した。

(2) では、そのことを前提に、今後のことを話しあっていきたいと思います。

(3) 政府は、その問題の解決を前提に援助交渉にのぞむ方針をかためたもようである。

「あることがらがなされるための条件／それがなされなければ次の段階に進めないような条件を満たした上で」という意味を表す。例えば(1)では「記事にしないこと」がその条件である。書き言葉的。「…をぜんていにして・…をぜんていとして」とも言う。

【をたのみとして】

→【をたよりに】

【をたのみにして】

→【をたよりに】

【をたよりに】

[Nをたよりに]

(1) あなたがいなければ、これからわたしは何をたよりに生きていけばいいのですか？

(2) その留学生は、辞書をたよりに、ひとりで「橋のない川」を読みつづけている。

(3) 彼は奨学金をたよりに大学院に進み、博士論文を書き上げた。

(4) もちまえの行動力だけをたよりに、彼女はバイクで世界中を旅している。

「何かの助けを借りて・何かに依存して」という意味を表す。書き言葉的。話し言葉では「…をたよりにして/として」と言う。よく似た表現に「…をたのみにして/として」がある。

【をちゅうしんに】 N2N3

[Nをちゅうしんに]

(1) そのグループは山田さんを中心に作業を進めている。

(2) そのチームはキャプテンを中心によくまとまったいいチームだ。

(3) 台風の影響は、九州地方を中心に西日本全体に広がる見込みです。

(4) このバスは、朝7時台と夕方6時台を中心に多くの便数がある。

「…を中心にして」という意味を表す。あるものを中心においた行為・現象・状態の範囲を示すときに使う。「…をちゅうしんにして・…をちゅうしんとして」の形もある。書き言葉的。

【をつうじて】

1 NをつうじてV N2N3

(1) その話は山田さんを通じて相手にも伝わっているはずです。

(2) A社はB社を通じてC社とも提携関係にある。

(3) 現地の大使館を通じて外務省に入った情報によると、死者は少なくとも100人を超えたもようである。

「…を経由して」という意味を表す。なにかを経由して情報を伝えたり関係ができたりするということを述べるときに使う。書き言葉的。「をとおして」とも言う。伝わるのは情報・話・連絡などで、交通手段は使えない。

(誤) この列車はマドリードをつうじてパリまで行く。

(正) この列車はマドリード{を通って／を経由して}パリまで行く。

→【をとおして】1

2 Nをつうじて

(1) その国は一年をつうじてあたたかい。

(2) このあたりは四季をつうじて観光客のたえることがない。

(3) その作家は、生涯を通じて、さまざまな形で抑圧されてきた人々を描きつづけた。

期間に関わる名詞に付いて、「ある一定の時間とぎれることなくずっと」という意味を表す。書き言葉的。「をとおして」とも言う。

→【をとおして】3

【をとおして】

1 Nをとおして ＜仲立ち＞ N2N3

(1) 私たちは友人を通して知り合いになった。

(2) 我々は体験ばかりでなく書物を通して様々な知識を得ることができる。

(3) 実験を通して得られた結果しか信用できない。

(4) 5年間の文通を通して二人は恋を実らせた。

(5) 今日では、マスメディアを通して、その日のうちに世界の出来事を知ることができる。

人やものごと、動作を表す名詞などを受け、「それを仲立ちや手段にして」という意味を表す。それによって知識や経験などを得ることを述べるのに使う。

2 V-ることをとおして

(1) 子供は学校で他の子供と一緒に遊んだり学んだりすることを通して社会生活のルールを学んで行く。

(2) 教師は学生に教えることを通して、逆に学生から教えられることも多い。

動詞の辞書形を受けて、「をとおして」と同様の意味を表す。「学ぶ」のような和語の動詞を受けるのが普通で、「学習する・研究する」のような漢語の動詞の場合は、「をとおして」の表現を使って「学習／研究をとおして」のように言う方が一般的である。

→【をとおして】1

3 Nをとおして ＜期間中＞

(1) 5日間を通しての会議で、様々な意見が交換された。

(2) この地方は1年を通して雨の降る日が少ない。

(3) この1週間を通して、外に出たのはたったの2度だけだ。

期間を表す名詞を受けて、「その期間中・期間の範囲内」といった意味を表す。(1)のように期間中ずっと継続的に行為が行われたり、(2)(3)のように、その期間内に断続的に生じる出来事などを表す。

【をとわず】 N2N3

[Nをとわず]

(1) 彼らは昼夜を問わず作業を続けた。

(2) 意欲のある人なら、年齢や学歴を問わず採用する。

(3) 近ごろは男女を問わず大学院に進学する学生が増えている。

(4) 新空港の設計については、国の内外を問わず広く設計案を募集することとなった。

「それに関係なく・それを問題にせず」という意味を表す。「昼夜・男女」など対になった名詞が使われることが多い。「老若男女とわず」という表現もある。

(例) そのできごとは老若男女を問わず大いに歓迎した。

次のように「Nはとわず」の形となることもある。

(例) ≪アルバイトの広告で≫販売員募集。性別は問わず。

書き言葉的。

【をのぞいて】

[Nをのぞいて(は)]

(1) 山田さんをのぞいて、みんな来ています。

(2) 火曜日をのぞいてだいたいあいています。

(3) その国は、真冬の一時期をのぞいてはだいたい温暖な気候だ。

(4) 全体的には、この問題を除いて、ほぼ解決したと言ってよいだろう。

「それを例外として」という意味を表す。書き言葉的で、話し言葉では「…をのぞけば」や「…のほかは」の方をよく使う。

→【ほか】 1a

【をふまえ】

[Nをふまえ(て)V]

(1) 今の山田さんの報告をふまえて話し合っていただきたいと思います。

(2) 前回の議論をふまえて議事を進めます。

(3) そのご提案は、現在我々がおかれている状況をふまえてなされているのでしょうか。

(4) 今回の最終答申は、昨年の中間答申をふまえ、さまざまな角度から議論を重ねたうえで出されたものだ。

「あることがらを前提や判断の根拠にしたり考慮に入れたりしたうえで」という意味を表す。書き言葉的で、会話では会議などで使われる。

【をべつにして】

→【をおいて】

【をもって1】 N1

[Nをもって]

(1) 自信をもってがんばってね。

(2) A：しめきりが明日というレポートがみっつもあるんだ。
B：余裕をもってやらないからこういうことになるのよ。

(3) わたしは、そのとき確信をもって、こう言ったんです。

(4) これは、自信をもっておすすめできる商品です。

「ものを持つ・手に持つ」というときの「持つ」という動詞が使われているが、「自信・確信」など、抽象的な意味の名詞を用いて、「それを伴って」という意味を表す。

【をもって2】

1 Nをもって

(1) このレポートをもって、結果報告とする。

(2) この書類をもって、証明書とみなす。

(3) これをもって、ご挨拶とさせていただきます。

「これを手段として・その方法を用いて」という意味を表す。「これによって」に近い。話し言葉で議会など公式の場で用いる。書き言葉としても、書類などで用いる改まった表現。

→【によって】 3

2 Nをもちまして N1

(1) 本日をもちまして当劇場は閉館いたします。

(2) 当店は7時をもちまして閉店させていただきます。

(3) これをもちまして閉会とさせていただきます。

(4) 只今をもちまして受付は締め切らせていただきます。

時間や状況を告げて会などを終わらせるのに用いる。正式なあいさつの場などに限られており、くだけた会話などでは用いられない。「をもって」より丁寧。

→【をもって₂】1

【をもとに】N2N3

[Nをもとに(して)]

(1) 実際にあった話をもとにして脚本を書いた。

(2) 世間のうわさだけをもとにして人を判断するのはよくない。

(3) この地方に伝わる伝説をもとにして、幻想的な映画を作ってみたい。

(4) 調査団からの報告をもとに救援物資の調達が行われた。

(5) 史実をもとにした作品を書き上げた。

「あるものを材料／ヒント／根拠などにして」という意味を表す。名詞を修飾するときは(5)のように「Nをもとにした N」になる。

【をものともせずに】N1

[Nをものともせずに]

(1) 彼らのヨットは、嵐をものともせずに、荒海を渡り切った。

(2) 莫大な借金をものともせずに、彼は社長になることを引き受け、事業を立派に立ち直らせた。

(3) 周囲の批判をものともせずに、彼女は自分の信念を貫き通した。

「厳しい条件を気にせず立ち向かって」という意味を表す。後ろには問題を解決するという意味の表現が続く。書き言葉。

【をよぎなくさせる】N1

[Nをよぎなくさせる]

(1) 台風の襲来が登山計画の変更を余儀なくさせた。

(2) 思いがけない独立派の反撃が政府軍に撤退を余儀なくさせた。

動作を表す名詞に付いて、「強制的にそうさせる・そうせざるを得ない状態にする」という意味を表す。好ましくない事態を引き起こすことを表す場合に用いる。

【をよぎなくされる】N1

[Nをよぎなくされる]

(1) 火事で住まいが焼けたため、家探しを余儀なくされた。

(2) 長時間の交渉の結果、妥協を余儀なくされた。

(3) 事業を拡張したが、売り上げ不振のため、撤退を余儀なくされる結果になった。

(4) これ以上の争いを避けるために全員が協力を余儀なくされた。

動作を表す名詞に付いて、「しかたなく、そうしなければならない状況になる」という意味を表す。書き言葉。

【んじゃ】

(1) 雨なんじゃしかたがない。あしたにしよう。

(2) そんなに臆病なんじゃ、どこにも行けないよ。

(3) こんなに暑いんじゃ、きょうの遠足はたいへんだろうね。

(4) こんなにたくさんの人に見られているんじゃ緊張してしまうな。

「のでは」のくだけた話し言葉。

→【のでは】

【んじゃない】

1 …んじゃない

(1) あの人、山田さんなんじゃない？

(2) ほら、顔が赤くなった。あなた、山田さんが好きなんじゃないの？

(3) それ、いいんじゃない？ 悪くないと思うよ。

(4) かぎ？ テーブルの上にあるんじゃない？

(5) 佐藤さん？ もう帰ったんじゃありません？

「のではないか」のくだけた話し言葉。上昇調のイントネーションを伴う。(2)のように「んじゃないの」も可能。男性はこの他に「んじゃないか」も使う。丁寧な言い方は「んじゃないですか・んじゃありませんか」となる。

→【ではないか$_2$】1【じゃないか$_2$】【んじゃないか】

2 V-るんじゃない

(1) そんなところで遊ぶんじゃない。

(2) 電車の中で走るんじゃない！

(3) そんなきたないものを口にいれるんじゃない！

(4) そんな小さい子を突き飛ばすんじゃない！

(5) 知らない人に声を掛けられても、ついていったりするんじゃありませんよ。

「のではない」のくだけた話し言葉。下降調のイントネーションを伴い、大人が子供に強い調子で注意するときなどに使われる。丁寧な言い方は「んじゃありません」となる。

【んじゃないか】

(1) 明日はひょっとしたら雪なんじゃないか？ 雪雲が出てきたよ。

(2) あの人、野菜がきらいなんじゃないか？ こんなに食べ残しているよ。

(3) あの子、寒いんじゃないかな？ くしゃみしてるよ。

(4) 田中さんも来るんじゃないですか？ 鈴木さんがつれてくるって言っていましたよ？

「(の)ではないか」のくだけた話し言葉。丁寧な言い方は「んじゃないですか・んじゃありませんか」となる。

→【じゃないか$_2$】【ではないか$_2$】1【んじゃない】1

【んじゃないだろうか】

(1) こんなことが起きるなんて信じられない。夢じゃないだろうか。

(2) あの人、ビールよりワインの方が好きなんじゃないだろうか。ワインばかり飲んでたよ。

(3) いくら浅い川だといっても、あのへんは深いんじゃないだろうか。

(4) 雪が降っていますね。故郷ではもうずいぶん積もったんじゃないでしょうか。

「(の)ではないだろうか」のくだけた話し言葉。自分に問いかけるときに使うことが多い。相手に確認する丁寧な言い方は「んじゃないでしょうか・んじゃありませんか」となる。

→【ではないだろうか】

【んじゃなかったか】

(1) あの人はもっと有能なんじゃなかっ

たか。

(2) 二度としないと誓ったんじゃなかったか。

(3) 今日は病院に行って検査を受ける日じゃなかったか。

「(の)ではなかったか」のくだけた話し言葉。自分に問いかけるときに使うことが多い。

→【ではなかったか】2

【んだ】

「のだ」のくだけた話し言葉。

→【のだ】

1 …んだ

[N／Na　なんだ]

[A／V　んだ]

(1) A：どうしたの？　元気ないね。
B：かぜなんだ。

(2) A：どうしてさっき山田さんとしゃべらなかったの？
B：あの人はちょっと苦手なんだ。

(3) 誰が反対しても僕はやるんだ。

(4) コンセントが抜けています。だからスイッチを入れてもつかなかったんですよ。

(5) A：どうしたの？　具合でも悪いの？
B：ちょっとおなかが痛いんだ。

「のだ」と同様に「説明・主張」などさまざまな意味を表す。

→【のだ】

2 V-るんだ

(1) かぜなんだから、早く寝るんだ。

(2) さっさと食べるんだ。

(3) 呼ばれたら返事をするんだよ。

(4) ≪父親が子どもに≫いいかい、なるべく早く迎えにくるようにするから、おとなしく待ってるんだよ。

指示・命令を表す。おもに男性が使う。(3)(4)のように「よ」が付くと命令の調子が弱くなる。

→【のだ】3

【んだった】

(1) あと10分あれば間に合ったのに。もう少し早く起きるんだったな。

(2) A：ひどい成績だね。
B：うん、こんなことになるのなら、もう少し勉強しておくんだった。

(3) あれ？　パンがたりない。もっと買っておくんだったな。

(4) こんな事態になる前に、何か手を打っておくんだった。

「のだった」のくだけた話し言葉。自分自身に語りかけるような気持ちで使うことが多い。

→【のだった】1

【んだって】

→【って】5

【んだろう】

(1) 子どもたちがたくさん遊んでいる。もう夏休みなんだろう。

(2) A：君も行くんだろう？
B：はい、行くつもりです。

「のだろう」のくだけた話し言葉。推量のときは下がり調子、問いかけのときは上がり調子のイントネーションを伴う。丁寧な言い方は「んでしょう」となる。

→【のだろう】1

【んで】

(1) かぜなんで今日は休みます。

(2) 雨が降りそうなんで洗濯はやめときます。

(3) あんまりおいしかったんで、ぜんぶ食べてしまった。

(4) 残った仕事はあした必ずかたづけるんで、今日は勘弁してください。

(5) 急いで作ったんで、おいしくないかもしれませんよ。

「ので」のくだけた話し言葉。

→【ので】

【んです】 N4

(1) A：どうしたんですか？　元気がありませんね。

B：ちょっとかぜなんです。

(2) A：どうしてさっき山田さんとしゃべらなかったの？

B：あの人はちょっと苦手なんです。

(3) A：どうしたの？　退屈？

B：いえ、ちょっと眠いんです。

(4) コンセントが抜けています。だからスイッチを入れてもつかなかったんですよ。

「んだ」の丁寧形。「のです」とも言う。

→【のです】【んだ】 1

【んとするところだ】

→【まさに】 2

50音順索引

あ

い

う

え

お

か

き

く

け

こ

さ

し

す

せ

そ

た

ち

つ

て

と

な

に

ぬ

ね

の

は

ひ

ふ

へ

も

や

ゆ

よ

ら

る

れ

ろ

わ

を

ん

末尾語逆引き索引

ある

いい

いう

いる

か

から

する

だ

だから

たら

だろう

ても

と

ない

なら

なる

のに

ば

意味・機能別項目索引

意志・意向

位置関係

依頼・命令

受け身・使役・抵抗不可

開始・終了・完了

可能・不可能・可能性

感情（後悔）

感情（心情の強調）

感嘆・感慨・驚き

勧誘・申し出・助言

関連・相応

基準

起点・到達点・範囲

義務・不必要

逆接・予想外

許可・禁止

敬意

経験

傾向

決意・決定

結末・結論

原因・理由

限定・限度

時間（前後）

時間（とき・あいだ・同時）

授受・恩恵

手段・方法・情報源

主張・断定

条件（仮定条件など）

条件（無条件・無関係）

譲歩

除外・例外

進行・継続・持続

推量

説明

選択

相関関係・随伴関係

対比

立場・根拠

程度

程度の強調

伝聞・引用・定義

範囲

比較

比況・類似性

否定・二重否定

否定の強調

非難

評価

不明確

並列・反復

変化・不変化

付加・非限定

前置き

目的

様子・状態

例示

話題

話題転換

■著者紹介■

【編著者】

グループ・ジャマシイ Group Jammassy

砂川 有里子（すなかわ・ゆりこ）（代表）... 筑波大学 名誉教授・国立国語研究所 客員教授

駒田 聡（こまだ・さとし）... 元アゴラ・ソフィア（ブルガリア）

下田 美津子（しもだ・みつこ）... 元神戸松蔭女子学院大学文学部 教授

鈴木 睦（すずき・むつみ）... 元大阪大学言語文化研究科 教授

筒井 佐代（つつい・さよ）... 大阪大学大学院人文学研究科 教授

蓮沼 昭子（はすぬま・あきこ）... 姫路獨協大学・創価大学 名誉教授

ベケシュ・アンドレイ Andrej BEKEŠ ... リュブリャーナ大学 名誉教授

森本 順子（もりもと・じゅんこ）... 元京都外国語大学外国語学部 教授

【改訂版編集協力】

大内 薫子・斎藤 里美・関 裕子・三谷 絵里

【初版編集協力】

阿部 二郎・小野 正樹・亀田 千里・高木 陽子・成瀬 真里・守時 なぎさ

日本語文型辞典　改訂版

1998年2月2日　初版第1刷発行
2023年6月9日 改訂版第1刷発行
2024年4月4日 改訂版第2刷発行

編　著　グループ・ジャマシイ

発行人　岡野秀夫

発行所　株式会社　くろしお出版
〒102-0084　東京都千代田区二番町4-3
［TEL］03-6261-2867　［FAX］03-6261-2879
［WEB］www.9640.jp　［Email］kurosio@9640.jp

装　丁　折原カズヒロ

印刷所　シナノ書籍印刷株式会社

ISBN 978-4-87424-949-9 C0081